六日战争

SIX DAYS OF WAR
JUNE 1967 AND THE MAKING OF THE MODERN MIDDLE EAST
MICHAEL B. OREN

[以]迈克尔·B.奥伦——著
丁辰熹——译

九州出版社
JIUZHOUPRESS

有关资料来源和转写的说明

本书在写作过程中引用了许多不同的文献。研究的主要依据是北美、英国和以色列档案馆的外交文件,这些文件遵从30年解密期的相关规定。然而,大部分以色列内阁的会议记录仍然处于保密状态。以色列国防军的会议记录也是如此,仅有少部分文件对外公开。阿拉伯世界的档案馆也不对研究人员开放,但有一些私人馆藏——如开罗的达尔·海亚勒(Dar al-Khayyal)——可以使用。此外,在战争期间,有大量的阿拉伯语文件落入以色列人之手,这些文件可以通过以色列情报图书馆(Israel Intelligence Library)查阅。从理论上讲,存放于莫斯科诸档案馆中的俄语文件也可获取,但这些文件的保存状况令人担忧,其馆藏也十分有限。1967年以来的法语档案尚未对外公布。

在注释中,这些档案馆的名称将以如下简写形式出现:

BGA 本-古里安档案馆(Ben-Gurion Archives)
FRUS 美国对外关系档案馆(Foreign Relations of the United States)
IDF 以色列国防军档案馆(Israel Defense Forces Archives)
ISA 以色列国家档案馆(Israel State Archives)
LBJ 林登·贝恩斯·约翰逊总统图书馆(Lyndon Baines Johnson Presidential Library)
MPA 以色列地工人党档案馆(Mapai Party Archives)

NAC 加拿大国家档案馆（National Archives of Canada）
PRO 公共记录办公室（Public Record Office）
FO＝外交部（Foreign Office），CAB＝内阁文件（Cabinet Papers），PREM＝首相办公室（Prime Minister's Office）
SFM 苏联外交部档案馆（Soviet Foreign Ministry Archives）
UN 联合国档案馆（United Nations Archives）
USNA 美国国家档案馆（United States National Archives）
YAD 亚德·塔边金档案馆（Yad Tabenkin Archive）

口述历史采访是本书的另外一个重要来源。其中大部分采访是由作者自己做的，然而在一些高度敏感的案例中，作者向一名研究助理提出了书面问题，而出于个人安全的考虑，他希望匿名。我尽可能多地采访了战争的主要人物。其中的一些人在我做研究的过程中去世了，如吉迪翁·拉斐尔（Gideon Rafael）、侯赛因（Hussein）国王和哈桑（Hassan）国王；而其他人——如阿里埃勒·沙龙（Ariel Sharon）和亚西尔·阿拉法特（Yasser Arafat）——则拒绝接受采访。

音译，尤其是阿拉伯语音译，是一项巨大的挑战，因为名字通常都有两套拼法，即通行拼法和规范拼法。为了清楚起见，我优先使用前者。因此，书中出现的是 Sharm al-Sheikh，而不是 Sharm al-Shaykh；是 Abu 'Ageila，而不是 Abu 'Ujayla。我还转写了人名，在英语中已存在某种固定拼法的除外，如 Gamal Abdel Nasser（而非 Jamal 'Abd al-Nasir）、Yasser Arafat（而非 Yasir 'Arafat）、Mohammad El Kony（而非 Muhammad al-Kuni）。许多地名都按照其对应的英文名称拼写——如 Cairo、Jerusalem、Damascus——而没有按照其阿拉伯文或希伯来文原名转写。

前　言

阿以之间的消耗战（War of Attrition）、赎罪日战争（Yom Kippur War）、慕尼黑惨案（Munich massacre）和黑色九月（Black September）、黎巴嫩战争（Lebanon War）、围绕犹太人定居点和耶路撒冷之未来所产生的争论、戴维营协议（Camp David Accords）、奥斯陆协议（Oslo Accords）、巴勒斯坦大起义（Intifada）——这一切都源自1967年6月的那场战争，那场持续了6天的中东战争。现代历史上很少会出现这种情况，即如此短暂的局部冲突会带来如此持久的世界性影响。全世界也很少会像这样一直把注意力集中在一起事件及其后续影响上。对于政治家、外交官和士兵来说，这场战争的确一直都没有结束。而对于历史学家而言，它才刚刚开始。

迄今为止，围绕这场战争——世界上大多数人所说的"六日战争"，而阿拉伯人则更倾向于称之为"1967年6月战争"——已经出版了大量图书。这方面的文献之所以特别丰富，是因为这场战争中的主题十分吸引人——闪电般的行动节奏、一流的出场人物、被数百万人奉为圣地的战场。其中有英雄也有恶棍，有幕后阴谋也有大胆的战术行动，更有爆发核战的危险。战斗刚一结束，有关这场战争的第一手报道——大部分由亲历者讲述——便立即问世。上百份记录也于随后问世。

其中的一些书是写给学术读者的，另一些则面向普通大众。然而，所有这些书都基于相似的资料写成：之前出版过的图书、文章和报纸，以及零星的访谈（主要是英语的）。大多数图书都只专注于这场战争的军事层面——例如特雷弗·N. 迪普伊（Trevor N. Dupuy）所著的《易逝的胜利》(Elusive Victory)和S. L. A. 马歇尔（S. L. A. Marshall）所著的《快剑》(Swift Sword)——而对战争的政治和战略层面则只做了粗浅的分析。此外，这些作者还倾向于偏袒战争中的某一方，要么是阿拉伯人，要么是以色列人。没有一本书用上了所有的资料，不管是公开的还是保密的。也没有一本书能动用所有相关语言（阿拉伯语、希伯来语、俄语）的文献。更没有任何一项研究能够以平衡的方式综合考察这场战争的政治和军事两方面内容。

随着秘密外交文件的公布——先是出现在美国的档案馆里，后来也出现在英国和以色列的档案馆里，在20世纪90年代时，情况发生了变化。由于苏联解体，再加上埃及和约旦放松出版管制，一些之前无法发表的重要文献终于得以出版。这些新问世的资料中有许多被吸收到两本杰出的学术著作中——理查德·B. 帕克（Richard B. Parker）的《中东地区的误判政治》(The Politics of Miscalculation in the Middle East)和威廉·B. 匡特（William B. Quandt）的《和平进程》(Peace Process)。这使读者第一次有机会一睹围绕这场战争所展开的复杂外交和国际危机管控过程。帕克和匡特的研究也在一定程度上体现了中立和超然的学术价值取向，这在此前的研究中是前所未有的。他们的作品脱离了门户之见，令人耳目一新。

然而，市面上仍然缺少一部有关这场战争的全面著述。自匡特和帕克的作品问世以来，又有数以千计的文件被消密。这样的一部全面著述要求其作者能利用起手边的一切资源，不管是这些解密文件，还是现在可以获得的大量外文资料，抑或是对所有涉事国家相关人员的采访。它要求作者能平衡军事与政治这两方面的问题，并揭示出国际、区域和国内这三个维度之间的相互作用。它为学者而著，但也能被更广大的读者群所接受。这正是我准备开始写的书。

然而这项任务十分艰巨，不仅因为它涉及大量的研究工作，还在于阿以国家间政治的巨大争议性。凡是历史上的伟大战争必然也是有关历史书写的伟大战争，阿以战争也不例外。从独立战争（或称1948年巴勒斯坦战争）开始，一直到1956年的苏伊士运河危机，这些战争究竟该如何诠释？几十年来，历史学家一直为此争来斗去。最近，一群修正主义历史学家（主要是以色列学者）正试图放大以色列对这些冲突所负有的罪责，并在关于以色列国家的边界乃至其存在合法性的辩论中援引这些观点。历史学家也开始关注起1967年的战争及以色列在战争中所征服的领土，这场争论正随之愈演愈烈。以色列如今仍占据着其中部分领土，包括戈兰高地和约旦河西岸。这些领土的最终归属问题将影响到数百万人的正常生活。

我也是这场辩论中的一分子，我也有自己的观点。然而在书写历史的过程中，我把这些先入之见视为需要克服的障碍，而不是有待确证或沉醉其中的信念。虽然真理永远无法完全确定，但我始终认为，我们必须竭尽全力去探寻真理。尽管相隔30多年的距离感让我们能够拥有一些宝贵的历史观点，但我们决不能让这些观点蒙蔽了那个动荡的年代里人们眼中的世界。我们可以用事后的眼光来看待问题，但同时要保持谦逊，并始终记住一点：事关生死存亡的决定都是由真实存在的领导人做出的，而不是由历史学家倒推出来的。

我的目的不是证明战争中的某一方是正义的，也不是为了给挑起战争的人分配罪责。我只是想要了解，像这样一场影响力巨大的战争是如何发生的，并揭露其背景和促使其爆发的催化剂。通过1967年战争这个案例，我希望从整体上探索国际危机的性质，探索人类之间的相互作用通过何种方式最终催生出完全无法预见或意想不到的结果。我想要再现20世纪60年代的中东，让那些曾经塑造了那个时代的非凡人物跃然纸上，并重温那段正深刻影响我们现实生活的历史。不管这场战争被叫作"六日战争"还是"六月战争"，我的目标是为之提供一个不同的视角。

于耶路撒冷，2002年

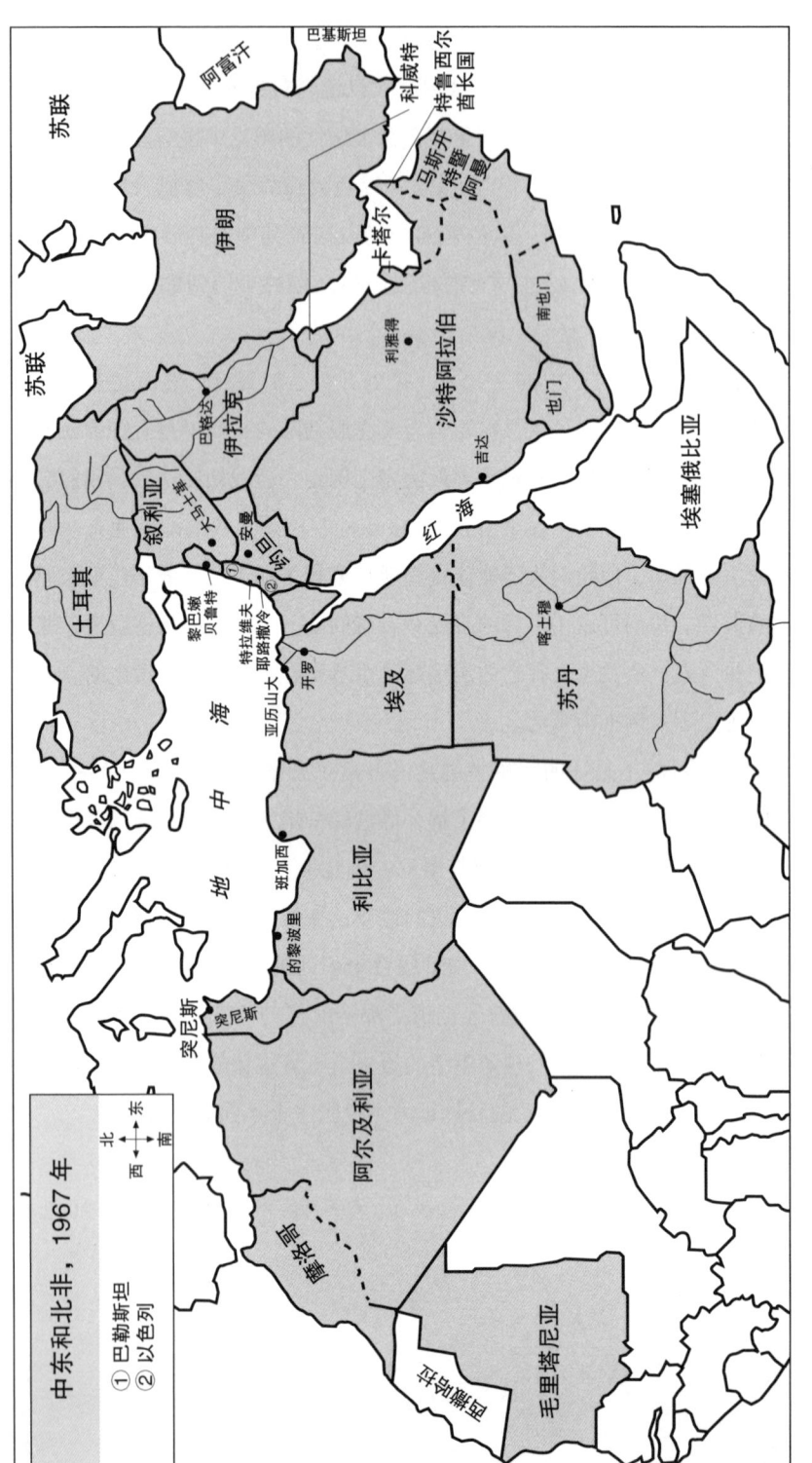

书中地图系作者原图

目 录

有关资料来源和转写的说明　　1
前　言　　3

第1章　背　景　　1
第2章　催化剂　　49
第3章　危　机　　89
第4章　倒计时　　181
第5章　战争：第一天，6月5日　　241
第6章　战争：第二天，6月6日　　297
第7章　战争：第三天，6月7日　　337
第8章　战争：第四天，6月8日　　363
第9章　战争：第五天，6月9日　　393
第10章　战争：第六天，6月10日　　417
第11章　余　震　　433

注　释　　467
出版后记　　583

第 1 章

背　景

阿拉伯人、以色列人和西方大国，1948 年到 1966 年

1964年12月31日夜间，一小队巴勒斯坦游击队队员从黎巴嫩越境进入以色列北部。他们身着叙利亚人提供的军装，携带着苏式炸药，朝一台水泵进发，这台水泵的作用是将加利利（Galilee）的水资源运输到内盖夫沙漠（Negev Desert）。这群巴勒斯坦战士的目标看似毫不起眼，其背后却隐藏着巨大的野心。作为武装组织"法塔赫"（al-Fatah，意为"征服"，也是"巴勒斯坦民族解放运动"的阿拉伯语首字母倒过来拼写而成的缩写词）的成员，他们的目的是在中东地区掀起一场大决战。他们希望能通过此次行动挑起以色列对周边国家（黎巴嫩或约旦）的报复性打击，而这反过来会激起阿拉伯人对以色列的全面战争，并最终摧毁这个由犹太复国主义者建立起来的国家。

遗憾的是，法塔赫的初次行动就彻底失败了。首先，炸药没能成功引爆，成了哑炮。其次，游击队队员在逃离以色列之后遭到了黎巴嫩警察的逮捕。尽管如此，法塔赫的领袖还是发布了一份宣示胜利的公报。这位35岁的领袖名叫亚西尔·阿拉法特，他来自加沙（Gaza）地带，曾是一名工程师。他在公报中称颂了"吉哈德（圣战）的义务……以及生活在从大西洋到波斯湾之间这片辽阔土地上所有阿拉伯革命者的梦想"。[1]

且不说这场小规模的破坏行动以失败告终，就算最后成功了，谁也不会在新年前夕设想到，它竟会引发一场耗费无数人力物力，并最终改变中东乃至世界上大部分地区历史进程的战争。不管怎么说，法塔赫的此次军事行动的确包含了许多能在短短三年内引发这样一场战争的关键因素。这其中自然有"巴勒斯坦问题"，不管是阿拉伯国家还是以色列都对这个复杂而又多变的问题感到头疼。此外，在苏联的庇护下，由叙利亚政府支持的恐怖活动则是另一重因素。最后,还有水资源问题,它比其他任何单方面因素都更为重要,以至于整场战争都将围绕水资源问题展开。

然而,如果我们认为法塔赫的此次军事行动(或任何后续的攻击)是导致中东地区最终爆发全面战争的原因,则未免把这个问题想得太简单了,决定论的色彩过于浓重。伊恩·麦克尤恩(Ian McEwan)在其小说《爱无可忍》(Enduring Love)中曾说道:"一个开端就是一处陷阱,而对事情开端的选择,取决于它能在多大程度上解释接下来发生的一切。"*这句话也适用于历史研究。在历史研究中,试图确定某一历史事件主要原因的行为最理想的结果也只能是武断的,而最差的结果则是无用的。我们可以简单地将此次战争的源头追溯到犹太复国主义者在巴勒斯坦的早期殖民活动,或一战后英国在巴勒斯坦委任统治时期所实施的政策,也可以将战争归结于阿拉伯民族主义运动的兴起,甚至纳粹大屠杀。对于战争爆发原因的解释总是多种多样的,而这些解释往往同样有理有据。

既然试图准确找出1967年中东战争爆发原因的行为可能毫无意义,那么我们不如描述一下当时的历史背景,正是因为这些特定的历史背景,战争才可能爆发。正如蝴蝶效应中所假想出来的那只扇动翅膀产生气流,并最终导致一场暴风雨的蝴蝶一样,一些看似微不足道的事件却能推动历史发展,并最终导致一场灾难。正如那只蝴蝶需要在特定的环境(如大气、引力及热力学定律)中才能掀起一场暴风雨,1967年6月前所发生的事件也是如此,它也需要特定的条件才能促成一场战争。这一背景便是当时正处于后殖民革命阶段的中东。其间,这一地区因内部宿怨、超级大国的干涉,以及后来被称为阿以冲突的顽疾而饱受摧残。

构想背景

即使是讨论背景也需要一个出发点,而这个出发点可任意选择。让我们先从犹太复国主义运动(犹太人试图在其历史祖地上建立独立政体的

---

* [英]伊恩·麦克尤恩著,郭国良、郭贤路译:《爱无可忍》,上海译文出版社,2011年,第22页。本书脚注均为译者注,后文不再做说明。

运动）谈起。犹太复国主义运动一头扎进了动荡的中东政治中，这刺激了本已高度不稳定的地区环境，并形成了可能招致区域战争的结构框架。这句话听起来也许有些轻率，但无犹太复国主义便无以色列国，无以色列便无孕育全面冲突之背景。

犹太复国主义最初在19世纪中叶时仅为念想，但到了20世纪初，这一念想驱使着千千万万的欧洲和中东犹太人抛弃家园，不远万里跑来巴勒斯坦定居。犹太复国主义的秘诀就在于此：它能将现代民族主义的理念与犹太人千百年来对以色列地（The Land of Israel）那神秘的依恋之情融为一体。这一力量支撑着巴勒斯坦的"伊休夫"（Yishuv，犹太社区）挺过了奥斯曼帝国统治时期和一战期间的重重危难。在此期间，许多犹太领袖被指控为外来（主要是俄国）敌对势力，并因此被赶出家园。一战结束后，英国取代土耳其开始对巴勒斯坦实施委任统治，并在《贝尔福宣言》（Balfour Declaration）中承诺在巴勒斯坦建立犹太民族家园。

在英国的委任统治下，伊休夫里挤满了逃避欧洲反犹主义迫害（首先是波兰，后来是德国）的难民。他们建立起了相应的社会、经济及教育制度。这些制度很快便超越了英国所提供的公共服务。到20世纪40年代时，伊休夫逐渐发展成一个强大的共同体。它不仅有活力，还充满创造力，不管是在意识形态方面还是在政治上都很多元化。巴勒斯坦犹太人借鉴东、西欧的模式创造出了一种作为农业定居点的新型载体，即公社"基布兹"（Kibbutz）和合作社"莫夏夫"（Moshav）。这是一种切实可行的社会主义经济体，它拥有一套完备的制度体系：国民医疗保障制度、再造森林计划、基础设施开发计划、一所体面的大学和一支交响乐团。此外，它还拥有一支保卫这一体制的地下军队（希伯来语名为哈嘎纳[Haganah]）[2]。尽管英国政府已决然放弃了帮助犹太人建立民族家园的计划，但这一民族家园早已成了事实——一个形成中并迅速发展的国家。

这正是巴勒斯坦阿拉伯人所痛恨的一切。数个世纪以来，巴勒斯坦阿拉伯人一直扎根于此，并占据着当地人口的大多数。对于他们来说，伊休夫是西方帝国主义的工具，也是毒害他们传统生活方式的外来文化。长期以来，犹太人一直处于穆斯林政权的统治之下。虽说他们的地位较低，但被容忍生活于穆斯林的土地之上。可这种形式的保护绝不意味着他们对部分伊斯兰心脏地带拥有任何主权，他们对穆斯林也并无任何权威可言。不管是受制于法国的叙利亚和北非穆斯林，还是受制于英国的伊拉克和埃及穆斯林，他们都渴望获得独立。巴勒斯坦阿拉伯人寻求独立的渴望也一点儿不比他们的同教兄弟少。他们同样从英国人那里得到了民族独立的承诺，并要求英国人兑现承诺。[3] 但阿拉伯人绝不会选择处于犹太人支配下的独立，这只会是一种更令人厌恶的殖民主义。

因此，每一波犹太移民潮（发生于1920年、1921年和1929年）都会激起阿拉伯人的暴力反抗。这最终导致阿拉伯人于1936年发动了针对犹太人和英国人的起义。暴动持续了三年，大部分巴勒斯坦的阿拉伯领袖都被驱逐出境，阿拉伯人的经济实力也被削弱。在此期间，伊休夫却变得更为强大。然而，胜利却并不属于犹太人。由于害怕引起整个大英帝国内部穆斯林的强烈反对，英国政府发布了一份白皮书，并通过这一纸文书废除了《贝尔福宣言》的效力。戴维·本-古里安（David Ben-Gurion）是犹太复国主义运动领袖。在不久后爆发的第二次世界大战中，他宣称，犹太复国主义者"为了抵制白皮书，会无视战争之存在，但在抗战过程中，也会忘掉白皮书"。与本-古里安形成鲜明对比的是哈吉·阿明·侯赛尼（Hajj Amin al-Husayni），他是英国政府所任命的耶路撒冷大穆夫提。这位自诩为巴勒斯坦阿拉伯人民代表的领袖将赌注下在了希特勒身上。[4]

1936年到1939年间的阿拉伯起义还造成了另一重更致命的影响。大起义之前，犹太人和阿拉伯人之间的冲突仅限于巴勒斯坦，但在大起义之后，犹太复国主义者和阿拉伯人的冲突就变得无处不在了。巴勒斯坦的困境激起了周边阿拉伯国家山呼海啸般的同情。在这些阿拉伯人的土地上，一种新的民族主义精神正初见雏形。泛阿拉伯主义——现代欧洲思想的另一衍生物——宣称世上存在单一的阿拉伯民族，其身份认同超越了种族、宗教和家族关系的界限。这个民族如今号召其族人向西方世界复仇，一雪前耻（已持续了三个世纪之久），并打破殖民主义者人为制造的疆界（包括叙利亚、黎巴嫩、外约旦、巴勒斯坦及伊拉克）。阿拉伯人梦想着建立一个独立、统一的阿拉伯国家，其疆域北至托罗斯山脉，西到阿特拉斯山脉，东起波斯湾，南抵阿拉伯半岛之角。尽管这还只是个梦，但一个以共同情感和文化为疆界的阿拉伯世界已经出现，并成为政治现实。[5] 从20世纪30年代晚期开始，慢慢地，发生在巴勒斯坦的事件可能引起巴格达、开罗、霍姆斯、突尼斯甚至卡萨布兰卡的骚乱。

没有人比当时的阿拉伯世界领导人更理解或更害怕这一进程。由于缺乏宪政合法性又反对自由言论，阿拉伯世界的总理、国王、苏丹和埃米尔对"街头"井喷式的公众舆论高度敏感。领导人当时的任务便在于辨识出街头舆论的走向，并尽量走在其前面。而那时的街头正高声斥责着犹太复国主义运动。为了应对街头的愤怒之声，受困于国家间的竞争，阿拉伯诸政权被深深卷入巴勒斯坦政治当中。这场冲突再也不是地方性冲突了。

与此同时，英国人精明地利用战时犹太复国主义者的中立立场来安抚阿拉伯民族主义运动。该运动促成了阿拉伯联盟的建立，这一组织既能展现其成员的团结，又能保证各成员国的独立。[6] 不过，随着盟军在欧洲的胜利得到保证，犹太复国主义者又带着复仇之心回来了。他们因白皮书的持续存在而愤怒，因纳粹大屠杀而怒火中烧。如果那一纸文书不存在的话，600万大屠杀遇难者中的许多人或许可以活下来。因此，犹太复国主义者向英国托管当局宣战了，首先是梅纳赫姆·贝京（Menachem Begin）领导的右翼伊尔贡（Irgun）民兵，随后是代表主流的哈嘎纳。

疲于应对战争的英国政府此时还被公开支持犹太复国主义事业的美国总统（哈里·杜鲁门［Harry Truman］）所困扰着。因此，英国政府到1947年时便准备将整个巴勒斯坦问题移交给联合国处理。此后，联合国大会通过了第181号决议。根据这一决议，在巴勒斯坦的土地上将成立两个国家，一个阿拉伯国家，一个犹太国家，而耶路撒冷则成为国际共管区。犹太复国主义者同意了该决议，但阿拉伯人——此前已经拒绝了英国提出的一项对他们更有利的分治提案——坚定地主张对巴勒斯坦的全部主权。

1947年11月30日，就在联合国批准了分治决议之后的第二天，巴勒斯坦游击队在全国范围内对犹太人聚居区发动了袭击，还封锁了连接各聚居区的道路。犹太复国主义者对此的反应是克制的，他们担心联合国会为暴力所震动，继而认为分治方案不可行。但由于巴勒斯坦方面的抵抗行动太过有效，于是犹太人于1948年4月发动了进攻。此一行动成功地重新打开了受阻的道路，各犹太人聚居区也因此而获救。不过这一行动还加速了巴勒斯坦平民的大规模逃亡（逃亡现象最早于前一年11月便已开始）。当时出现了有关巴勒斯坦人遭屠杀的报道，耶路撒冷近郊的代尔亚辛（Deir Yassin）发生的屠杀事件就是其中一例。受此刺激，有65万至75万巴勒斯坦人或逃亡或被驱逐到周边国家。他们中的大部分人都期望阿拉伯联军实施干预，赶走犹太复国主义"僭取者"，并能在短期内重返家园。

为阻止这一干预，犹太人做出了严密部署。基于以色列与外约旦都对巴勒斯坦民族主义有所顾虑，犹太领导人试图秘密与外约旦哈希姆王国的国王阿卜杜拉（'Abdallah）达成一项临时协议。美国国务院从未倾心于犹太人的复国之梦，而是强烈反对分治方案，并力主在巴勒斯坦推行国际托管计划。此外，还出现了别的方案：要么是建立一个阿拉伯-犹太双重民族国家，要么是建立一个阿拉伯联邦，联邦中的犹太人享有地方自治权。[7] 不过，这一系列倡议无一成功。5月14日，就在英国对巴勒斯坦的委任统治行将结束之时，犹太人正式宣告以色列国成立。在此之后，犹太人摇身一变，成了以色列人，而巴勒斯坦阿拉伯人则成了巴勒斯坦人。

也正是在那一天，前一年11月以来的巴勒斯坦内部冲突升级成了以色列与五个周边阿拉伯国家的区域冲突。叙利亚和伊拉克这两个最好斗的反犹太复国主义国家领导了侵略行动，紧随其后的是黎巴嫩和外约旦。埃及也难以抵御这一势头，他们担心其他阿拉伯国家借机扩张领土，于是匆忙加入战争。在轰炸机、歼击机和坦克的掩护下，数以千计的阿拉伯军队涌向前线。阿拉伯国家则傲慢地将此次行动描述为一次"维持治安的行动"。

阿拉伯人的此次行动成功地将这个新生的国家推到了防线深处。他们一方面突入了内盖夫和加利利地区，另一方面向以色列最大的城市特拉维夫（Tel Aviv）逼近，而拥有10万名犹太居民的耶路撒冷则陷入敌军的重重围困当中。但本-古里安没有陷入绝望。这个男人身材矮小却仪表堂堂，富有远见，并能以实用主义者的眼光来看待权力。在联合国的调解下，阿以双方同意暂时停火。他利用这段时间重整军备，并让部队恢复了元气。有了这一优势，再加上阿拉伯人缺乏指挥，本-古里安最终戏剧性地扭转了战局。

到1948年秋天，重组后的以色列国防军成功地突破了阿拉伯军队对耶路撒冷的封锁。另一方面，以军在与外约旦阿拉伯军团＊（由英国人指挥）的对峙过程中虽然没能取得胜利，但至少也与之僵持不下。叙利亚在以色列北部的进攻和伊拉克入侵以色列腹地的行动也陷入了困境。不过以色列的大部分军队还是被用来对付埃及，该国拥有阿拉伯世界中最庞大的军队。除了少数将士，埃军被整个赶出了耶路撒冷和特拉维夫周边地区。那些留下来的埃军将士一直坚守到了1949年初，开罗于那时提出了停火的请求。

以色列人所谓的"独立战争"结束了。除了联合国划归给以色列的领土，这个犹太国家还通过战争额外获得了30%的土地。同时，由于巴勒斯坦人外逃，以色列的犹太人口也取得了多数地位。由于害怕丧失人口的多数地位，并担心会招来一场与英国——埃及和约旦的保护者——的战争，以色列国防军最终打消了征服约旦河西岸（West Bank）及加沙地带的念头。1949年3月，在以军的最后一场军事行动中（此时以军已与约旦达成停火协议），以色列人拿下了红海边的乌姆拉什拉什（Umm al-Rashrash，这片区域最初就被划给了犹太人）。在将其更名为埃拉特（Eilat）之后，这座港口城市将成为以色列连接亚喀巴湾（Gulf of Aqaba）、蒂朗海峡（Straits of Tiran）乃至亚非市场的生命线。

在这场似乎毫无胜算的战争中，以军的青年指挥官——如伊加尔·阿隆（Yigal Allon）和伊扎克·拉宾（Yitzhak Rabin）——取得了巨大的军事胜利。不过他们也付出了惨重的代价。6000名犹太人（1%的人口）在战争中丧生，大量村庄因轰炸被毁。尽管以军对耶路撒冷老城发动

＊ Arab Legion，当时是外约旦的正规军。

了一次又一次的攻击，但老城始终掌控在约旦哈西姆王国手中，通往老城的拉特轮走廊（Latrun Corridor）也是如此。此外，约旦的阿拉伯军团还将犹太人位于伯利恒（Bethlehem）城外的古什埃齐翁（Etzion Bloc）的一系列定居点连根拔起，并占领了约旦河西岸地区。叙利亚所占领的领土也超出了国际边界。以色列的大部分人口及工业中心全都处于阿拉伯国家军队火力的射程范围之内。以国所控国境范围内的最窄处仅14.5千米宽。一旦约旦或伊拉克的某支军队从东边突进，该国便有可能被轻易切割成两半。毕竟除了海里，他们无处可退。

以色列此次胜利中所含混的一切，加上犹太人在历史上所积攒下来的创伤，使以色列人产生了一种矛盾心理：不可被战胜的过度自信与同样膨胀的厄运临头之感胶着在一起。在西方人面前，以色列人将自己描绘成装备不足的大卫（David），他们与腓力士丁巨人相抗争。而在阿拉伯人面前，他们的形象转而变成了力大无穷的歌利亚（Goliath）。时任以色列国防军参谋长的摩西·达扬（Moshe Dayan）在初次访问华盛顿时，曾向五角大楼的官员表示，以色列正面临着致命的威胁，但以军同时能在数周内粉碎阿拉伯联军。[8]

然而，阿拉伯人却不为这一对比论所困扰。对他们而言，1948年的战争是"纳克巴"（al-Nakbah，阿拉伯语，意为"灾难"），一场完完全全的灾难。在开罗和大马士革举行的胜利大游行并不能掩盖阿拉伯国家在后殖民时代的第一场测试中所遭遇的失败。外约旦吞并了约旦河西岸，当它稳坐于约旦河两岸后，该国很快便去掉了国名前的"外"（trans）这一限定字。*埃及则侵占了加沙地带。这一切反而更突出了巴勒斯坦人所失去的国家，毕竟上述两块土地本属于此国。阿拉伯人败给了数量上相对较少，此前一直备受鄙夷的犹太军队，这使其倍感耻辱。[9]败仗没造出英雄，却造出了诸如贾迈勒·阿卜杜勒·纳赛尔（Gamal Abdel Nasser）这般满腔愤恨的士兵。作为曾坚守在内盖夫沙漠那一小片阵地上的青年军官，他

---

* 外约旦地区（Transjordan）泛指约旦河以东之地。1946年，外约旦哈西姆王国于约旦河东岸独立并建国，当时其领土范围并不包括约旦河西岸地区，但在1948年战争后，该国吞并了西岸地区。合并约旦河东西两岸后，该国国名前面的"外"字被去掉，改名为约旦哈西姆王国。

如今想要报复的不只是以色列，还有那些败于以色列之手的无能的阿拉伯统治者。

难以企及的和平

以色列于1949年上半年与4个接壤的敌人——埃及、约旦、黎巴嫩和叙利亚签署了全面停战协定（General Armistice Agreement）。在接下来的19年中，这一协定深深地影响着阿以双边关系。受协定中那些模棱两可的条款约束，阿拉伯国家一方拥有完全的交战权，包括随意重启战争的权利，并拒绝承认另一方任何形式的合法性。作为一份外交文件，全面停战协定自成一格。联合国官员拉尔夫·邦奇（Ralph Bunche）因促成停战协定而获诺贝尔和平奖，按他的话来说，这份协定的目的是奠定"巴勒斯坦之永久和平"的基础。实际上，这一协定却使冲突持续下来，并为战争提供了生存的土壤。

以色列人上当了。他们以为能继续占有超出分治方案所定国界范围的领土，同时能阻止巴勒斯坦难民回归家园。出于此一考量，本-古里安及以色列其他领袖做出了决定，这一决定使阿拉伯国家军队得以免遭以色列国防军的进一步打击。他们相信，和平即便不至于在几周内就能到来，也不过是几个月的事。然而以色列军队甫一撤离，阿拉伯国家政府便立即宣布停战协定只不过是一份临时停火协议，他们可以抵制以色列货物，不允许以色列船只通过蒂朗海峡和苏伊士运河。他们宣称世上并无以色列国，只有以色列人的军队；世上并无以色列国的边界，只有人为设定的停火线，线上遍布所有权存在争议的非军事区。

如此一来，最初被以色列人视为战利品的停战协定很快便成了负担。1951年，以色列人试图在联合国安理会上就埃及针对本国封锁苏伊士运河一事提出挑战，但迅即被埃及方所忽略。与此同时，在以色列北部，叙利亚军队向前更进一步，占领了停火线上数处具有战略意义的山头。为处理日常事务而设立的共同停火委员会（Mutual Armistice Commissions）最后变成了阿以双方互相指责的角斗场，基本完全失效。而联合国调解委员会

（UN Palestine Conciliation Commission）——由英美政府及一群自诩为独立调停者的人领导——所做出的努力未能推动以色列和阿拉伯国家向和平方向发展。

不过，并非所有阿拉伯国家的领导人都反对和平。这些领导人至少在原则上不反对能在领土问题上为其带来收益的和平。一些领导人为安抚"街头"的声音公开叫嚣着开战，私底下却试图与犹太复国主义者达成秘密协议。叙利亚独裁者胡斯尼·扎伊姆（Husni Za'im）暗中提议为以色列安置30万巴勒斯坦难民，但条件是换来对加利利海（Sea of Galilee）一半的控制权。约旦国王阿卜杜拉想要得到一条能连通其新吞并的西岸地区与地中海的走廊。埃及国王法鲁克（Faruq）则要求得到占以色列国土面积62%的内盖夫沙漠。然而，本-古里安反对任何单方面割让土地的提议。他倾向于维持现状。在此基础上，以色列可以开发基础设施，吸收移民，并增强实力。最终，阿以双方的和平未能实现。本-古里安虽然固执，但应负较少责任。问题归根结底还是在于阿拉伯人很难通过正式渠道与以色列打交道。约旦内阁说服了阿卜杜拉放弃与以色列人谈判，而埃及使节则表示，不管是现在还是在可预见的未来，与犹太复国主义者达成的任何协议都必将葬送他们自己的性命。[10]

阿拉伯国家领导人企图迎合公众舆论的努力最后看来还是徒劳一场，他们一个接一个地倒下了。胡斯尼·扎伊姆掌权不到6个月便被推翻，并被处决。这几乎成为叙利亚其后16个政权发展的固定模式。这些政权先后兴起，又一一溃散，这种模式一直持续了许多年。接下来的是阿卜杜拉，1951年7月，他被一颗巴勒斯坦人的子弹击中，跌倒在耶路撒冷的阿克萨清真寺（Al-Aqsa Mosque）旁。其孙，也是其继任者的侯赛因当时正在一旁，并目睹了这一切。同为哈西姆家族的伊拉克国王费萨尔（Faisal）在1958年被一帮野蛮的暴徒肢解。随之遭殃的还有该国总理努里·赛义德（Nuri al-Sa'id）。他也是一个高调的反犹太复国主义者，但他同样曾秘密接触过犹太人。[11] 埃及也难逃此劫。1952年7月，在穆罕默德·纳吉布（Muhammad Naguib）将军的带领下，一小帮自称"自由军官"的军人推翻了国王法鲁克的统治。没过一年，纳吉布自己也被罢黜，推翻他的是其政权背后的真正强人，那位既精明据说又为人温和的上校——贾迈勒·阿卜杜勒·纳赛尔。

这是一位在以色列人看来可以与之做交易的领袖。埃以双方的代表又开始秘密接触了，纳赛尔甚至还给以色列领导人写了一封未署名的信。不过埃及方面的基本立场并没有变：在当前的形势下，和平是难以想见的，如若形势有所改变，和平也只有在以色列割让整个内盖夫沙漠后才可能实现。时间来到1953年，随着埃及开始支持巴勒斯坦游击队（阿拉伯语为：fida'iyyun，意为"自我牺牲者"）对以色列发动袭击，并又开始鼓噪着要与以色列人展开"第二轮对决"，本-古里安开始将埃方的接触视为诡计，认为这种接触意在麻痹以色列，随后将其彻底击败。

接下来的1954年尽管对于世界上的其他地区而言没什么特别之处，但对于中东地区而言是一道分水岭。从以色列建国起，苏联就一直支持着以色列，不光承认其国家地位，还给它输送武器装备。可从这一年起，苏联突然转而支持阿以冲突中的另一方了。的确，苏联已没法再从犹太复国主义运动中捞到更多的好处了。大英帝国已死，于苏联而言，犹太复国主义对于该国安抚刚摆脱殖民统治的新兴政权、稳固其脆弱的南部边境，哪怕是威胁西方世界的石油供给都起不到什么作用。苏共第一书记尼基塔·赫鲁晓夫（Nikita Khrushchev）宣称："应予以谴责的［是］……以色列国，它从建国的第一天开始就威胁着其邻国。"他还进一步指责以色列与帝国主义密谋"残忍地破坏该地区的自然资源"。苏联支持能实现"阿拉伯人在巴勒斯坦权利"的一切手段，就差没摧毁以色列了。[12]

冷战已蔓延至中东。还是在1954年，英美出于地区安全的考虑，希望在"北层国家"（Northern Tier states，包括伊朗、土耳其和巴基斯坦）及其阿拉伯邻国间建立起一个联盟。在英美两国眼里，阿以冲突无疑是建立这一联盟的绊脚石，他们试图通过一项秘密的和平倡议来清除这一障碍。这一代号为"阿尔法"（Alpha）的计划逼迫以色列割让大量领土以换取阿拉伯国家的不交战承诺。该计划所假定的成功关键在于纳赛尔。他曾与美国人走得很近（中央情报局对其政变曾秘密提供支持）。通过此次合作，他也能得到大量好处。美国人所给出的报酬包括一船又一船的美式军械和埃及垂涎已久的内盖夫沙漠这座陆桥。[13]

埃及与东方的联系在纳赛尔的思想中更为显著。这位曾在掌权之时承诺要对内改革的军官如今却把目光投向了埃及之外的世界。他宣称，埃及是阿拉伯国家，是在冷战中不结盟的国家。同时，他开始谈论同心圆状利益空间这一概念——阿拉伯伊斯兰世界和非洲的核心位于埃及，而埃及的核心则是贾迈勒·阿卜杜勒·纳赛尔。

挑战既已设定，纳赛尔立马便着手应对它们。他签署了一项协议，以此终结英国对苏伊士运河区域长达72年的占领。之后他又转过来成功阻止英国将伊拉克纳入北层国家，即所谓的巴格达条约组织（Baghdad Pact）之中。一开始，他巧妙地将社会主义思想与阿拉伯和埃及的民族主义结合在一起。伊斯兰极端主义者因此给他贴上了异端的标签，并想除掉他。但纳赛尔并没有被吓到。据说，在某次刺杀行动中成功脱逃的他曾高呼："他们虽能杀死纳赛尔，但总有人会接替他的位子！革命必将继续下去！"[14]

围绕纳赛尔上演的大戏已经登台，他备好了一切，却唯独忽略了阿拉伯人所面临的最尖锐的问题：巴勒斯坦。这位埃及领袖在保持对以色列的封锁及适度的游击活动的同时，低调地处理着与以色列人的冲突。用外交人士喜欢的话来说，他将冲突保存"在冷藏库里"（in the icebox）。可"街头"的人民所要求的却比这更多。以色列的存在本身便为阿拉伯人所憎恶，它标志着巴勒斯坦所遭受的劫掠，更是帝国主义回归的桥头堡。使纳赛尔倍感压力的是，以色列不仅存在，还通过武力来彰显其存在。

为报复埃方的游击队袭击，以色列国防军特种部队越过国境发动了惩罚性的攻击。仅在1951年10月对西岸城市吉卜亚（Qibya）发动的一次军事行动中，以色列突击队在少校阿里埃勒·沙龙的带领下便摧毁了数十间房屋，共杀害了69名平民。对此，沙龙声称他并非有意为之。而令叙利亚人大为光火的是，以色列耗尽了北加利利地区胡拉湿地（Hula swamp）的水资源，并在非军事区的土地上耕种。纳赛尔也未能躲过以色列的这波主动出击。1954年夏天，以色列船只"巴特加里姆"（Bat Galim）号驶入苏伊士运河，该船遭埃及政府扣留，最后引发了一桩国际丑闻。为了阻止英国人撤离苏伊士运河，以色列特工展开了一场谋划不周的行动，他们企图通过破坏政府公共部门在埃及引发骚乱。最终，11 名参与行动的埃及犹太人被抓，并被控叛国。

恼羞成怒的纳赛尔加强了对巴勒斯坦游击队的支持。他拒绝释放以色列被扣船只，也不愿宽恕上述破坏活动中的纵火犯，其中有两人最终被施以绞刑，其余被判入狱。同样被否决的还有阿尔法计划，尽管该方案在领土方面对纳赛尔有一定吸引力。本-古里安对此的反应迅速而精准：对阿拉伯常规军发动一次自 1948 年以来规模最大的攻击。1955 年 2 月 28 日的行动后来被称为"加沙袭击"，此次行动不仅造成 51 名埃及士兵和 8 名以色列士兵死亡，还开启了战争的倒计时。

就这样，1955 年整整一年都为暴力所缠绕。纳赛尔继续通过游击活动攻击以色列，同时在政治上攻击保守的阿拉伯诸君主国（约旦和伊拉克的哈西姆家族，以及沙特家族），这些王国反对纳赛尔加剧的激进主义。接着在 11 月，纳赛尔给了以色列及阿拉伯诸君主国国王一记当头棒喝。他通过捷克的苏联军火供应商所买到的坦克、枪炮和飞机超过了中东国家军队所拥有装备的总和。在此一戏剧性的转变中，苏联越过北层国家，一举落到亚非两洲的交叉口上。与此同时，纳赛尔的地位也上升到阿拉伯现代历史上从未有过的高度。纳赛尔跨越了殖民主义者所谋定的疆界，直接向整个阿拉伯世界的人民灌输着赢取团结与尊严的必要性，而这一目标则需要在他和埃及的支持下才能实现。

看着纳赛尔的地位一步步上升，本-古里安心中充满了焦虑。他早就预言阿拉伯世界会出现另一位阿塔图尔克（Ataturk）*般的人物，此人强大又富有魅力，有能力将阿拉伯世界团结起来对外开战。忽然之间，本-古里安的噩梦变成了现实。他推断，埃及军队把大规模涌入的军火消化掉只不过是时间问题，而到那时，纳赛尔便再没理由不去使用这些武器了。本-古里安的预测是正确的：捷克军售交易完成后的 6 个月里，边境上出现了大规模的战斗、报复行动及游击战，数百人命丧其中。[15]

到 1956 年春，本-古里安决心与埃及一决雌雄。他与门徒摩西·达

---

* 即土耳其共和国第一任总统穆斯塔法·凯末尔·阿塔图尔克（1881—1938）。

扬（以色列国防军参谋长）及希蒙·佩雷斯（Shimon Peres，时任国防部长）一起谋划了一场击败埃及军队的行动，其目的是使纳赛尔名声扫地。以色列所需要的只是一个为其提供武器，同时保护其不受苏联干预的大国。此前已断然拒绝以色列反复提请签署安保条约的美国肯定不在考虑范围之内。同样不在考虑范围之内的还有英国，该国为应对以色列对约旦的侵袭曾威胁要轰炸以色列。最终与以色列结盟的是法国，该国同样在向阿拉伯民族主义开战，只不过战场在阿尔及利亚而已。另外，他们也认同并接受以色列人的社会主义理想。

本-古里安做好了战争的准备，而此时，纳赛尔的脑子里却有另一场仗要打。7月23日，就在埃及与英法政府就苏伊士运河的未来商讨出一份协议的数周后，纳赛尔单方面将运河航道国有化。此时的纳赛尔已对英国在约旦和伊拉克的同盟形成了威胁，还危及了法国对阿尔及利亚的统治。在此情况下，欧洲人已准备好用武力逼迫纳赛尔"吐出"苏伊士运河。正如以色列人需要大国来为其对抗埃及的行动撑腰，英法两国同样需要超级大国的支持，而这个国家便是美国。

由于纳赛尔的不结盟政策及其与苏联的军火交易，艾森豪威尔（Eisenhower）政府很难说对他有好感。美国人最近一次对其失望是在1956年上半年，与"伽马"（Gamma）计划有关。这是美国政府谋划的另一项秘密计划，意在通过出让大片以色列土地换取埃及的不交战承诺。为了促成双方达成协议，艾森豪威尔总统派出了密使罗伯特·B. 安德森（Robert B. Anderson，得克萨斯州石油商人，前财政部长）。安德森发现本-古里安拒绝在领土上让步，但他愿意随时随地与纳赛尔会面。纳赛尔却不把安德森的这一使命当回事儿——为什么要为了巴格达条约而冒险与以色列人谈判？提出以上问题后，他直接拒绝接见安德森。此后，艾森豪威尔又批准了另一项绝密计划："欧米茄"（Omega）计划，目标是用尽除暗杀外的一切手段推翻纳赛尔政权。[16]

华盛顿方面的确不喜欢纳赛尔，但它更厌恶欧洲殖民主义。尽管美国同英法两国一道签署了1950年三方联合宣言——宣言中禁止任何企图通过武力改变中东国家边界的行为——但美国并不把苏伊士运河国有化事件视作此类行为，也不同意有关国家对埃及动用武力。紧随其后的是一系列国际倡议，全是为了化解危机，但明显不够有力。恼羞成怒的法国人最终转向了以色列盟友，还说服英国人也加入进来。9月24日，在巴黎市郊的塞夫勒（Sèvres），三国代表签署了一份绝密协议。以色列军队将佯攻苏伊士运河，给欧洲人提供一个干预的借口，然后假保护之名实际上占领运河。作为回报，以色列人将得到英法军队来自海、空两个方面的支援，帮助以军摧毁西奈半岛（Sinai）上的埃及军队，同时解除埃军对蒂朗海峡的封锁。[17]

第二次阿以战争（被以色列称为"西奈战役"，被阿拉伯人称为"三方侵略战争"）于10月29日黎明开始了。以色列空降兵在运河以东38.6千米处的米特拉山口（Mitla Pass）落地。这样一来，干预的借口便有了。英法两国下达了最后通牒，不出意料，埃方断然拒绝。与此同时，摩西·达扬的装甲部队不仅突破了埃及人在西奈半岛中部和南部的防线，还席卷了被埃及占据的加沙地带。埃及军队总司令穆罕默德·阿卜杜·哈基姆·阿米尔（Muhammad 'Abd al-Hakim 'Amer）将军于慌乱之中命令部队撤退。以色列人的胜利来得很快。事实上，这胜利对于英法两国来说来得有点儿太快了。英法舰队还在海上磨蹭，在国际社会的压力下，两国领导人正处于犹豫不决的状态。侵略直到11月4日才开始，于是埃及人便可以声称，他们的军队绝非是被以军从西奈半岛上赶出来的，只是为了保护家园而战略性撤退。

火枪手行动（Operation Musketeer，此次侵略战的代号）所取得的军事胜利堪称完美。埃及方面被打得溃不成军，运河3/4的区域再次被英法两国占领。可从政治上来说，这次行动的结果是灾难性的。不管是冷战还是文化上的分歧全不见了，国际社会联合起来一致谴责该侵略行为。在美国的制裁和苏联导弹的双重威胁下，英法两国退缩了。两国军队毫不光彩地撤离了埃及，国旗也相继降下，从此以后再也没在中东地区升起过。

相比之下，以色列人可就没那么快撤退了。战争结束后，他们控制了西奈半岛、加沙地带和蒂朗海峡。尽管同样承受着来自美苏两国的巨大压力，但作为埃及实施封锁和恐怖袭击的受害方，以色列还是得到了国际社会的同情，本–古里安在国内也获得了国民的强烈支持。在屈从于撤军要求的同时，他坚持要求埃及保证以色列船只在蒂朗海峡自由航行的权利，并不向以色列边境发动袭击。由于埃及此前在停火协议的约束下仍向以色列开战，他宣布1948年的停火协议终止。

紧随其后的是持续四个月之久的外交活动。其间，阿巴·埃班（Abba Eban）这位口齿伶俐的以色列驻华盛顿大使兼驻联合国大使奋力捍卫其祖国不容侵犯的利益。不过扮演救世主这一角色的人却不是埃班或任何其他以色列人，而是加拿大外交部长莱斯特·"迈克"·皮尔逊（Lester "Mike" Pearson）。不论是对阿拉伯人、以色列人还是欧洲人而言，皮尔逊都是值得信赖的人选。他提出建立一支由多国组成的联合国紧急部队，用来监督英法联军从埃及撤离。其后他又将这一概念应用到屯驻于西奈半岛境内的以色列军队身上。这一想法是将由各国士兵组成的联合国部队部署到埃以边境、加沙地带和能清楚看到蒂朗海峡的沙姆沙伊赫（Sharm al-Sheikh）。不出众人所料，纳赛尔抵制该提议。这一方案给他的感觉首先是对埃及主权的限制，其次是对以色列侵略行径的奖赏。本–古里安同样表示反对，他指出纳赛尔可以根据情况随时将上述联合国部队驱逐出境。

最终打破僵局的是两份"君子协定"。其中一份在纳赛尔和联合国秘书长达格·哈马舍尔德（Dag Hammarskjold）之间达成，而另一份则在美国国务卿约翰·福斯特·杜勒斯（John Foster Dulles）和以色列外交部长果尔达·梅厄（Golda Meir）之间达成。哈马舍尔德向纳赛尔承诺，埃及有权撤走联合国紧急部队，不过这一权利只有在联合国大会对维和部队是否完成使命这一问题做出评估之后方能行使。另一方面，杜勒斯向以方承诺，美国会把埃及任何试图重新封锁蒂朗海峡的行为视为战争行为，而以色列则可根据联合国宪章第51条自卫还击。这种情况如若发生，梅厄保证她将告知美国以方的意图。英法两国同意这一协议，加拿大和其他一些西方国家（瑞典、比利时、意大利和新西兰）也同意了。虽然当埃及军队重返加沙地带，杜勒斯重申其对停战协议的支持之时，事情又出了一些小岔子，但到1957年3月11日，联合国紧急部队便已各就各位，而最后一名以色列士兵也离开了西奈半岛。[18]

尽管经历了这一切，阿以冲突依然是中东地区不可改变的恒定组成部分。它由20世纪20年代和30年代的地方性争议扩大为40年代的地区性冲突，最后在50年代时波及整个世界。阿拉伯国家与世界大国间的角力、以色列的恐惧与故作勇敢，以及双方持续的痛苦，这些情境交织在一起，最后合为一体。如果说在该地区已有一种新的现状建立起来，那么这一现状必然具有一种内在的不稳定性，其稳定性如此脆弱，以至于星星之火便可将其点燃。

冷战/热战

诡异的是，冲突双方在1956年的战争中都得到了好处。在埃及政治宣传部门的鼓吹下，纳赛尔宣称在战争中取得了政治、军事两方面的胜利。他不光单枪匹马地击败了帝国主义者，还调动了全世界的公众舆论来反对以色列，而以色列都不敢跟埃及交手。如今已物归原主的苏伊士运河即便不能使埃及成为世界范围内的超级大国，也能将其打造成地区范围内的超级大国。[19]

以色列人则相信这场战争至少为他们换来了十年的安宁，使他们可以踏踏实实发展十年。以军的军力让西方认识到，以色列国已经成了既定事实，不可能被大国一点点瓜分掉。阿尔法计划和伽马计划已随风而逝，取而代之的是以色列与广大亚非国家的紧密关系、从伊朗运来的石油，以及从法国进口的高端战机——其中包括"暴风雨"（Ouragans）战机、"神秘"（Mystères）战机和"幻影"（Mirages）战机。法国还帮助以色列在安全领域取得了最大胆也最具争议的成就：在以国南部的迪莫纳（Dimona）附近建立起的核反应堆。

有得必有失，1956年的战争也有其不利的一面。如果以色列人对其军事实力的自信进一步得到加强的话，那么他们对国际社会压力的担忧也增加了一分。阿拉伯人对下述指控掌握了无可争议的证据："犹太复国主义集团"（对阿拉伯人来说，"以色列"一词令人生厌到了难以启齿的地步，故弃之不用）是帝国主义者的工具，有侵略性，但在意识形态上十分软弱。他们相信，如果阿拉伯人在阿以之间的第二轮对决中取得了比第一轮对决更大的成功，那么他们在第三轮对决中终将取得胜利。纳赛尔所要做的仅仅是发动战争。[20]

对以色列来说，幸运的是纳赛尔并没有成为阿拉伯人"苏伊士综合征"（Suez syndrome）的受害者，而且禁住了他自己宣传的那一套说辞的诱惑。他知道埃及军队在战争中被以色列国防军打败。他还很清楚，下一场战争不论被炒得有多热，在阿拉伯人变得更强大之前都必须尽可能地拖延下去。他配合着联合国紧急部队的工作，只是象征性地在西奈半岛留了一些军队。此后，以色列船只也能够畅通无阻地通过蒂朗海峡了。不管纳赛尔发表何种好战言论，巴勒斯坦问题算是再次被稳稳地置于"冷藏库里"了。

相反，纳赛尔将精力投入了一项更为激进的事业当中，这包括混合了阿拉伯社会主义与民族主义的纳赛尔主义和一系列为动员大众、启动埃及经济建设的一党化运动。这些努力很少有取得收获的。渴望成功的纳赛尔转而与苏联建立更紧密的联盟，同时升级了与中东诸君主国王室间的冲突，这便是某位学者所说的"阿拉伯世界的内部冷战"。

随之而至的是一系列血腥政变、刺杀行动和爆炸袭击，最后以伊拉克1958年的革命和企图推翻黎巴嫩及约旦政府的行动告终。黎巴嫩和约旦也只是在西方的军事干预下才躲过一劫。艾森豪威尔总统在将英法赶出中东后，试图以艾森豪威尔主义来填补英法走后留下的权力真空。从这一刻开始，美国将保卫任何受共产主义及其盟友威胁的中东国家，其中最显著的威胁便来自埃及。[21]

尽管纳赛尔在1958年经历了一些挫折，但他取得了一项惊人的成就：埃及和叙利亚两国的合并。叙利亚的政权同样接受了极端社会主义的亲苏立场。这个名为阿拉伯联合共和国的新国家成了激进阿拉伯理想的化身。一年后，纳赛尔在加沙地带建立了政治实体，这一实体某种程度上就是流亡政府。尽管没有实在的权力，流亡政府的建立却依然表达了他对巴勒斯坦人民正义事业的承诺。纳赛尔最大的成就是于1960年在苏联的资助下开工建设的阿斯旺大坝（Aswan Dam），它被称为"自金字塔建立以来中东最伟大的壮举"。埃及"街头"欣喜若狂。随着阿拉伯世界东西两部分被连接到一起，对以色列的包围又逐渐收紧，民间出现了通过武力解放巴勒斯坦的愿景。纳赛尔没法对这些期望视而不见，尤其是当1960年叙利亚貌似就要被迫开战的时候。[22]

这一切肇始于以色列在北部边境非军事区内的农业耕作。叙利亚军队向以色列拖拉机开火，以色列国防军的炮火也轰击了叙利亚军队位于戈兰高地上的阵地。随着双方的摩擦日益加剧，苏联介入了进来。苏联知会纳赛尔，说以色列正计划入侵叙利亚，甚至提供了以军发动攻击的日期：2月22日，即阿拉伯联合共和国的国庆日。纳赛尔以前便收到过类似的警告，但考虑到阿拉伯民众尖锐的声音，这次他决定采取行动。埃军两个师的军事力量（其中包括训练有素的第4装甲师）涌入了西奈半岛。埃军告知联合国紧急部队的指挥官，如若战事爆发，他们要做好在24小时内撤离西奈半岛的准备。

埃及人的突然出击杀了以色列人个措手不及，此时的以色列毫无防备，仅有30辆坦克驻守南方。抓狂的以色列人赶紧动员军队，同时，外交官连忙游说外国政府，本国对叙利亚或埃及方面没有任何类似战争的意图。双方高度紧张的局面一直持续到3月初，此前悄悄溜进西奈半岛的埃及军队这时又悄无声息地从半岛撤了出来。[23] 这一事件被以色列国防军称为"罗腾树"（Retama）行动（以沙漠中散发香气的植物命名，该植物的希伯来文为Rotem）。它给以色列人造成了巨大的精神创伤，也不失为纳赛尔的一场胜利。以色列人对此的记忆历久弥新，这一事件给以色列人带来的教训将在1967年时显露无遗。

不过阿斯旺大坝和罗腾树行动只不过是阿拉伯联合共和国那可悲传奇中的例外。阿卜杜·哈基姆·阿米尔治下的叙利亚联合政府同其1956年手下的军队一样无力。就这样，阿拉伯联合共和国开始解体。随着新政权对叙利亚传统的开放式经济施加毫不妥协的控制，腐败和暴政笼罩在叙利亚上空。叙利亚的军官也被激怒了，他们发现自己完全被排除在权力中心之外。1961年9月，这些被激怒的军官中的一小群人（其中包括萨拉赫·贾迪德［Salah Jadid］和哈菲兹·阿萨德［Hafez al-Assad］）发动了一场成功的政变，并宣布叙利亚退出阿拉伯联合共和国。[24] 阿米尔及其手下像牲口一样颜面无光地被赶进一架飞机，并被迅速带回开罗。他们对于阿拉伯联合共和国的记忆只剩下国名而已，这一名字被埃及单方面保留下来。

叙利亚从阿拉伯联合共和国"分离"出去的这段时期标志着纳赛尔迄今一直处于上升期的事业开始进入下降阶段。纳赛尔不仅身体不适（那年他得了糖尿病），还得忍受与赫鲁晓夫之间狂风暴雨般的关系。对苏联领导人来说，埃及的社会主义从来都不够激进。埃及整个国家的经济更是像自由落体一样下滑。在这一片昏暗当中唯一的亮点来自埃及与美国（肯尼迪［Kennedy］领导下的新政府）关系的显著改善。

与更主张对抗的艾森豪威尔相比，肯尼迪认为，要想限制苏联对中东的影响，同时不让纳赛尔闹事，胡萝卜比大棒更有效。用肯尼迪的高层助手切斯特·鲍尔斯（Chester Bowles）的话来说，美国当时使用着一件"看不见的伟大兵器"。华盛顿一年运送两次小麦及其他基本物资给纳赛尔，用来激励他"为了推土机而放下麦克风"。至少在一段时间内，这一政策颇有成效。纳赛尔看上去是止步了，不再去蹚阿拉伯国家间政治这摊浑水，并转而专注于国家内部事务。尽管埃及支持武装解放运动，尤其是发生在非洲的，而且该国支持的不结盟运动也让美国人伤神，但对话的大门已经打开。这一改变能在两位总统间的通信中得到证明——纳赛尔在信中写道："我们之间将永远有分歧。"肯尼迪在回信中则引用纳赛尔的话说："但彼此间的理解会将这些分歧控制在不出格的范围内。"同样能证明这一改变的还有美国对埃及扩大的援助，这一援助到 1962 年养活了埃及 40% 的人口。[25]

不过，1962 年发生的其他事件却给美埃之间刚缓和的关系及纳赛尔的命运埋下了灾难性的种子。问题出现在也门。当年 9 月，这个远在阿拉伯半岛南端的国家之领袖伊玛目巴德尔（Badr）被一群以阿卜杜拉·萨拉勒（'Abdallah al-Sallal）将军为首的"自由军官"给赶下了台。巴德尔逃到了利雅得（Riyadh），并就镇压国内叛乱一事争取到了沙特的支持。而萨拉勒则向开罗求援。

萨拉勒提出请求时，纳赛尔正被几件事情搞得心慌意乱——阿拉伯联合共和国的解体、经济政策的崩溃，以及对某些高级将领之忠诚度的担忧。这些高级将领没有预先告知纳赛尔便给萨拉勒的部队提供战术上的支持。但纳赛尔接受了这一既定事实。他认为也门不仅是转移军队注意力的好地方，而且提供了击败对手沙特的战场，甚至能同时骚扰英国在亚丁的殖民地。刚在古巴导弹危机中蒙羞又急于复仇的赫鲁晓夫也为纳赛尔送上了祝福。[26]

北也门内战就这样开始了。这场战争如此激烈而又徒劳无功，以至于即将爆发的越南战争可以被轻易地冠以"美国的也门"这一称号。[27] 俘虏经常被处死，尸体面目全非，整片整片的村庄被夷为平地。埃及军队轰炸了也门保皇派在沙特的仓库。此外，埃军还成了历史上首支使用毒气弹的阿拉伯军队。这场战争不仅重启了阿拉伯"革命党"与"反动派"之间先前的冷战冲突，还标志着埃美两国间短暂蜜月期的终止。肯尼迪从纳赛尔对也门的干预中嗅出了苏联渗透到南阿拉伯半岛的味道。在其特别代表埃尔斯沃思·邦克（Ellsworth Bunker）的调停下，肯尼迪敲定了一份协议。根据该协议，沙特将停止支持巴德尔，而埃及则将撤走自己的军队。不过，虽然利雅得方面遵守了协议，开罗方面却背信弃义，反而向也门派出了规模更庞大的军队。"军队脱离接触计划的失败……只会将美国和阿拉伯联合共和国引向以下局面：两者不是越走越近，而是渐行渐远。"肯尼迪在惨遭刺杀前月余，即10月19日发出了这一警告。[28]

阿拉伯人的处境会变得比现在更差，这似乎难以想象，然而这样的事情却真的发生了。与埃及的关系一直不太友善的伊拉克统治政权在1963年2月轰然倒台，该政权领导人被阿拉伯复兴社会党的激进分子开枪打死。有关三方（埃及、叙利亚、伊拉克）合并的谈判除了出台了一部联合宪法，鲜有其他成就。紧接着爆发了一场大屠杀，伊拉克军队中支持纳赛尔主义的人被清洗一空。之后，随着七月政变的流产，纳赛尔主义的支持者同样被清除出叙利亚军队。数百人被杀，被处决，或卷入争端。

诸如此类的事件标志着埃及对外关系乃至阿拉伯国家间关系整体上

的恶化。这倒是让以色列人乐开了花。随着阿拉伯联合共和国解散，纳赛尔的军队又在也门陷入泥沼，第三轮阿以对决的危险也似乎渐行渐远。以色列人对战争威胁远去的进一步确信源自美以关系的巨大改善（肇始于肯尼迪）。美国共和党对以色列的好感极少，并因此不受大部分美国犹太人欢迎。与之相反，新当选的民主党总统之所以能在选举中险胜，很大程度上要归功于犹太人的选票及其对以色列的赞赏。"美国与以色列之间存在着一种特殊关系，唯一能与之相提并论的便是美国与英国之间的关系，"肯尼迪对以色列外交部长梅厄说，"我想，有一点很清楚，那就是如果以色列遭到侵略，美国会前来支援。"为了将这一承诺落到实处，美国前所未有地向以色列出售了7500万美元的军火，其中1/3的份额留给了"霍克"（Hawk）地空导弹。[29]

尽管如此，美以关系也并非毫无摩擦。对于以色列的报复政策、更改约旦河河道的计划，以及抵制巴勒斯坦难民回归故土等行为，肯尼迪政府的反对声音一点儿也不比艾森豪威尔政府小。作为坚定的反核扩散主义者，以色列的核计划让肯尼迪大为光火。他担心以色列所生产的核裂变材料可能促使阿拉伯人在其领土上部署苏联的导弹，甚至对以色列发动一场先发制人的打击行动。外界假定以色列所拥有的核实力早就被纳赛尔用来当作其发展导弹制造工业的借口（在这一过程当中，纳赛尔并没有雇佣俄罗斯人，而是选择了德国和前纳粹科学家）。尽管以色列反复保证在迪莫纳没有异常活动发生，也"不会成为第一个在中东引入核武器的［国家］"，但这都没法让美国总统感到满意。他坚持半年检查一次以色列的核反应堆，并威胁说，如果本-古里安拒绝合作，那么他将重新考虑美国对以色列做出的任何安全承诺。为了让本-古里安予以配合，肯尼迪还提出向以色列供应霍克导弹。然而本-古里安却辩称，以色列的核计划是其自身主权范围内的事，是为了保证世上不再发生第二次大屠杀事件。霍克导弹最终部署到了迪莫纳周围。[30]

不管本-古里安再怎么有魄力，再怎么性格刚毅又不屈于人，他毕竟不像1948年和1956年时那样精力充沛了。尽管以色列与美国的关系正在改善，更与法国结为同盟，与亚非国家也都有联系，但在本-古里安看来，以色列并非一个地区范围内的大国，而只是一个少数人种聚居区（ghetto）——它备受孤立，且毫无遮蔽。"多亏了苏联的武器，阿拉伯联合共和国正在越变越强，"1961年时他对法国总统夏尔·戴高乐（Charles de Gaulle）这样说道，"纳赛尔相信，再过一两年他就能发动一场闪电战，炸掉我们的机场，摧毁我们的城市。"在1962年的七月革命纪念日庆典上，纳赛尔命他新获得的导弹驶过开罗街头。他扬言："它们能够击中贝鲁特以南的任何目标。"这让以色列总理颇为恐慌。第二年5月，埃及、叙利亚和伊拉克宣布要联合起来解放巴勒斯坦，以色列总理再次受到震动。他此时只好警告驻特拉维夫的美国大使："纳赛尔正叫嚣着要向以色列开战，如果再让他获得核能力，那我们就完了。"可事实是，埃及所谓的导弹仅仅是V-1火箭，据美国情报机构的资料显示，这只是"一种代价高昂的失败品，而且……至少在几年时间内不能投入使用"。此外，阿拉伯国家新组成的联盟也只不过是个幌子。这些东西对本-古里安影响不大。本-古里安迫切希望与法国的马塞尔·达索（Marcel Dassault）公司达成一笔交易，要求该公司在几年的时间内制造出一批地对地导弹，并于1966年或1967年完成导弹的铸造工作。[31]

以色列不是没有担惊受怕的理由。这个国家被约1028千米充满敌意的边境环绕，并被约30个师的阿拉伯军队包围。埃及可能再次封锁蒂朗海峡，不让以色列船只通过。另一方面，掌控着约旦河源头的叙利亚则可能切断以色列的水资源供给。阿拉伯人每年的军费总开销差不多有9亿3800万美元。虽说以色列的国防预算已经增长了5倍，但阿拉伯人的军费支出几乎仍是以色列的2倍。尽管1957年到1967年间"只有"189名以色列平民死于敌人的炮火之下——较1949年到1956年的死亡数字（486人）有所下降——但以色列国民众遭伏击和轰炸的危险长期存在。

以色列人从未忘记上述任一危险，但对他们中的许多人来说，20世纪60年代初并不是一个充满恐惧的时代，反而是一个相对安全，甚至是繁荣的年代。在这段时间里，该国人口增加了2倍，增长到290万人；该国10%的年平均经济增长率在当时只有日本能与之比肩；同时，该国大学毕业生占人口的平均比例位居世界第五。以色列国内的艺术事业蓬勃发展，媒体活跃且自由。尽管国内的偏见及歧视行为猖獗（尤其是针对来自北非的新移民），但当时仍持续存在着一种包容一切的民族使命感，一种独特的以色列活力。当时的社会风气整体上偏保守，甲壳虫乐队被禁止在以色列国内表演，表面上是出于安全方面的考虑，但实际上是为了保护年轻人。这个保守的社会正与各种新鲜事物做斗争，这些新鲜事物包括各种新观念、处于初始状态的物质主义，以及刚涌现出的新生代领袖——他们个个都充满了自信。

这些年轻人所展现出来的自信很大程度上源自以色列国防军。这支军队迅速发展壮大到拥有 25 个旅、175 架战机和近 1000 辆坦克。在加装上改进过的 105 毫米线膛炮后，这些坦克不仅使以军拥有了突破阿拉伯军队防线的"铁拳"，还确保了以军能在脆弱的城市被敌人摧毁前先行取得胜利。以色列空军也被打造成一支能给埃及带来"致命一击"的军队。这背后的考量是：只要埃及丧失了战斗能力，其他阿拉伯国家军队就会跟着崩溃。不过以色列国防军不仅仅是一股军事力量，还代表了一种精神。支撑它的是种种深入人心的理念：志愿服务精神、军官身先士卒（高喊"跟在我后面！"），以及社会责任。以色列妇女须服役 18 个月，而男人则至少服役 2 年。男性每年还要接受长达数周的预备役训练，这一状况会一直持续到 52 岁。有鉴于此，以色列平民更像是暂时离岗的终身制士兵。以色列国防军的特点是高度去形式化，部队里面很难看到敬礼、齐步走这些形式化的行为。它强调的是速度、随机应变的能力和指挥的灵活性，部队里的下级军官甚至都能临场做出重大决定。这背后始终存在着一种假设，那就是以色列总会不得已再次为生存而战，而在这场战争中，不管以色列国防军的规模有多大，敌军总会在数量上远远超过它。[32]

1963 年 6 月，出于政治自信和强大的军事实力两方面因素，乐观的以色列人放心地让国父本-古里安辞职了。引发这一事件的直接原因与以色列于 1954 在埃及展开的破坏行动有关。这一行动幕后的指示者是谁？最后下令的到底是前总理还是安全部门的相关人员？面对针对他的指控，本-古里安赌上了自己的职位。他坚持要求设立一个单独的法律委员会来调查此事，而没有选择依赖于早已开脱了其罪嫌的政府内部委员会。本-

古里安输了。以色列地工人党（Mapai）内部的大多数同僚都站在了法律委员会的一边。本-古里安退出该党，以示抗议。然而，政权轮替才是这些争议背后的实质。它反映了像果尔达·梅厄及伊加尔·阿隆这样的政治暴发户想要更进一步的欲望。类似这样的轮替在国家面临危险的时候根本不可能发生，更不可能发生的是将国家托付给一位上了年纪的技术官僚——列维·埃什科尔（Levi Eshkol）。

本-古里安和列维·埃什科尔这两人简直千差万别。身为前农业与财政部长的埃什科尔毫无特色，看起来也很朴实。他在金融和农业领域懂得很多，对国务却了解甚少。几乎没有政治家指望他能在位子上坐很久，他们都假定本-古里安有朝一日将回归。埃什科尔本人最初也形容自己的职责是"看守政府总理"。不过论及以色列与阿拉伯世界的关系，他们两者的观点却几乎没有区别。埃什科尔也持有这样的信念，即阿拉伯人渴望一战。他认为以色列虽然在军事上不可战胜，但又极其脆弱，用他的话来说叫 Shimshon der nebechdikker（意第绪语，意为"呆子参孙"）。因此，这位新上任的总理才会在 1963 年的某一个月之内先后发表截然相反的意见。他先是对以军某空降部队说："也许那一天终将到来，在这一天里，你们空降兵将决定以色列的边界。我们的敌人不应自欺欺人地认为软弱会妨碍我们让敌人流血。"然而之后他又在战争学院里发出警告："我们所面对的危险是被彻底消灭。"[33]

背景回溯

自相矛盾的是，以色列的成功某种程度上要归功于阿拉伯人，归功于他们的敌意，这使以色列免于成为一个派系丛生的社会。然而这一敌意也使阿拉伯人本能地团结起来，而阿拉伯国家的领袖也渴望能驾驭这种敌意。因此，有关埃及、叙利亚和伊拉克三国合并的提议首先以反以联盟的面貌出现。这是因为不管上述三国在意识形态上有多相近，除了反以色列，没有其他任何事情能让三者达成共识。埃及将其对也门的军事干预描述为"除掉犹太复国主义征程中的一步"，而反对埃及干预的约旦-沙特联盟则代表了"反对犹太人侵略的阵线"。[34]

但巴勒斯坦问题是一股将上述团结倾向往反方向拉扯的力量。阿拉伯各国领袖利用这一问题互相攻讦,以至于阿拉伯世界既能为巴勒斯坦问题团结起来,也能为之分裂。比如,随着三国(埃及、叙利亚、伊拉克)合并计划于1963年流产,叙利亚独裁者阿明·哈菲兹(Amin Hafiz)将军指责纳赛尔不光在以色列面前太过"软弱",还"为了换取美国人的几蒲式耳小麦而出卖了巴勒斯坦"。纳赛尔在回击中抨击叙利亚"在埃及的背后捅刀子",还没团结起来就把阿拉伯人拖入内战。约旦的"万年"首相瓦斯菲·塔勒(Wasfi al-Tall)和他在大马士革的大敌联手指责纳赛尔不敢跟以色列人斗,宁愿"躲在联合国紧急部队的裙下"。[35] 100万巴勒斯坦难民所遭遇的持续困境及以色列人自信的外交和国防政策将使巴以冲突继续成为阿拉伯世界统一与不和的中介性因素。

到1964年初,阿拉伯国家间关系的大潮似乎又从分歧回流向合作。合作的借口是以色列人调拨加利利海之水入内盖夫沙漠的计划。愤怒的阿拉伯人担心改造后的内盖夫沙漠能再养活300万犹太移民,继而能加强以色列对巴勒斯坦的控制。叙利亚人在同纳赛尔的竞争中利用了这一担忧。他们援引了阿尔及利亚人民刚对法国取得的胜利(这一胜利很大程度上归功于纳赛尔的支持),号召发动一场"人民战争",以摧毁犹太复国主义者的诡计。约旦和沙特权衡之后站在了大马士革一边。突然,埃及发现自己被孤立了,这个最强的阿拉伯国家似乎不愿采取行动。

但纳赛尔是不会被人玩弄的。他的回应是一个吸引人眼球的想法:举办一次所有阿拉伯国家的峰会。埃及总统宣称:"巴勒斯坦问题高于一切意见分歧,为了巴勒斯坦,我们愿与所有跟我们有分歧的人会面。"[36]

纳赛尔发表上述高调言论背后的动机是他不愿把巴勒斯坦问题的主动权让给叙利亚,而这一动机又是因为纳赛尔想要避免一场埃及无力承担也无法取胜的战争。峰会开始一周前,他在塞得港(Port Said)的演说中解释道:

> 现今,我们不能使用武力,这是因为局势不允许我们这样做;请

对我们有点儿耐心,巴勒斯坦的战斗会继续,约旦的战斗也是巴勒斯坦战斗的一部分。如果我在无能为力之时宣称我将战斗,那样的话我将把你们带入灾难之中。我不会把我的国家领向灾难,我不会拿它的命运去赌博。[37]

避免战争、保住脸面这两个动机足以促使纳赛尔召开峰会。不过除此之外,还有一个更强的诱因:从也门抽身的需要。埃及在也门的军队从1962年的小分遣队暴增至5万人,这给本来就在崩溃边缘的埃及经济带来了巨大的压力。阿米尔和他的小圈子可能因为战争而变得更为富有,但这场战争让埃及耗费了92亿美元(平均每个埃及村庄50万美元),还让数千名埃及士兵葬身疆场。但退兵需要与沙特及其他可恨的"反动派"商讨出一份协议。纳赛尔已经厌倦了战争,这是他愿意付出的代价。

自巴勒斯坦战争后阿拉伯世界领袖最大的集体会议于1964年1月14日在开罗召开。在接下来的3天中,纳赛尔通过强硬的手腕实现了自己的目标——在对我行我素的革命政权加以管束的同时拉拢保守的君主制政权。不过他也为此付出了一些代价:由阿拉伯国家联盟提出的耗资1750万美元的计划得到了批准。这项计划通过对约旦河的两个源头——巴尼亚斯河(Banias)和哈刺巴尼河(Hatzbani)——进行改道来彻底减少以色列水资源的数量并降低其质量。由于阿拉伯人假定以色列人不会眼睁睁地看着自己国家的水资源耗尽而不为所动,会上还成立了阿拉伯联合司令部(United Arab Command),意在为计划护航,同时为进攻做好准备。联合司令部手握3.45亿美元的10年预算,其任务是促进阿拉伯国家军队标准化,并向约旦、黎巴嫩和叙利亚提供军事援助。会上还制订了如下计划:用叙利亚的军队来巩固黎巴嫩国防;用伊拉克的军队来巩固约旦国防;装备精良的伊拉克空军供联合司令部差遣。发动战争的条件已具备:机密、团结及完全的军事准备。[38]

这次被誉为"阿拉伯人历史上所有阿拉伯国家领袖首次达成一致"的峰会昭示着纳赛尔的胜利。阿拉伯联合司令部由埃及直接领导,阿里·阿里·阿米尔('Ali 'Ali 'Amer)将军任司令一职,而阿卜杜·穆奈姆·里亚德（'Abd al-Mun'im Riyad）将军则为司令部总参谋长。在同以色列的武装斗争中，埃及已握有主动权。不过，最后的摊牌至少还得再等两年半，到阿拉伯联合司令部于1967年真正运作起来才能开始。随着阿拉伯世界被动员起来，纳赛尔牢牢地将其掌控于手中，他在峰会中的座右铭"统一行动"似乎已经变为现实。[39]

不过这次峰会并没有为埃及人找到一个能够逃离也门泥沼的出口，也没能让叙利亚人消停下来。阿明·哈菲兹刚回叙利亚，其政府便开始重申"我们要做的是动用一切手段把阿拉伯人民推向战场……"，同时再次指责埃及躲在联合国紧急部队的裙下。[40] 阿拉伯联合司令部便是实现上述目标的手段，叙利亚心急火燎地想要利用它。纳赛尔寻求阿拉伯世界大团结，同时努力延缓与以色列发生的任何形式的冲突。然而，他在这一过程中却不知不觉地制造出了一个引发异议的制度性框架，并加速了阿以双方朝战争方向发展的势头。

在随后的两次峰会上（当年9月的亚历山大峰会及一年以后的摩洛哥卡萨布兰卡峰会），纳赛尔逐渐领悟到了这些东西。峰会代表批准成立巴勒斯坦解放组织，其领导人为艾哈迈德·舒凯里（Ahmad al-Shuqayri）。舒凯里是一名矮胖而又健谈的律师，被许多人视作纳赛尔的傀儡。与此同时，峰会还批准建立巴勒斯坦解放军，该军队将被部署于以色列的边境。更有实质意义的是，阿拉伯联合司令部的预算扩张了近6亿美元。此外，峰会上还制订了于1967年的某日"根除以色列侵略"的计划。阿拉伯国家领袖同意不再互相干涉各国内政，转而专注于拯救巴勒斯坦这一最高目标。[41]

不过，阿拉伯国家间合作这一理念又一次基本只停留在了纸面上。约旦反对在西岸部署巴勒斯坦解放军，也不同意在其任何一块领土上部署伊拉克和沙特军队。黎巴嫩同样不愿接纳外来军队，伊拉克则不愿把自己的飞机借给阿拉伯联合司令部。没有一支阿拉伯国家的军队愿意将自家从西方进口的武器与埃及的苏式军械统一标准，也没有人愿意服从埃及将军的命令。在埃及之外，舒凯里备受鄙夷。由于阿拉伯诸国背信弃义，组建巴勒斯坦解放组织的计划也一拖再拖。[42]

这些只不过是使纳赛尔头疼的诸多问题的开始。更深层的烦恼将于随后出现。随着埃及在也门陷入困境，叙利亚于1964年趁机开始单方面执行阿拉伯国家制订的约旦河河源改道计划。正如之前阿拉伯国家所预料的那样，以色列人并没有坐视不理。他们的回应是毁灭性的轰炸，这破坏了叙利亚人的防御工事。"我们军队里的每一名士兵都觉得应该把以色列从地图上抹去。"叙利亚参谋长萨拉赫·贾迪德如是回击道。他还敦促阿拉伯人民群众"点燃"与以色列人战争的"大火"，并支持叙利亚为解放运动付出的努力。[43]

与此同时，沙特人也开始奚落纳赛尔。他们提醒纳赛尔，在也门的纠葛正妨碍着他去解放巴勒斯坦呢。纳赛尔与沙特国王费萨尔在1965年8月针对也门问题达成的和平协议最终被无视，而前者威胁要入侵沙特。多达7万名埃及精兵依然陷于也门的泥沼之中。在联邦德国承认以色列后，纳赛尔尝试重整旗鼓，领导一场阿拉伯国家对联邦德国的抵制运动。但沙特、摩洛哥、利比亚和突尼斯都拒绝参与其中。其后，突尼斯总统哈比卜·布尔吉巴（Habib Bourguiba）更是离经叛道，他竟接受了联合国的巴以分治计划。[44]

不管是对于埃及还是对于任何一个阿拉伯国家来说，它们在近两年的阿拉伯峰会谈判中实在获益太少。也门战争看不到头，阿拉伯人彼此间的争吵也无休无止。阿拉伯人没能建立起一个抵抗以色列的共同阵线，取而代之的是必定会激怒以色列人的联合进攻计划——简言之，全是影响团结的累赘，而没有促进团结的有利因素。即便是峰会唯一引人瞩目的成就，即巴勒斯坦解放组织的诞生，其成功也十分有限——有不少于7股巴勒斯坦游击运动力量（其中包括法塔赫）因该组织的无能而与之断绝关系。

然而，阿拉伯人所面临的混乱局面越变越糟。到肯尼迪政府末期，美埃关系便已变得十分紧张。这一关系在继任者林登·贝恩斯·约翰逊（Lyndon Baines Johnson）任内则完全破裂了。埃及对越南战争、刚果战争及对以色列、也门和亲西方阿拉伯君主的长期政策本就与华盛顿不和，如今旧仇未解又添新恨，纳赛尔又威胁到了美国在利比亚的惠勒斯（Wheelus）机场。*对于美国来说，这一机场在战略上至关重要。

美埃关系破裂的临界点出现于 1964 年 11 月，肇始于美国驻开罗大使卢修斯·巴特尔（Lucius Battle）所谓的"一系列令人恐惧的事件"中。首先，埃及首都的暴徒袭击了美国大使馆，并烧毁了大使馆的图书馆。紧接着，埃及军队又意外地击落了一架美国飞机。这架飞机属于得克萨斯州商人约翰·梅科姆（John Mecom，约翰逊总统的私人朋友）。巴特尔暗示纳赛尔，为了确保他能继续得到美国援助的小麦，他必须对其所作所为有所克制。纳赛尔听到这番话后放肆地说道："美国大使说他们不能接受我们的行为。行，那我们就要告诉他们，让那些不能接受我们行为的人去海里喝水吧……我们会割掉任何说我们坏话的人的舌头……我们拒不接受美国牛仔的黑帮行径。"[45]

美国对埃及的援助就此画上了句号。时间来到 1965 年，华盛顿正孜孜不倦地破坏开罗在延期国际债务及获取全世界货币基金信用方面所做出的努力。美国人运送的小麦（埃及生产的 60% 的大饼依赖于此）也被叫停。纳赛尔坚信约翰逊正设法刺杀他。埃及遭受了巨大的经济损失。尽管 1964 年 5 月赫鲁晓夫访问开罗时承诺给予的 2.77 亿美元的经济及军事援助能填补其中一部分损失，但埃及不幸患上的慢性病无药可救。这些痼疾包括：2950 万人口（年增长率 3.5%）、贫穷（人均年收入 140 美元，通货膨胀率 40%）、人口健康状况堪忧（男性平均寿命仅 35 岁）和人口大面积的文盲（文盲率 45%）。对异议分子的残酷镇压、财产的随意国有化，以及令人窒息的官僚机构：这便是 60 年代中期的埃及，一个警察国家。即便是阿斯旺大坝这一纳赛尔最伟大的象征物也被证明是有害的，它将可怕的血吸虫病传遍了埃及乡野。[46]

然而这一令人沮丧的景象却并非埃及所独有。急剧增长的人口、萎缩的就业机会、低水平的医保和教育是阿拉伯世界大部分地区的通病。[47] 父权制加上集权政府，很难说阿拉伯社会为进步做好了准备。即便

---

* 根据美、利两国于 1954 年签订的协议，美国对利比亚惠勒斯机场的租期到 1970 年为止。纳赛尔于 1964 年多次向当时的利比亚国王伊德里斯施压，要求赶走美国在利比亚的军事存在，伊德里斯国王最后迫于压力宣布惠勒斯机场在租期届满后不与美国人续租。

是"团结"这一基本目标（为报复傲慢的西方世界及其强加于阿拉伯世界之上的可恶的犹太国）也仍继续困扰着阿拉伯人。

失望与挫败感驱使着法塔赫的劫掠者于1965年的第一个夜晚穿越边境闯入以色列。这一行动虽然最终流产，但在整个中东地区引起了连锁反应。这些反应最初几乎难以被人察觉到，最终却产生了巨大的影响。在阿拉伯世界冷战期间，阿以冲突在大部分时间内被搁置在一边，如今它就这样猛然浮出水面。有关战争背景的构想已几近完成。

从冷藏库里出来

1964—1965年的阿拉伯国家峰会在阿拉伯人看来似乎是失败的，但对以色列人来说，这两次峰会简直无异于火山爆发——邻国渴望消灭他们的欲望被具象化了。以军情报部门此前否认阿拉伯人会为水资源问题开战，如今它却突然改变了腔调。"这一欲望一直以来都处于比较抽象的状态，直到现在。"一位以军情报工作人员解释道，"我们第一次知道有这样一个计划……该计划有清晰的阶段；大决战的日期已被定下。因此，在1967—1968年间，我们很可能要面对阿拉伯人新一轮的行动。这一行动在现实中的表现形式可能是又一次企图对约旦河河源改道、鼓励恐怖攻击……边境事件……封锁蒂朗海峡。"以色列情报部门警告说，为了恢复威慑力，以色列将必须多线作战，而开战时间也由不得自己选，这将使阿拉伯人有机会发起压倒性的反攻。[48]

从以色列人的角度来看，双方朝战争方向坠落的标志便是阿拉伯人开始采取实际行动。随着叙利亚单方面对约旦河河源改道，随后又阻止以色列开垦非军事区，以色列北部边境的冲突于1964年11月爆发了。该非军事区位于以色列境内，追溯起来是根据停火协议的规定在叙利亚军队撤出该区域后建立起来的。总面积近172.2平方千米的非军事区被分为3大块，其中囊括了许多群岛状的不规则土地，每片土地都有一个小名，比如"豆荚"和"戴高乐的鼻子"。以色列声称对这些土地享有全部主权，并抓住这点不放，力陈其立场，否认共同停战委员会对非军事区拥有任何管辖权（叙利亚的代表是共同停战委员会的组成成员之一），宣称这些土地是叙利亚农民的禁区。不过叙利亚人同样坚定地反对以色列为控制这些土地所付出的努力。叙军通过部署于戈兰高地之上的炮台对任何在这些土地上耕作的以色列拖拉机开火。

叙以冲突的中心还是加利利海本身。该湖全落在以色列主权范围之内，不过也只能说勉强算是这样。严格按法定意义来说，位于该湖东北岸的一条仅10米宽的狭长地带归以色列所有，但这一地带正好位于叙利亚的枪炮之下，几乎不能做出有效的防御。叙利亚狙击手时常对以色列渔船开火，而以色列巡逻艇也经常违规闯入湖中的非军事区（从湖东岸往湖中延伸250米的区域）里。

在以色列人的脑海里，土地和水资源这两件事被紧紧地捆绑在一起。以色列人试图通过肯定其对非军事区的主权来阻止叙利亚人对约旦河河源改道的行动。"控制不了水资源，我们便难圆犹太复国主义者之梦，"埃什科尔对其政府说道，"水是犹太人在以色列之地生存下去的根本。"从战术上讲，这两件事也有联系：以色列把在非军事区里发生的事件作为自己轰炸叙利亚河流改道工程的借口。随着以色列人打击远程目标的技术越来越娴熟，以色列坦克能够准确打击位于边界之后数千米处的叙利亚推土机。不过，此后叙利亚人又增加了冲突的砝码。

11月13日，在泰勒丹（Tel Dan）以北靠近某非军事区处，一支以色列巡逻部队遭到了叙利亚军队的攻击。伪装在附近的以色列坦克予以回击。戈兰高地上的叙军大炮对胡拉谷地（Hula Valley）里的以色列人定居点施以地毯式轰炸。由于敌军的大炮在以军射程范围以外，以色列的还击手段只能是从空中轰炸。不过，埃什科尔却犹豫了，他担心此举会引发战争，同时会危及以色列购买美国飞机的计划。"这是一个关于屋顶上是多两个洞还是完全失去墙和屋顶的问题。"他对伊扎克·拉宾，此时的以军总参谋长说道。

拉宾倾向于攻击叙利亚，而且是对其施以致命一击。他解释说，由于阿拉伯世界内部立场不一，苏联又不太可能干预，报复行动不会引发战争。另外，由于美国当时正忙于轰炸北越，便不太可能过问以色列对叙利亚的类似行动。埃什科尔被说服了，他接受了拉宾的理论，于是以色列空军战机便升空了。[49]

随后3个小时的战斗导致4名以色列人死亡，9人受伤，犹太人定居点遭严重损毁。叙利亚方面的损失同样惨重——至少2辆坦克和数辆推土机被毁。不过叙利亚人遭受到最严重的伤害是心理层面上的。叙利亚空军根本不是以色列空军的对手。叙利亚人的改道工程距边境8千米且在以色列坦克射程范围之外，尽管工程在1965年春天还会继续，但只要以色列人掌握着制空权，叙利亚人的工程就永远不可能完工。对此，叙利亚人的回应是采购更多更快的飞机（近60架苏式米格-21战机），同时展开新一轮针对以色列却又不那么危险的行动。

巴勒斯坦游击队的袭击活动最早于20世纪50年代为纳赛尔所用。事实已经证明，游击队的活动是既能刺伤以色列又能赢取阿拉伯世界公众舆论的可行手段。游击队的行动只需少许资助，一旦有人指控其行动与政府相勾结（尤其当袭击从邻国发动的时候），它能堂而皇之地予以否认。游击队在募兵方面也无任何难处，总有反感艾哈迈德·舒凯里及巴勒斯坦解放组织闲散人员的其他巴勒斯坦组织成员愿意加入。这些反对与以色列人和解的组织如今与叙利亚有着共同的利益，他们都想激化与以色列的矛盾。据以色列方面统计，在1965年整整一年中，法塔赫麾下的"暴风"（al-'Asifa）武装队在叙利亚的支持下对以色列发动了35次袭击。巴勒斯坦方面则宣称袭击次数为110次。

这些行动又一次使纳赛尔难堪。这些行动不仅在对于巴勒斯坦的领导地位问题上使其相形见绌，而且再度引发了被以色列人报复的危险。此时的埃及正致力于阿拉伯联合司令部的事业。在此一背景下，面对以色列人可能的报复行动，埃及必须有所反应，即发动战争。对埃及来说，游击队活动出现的时机简直不能更糟，此时埃及的军队正深陷于也门，经济状况也每况愈下。沙特、约旦及伊朗已通过伊斯兰联盟抱成一团，其目的是遏制纳赛尔的影响力。纳赛尔抨击该联盟是美国与穆斯林兄弟会的阴谋诡计，并据此取消了参加下届阿拉伯国家峰会的计划，该峰会按计划于阿尔及利亚举办。"若阿拉伯人能统一阵线，我们能在12天内毁灭以色列。"

他努力解释说,"对以色列的攻击只能从……叙利亚和约旦发起。"在宣称其意图为"用革命而非传统的方式解放巴勒斯坦"后,他悄悄地把所有在埃及和加沙地带的法塔赫运动分子都给抓了起来。[50]

在阿拉伯世界的领袖中,受叙利亚支持的恐怖活动威胁的并非只有纳赛尔一人。更直接地陷于危险之中的是约旦国王侯赛因。此前阿拉伯联合司令部在约旦领土上派驻沙特和伊拉克军队的计划被侯赛因成功地挡了回去,他确信此举(驻军)会成为以色列人吞并西岸地区的借口。由于法塔赫的袭击活动,侯赛因如今正处于与此前相似的处境。这些袭击活动有半数源于西岸地区。侯赛因此前一直在这一地区抵抗舒凯里的势力,而后者如今却不得不通过组建自己的民兵武装来与法塔赫一较高下。这位约旦国王花费了相当大的力气来压制这些活动。但他知道,镇压正当的巴勒斯坦抵抗运动要有个限度。他同样知道,以色列人的克制是有底线的。[51]

以色列人曾对他说过这些。1960年,侯赛因在埃及人精心策划的爆炸袭击中逃过一劫。本-古里安为此向其发出了贺信("尊敬的陛下将继续用勇气与成功抗击一切试图颠覆法律与秩序的背信弃义之举")。自那时开始,侯赛因便不时与以色列代表接触。两年后的另一起刺杀行动(同样可追溯至埃及)被以色列情报部门摩萨德(Mossad)阻止。同其祖父一样,侯赛因也小心翼翼地展开与以色列人的对话。这些对话都在伦敦展开,被严格保密。尽管他不能接受埃什科尔关于签署全面和平协议的提议(他还不愿打破与其他阿拉伯国家达成的共识),但他对于那些有实用价值的举措——例如暗地里共享约旦河的水资源——持开放态度。这些接触起到了安抚以色列及美国(约、以两国共同的盟友)的作用。要知道,在阿拉伯国家峰会期间,约旦在反犹太复国主义方面所做的政治宣传工作可是与叙利亚不相上下的。不过,政治鼓动是一回事,恐怖活动则是另一回事。以色列人对侯赛因发出警告,恐怖主义活动必须停止。[52] 可恐怖活动并未就此休止。1965年5月,在6名以色列人死于恐怖活动后,以色列国防军展开了反击。

三波报复行动接踵而至,分别针对西岸地区的盖勒吉利耶(Qalqilya)、舒纳（Shuna）及杰宁（Jenin）三地。按以色列国防军的标准来说，这些都只是小规模的攻击，其目标是一些水利设施、一座制冰工厂及一座面粉厂。尽管如此，这些攻击给舒凯里提供了口水战的弹药，使其得以对哈西姆家族的"殖民统治"大加挞伐，进而主张推翻其统治。他将此举视作巴勒斯坦解放大业的第一步。对此，侯赛因发誓要"斩断任何伸向这一处于挣扎状态的国家的手，挖出任何仇视着我们的眼睛"。作为回击，他逮捕了200名在约旦的"颠覆"分子，还查封了巴勒斯坦解放组织的办公室。这位约旦国王在写给纳赛尔的信中说道："巴勒斯坦解放组织的目的就是毁掉约旦，并毁掉这些年来我们为我们的民族及巴勒斯坦所取得的一切成就。"可纳赛尔依然不为所动。他不愿弃巴勒斯坦的自由战士于不顾，而为一位"反动的"君王辩护。叙利亚方面则对侯赛因和纳赛尔都予以谴责。他们谴责纳赛尔的理由是他没能营救巴勒斯坦兄弟，摆脱联合国紧急部队的束缚而开启"第三轮战争"。[53] 法塔赫的策略卓有成效：既成功地挑动了以色列人对阿拉伯国家发动报复性袭击，又使阿拉伯国家互相激将入战。

以色列人目睹着这一切逐渐展开。尽管他们在北部取得了引人瞩目的胜利，与之相伴的却是依然不断增长的无力感。作为其中的一员，埃什科尔怀疑阿拉伯人不会等到1967年再出手。"行，行，"当其属下向他呈上情报部门乐观的预期后，他不满地说道，"但万一情报部门错了怎么办？"

为"阿拉伯人将发动全面战争"这一幽灵所困扰，以色列国防军启动了"铁砧"（Anvil）计划。这是一份全面防御计划，旨在击退来自各阵线上的进攻，并在此基础上使以军有能力发动反击。不过这一计划还要再等一年（直到1966年7月）才能真正开始执行。在此之前，国家则处于十分脆弱的状态。当埃什科尔得知以下消息时，他深感惊骇：以色列坦克部队的弹药储备仅能满足3天的作战需求（他下令增加弹药储备，使其足以支撑6天），而以军战机的数量单是对付埃及空军都远远不够，只有足以应对埃及空军所需战机数量的1/3。此外，下述事件的发生更是加剧了以色列人的焦虑感。1965年1月，一位化名为卡迈勒·阿明·萨比特（Kamal Amin Thabet）的摩萨德特工被叙利亚军队抓获。此人真名为埃利·科亨（Eli Cohen），他神不知鬼不觉地潜入叙利亚军队并跻身高层。科亨在5月被处决，以色列损失了一个难以替代的情报源。通过此情报源，以色列能够了解到叙利亚在戈兰高地上的军力部署及叙军对法塔赫的大力支持。[54]

令以色列人更担忧的是其与法国人联盟关系的变动。一系列事件使法以关系在很大程度上冷却了下来——本-古里安的下台、戴高乐的上台、法国在阿尔及利亚战争的结束，以及反戴高乐政变所牵连的那些支持以色列的法国将军。尽管法国在1961年给以色列供应了72架幻影Ⅲ型战机，但随着法国试图忘掉苏伊士运河的历史而重新修筑沟通中东地区的桥梁，战机的进一步交付工作便被拖延。而在随后的1965年，法国在巴黎以贵宾级的待遇接待了埃及将军阿米尔。[55]

如此一来，对于以色列而言，解决这些问题的唯一答案还得从美国及其充满善意的总统身上寻得。"虽说你们失去了一位伟大的朋友，但是你们找到了一位更好的朋友。"据说约翰逊在肯尼迪遇刺后对某以色列外交官如此说道。这一友好关系在1964年6月时得到了清晰体现。列维·埃什科尔在当月成了首位在白宫受到正式接待的以色列总理。"在一切关乎以色列重大安全利益的事宜上，美国都是以色列坚定不移的支持者，"约翰逊总统向其客人保证道，"就像美国对东南亚的［支持］那样……"这两位总统年龄相仿且都有农业背景，他们志同道合，相处融洽。埃什科尔在回话中流露了忧虑："我们输不起。这可能是我们在历史上的最后一程。犹太人对世界有贡献。我相信，如果您审视我们民族的历史，看到我们所挺过的种种艰难险阻，您将意识到，那意味着历史想要我们继续存活下去。如果我们再度经历在希特勒手下所遭遇的一切，我们恐怕挺不过去……我相信您会理解我们。"[56]

约翰逊表示理解，并给以色列送去了5200万美元的民事援助。不过，军事援助就是另一回事了。美国此前已向以色列出售（尽管是通过德国间接出售）了M-48巴顿坦克和48架A-4天鹰攻击机（为平衡这笔军售，美国同时向约旦出售了一批坦克)。这批装备交付的截止时间是1967年12月。不过德国却由于阿拉伯世界的压力而停止向以色列出售武器。然而，由于埃及已于同期获得了苏式远程轰炸机，以色列便急需这批飞机。虽说在约翰逊任内，美国对中东的军售经历了大幅增长，但以色列获得的份额可以忽略不计。尽管美以双方于1965年2月签署的联合备忘录中写着"美国对以色列满怀善意，并渴望以色列能拥有具足够威慑力的武器"，但约翰逊拒绝成为以色列主要的武器供应商。[57]

约翰逊的回绝反映了美国人的外交传统：既不愿在阿以冲突中完全偏袒任何一方，也不愿被卷入中东军备竞赛。除此之外，回绝的原因还在于约翰逊正专注于处理越南战争和国内对越战不断升级的反对声。[58] 约翰逊强调，美国只不过是没法承诺再对地球上的其他区域负责，不能与苏联另起纷争。这一事实能给埃什科尔带来的安慰甚少，尤其是因为苏联似乎有能力同时支持越南民主共和国和阿拉伯人。

此外，以色列总理还得面对许多相关的国内问题。仍陷于辞职阴影中的本-古里安终于意识到埃什科尔绝不仅仅是个候补演员。他连同其党羽（佩雷斯和达扬）共同组成了自己的政党——"拉菲党"（Rafi，希伯来文为Reshimat Poalei Yisrael，意为"以色列工人名单"）。然而该党派在1965年10月的选举中却表现不佳。拉菲党虽没能获得国家领导权，但成功地削弱了以色列地工人党的多数地位，并耗尽了其领袖（埃什科尔）的精力，以至于令其心脏病发作。不料康复后的埃什科尔又遭经济萧条的打击，外来移民数量的减少和德国对大屠杀赔偿的终止这两方面因素共同导致了此轮经济萧条。国内失业率猛增至12.4%，而年经济增长率则萎缩到1%。一股萎靡不振之感开始向举国上下袭来，年轻人的感触尤为深刻。自1948年那段严酷的日子过后，这种现象还是第一次出现。[59]

当这一切发生时，以色列的安全状况已从更糟变得不堪忍受。仅在1966年这一年间，以色列就发生了93次边境袭击事件，其手段包括地雷、枪击和破坏活动。叙利亚方面则吹嘘自己光在2月到3月的一个月时间内就发动了75次游击队袭击行动。[60] 同样在那几个月内，一个新的政权在大马士革诞生了。同往常一样，这个新政权也是通过暴力上台的。贾迪德将军和空军指挥官哈菲兹·阿萨德建立的阿拉伯复兴党政权较旧政权更加激进。新政权完全由阿拉维派（一个为伊斯兰教主流教派逊尼派所憎恶的异端教派）成员组成，因此该政权十分欠缺群众支持，又极度害怕纳赛尔。解决这些问题的良药就在于制造诸如"阿拉伯反动派"和"西方殖民主义者"这样的敌人，尽管这些敌人没一个比犹太复国主义更凶险：

> 巴勒斯坦问题［是］我们对内政策、对阿拉伯人政策，以及国际政策的核心……解放战争只能由阿拉伯国家军队中的进步势力发起，借由人民解放战争的方式来实现。历史已经证明人民战争是战胜一切侵略势力的唯一方法……它将成为解放全体阿拉伯人家园和实现全面的社会主义统一的最终途径。[61]

阿拉伯复兴党成员新近发动的政变把叙利亚自1964年以来的政治进程推向了高潮。叙利亚既往的统治者在国内缺乏安全感，对外又面临着与埃及和约旦的竞争，他们只有通过与以色列斗争来赢取威望。不过这些计划都失败了，以色列国防军先后挫败了叙利亚的河流改道计划和控制非军事区计划。大马士革政府随后转而支持巴勒斯坦游击队的袭击活动。这一举动起到了一石三鸟的功效：既能对以色列造成伤害，又能让纳赛尔感到颜面无光，更能削弱侯赛因的力量。袭击活动可能让以色列人确信阿拉伯人的所作所为是在为战争做准备，但叙利亚人对此毫不关心。对他们而言，开战并不吃亏，最终的结果不是以色列战败就是其竞争对手埃及和约旦失败。而在此过程中，叙利亚人凭借其与苏联的紧密联盟将不会遭到任何伤害。

苏联人也在中东地区斥下巨资。自1956年起，仅军事援助额就达到了20亿美元。这包括1700辆坦克、2400门大炮、500架战机和1400名军事顾问，其中43%的装备都给了埃及。用苏联的话来说，纳赛尔是"非资本主义革命民主党人"。他被克里姆林宫视作古巴导弹危机失败后击败西方势力的主要希望。纳赛尔也没令莫斯科失望。当战争在东南亚肆虐之时，北约被敌人从南边包围起来，其石油供给遭到了亲苏阿拉伯政权的威胁。作为回报，纳赛尔和阿米尔在1964年双双被苏联封为英雄。苏联的这一荣誉此前还从未授予过外国人。

不过苏联对中东地区的慷慨馈赠也是分歧的源头。苏联共产党和军队领袖对阿拉伯人的作战能力，以及他们对马克思思想的开放程度都评价不一。有些观察者甚至将1964年10月赫鲁晓夫的被迫下台与其对埃及的过度慷慨联系起来（其反对者对其政策不抱幻想）。可接替其位者——苏联三巨头：总理阿列克谢·柯西金（Alexei Kosygin）、主席尼古拉·波德戈尔内（Nikolai Podgorny），以及苏共总书记L. I. 勃列日涅夫（L. I. Brezhnev）——却一点儿也不比赫鲁晓夫小气。一个月后，阿米尔受邀到访莫斯科。苏联领导人对他说："我们将给你一切，甚至是秘密武器。"据称，阿米尔回应说："而我们也会保守这些秘密。"[62]

苏联的"慈善事业"在叙利亚阿拉伯复兴党革命后达到了前所未有的高度。在埃及，共产党是非法组织，埃及与莫斯科的关系也因此而略显复杂。叙利亚的状况则与埃及形成了鲜明对比——大马士革的新政权首次囊括了叙利亚共产党。苏联的援助涌入，仅1966年一年就多达4亿2800万美元。这些钱被用来翻修叙利亚的基础设施，并为建立幼发拉底河大坝（其耗资比修建阿斯旺大坝还要多）提供资金支持。俄语则成为叙利亚学校语言教育的第二语言。不过苏叙间关系也并不仅仅建立在意识形态上。苏联的第三世界政策曾取得巨大的成功，但随着印度尼西亚的苏加诺（Sukarno）和加纳的恩克鲁玛（Nkrumah）的政权先后被推翻，而中国的影响力又逐渐在亚非国家间扩散开来，苏联遭遇了严重的挫败。叙利亚便成了对苏联挫败的补偿。[63]

莫斯科与大马士革似乎在所有重大问题上都能达成一致，唯一的显著例外便是巴勒斯坦。尽管苏联对犹太复国主义恶语相向，对以色列又予以无情的谴责，但它怎么也不会支持暴力。由于中东地区紧靠其南部边缘，而美国的第6舰队又屯兵于地中海东岸附近，这一地区倘若爆发战事，对苏联也并无益处。克里姆林宫的领袖此前已对叙利亚的约旦河河源改道计划表示反对，他们建议该国以巴以分治方案为基础展开和谈。但苏联对战争的拒斥之情到1966年年中时便慢慢开始减弱。苏联在叙利亚高层代表完成对苏访问后与叙方发表了一份联合公报，其中将以色列说成是"一座军工厂，一个侵略和敲诈阿拉伯人民的大本营"。苏联在公报中还承诺对阿拉伯人"反殖民犹太复国主义者的正义事业"予以全面支持。[64]

苏联外交政策的转变可能源自其内部斗争——苏联国防部副部长安德烈·安东诺维奇·格列奇科（Andrei Antonovich Grechko）元帅在勃列日涅夫的支持下正在政治上发动高压攻势，因此需要展现军事实力，也可能是想利用美国深陷于越南这一时机来谋利。不管怎么说，这一转变在那个春天所带来的后果却是无可辩驳的：变得更强大的叙利亚扩大了对游击队袭击活动的支持。叙利亚的傀儡总统努尔丁·阿塔西（Nureddin al-Atassi）对屯扎于以色列边境上的军队说："我们想要的是一场全面的人民解放战争……摧毁犹太复国主义者在巴勒斯坦的大本营。是时候让这些武器发挥它们的用途了。"[65]

遭遇到如此挑战，外界都以为以色列人会直接向大马士革发动报复行动。他们当然有此军事能力，甚至还有美国人心照不宣的支持。但凌驾于这些优势之上的则是报复行动会引发一场规模远大于此的军事对抗，而这正中叙利亚人的下怀，更会激怒苏联。与同时代的许多东欧人一样，埃什科尔很了解俄罗斯人，也很害怕他们。和叙利亚开战已经足够危险了，跟苏联开战简直就是自杀。[66]

苏以关系的不稳定状态在1966年5月25日显露无遗。这天，苏联外交部长告诉以色列大使卡特里埃尔·卡茨（Katriel Katz），犹太复国主义者正密谋入侵叙利亚。他被告知，就在俩人谈话之时，以色列国防军这一"帝国主义和殖民主义在近东的秘密武器"正在以色列北部边境集结。卡茨和埃什科尔都向苏联驻特拉维夫大使丘瓦欣（Chuvakhin）极力否认了这一说法。但这仍没能说服苏联人，即使是以色列做出的尊重叙利亚领土完整的承诺也没起到作用。随着苏联通过塔斯（Tass）通讯社吹嘘"以色列阴谋的及时暴露表明了苏联与阿拉伯国家在对抗……外国势力和国内反动派方面团结一致"，这一危机在事情发生两天后总算是过去了。不过该事件所传达的信息却引起了以色列人的注意，自那一刻起，以色列人便变得战战兢兢，即便是像侦察飞行这样的小事也生怕激怒了叙利亚人。[67]

既然如此，对以色列来说唯一可行的报复对象还是西岸地区。以色列国防军对西岸发动了两次打击行动，并与约旦的阿拉伯军团交上了火。两次行动均发生在希伯伦（Hebron）地区，8名平民在袭击中丧生。这些行动也许在一定程度上实现了埃什科尔平息国内批评声的目的，却很难威慑到大马士革。随着叙利亚人再次将河流改道工程转移到以军射程范围之外，随着他们加紧炮轰以色列定居点，双方沿着边境的坦克和大炮对决始终未停。拉宾又一次意识到，只有出动以色列空军才能解决问题。以色列战机于7月7日展开行动，并击落了一架叙利亚米格-21战机。

叙利亚没过多久就做出了回应。8月15日，一艘以色列边境巡逻艇在加利利海东岸的非军事区搁浅，叙利亚派出了战机。据哈菲兹·阿萨德说，此次攻击的目的是"向阿拉伯人民证明……以色列人嘴里所说的空中优势只不过是一个谎言"。结果，叙利亚人的行动却适得其反，两架米格战机坠毁在熊熊烈火之中。然而，叙利亚的机枪手却成功阻止以军潜水员将巡逻艇移走，以军此后费了好大的力气，最后在夜里才将该艇解救出来。[68]

尽管如此，巴勒斯坦游击队的袭击仍在继续，如今有近26支顶着诸如"复仇青年""归来的英雄"这类名字的游击队声称为这些袭击活动负责。以色列人的怒火又一次向约旦发泄。4月30日，以色列国防军空降兵炸毁了西岸北部地区拉法特（Rafat）的28座房子，杀死了11个平民。这一报复行动却没能令拉宾满意。他对软弱的侯赛因政权所面临的危险发出了警告，并指出了打击叙利亚这一恐怖活动之源的必要性。在他看来，此前的西奈战役*便是以军可以效仿的范例。由于埃及人正深陷于也门，而阿拉伯世界更是四分五裂，此时便是绝佳的动手时机。"不管叙利亚人的行动是恐怖主义活动、河流改道，还是侵犯边境，对此的回应都应该对准恐怖主义的实践者及支持他们的政权，"拉宾在9月9日接受军队杂志《巴马哈内》（Bamahane）采访时说道，"因此，我们与叙利亚的问题主要

---

* 即1956年战争，见本书第17页。

是与其领导层的冲突。"

拉宾发表的这一评论令埃什科尔大为光火。他担心对叙利亚的攻击会把苏联牵扯进来，并使阿拉伯国家团结起来对以色列发动全面战争。他警告说，以国的城市将遭到轰炸，甚至连迪莫纳的核设施都会成为敌人的目标。拉宾受到埃什科尔的严厉斥责：以色列不应干涉叙利亚的内部事务。以色列总理不赞成对叙利亚予以迎头痛击，他提议选择一条折中的道路：将以色列男性的义务服役期限延长6个月，同时将叙利亚的罪行上诉至联合国安理会。

但这两个决定都起到了适得其反的效果。延长服役期的决定并没能提起公众士气，反而对其有所损伤，而安理会谴责叙利亚人的努力则被苏联人一次次否决。在大马士革，叙利亚总理优素福·祖阿因（Yusuf Zu'ayyin）还是一如既往地好斗："我们不会阻止巴勒斯坦人的革命……我们会让这片区域燃起大火，以色列人的任何行动终将为其自掘坟墓。"[69]

事态已近乎紧急，而这并不只是对以色列人而言。埃及同样惊愕于叙利亚将整个地区拖入战争的行为。美国国务院在向约翰逊总统呈递的时局评估报告中写道："纳赛尔虽然大肆批判以色列，但我们相信在可预见的未来里，他对以色列发动进攻或施以挑衅的可能性基本为零。"[70] 尽管看起来不太可能，但以色列在遏制叙利亚人方面确实与埃及存在共同利益。

意识到这一共同利益后，纳赛尔同意再度开启与以色列的秘密接触。这也是自苏伊士运河危机以来双方的首次接触。双方的联系通过摩萨德局长梅厄·阿米特（Meir Amit）和埃及非常规武器项目负责人阿泽姆丁·马哈茂德·哈利勒（'Azm al-Din Mahmud Khalil）将军（此人直接向纳赛尔和阿米尔汇报）之间建立起来。两人通过一个名为"斯蒂夫"（Steve）的中间人秘密在巴黎会面。他们所商议的东西几乎与双方在20世纪50年代密会时所提出的方案完全一样，即以色列帮助埃及获取国际援助，以此换取埃方降低反以色列宣传的声音和放宽对苏伊士运河的封锁。埃及方面还提议释放那些被指控于1954年在其境内从事间谍活动的犹太人，条件是收到以方提供的3000万美元的贷款。哈利勒甚至还在

1966年6月邀请阿米特访问开罗，不过埃什科尔否决了这一提议。他不放心把以色列最高机密安全部队的首脑送到纳赛尔跟前。自那以后，埃及人由于担心他们与以色列的接触曝光，担心这些信息为其批评者所知晓，便完全关闭了这一秘密接触渠道的大门。而在整整一年之后，以色列人将在一场更严重的危机中试图重启与埃及人的秘密接触。[71]

秘密外交也许能在安抚以色列人这一问题上有所帮助，但要让叙利亚人镇静下来便意味着埃及人需要调整策略了。纳赛尔提出的方案是与叙利亚缔结一份共同防御协定。此举虽说使叙利亚更有可能将埃及诱入冲突，但也使埃及能对叙利亚的活动有所限制。这实属两害相权取其轻的策略。而叙利亚的领导层似乎也愿意接受这一提议。此前与以军对峙时所损失的战机已使他们有所动摇，而9月所发生的一系列事件更令他们为之震动，这包括萨利姆·哈土穆（Salim Hatum，德鲁兹人）少校的政变事件及随后部队军官团体中的大清洗行动。对叙利亚当局来说，与最强大的阿拉伯国家达成协议终究不会是巩固其政权的最坏方法。

埃叙双方于1966年10月中旬采取了行动，埃及向大马士革派出了一支军事代表团，团长萨阿德·阿里·阿米尔（Sa'ad 'Ali 'Amer）宣称："我们相信我们正在迈出实现共同目标——消灭以色列和实现完全统一——的第一步。"对此，叙利亚方面则由祖阿因回访开罗。在那里，纳赛尔于11月2日对叙利亚总理说，以色列的技术优势及美国人所提供的援助几乎使该国无懈可击。祖阿因反驳说，如果那样的话，阿拉伯人要等上100年才能发动进攻。纳赛尔则向其保证："你用不着等上100年，或许连50年都不用等。你只需要知道，没有远程大炮，你根本没办法实现自己的目标。"[72]

两天后签署的《埃叙共同防御协定》恢复了两国间的所有军事、外交关系，两国也都承诺在战时将互相帮助。该协议的秘密附加条款则规定，若以色列在北边发动攻势，埃方将打击以色列南部的目标。叙利亚外交部长易卜拉欣·马胡斯（Ibrahim Makhous）宣称埃及和叙利亚空军"如今翱翔在同一片天空下"。埃及和约旦彼此间心照不宣的同盟关系建立在共同反对叙利亚的基础之上，而《埃叙共同防御协定》的签订则使这一同盟关系最终破裂。大马士革广播电台（Damascus Radio）与埃及的阿拉伯之声（Voice of the Arabs）联合起来共同诋毁侯赛因，称其为"反动分子"及"帝国主义和犹太复国主义的代理人和傀儡"，同时预示他将受到"努里·赛义德［被刺杀的伊拉克总理］一般的待遇"。[73]

如果纳赛尔以为光是谈论一场不太遥远的战争就能让叙利亚人消停下来，那么他就错了。11次游击队袭击（其中大多数从约旦发起）接踵而至。袭击导致7名以色列人死亡，12人受伤。埃什科尔对要求报复的将军们说："笔记本已经打开了，手正写着呢。"他向将军们保证他不会忘记任何一宗谋杀案，而且很快便会为之复仇。不过他同时恳请美国出面调停。他提醒美国驻以大使沃尔沃思·巴伯（Walworth Barbour）说："我们得考虑到公众。我想让您知道这一事态可能引发冲突。有时思虑再三后我们必须采取行动。"总理拒绝接受联合国首席观察员（一位挪威将军）对此事所做的评估。这位挪威将军有着一个不可思议的名字，叫奥德·布尔（Odd Bull，意为"奇怪的公牛"）。他认为侯赛因在阻止游击队渗透方面已经尽了最大的努力。而以色列情报部门则认为，约旦国王所做的只不过是把恐怖分子抓起来关几天然后放掉。[74]

紧接着，在11月10日，以色列的一辆准军事化警车在正对西岸城市希伯伦的以色列边境上撞上了地雷。3名警察丧命，另有1名警察受伤。侯赛因深知以色列人的愤怒，因此十分机警。他亲自给埃什科尔写了一封吊唁信，并在信中重申自己将恪守对边境安全的承诺。他连忙把信交给美国驻安曼大使馆，大使馆又用电报把它转交给美国驻特拉维夫大使巴伯。巴伯身材高大而肥胖，患哮喘病，终身未婚，对以色列有着毫不掩饰的偏爱（以色列人也对此投桃报李）。身为大使，他以高效著称。可这次，他却失误了。本应立即将吊唁信呈递至以色列总理办公室的他，却将信件放在了自己的办公桌上。这天正是周五，他认为这封看起来并不十分紧急的信件可以等周末过后再来处理。[75]

而正是在那个周末，以色列决定发动攻击。这将不是一次规模有限的攻击，而是一场有坦克参与，有空军掩护，在光天化日之下组织的大规模报复行动。以军作战部长埃泽尔·魏茨曼（Ezer Weizman）力主发动袭击,他断言:"在1966年,我们不能只发动一场类似于1955年那样的报复袭击行动。"向来爱好和平的阿巴·埃班(时任以色列外交部长)这次同政府中的绝大多数部长一样,也表示同意。威慑力须得到恢复,但不要引发战争。埃什科尔在向内阁解释为何攻击的目标是西岸而不是叙利亚时说:"我们达成的意见是,这些袭击行动的责任不仅落在相关政府身上,还落在为这些团伙提供庇护和援助的人身上。"他还希望以军的报复行动不会造成平民伤亡,也不会与阿拉伯军团产生冲突。[76]

在此之后,我们便能提出如下问题:如果埃什科尔及时收到了侯赛因的致歉信,他还会不会做出同样的决定?如果巴伯没有如此悲剧地拖延转交信件,会不会使后续的所有事件免于发生?我们能假设出许多的"如果"来。

不过我们不能将接下来6个月的发展全都归因于特定个人或特定事件。这些发展其实是从当时的环境中生发出来的,而这一环境在1966年年底便已完全成形。阿拉伯国家与以色列人的冲突、阿拉伯国家间的冲突,以及美苏之间的冲突——三者各因内部的紧张而加剧——制造出了极度易燃的环境。在此一环境中,不用费太大力气——一场恐怖袭击,抑或是一次报复行动——便能引发使局势不断升级的进程,引发一系列相互激将,由豪赌到错估形势的连锁反应,而这一切都被不可逆转地引向战争。

第 2 章

催化剂

从萨穆阿到西奈

由 10 辆坦克、40 辆半履带车及 400 名士兵组成的军队——1956 年战争后以色列方面集结的规模最庞大的军队——于 1966 年 11 月 13 日黎明前越过了约旦河西岸边境。此次行动的目的是对希伯伦地区的巴勒斯坦村庄施以惩罚,这些村庄曾给法塔赫游击队提供帮助和住所。行动过后,这些村庄便会吁请侯赛因国王镇压法塔赫,至少以色列人是这么认为的。此番展示以军火力的盛大演出将使约旦人意识到他们未来可能承受以军多大程度的报复,对叙利亚人也会起到警告作用。按照以色列人的设想,这将是一场干净利落的攻击,直进直出,不会遇到多少抵抗,更不会遭遇约旦的阿拉伯军团(据说这一区域绝无阿拉伯军团)。

在以色列空军战机的掩护下,以军挺进到希伯伦西南 16 千米处的鲁季姆马德法(Rujm al-Madfa'),并摧毁了当地的警察局。以军的下一个目标是萨穆阿(Samu'),一个有 5000 人的村庄。该村庄被以色列视为恐怖分子的主要落脚点。村里的大多数居民都按照以军的命令集中到村广场上来。随后,来自第 35 空降旅的工兵前去炸毁了村子及其附近的大量房屋。一切都按计划进行,直到早晨 7 时 30 分,空降部队的侦察机报告说有约旦士兵正从西北方向接近该村。

这群士兵有 100 来人,属于陆军准将巴赫贾特·穆赫辛(Bahjat al-Muhsin)麾下的希廷(Hittin)步兵旅,有 20 辆军车随行。穆赫辛正率领部队前往希伯伦地区另一个名叫雅塔(Yata)的村庄,他们接到报告说有大量敌军在该地活动。不过,通往雅塔那蜿蜒崎岖的道路要经过萨穆阿,而在那里等待着他们的将是以军的伏击。

约旦方面有 3/4 的车队陷入火海,15 名士兵被杀,另有 54 人受伤。不过约旦军队也发动了反击,造成以军 10 名空降兵受伤,并打死了他们的旅长约阿夫·沙哈姆（Yoav Shaham）上校。与此同时，约旦的"猎人"（Hunter）战机仓促起飞，不料却被以军赶走，还损失了一架战机。原本应该是一场迅捷、手术刀式的攻击最后变成了一场激战。[1]

以色列领导层为之震动，而且不仅仅是因为军事上的损失。一方面，3名阿拉伯平民被杀，96人受伤；另一方面，以色列国防军报告称有40栋房屋被毁，而联合国估算的房屋被毁数则是以军统计的3倍多。此外，西岸的巴勒斯坦人民非但没有寻求侯赛因国王的保护，反倒要求推翻其统治。暴乱遍布整个地区。从希伯伦到耶路撒冷，再到北部的纳布卢斯（Nablus），示威者向政府机关扔石头，并烧毁国王的照片和雕像。阿拉伯军团最后被迫开火，至少4名巴勒斯坦人被杀，另有几十人受伤。

"碎纸机"（Shredder）行动——该行动的名字真是太贴切了——明显产生了事与愿违的结果。联合国安理会一致谴责以色列"违犯联合国宪章及以色列与约旦之间的全面停战协议"，并警告说，安理会将采取"有效措施……以保障类似行为不再发生"。[2] 对以色列人来说，更令其感到不安的是美国的强烈反应，此次反应的强烈程度在约翰逊任内史无前例。美国人对以色列明显的鲁莽感到震惊，即以色列竟情愿动摇约旦国王的统治地位，毕竟这位国王是唯一一位与以色列达成了妥协的阿拉伯领袖。他亲西方且立场温和，奋力抵抗着周边势力的极端潮流。美国人指出，侯赛因此前已按以色列人的要求将其新购置的巴顿坦克部队留在约旦河以东，远离边境地带。但现在，随着西岸局势的着火，他也许不得不撤回此前的承诺。

"你把他逼到了死胡同……让错误的人受到了惩罚，"埃班访问华盛顿时听到美国副国务卿尼古拉斯·卡岑巴赫（Nicholas Katzenbach）对他如此说道，"现在你得自食其果。"在国家安全委员会任职的罗伯特·W."疯鲍勃"·科默（Robert W. "Mad Bob" Komer）是处理以色列事务的老手，他抨击埃班"给中东的动乱制造了新的源泉"，并指责他破坏了"［美国的］整个均势主义政策，维持约旦现状，使其不被埃及、叙利亚或巴勒斯坦人吞并，这是该政策赖以施行的基础"。科默质问为何以色列跑去攻击约旦，而"唯一支持过恐怖主义活动的［国家］……是叙利亚，因此，如果你们当时的行为针对叙利亚，那还可以理解"。国家安全顾问沃尔特·W. 罗斯托（Walt W. Rostow）把对以色列的指控又向前推进了一步，他含沙射影地指出，以色列

> 出于某些马基雅维利式的考量，希望在左岸［原文如此］有一个左翼政府，如此一来，该地区便会出现一种两极化的局面，即俄罗斯人支持阿拉伯政府，而美国人则支持以色列，在此情况下，以色列不至于陷入尴尬的境地，即其大国伙伴不会同时是某一阿拉伯国家的朋友。[3]

埃班为萨穆阿行动所做的辩解没能引起任何同情。该行动被他解释成以色列针对阿拉伯人恐怖活动的"过度反应"，抑或是一场"在约束范围内运用有限军事力量的演习"，该演习因受"某些情况"的影响而失败。就算是埃什科尔致约翰逊总统的信件也没能引起美国人的同情。以色列总理虽在信中承认犯下了错误，但请求美国方面理解以色列的困境。"重要的是朋友应该在彼此的困难时刻相互理解，而对于我们来说，现在便是困难时刻。"约翰逊并没有回信。他反而致信侯赛因，并在信中表达了他对"以不必要的方式被摧残的生命"的悲伤，以及他对约旦领土完整的支持。与此同时，此前没能将侯赛因的吊唁信转交给埃什科尔的美国国务院现在又拒绝将埃什科尔的吊唁信转交给侯赛因。[4]

对内，埃什科尔力图粉饰太平。"在萨穆阿行动之后……阿拉伯国家将明白我们是认真的。"他用英语对工人党秘书处成员说，"他们将知道，如果我们发誓绝不允许我们的同胞在这个国家被杀害，我们便会说到做到，不管杀戮行为是大规模的还是零星的，我们都不会不做出反应。"将军们也站了出来，并断言说，萨穆阿行动已证明了阿拉伯军团的脆弱性，重新确立了以色列的威慑力，同时引起了全世界对阿拉伯国家恐怖活动的关注。

但仍有许多以色列民众、官员及政府各部门部长对萨穆阿行动无动于衷。这其中便包括伊斯拉埃尔·利奥尔（Israel Lior）上校。利奥尔上

校是埃什科尔的军事助手,也是以色列高层政治方面的精明观察家。"很明显,我们掉进了我们自己制造的陷阱里,"他在日记中写道,"我们一贯都在警告叙利亚人,这便制造了一种我们将要向北边采取行动的氛围,然而我们却攻击了约旦。"拉宾本人似乎同意这一判断,并递交了辞呈。[5]

毫无疑问,以色列和美国的利益都因萨穆阿行动受损,但二者的损失都不及约旦那般严重。侯赛因·伊本·塔拉勒·伊本·阿卜杜拉(Hussein ibn Talal ibn 'Abdallah)如今已经31岁了。自1953年(当时的他还是个青年)登上王位后开始算起,他已经历过不少于12次的政变与暗杀事件,但都幸免于难。这位国王短小精悍,总是顽皮地笑着,其坚韧的内心伪装在风度翩翩的外表下,使其能够挺过来自沙特、伊拉克、叙利亚和埃及一轮接一轮的威胁。他确信以色列人从未放弃过扩张领土的梦想,约旦则要为之付出相应的代价。"他们想要西岸,"侯赛因在与小芬德利·伯恩斯(Findley Burns, Jr.)的谈话中预测,"他们在等待时机得到它,他们将趁机打我们的主意,他们将发动攻击。"

这一切危险全都汇集到了萨穆阿事件之上。此前,开罗广播电台曾指责侯赛因是美国中央情报局(CIA)密谋推翻并接管叙利亚政权计划的领导者,并控告他串通以色列来对付埃及。如今,开罗电台则谴责他拒绝将伊拉克和沙特的军队部署在西岸,最终任凭以色列侵略该地区。叙利亚人的指控就更加直接了:萨穆阿行动是"反动的约旦政权与具有帝国主义性质的犹太复国主义"二者邪恶阴谋的结果。[6]

侯赛因曾亲眼看见祖父被巴勒斯坦刺客射杀,他不敢小觑这些危险。尽管他受约旦河东岸约旦人民的热爱,但他手下相当大一部分臣民是巴勒斯坦人。这些巴勒斯坦人往好了说是忠于舒凯里的,往坏了说则忠于纳赛尔、叙利亚和法塔赫。萨穆阿行动之后,巴勒斯坦解放组织的领袖公开宣称"1948年的安曼便是1966年的安曼,一点儿都没变",而为其政治宣传服务的广播节目(源于开罗)则呼吁阿拉伯军团推翻约旦王室。一想起1960年的那起埃及人策划的炸弹袭击事件,一想起在袭击中死去的11名约旦官员(其中包括当时的总理哈扎阿·马贾利[Haza' al-Majali]),侯赛因便不敢低估诸阿拉伯政府为推翻他而愿意付出的努力。在1966年风云变幻的局势之下,这位约旦国王能够设想出以色列入侵西岸的诸种场景(以色列虽觊觎土地,却不敢向埃及和叙利亚下手)。在此情况下,侯赛因预计其他阿拉伯国家将袖手旁观,而巴勒斯坦人则会站出来发动起义。[7]

"侯赛因的软弱将成为未来阿拉伯[反以色列]同盟建立的基础。"联合国驻西奈紧急部队指挥官因达尔·吉特·里克耶(Indar Jit Rikhye)将军在向其手下军官概述萨穆阿行动的影响时曾做出这样的预测。侯赛因可能的确有些软弱,但他拒绝被动。此前他便给近来卷入叙利亚政变的人士提供了庇护,这其中包括萨利姆·哈土穆及其他一些军官。他还关闭了巴勒斯坦解放组织在安曼的办公室。如今,他完全取缔了该组织,并宣布实行军事管制。但他也采取了一些略带安抚性的措施。他把枪支分发到西岸的村民手中,同时建立起了面向巴勒斯坦人的征兵制度。然后,他做出了一项绝对惊人的举动。他公开了卡萨布兰卡峰会后秘密写给纳赛尔的信件。"我们难道应该成为新的替罪羊吗?"他向埃及领袖发问道,"再三的责难难道应该针对一个可能成为对敌行动之跳板的国家吗?我们难道应该让1948年的灾难重演吗?过去的就让它过去吧,为什么不能向前看?请你换位思考一下然后告诉我,如果你站在我的位置上,你会怎么做。"侯赛因甚至曾向大马士革示好。他对《基督教科学箴言报》(*Christian Science Monitor*)说:"如果叙利亚遭到直接攻击,我们必定会全力保卫我们在那里的兄弟。"他还提议在下一次阿拉伯国家论坛上讨论整个防卫议题。[8]

上述论坛,即阿拉伯联盟防御理事会(Arab League Defense Council),于1966年12月15日在开罗召开会议。这次会议刚一开始就表现出了反约旦的腔调。安曼的代表备受中伤,原因是约旦没能保护好巴勒斯坦人并履行阿拉伯联合司令部所定的义务。叙利亚人和埃及人声称,倘若伊拉克和沙特的军队被允许进驻西岸,萨穆阿事件便绝不可能发生。约旦人的回答并不令人信服。他们指出,由于伊拉克和沙特方面都没有签订停战协议,两国军队进驻西岸的行为会被以色列人用来当作发动战争的借口。因此,这一举动不仅不会阻止战争,反倒会开启一项战事。约旦人反问道,为何埃及不从自己的领土重启游击战？为何他们没有赶走联合国紧急部队并把本国的军队从也门转移到西奈半岛上去？还有，当以色列人正在攻击萨穆阿时，自吹自擂的埃及空军跑到哪里去了？叙利亚对阿拉伯联合防卫计划的承诺又跑到哪里去了？⁹

这些质疑——其实是指控——戳到了纳赛尔的痛处。仅仅两个多礼拜前，两架埃及空军的"米格"战机误入以色列领空并被以色列空军击落。这一事件发生于一场广为流传的演说之后。在这场演说中，埃及空军司令穆罕默德·西德吉·马哈茂德（Muhammad Sidqi Mahmud）将军吹嘘道："我们拥有中东地区最强大的空中武器。我们的轰炸机装配有导弹，我们的现代化战斗机有能力摧毁以色列的机场和飞机。我们无所畏惧……"

事实上，不仅仅是空军，整个埃及军队都陷于悲惨的境遇当中。也门的战事及国防开支的严重削减耗尽了他们的精力。开支削减则是埃及经济危机的必然结果。埃及的经济危机如此严峻，以至于纳赛尔不得不拖欠10亿美元的外国贷款。一场扬言要"将埃及从封建主义的污点中解放出来"（将埃及稚嫩的工业移交到工人手中）的运动最终可悲地失败了。拥有5000名员工的纳赛尔汽车工厂现在每周仅能出产2辆车。随着公众的不满情绪在埃及逐渐升级，西方外交官预测纳赛尔政权即将垮台，甚至更糟。据其中的一位英国代表R. M. 泰什（R. M. Tesh）观察，"阿拉伯联合共和国的政策正使其加速走向灭亡"。他还提醒人们注意一种未来可能发生的情况，即埃及的军人集团会通过将整个区域拽入战争的方式重拾埃及的尊严。"血腥的气味和远方战争的噪声可能激起某些鲁莽之挑起战争的欲望，致使生灵涂炭。"¹⁰

诸如此类的警世箴言为阿拉伯世界逐渐升级的好战言论所掩盖。约旦首相瓦斯菲·塔勒表示他"宁死"也不允许联合国部队驻扎到约旦领土上，也不愿像纳赛尔一样与谁达成什么"君子协定"（指纳赛尔与本-古里安于1956年达成的协定）。阿拉伯联合司令部司令阿里·阿里·阿米尔反过来指责塔勒，说他过了4个小时——等以色列军队从萨穆阿撤出后许久——方才给他通气。紧接着,埃及媒体指责侯赛因挪用约旦在阿拉伯联合司令部中的专项防御经费。随后,埃媒又大力宣传一篇与一名从阿拉伯军团叛逃出来的军官所做的访谈。这位叛逃者是拉希德·哈玛尔莎(Rashid al-Hamarsha)上尉,他承认曾策划发生在叙利亚的颠覆活动。约旦则否认哈玛尔莎是犹太复国主义者手下的间谍,并否认"他与以色列肚皮舞女郎奥萝拉·加利利(Aurora Galili)有联络"。与此同时,约旦方面也出了一名埃及逃兵。这位埃及情报部门的逃兵名叫里亚德·哈贾杰(Riyad Hajjaj),他揭露了埃及针对黎巴嫩政府和沙特政府的阴谋。论战的高潮在1967年2月22日的一场演讲中到来,纳赛尔在演讲中故意将阿拉伯语中的'ahil(意为"国王")一词念为'ahir(意为"妓女"),从而把侯赛因称作"约旦妓女"。[11]

据英国的备忘录记载,当时侯赛因与纳赛尔的关系"已经处于无可挽回的地步了"。侯赛因被纳赛尔的演讲气得怒发冲冠。他召回了驻开罗大使,并驱逐了叙利亚驻东耶路撒冷的领事。阿拉伯联盟防御理事会于3月14日再次会面,约旦代表团不愿与舒凯里这位"军机泄密者及谎言散布家"同坐,愤然离场。这次会议最终沦为一场失控的口水战。一方面,埃及和叙利亚指责侯赛因在约旦河河流改道计划中与以色列人暗中勾结,还控诉侯赛因购买美国的武器;另一方面,约旦则伙同沙特、突尼斯及摩洛哥联合抵制该理事会随后举行的会议。[12]

侯赛因愤怒,痛苦,备受中伤,极其失望。不管是峰会期间达成的埃-约间心照不宣的联盟关系,还是在阿拉伯人做好准备之前共同反对对以色列动武的隐性条约均已宣告破裂。约旦国王相信,有错的是叙利亚人,他们成功地将埃及诱入陷阱,这使战争、埃及战败、纳赛尔下台都成为不可避免的事情。侯赛因却将内心最深处的怨恨留给了纳赛尔。"每当他攻击我们,我总是听到人们问,为什么我们不做回应,"他在杰里科(Jericho)的一次集会上坦承,"答案很简单。如果说我们对此人有任何情感的话,那只会是痛苦。因为他的确曾有机会为我们的民族效力。"[13]

与世界为敌的阿塔纳修

不过纳赛尔也有令自己头大的东西——埃及的经济、叙利亚人及穆斯林兄弟会。而隐藏在这些问题之下的根源则是一种虚弱感。不管是15年前的自由军官革命，还是埃及从被奴役到统领世界的梦想都已经走到头了。贾迈勒·阿卜杜勒·纳赛尔是一位有决心且精力旺盛的人物。这位埃及总统、阿拉伯世界的领袖在34岁的时候掌权。他时髦帅气，才思尽管粗野但十分敏捷。他那醉人的阿拉伯语将普通话与方言融合在一起，令听众着迷。仅仅在5年之内，这位邮政工人之子、在巴勒斯坦战争中伤痕累累的退伍军人之子接连推翻了法鲁克国王和纳吉布将军的政权，最终成为150年来埃及首位土生土长的领袖。他在掌权后的两年内成为整个中东地区的传奇，是埃及的解放者；面对贪得无厌的西方，他还是阿拉伯人的守护者——当代萨拉丁。

纳赛尔往日的成就的确令人惊叹。从表面上看来，他凭一己之力便令英国人撤离了苏伊士运河。他帮助埃及获得了苏联的武器，并将运河国有化。他在苏伊士运河危机中击退了英法以三国，并将阿拉伯世界团结一致的理想变成了现实。数百万阿拉伯人带着宗教性的敬畏崇敬他。身为第三世界民族主义的代言人，身为能与尼赫鲁及恩克鲁玛比肩的不结盟运动的捍卫者，他是全球领袖们讨好、笼络的目标。这样一位沉静的男子出了名地体贴和幽默，过着节俭的生活并忠于妻子。在埃及这样一个因贪腐而臭名昭著的国家，他的廉洁众所周知。

不过，同样令人震惊的是，纳赛尔所建立的大厦最终坍塌了。与叙利亚及诸阿拉伯君主国的决裂、也门的噩梦，以及同美国的疏远，这一切随着埃及国势的持续衰落接踵而来。纳赛尔主义这一顶着他的大名展开的运动实际上已经结束。它是叙利亚、沙特、约旦及巴勒斯坦这一诡异联盟的牺牲品。时至1967年，纳赛尔已显得体态臃肿且目光呆滞。也许是不断恶化的糖尿病的结果，他变得易怒又偏执。"他知道怎样开始，"叙利亚领袖阿克拉姆·胡拉尼（Akram Hawrani）评价纳赛尔时说，"但他不知道怎么结束。"不理性的成分在纳赛尔的决策过程中始终占据着一席之地，只不过，那个曾经被认为是其勇气之体现的不理性成分如今在其决策过程中已经占据主导地位了。

侯赛因·萨布里（Husayn Sabri）是自由军官组织最初一批成员中的一员，他在评论纳赛尔所建立的规模庞大的警察系统时回忆说："其统治方式是那种不通过秘密警察机构难以获得安全的人所施行的统治方式。"埃及文学批评家路易斯·阿瓦德（Louis Awad）对此的评论则更为俏皮："在纳赛尔政权的统治下，法律度假去了。"纳赛尔以99.99%的绝对多数票再次当选总统。在其领导的内阁会议上只有他一个人发言，而且经常是在咆哮。于是，纳赛尔堕落成了一个怀恨在心的军事独裁者，他对整个世界充满了怨恨。用一位英国外交官的话来说，他是"与世界为敌的阿塔纳修"（Athanasius Contra Mundum）＊般的人物。[14]

纳赛尔余下的唯有自尊了，而这种自尊在其时运不济之时反而极度扩张。"这又和丢脸有关……还带着一种弥赛亚情结。"卢修斯·巴特尔评论道，"纳赛尔不喜欢其所作所为被证明是错的，也永远不会承认这些错误。"[15]沙特人和美国人令其自尊心受挫，而这导致埃及进一步投身于也门的战事，也引发了其对约翰逊总统的深仇大恨。然而，对纳赛尔更严重的侮辱源自约旦。尤为刺痛的是针对纳赛尔的一系列指控，这些指控通过安曼强大的马可尼无线电报机传播开来。指控包括纳赛尔害怕与以色列人对抗，以及他拒绝从联合国紧急部队的身后站出来。纳赛尔此前成功地在绝大多数国民面前藏住了联合国紧急部队的存在，也藏住了以色列船只自由进出蒂朗海峡之类的消息。如今，这位埃及领袖感觉受到了奇耻大辱。纳赛尔的自尊心要求他报复，不过具体该怎样报复呢？

阿卜杜·哈基姆·阿米尔立马提供了解决方案。12月4日，阿米尔在对巴基斯坦的国事访问过程中给纳赛尔发去了一份电报。他在电报中附上了一份提案，建议纳赛尔命令联合国紧急部队从埃及的土地上撤离，然后在西奈半岛上聚集埃及军队，并恢复对蒂朗海峡的封锁。这一行动除了能"给侯赛因泼冷水"，还能消除以色列攻击约旦或叙利亚两国中任意一

＊ 阿塔纳修是一位公元4世纪的基督教教会领袖，他独自与基督教亚流派（Arianism）斗争；他曾是亚历山大城的主教。

国的可能性。以色列人最终会被迫攻击埃及，这场战斗将会持续个三五天，直到联合国干预并强制双方停火。就像1956年的那场战争一样，以色列会被当作侵略者而受到谴责，然后被迫不光彩地撤军，而埃及则以阿拉伯世界的拯救者的形象现身。

对阿米尔来说，将维和部队赶出埃及的提议可不是什么新主意。驻扎在埃及的联合国紧急部队在阿米尔看来是刺眼的，它标志着1956年的战争并不像阿米尔所声称的那样是一场胜利。紧急部队一直是令这位陆军元帅蒙羞的源头，是对他所控制军队的一种限制。阿米尔在前一年便呈递了一份相似的方案，当时埃及正在轮换驻扎也门的军队。不过不管是那时还是现在，纳赛尔都否决了他的提议。

否决的原因是多方面的。不仅仅是阿米尔，纳赛尔也深感联合国紧急部队给他带来的耻辱，他也想赶走这支部队。"贾迈勒·阿卜杜勒·纳赛尔总统和阿米尔元帅均在1967年之前明白地对我说，他们想抓住任何可资利用的国际或地区局势来把那支部队赶走。"曾任埃军总参谋长的穆罕默德·法齐（Muhammad Fawzi）将军回忆道。美国中央情报局1967年4月18日的报告指出，纳赛尔向一位埃及资深外交官表达了将联合国紧急部队赶出西奈半岛并封锁蒂朗海峡的愿望。不过，对于纳赛尔而言，时机和对战争的准备程度也是需要考虑的问题。赶走联合国紧急部队意味着埃及对以色列重回战争状态，即使以色列人不动手，埃及也再没理由不采取行动了。因此，1965年时，纳赛尔在对巴勒斯坦解放组织代表团的致辞中解释说："叙利亚人说'把联合国紧急部队赶出去！'，但如果我们照他们说的做，难道最起码不应该先有个计划吗？如果以色列的侵略行动对准了叙利亚，难道我还能不攻击以色列吗？如果那样的话，以色列倒成了替我做出战争决定的人……如今尚有5万名埃及士兵在也门奋战，而我却跑去攻击以色列，你们觉得这事可能吗？"[16]

致辞之事过去两年了，可依然没人能回答这些问题。也门的战事一点儿也没退去，反倒加剧了。埃及的战机还在轰炸沙特人的基地，并覆之以毒气。埃及的军官满腹牢骚，据称已在叛乱的边缘。尽管如此，开罗依然宣称，如果有必要的话，埃军会再战20年。

与此同时，各阿拉伯国家领导人在安全事务方面的协调已分崩离析。阿盟防御理事会于 1967 年 1 月至 2 月间举行的会议遭到了沙特和约旦的抵制。这再度显示出阿盟成员国无力兑现对阿拉伯联合司令部的承诺，也揭露出各国严重滥用司令部为数不多的经费之事。"我们只是坐在那儿无所事事，"约旦驻联合司令部总参谋部代表优素福·赫瓦什（Yusuf Khawwash）回忆道，"不过我们确实写出了一些有质量的研究报告。"一份由阿里·阿里·阿米尔在 3 月提交的报告得出了以下结论："当前局势不适宜执行［交给阿拉伯联合司令部］的任务，即增强阿拉伯国家的防御能力以保障未来的行动自由，并为最终解放巴勒斯坦铺好前进的道路。"这位联合司令部司令警告说，在此时打仗不仅无法击败以色列，反倒很可能令阿拉伯国家丢掉大片土地。

这些因素——也门的局势及对以色列动武的不可行性——令纳赛尔相信，驱逐联合国紧急部队的时机尚未成熟。巴勒斯坦问题这一烫手的山芋将一直被安稳地放在"冷藏库里"，直到埃及乃至整个阿拉伯世界承担得起将之解冻的代价。[17] 可除此之外，在纳赛尔的决策过程中尚有另一层需要考量的因素，一层来自国内且高度个人化的因素。这与提出这项提议的那个人有关，此人便是阿卜杜·哈基姆·阿米尔。

纳赛尔与阿米尔这两人是亲得不能再亲的朋友。他们的出身同样低微。而身为青年军官，他们曾一同在苏丹服过役，并共同策划了 1952 年的革命。纳赛尔给他的孩子起名叫阿卜杜·哈基姆（'Abd al-Hakim），而阿米尔则将女儿阿迈勒（Amal）嫁给了纳赛尔的弟弟侯赛因。他们在亚历山大的避暑别墅紧挨在一起。他们以兄弟相称，或称呼对方的小名：管纳赛尔叫吉米（Jimmy），管爱旅行的阿米尔叫鲁滨逊（Robinson）。两人亲密无间的关系使纳赛尔先后原谅了阿米尔的两次重大过失：先是阿米尔在苏伊士运河危机中的糟糕表现（据说阿米尔在危机期间曾受精神崩溃的折磨），后是阿米尔在处理埃及与叙利亚合并事宜时的处置失当之过。他还能原谅阿米尔时不时发作的酒瘾和毒瘾，以及阿米尔背着原配与埃及影星贝尔兰蒂·阿卜杜·哈米德（Berlinti 'Abd al-Hamid）之间的秘密婚姻。阿米尔又黑又瘦，生性懒散，还十分粗鲁。他看起来并不像是能挑战纳赛尔统治地位的人物。但阿米尔还是个有狼子野心的人，他对那些支持他的人慷慨大方，而对任何反对他的人都冷酷无情。

阿米尔的冷酷无情在1962年的时候落到了纳赛尔身上。纳赛尔收到了一些有关阿米尔的报告，报告涉及阿米尔在也门的腐败行为。阿米尔拒不接受国家加大对军队控制力度的决定。当纳赛尔试图创建一个总统委员会负责监督军队事务时，忠于阿米尔的军官威胁要造反。纳赛尔最终妥协了，他不仅没能限制住阿米尔的权力，反而令其权势大增。如今阿米尔成了负责掌控军队的第一副总统。他利用这一职位将军队变成了自己的封地。其提拔将领的原则不以个人能力为准，而是看谁对他忠心，因此环绕在其身边的都是一帮应声虫。他还不忘提拔自己，将自己升职为马希尔（Mushir），即陆军元帅。这是阿拉伯世界最高的军衔。

可这还没完，他的权势仍在不停增长。5年后，其头衔包括科学部部长、埃及原子能委员会会长、开罗运输局局长、封建主义清算委员会会长，甚至还包括埃及球探和足球协会主席。他能任命总统委员会中的半数委员、内阁中的1/3部长人选，以及2/3的驻外大使。其影响力可不仅仅局限于国内。那一时期的苏联公报始终如一地强调其重要地位，甚至与纳赛尔等同。美国驻开罗大使馆的报告里这样写道："'马希尔'……会让自己参与到埃及几乎每一阶段的生活中去，其程度之高给人感觉他将成为纳赛尔无可争议的接班人。"而纳赛尔则肯定会同意此事。然而对于阿米尔这人，纳赛尔要么是因为太害怕他，要么是因为太喜欢他，也有可能两方面原因都有，以至于迟迟下不了行动的决心。纳赛尔对阿米尔实施监控，却拒绝把他清洗掉。"我宁愿自己退下去。"他这样说道。[18]

纳赛尔与阿米尔之间极为暧昧的关系将给赶走联合国应急部队的提议造成影响。对于驱逐联合国部队并在西奈半岛屯驻埃及军队的这一计划，纳赛尔不太愿意把功劳留给阿米尔，但即便纳赛尔不批准阿米尔的提案，也不会彻底否决它。因而，他下令组建了一个委员会来专门研究驱逐联合国紧急部队可能导致的一切后果。他还派人去试探苏联政府对此提案的态度,并征求联合国秘书长吴丹(U Thant)的意见。[19]

不过对联合国紧急部队的行动还是暂且留到了未来。纳赛尔当下并没有针对以色列的计划。如果要为埃及的苦难选择一个罪魁祸首的话,他还是偏向于选择美国。据巴特尔报告,纳赛尔在 2 月 22 日的演讲中"把过去几年来所有的反美素材全都找了出来并拼接在一起,"他把"美国"和"帝国主义"联系在一起的次数不少于 100 次。为凸显这一信息,埃及的《金字塔报》(al-Ahram)连载了 8 篇报道。这些报道由该报的编辑、纳赛尔的心腹穆罕默德·哈桑宁·海卡尔(Mohamed Hassanein Heikal)主笔。他指控美国在幕后操纵着一个"庞大的秘密机构",其目的是通过"经济和心理战,[以及]各种阴谋诡计和暗杀行动"来摧毁阿拉伯世界的革命政府。

巴特尔在其大使任期即将结束之时做出了这样的猜测:纳赛尔面对的严峻国内形势将很快迫使他在国外采取某些重大举措,最有可能在也门,也有可能在非洲。巴特尔离任后,美国在埃及的代办戴维·G.奈斯(David G. Nes)也同意前大使的这一观点。他指出,纳赛尔"当时的不理性程度已近疯狂,这当然是内政外交双重失败所带来的失落与恐惧造成的……他的下一个攻击目标是哪儿?利比亚?还是黎巴嫩?"纳赛尔的下一个目标会是以色列这种念头几乎没在美国人的脑海里出现过。[20]

以色列的确好像在纳赛尔的日程中被划掉了。纳赛尔在接见伊拉克的新总统阿卜杜·拉赫曼·穆罕默德·阿里夫('Abd al-Rahman Muhammad 'Arif)时坦承道:"我们没法解决巴勒斯坦问题。"他声称,这一问题唯一的解决办法是通过"长期不间断的计划"。对于一个曾发誓说"绝不会忘记巴勒斯坦人民的权益",并要"召集二三百万人来解放巴勒斯坦"的人来说,这可算不上什么好战言论。只要叙利亚一方的阵线上一直保持平静,他也不需要什么好战言论。[21]

谜一样的叙利亚

当然,叙以边境上的平静总是相对的。从 11 月开始,随着埃–叙条约的签订——萨穆阿行动发生后，不管是叙利亚还是埃及都没对此做出反应——大马士革方面似乎渴望保持一种彼此心照不宣的停火状态。从那时开始到当年年底，没几件值得一提的事件被记录在案。但从1967年1月初开始，地区局势又开始陷入紧张状态了。叙利亚坦克轰出的31颗炮弹像雨一样落在阿勒马戈尔（Almagor）基布兹上，沙米尔（Shamir）基布兹里的2名社员也被叙利亚人的机枪射伤。冲突持续了1周，最终以1名以色列公民死亡及2名以色列公民受伤收场，造成伤亡的罪魁祸首是埋在迪雄（Dishon）莫夏夫土地上的反步兵地雷。法塔赫声称为事件负责，然而地雷上却有叙利亚军队的标志。1月16日，大马士革广播电台坦言："叙利亚已改变了自身的战略方向，由防守转为进攻……我们将继续行动，直到以色列被彻底消灭。"[22]

这一波袭击的原因模糊不清，就像叙利亚政权一般神秘莫测。尽管如此，有些东西还是很明朗的。在复兴党的意识形态中，消灭以色列这一"传播仇恨与敌意且不断扩散的脓疮"是团结阿拉伯世界并清除"反动分子"的重要工具。这与纳赛尔的想法完全相反。在纳赛尔看来，阿拉伯世界的团结才是发动战争的前提条件。"我们英雄般的人民高唱着战歌，渴望打响最后的战役。"叙利亚官方日报《复兴报》在其典型的标题中如此写道。"要想把敌人从被占领土上赶走，除了粉碎敌人的基地并摧毁他们的政权，别无他路可循。"穆斯塔法·特拉斯（Mustafa Tlas）是叙利亚中央方面军司令。这位华而不实又喋喋不休的上校表示，行动的日子已经临近了，阿拉伯世界的保守主义者都是孬种，而叙利亚却等不起了。[23] 很大程度上来说，战争本身便是复兴党的本职，是该党存在的很大一部分理由。

除了意识形态，叙利亚的边境政策也是一方面因素。在1月这一节骨眼上，叙利亚政权正与伊拉克石油公司争吵不休。伊拉克石油需要借助叙利亚领土上的石油管道方能运到海上，可叙利亚方面却对伊拉克石油公司所支付的石油运输过境费不满意。在此情况下，叙利亚开始抨击英国所有的伊拉克石油公司，称其为为以色列服务的帝国主义走狗。"自石油战中蹿起的革命的火焰是犹太复国主义者天天沿着我们边界活动的明显诱因。"

大马士革广播电台解释道。该电台响应《复兴报》的呼声说:"对伊拉克石油公司的胜利只是引导我们最终铲除阿拉伯世界大地上的帝国主义、保守思想和犹太复国主义的第一步。"[24] 大马士革方面有自己的一套逻辑。在它看来,边境局势和石油谈判是同一枚硬币的正反两面,在其中一件事上态度强硬将使另一件事获益匪浅。

接下来还涉及叙利亚与莫斯科之间的关系问题,这同样令人感到迷惑。苏联的政策把叙利亚往两个相反的方向拉扯——在政治和军事上予以支持,而对其好战倾向则加以限制。这种政策上的分歧似乎反映了克里姆林宫内部的持续失调。就在苏联外交部长安德烈·葛罗米柯(Andrei Gromyko)叮嘱政治局有必要避免与美国的进一步冲突(尤其是在中东地区)时,苏联舰队正迅速在地中海东部地区坐大。当苏联外交官在大马士革敦促叙利亚政府缓和自己的好战言论时,红军顾问却在战场上鼓励叙利亚军队积极行动。苏联一方面有自己的野心,渴望实现长期以来的梦想:孤立土耳其并控制其东部具有战略意义的航道,消除美国第6舰队带来的威胁;另一方面,苏联也害怕战争,害怕能引爆这场战争的阿拉伯激进主义。[25]

这些相互矛盾的推力表现在以下事件上。首先,苏联分别在1966年10月和11月及1967年1月多次向叙利亚发出预警,表示以色列正在其北方边境集结军队,而这些信息都遭到了以色列方面的强烈否认。其次就是苏联对叙利亚炮轰以色列人定居点的支持。1月20号,叙利亚强人萨拉赫·贾迪德对苏联进行了国事访问。在访问期间,苏联的精神分裂倾向也表现得十分明显。尽管贾迪德在众目睽睽之下遭到了克里姆林宫主人的冷落,他还是带回了苏联人的承诺。这些承诺包括苏联大规模的军事援助,以及苏联在对抗"有侵略性的犹太复国主义"一事上对叙利亚人的支持态度。在以色列和美国观察者看来,苏联人似乎想在中东地区保持一种低沸腾状态,其目标是"局势紧张但不至于爆炸",是"小问题而不是大麻烦"。[26]

除了有苏联人给他们壮胆,除了与伊拉克石油公司的斗争,叙利亚领袖与以色列日趋紧张的关系还有一些个人原因。叙利亚的统治集团不仅为普罗大众所蔑视，其内部也有嫌隙。统治集团里的军官团体与文官团体（阿塔西总统和外交部长马胡斯，两人都是医生出身）针锋相对，就连军官团体内部也不统一。有空军撑腰的哈菲兹·阿萨德与陆军及贾迪德总统不和，而情报部门主管阿卜杜·卡里姆·琼迪（'Abd al-Karim al-Jundi）则是这两位将军共同的敌人。1月17日，3名琼迪的手下据说企图暗杀阿萨德。当时这位国防部长正在去见医生的路上，他们向阿萨德的车开了枪。这一事件即便是真的也没什么可大惊小怪的。大马士革在激进社会主义分子治下的灰暗无聊状态常常被爆炸和枪声打破，政府部门总是被士兵包围着。高级军官甚至政府的各大部长被抓就像例行公事一样，还有一系列需要判死刑的政治罪行，从"传播宗派偏见"到"妨害社会主义秩序"等不一而足。[27]

这些内部斗争加剧了叙利亚政权的不安全感。用中央情报局的话来说，为了克服这一不安全感，他们需要在对抗以色列时"比纳赛尔更纳赛尔"。在与一位名叫法里德·奥达（Farid 'Awda）的商人（此人与英国有密切联系）的会面中，哈菲兹·阿萨德企图求得金钱和枪支，并将之用于"南部［以色列］阵线上"。这将使他有机会把贾迪德和阿塔西一起推翻，还能在叙利亚国内避免一场由埃及主导的逊尼派政变。作为交换条件，叙利亚与伊拉克石油公司的争议能立马得到解决。[28]

所有这些内外因素都对边境局势有所影响。因此，在1967年的头几个月中，叙以边境上的暴力活动持续不断。吴丹担心战争会因此爆发，他呼吁各方在叙以共同停火委员会的框架内化解分歧。数年来，尽管该委员会共收到了约6.6万份投诉报告（大多与非军事区有关），但委员会一直处于间歇性运转状态。该委员会工作受阻的原因在于叙利亚要求控制非军事区，而以色列方面却拒绝这一要求，以及双方代表不加遮掩的敌意。

叙以共同停火委员会于1月25日再次召开会议。会议刚一开始，双方的这种敌意便显露无遗。以色列人怀疑叙利亚人图谋不轨：一方面试图让阿拉伯农民和平地回到非军事区，一方面却继续对以色列发动"人民战争"。以色列代表摩西·萨松（Moshe Sasson）将此次会议定性为"非常规"和"非正式"的，并以此来弱化叙利亚在非军事区问题上起到的作用。叙利亚人的疑虑也不比以色列人少。他们将其目的描述为"结束犹太复国主义者对阿拉伯人领土的侵占"，但这绝不意味着他们会保证"栖身于巴勒斯坦的流氓国家的安全"。双方的分歧令会场哈欠连篇。萨松提出了一套方案，要求双方"忠实履行互不侵犯之义务，并克制其他一切彼此间的敌对行动"。而叙方代表阿卜杜拉上尉则拒绝了这一提议。他坚持双方应采取切实的措施来缓和非军事区的冲突。然而，当轮到他来具体谈论相关建议时，他却发起了长篇大论，转而批评以色列及其政策。萨松和阿卜杜拉甚至连议程都很难达成一致，更不用说形成什么决议了。[29]

与此同时，边境上的事故还在不断增多。3月3日，沙米尔基布兹的1名成员在驾驶拖拉机时撞上了叙利亚人的地雷，并因此身受重伤。3周后，以色列人又在索勒德（Szold）和扎尔伊特（Zar'it）村中发现了相似的地雷。与叙以边境相比，约以边境则更为动荡。在1967年的头几个月里，该地发生了270起事故。以色列方面指出，事故增长率达到了100%。3月12日，一列从迦特（Gat）驶往拉哈夫（Lahav）基布兹的以色列火车因为铁轨上的爆炸而停了下来。以色列人在爆炸现场附近发现一些传单，上面写着"犹太复国主义侵略者去死——胜利属于英勇的巴勒斯坦人"。第二天，4名巴勒斯坦破坏分子在西岸的盖勒吉利耶对面被抓获，他们当时携带着一堆炸药。3月26日，又有2名巴勒斯坦人被杀，他们企图破坏阿拉德（Arad）东边的水泵。法塔赫连续发布了34份公报，详述了该组织的各次行动，并歌颂了烈士们的勇气。[30]

叙利亚人虽没有为这些袭击事件负责，但高度赞扬了这些事件。4月8日，该政权表示："众所周知，我们的目标是解放巴勒斯坦并抹去犹太复国主义者在巴勒斯坦存在的痕迹。我们的军队和人民将为每一名志在收复巴勒斯坦的阿拉伯战士提供支持。"[31]

叙方的这些颂词，连同其对联合国调停的抵制使许多西方观察者得出这样的结论：叙利亚比以往任何时候都更加渴望战争。当时的英国驻大马士革大使馆认为叙利亚对以色列的威胁"不是防御性的"，而是"对以占巴勒斯坦的大规模进攻打击"。使馆的报告中写道:"一切迹象均表明,叙政府及其武装部队表现出来的态度意味着他们将会不计成本地把这一威胁变为现实。"美国大使休·H. 斯迈思(Hugh H. Smythe)觉察到了叙利亚"斯大林式"政权当时的"恐惧和沮丧",并警告说:"叙政权对阴谋和侵略那近乎偏执的恐惧,连同其对以色列的不断挑衅可能引发……一场只可能以失败而告终的军事冒险。"

巴勒斯坦游击队的袭击活动为叙利亚人所支持。叙方对此类活动的支持实在太过明显,以至于美方官员放弃了原有立场。过去,他们曾长期反对以色列做出打击性报复。3月,美国国防部高级官员汤森·胡普思(Townsend Hoopes)访问了以色列外交部。他在访问过程中破口大骂:"叙利亚人都他妈是狗娘养的,你们为什么不予以迎头痛击?按理说这本该是最自然的反应啊!"尤金·罗斯托(Eugene Rostow)的话更言简意赅,他对以色列驻华盛顿使馆公使埃弗拉伊姆·"埃皮"·埃夫龙(Ephraim "Eppy" Evron)说:"攻击从哪国来,哪国便是发动攻击的国家。"[32]

以色列当时也的确在为向叙利亚发动报复行动铺路。早在 1 月 16 日,埃夫龙便在一份普通照会中通知白宫:"[叙利亚]持续的侵略性政策将迫使以色列采取自卫行动,以践行其国际权利和国家义务。"不过,问题可比这要复杂得多。原因还是在于苏联干预的危险,埃什科尔对此非常清楚。4 月 1 日,巴勒斯坦游击队炸毁了黎以边境上米斯加夫阿姆(Misgav Am)基布兹的水泵。对于埃什科尔这位曾是农民和水利工程师的总理来说,这次袭击是压死骆驼的最后一根稻草。"我相信,我们不得不惩罚叙利亚人了,"他在与拉宾的私人会面中坦承道,"不过我不想打仗,我不想在[戈兰]高地上打仗。"在利奥尔看来,拉宾患有"叙利亚综合征"且对大马士革深怀恨意。拉宾却同意总理的意见。待到叙利亚人的下一轮挑衅来袭时,以色列将会派出武装拖拉机深入非军事区,静候敌人的炮火,然后发动反击。[33]

大马士革上空30秒的对决

挑衅不久便来了。3月31日,巴勒斯坦游击队发动了2次袭击。他们在以色列人的灌溉用水泵和以约边境的铁轨下埋下了炸药。以色列拖拉机按计划冲进了紧邻埃因盖夫(Ein Gev)和哈翁(Ha'on)基布兹的叙以非军事区南部地带。不出所料,他们遭到了机枪和反坦克炮的轰击,攻击源自戈兰高地上的塔瓦菲克阵地(Tawafiq position)。面对叙方的炮火,以色列国防军予以还击。双方交火的持续时间很短,两边都没有什么损失。4月7日上午9时,两辆以色列拖拉机进入了靠近泰勒卡齐尔(Tel Katzir)的非军事区。此地位于加利利海南端,一起新的冲突正在酝酿之中。这次,叙利亚人没有选择轻武器,转而用上了37毫米大炮来迎击以色列人。拖拉机立马就被击中了。以色列坦克的炮弹射向了叙利亚阵地,叙军的81毫米和120毫米迫击炮则轰击了以色列人的定居点。

双方的冲突迅速升级成迷你战。机枪大炮的枪林弹雨遍及戈兰高地及其下的平原。根据联合国观察员的统计,截止到当日下午1时30分,共有247发炮弹击中了加多特(Gadot)基布兹,致使该基布兹中的数栋房屋着火。联合国设法让双方停火,叙利亚人接受了提议。不过,他们的条件是要求以色列停止在非军事区上的一切活动。人在耶路撒冷的埃什科尔与身处战争前线的拉宾保持着密切联系。埃什科尔拒绝了叙利亚人提出的条件——以色列还会继续往非军事区派拖拉机——但总参谋长拉宾的提议令他犹豫不决。拉宾提议派出以色列空军压制叙利亚的远程大炮。然而,一个小时过去了,叙军的炮火愈演愈烈。最终,埃什科尔让步了。在幻影战机的掩护下,以色列空军的"秃鹰"(Vautour)轰炸机很快开始轰炸叙利亚的村庄和地堡。其中,西库菲耶(Siqufiya)村中的40栋房屋被炸毁。据报告,另有14名平民因此遇难。以色列人的突袭几乎还没开始便与叙利亚人的米格战机对上了。

在与以色列空军的屡次对垒中,叙利亚空军的表现向来不尽如人意,这次也不例外。两架米格战机在库奈特拉(Quneitra)这座戈兰高地最大的城市上空被击落。其余战机则被以军战机追着退回了大马士革。在大马士革上空，130架飞机展开了近距离战斗。混战中，又有4架米格战机被击落。以军仅用了30秒便掌握了叙利亚的制空权。叙利亚政权对自己面临的困境做出了解释，但这些解释显得苍白无力——"市民们，我们提醒你们注意，敌机正在我们的领空飞行。我们的空军正在与之周旋。"随后叙政府又声称，"英勇的铁鹰"击落了5架以军战机。但纸终究是包不住火的，整座首都的人民都见证了双方的激斗。沉溺于胜利喜悦中的以色列幻影战机在大马士革上空盘旋，拉宾的指挥部里欢声雀跃。总参谋长宣布，以色列重新夺回了战场上的主动权。叙利亚人备受羞辱，而埃及方面却一动不动。

拉宾一点儿也没错，就像此前的萨穆阿行动一样，4月7日的一系列事件凸显了《埃叙共同防御协定》的无力。"我都求了我们的叙利亚兄弟多少次了？我让他们不要招惹以色列。"阿拉伯联合司令部司令阿里·阿里·阿米尔在与舒凯里私下聊天时哀叹道，"他们明知道我们的军事准备工作尚未完成……他们明知道我们应该先决定好战斗的时间和地点……我们跟他们说了一遍又一遍，可他们还是朝以色列人的定居点开炮，还是派法塔赫的小分队向以色列车辆开火，在路上埋地雷，而这一切都对我们的军事努力有损。"纳赛尔只能别别扭扭地给出一套说法。他声称以色列的袭击是为了转移埃及在也门的注意力。他辩称，戈兰高地对于埃及来说有些"鞭长莫及"。[34]

为了挽回面子，纳赛尔很快便行动起来。他把埃及总理西德吉·苏莱曼（Sidqi Suliman）和空军司令西德吉·马哈茂德将军派到了大马士革。自阿拉伯联合共和国解体以来，在埃及到访叙利亚的官员中，属这两位的级别最高。这两位埃及高官耍足了嘴皮子功夫，而挨批的牛鬼蛇神还是"老三样"：犹太复国主义、美帝国主义及阿拉伯世界的反动势力。在幕后，埃及人努力劝说叙利亚不要再对法塔赫的活动予以进一步的支持。他们警告说，如果这事持续下去并引发战争，叙利亚就准备好独自迎敌吧。

尽管如此，叙利亚人却还是含糊其词。他们还拒绝了到访者的要求，在大马士革屯驻埃及军队的提议也被否决。反倒是他们又一次成功套到了埃及人的承诺：一旦战争爆发，埃及方面将会提供援助。埃叙双方的计划代号为"拉希德"（Rashid）。该计划号召两国同时空袭以色列，叙利亚袭击该国北部，埃及则袭击其南部和中部地区。叙利亚部队还将穿越加利利海，瞄准海法（Haifa）。谈到这里，即在陆上军事活动方面，埃及人与叙方划清了界限。"我对叙利亚人所说的一切，"西德吉·马哈茂德回国后在面见纳赛尔说，"均在表明，一旦出现以色列军队在边界集结这种情况，我便会提高空军在西奈半岛及以色列南部的活动强度，牵制住以色列空军的大部分战力……我们从来没有谈过要把埃及军队开进西奈半岛。"[35]

4月7日之战与萨穆阿事件的相似之处还在于其对于阿拉伯国家间斗争的影响。约旦很快便抓住纳赛尔背信弃义的小辫子不放，并好好利用了一番。约旦声称以色列战机不仅侵袭了叙利亚，而且低空掠过了西奈半岛上的埃军机场，但即便如此，埃及人还是畏缩不前。"不幸的是，我们的敌人……十分清楚……阿卜杜勒·纳赛尔总统所说的话到底有几分可信。纳赛尔曾在最近的演讲中表示，一旦叙利亚遭到以色列袭击，阿拉伯联合共和国便会立刻加入战斗。"安曼广播电台斥责道，"所有阿拉伯人都知道，以色列对叙利亚兄弟的侵略持续了数小时之久。"该电台接着说，有3架被击中的叙利亚战机在约旦境内坠毁，后来发现这3架飞机上所装配的导弹是用木头做的，阿萨德不敢给空军配备实弹。埃及人在回应中也没少横加谩骂，他们指责侯赛因在袭击中与以色列暗中勾结。苏莱曼总理煽动说："约旦正成为帝国主义的保卫军，成为训练雇佣军团伙的大本营，成为为保卫以色列而设的反动派前哨站。"纳赛尔则怒斥约旦国王，说他就像他祖父一样与犹太复国主义者沆瀣一气："一出生便是走狗，从小就背信弃义……侯赛因实际上是在为中央情报局工作。"[36]

在这场激烈的唇枪舌剑中，侯赛因的处境无疑是最糟糕的。与纳赛尔相比，他更容易遭到攻击。约旦被埃及、叙利亚和伊拉克孤立了起来，又不受沙特阿拉伯等其他保守政权的保护。该国随时可能被阿盟抛弃，舒凯里已为侯赛因备下了33项通敌的罪名。萨穆阿事件似乎已经表明以色列不会直接与叙利亚对决，而是会设法征服西岸地区。然而，没有一位阿拉伯盟友会保卫约旦不受以色列侵犯。被逼入绝境的侯赛因尝试打破日渐严重的孤立状况。他撤掉了总理瓦斯菲·塔勒（一位激进的反纳赛尔主义者）的职务，还叫停了约旦方面的反埃及宣传攻势。[37] 随后，他又做出了一项惊人之举。4月28日，侯赛因邀请埃及外交部长马哈茂德·里亚德（Mahmoud Riad）这位老相识前来访问约旦。在纳赛尔看来，约旦国王突如其来的180度大转弯有些令人意外，但他最终还是同意了侯赛因的提议。于是，里亚德飞去了约旦。

约旦国王想要传达的信息非常简单：叙利亚人正在给埃及挖陷阱，让边境的紧张局势升温到埃及不得不干预的程度。到那时，战争就会到来，而这场战争将使纳赛尔下台，并同时毁掉约旦。里亚德的回复同样简练：那么约旦便应依照阿拉伯联合司令部的方案允许伊拉克和沙特军队进驻该国。侯赛因对此说不。他表示，在纳赛尔没有赶走联合国紧急部队并重新在西奈半岛驻军之前，他是不会同意这一提议的。到会面结束时，双方均未能改变对方的立场。4天后，安曼广播电台再次火力全开，指责纳赛尔是"阿拉伯世界唯一一位……与以色列和平相处的领导人。他所在的方向没往以色列开出一枪一炮……我们希望他能为此耻辱感到满足"。安曼电台借此重提旧事。它说，当埃及人用毒气轰炸也门的村庄时，埃及显然并非"鞭长莫及"。[38]

各阿拉伯国家统治者之间的关系正持续恶化。同样不断恶化的还有以色列边境上的安全形势。4月7日的事件不但没能缓解紧张的局势，反而使之加剧。在接下来的一个月里，法塔赫发起了不少于14次行动。叙以、约以边境上靠近以色列一侧的土地上被人埋下了地雷和炸药，就连靠近黎巴嫩边境的地方也难逃此劫。来自黎巴嫩方向的袭击活动于5月5日达到高潮。巴勒斯坦武装分子在这天从黎巴嫩境内发动了攻击，并用迫击炮连续轰击了马纳拉（Manara）基布兹。而以色列方面则继续在非军事区内耕作，并因此招来了叙利亚人的炮火。4月11日的火炮齐射令200名美国游客争相逃往戈兰高地下的基布兹里避难。不过，叙利亚人的炮火也不总是对以方行动的被动反应。戈嫩（Gonen）基布兹位于胡拉谷地，该基布兹的农民于4月12日遭到了叙方炮火的攻击。当时，他们只不过在修复篱笆而已，其中一名农民被直接爆头。[39]

对以色列人来说，叙利亚人攻击的频率已高得难以承受，不管攻击是由叙方直接发动的还是通过巴勒斯坦游击队发动的。公众舆论，尤其是边境地区的舆论要求国家对这些流血事件予以报复，但报复的对象不该是约旦，而应是这一切的罪魁祸首——叙利亚。且不论英美两方到底是在替侯赛因的王位担忧，还是出于对大马士革政权发自内心的厌恶，总之，他们在设法让事情往相同的方向发展。在国门之外，以色列外交官仍在为报复行动寻找一个正当的理由。以色列大使亚伯拉罕·哈曼（Avraham Harman）对时任华盛顿近东事务助理国务卿的巴特尔说："在恐怖袭击事件持续不断的情况下，叙利亚却能免遭以色列的攻击，想必叙政府肯定不会对这等好事心存幻想。"即便是在公开声明中，例如在埃班向安理会提出的申诉中，以色列报复的合法性也得到了强调："叙利亚人假设挑衅行为不会引起任何反应，这从根本上来说是有漏洞的。对于以色列无法与叙利亚派遣的恐怖分子和解这件事，每个国际良知健全的国家都会认同以色列的做法。"[40]

不管决定有多难做出，它都不可避免了。两个男人选择迎难而上，他们不论是年龄还是背景都相去甚远，性格却能互补。与纳赛尔和阿米尔这对搭档相比（考虑到他们之间矛盾的关系及政治阴谋），以色列总理和总参谋长所组成的团队相对简单且运行平稳。

奇异的二人组

埃什科尔于1895年出生在基辅（Keiv）附近，原姓什科利尼克（Shkolnik）。在那个年代，沙皇的迫害是司空见惯的事，埃什科尔在充满暴力、宗教狂热及犹太复国主义思潮的环境中长大。19岁时，他搬去了巴勒斯坦，投奔德加尼亚（Degania）基布兹。这是犹太人在巴勒斯坦建立的第一个基布兹，位于加利利海旁边。他在那儿的表现证明了他是一个强健的工人。当地除了时不时暴发疟疾，还时常遭遇好打家劫舍的贝都因人的袭击，但不管怎么样，他都活了下来。尽管他深爱着那片土地，并自认为是那片土地的耕耘者，埃什科尔却发现自己真正的强项在政治领域。不管是最初作为基布兹运动的代表，还是随后成为当时主要工会的代表，他均展现出了这种才能。与高瞻远瞩的本-古里安相比，埃什科尔是一个实用主义者、现实主义者。他常年出任公职，在职期间取得了长足的成就。其中包括建设国家的基础设施，以及将以色列阿拉伯人从1948年以来的军事管制中解放了出来。他最引以为傲的功绩是建立起了以色列的国家水利系统（Mekorot，意为"源头"）。埃什科尔的梦想是给整个国家铺满"如同人体血管一般的"灌溉管道，并看到每一寸开放的土地上都有人在耕作。

在个人品位方面，埃什科尔同纳赛尔一样，都很简单。其生命中唯一浮夸之处是其年轻靓丽的第三任妻子米里娅姆（Miriam）。他与原配离了婚，第二任妻子则过世了。不过二者不同的是，埃及领袖拥有强大的个人感召力，而以色列总理则完全不具备这方面潜质。他有一张平淡无奇的脸，戴着一副平光镜，其演说更是单调乏味，如同卡夫卡笔下《城堡》一书中的经典官僚形象。但在那副灰暗的外表下藏着一些别的东西。他热情奔放，爱讲幽默的小段子（"想要在以色列赚笔小钱？"他曾问道，"那你得带笔巨款来。"），并对意第绪语充满热情。埃泽尔·魏茨曼记忆中的他是"一个可爱的人，很随和……很开放，十分健谈"。即便是他的竞争对手希蒙·佩雷斯也夸他这人"坚定但不顽固，灵活但不唯命是从。他很清楚人生是不可能不做出妥协的"。他出了名地擅于避免承诺——"我当然有保证过，但我有说我会坚守承诺吗？"这是他最喜欢的一句话。不过这种闪躲也常常令人觉得他优柔寡断。有一个十分流行的段子：当一名女服务员问埃什科尔想要咖啡还是茶时，他没正面回答问题，而是说"各要一半"。

埃什科尔在军事方面的声望最弱。在以色列，总理和国防部长的军政大权通常由最高领导人把持。对于这样一个国家而言，埃什科尔在军事方面的弱点无疑是重大漏洞。曾经行使过这一军政大权的人是本-古里安。他如今住在沙漠之中的斯代博克（Sde Boker）基布兹的一间平房里。

在这间屋子里，他老是念叨着其继任者在国防方面暴露出来的所谓的不足，尤其是喋喋不休于埃什科尔忽视法-以同盟关系，却认真对待美国人对迪莫纳核设施的指摘。然而，这些针对埃什科尔的指责在很大程度上来说是不公允的。以色列国防军如今已被打造成以飞机和坦克为主的现代化武装部队，而埃什科尔在此过程中起到了重要作用。作为总理，他很少拒绝批准报复行动，尽管对一些渴望和平的以色列人来说，他拒绝得有点儿太少了。埃什科尔缺少的实际上是实战经验，他只在一战中曾短暂地为英军服务过。本-古里安的批判深深地刺痛了他——"好似父亲将儿子赶出了伊甸园。"米里娅姆回忆道。[41]

埃什科尔始终难以摆脱在军事领域的平庸形象。同样挥之不去的还有那些指责的声音。人们不是说他决策过于迅速，就是怪他太过犹豫。总理大人渴望改变这一形象。他不失时机地戴上署有其大名的贝雷帽去视察野外部队，在私底下，他也常去征求总参谋长的意见。

就作战方面而言，伊扎克·拉宾有着丰富的经验。在独立战争中，他见证了最激烈的战斗，并曾带领精英部队在耶路撒冷及其周边战斗。拉宾在军队中的大多数同僚都出身于基布兹或农场。与他们不同，拉宾在特拉维夫长大。他是劳工犹太复国主义激进分子之子，其父长期出门在外。拉宾是土生土长的以色列人，他说话温和而直接，却出奇地害羞。他和埃什科尔几乎就是彼此的镜像——前者有吸引力但安静，后者外表平淡无奇却个性鲜活。也许是出于这一原因，另外可能也是因为他们彼此需要，这两人相处得很好。"健谈，为人朴素而幽默，"拉宾在自传中如此形容以色列总理，"一个聪明的管理者、一个实用主义者、一个善于吸收每一个细节的大师。"埃什科尔则以实际行动回报了拉宾。他在1966年请求这位以色列国防军领袖在完成自己的第一个任期后续任三年。他们携手启动了一个大规模军备项目，这一项目优先装备空军和装甲部队。此外，他们还共同制订了一套以威慑为基础的防御战略。[42]

双方虽然偶有摩擦——对埃什科尔来说，拉宾有些太受欢迎了；对拉宾来说，埃什科尔则在防务上施加了太多的干预——但总理和总参谋长的关系在1967年头几个月内一直很融洽。不过，这一友谊却始终未经受过危机的考验。在 5 月的头几天里，阿拉伯人在以色列北部边境发动了袭击。以色列内阁批准了国防军对叙利亚发动一场有限的报复行动。拉宾重又提议发动一场大规模袭击。即便此次行动不能推翻复兴党政权，也要彻底令其名誉扫地。可埃什科尔却担心这样一场袭击会引起苏联方面的强烈反应，于是又一次反对了拉宾的提案。克里姆林宫则再次谴责了以色列对叙利亚的阴谋——这一次，以色列和西方的石油公司勾结在了一起。苏联外交副部长弗拉基米尔·谢苗诺夫（Vladimir Semyonov）斥责卡茨大使，说以色列是"对和平的严重威胁"，还是"被外国势力利用的傀儡"；如若灾难随后降临中东，那犹太复国主义者就得为此负责。[43]

在断然拒绝了拉宾的建议后，埃什科尔转而向华盛顿求助。他要求美方向公众重申对以色列安全问题的承诺。此一承诺具体通过美方加速对以色列的军售来兑现，军售武器包括巴顿坦克和天鹰攻击机。"埃什科尔着实陷于严重的困境之中，"巴伯在给上级的信中表达了对军售的支持，"对他来说，能拿到手的武器越多越好。"然而受越南战争的影响，国会对军售的控制越来越严，以色列又抵制美国对迪莫纳的核设施进行实地检查。这些因素都对这笔军火交易造成了不利的影响。尽管约翰逊总统并不反对口头上支持以色列，但给以色列提供武器是绝对不予考虑的。[44]

美国不愿在军事上与以色列有染，这一抵触情绪还体现在下述事件中。埃什科尔在采访中对《美国新闻与世界报道》（U.S. News and World Report）说，如若战争爆发，以色列期望能够获得美国第 6 舰队的支援。阿拉伯世界对此反应激烈，他们取消了美国舰队访问贝鲁特和亚历山大港的计划。叙利亚的阿塔西总统将这支美国舰队描述为"帝国主义的海上浮动堡垒"，并誓称"阿拉伯海及其中之鱼将以帝国主义者［美国人］腐烂的尸体为食"。美国国务院连忙宣布美军并没有做出上述承诺，并暗示，倘若中东地区战事爆发，美国第 6 舰队将保持中立。[45]

以色列人在寻求非暴力解决方案方面做出了最后的努力，但其目标并非指向美国，而是一个对以色列人来说不抱希望的倾诉对象——联合国。以色列驻联合国大使吉迪翁·拉斐尔呼请联合国秘书长吴丹站出来公开谴责叙利亚对恐怖活动的支持。尽管吴丹很少批评阿拉伯人，可事到如今，这位联合国秘书长再也没法无视叙利亚人与游击队袭击活动相涉的证据了。吴丹在 5 月 11 日举行的新闻发布会上谴责了袭击活动。联合国秘书长称，这些袭击活动"应受谴责"，是"无患之患"，是"对和平的威胁"，且"违反了停战协议的文字与精神"。他指出："较以往的法塔赫袭击事件而言，发动这些袭击行动的人员似乎受到过更专业的训练。"他请求所有应为袭击事件负责的"政府"停止这些活动。

从表面上看，以色列人好像赢了。联合国最高级官员对某一阿拉伯国家发出谴责，这可是前所未有之事。但即便如此，这事最后还是不了了之。尽管联合国提议就此事在安理会上展开辩论，但这一提案从未落实。一方面是因为苏联故意拖延，而另一方面则是因为安理会中有多达 1/3 的国家拒不认可当时的安理会主席，因为这位主席是中国台湾人。叙利亚人严厉谴责了吴丹的声明。其驻联合国大使乔治·托迈（George Tomeh）声称，联合国秘书长的声明实际上是在"纵容以色列人使用武力"。[46] 由于安理会的职能趋于瘫痪，阿拉伯人又被激怒了，联合国秘书长遂不再进取，此事便被搁置了。

与此同时，在得知以色列在美国和联合国两条外交阵线上都失败了的情况下，拉宾选择发表叛逆的言辞。他在以色列国防军杂志《巴马哈内》上说："［以色列］对约旦和黎巴嫩的态度仅适用于那些不致力于发动恐怖袭击，且所发生之恐怖袭击事件与其意愿相悖的国家。可叙利亚就另当别论了，因为该政权是恐怖分子的赞助商。因此，我们应对叙利亚的方式在本质上也必须有所不同。"

埃什科尔及许多内阁成员都认为拉宾的威胁太过火了，并再次就此事批评了他。可批评之后，总理自己也开始发表训词了。"我们别无选择，"他在工人党 5 月 12 日的论坛上说，"我们也许不得不对那些发动侵略的轴心及其支持者采取行动。我们将用比 4 月 7 日更严厉的手段来对付他们。"第二天，他又在以色列广播电台上说："我们不会豁免那些支持对我们实施破坏活动的国家，叙利亚便是这些活动的先锋部队。"如此这般的煽动性言论接踵而来，但发声者不仅是埃什科尔和拉宾，还有以军北部战区司令部的司令员戴维·"达多"·埃拉扎尔（David "Dado" Elazar）

将军及以军情报局局长阿哈龙·亚里夫（Aharon Yariv）。这其中的许多言论都被外国媒体搜集起来并加以放大。埃泽尔·魏茨曼多年后在回忆录中回忆道："高调浮夸的言论——转念一想，这些言论也许有点太高调浮夸了——便是当年流行的风气。"[47]

以色列人的讽刺声正好赶上了对叙利亚人来说格外敏感的时期。在这一时期，严守信仰的穆斯林及中产阶级商人的反对声越来越威胁到了复兴党的统治。叙利亚总统阿塔西警告说，以色列要是敢动手，"叙利亚便会发动一场阿拉伯群众参与的人民解放战争"。外交部长易卜拉欣·马胡斯对斯迈思大使说，有人在针对大马士革谋划一场"帝国主义阴谋"，而"以色列可能在不远的未来发动一场大规模攻击"。他声称犹太复国主义者的军队已经在非军事区集结了。但当斯迈思建议叙利亚政权对游击队加以约束时，马胡斯却回拒了。"巴勒斯坦人民是在为他们被掠夺的土地而战斗，叙利亚拒绝为此承担责任。"怒火中烧的马胡斯说道，"巴勒斯坦是永不消逝的神圣事业。"

埃什科尔和拉宾的言论不仅没能对叙利亚的军事侵犯起到威慑作用，反倒使叙利亚加倍支持法塔赫。该组织于5月9日和5月13日再次出动，分别穿过叙利亚和约旦边境对以色列展开了破坏活动。一名训练有素的潜入者乘着小船从叙军控制下的湖岸区域出发并穿过了加利利海，但他最后被抓住了。据描述，这位潜入者留着一头金发，会说希伯来语，且手持英国护照。后来发现他携有大量炸药及待用的引爆装置。他最终招认，这些东西是用来暗杀以色列领导人的。[48]

为预先阻止一场与叙利亚的重大冲突，以色列方面付出了许多努力，但这些努力最终只增加了这场冲突发生的概率。同样的情况在5月的一场争议中将再次出现，这次争议的焦点是以色列独立日的大阅兵。

按照传统，以色列的独立日阅兵仪式是在各个城市间轮流举行的。1967年的阅兵式被安排在5月15日，将在以色列控制下的西耶路撒冷举行。此次阅兵恰逢以色列建国19年来独立日之日期在希伯来历和格里高利历上的首次重合。在圣城的街巷里突然出现了为数众多的以色列军队。

尽管这并没有违反停战协定，但还是引发了整个阿拉伯世界（尤其是约旦）的抗议。联合国也反对此次阅兵。同样表示反对的还有西方大国，这些国家禁止其使节参与其中。

埃什科尔驳回了这些反对声。他指出，约旦方面拒绝犹太人接近哭墙和橄榄山的行为已经违反了停战协定，因此约旦无权对以色列在本国城市一侧的行为指手画脚。在此次仪式上，本来预定由以色列桂冠诗人纳坦·阿尔特曼（Natan Alterman）朗诵一首诗，但为了将紧张局势控制在一定程度之内，埃什科尔删除了其中流露出好战情绪的几行诗句。此外，他还同意不把重型武器搬进耶路撒冷城内。[49] 尽管拉宾对此大为光火，但他最终还是妥协了。此次阅兵式中将不会有坦克和大炮出现。

以色列总理和总参谋长在应对叙利亚人的威胁过程中经历了一段时间的不和，但此后两人携手化解了发生在耶路撒冷的小型危机。不过，这两人都不知道他们躲过的这次危机将在多大程度上触发一场更血腥、范围更广大的剧变。

行动及其应对

埃及领导层也从未想到过会有大祸临头。领导层中的一人，安瓦尔·萨达特（Anwar al-Sadat）于4月29日离开埃及。他此次的使命与阿以冲突完全无关，只是礼节性地前往蒙古和朝鲜两国，并拜访当地的政治人物。他在回程时将途经莫斯科。美国驻开罗大使馆对此行做出了如下判断："我们预计这些访问将不会具有任何重大意义。"

美国人对这一系列访问没什么期望，这很大程度上是因为萨达特这个人物本身。这是一位没有什么瑕疵的人物。他从未在军中担任要职，无关痛痒地做着国民议会发言人的工作。不过，萨达特那平淡无奇的外表（高大、黝黑、沉默寡言）下却隐藏着一段不寻常的人生经历。他曾两次入狱，一次是因为其在二战期间的亲德活动，另一次是因为他密谋刺杀一名亲英的埃及官员。他是1952年革命的共谋者，并于之后保持着与穆斯林兄弟会的联系。他还反对埃及与以色列秘密接触。也许是因为其在意识形态方面的坚定立场、对政权始终如一的忠诚,纳赛尔很信任他。也许他在别的方面不值一提,但至少在纳赛尔面前能说得上话。

苏联人很清楚这一点。因此,他们确保萨达特此次的行程中将包括与苏联高层的一系列会面。其会面对象分别是总理柯西金、主席波德戈尔内和外交部长安德烈·葛罗米柯及其副手谢苗诺夫。事实证明,会谈的内容可远不止互相寒暄。苏联领导层郑重其事地告诉萨达特,以色列即将入侵叙利亚,其目的是推翻复兴党政权。克里姆林宫此前已严厉警告过以色列大使,称该国有10—12个旅的兵力正在叙利亚边境集结,已准备好于5月16—18日间向叙利亚推进。波德戈尔内对萨达特说:"你一定要避免被打个措手不及,接下来的几天将非常关键。"他还说:"叙利亚正面临困境,而我们将帮助叙利亚应对这一困境。"为了证实他们所提供的信息,苏联人指出,在即将于耶路撒冷举行的独立日阅兵中,以军的坦克和大炮将缺席。他们声称这些武器被运到了北方,而这便是确凿的证据[50]

苏联发出警告的原因至今仍不明。这便给人们留下了足够的空间,让他们提出各种各样的理论来解释为何苏联人会在这一特别的时间点上发出警告,他们又想借此来得到什么。有些人猜测莫斯科方面制造这一危机是为了提振纳赛尔的声望,同时巩固苏-叙同盟关系。另一些理论则认为,苏联人试图诱使纳赛尔与以色列开战,令其自取灭亡,扫除障碍,从而使叙利亚取得地区主导地位,同时让共产党势力渗透进来。许多专家猜想,苏联人发出警告的时机刚刚好,一来美国人正因越南战争分心,二来可以遏制中国在中东地区逐渐扩大的影响力,三来正好给犹太复国主义势力粉碎性一击。更有甚者认为是美国泄露了以色列的进攻计划,其目的是减轻埃及对海湾国家的压力;又或者是以色列方面自己泄露了消息,以便发动一场领土扩张战争。苏联官员后来将责任归结于该国对情报的错误解读上。这些情报有关以色列对叙利亚展开报复行动的可能性,消息源是潜伏在以色列境内消息灵通的克格勃特工。"那些信息根本未经证实,还需要进一步调查,"最高苏维埃成员卡林·布鲁滕兹(Carin Brutenz)回忆道,"可谢苗诺夫情不自禁地把消息传达给了埃及人。"[51]

如果深陷于这一揣测中，那我们就迷失了。事实上，苏联对萨达特的警告一点儿也不新鲜。在此前的一年中，有关以色列意图侵略叙利亚的报告曾反复出现。上文已提到过，这些警告反映了克里姆林宫领导层间的重大分歧，还反映了该领导层对苏联在中东之利益的不同认识——避免一切冲突或堕入战争。苏联完全意识到以色列可能对叙利亚采取报复行动，因此，他们急于避免一场容易使阿拉伯军队失利并引发超级大国对抗的战争。然而与此同时，苏联人还想要维持该地区的紧张局势，以便提醒阿拉伯人，他们还需要苏联的帮助。因此，苏联便强调埃及在威慑以色列人方面所起到的作用。因此，他们便具体提到了所谓的有 10—12 个旅的以色列军队在边境集结。在这一事件中，起作用的另一重因素是苏共决策者受其自身政治宣传工作的影响。苏联宣传攻势针对的是帝国主义者和犹太复国主义者，指责他们背信弃义。用英国内阁的话来说，这便是"意识形态造成的近视效应"。受此影响，苏联放大了以色列对叙利亚的真实威胁。[52]

不管怎么说，苏联人为何如此行事的重要性远远不及埃及人如何应对这一警告。萨达特于 5 月 14 日午夜过后返回埃及。之后，他立即赶到了纳赛尔的家里。在那儿，他发现总统已经在同陆军元帅阿米尔讨论苏联的情报了。有关以色列动员的更多细节信息也已经由苏联大使迪米特里·波日达耶夫（Dimitri Pojidaev）传达给埃及外交部，并通过当地的克格勃特工交给埃及情报部门负责人萨拉赫·纳西尔（Salah Nasir）。此后，一份类似的情报——众多情报中的首份情报——从大马士革传来：

我们从一个可靠的消息源得知了以下信息：第一，以色列已动员其绝大部分预备役部队；第二，其大部分部队已集结于叙利亚边境，兵力预计有 15 个旅；第三，以色列人正计划对叙利亚发动大规模攻击，其中包括空降部队，攻击将于 5 月 15 日至 22 日间发动。

此外，阿米尔还吹嘘说看到了能证实以色列兵力集结的航拍照片。[53]

在近来的数月间，叙利亚不断声称其面临着迫在眉睫的侵略，这已成为常态，纳赛尔直接无视之。但他无法忽视这次警告，它如此具体，又有数量如此之多的苏联消息源为证，更何况其中还包括来自克里姆林宫的消息。依当时的情况来看，尤其是考虑到埃什科尔和拉宾的威胁性言论，以及以色列阅兵式上未出现重型武器，苏联人的情报有可能是真的。纳赛尔和阿米尔在当晚的剩余时间里研究了以色列进攻叙利亚可能引发的后果，以及埃及的应对方案，其中便包括移除联合国紧急部队。早晨 7 时 30 分，他们决定另外召开为期 4 个小时的总参谋部会议，并在会上决定军队的行动。[54]

但这次决定难以轻易做出。埃及的经济危机开始蔓延至军队中，尽管预算被削减，部队人数却持续增加。财政赤字在部队维护费用的减少中体现出来。每架能正常运转的飞机有 8 名飞行员等着驾驶它，此外，几乎所有的训练活动均被叫停。但军队里的问题不仅仅是经济上的。军中的高级职位按家庭或政治裙带关系分配，并非以能力为晋升标准，而长官在挑选下属的时候则刻意选择那些无能之人，这样便不会威胁到自己的地位。军官之间鲜有信任可言，更不用说军官与普通士兵的关系了。"我总为那些被遗弃在西奈半岛上的埃及人感到遗憾。与此同时，许许多多上级军官正在开罗度长周末。"联合国紧急部队的里克耶将军回忆说。在部队的组织结构方面，并不存在任何海陆空三军的协作甚至交流机制。高层的命令得要绕一大圈才能最终下达到战场上，战地主动权则几乎无人知晓。在部队里，决定成功的准绳并非表现，而是意识形态。"我们有成堆的关于 7 月 23 日革命之荣光的图书和小册子。"埃及空降部队指挥官阿卜杜·穆奈姆·哈利勒（'Abd al-Mun'im Khalil）抱怨道，"这些图书保存完好，还要接受定期检查，起着决定某部队战力的作用。军官们尽管嘲笑这些东西，但仍把它们带到也门，以示忠诚。"[55]

军队中存在的问题早已引起了纳赛尔的注意。这在某种程度上也令他长久以来的立场更加坚定，即反对与以色列人的一切战争。尽管其言论还是如往常一样强硬（5 月 10 日，他向亚历山大大学法学院的学生保证："我们将为解放并收复巴勒斯坦而战斗。"），纳赛尔却并没有采取任何实际措施来回应 4 月 7 日的空战。埃及驻华盛顿大使穆斯塔法·卡迈勒（Mustafa

Kamel)从头到尾一直对美国人说,纳赛尔会把以色列问题放在"冷藏库里",直到白宫愿意重新考虑对埃及的援助政策。"虽说没人喜欢花钱收买恃强凌弱者这种主意,"沃尔特·罗斯托在呈递给总统的内部备忘录中写道,"纳赛尔始终是中东最有权势的人物……他束缚着那些狂野的阿拉伯人,这些人将局势引向灾难性的阿以大决战。"[56]

然而,不为美国人所知的是,埃及军队中存在一股反对势力,这股势力竭力催促发动战争。军中的许多将军认为,尽管埃军有弱点,但这支军队拥有比以色列人多出数倍的飞机、坦克和大炮。单凭这一数量上的优势便足以保证阿拉伯人在战争中获得胜利。他们争辩说,士气低下、经济萧条的以色列不再是埃及曾经畏惧的拦路虎,埃及应该在以色列攻击叙利亚和约旦之前先发制人,发动进攻。西德吉·马哈茂德得意扬扬地说,埃及的"预警和防空系统有能力发现并摧毁任何敌军的空袭,不管有多少架敌机参与,也不管敌机自哪个方向飞来"。西德吉·马哈茂德相信,在苏联导弹的庇佑下,埃及装甲部队的前路将会畅通无阻。阿米尔的自信尤为夸张。"我们的武装部队不仅能击退以色列,还能向东前进。"这位陆军元帅在5月初向纳赛尔汇报时说道,"埃及能取得优势地位,从而强加政治条件,迫使以色列尊重阿拉伯人和巴勒斯坦的权利。"[57]

阿米尔对埃及军力的此番赞美并没能说动纳赛尔。他始终提醒他的顾问,埃及需要对付的不止以色列一国,除以色列外还有美国。然而对他而言,如今的关键问题倒不是埃及军队是否有能力战胜以色列,而是如若埃军在下次危机中仍无力协助保卫叙利亚,其统治还能否继续下去。复兴党的倒台可能会致使该地区的"进步"政权如多米诺骨牌般——倒下——从伊拉克和也门开始,最终可能以埃及的倒台结束。《埃叙共同防御协定》将变得毫无用处,而埃及在苏联眼里的地位也会迅速降低。"东线可能崩溃,"纳赛尔通过两人办公室间的加密专线对海卡尔说,"埃及可能落到需要独自应对以色列的境地。"在萨穆阿事件后,在4月7日事件后,纳赛尔再也不能袖手旁观了。[58]

可是,他也不能让阿米尔抢了风头。总统与其陆军元帅之间的矛盾一如既往地尖锐。纳赛尔越来越害怕阿米尔会煽动叛乱。他曾试图招揽退休军官作为眼线来了解阿米尔在军队中的影响力。阿米尔察觉到了纳赛尔的举动,随后便拒绝了纳赛尔任命其为总理的提议(该提议的条件是阿米尔需要放弃对军队的控制权)。阿米尔的权力反而变大了,国防部长沙姆斯·巴德兰(Shams Badran)和空军司令西德吉·马哈茂德都是他的门徒,完全架空了忠于纳赛尔的总参谋长法齐。现在,随着危机在北方不断发酵,有迹象表明阿米尔想要利用这种局面来进一步提升地位,并领导埃及军队打一场大胜仗。[59] 纳赛尔设法阻止这一切发生,以便能恢复他在国内的特权和在中东地区的主动权。与此同时,他还要向阿拉伯人证明,他——不是阿米尔,也不是叙利亚——才是他们对抗以色列的首要保护神。

埃军总参谋部按计划于11时30分在总部召开会议,会议由阿米尔主持。军情局局长穆罕默德·艾哈迈德·萨迪克(Muhammad Ahmad Sadiq)将军简述了从苏联、叙利亚和黎巴嫩方面收集到的情报,即以色列在叙利亚边境集结军队的消息,以及以军于5月17—21日间发动袭击的概率。阿米尔随后便取得了会议的控制权,并下令所有空军及前线部队进入最高警戒状态,同时让预备部队应召入伍。在接下来的48—72小时里,埃军将进驻西奈半岛,并占据"征服者"(Conqueror)计划所设定的3条阵线。阿米尔说,这次的军队部署将会是防御性的,但也不排除发动进攻的可能性。与此同时,法齐将军会火速飞往大马士革,以向叙利亚领导层保证埃及已准备好动用一切资源来战斗,"摧毁以色列空军并占据其领土"。[60]

正当总参谋部仔细讨论行动计划时,纳赛尔出现在马哈茂德·法齐(Mahmoud Fawzi)博士位于解放广场的办公室里。此人是纳赛尔的首席外交顾问。同萨达特一样,法齐有着接近总统的特殊渠道。英国外交部称其为"幕后操纵者""一位有能力的谈判专家和足智多谋的外交官……他善于将他那难缠的主子的政策转变为最温和的条款"。埃及总统同其顾问探讨的问题极其微妙:撤走联合国紧急部队的可能性。尽管阿米尔坚决要求完全撤走该部队,纳赛尔的态度却没那么绝对。纳赛尔既不情愿承担防卫加沙地带的责任——一旦战争爆发，该地区便会成为以色列最有可能攻击的目标——也不愿意用西奈半岛上的危机来代替叙利亚危机。纳赛尔尤其不愿让埃及军队重回沙姆沙伊赫。一旦军队回到那里，士兵们便不可能眼睁睁地看着以色列船只通过蒂朗海峡而不为所动。蒂朗海峡将再次被封锁，而以色列则必然会还击。

法齐已备好了数份摘要，这些文件能确认纳赛尔有驱逐联合国紧急部队的主权权威而无须事先通过联合国大会或安理会的审查。法齐还建议纳赛尔命令联合国紧急部队从边境撤回，并将其集中于加沙和沙姆沙伊赫。为实现这一目的而下的命令可以转交给里克耶将军，而不必交给吴丹本人，这样便能强调此举的实用目的而非法律属性。纳赛尔对此表示满意，他也相信他有机会获得成功。其此前与印度和南斯拉夫（两国贡献了联合国紧急部队中最大的两支分队）及吴丹的接触暗示，所有人都将答应他调动部队的请求。[61]

在法齐起草致里克耶之信的时候，纳赛尔审查了总参谋部所做的决定，并就此咨询了数位高官。其中包括副总统扎卡里亚·毛希丁（Zakkariya Muhieddin）。到下午3时左右，该计划正式运转起来。全国宣告进入紧急状态，士兵与警察的休假被取消，学生的护照也被吊销。桥梁与公共建筑处于严格的双倍警戒状态。埃方称其采取这些措施是考虑到"叙以停火线上的紧张局势、以色列大批军事力量的集结、以军的威胁，以及它公然叫嚣着要攻打大马士革"。与埃军部队穿越开罗的盛大场面相比，上述措施只不过是为之助兴的节目。从下午2时30分开始，在阿米尔的亲自检阅下，数以千计的部队游行穿过市中心，并经过美国大使馆。这位埃及陆军元帅刚刚发出了绝密指示，敦促指挥官们"对不管是政治还是战略方面的一切发展保持警惕，以便能决定在合适的时间与地点发起一场成功的军事行动"。

"我们的部队匆忙集合起来，向前线进发。"第6师通讯官穆罕默德·艾哈迈德·哈米斯（Muhammad Ahmad Khamis）回忆说，他是参加过也门战争的老兵，还被授予过勋章。"我们没有做好准备就出发了，连军事演习的基本预防措施都没有。"总参谋部作战部长安瓦尔·卡迪（Anwar al-Qadi）中将证实说："我们的总部对于直接由高层指挥官［阿米尔］发给军队的命令一无所知。埃及的政治领导人力求使局势升级——我们不知道为何要如此——他们连续不断地下达命令，但这些命令又相互矛盾。整个整个的师被调到西奈半岛，却没有任何规划或战略目标。"[62] 部队被塞进两条狭窄的道路，之后又遇到了一场晚春的倾盆大雨。最后，这几个师的部队终于抵达了苏伊士运河。士兵在那里命令给联合国紧急部队运送物资的渡船将他们运到西奈半岛。

假设埃及打算立即攻打以色列，那么军队应当选择在夜里尽可能悄无声息地溜进西奈半岛。相反，纳赛尔用高调的行动方式向以色列传达了一份双重信息：埃及并无进攻意图，不过它也不会容忍以色列对叙利亚的任何侵略行径。然而，这一双重信息却令埃及的指挥官感到迷惑，高层也没有下达过任何有关他们应在西奈半岛做些什么的指示。法齐将军回忆道："我们的部队离开开罗并涌向西奈半岛，但目标区域中的集合营地还没搭建起来。那么问题便来了：我们的使命到底是什么？"埃及外交部中也有人问了类似的问题，外交部长马哈茂德·里亚德知道的信息还不如军队中的同级军官多。没有简报，也没有评估信息，有的只是外交人员能从报纸上读来的信息。

假设纳赛尔对军中的混乱状况有所耳闻，但他似乎一点儿也不受困扰。他的目的已经实现。他成功地向外界表明，即便埃军有5万人深陷也门，它仍是一股不可忽视的力量。"在也门的军队并不十分重要，"纳赛尔身边的实力人物阿里·萨布里（Ali Sabri）表示，"我们主要的军事单位，连同空军都在埃及。"这支军队在光天化日之下行军，这将对以色列起到威慑作用，并重拾埃及的自尊。纳赛尔不用费一枪一炮便能取得宣传战的胜利。[63]

就在这一切发生之时，以色列人却对此一无所知。埃什科尔和拉宾正专注于独立日的庆典，无暇顾及苏联针对以色列威胁攻打叙利亚提出的指控。总理会见了丘瓦欣，他像以往一样向其保证以军并无征服大马士革的计划，并邀请他亲赴北部边境考察。倘若真有12个旅的部队（4万名士兵，3000辆军车）在那里集结，苏联大使定能觅得踪迹。丘瓦欣一头金发，胸围宽广，单调乏味而又毫无幽默感。他直接回答说，他的工作是传达苏联的真相而不是检验它们。这位苏联大使此后又两度被邀请前往北部检阅。以色列人还请求他介入，以便能约束叙利亚的行为，然而两次他都说不。尽管如此，却没几个以色列人能察觉到正在迫近的巨大危机。丘瓦欣在与以色列外交部总司长阿里耶·莱瓦维（Arye Levavi）的一次谈话中曾预言："你们将因与帝国主义的联盟关系而受到惩罚，你们将失去进入红海的通道。"然而这没能引起耶路撒冷的任何警觉。[64]

以色列人也没停下来考虑苏联人的警告是否也会传达给埃及，更没考虑如果警告传达给了埃及，纳赛尔会如何应对。根据以色列从美国人那里接收到的信息及以色列人自己挖掘出来的情报，纳赛尔对流血事件并无兴趣，他甚至都没关上日后同以色列人和解的大门。以色列人进一步认为纳赛尔会持续支持联合国紧急部队的工作。而且就此事而言，纳赛尔完全不受阿拉伯国家（尤其是约旦）政治宣传攻势的影响。自1965年的灰暗日子及阿拉伯峰会召开以来，以色列对埃及开启战事之意愿的评估也好转起来。埃及经济失控，阿拉伯世界统一之梦破碎，在此情况下，纳赛尔如若还想要同以色列（有法国和美国第6舰队支持）一较高下，那他一定是疯了。在以色列人看来，唯有碰到以下情况，战争才有可能爆发：纳赛尔觉得埃军对以军有绝对的军事优势，此外还需以色列内部爆发危机。最关键的条件是，以色列在国际上受到孤立。而要让这一切全部发生，几乎是不可能的。[65]

但也有人对此并不确信，埃什科尔便是其中之一。他对大环境保持着警惕的态度，这一大环境便是阿拉伯国家间及超级大国围绕以色列展开的对抗。对此，他的反应同该时代之大环境一样，混杂了英明与恐惧、蛮勇与胆怯。而这便使当时的局势变得具有爆炸性。因此，他在5月13日以色列阵亡将士纪念日的演说中吹嘘道："［我们］坚定不移的立场……使邻国更充分地意识到他们没法在战场上胜过我们。他们如今在任何边境冲突中都畏缩不前……并将决战日期拖延至遥远的未来。"不过，埃什科尔在对以色列地工人党领导层的致辞中却警告说："我们深陷于敌意的包围之中，他们即便今天没能成事，但明天或者后天便能取得成功。我们知道，阿拉伯世界现在分裂为两半……但事情总在变化之中。"[66]

第 3 章

危 机

五月里的两周

在阿拉伯国家和联合国的谴责声中,在西方大使的抵制下,以色列庆祝了本国的独立日。独立日的阅兵仪式被精简到只有 26 分钟,仅 1600 名士兵和数辆军车参与其中——"一场童子军的游行。"利奥尔上校如此嘲弄道。是埃什科尔最终让庆典活动尽可能地低调,但这引来了其反对者严厉的批评。这里面最大的反对声便出自本-古里安,他谴责埃什科尔在国际压力面前卑躬屈膝。尽管如此,仍有 20 万名观众在庆典活动中现身,他们聚集在明亮的大卫之星下,大卫之星在瞭望山(Mt. Scopus)上闪闪发光。但没几个参与庆典的人知道,随着数千名埃及士兵涌入西奈半岛,南部正呈现出不祥之兆。

以色列人从西方通讯社的报道中拣选出了有关埃军集结的信息,并把它们汇编成报告。这一报告已于头一天晚上送到拉宾手中。接到消息时,拉宾正在总理的办公室里。他和埃什科尔及二人的妻子正准备参加于附近希伯来大学体育场内举行的集会。埃什科尔最初的反应是克制的。他提醒拉宾,纳赛尔很喜欢作秀,这事最坏也只是让罗腾树行动重演一遍,当时(1960 年)埃军出人意料地进驻了西奈半岛。拉宾表示同意,他命令手下军士阻止北部边境上一切潜在的挑衅活动,并加大对南部的空中侦察力度。此事就此被搁置。拉宾和埃什科尔前往体育场聆听纳坦·阿尔特曼被删节过的诗歌,以及由作曲家内奥米·谢默(Naomi Shemer)创作的新歌——《金色的耶路撒冷》(Jerusalem of Gold)。这首歌很快便成了经典。

不管埃什科尔对外表现得有多么镇定,这位总理先生始终有所担忧。当晚,他正在委内瑞拉百万富翁迈尔斯·谢洛夫(Miles Sherover)的家中参加招待会,而有关南部局势的消息不断传来。埃及部队正按照征服者计划（此计划已被以色列人详尽知晓）占据相应据点，而法齐将军则飞去了大马士革。尽管以色列国防军已按铁砧计划被部署于相应阵线上，并已准备好从各个方向挡住阿拉伯国家的军队，但该计划顺利展开的前提条件是预留 48 小时的预警时间。至于这一预警时间能否得到保证，埃什科尔却不敢确定。当他的妻子米里娅姆问他为何如此心事重重时，埃什科尔突然情绪失控地说："你难道没意识到战争就要来了吗？"

埃什科尔的焦虑感在接下来的一天中会变得更加强烈。他在大卫王酒店（King David Hotel）里等待阅兵式开始，同时听着拉宾提出的建议。拉宾建议补充以军在内盖夫的小规模装甲部队，在边境地区布下地雷，并征召一两个旅的预备部队。

拉宾很清楚当时情况的微妙之处，并对纳赛尔极为警惕。事实上，他曾于 1948 年的战争结束时见过此人一面。在当时的埃以谈判中，拉宾曾帮助埃及从内盖夫撤出被围困的士兵。在谈判中，未来的埃及总统告诉他："我们的主要敌人是英国人……我们应与殖民者战斗，而不是你。"纳赛尔给这位年轻的以色列军官留下了深刻的印象。然而在执掌大权后，他已经变成了一个顽固不化且捉摸不透的对手。拉宾不得不做最坏的打算。

"如果我们不采取任何行动，让埃及人认为我们不知道他们的举动，抑或对此不为所动，那么我们可能因为暴露弱点而遭到攻击，"拉宾后来记录道，"另一方面，如果我们反应过度，则可能滋生阿拉伯人的恐惧，使他们觉得我们有侵略的意图，从而挑起一场完全不必要的战争。"埃什科尔认为后一种情况似乎更危险。尽管他批准军队进入一级戒备状态，并向南部转移了几个连的坦克部队，但他拒绝动员预备部队。

在这一天剩余的时间里，在一次全国性的圣经测试和以色列空军舞会过程中，有关西奈半岛的消息不断传来。拉宾告诉埃什科尔，埃及方面已有两个师的部队进驻利卜尼山（Jabal Libni）和比尔哈萨纳（Bir Hasana）这两个据点。这是一次精心策划和组织的进军行动。唯一的好消息是，纳赛尔手下最精锐的部队——第 4 装甲师还没有离开开罗。拉宾确信埃及的举动仅仅是为了作秀——华盛顿方面证实了这一判断，并建议他谨慎行事。埃什科尔虽表示同意，但仍感到焦虑。纳赛尔的行动要是促使叙利亚放出更多的恐怖分子该怎么办？他琢磨着。要是叙利亚人逼纳赛尔封锁蒂朗海峡又该怎么办？[1]

当总理还在考虑这些问题的时候，以色列的外交人员已经开始采取行动了。不管是美国国务院，还是英国外交部——任何能向纳赛尔传话的渠道，甚至是吴丹——都被用来向纳赛尔保证，以色列并无挑起战争的意图。以色列方面还提醒纳赛尔警惕叙利亚的诡计。联合国首席观察员奥德·布尔被邀请到北部考察，以便证实以军并未集结。与此同时，以色列的驻外使节纷纷接到指示，要求他们向各国政府强调埃方举动的严重性。摩萨德的首脑梅厄·阿米特试图重新与曾经的埃及联络人阿泽姆丁·马哈茂德·哈利勒取得联系。以色列还秘密联系了黎巴嫩人，并告诉他们，恐怖袭击如果继续，可能引爆当前的局势。[2]

然而至少要动员一部分预备部队，这是上述应对措施无法取代的，拉宾表示。随着进驻西奈半岛的埃及步兵越来越多，开罗广播电台欢呼："我们的军队已经完全做好了战争的准备。"纳赛尔于巴勒斯坦日（这天是整个阿拉伯世界都要为之哀悼的日子，为以色列独立一事而感到悲痛）发表声明，他在声明中规劝道："兄弟们！我们有责任为巴勒斯坦的最后一战做准备。"尽管拉宾不相信纳赛尔想打仗，但当下出现了不好的势头，这可能严重侵蚀以色列的威慑力量，以至于阿拉伯人觉得自己可以肆意发动进攻。[3]

这一危险在5月15日到16日两日夜间急剧上升。以军最初的估算表明，埃及集结的兵力只有1个师，即第5师。除此之外，还有已经驻扎在西奈半岛的3万名士兵和在加沙的1万名巴勒斯坦解放军战士。但随后这一数字增加了3倍。第2和第7步兵师也越过了运河，第6装甲师紧随其后。值得注意的是，西德吉·古尔（Sidqi al-Ghul）少将所率领的第4师也已渡过运河，并在比尔塞迈德（Bir al-Thamada）驻扎下来。上述每支部队都包括1.5万名士兵、近100辆T–54和T–55坦克、150辆装甲运兵车和各式苏联大炮——榴弹炮、重型迫击炮、喀秋莎火箭炮、苏–100反坦克炮。随这些部队一同进驻西奈半岛的还有大量的弹药补给、米格–17和米格–21战机，以及以色列国防军情报人员认为存在的毒气罐。[4]

拉宾感到困惑了。埃军的部署尽管依然是防御性的，但随着坦克和部队逐渐摆好架势，已远远超出了作秀的范围。考虑到第4师在向前推进，而重型轰炸机又被转移到了比尔塞迈德的前线基地，敌人可能是在为入侵内盖夫或轰炸迪莫纳的核反应堆做准备。开罗表现出了好战的腔调："如果以色列现在试图点燃地区局势，那么其自身便将在这场大火中被彻底摧毁，并使这一激进的种族主义大本营终结。"大马士革也不出所料地随声附和："除非以色列被清除，否则解放战争永不结束。"另外，据说叙利亚的军队也在向前推进。而在另一方面，以色列要想集结规模相当的军队而不给埃及留下口实却很困难。以色列国防军的双手被缚，而法塔赫则可以随意攻击。

"以色列正面临新形势。"拉宾在5月17日对总参谋部成员说道，"纳赛尔从不主动发起任何行动——他只会被动做出反应，然后陷入麻烦，就像在也门发生的事情一样。"拉宾认为有必要将军队转移到南部边境，以加强迪莫纳周围的防空力量。不过，如果可能的话，这一切要在黑暗中悄悄地进行。随后，在迎接某非洲要人的招待会上，拉宾找到了埃什科尔。他提出了征召至少2个旅（1.8万人）的预备部队的要求。埃什科尔不情愿地同意了，并建议拉宾不要发表挑衅性的言论。"这一周已满是威胁和警告。"他说。对于利奥尔上校而言，这一刻是决定性的。他在日记中这样写道："我们所有人都清楚，我们已经到了没有回头路可走的地步，签已抽定。"[5]

埃及的深思熟虑

出于与埃及做政治斗争的考量，叙利亚人威胁要对以色列发动战争。而后，作为回应，以色列人试图在非军事区维护自己的权威。与此同时，叙利亚人展开了游击队袭击活动。可这又惹恼了以色列人。他们反过来计划报复叙利亚。而这意味着入侵，苏联告诉纳赛尔。这便是致使埃及军队进驻西奈半岛的诡异连锁反应。然而，这一结果又将引发另一串连锁事件。因为埃及领导人需要考虑该拿这些部队怎么办，把他们安置到何处，又该如何指挥他们，甚至需要考虑这些部队是不是根本不应该出现在那里。

穆罕默德·法齐将军为人严肃，做事有板有眼。他在埃及军事学院掌权17年，直到被他的前学院同学纳赛尔任命为总参谋长。这一任命与其说是看中了法齐的军事能力，倒不如说是依赖于他对总统毫不动摇的忠诚。纳赛尔把他当作可用来限制阿米尔权力的工具，尽管其作用十分有限。

同样的信任促使纳赛尔将法齐派往大马士革。5月14日，法齐抵达大马士革。他发现首都处于高度躁动不安的状态——不是因为以色列人，而是因为官方军事杂志《人民军队》上出现的一篇反伊斯兰的文章。这篇文章将安拉视为"历史博物馆里经过防腐处理的玩具"。尽管该政权迅速将这篇文章粉饰为帝国主义的阴谋，并判处作者终身监禁，但还是有2万名抗议者走上街头抗议。军政府内部敌对派系之间的紧张关系，以及商人由于财产被充公而渐生的不满情绪更使此次动荡加剧。时任美国大使的斯迈思挖苦道："该国据称正面临严重的外部威胁，与此同时，类似这样的阴谋却还能继续下去，[这便是]叙利亚当下时局的标志。"[6]

法齐并没有发现以色列军队有任何不寻常活动的证据。他与叙利亚参谋长艾哈迈德·苏韦达尼（Ahmad Suweidani）磋商，并仔细研究了前一天拍摄的边境地区的空中照片。随后，他又在私人飞机上亲自探查了边境的状况。他在各处都没有发现以军集结的迹象。叙利亚军队甚至都没有进入警戒状态。

法齐向纳赛尔汇报了调查情况。"那里什么都没有。没有发现有军队集结。什么都没有。"埃及军方情报部门负责人穆罕默德·艾哈迈德·萨迪克中将也做出了类似的判断。他在此前派了几名以色列阿拉伯人前往加利利北部侦察。"并无军队集结之迹象。"萨迪克推断说，"以军不管是在战术还是战略层面上都没有理由这样集结军队。"

美国驻开罗大使馆证实了这些判断，中央情报局也是如此。外国观察者中，只有布尔将军认为有关以色列准备入侵的指控有微乎其微的可信度。"到目前为止，我们还没有收到任何有关部队集结的报告。"他承认，但随后又警告说，"以色列不必为了发动袭击而把部队集中到任一特定地区。"[7]

法齐的报告只能说明苏联的警报是错误的。然而，埃及总统却宁愿忽略掉这些否定的信息，并继续推进其计划，就当是以色列真的要发动袭击一样。[8] 这其中的原因不难理解。埃及的大部分军队都已经进驻西奈半岛了，事到如今又把他们撤回来，那将是奇耻大辱。而此刻的纳赛尔已经受不起这种羞辱了。从另一方面来说，持续增兵则可以稳固其地位。整个阿拉伯世界对这一举动的反应都十分热烈，甚至有些欣喜若狂。纳赛尔已经许久未受到此种程度的欢迎了。最后，以色列对叙利亚不存在明显的威胁，这实在是个好消息。埃及可以重新武装西奈半岛，并因此获得赞誉，而不必冒战争之风险。

事情这样发展似乎并不会给埃及带来什么损失。不仅仅对纳赛尔而言是这样，阿米尔也很兴奋。从法齐那里得知北方的真实状况后，阿米尔没有任何反应。法齐写道："我开始相信，在他〔阿米尔〕看来，以色列军队集结的问题并不是我们如此迅速地调动并部署兵力的唯一原因，也不是其主要原因。"

埃军如此行事的原因在于，这是另一个可以扩大陆军元帅权力的机会。阿米尔迅速抓住这一机会，把亲信放在关键的作战岗位上。在这些人当中居于首要地位的是59岁的阿卜杜·穆赫辛·卡米勒·穆尔塔吉（'Abd al-Muhsin Kamil Murtagi）。他是陆军司令部的总司令。1964年，阿米尔为了绕开总参谋长法齐的指挥而创设了这一司令部。穆尔塔吉曾在也门担任政治委员，但没有作战经验。如今，他却成了西奈半岛上所有地面部队的总指挥官。在他之下，阿米尔安排了艾哈迈德·伊斯梅尔·阿里（Ahmad Isma'il 'Ali）来指挥东部阵线。其麾下包括12名新任命的师、旅级指挥官。西德吉·马哈茂德和苏莱曼·伊扎特（Suliman 'Izzat）这两位将军自1953年以来便一直分别担任空军和海军总司令，他们也都听命于阿米尔。如此一来，阿米尔便完全控制了军队。"你可以做我的总参谋长，"他对穆尔塔吉说，"这样我们就不必理会最高司令部了。"[9]

然而，为了实现阿米尔的政治目的，光是安插听话的人是不够的，还需要抹掉1956年的耻辱，并带领埃及走向胜利。但是，只要军队还拥护征服者计划，这位陆军元帅便没法对以色列发动进攻。征服者计划于1966年由苏联人设计完成。该计划设定了沿南北轴线深入西奈半岛的三道防线。第一道防线是从拉法（Rafah）到阿布阿吉莱（Abu 'Ageila）。其守备薄弱，是用来引诱以色列人发动正面攻击的诱饵。敌军在前进的过程中很快会发现自己已处于沙漠深处，补给也被切断，还要面对埃军的第二道防线——帷幕（al-Sitar）。此处戒备森严，横跨由阿里什（al-'Arish）、利卜尼山和比尔哈萨纳三处据点围成的三角区域。被这些防御工事打垮后，以色列的装甲部队和步兵将成为第二道防线和第三道防线反击过程中的猎物。第三道防线则部署于米特拉山口和吉迪山口（Giddi Pass），保护着通往苏伊士运河的道路。这一兼具"盾与矛"的战略最终的高潮是一场"全面进攻，利用战术和战略储备力量将战斗转移到敌方领土上，并打击其致命区域"。[10]

为"征服者"计划建造的所有防御工事和基础设施到1967年时还没完工，而许多熟悉该计划的军官均已被其他忠于阿米尔的人所取代。此外，1966年12月的军方报告警告说，当如此众多的前线部队远在也门之时，征服者计划根本无法得到执行。在1967年的前半段时间里，埃军总参谋部屡次抱怨军队缺乏保卫西奈半岛所需的资金，并强烈建议不要再挑起任何军事对抗。"不可能与以色列开战，"法齐将军断言，"预算根本不允许这么做。"

然而，此番告诫并没能阻止陆军元帅。阿米尔不仅相信军队能够击退以色列的第一波打击，而且坚持要发动进攻。他的计划是"狮子"（al-Asad）行动。根据该计划，由步兵、装甲部队和突击部队组成的联合部队将突入以色列，然后穿过内盖夫沙漠直抵约旦边境，最后将整个埃拉特地区切割下来。埃及海军将从南边封锁港口并阻止以军来自海上的任何增援。阿米尔的其他计划还包括"花豹"（Fahd）行动（埃军的装甲部队向东沿以色列海岸推进）和"利箭"（Sahm）行动（轰炸加沙对面的以色列定居点）。[11]

早在5月14日，一道编号为67-5的战斗命令被分发至西奈半岛的前线空军基地上。根据该命令，埃及空军在收到代号为"狮子"的密码后要在 16 个小时之内炸毁命令提及的具体目标，其中包括港口设施、电站和雷达基地。此外，随命令一起被分发至各处的还包括该地区的航空照片，但这些照片大部分都是在第二次世界大战期间拍摄的。希沙姆·穆斯塔法·侯赛因（Hisham Mustafa Husayn）是埃及空军飞行员。当时他问过指挥官有关行动目标的问题。据他描述，当被问到袭击的目标仅仅是埃拉特还是整个犹太国家时：

> 空军中队长的脸上露出了忧虑的神色。他说，我们必须执行任务而不追问任何问题，我们必须相信最高指挥官，他们有明确的行动计划。而且出于安全和保密的考量，他不能透露其他任何信息。[12]

获得内盖夫沙漠这座陆桥是埃及长期以来的目标。此外，除掉埃拉特也是埃军的目标之一。海卡尔在《金字塔报》的社论中经常呼吁埃军征服埃拉特，它将吹响摧毁以色列的冲锋号。但几乎可以肯定的是，由于联合国紧急部队的存在，埃方任何设法夺取以色列南部部分地区领土的企图都会失败。因此，阿米尔想彻底解散该部队，而不是像纳赛尔倾向的那样，仅仅把他们从边境地区撤走。他计划在加沙地带屯驻攻击部队，同时把军队部署到蒂朗海峡沿岸地区。于是，埃及陆军元帅命令空降部队指挥官阿卜杜·穆奈姆·哈利勒将军悄悄地将他的部队运送到沙姆沙伊赫，并准备好在 5 月 20 日之前控制该地区。包括法齐、穆尔塔吉、西德吉·马哈茂德在内的高级将领都认为这一举动将迫使埃及封锁蒂朗海峡，并迫使以色列人发动战争。但阿米尔无视他们的建议。"最高司令部已经决定占领沙姆沙伊赫，"他坚称，"军队的任务就是执行这一决定。"[13]

5 月 16 日上午，正当阿米尔检阅进入西奈半岛的埃及装甲部队时，马哈茂德·法齐博士向纳赛尔展示了准备由法齐将军呈递给里克耶将军的信件草稿：

> 望您知悉，我已对阿拉伯联合共和国所辖全部武装部队做出如下指示：一旦以色列有可能对任何阿拉伯国家发起任何侵略行为，便

准备对以色列采取行动。遵照这些指示，我们的部队已沿东部边境集结于西奈半岛之上。为保证所有沿我国边境设有观察哨的联合国部队处于绝对安全之状态，我请求您下令立即撤出所有这些部队。

根据海卡尔的说法，埃及总统发现了这封信的阿拉伯文版和英文版之间的差异，并将"撤出"（withdraw）一词替换为"重新部署"（redeploy），并划掉了"这些部队"（these troops）之前的限定语，即"所有"（all）一词。《金字塔报》的编辑解释说，其目的是防止出现任何可能引发有关联合国紧急部队是否还能继续屯驻于加沙和沙姆沙伊赫地区的疑虑。据称，纳赛尔曾要求阿米尔将这些变化加入这封信的终稿中，但阿米尔说这封信已经送出，并表示他将努力拦下通讯官。阿米尔的回答使总统感到不悦，但不至于火冒三丈，毕竟可以随时向吴丹澄清信件中模棱两可的部分。[14]

驱逐

联合国紧急部队沿国际边界在沙姆沙伊赫和加沙地带部署了41个观察哨。该部队由来自印度、加拿大、南斯拉夫、瑞典、巴西、挪威和丹麦的士兵组成，共计4500人，约为联合国紧急部队原有规模的一半。自1957年以来，联合国紧急部队的预算和人员一直被严重削减，并受到西方国家的质疑。这些国家对联合国日渐亲苏的立场感到不满。在其他维和行动失败后（尤其是在刚果的维和行动失败后），外界对联合国紧急部队几乎已经失去信心，不认为该部队有能力阻止埃及和以色列的敌对行动，因为事实就是如此。一旦战事爆发，该部队也只能在一旁看着。然而，尽管存在种种不足之处，但在阿以双方存在严重摩擦之际，仅仅是联合国紧急部队的存在便足以阻止战事爆发。它不但能够防止意欲潜入以色列的巴勒斯坦人离开加沙，还能确保蒂朗海峡的通行自由。[15]

然而，联合国紧急部队在埃及的存续却取决于一项法律拟制，即达格·哈马舍尔德于1957年与纳赛尔达成的"君子协定"。根据此协定，埃

地中海

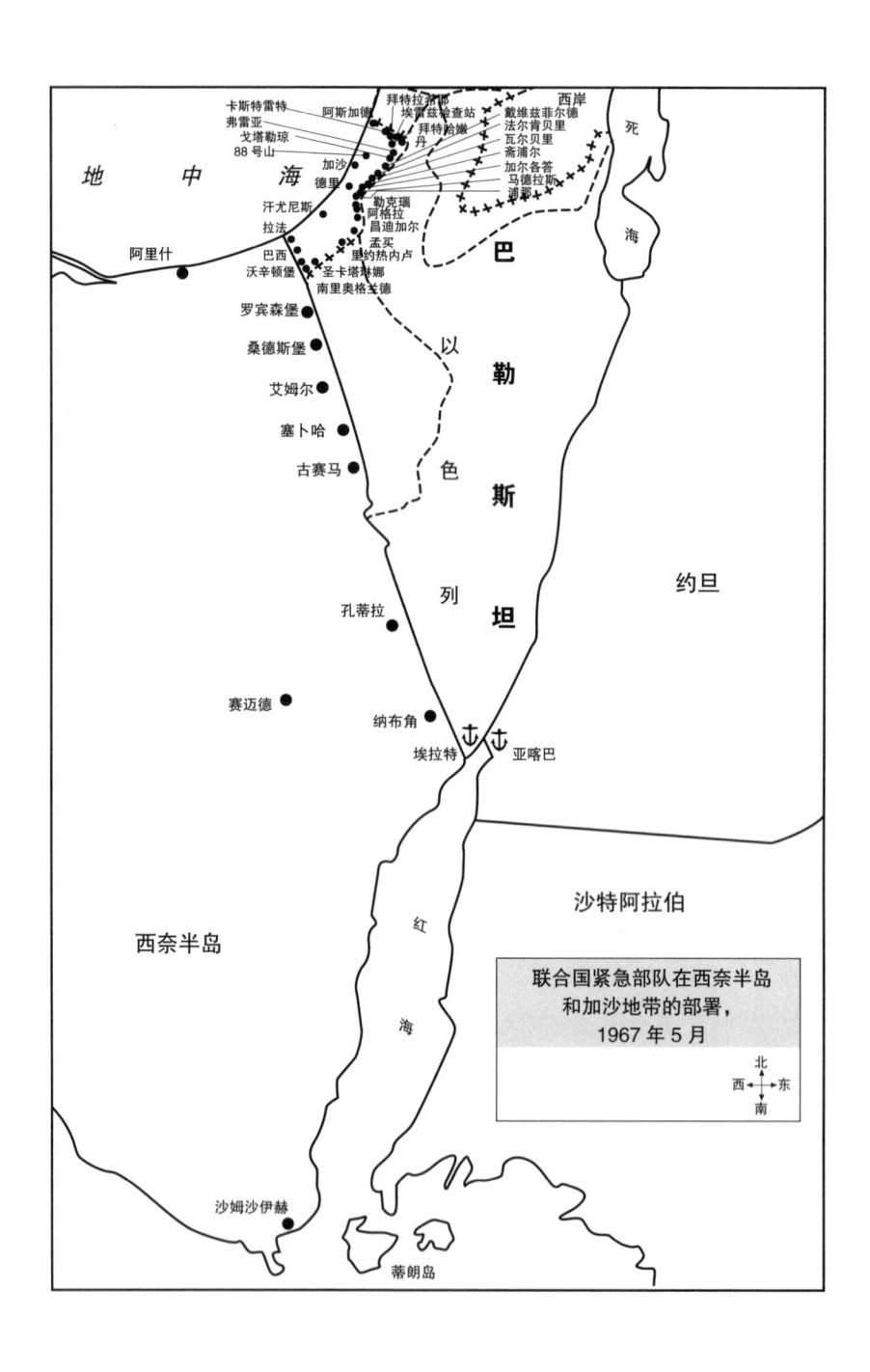

卡斯特雷特
弗雷亚
戈塔勒琼
88号山
阿斯加德
埃雷兹检查站
拜特拉沙那
拜特哈嫩
加沙
德里
勒克瑞
阿格拉
昌迪加尔
孟买
里约热内卢
圣卡塔赫娜
南里奥格兰德
西岸
戴维兹菲尔德
法尔肯贝里
瓦尔贝里
斋浦尔
加沙各答
马德拉斯
死海

汗尤尼斯
拉法
巴西
沃辛顿堡
阿里什
罗宾森堡
桑德斯堡
艾姆尔
塞卜哈
古赛马
巴勒斯坦
以色列
约旦
孔蒂拉
赛迈德
纳布角
埃拉特 亚喀巴
西奈半岛
红海
沙特阿拉伯

联合国紧急部队在西奈半岛和加沙地带的部署，1967年5月

北
西 东
南

沙姆沙伊赫
蒂朗岛

及在改变联合国紧急部队授权的工作之前,应先与联合国大会及联合国紧急部队咨询委员会协商。但这一协定没有任何约束力。事实上,埃及人可以选择随时遣散联合国紧急部队。若要确立此特权的合理性,埃方只需辩称,虽说联合国紧急部队的任务是制止埃以双方进入交战状态,但实际上这一交战状态一直存在。用印度前驻联合国大使的话来说:"为了有效地与敌人作战而要求联合国紧急部队撤军……与该部队之宗旨及驻守该地区之目的相违。"但即便如此,也不应该认为如果纳赛尔决定驱逐联合国紧急部队,这样的论证会站得住脚。在与埃及和以色列领导人的会谈中,吴丹始终都很直率:这件事的选择权完全在纳赛尔手里。[16]

以上都只是假设,而在5月16日的这个闷热的夜晚,埃及军方驻联合国紧急部队联络官易卜拉欣·沙尔卡维(Ibrahim Sharqawy)准将于晚10时向里克耶将军通报了一条消息:从开罗来了一名特别的信使。里克耶此前已经收到报告,并从中得知了埃及军队在苏伊士运河地区的异常活动。但他并没有多想。"这是一个充满了口头威胁、示威、部队游行……的高度紧张的季节。"进来的时候,从开罗来的客人介绍自己是伊兹勒·丁·穆赫塔尔('Izz al-Din Mukhtar)准将,并迅速掏出了由马哈茂德·法齐博士起草,并由穆罕默德·法齐将军签名的信件。"我希望立即得到您的答复。"穆赫塔尔说道。他还表示,联合国部队需要在当晚撤离塞卜哈(al-Sabha,靠近以色列边境的重要枢纽)和沙姆沙伊赫。穆赫塔尔警告说,埃及军队目前已经在前往这些目的地的途中,如果联合国紧急部队试图阻止他们,那么可能导致"冲突"。

里克耶时年48岁,来自拉合尔(Lahore)。他出生于婆罗门种姓的民族主义家庭中。他有着丰富而杰出的服役记录:先是在第二次世界大战时的英国军队中,后来又在刚果、新几内亚和多米尼加共和国执行联合国摊派的任务。他在中东也度过了很长一段时间。他明白,联合国紧急部队的工作说得再好也不过微不足道,而阿以战争随时都可能爆发。就在几周前,他还给吴丹写了一份详细的备忘录,敦促他展开紧急调解行动。但他一直都没收到答复。然而,即使是这般冷落也不及法齐的信那样令人感到震惊。埃方的这一举动被里克耶视作是对其个人及其工作的打击。他问这两名埃及准将是否意识到了自己行为的后果。

"是的，长官！"沙尔卡维回答说，"对此我们已经深思熟虑，准备好了一切。如若战争爆发，下次我们将在特拉维夫见。"

同样使里克耶感到困惑的是，埃方所提要求的确切性质究竟是什么，毕竟这封信里并没有提到塞卜哈或沙姆沙伊赫。埃及似乎既希望联合国紧急部队继续留在加沙地带，但同时从边境和蒂朗海峡撤出。他决定拖延时间。里克耶对他的客人说，他无权命令联合国紧急部队撤离——这不是将军之间的军事问题，而是纳赛尔与吴丹需要解决的法律问题。随后，联合国紧急部队的指挥官把这封信以电报的形式发到了纽约的联合国总部。此后，他又打电话给塞卜哈营和沙姆沙伊赫营的指挥官，命令他们在各自的岗哨上尽可能地拖延，但不要使用武力，即使是被驱逐出去。[17]

随着时间的推移和时区的变化，法齐的信于傍晚时分传到了吴丹的办公桌上。当时同他在一起的是拉尔夫·邦奇。邦奇已不再是20世纪40年代时那个充满活力的调解人了，如今的他身患癌症和糖尿病，但仍是联合国中东外交方面的顶级专家。他对这次危机最初的反应是乐观的，并向戈德堡（Goldberg）*保证："虽然涉及大量的面子问题和政治操纵，但如果谨慎处理的话，我们有可能稳住局势并让联合国紧急部队继续发挥作用。"尽管如此，邦奇完全遵从联合国秘书长的立场，即认为埃及有权遣散联合国紧急部队，不论这一决定有多么轻率。不幸的是，邦奇的想法却并没有得到埃及人的回应。埃及人认为邦奇是华盛顿的走狗，用纳赛尔的话来说，是"帝国主义的代理人"。

6时45分，吴丹和邦奇把埃及驻联合国大使叫到了联合国秘书长的办公室里。"严肃又死板。"一位观察人士如此评价身为大使的穆罕默德·阿瓦德·科尼（Mohammad Awad El Kony）。秃顶又憔悴的科尼在人生的60年中有40年都始终是外交官。自埃及革命以来，他一直是纳赛尔坚定的支持者。"一个出身豪门的贵族，品格高尚。"叙利亚大使托迈在描

---

* 时任美国驻联合国大使。

述他的埃及同事时说,"他讨厌战争这个念头。"但是,科尼毫不掩饰他对邦奇的厌恶,并将注意力转移到吴丹身上,只注意他说了什么。

吴丹对他说,埃及犯了错误,它不该把联合国紧急部队视为军事问题,而应该将其视为外交问题;这是应该由纳赛尔和联合国秘书长两人共同解决的问题。另外,紧急部队的任务也不能突然被改变或减少。

"不能要求联合国紧急部队站到一边,以便双方能继续交战,"他解释说,"有关暂时撤出联合国紧急部队的要求会被视为要求联合国紧急部队从加沙和西奈半岛完全撤离,因为这将使联合国紧急部队失去作用。"

埃及政府和联合国之间的"君子协定"一再被提及,同样被反复提到的还有遣散联合国紧急部队的危险。吴丹强调,没有证据表明以色列将发动袭击。逐条陈述所有这些警告后,秘书长触及了问题的关键:"1956年阿拉伯联合共和国政府同意联合国在该国领土上和加沙地区派驻联合国紧急部队,如果阿拉伯联合共和国政府有意收回许可,它当然有权利这样做。"[18]

联合国秘书长虽然坚持向埃方强调这不是个好主意,但支持埃及有驱逐联合国紧急部队的专断权,而纳赛尔则会赶紧行使这一权利。他把他的决定传达给了南斯拉夫的铁托(Tito)元帅和印度的英迪拉·甘地(Indira Gandhi)。不出所料,他们两人都同意从西奈半岛撤出在紧急部队中的士兵。第二天,即5月17日凌晨,一支由30名埃及士兵和3辆装甲车组成的部队绕过了南斯拉夫人在塞卜哈的观察哨,向边境挺进。里克耶就事态的发展向沙尔卡维提出了抗议。作为回应,他收到了来自法齐将军的另一封信。法齐在信中建议他在24小时内将所有联合国人员从塞卜哈撤出,并在48小时内撤出沙姆沙伊赫。埃及人来了。当天下午1时,埃及在塞卜哈的分遣队的人数增加到了100人,并包括30辆军车。另据报告,埃及的先锋部队也抵达了南部的孔蒂拉(Kuntilla)。[19]

联合国紧急部队被绕过了——在关键地域上,它已不再承担监视边界动态的职责,只能盯着埃及士兵的背后。同时,由于两大主要兵源贡献国撤出,该部队元气大伤。考虑到事态的发展,吴丹更不愿拒斥纳赛尔的决定了。秘书长认为他不可能从联合国大会寻得援助,因为那里的共产主义和亚非阵营肯定会支持埃及。他更不能指望联合国安理会——由于苏联和美国的否决权，该组织已经很难正常运转。他担心，任何妨碍埃军行动的行为都可能危及联合国紧急部队人员的安全，并影响联合国今后在其他地方的维和行动。尽管其法律顾问坚决反对他在咨询联合国有关机构之前采取"激进行动"——屈从于埃及的最后通牒——但吴丹已下定决心。"一旦阿拉伯联合共和国收回其有关留驻联合国紧急部队之许可，除了遵照埃方的要求行事，我无法想象我们还能做出什么别的决定……"他后来写道，"事实上，一旦埃方的许可被终止，是否遵守约定的问题也就不存在了。"联合国紧急部队在埃及所面临的存续问题的最大障碍似乎便是联合国秘书长本人。[20]

在当天下午与联合国紧急部队咨询委员会的会议上，尽管西方国家大使极力主张推迟最后的决定，吴丹却站在巴基斯坦和印度代表一边，支持埃及单方面遣散联合国紧急部队的权利。他对咨询委员会说："〔1957年〕人们普遍认为，联合国紧急部队只会在那里驻扎几个月。"在他看来，"君子协定"仅仅与从西奈半岛撤出以色列军队一事有关——而这一目标很早便已实现。他坚称："如果阿拉伯联合共和国的许可不复存在，那么联合国紧急部队就必须撤出，没有别的选择。"类似的逻辑还体现在联合国发出的两份文件中，即于当晚交到纳赛尔手里的备忘录和致里克耶的照会。联合国秘书长在备忘录中重申了对埃及权利的认可。在照会中，吴丹则提醒里克耶说，其部队在西奈半岛上受埃及制约。[21]

在驱逐联合国紧急部队这件事上，埃及拥有不容置疑的权利。然而，这么做却可能引发区域战争，甚至世界大战。对于负责维护世界和平的联合国秘书长来说，这便是他为之困扰的矛盾立场。"情绪不外露，圆脸……头脑略显简单"，在他最亲密的一名顾问的眼中，吴丹是这副形象。58岁的吴丹曾是高中校长，后来成了记者和政府新闻秘书。1957年，他成为缅甸常驻联合国代表。尽管他喜欢开小孩子间常开的玩笑，但他神经紧绷而又安静——"完完全全的佛教徒，"乔治·托迈描述说，"很难预测他的反应。"除了方头雪茄和辛辣的缅甸食物，他别无劣习。4年后，哈马舍尔德死于刚果的坠机事件，时任联合国刚果调解委员会主席的吴丹被推选出来。他将代替已故秘书长完成剩下的任期。1966年12月,他被安理会再次任命为联合国秘书长。在人们眼中,吴丹是一位有耐心但有些狭隘的政治家。

"他有着十分强烈的是非观,"联合国副秘书长布赖恩·厄克特(Brian Urquhart)回忆道,"[他的]道德意识凌驾于政治意识之上。这使他做了他认为正确的事情,即使这些事情在政治上会对他不利。"然而在美国官员看来,他觉得对的东西却常常被认为是反西方的,也必然是亲苏联的。因此,用美国驻联合国代表H.尤金妮亚·穆尔·安德森(H. Eugenie Moore Anderson)的话来说:"他……继承了亚洲人的心理……而且对白人有某种发自内心的反感。"[22]

尽管吴丹对犹太复国主义并不抱有恶意——以色列曾支持他延长联合国秘书长的任期——但他对以色列这个犹太国家表现出了矛盾的情绪。以色列这个国家很难在东方与西方,或亚洲与高加索这种二元对立的分类体系中找到自己的位置。但埃及可以,尽管它反对联合国紧急部队的态度令人担忧。吴丹内心的困惑在其与美国大使戈德堡的私人信件中体现得十分明显。他在信中论证道:"显然我们不能提出下述主张。因为紧急部队在维护国际舞台的平静方面做出了这么多、这么久的贡献——这之所以可能,完全是因为阿拉伯联合共和国的合作——所以我们就应该对阿拉伯联合共和国政府说,它不能单方面驱逐该部队,还要因其长期以来为和平与国际社会展开的合作而受到惩罚。"换句话说,埃及过去对和平的贡献使它有资格威胁到未来的和平。[23]

然而,吴丹认为有解决联合国紧急部队难题的简单办法。他在第二天,即5月18日早上向以色列大使提出了解决问题的办法。联合国部队将穿越边境,重新在以色列领土上部署。这个想法并不新鲜,哈马舍尔德在联合国紧急部队成立的时候就提出了这一方案,并获得了美国的支持。以色列当时反对该提案的理由是:是埃及,而不是以色列,维持着战争状态,还从加沙地带派出游击队,并封锁了蒂朗海峡。联合国紧急部队由那些几乎毫不同情以色列的国家的士兵组成,这样一支紧急部队不太可能挡下埃及的侵略,反而还会妨碍以色列对埃及的侵略做出反应。

以色列驻联合国大使吉迪翁·拉斐尔非常清楚这套说法。虽然拉斐尔也只是最近才被任命为驻联合国大使，但这位 54 岁的德裔犹太人是以色列外交部的创始人之一。联合国在对巴以分治决议投票表决时他在现场，他还曾参与围绕苏伊士运河危机而展开的马拉松式的谈判。如今，拉斐尔奉命不计一切代价阻止联合国紧急部队撤离埃及。他拒绝了在以色列领土上派驻维和部队的主张，并批评了联合国在埃及军队面前的被动姿态。他责备吴丹说："在对他们开枪之前，至少你可以吼上两句。"拉斐尔提醒秘书长注意以色列从其前任那里得到过的承诺，即任何要求解散联合国紧急部队的请求都将首先提交给联合国大会来表决。吴丹自称不知道这些承诺——"不知所措……一脸茫然。"拉斐尔这样描述了联合国秘书长当时的状态——并向以色列人保证，他很快就会向纳赛尔提出有说服力的请求。[24]

与此同时，西奈半岛上事件进展的速度迅速超过了纽约。联合国紧急部队的飞机已不再被允许降落在阿里什机场。食物在飞机上腐烂，而联合国紧急部队则在没有补给的情况下备受煎熬。埃及人则已经完全占领了塞卜哈和孔蒂拉的观察哨。他们还向十分接近古赛马（al-Qusayma）的地方开了炮。另一方面，埃及空降兵乘坐直升机来到沙姆沙伊赫。在 2 艘近海炮艇的支持下，他们要求驻守该地的 31 名南斯拉夫士兵立刻撤离。然而，类似的摩擦并非来自埃及一方。里克耶将军所搭乘的飞机在边境附近遭到以军的神秘战机的驱逐。在此过程中，以军战机还开了火，以示警诫。[25] 拉宾后来为此道了歉，但这次事件让里克耶越发感觉到危机的迫近。

经过这一切风云变幻之后，这一天的高潮出现在埃及外交部长里亚德致吴丹的电报之中。这便是联合国秘书长此前希望从科尼处得到的那种信，现在他有了：

> 阿拉伯联合共和国政府很荣幸地通知阁下，它已决定不再许可联合国紧急部队出现在阿拉伯联合共和国及加沙地带的领土之上。因此，我请求阁下采取必要措施，以便尽快撤出部队。

这一文本表明了埃及官方决策思路的决定性转变。在过去的两天里，自从里克耶第一次了解到埃及的意图，他便开始感到困惑：联合国紧急部队到底是被要求离开西奈半岛的部分区域，还是要从整个中东地区撤出？法齐最开始的信可以被理解为要求联合国紧急部队遵从纳赛尔的意愿，从边境地区撤离。但最终似乎是阿米尔的意愿通过穆赫塔尔将军得到贯彻和实施。他要求联合国紧急部队撤离沙姆沙伊赫，并要求在该地空降埃及军队。而现在，里亚德则明确表示：全部联合国紧急部队都必须离开。

纳赛尔之前怀疑邦奇想要他——邦奇曾威胁说，如果埃及将联合国紧急部队从边境上撤出，他就解散这支部队。如今埃及总统则声称，他看穿了邦奇的诡计，并彻底赶走了维和部队。尽管随后会出现关于纳赛尔是否真的试图让联合国紧急部队留在加沙和沙姆沙伊赫的争论——邦奇坚决否认这一说法——但不管是否如此，吴丹都不在乎。对他而言，要求对部队的部署做任何改变都无异于要求完全撤军。纳赛尔认为他避开了邦奇的圈套，却为自己设下了陷阱。[26]

收到法齐的信后，联合国秘书长如果没有感到遗憾的话，便是感到无奈了。"我将毫不拖延地立即发布指令，以使……部队有序撤退。"他干巴巴地回答道，并补充说，"我十分忧虑，这次……撤军可能会严重影响到和平。"他考虑给纳赛尔发一份电报，其中包含了个人的请求，并请布赖恩·厄克特起草。科尼也倾向于建议埃及总统谨慎行事，他确信联合国大会就紧急部队的去留问题展开辩论是无法避免的。但纳赛尔拒不接受。他的回应十分简洁，并由里亚德传达出去："建议他〔吴丹〕不要针对紧急部队一事做出任何请求，以避免被开罗方面拒绝。这会使他难堪，而我们一点儿也不想让这种事情发生。"秘书长已无须埃方再行敲打。其请求从未被送出。[27]

里亚德与吴丹之间的通信副本于5月19日凌晨4时30分被送到里克耶将军手中。他非常失望——他相信联合国本可以或多或少地尝试拖延战术，比如向该地区派遣实情调查团——却并不惊讶。"我站起来对战士们说，收拾行李，该走了。"他回忆道。当天下午，观察哨一个接一个地被埃及人接管。他们说，联合国紧急部队的人员在该地区的安全已经无法得到保障。下午 5 时，巴勒斯坦解放军派人进驻了埃雷兹检查站（Erez checkpoint，该检查站将加沙和以色列分开）。里克耶描述了当时的场景："仪仗队展示了武器，乐队奏乐致敬，联合国会旗由一名年轻的瑞典士兵降下。他把它折起来并交给了一位中尉，该中尉则把旗帜交给了指挥官。林斯科格（Lindskog）上校沉重地走到我面前，脸上满是悲伤，然后把会旗递给了我。"

据里克耶观察，把守着大门的巴勒斯坦士兵的脸上却流露出了完全不同的表情——"眉开眼笑"。里克耶将军向他敬礼，心想"现在全靠你们自己了"，并为他感到难过。他越过栅栏来到了以色列国防军联络处，宣布联合国紧急部队撤离加沙的任务已经完成。到午夜时分，埃及人通知联合国说："阿拉伯联合共和国已经收回了西奈半岛的所有主权。在另行通知之前，埃及将不会允许联合国人员进入西奈半岛。"纳赛尔提议为联合国紧急部队颁授奖章，以表彰其工作，并感谢其同意以和平的方式撤离。但里克耶礼貌地拒绝了。他相信，这支部队的使命尚未完成。这一问题在当天晚上便已凸显，因为双方在当晚便发生了跨边境的交火事件。[28]

围绕联合国紧急部队撤军决定的报告已于 5 月 19 日在联合国大会和安理会中传布开来。吴丹试图借此证明他默许纳赛尔所发布的命令是合理的，同时对那些命令所引发的危险表示遗憾。他总结了当前争议的背景信息——关于北方非军事区的争斗、法塔赫的袭击，以及未经证实的有关以色列军队集结的报告。他特别批评了以色列官员所发表的"煽动性"言论，还批评以色列拒绝承认加沙共同停战委员会。他认为该委员会可以部分替代联合国紧急部队的工作。秘书长特别强调的是，联合国紧急部队的撤离与其表现无关，它所从事的工作"效果显著，不同凡响"。

这几个字成了联合国紧急部队的墓志铭。批评吴丹的人连忙指出，他以令人遗憾的——实际上是前所未有的——速度同意了埃及的要求。他所同意的内容甚至超出了埃方的要求。在做出决定之前，他从未正式征求过为紧急部队贡献兵源的国家的意见，更没同以色列商议过，也从未向纳赛尔发出呼吁。其行为在西方广受谴责——《新闻周刊》（Newsweek）的专栏作家约瑟夫·艾尔索普（Joseph Alsop）说他"怯懦"；《纽约时报》

（*New York Times*）的主编 C. L. 苏兹贝格（C. L. Sulzberger）则说他拥有"被抛弃的情人的客观性和愚人的干劲"。但除此之外，此事便没了下文。由于担心亚非国家的团结和苏联的否决权，西方国家没有将这个问题提交至联合国大会或安理会。将近一个月后的 6 月 17 日，最后一名联合国士兵离开西奈半岛，该事件几乎没有人报道。但此时，西奈半岛乃至整个中东地区都已经变成了完全不同的地方。

对于吴丹而言，现在的问题不是如何复活联合国的紧急部队，而是如何防止战争爆发。阿巴·埃班提议，联合国秘书长同厄克特和邦奇一道立即前往开罗、大马士革和耶路撒冷做出调解。吴丹对这项提议很感兴趣，但也只是对其中的部分内容感兴趣而已。他只会在开罗一站停留，此次访问被定性为"常规访问"。他也不会带上邦奇或厄克特，因为他们俩都不受埃及人欢迎。秘书长也不会马上离开，而是要再等三天，等占星术预言的良辰吉日到来。[29]

以色列等待着

以色列人用 Ha-Hamtana（意为"等待"）这个术语来专门指代下述时期：从 5 月 14 日首次收到有关埃及军队进入西奈半岛的报告开始，到其后地区紧张局势迅速恶化的时期。局势的恶化始于 5 月 17 日。当天，一个"绝密的消息源"向以色列人通报了吴丹对于联合国紧急部队的决定。"目前还不清楚到底是何种外交方面的考量或性格方面的缺陷令他做出了这一灾难性的举动。"以色列外交部在电报中对该国驻仰光大使说道，"如果你能记下任何可能阐明其动机的解释，立即发电报给我们。"以色列自 1956 年以来所取得的最具实质性的成就——保证了蒂朗海峡的通行自由和南部边境的安宁——如今已荡然无存。除了对联合国秘书长感到失望，以色列还得找到应对方案。突然间，在联合国紧急部队保障下所经历的十年的安全期已经结束，取而代之的是战争的幽灵和以下问题：纳赛尔接下来会做些什么？

埃及空军似乎给出了这一问题的答案。它于 5 月 17 日下午 4 时首次侦察了迪莫纳核反应堆。两架米格-21战机穿过约旦领空，随后从东边进入以色列，最后低空掠过该绝密地点。在以色列空军做出反应之前，他们已越过边境回到了西奈半岛。

这一事件触及了以色列内心最深处的忧虑，即其对核实力的追求将迫使埃及在仍有机会一搏的时候发动常规攻击。早在1964年，纳赛尔就曾警告美国人，以色列发展核能力"将成为埃及为之一战的原因，不论这是否会成为一场自杀性的战争"。美国向纳赛尔保证，以色列并没有发展战略武器，纳赛尔也从未再度威胁要发动战争。但此事在以色列的记忆中挥之不去。他们绝不会忘记反应堆有多么靠近边界地带，也不会不记得该处有多么容易招致敌军的轰炸。因此，尽管纳赛尔从没有将迪莫纳的核设施视作其5月决策的动机，但以色列指挥官偏偏这么认为。他们得出的结论是，以军必须抢先发动攻击。以色列，而不是埃及，对核设施的恐惧成了更强效的战争催化剂。[30]

米格战机刚一飞走，以军的警戒等级便被提升至第二级，空军也进入了最高警戒状态。"蓝鸟"（Bluebird）行动得到推行，这一行动旨在增强对以色列机场和其他战略要地的保护。突然间，以色列国防军也不得不修正最初对形势的评估。

执行这次修正任务的责任落到了一个身材矮小、五官清秀的人身上。此人便是以军军事情报机构首领阿哈龙·"阿赫拉勒"·亚里夫（Aharon "Aharale" Yariv）将军。时年47岁的亚里夫曾先后在哈嘎纳、英国军队及以色列国防军中执行战地委托任务。此后他还担任过以色列驻华盛顿武官。回到以色列后，他于1964年被任命为"埃曼"（Aman，以军情报分支机构）的主管。此时正值阿拉伯国家峰会召开期间，而纳赛尔也正在计划逐步增强军备，直至与以军一战。当其他参谋部军官均在奉命处理边境上几乎每天都在爆发的突发事件时，亚里夫却在从事着不值得羡慕的工作，那就是预测阿拉伯世界何时会发动一场包含多条阵线的全面攻击。他的结论是，这一刻将于1967年至1970年间的某个时刻来临，而后者的可能性会更大。但这一预测是在这样的假设之上做出的：埃及的经济将持续处于紧绷状态，在军事上也会始终深陷于也门的战事之中。可这一假设突然之间被推翻了。现在,随着埃军持续涌入西奈半岛,亚里夫得重新估计并给出新的解释了。

"目前还不清楚埃及是从一开始便想寻求军事对抗,还是指望在一定程度上提振威望。"亚里夫在 5 月 19 日向上司报告,"不管怎样,我们都做好了对抗的准备,不论埃方的挑衅是有意还是无意。"他展示了从空中拍摄的埃军的照片。这支部队现在有 8 万名士兵、550 辆坦克和 1000 门大炮。此外,他还概述了埃军可能采取的行动。据亚里夫推测,埃及人可能封锁或轰炸核反应堆。但他认为最有可能出现的情况是,埃方的行动只是为了增强西奈半岛上的军力,然后他们便可以让以色列无限期地做出军事动员,继而在经济上有所损耗。他们也有可能想激怒以色列,迫使其率先发动进攻,之后阿拉伯人再将其进攻变成以色列人的溃败。

之后亚里夫又在总参谋部成员面前详细阐述了他的观点。他认为纳赛尔已不再认为埃及在军事上难与以色列相匹敌。相反,他准备集中兵力发动快速进攻,然后征服内盖夫的部分地区,或是在西奈的沙丘中粉碎以军。"他们会用一些有限的手段来打击你们。你们会展开反击,然后他们便会轰炸迪莫纳……他们在比尔哈萨纳和利卜尼山的部队已经准备好采取行动。"他建议动员以色列的大部分预备部队(总数为 14 万人),并坦率地告诉他们真相,即征召他们来的目的是为战争做准备。亚里夫还建议以军把真相告诉以色列平民。[31]

军方的分析都假定纳赛尔决策背后的动因是理性且可量化的,却没有考虑到,例如,他与阿米尔之间摇摆不定的关系。他的下一步行动究竟会是什么仍然是个谜。埃什科尔在 19 日下午向内阁保证:"只要埃及人只是待在西奈半岛不动,就不会有战争。"他解释说,纳赛尔想要的是声望,而不是战争。拉宾认为纳赛尔可能封锁蒂朗海峡,并提醒埃什科尔保持警惕。对此,埃什科尔反过来安慰拉宾说:"车到山前必有路。"然而,就在当天晚上,总理对以色列地工人党领袖说:"事情比表面上看起来的要糟糕得多。"他还警告国防部副部长兹维·丁斯坦(Zvi Dinstein):"我告诉你,战争将至,战争将至。"埃什科尔把军队动员人数增加了 1 倍多,并将南部的坦克数量增加到 300 辆。他要求军方起草行动计划,包括武力解除海峡的封锁状态，并准备好在敌人袭击迪莫纳的情况下摧毁埃及的机场。

然而，由于情况还不是很确定，埃什科尔仍旧建议审慎行事。他要求内阁成员不要就以色列的自由通行权问题公开发表声明，手下的外交官也要避免安理会就此问题展开辩论。辩论一旦展开，即便在最好的情况下，也不会产生任何结果，而在更糟的情况下，则会使这些权利变成有争议的问题。无论是努力恢复西奈半岛的现状，还是肯定以色列的自卫权，以色列对危机的反应都应保持低调。其注意力应该集中在最具影响力的因素——美国身上。[32]

但美国人对这场危机的看法会与以色列完全一致吗？5月17日，哈曼大使与美国副国务卿尤金·罗斯托会晤。在会面过程中，哈曼第一次从美国人口中听到了这样的承诺：以色列"不会孤立无援"，但前提是以色列不单独采取军事行动。美国愿意与苏联人谈判，但其影响埃及的能力有限。罗斯托指出，纳赛尔有权将军队部署在其自身享有主权的领土上。因此，以色列如果抢先发动攻击将是"非常严重的错误"。

罗斯托的言论在那些仍对苏伊士运河危机保有记忆的以色列人中引起令人不安的共鸣。在那场危机中，美国人曾威胁要对以色列实施经济制裁，并对以色列施加了无情的压力。当天下午，埃什科尔收到了约翰逊总统寄来的私人信件。这封信更是加重了上述似曾相识的错觉。约翰逊总统虽然承认以色列的耐心已经被边境上的攻击逼到了极限，但他还是明确反对以色列人抢先发动攻击。"我想强调的是，你必须避免做出任何会加剧该地区紧张与暴力的举动，"约翰逊警告说，"你也许知道，对于那些不征求我们的意见，单方面采取行动而形成的局面，美国不会承担任何责任。"[33]

以色列人愿意答应美国人提出的条件。他们向华盛顿方面表示，预备部队的征召只是出于防御目的。他们还要求华盛顿方面向开罗和大马士革转达其承诺。"自动开关并没有打开。"埃班对巴伯说。只要保持海峡通行无阻，以色列就不会计划任何进攻行动。但作为自我克制的交换条件，以色列也有一项要求：美国承诺保障其国家安全。埃班解释说，以色列

"要么会开枪,要么会张口大叫,但在政治上,让它对恐怖主义保持沉默是不可能的。如果美国认为让以色列维持稳定是值得的,那么它就应该采取措施,让以色列看看其承诺是可信的"。

以色列人的要求也反映在埃什科尔致约翰逊的回信中。"我明白,你不希望在尚未征求国会意见的情况下就做出承诺。"以色列首相写道,"但如今有大规模军队集结于该国南部边境,北部的恐怖主义活动又与之相勾连,而造成当前紧张局势的政权却仍受到苏联的支持。在此情况下,以色列必然迫切地需要美国重申对以色列安全的承诺,并考虑在情势所需之时兑现承诺。"以色列还提出了其他要求,包括购买美国的战机和坦克。此外,以方还要求美国派遣驱逐舰对埃拉特进行访问。

以色列方面提出的这些要求都没有得到满足。尽管美国官员承诺会考虑对以实施一揽子援助计划,以便"实质性地满足以色列的要求",但实际上该国政府不允许向以方交付任何武器。国务卿迪安·腊斯克(Dean Rusk)否决了派美军军舰访问以色列的提议。他说:"这会成为阿拉伯人可资利用的宣传工具,埃及也将被插上红旗。"巴伯甚至还接到了命令他避免与埃什科尔直接讨论的指示。美方担心这会给外界留下美国与以色列勾结的印象。哈曼还记载了比这更糟糕的可能,即美国将迫使以色列接受在其领土上驻扎联合国紧急部队,并承认西奈半岛上的新现状。"这些政策从根本上来说是有缺陷的,并可能是灾难性的。"哈曼大使向埃班强调说,"当前危机的大部分责任应落到美国政府身上。只有让华盛顿采取一次大胆的单边行动,才会给我们带来令双方都满意的结果。"[34]

由于对约翰逊的回应深感失望,埃什科尔将目光转向了戴高乐。他恳求说:"法国若能公开表示支持以色列的安全与领土完整,维护中东地区的和平,那将成为我们现在所处的微妙局面中外交和心理层面最重要的有利条件。"以色列总理还向哈罗德·威尔逊(Harold Wilson)领导的英国政府发出了类似的请求。自1956年以来,英法两国成了以色列最坚定的盟友。然而,这两个盟友都不愿意发表这样的声明。与此同时,苏联大使丘瓦欣再次被召唤到以色列外交部里来。埃班在与苏联大使的会面中再次向他保证了以色列对和平的渴望。丘瓦欣在回应中捍卫了埃及驱逐联合国紧急部队的权利，并谴责了以色列不管是口头上还是军事上对叙利亚的侵略。丘瓦欣否认叙利亚曾参与恐怖袭击，而将之归咎于美国特工。"我之前已经警告过你了，"他教训埃班说，"你要负责任。你在响应美国中央情报局的挑拨。"[35]

当以色列人还在苦苦寻求大国的支持时，埃及的军力却在不断壮大。截至 5 月 20 日，埃军已经有整整 6 个师占据了西奈半岛上的阵地。"他们可以从这些阵地对以色列的侵略展开大规模报复行动。"阿米尔在报告里说道。有传言称，大批埃及军舰已经进入红海，并朝着埃拉特进发。埃及的宗教事务部则宣布进入解放巴勒斯坦的圣战状态。巴勒斯坦解放组织的舒凯里预测，以色列在即将到来的战争中将被"完全摧毁"。而在大马士革，哈菲兹·阿萨德则说："是时候……为摧毁盘踞在阿拉伯人家园之上的犹太复国主义者而主动采取行动了。"阿拉伯国家的军事代表团突然开始行动起来——伊拉克代表团访问了叙利亚，而叙利亚代表团则访问了埃及。"我们两个兄弟国家已经变成了一支军队。"叙利亚外交部长马胡斯从开罗返回后宣布，"联合国部队撤离……的意思是'让路！我们的部队正开向战场'。"

纳赛尔的所作所为把阿拉伯世界"街头"的情绪引向了狂热。自 20 世纪 50 年代那个群情激奋的年代以来，还从未出现过这种现象。阿拉伯世界领袖中的保守派别无选择，只能加入其中，即使叙利亚和埃及仍旧密谋推翻他们。5 月 21 日，叙利亚驱逐了两名沙特外交官，指控他们勾结"反动派"。与此同时，埃及空军再次用毒气袭击了沙特人的基地。利雅得方面只得呼吁所有阿拉伯人团结在开罗和大马士革周围。就在同一天，一枚叙利亚汽车炸弹在约旦边境城镇雷姆塞（Ramtha）爆炸，导致 21 人死亡。"我们也不清楚到底是谁更不值得信任了：是以色列，还是我们的阿拉伯盟友？！"侯赛因在遣送叙利亚大使回国时写道。尽管如此，约旦皇室却宣称它"已准备好坚定地站在阿拉伯兄弟国家的身边，并携手对抗共同的敌人"。《黎巴嫩时代报》（*al-Zaman*）的立场温和。该报的社论对时局的概括最为精确："在那些希望看到大马士革马克思主义无神论政权崩塌的人当中，我们站在最前线。但如果促使其政权崩塌的是以色列人，那我们倒希望该政权能与世长存。"[36]

对于如此剧烈的骚动，以色列政府再也没法瞒着公众了。同样瞒不住的是被征召的以色列预备役士兵，人数已达8万人。动员的代价大得惊人，而公众舆论正逐渐转向批评政府无力采取更明确的行动。本-古里安很快抓住了这一舆论走向，谴责埃什科尔未能就以色列防卫问题获得国际社会的保证，还谴责了他的好战言论。本-古里安声称，这种好战言论只会使苏联对以色列产生敌意。埃什科尔所承受的压力如此之大，以至于利奥尔开始担心总理会在心理上或生理上完全崩溃，也有可能两者同时发生。

然而，拉宾身上的压力更大。在进驻西奈半岛之后，埃及军队已经从以色列手中夺走了主动权。而拉宾政策的基石正是其主动权。要想打阿拉伯人个措手不及，这一点至关重要。由于没有立即着手应对纳赛尔的挑战，拉宾担心以色列在很大程度上已然丧失对埃及的威慑力。尽管敌军仍然处于防御状态，但局势如此动荡，以至于一颗狙击手的子弹便可能引发全面战争。

拉宾在访问以色列军队时向埃什科尔透露："这将是一场非常艰难的战争，会有很多伤亡，但我们可以打败埃及军队。"总理并没有表示反对，但当拉宾询问以色列下一步应该采取什么行动时，他唯一的答复是："我们将自始至终寻求外交上的解决方案。"

尽管此前拉宾一直配合着埃什科尔的工作，但他已经开始意识到高层缺乏领导能力，尤其是在军队的战争准备方面。他越来越觉得自己成了政策的制定者，而不是政府命令的执行者。5月19日，参谋长对将军们说："现在是时候意识到没有人会来拯救我们了。"他是在暗指以色列在外交和军事上所陷入的孤立无援的状态。"政客相信他们可以通过外交手段来解决问题。我们必须让他们尝试除战争外的一切替代方案，但我看不出有什么办法能让一切变回原状。如果埃及封锁了海峡，那么除了战争，我们别无选择。而一旦战事开启，我们就不得不双线作战。"他指出，对于本国人口稠密的沿海地区，以军缺乏有效的保卫手段，当遭到化学武器的攻击时也无力自卫。

拉宾此时已经在考虑先发制人的方案了，尤其是通过大规模攻击摧毁埃及空军的计划。以色列空军多年来一直在完善这一代号为"焦点"（Focus）的计划，拉宾相信这一计划会奏效。但他对于陆战的结果远没有那么自信。拉宾问埃班，在安理会介入并下令停火之前，以色列有多长时间可用于战斗。埃班估计会有24—72小时——这意味着以军没有足够的时间将埃及军队赶出西奈半岛。"给我时间，时间，时间。我们需要时间。"拉宾恳求道。他认为，国家不能要求公民去为无法达到的目标白白送死。[37]

在危机爆发不到一周的时间里，拉宾疯狂抽烟，把黑咖啡当水喝。5月21日，有记者采访过这位总参谋长，但记者发现他结结巴巴，几乎语无伦次，明显几近崩溃。"拉宾神情恍惚。"埃班向巴伯吐露道。那天，总参谋长被本-古里安叫到了其位于斯代博克的平房里。如今已达81岁高龄的以色列开国元勋仍旧牢骚满腹。他把忠于自己的人都召集了起来，并策划让埃什科尔倒台。"本-古里安叫你去，你就得去。"拉宾后来向米里娅姆·埃什科尔解释说。于是他便去了，但没有通知埃什科尔。他本希望得到本-古里安的支持和祝福，但最后只挨了一顿训斥。

"我们已经被逼入了异常艰难的境地，"拉宾一进门，本-古里安就对他说，"我很怀疑纳赛尔到底是不是真的想要打仗，现在我们遇到了真正的麻烦。"紧接着，他开始批评拉宾在媒体上所发表的挑衅言论，并抨击他大规模动员预备役部队——这些所作所为增加了战争的可能性，而以色列却被完全孤立。"你，或那个允许你动员这么多预备役部队的人，犯了错误。"本-古里安控诉道。在连一个大国盟友都没有的情况下就去对付纳赛尔，这对以色列来说是毁灭性的，因为这将危及该国在过去20年里在安全领域所取得的一切成就，甚至可能是自杀。当然，埃什科尔也被本-古里安单独拎出来说了一顿："不管最后决定参战还是不参战，总理和内阁都应该为其决定负责。这不是军方应该决定的问题。政府没有履行其应尽的义务。这样下去肯定不行。"

本-古里安的指责对拉宾打击巨大。本-古里安低估了以色列国防军的实力，也没能意识到以色列已不再需要英国或法国的保护，拉宾也因此而感到失望。但老师的批评深深地刺痛了他。"你使国家陷入严重的困境当中。我们不能开战。我们被孤立了。你得为此负责。"离开本-古里安的平房后，这些话长时间在拉宾耳边响起。据目击者称，拉宾离开时"低着头，肩膀耷拉着，嘴里叼着一根烟"。[38]

据一名副官说，拉宾在从斯代博克驾车回来的路上曾小声嘟囔着一句话："一山更比一山高。"然而，这位以军首脑还需要面对另一座"大山"。他紧接着便去见了这座"大山"。

摩西·达扬于1964年辞去了农业部长的职务（当时正值本-古里安与以色列地工人党决裂）。自辞职以来，这位前以军总参谋长一直是埃什科尔政府坚定的批评者，尤其是针对政府的北部边境政策。因此，在1966年10月时，他对议会成员说："如今并没有出现重大的渗透浪潮。以色列完全没有必要仅仅因为法塔赫的几十名匪徒越过边境便如此小题大做，使紧张局势升级。阿拉伯国家会参与到叙利亚的政治斗争中，但他们不会涉足任何可能由此引发的军事冒险行动。"他还抨击了萨穆阿行动、叙以4月7日空战，同时批评拉宾不该威胁要报复。"这终将导致战争。"他预测说，"那些想通过烟雾释放信号的人必须明白，对方会认为真的发生了火灾。"他在5月17日声称，政府拙劣的表现将使纳赛尔不用流血便能赢得政治上的胜利，并以轰炸迪莫纳或封锁蒂朗海峡为标志。

既然如此，那拉宾还能指望从达扬那里获得怎样的支持呢？针对纳赛尔可能封锁蒂朗海峡的情况，拉宾已制订了应对计划，从表面上来看，拉宾想听听其前任对该计划的意见。以色列国防军并非仅仅计划保卫边境，而是打算占领加沙，并将其作为换取蒂朗海峡自由通行权的砝码。当天晚上，拉宾向达扬介绍了代号为"阿茨蒙"（Atzmon）的计划，却被否决了。达扬坚称，加沙有太多难民，纳赛尔会很乐意把他们交给以色列。一旦海峡被封，不要通过占据埃及领土来回应，而要在军事和心理上击败对手。要打垮埃及的军队，让纳赛尔蒙羞。

拉宾如愿获得了有关阿茨蒙计划的反馈，但他想要的东西显然不仅限于此,他更需要一个愿意倾听他对政府之抱怨的人。拉宾对达扬说,内阁无力决定是否要发动战争,却逼迫他来做出决定,令他处境艰难。拉宾抱怨着,但达扬除了沉默,什么也没做。达扬回忆,拉宾那天晚上离开时"不自信,很困惑,紧张地不停抽烟",几乎不像一名正在为战争做准备的指挥官。[39]

不过,如果纳赛尔真打算对蒂朗海峡采取行动,那么战争的确迫在眉睫。尽管实际上少有挂着以色列旗帜的船只跨越蒂朗海峡,但这条介于西奈半岛和阿拉伯半岛之间的狭窄通道(约 11.3 千米)是这个犹太国家的生命线。正是通过此一渠道,以色列得以悄无声息地从伊朗运入石油。蒂朗海峡的自由通行权对以色列人来说也具有象征意义,因为它代表了他们在 1956 年战争中对埃及取得的胜利。在海峡被封锁的情况下,以色列的自卫权便很难获得国际社会的承认。因此,以色列现在没法做到放弃这一权利而不致丧失最后的威慑力量。

纳赛尔会封锁海峡吗?甚至在埃及伞兵空降至沙姆沙伊赫后,以色列领导层对这个问题的答案仍存在分歧。梅厄·阿米特很乐观,他认为纳赛尔不会这么做。"这样的行动无异于自我毁灭,"摩萨德主管解释说,"这与所有的军事和外交逻辑都相矛盾。"以军情报部门表示同意,因为封锁海峡百分之百意味着战争,而纳赛尔不想打仗,只想获得声望。但埃什科尔和拉宾不同意。总理在 5 月 21 日对内阁的致辞中预测:"埃及计划封锁海峡或轰炸迪莫纳的核反应堆。随后则将发动全面攻击。"在随之而来的战争中,"前五分钟将是决定性的。问题在于谁将首先攻击对方的机场"。

然而,尽管埃什科尔十分确信战争即将到来,但他不愿进一步刺激纳赛尔的神经。他拒绝了允许挂有以色列国旗的船只通过蒂朗海峡的提议,并命令以色列预备役部队务必不要驻扎在南部边境附近。记者被要求不要报道那些离开或停靠在埃拉特的船只。通过美国和英国的渠道,埃什科尔还要求侯赛因国王停止相关政治宣传,不要再拿纳赛尔未能封锁海峡来说事,甚至称其为懦夫。就在吴丹启程前往开罗的几小时前,以色列议会举行了夏季会期的开幕式。埃什科尔在开幕式上谴责了巴勒斯坦的恐怖活动及其叙利亚支持者。但另一方面，他只是温和地指责纳赛尔"捕风捉影，听信谣言"。他强调了以色列动员的有限规模，并呼吁"所有中东国家相互尊重各国之主权、领土完整和国际权利"。即便想警告纳赛尔，埃什科尔也只能秘密地通过联合国秘书长来传达这一信息："蒂朗海峡之通行自由乃是以色列至高的国家利益和权利，以色列将维护并捍卫之，不论代价几何。"[40]

封锁

即使纳赛尔因为联合国紧急部队的全部——而非部分——撤离而恼怒，他也没有表现出来。阿拉伯世界对此事高涨的呼声已让以色列人惊慌失措，但同样的呼声现在也把这位曾经伟大的埃及领袖推向了风口浪尖。驱逐联合国紧急部队是一回事，但再次封锁蒂朗海峡又是另一回事——此事极其危险。前者赢取了政治上的胜利，而后者则可能导致战争。"正是在这点上，纳赛尔的性格开始起作用。"一位英国外交部的埃及专家后来评论道，"为了应对失败，你可以削减损失或将赌注加倍。赢得的钱，你可以见好就收，也可以把它再投进去使利润翻倍……不管是面对成功还是失败，纳赛尔始终是个赌徒。"[41]

然而，这场特殊赌博的赌注非常高。尽管埃及普通老百姓并不知道以色列船只自1956年以来一直在蒂朗海峡往来通行——纳赛尔从未公开承认过——甚至都不知道蒂朗海峡到底在哪，但约旦和沙特阿拉伯针对此事的不断嘲弄还是令埃及领导人感到厌恶。因为这让埃及的领导人想起了自己的使命——"让犹太人远离亚喀巴湾"并使该海湾成为阿拉伯人的内湖。纳赛尔早在1949年便自行接过这项任务，但他始终未能完成这一使命。埃及的这一失败使埃拉特成了一个繁荣的港口。以色列通过这个红海边的终端在亚洲和非洲（埃及的两个传统利益圈）内建立起了商业据点，并从伊朗国王这个纳赛尔的个人竞争对手手中进口石油。仅在此前的2年中便有5.4万吨货物进入埃拉特港口，20.7万吨货物离开该港。此外，还有超过 500 艘船只停靠其中。

为了报复这种侮辱，埃及拒绝签署保证诸海峡国际地位的 1958 年《日内瓦海洋法公约》。开罗方面争辩说，拒绝签署公约的原因是以色列在签署停战协定后非法占领了埃拉特，并通过侵略战争获得了自由通行权。以色列没有权利通过埃及领土运送战争物资，联合国也不应该保护以色列的非法所得。[42]

纳赛尔渴望封锁海峡。早在 5 月 17 日，即联合国紧急部队仍在守卫海峡之时，纳赛尔便在原则上决定再次封锁海峡。但执行这一决定则完全是另一回事。1956 年的记忆并未被遗忘，以色列国防军曾于当年在西奈半岛冲破了埃及的防线，并往沙姆沙伊赫进发。而如今，随着埃军情报部门传来了以军动员工作几近完成的消息，另一场入侵的威胁已不容忽视。5 月 21 日，纳赛尔在家中举行了午夜会议。他在会上对高级军官和文职官员说，如果驱逐联合国紧急部队使战争的可能性上升了 20%，封锁蒂朗海峡则会进一步提高这一概率，使之超过 50%。问题在于，军队是否已经做好了准备。

答案毫不犹豫地从阿米尔口中跑出来。他自告奋勇地说："一切都在我的掌控之中，军队已为这种情况做好了准备，不管是防御还是进攻计划都有。"这位陆军元帅解释说，因为不管怎样，以色列都会对海峡发动攻击，埃及封锁海峡便不会有什么损失。而如果没能封锁海峡，那我们就丢人了。"我怎么能让部队待在那里[沙姆沙伊赫]眼睁睁地看着以色列的旗帜从他们面前经过？"他斥责苏莱曼说。在这位工程师出身的总理看来，封锁海峡两岸的交通可能不符合埃及的最大利益。阿米尔此前不顾手下的意见往沙姆沙伊赫派遣部队，如今却辩称，正是由于这些部队的存在，封锁海峡势在必行。他的权力，而不是他的逻辑，使得在场的官员没有一位敢反对他的意见。[43]

纳赛尔也没有反对，尽管他本可以这样做。没有记录表明埃及最高领导人对封锁海峡一事有任何保留意见，就连其护教士穆罕默德·海卡尔的著作中也没有发现相关证据。事实上，在接下来的一天里，海卡尔和阿米尔、巴德兰及穆希丁一同出现在了阿布苏韦尔（Abu Suweir）空军基地里。纳赛尔在此处接见了一群热情洋溢的空军飞行员。他告诉他们,埃方已经收到了有关以色列即将入侵叙利亚一事的"准确情报"。纳赛尔还对他们说,他决定将联合国紧急部队这支"为新帝国主义服务"的军队从西奈半岛上赶出去,"以此捍卫我们在亚喀巴湾的权利和主权"。然后他说出了重点:

> 亚喀巴湾是埃及的领海。在任何情况下,我们都不会允许以色列国旗穿过亚喀巴湾。犹太人威胁要发动战争。我们对他们说"Ahlan Wa-sahlan"*,我们已经做好了战争的准备。我们的军队和所有的人民都准备好了与之一战,但无论如何,我们都不会放弃我们的权利。这片水域是我们的。

纳赛尔刚说出这些话,发往阿拉伯各国政府的电报便被送出,以便向他们通告埃及的决定,并请求他们协助阻止石油被运往以色列。"埃及领海内的某些地区已经被埋下水雷。"开罗广播电台宣布说。埃及军队已处于高度戒备状态。在阿米尔的命令下,海军派出了一艘驱逐舰和一队鱼雷快艇前去守住海峡,拦下挂有以色列国旗或是向埃拉特运送石油的船只。他们将向这些船只发射两枚炮弹以示警告。"如果他们未理会这些警告,"阿米尔写道,"他们将受到损害。如果他们不做回应,他们将被击沉。"

穆罕默德·阿卜杜·哈菲兹(Muhammad 'Abd al-Hafiz)是沙姆沙伊赫的空降兵指挥官,他回忆道:"我们接到了封锁蒂朗海峡的命令,我们配备了7门SU-100自行火炮和4门重型岸炮……1艘驱逐舰、6艘鱼雷艇和1艘潜艇。[除此之外,]还有部署在霍尔格达的米格-21飞行中队……我们奉命向每艘驶进海峡的[以色列]船只开炮示警……如果它没有停下来,则向其更近处开炮,依此类推。"哈菲兹不曾知道联合国紧急部队曾驻扎在这一地区,也不知道以色列船只享有通过海峡的权利,但这一行动使他兴

---

* 阿拉伯语,意为"欢迎"。

奋。"当然，封锁海峡便意味着宣战……但当时我们并不知道这一点，我们执行了命令，没提出任何问题。"[44]

类似的兴奋感传遍了整个阿拉伯世界，纳赛尔的 Ahlan Wa-sahlan 之声也在整个地区回荡。不管是在希伯伦还是耶路撒冷，不管是在巴格达、贝鲁特，还是的黎波里街头，这些地方都爆发了为埃及欢呼的大规模示威游行。黎巴嫩、科威特和沙特阿拉伯的武装部队被动员起来，伊拉克装甲部队据称也正在向叙利亚和约旦边境移动，以便能"加入荣誉之战"。侯赛因国王身着军装检阅了阿拉伯军团，其中包括美制坦克。这些本不该越过约旦河的坦克正朝着约旦河西岸进发。[45]

然而，吴丹却难以分享阿拉伯人的狂喜之情。他正在前往开罗的途中。在巴黎停留期间，他得知了纳赛尔封锁海峡的命令。他深感受辱，并考虑取消行程，但随后又决心继续此次行程。他希望要么能说服纳赛尔收回其决定，要么能得到埃及的相关保证，即它不会成为率先开火的一方。

5月23日，星期二，这天下午，联合国秘书长的飞机在开罗国际机场降落。这天距离里克耶第一次收到埃及的驱逐令时刚好过了一个星期。当吴丹走到机场跑道上时，有数百人到场迎接他。他们高呼着"纳赛尔万岁"和"我们渴望战争"的口号。马哈茂德·里亚德也在这些人当中，他已准备好立即与秘书长开始会谈。但吴丹感觉身体疲惫，便推迟了与埃及外交部长会面的时间。这次会面最终被改到第二天上午9时45分。

这天上午天气凉爽，天空晴朗，吴丹的豪华轿车（车牌号为"UNEF 1"）经由大学桥（University Bridge）跨过尼罗河，随后又经过苏联大使馆，最后到达了塞米拉米斯酒店（Semiramis Hotel）。这座酒店已被辟为埃及外交部的临时办公大楼。然而，里亚德的心情一点儿也不晴朗。他拒绝了美国毫无价值的保证，即以色列军队并没有在北方集结。他坚称以色列计划征服叙利亚南部地区，并打算让联合国紧急部队在那里驻扎。里亚德说，西奈半岛的再军事化行动旨在使以色列在发起侵略前"三思而后行"。但埃及的行动还有另一个目的："使1956年以色列的侵略事件落下帷幕"。埃及要确保大幕再也不会被人重新拉开，即使以战争为代价。里亚德表示，联合国紧急部队将被驱逐出埃及领土，"如果有必要的话，埃及将动用武力"。埃及还将阻止以色列的船只驶往埃拉特。里亚德并没有在外交上留下多少回旋的余地。尽管埃及愿意讨论恢复停战协议及其机制的可能性，但它拒不接受任何可能涉及承认以色列国或有损交战状态之存续的措施——比如双方划定边界。

抽着雪茄的吴丹等里亚德说完才开始表达自己的想法。他提议双方在两三周内保持现状：埃及不封锁海峡，而以色列也不去尝试穿越海峡。这一冻结双方行动的举措——"按照古巴[导弹]危机的方式来进行"——将给联合国特别任命的调解员腾出时间，使其得以制订出一套能和平解决问题的方案。里亚德则对此持怀疑态度。他宣称，政府不能在人民面前表现得犹犹豫豫，尤其是不能在那些决心保卫阿拉伯事业的军队面前表现出犹豫。吴丹从埃什科尔那里带来的信息——以色列为了解除海峡之封锁会采取必要的军事手段——没能对埃及外交部长产生影响。

接下来，吴丹在"解放俱乐部"（Tahrir Club）享用了午餐。在那里，接待他的东家马哈茂德·法齐博士告诉他，与纳赛尔的会面只能在当天晚餐后举行。即使这一延期引起了联合国秘书长的不满，他也没有通过暗示表现出来。他喜欢纳赛尔，总觉得此人"非常简单，有魅力，有礼貌……是人民的真正领袖"，他也从没忘记两人在仰光第一次相遇时的情景。在那里，埃及总统同意穿上缅甸的传统服饰，在参加泼水节的时候情愿被弄湿。会谈于晚10时在总统官邸举行。会谈开始后，秘书长对纳赛尔的这种喜爱之情便体现得十分明显。吴丹欣然接受了纳赛尔对封锁海峡一事做出的解释——他之所以决定在秘书长访问之前便宣布封锁海峡，是为了避免他的客人太过尴尬。如果吴丹要求他不要封锁海峡，纳赛尔将不得不回绝他。

纳赛尔重申了里亚德早些时候便说过的话：埃及在西奈半岛上增强军事力量是由两方面因素决定的：首先是以色列对叙利亚的企图，其次是阿拉伯人之尊严和荣誉的要求。他承认曾想过要抓住主动权，并询问他的将军们是否已准备好对付以色列。纳赛尔回忆说，他们的回答是："我们的处境永远不会比现在更好。我们的部队装备精良，训练有素。我们将拥有所有先发制人的优势。我们确信会取得胜利。"纳赛尔耸了耸肩,然后把问题抛给了吴丹:"我的将军们告诉我,我们会赢——如果是你,你会对他们说什么?"但吴丹只是回以微笑。

纳赛尔随后展开了针对美国的长篇大论。他指责美国对埃及发动了"饥饿战争"。该国试图利用伊斯兰势力推翻他,并在以色列集结军队一事上撒谎。至于以色列,它既没有对埃拉特的合法主张,也不需要在红海处拥有港口,因为石油可以通过海法进口。他意识到,将联合国紧急部队从边境移走便意味着要把它赶出沙姆沙伊赫——纳赛尔并没有提到这一行动仅仅是请求重新部署联合国紧急部队——而这又意味着战争。然而,他再三保证不会率先开火。"除非受到攻击,否则我们没有进攻的意图,我们会保护好自己……我们不会率先发动攻击。"此外,他同意对驻守蒂朗海峡的部队做出指示,命令士兵当个"乖孩子"。他也同意遵照秘书长的提案行事,即冻结一切行动,但前提是以色列会以同样的方式行事。

这次会议最终以奇怪的方式结束。纳赛尔再次提议为联合国紧急部队授予埃及最高级别的勋章,以表彰该部队卓越的表现。他还请求秘书长允许埃及购买紧急部队多余的装备。吴丹对这些要求感到困惑,但他还是很乐观。他对在会谈中做笔录的里克耶说:"纳赛尔及其外交部长和其他阿拉伯联合共和国领导人重申了他们对联合国秘书长一职的极大尊重。秘书长在这些人中享有很高的个人声望,在整个阿拉伯世界也广受欢迎。"他提出的给双方留下"换气空间"的提案已经被埃及方面所接受,现在就看以色列会不会答应了。但里克耶并不认同秘书长对局势所抱的希望。前联合国紧急部队司令注意到,纳赛尔在会谈中出奇地不专注和软弱。他给人的感觉是,好像军方才是该国的最高权威,而不是总统。在被问及对这次会议的印象时,里克耶回答说:"我认为您将目睹中东地区的大战,而且我认为我们将花50年才能让该地区恢复平静。"[46]

拉宾等待着

至少在对战争前景的预测上,伊扎克·拉宾会断然同意里克耶的判断。海峡被封锁的消息于5月23日凌晨2时30分到达以色列国防军情报部门。一同送达的是埃及潜艇穿过海峡,以及埃方在沙姆沙伊赫安放重炮的报告。在戈兰高地上,叙利亚军队已达到最强的兵力并进入战备状态,而联合国观察员的行动则受到了严格限制。总参谋长表示:"中东之谜的关键部分——纳赛尔为我们提供战争的理由——已经到位。事实上,球已经落到了我们的场地内……"他知道,利害攸关的已不仅仅是蒂朗海峡之自由通行与埃拉特的安宁。"此事关乎吾国之存亡,"那天晚上,他对手下的将军们说,"到底是生存还是毁灭。"[47]

不过即便如此,埃什科尔仍拒绝批准以军先发制人,展开打击。埃什科尔在黎明前被利奥尔上校的声音唤醒:"长官,埃及人已经封锁了海峡。"总理急忙赶赴以色列国防军位于特拉维夫的总部,然后进入了地下指挥中心(希伯来语为Bor)。在那里等待着他的是拉宾和总参谋部成员,他们充满了期待。

情报部门负责人亚里夫首先开始汇报:"后西奈战役时期*已经结束……如果以色列不采取任何行动来回应埃及封锁海峡的举动,便将失去信誉,还会失去以色列国防军的威慑能力。以色列的软弱会被阿拉伯国家视为威胁其安全与存在的绝好机会。"接着发言的是魏茨曼:"我们现在必须迅速出击……我们必须给敌人来一记沉重的打击。如果我们不这样做,很快便会有其他军队加入他们的阵营中去。"最后轮到拉宾,他说:"叙利亚和约旦的立场取决于埃及人行动的成功。"他告诉埃什科尔,以色列国防军要么把加沙当作讨价还价的筹码,要么试着摧毁埃及军队。不管采取哪种方式,以军的攻势将会以对埃及空军的突袭开始。"我们必须承认事实。首先,我们将打击埃及,然后我们才会与叙利亚和约旦开战。"

埃什科尔现在明白了,时间并不掌握在以色列这边,军方建议先发制人。但这一行动的前景严重地影响了他的判断。当以色列空军袭击埃及时,以色列北部将会受到叙利亚炮火的攻击,整个整个的犹太人定居点可能因此被毁。更令人感到不安的是,他知道约翰逊总统始终反对任何诉诸

---

* The post-Sinai Campaign period,指1956年三方侵略战争之后的和平时期。

暴力的行为。因此，在感谢了将军的建议后，埃什科尔再次决定等待。他透露，一艘运油船预计将在一周内抵达埃拉特，如果有必要的话，该船将会冲击埃及人的封锁。与此同时，以色列会再次向华盛顿发出请求。[48]

事实上，华盛顿方面已经对埃什科尔发出了呼声。在夜间，以色列方面收到了另一封来自约翰逊总统的信。约翰逊在信中敦促以色列"保持镇定"，并回顾了他及其前任总统对以色列国安全的承诺。约翰逊表示，尽管吴丹在联合国紧急部队上的决定令人遗憾，但苏联似乎倾向于合作，而美国正致力于通过"联合国及其之外的渠道"和平化解此次危机。在危机化解之前，美国愿意提供数项援助——100辆半履带车、巴顿坦克、霍克导弹的零部件、总额为4730万美元的粮食和经济援助，外加2000万美元的贷款——来帮助以色列渡过难关。然而，这个一揽子计划却有一项附加条件：以色列不能动用船只来冲击埃及的封锁，也不能在任何情况下引发战争。副国务卿罗斯托警告埃皮·埃夫龙说："只有当所有的和平措施都用尽之后，以色列方面的任何单边行动才有可能被认为是正当的。以色列必须在美国和世界人民面前说明其行动的正当性。"[49]

这封信凸显了埃什科尔所面临的困境。一方面，他需要让全世界都相信他必须采取行动；而另一方面，他却需要让以色列人觉得他不会采取行动。在接下来的部长级国防委员会会议上，这种两难的局面表现得十分明显。自1948年以来，以色列政府一直是联合政府，埃什科尔这届政府也不例外。出席此次会议的内阁部长不光来自以色列地工人党（名称缩写为Mapai，有社会主义倾向，走中间路线，是当时最大的党派），还来自以下党派：统一工人党（名称缩写为Mapam，有激进的社会主义倾向）、劳动统一党（名称为Ahdut ha-Avoda，有社会主义倾向，但好战）、全国宗教党（名称缩写为Mafdal，严守宗教仪式，政治立场温和）。所有这些派系在国防委员会中均有代表，但考虑到当下的危机，反对党派的代表们也被纳入委员会当中。其中包括加哈尔右翼政党（名称缩写为Gahal）的代表梅纳赫姆·贝京，和以色列工人名单党（名称缩写为Rafi）的代表摩西·达扬与希蒙·佩雷斯。因此，内阁中意见纷杂，内部分歧也很严重。

拉宾召开了会议。他沉痛地向国防委员会宣布，蒂朗海峡将于当天12时正式被封锁。由于以色列的威慑力量减弱，纳赛尔现在可以任意选择与以军对抗的时间和地点。他在几个小时内就能把他的部队由防御状态转变为进攻状态。因此，如果以军试图拿下海峡，埃及人——可能还有叙利亚人和约旦人——将会对以色列本土发动攻击。这种局面与以色列人1956年时所处的环境完全相反：当时，埃及独自面对与英国和法国结盟的以色列；而现在，被孤立起来的以色列必须独自面对埃及和其他阿拉伯国家。此外，苏联也有可能干预。"我们不是在谈论在公园里漫步这种事情。"拉宾总结道。在他看来，以色列人似乎没有选择的余地："我们必须摧毁埃及空军，发动突袭，随后让地面部队挺进西奈半岛。"

然而，与会代表的疑问如连珠炮弹般朝拉宾射来。以色列要不要攻击叙利亚？当以色列空军轰炸埃及时，叙利亚会给以色列带来多大损失？在没有与任何大国结盟的情况下，以色列如何单独行动？来自以色列地工人党的教育部长扎尔曼·阿兰（Zalman Aran）描绘了这项计划可能招致的最可怕的前景："这个国家没了空军便完全失去了防御能力，那么有没有可能，我们的空军会被完全歼灭呢？"

拉宾疲惫不堪，但他还是尽力回应质疑。不，以色列不会攻击叙利亚，尽管叙利亚可能发动大规模的炮击。的确，在空军能够将注意力转移到北方之前，叙利亚方面将造成巨大的破坏。至于有人担心以军的飞机非但不能摧毁埃及的空军，反倒会击落他们自己，拉宾把这个问题留给了魏茨曼来解答。尽管魏茨曼现在的职务是以色列国防军作战部长，但在过去10年的大部分时间里，这位41岁的前英国皇家空军飞行员一直指挥着以色列空军，他还是焦点计划的主要谋划者。魏茨曼为人放荡不羁，有着传奇般的经历，谦逊一词更与之无缘。这样一位空军将领对阿兰的担忧并不以为然。他大胆地推测："以色列空军将派出600架飞机，并将承受20架飞机的损失。"在他看来，没有任何国家能够有效封锁该国的领空，因此，以军的第一波空袭会成功，且不会被敌军察觉。

魏茨曼的这一番自吹自擂未能打动内政部长哈伊姆·摩西·沙皮拉

（Haim Moshe Shapira）。这位65岁的全国宗教党的代表是彻彻底底的鸽派人士。他经常反对埃什科尔对叙利亚人采取的激进防御政策。他提醒拉宾说：以军曾一度认为叙利亚将被迫独自面对以色列，因此，要给它点儿教训会很容易；但现在的叙利亚已不再陷于孤立状态，以色列再想给它点儿教训则可能引发战争。"我已准备好去战斗，"沙皮拉宣称，"但不会去送死。"

站在军队一边的有交通部长摩西·卡尔梅（Moshe Carmel）和不管部长伊斯拉埃尔·加利利（Israel Galili）。他们都要求对埃及宣战。向来不讳言其好战观点的贝京也支持发动先发制人的打击，希蒙·佩雷斯也同样如此。

在整个辩论过程中，埃什科尔都一直坐着不动，面容憔悴，脸上流露出紧张不安的表情来。埃什科尔意识到，其个人的前途，很可能还包括这个国家的命运都命悬一线。在利奥尔看来，总理显得"忧心忡忡，忧心忡忡，忧心忡忡"。此前的民意已经变得十分不利于他。民众转而支持本-古里安，并要求埃什科尔辞去国防部长一职，甚至辞掉总理的职位。为了恢复公众对他的信心，埃什科尔在会上警告国会："任何干涉海峡通行自由的行为都是对国际法的严重侵犯，是对他国主权权利的打击，也是对以色列的侵略行为。"但在这一通咆哮背后隐藏的事实是，战争的念头仍然使他感到恐惧。

"有什么能阻止埃及人占领南部？有什么能阻止叙利亚人攻击我们的定居点？"他问道。同时，他还提醒内阁注意以下事实，即阿拉伯人所拥有的坦克和飞机的数量是以色列人的3倍。以色列总理似乎已经清楚地认识到政府内部的分歧。他强调以色列有必要向阿拉伯人证明，"犹太人不会仅仅站在这里抱怨"，还会去探索所有的外交选择。他声称自己既不愿挑起冲突，也不愿依赖于国际社会的承诺。总理说："我们不想打仗。但如果阿拉伯人胆敢轰炸我们——不论他们用何种炸弹——我们必将迅速做出全方位的回应。"然而，他随后又表达了自己的疑虑，即在以色列获得更多武器之前，报复行动是否应该往后推迟。

埃什科尔似乎已深陷于进退两难之境而无法自拔。但就在这时，阿巴·埃班站出来拯救了他。外交部长也认为问题的关键不是埃拉特，而是威慑。"一个不能保护其基本海洋利益的国家，想必在遇到其他侵犯其权利的事件的时候也会找到理由不作为。"他在回忆录中断言，"除非在此时坚定立场，否则阿拉伯世界中的任何人都不会再相信以色列有抵抗的力量。"然而，埃班却反对采取军事行动。美国不太可能支持这种行动，苏联更可能予以抵制。在此情况下，苏伊士运河危机的剧情便会再次上演。他对内阁成员说，他收到了华盛顿方面提出的要求：以色列接受为期48小时的咨询期，在此期间，美国将考虑动员一支多国舰队护送以色列船只通过蒂朗海峡。他指出，这个计划已经超出了艾森豪威尔所许下的承诺，即支持以色列自卫。埃班用他标志性的口才发表了总结陈词："这一时刻在历史上的分量——在犹太人的历史上不会再出现许多类似此刻的情况——要求我们迈出这一步，如果不这么做，那么在日后世世代代的岁月里，我们都无法向自己和他人解释为什么当时我们没有对此〔埃及人的封锁〕提出挑战。"

美方的建议将要在大会中付诸表决，但在摩西·达扬还没发声之前，表决暂时不会开始。达扬仍然身着赴南方前线视察时所穿的军装——此前，宪兵队在前线找到了他，并把他护送回耶路撒冷。他反对"走列强的后门"，并给埃及人更多的时间来掘壕固守。他打趣道："我们可不是英国，他们有先输掉大战役的传统。"尽管如此，他还是支持推迟48小时再采取行动的方案，这么做只是为了安抚美国人。他的建议是，等这48小时过完之后便对埃及展开全方位的空中和地面进攻。达扬说："我们要在两三天的战斗中摧毁数百辆坦克。"之后，以色列应该准备好应对来自约旦甚至是以色列阿拉伯人的反击。

这次会议以休会而终。会议的决定是推迟军事行动，给埃班时间去各西方国家首都争取各国的支持，其中尤以华盛顿为重。在此期间，政府将努力淡化危机——议会将不会就此展开辩论，也不会取消官方的庆典活动——同时探索组建一个囊括反对党的全国团结政府。此外，以军将为阿茨蒙行动（占领加沙并把它当作换取自由通行的谈判筹码）做准备，并再度征召3.5万名预备役士兵。但与此同时，"等待"状态将继续保持下去。只有当埃及率先袭击以色列的机场或战略目标时，以色列才会展开反击，然后动用所有的军事力量来打击敌人。[50]

埃什科尔领导着国家走了一条战争与外交之间的中间路线，但这似乎没能让任何人感到满意。有几位来自以色列地工人党的内阁部长（阿兰是其中之一）不赞成埃什科尔选择埃班作为使者。他们认为埃班起不到什么作用，也不值得信任。与此同时，在以色列国防军的总部里，将军们正抱怨着政府的优柔寡断。军方的计划已经敲定，包括展开焦点行动，并挺进西奈半岛。如果有必要的话，也可以在其他阵线上采取行动，比如对北部的约旦河河源和通往耶路撒冷的拉特轮走廊下手。但所有这些行动的成功均取决于行动的出其不意，而这只需要埃什科尔的一句话便能实现，但总理迟迟不愿开口。

拉宾也有疑虑——深深的疑虑。尽管他明白以色列不能无视美国总统的要求，但他也认识到，在埃班完成任务之前，逝去的时间将远不止48小时。在此期间传来的消息令人感到恐惧。埃及第4师已在西奈半岛部署完毕，而蒂朗海峡也被埋下了水雷。用埃及宗教领袖在集会上的话来说，阿拉伯领导人正在轮流动员军队，"用穆斯林的鲜血来洗刷阿拉伯人在巴勒斯坦所遭受的长达19年的耻辱"。

做决定的重担对拉宾来说已变得太过沉重。部长会议结束几小时后，他把埃什科尔从午睡中叫醒，并告诉他自己改变主意了：以色列必须开战。"有什么办法能避免开战吗？"总理问道。拉宾无情地答道："我们会遭受很多损失，但我们别无选择。"可这仍不能让埃什科尔信服。他回答说："在政治选择用尽之前，以色列国防军不准发动攻击。"就这样，拉宾的开战请求遭到了拒绝。拉宾的立场很快变得难以为继。一首鼓舞人心的新歌在以色列流传开来，这首歌的副歌部分这样唱道："纳赛尔正等着拉宾。"实际状况却截然不同。正如拉宾在回忆录里所记录的那样："如果说纳赛尔在等着拉宾，拉宾则在等着埃什科尔；埃什科尔在等内阁；内阁却等着埃班，而埃班则在等约翰逊总统。"[51]

接下来几个小时的节奏有些疯狂。"紧张的情绪不断上升，上升，再上升。"利奥尔回忆说,"消息从世界各地涌入。电话铃声不停地响起……时间不停往前跑。"这些压力最终汇合在一起,集中在拉宾身上。此外,还要算上由本-古里安强加于其身的个人过失之罪责。"埃及只用在一条战线上战斗,但我们将不得不至少面对两条战线,甚至是三条。"哈伊姆·摩西·沙皮拉提醒拉宾说。"现在,我们将被完全孤立起来。如果在战斗中遇到武器短缺的情况,我们不会得到任何补给……你想承担令以色列陷入危机的责任吗?只要我还有一口气在,我就会抵制这一方案!"[52]

不管是由于受到沙皮拉的话的影响,还是由于收到了有关埃方对埃拉特形成威胁的报告,总之,在 5 月 23 日晚上,拉宾崩溃了。"我陷入了一场巨大的危机当中,危机由我的罪恶感引起……因为我把国家引向了战争,并使之陷入最困难的境地。"他后来对一名以色列记者这样说道,"不管是不是我的责任,一切都扛在我的肩上。我几乎九天没吃过东西,没睡觉,烟抽个不停,筋疲力尽。"拉宾的妻子利娅(Leah)在目睹了他的糟糕状态后,不允许他踏上前往南部前线视察的旅程。她叫来了以军的首席医师埃利亚胡·吉隆(Eliyahu Gilon)医生。医生诊断出拉宾患上急性焦虑症,并给他开了镇静剂。

拉宾的崩溃不为以色列公众所知,此事要到许多年之后才被揭露,并且最后会被归因于"尼古丁中毒"。然而当晚,魏茨曼被召唤到总参谋长的家中,他发现长官"沉默,一动不动",而且极度沮丧。"我让国家陷入了危险……都是我的错。"拉宾结结巴巴地说道,"至今为止最大规模、最残酷的战争。"在一份于六个月后被归档的报告中,魏茨曼声称拉宾曾表示要让位于他。但以军的作战部长拒绝了这一提议,因为他认为此时军方有必要稳定国家的士气,并引导政府做出勇敢且无可避免的决定。尽管拉宾后来否认这段对话曾经发生,但事实仍然是,总参谋长当时已经失去了行动的能力,军队的行动事实上由作战部长负责。[53]

魏茨曼不像拉宾那般犹豫,他扩展了军队的进攻计划。现在,除了摧毁埃及的空军和征服加沙地带,以色列军队还将向西挺进阿里什,并在时间允许的情况下越过阿里什向苏伊士运河方向前进。如果约旦或叙利亚干预,以军的中部和北部战区司令部也都做好了反击的准备。被称为"斧头"（Kardom）行动的计划最迟将于5月26日得到实施。"到明天，以色列国防军便将就位，并做好战争的准备。"魏茨曼对总参谋部成员说道。他坚信政府会予以批准。按计划，在25日午夜之前，以色列军队便将往边境进发。[54]

阿米尔的黎明计划

然而，魏茨曼将感到非常失望。因为埃什科尔并不打算批准斧头行动。拉宾的崩溃使埃什科尔深感不安，他担心在埃班的外交活动才完成一半的时候便会有一场战争爆发。于是，总理严令以色列国防军减少在南部的活动。他甚至限制了空军在西奈半岛上空侦察飞行的次数。

就在埃什科尔踌躇不前之际，埃及面临的向以色列摊牌的压力也与日俱增。"开罗街头看起来更像是嘉年华，而不是为战争做准备的城市。"马哈茂德·吉亚尔（Mahmud al-Jiyyar）如此评论道。吉亚尔是政府高级官员，也是纳赛尔的亲信。这座城市如今到处张贴着令人毛骨悚然的海报，海报上留着胡子、长着鹰钩鼻的犹太人遭阿拉伯士兵枪击，被他们碾压、勒死，并被肢解。开罗广播电台夸口说："在历史格言的印证下，在士兵的保护下，亚喀巴湾是阿拉伯人的！是阿拉伯人的！是阿拉伯人的！"此外，开罗电台还针对美国说："成千上万的阿拉伯人……正准备炸飞美国所有的利益、美国所有的设施，以及美国本身。"

由于正好赶上民众的这波狂热，加之以色列人和美国人对埃及封锁蒂朗海峡都没做出什么反应，受到鼓舞的陆军元帅阿米尔继续盘算着进攻计划。"这次我们将是发起战争的人。"他在视察前线防御工事时向穆尔塔吉将军透露道。除了空袭战略目标并把埃拉特从以色列分离出来，阿米尔的目标如今又扩大了，新的目标包括整个内盖夫沙漠。新行动的代号为"黎明"（al-Fajr），该行动的命令将绕开最高司令部，直接从阿米尔的屋子里发出。吉亚尔说道："我现在总算明白了，原来开罗的街头正好反映出了领导层脑袋里占支配地位的观念，即摧毁以色列就像儿童游戏那么简单，仅仅需要在指挥官的屋子里连上一些电话线，再写上胜利的口号就行了。"[55]

阿米尔的黎明计划显然违背了纳赛尔的战略,即引诱以色列发动战争。那么,纳赛尔为什么不予以否决呢?埃及的史料在这个问题上存在分歧——事实上,就连纳赛尔对此计划有多了解这个问题都存在争议。纳赛尔忠实的支持者(如海卡尔)坚持认为,纳赛尔本人就想制订一套攻击方案。尽管他并没有直接参与方案的起草活动,但暗中批准了它。然而,对纳赛尔持批评态度的作家则断言,阿米尔公然反抗纳赛尔的意志,并独自策划了这一行动。毫无疑问,真相介于两者之间:纳赛尔得知了黎明计划,但缺乏足够的政治力量来推翻阿米尔的命令。另外,为入侵以色列的行动做准备对纳赛尔也有一定的好处,这一点我们之后将会看到。

黎明计划唯一的反对意见出自军队的高级军官。他们中的许多人之前都以为西奈半岛的再军事化行动只是演习,但他们现在终于意识到,战争才是该行动所预期的结果。参谋长法齐此前便已反对重新占领沙姆沙伊赫,他认为这一举动构成了不必要的挑衅。如今在他看来,黎明计划是灾难性的。"这项计划有什么政治目标吗?"他于事后追问自己,然后回答说,"当军队与政治集体之间丧失联系时,又怎么可能会有政治目标呢?"[56]

黎明计划的实施对征服者计划(埃及的三层防御战略)也造成了极大的破坏。部队本已缺乏驻守所有防御工事和壕沟的足够人手,如今军队却将整个的旅级部队部署到前方的攻击阵地上去。突然涌入西奈半岛的数以万计的士兵——包括预备役部队士兵和刚从也门战场上回来的士兵——本已给军队造成了混乱,最后一分钟才下达的相互矛盾的指示更是令士兵们困惑不已。这些涌入西奈半岛的士兵中有许多人是乘坐牛车抵达目的地的。他们没有军装,没有武器,衣衫褴褛,饥肠辘辘。阿卜杜·法塔赫·阿布·法德勒('Abd al-Fattah Abu Fadel)将军是埃及军事情报机关的二把手。他在甘塔拉(Qantara)铁路枢纽看到"一大群男人和男孩由于军队领导层的疏忽与鲁莽而迷路",继而惊叹道:"难道这就是我军迎击敌人的状态?"

据估计,埃及当时大约有1/5的坦克、1/4的大炮和1/3的飞机都不适于作战，只有不到一半的部队到达了指定的位置。而正是这样一支军队中的许多人即将被派去执行从未研究过的任务，踏上对他们来说完全陌生的领土。"没有通信工具，没有针对炮兵的指令，也没有关于如何统治［被占领地区］的指示，更没有长远的计划。"法齐回忆道。然而，当他向阿米尔提出抗议时——"我们的军队根本不了解这一计划！"——陆军元帅咆哮着回应道："那就去训练他们！"[57]

当时的混乱如此严重，以至于像穆尔塔吉这样的跟班都开始质疑黎明计划。和法齐一样，他此前也以为军队的目的更多是政治上的，而不是战略上的。因此，当听到进攻计划的时候，他不禁为之一惊。他指出部队缺乏人力，更缺少准备。"他［阿米尔］似乎对我的回答感到吃惊。"穆尔塔吉将军回忆道，但陆军元帅仍然坚持他的计划。西德吉·马哈茂德也质疑飞行员是否有能力执行分配给他们的所有出击任务。他向阿米尔抱怨："对埃拉特发动攻击……对迪莫纳核反应堆发动攻击……对海法炼油厂发动攻击……你以为我是美国空军指挥官吗？我没法在攻击埃拉特的同时执行美洲豹行动［该行动计划轰炸以色列的海岸线］。"[58] 但他得到的回应是沉默。

然而，纳赛尔仍然拒绝介入此事。在做出了封锁海峡这一决定之后的几天里，埃及总统忙得不可开交。他需要接待到访的阿拉伯国家代表团——叙利亚总理、科威特外交部长和伊拉克副总统——还得回复中国、越南民主共和国及朝鲜发来的表示声援的信件。在最高司令部，他每天都要开会。此外，他还得发表越来越多夸夸其谈的演说。"我们知道，封锁亚喀巴湾便意味着与以色列开战，"他在阿拉伯工会的大会上说，"如果战争爆发，那将是一场全面战争，目标是以色列的灭亡……这便是阿拉伯人的力量。"对于"美国的强盗主义"及所谓的美国对以色列权利的痴迷，纳赛尔也做出了抨击。"以色列是什么？"他煞有介事地问道，然后回答说，"今天的以色列就是美国。"[59]

纳赛尔对美国的斥责虽然根本算不上新鲜，但这一批评声由于约翰逊总统5月23日的演讲变得更为尖锐了。在这次演讲中，埃及封锁蒂朗海峡的行为被描述为"非法的"，并"可能对和平事业造成灾难性的后果"。约翰逊表示,美国认为蒂朗海峡是国际水道,并重申了美国对"该地区所有国家的政治独立和领土完整"的承诺。白宫发出的照会更是声称埃及"侵略"了海峡,损害了美国的重要利益。该照会还表示,埃及将为其"公开或秘密……通过常规军事力量或非常规组织"制造的暴力活动承担"最严重的国际后果"。有谣言称美国准备用武力来打破埃及的封锁——海军陆战队将在蒂朗海峡展开两栖登陆行动,而该部队已为此做了相应的训练。另外,在地中海东部的美军第6舰队也已进入警戒状态。

约翰逊总统给纳赛尔发了一封私人信件,但纳赛尔对美国军事干预的担心不会因为这封信得到缓解。在信中,约翰逊否认他对埃及或对埃及总统本人怀有任何敌意。"你我的任务都不是往回看,而是要把中东——及整个人类社会——从一场我认为没有人期待的战争中解救出来。"约翰逊写道。他提议派副总统休伯特·H.汉弗莱(Hubert H. Humphrey)前往开罗展开调解行动。纳赛尔对此却不为所动。就在那个星期里,正是休伯特·H.汉弗莱把以色列称为"中东和其他地方所有民族的灯塔"。里亚德试图缓解纳赛尔的恐惧。他提醒总统注意约翰逊所表达的对停战协议的支持。他还指出,信中并没有提到美国对以色列有任何坚定的承诺。尽管如此,纳赛尔却仍然不相信华盛顿的意图。他担心美国与以色列另有阴谋。[60]

纳赛尔的担忧至少在一定程度上反映了美埃关系的总体状况。甚至在危机爆发之前,两国的关系便已处于崩溃的边缘。过去曾默默地清除掉两国关系中部分毒素的外交渠道如今已受到阻碍,这是华盛顿和开罗双方人事变动的结果。埃及德高望重的驻美大使穆斯塔法·卡迈勒博士是个58岁高龄的单身汉。他从前是法学教授,并担任过埃及驻印度大使的职务。如今,他将在几天内退休。卡迈勒为人儒雅,也很喜欢美国。在他看来,埃及的未来在于发展经济,而不是统治阿拉伯世界。他努力保持着埃及与白宫间的通信畅通。他向白宫官员保证,纳赛尔钦佩美国,并决心把巴勒斯坦问题"放在冷藏库里"。即使是在海峡被封之后,卡迈勒仍坚持认为局势并非不可逆转,谈判的空间仍然存在。

在卡迈勒离开华盛顿之前,美国驻埃及大使卢修斯·巴特尔早在3

月便离开开罗了。其继任者理查德·H. 诺尔蒂（Richard H. Nolte）于 5 月 21 日才抵达开罗，而这天正好是纳赛尔封锁海峡的前一天。至少从表面上看，诺尔蒂是理想的大使人选。他在二战时期曾是海军飞行员，还是拥有牛津大学和耶鲁大学学位的罗德学者（Rhodes Scholar）*，精通阿拉伯语，更是中东研究协会（Middle East Studies Association）的主任。诺尔蒂认为纳赛尔在当下的危机中占据上风，这不仅使他能够在道义上取得胜利，甚至能在以色列发动进攻时给该国贴上侵略者的标签。然而，诺尔蒂所接受过的所有训练都没能令其拥有高超的外交手腕和实际应用能力，而这正是当下时局所需的必备素质。当记者问他将会如何应对此次危机时，诺尔蒂回答说："什么危机？"[61]

考虑到诺尔蒂缺乏实践经验，美国国务院决定派出查尔斯·约斯特（Charles Yost），并以此增强开罗大使馆的实力。约斯特是前美国驻大马士革大使，还和马哈茂德·里亚德有密切接触。然而，在约斯特抵达开罗之前，诺尔蒂得独当一面，他甚至都没时间呈递国书。里亚德很快便向他出招了：埃及将拦下所有以色列的船只和货物。此外，对于任何试图保卫这些船只与货物的军队，埃及都将采取自卫措施。诺尔蒂在报告中说，纳赛尔已经决定与以色列开战。对于纳赛尔而言，这是一场准备充分、信心十足的战争，并不是完全没有获胜的理由。"阿拉伯人现在的心态似乎与 1948 年早期的心态相同，而不是 1956 年时的心态，"他警告说，"阿拉伯人认为，胜利不是设想的可能性，而是现实。"[62]

诺尔蒂已经意识到许多西方外交官早已十分清楚的东西，即任何关于埃及是否具备击败以色列之能力的质疑都已被打破，而这正是由于西方拒绝保卫以色列，而以色列也不愿自我防卫。"阿拉伯联合共和国与以色列之间的武装冲突不可避免。"海卡尔在《金字塔报》上写道。他还解释了埃及对海峡的封锁行动将如何通过破坏以色列的威慑力量而迫使其开战。"让以色列先开始。让我们做好第二波打击的准备。让它成为致命

---

* 罗德奖学金是一个于 1902 年设立的国际性研究生奖学金项目。该奖学金每年挑选各国已完成本科的精英学生前往牛津大学进修，得奖者获称为"罗德学者"。

一击。"

埃及的信心正逐渐增强,纳赛尔却不能完全摆脱他对美以军事合作的恐惧。在私底下与法齐博士的谈话中,纳赛尔描述了他所设想出来的场景:在美国舰艇的护送下,挂有以色列国旗的船只准备通过蒂朗海峡,埃及人在沙姆沙伊赫向该船开了火。当阿拉伯人正忙着同美国人作战时,以色列会趁机征服西奈半岛。法齐不得不承认这样的策略是有可能的,他说:"美国在危机中的行为就像冰山,大部分都隐藏于表面之下。"[63]

纳赛尔正是在挣扎于上述美国困局时,才发现了黎明计划中的某些可取之处。如果约翰逊往蒂朗海峡派遣军舰,埃军便将推进入侵以色列南部的计划。这一策略给纳赛尔的赌博行为带来了对冲——在保持防守姿态的同时保留了发动进攻的选项;一方面怂恿阿拉伯人参战,一方面暗中防止战争爆发。纳赛尔夸口说,蒂朗海峡已布满水雷,埃及还将完全支持巴勒斯坦游击队的袭击。实际状况却是:上述水路始终没有水雷,而开罗则竭力遏制着法塔赫。纳赛尔通过非正式渠道向美国人表示他仍有志于和平。5月26日,纳赛尔在与美国机车公司的西迪基(Siddiqui)先生谈话时表示,他唯一的目标是想表明他在阿拉伯世界的领导地位,并无意与任何人开战。西迪基向国务院报告说:"他迫切请求美国不要采取直接的军事行动,包括登陆、调动海军舰队等。"[64]

然而,美国军事干预的危险只是纳赛尔全部担忧内容的一半。另一半则是,苏联是否会对美国的干预做出反应,如果是,苏联又会做出怎样的反应。

埃及人对苏联会提供支持的信心一直很强,至少在危机开始时是这样。3月,埃及在开罗举行了与俄罗斯外交部长葛罗米柯的战略合作会谈。然后在4月,苏联总理柯西金也对埃及进行了国事访问。苏联承诺向埃及提供约5亿美元的援助,这笔钱将用于增强苏联与埃及之间的"共同反帝国主义阵线"。5月15日,阿米尔向手下的指挥官下达了命令,在其中明确表示"东方集团不会袖手旁观,任凭西方帝国主义势力在阿拉伯地区肆虐"。这一假设似乎得到了证实,因为西奈半岛的再军事化和驱逐联合国紧急部队的行动都得到了共产主义媒体的赞扬。"不要让任何人对下述事实持有任何怀疑：如果有人在近东发动侵略，他将面对的不仅仅是团结起来的阿拉伯国家，还将面对苏联及所有爱好和平之人民的强烈反对。"莫斯科方面发出的公报警告道。此外，苏联所承诺的经济援助也拓展到了埃及。而在联合国，苏联代表团明确表示，苏联不会忍受安理会对西奈半岛局势的任何干预。[65]

然而这一切都随着埃及封锁蒂朗海峡而改变了。尽管苏联大使波日达耶夫在埃方正式宣布封锁之前就被告知了这一决定，但埃方没有就此事事先征求克里姆林宫的意见。奇怪的沉默笼罩在埃苏关系之上，几乎同开罗与华盛顿的关系一样安静。有外交领域的消息人士称，苏联正在改变基调。他们不仅没有警告西方不要干涉埃及在西奈半岛上的行动，而且没有强调他们对纳赛尔的支持。苏联人反而强调需要通过谈判达成和解，并愿意提供帮助。尽管埃及大使穆拉德·加利卜（Murad Ghaleb）一再呼吁莫斯科表明态度——一旦战事爆发，莫斯科到底会站在哪一边——但他始终未得到回复。

5月23日下午，气急败坏的纳赛尔再次把波日达耶夫叫到了办公室里。这一次，纳赛尔是为了训斥他："我想让你告诉你在莫斯科的领导，苏联才是影响着如今正在发生的一切的主要因素。"纳赛尔提醒他说，正是苏联发出的警告（以色列即将袭击叙利亚）促使埃军进入西奈半岛。现在的结果是，以色列军队并没有在北方集结，反倒跑到了南部准备对付埃及。当埃及陷入困境时，苏联不能坐视不理，而应向它提供额外的军事装备——空地火箭尤其欠缺——并在美国面前为埃及提供政治支持。波日达耶夫以标准的回应搪塞了纳赛尔："你和阿拉伯世界的其他国家必须知道，苏联坚决支持独立的阿拉伯国家，如果形势发展为帝国主义及其'稻草人'以色列的侵略，我们将采取必要的措施。"但这并不能令纳赛尔感到满意。"我并不想要你们对以色列发出警告，"他责备说，"那只会让它得到不应得到的认可，让它收获了作为弱者的好处。你们的警告必须针对某帝国主义大国。"[66]

这次谈话让纳赛尔确信，不管是埃及先发动战争还是等美国挑战封锁时再开战，首先得要明确苏联的立场。为此，他在 5 月 25 日向莫斯科派出了特别代表团。代表团的领导是国防部长沙姆斯·巴德兰，他是阿米尔的人。但纳赛尔也确保了这支代表团中有自己的人，其中包括萨拉赫·巴西乌尼（Salah Bassiouny）和艾哈迈德·哈桑·菲基（Ahmad Hassan al-Feki），两人均来自外交部。这次被苏联宣传为"阿拉伯联合共和国为获得目前没有的武器"而展开的访问，其真正目的是确定苏联到底能支持埃及到何种程度。[67]

尽管埃军的军力集结十分混乱，美国和苏联的意图也不确定，黎明计划的准备工作却进展迅速。突击部队 1 号是专门被组建起来的师级部队，该部队有 9000 名士兵、200 辆坦克和大炮。这支部队连同第 14 装甲旅在萨阿德丁·沙兹利（Sa'ad al-Din Shazli）将军的领导下已被转移到了拉法，他们将为入侵北方的内盖夫地区做准备。1 号至 6 号战斗命令已经下达，它们指明了需要消灭的目标，包括机场、导弹、雷达基地及海水淡化厂。驻守加沙的埃及军官的家属也已撤离。与此同时，大批的文官、工程师甚至医生都被转移到那里，为占领内盖夫后的日子做准备。"我对胜利充满了信心。"第 4 师某连连长阿明·坦塔维（Amin Tantawi）回忆道，"纳赛尔的演讲给了我信心。我相信解放的日子已经到来，我们将率先发动攻击，并在数小时内摧毁以色列。关于征服并抹去以色列后该干些什么，我有很多想法。"

5 月 25 日上午，一切都已经准备就绪了。那一天，埃及陆军司令萨拉赫·穆赫辛（Salah Muhsin）中将召集起了手下的步兵高级军官，并告诉他们，军队的实力现在正处于顶峰，埃军手握的坦克、士兵和大炮数量是以军的三倍。这些部队将准时于两天后第一束光出现时开始发动进攻。[68]

每一次拖延都是一次赌博

埃军集结的规模和强度，以及几乎每一支阿拉伯国家的军队都被动员起来的事实使以色列感到恐慌。约西·佩莱德（Yossi Peled）是纳粹大屠杀的幸存者，他未来会成为将军。回忆起军队在内盖夫等待的那几个星期，他说："我们看到了遭埃及毒气袭击的也门受害者的照片，我们甚至都开始考虑灭亡的问题了，不论是在国家还是个人层面上。"

亚里夫将军现在确信，距离埃及发动袭击仅余几个小时。"有理由相信，纳赛尔已不再认为他必须得等下去，"他对埃什科尔说道，"所有证据都表明，他很快就会展开挑衅。"他指出，埃军第4师在持续向前推进，而埃军在也门的4个师也被转移到西奈半岛上了。沙特军队和伊拉克军队一样，都在移动，准备进入叙利亚。阿拉伯各国大使馆之间的通信被以方截获，被截获的信息表明，一场"突然的爆炸"即将发生。以色列空军指挥官莫蒂·霍德（Motti Hod）预测，敌军会对以色列的军事基地和城市展开大规模的空中打击。摩萨德的梅厄·阿米特则汇报了埃及对内盖夫的企图。以军的战地情报指出，军队的士气正在下降。"我们坐等着。"空降兵某部队排长尤尼·内塔尼亚胡（Yoni Netanyahu）在给老家女友的信中写道，"我们在等些什么？"对此，他的上级指挥官表示完全同意。参谋部注意到，像这样没有战事的日子每过一天，国家便会损失大约2000万美元。与此同时，埃及人却在勤勤恳恳地掘壕固守。总参谋部得出的结论是："每一次拖延都是在拿以色列的性命赌博。"[69]

以色列是否应该抢在埃及发动进攻前先发制人？如果是的话，又该怎么做？这便是以色列总理办公室5月25日晚上需要讨论的问题。出席会议的有亚里夫、阿米特、利奥尔、魏茨曼、来自外交部的莱瓦维和内阁秘书雅各布·赫尔佐克（Ya'akov Herzog）博士。然而，这次会议最重要的参与者却是伊扎克·拉宾。在消失了30多个小时后，这位总参谋长重新回到了工作岗位上。"他当时的状态——我该怎么说呢？——并不完满。"另一名高级军官哈伊姆·巴列夫（Haim Bar-Lev）回忆道，"当然，他虽然听完了所有有关局势发展的报告，但他缺乏一贯拥有的力量。"事实上，拉宾进入房间的第一件事就是递交辞呈。对此，埃什科尔只说了句"忘了这事吧"，便把他打发走了。"埃什科尔是令人感到温暖的智者。"拉宾于多年后写道，"也许他早就知道人能有多么脆弱，而我当时便被迫面对着这种脆弱。"[70]

事实上，脆弱并不是拉宾的问题，而是以色列的。华盛顿一直不愿对以色列的安全做出任何承诺，无论是在物质上还是口头上。不仅如此，美国还决定推迟交付以军早已购买的军用物资。埃什科尔听完报告后便后悔做出了延迟48小时再采取行动的决定。有人建议埃什科尔在埃班与约翰逊会面之前便将其召回。如此一来，当以色列发动突然袭击，或派遣挂有以色列国旗的船只通过海峡时，美国人便不会大吃一惊了。埃什科尔拒绝了这一提议，他担心这些行动会表明以色列的意图，使埃及人有理由抢先发动进攻。尽管如此，总理先生却支持征召起剩余的预备役部队，并在孔蒂拉对面部署了一个旅的影子部队，以威慑沙兹利部。但到目前为止，此次会议仍未就是否要先发制人发动攻击做出任何决定。

绝望的埃什科尔问总参谋长："你希望我对内阁说些什么？"还没完全恢复的拉宾唐突地回答道："我们已经到了一触即发的地步。唯一的问题是：我们为什么还要等着？我们还要等多久？如果美国人同意宣布，对我方的任何攻击都等同于攻击美国自身，那可能还是值得等待的理由。否则就不是！"

拉宾的想法很快得到了大多数与会者的支持。亚里夫提议向美国人提供以色列情报部门的评估报告，莱瓦维则建议给约翰逊总统写信，并告诉他以色列即将遭到阿拉伯世界军队的联合入侵。这封信有三重目标：第一，如果以色列率先发动攻击，这封信能排除美国指控以色列背信弃义的可能性；第二，如若被拒绝，这封信也能为以色列的行动打好道德基础；第三，这封信能促使美国更加积极地干预此次危机。为了保证这三重目标得以达成，埃什科尔又提出，有必要避免让埃班接受由美方提出的任何会束缚以色列人行动的措施。唯一的保留意见由爱尔兰前首席拉比的儿子赫尔佐克博士提出，此人被认为是处理外交事务的天才。他警告说，由于国会的限制，"美国总统不可能发表你们想要的那种言论"。然而，当被要求起草信件时，赫尔佐克还是拟出了供埃班向美国领导人展示的讯息。拉宾总结了讨论的结果："我想在历史面前留下证据，在行动之前，我们在寻求外交解决方案方面确已竭尽所能。"

以色列领导人再次选择等待,不过这一选择在下一次部长级国防委员会会议上又一次受到了挑战。部长们听取了拉宾和亚里夫的简报。在简报中,他们重申了以色列当下在安全,乃至生存方面所面临的威胁。然而,与会成员对上述威胁的反应各不相同。

"既然我们已经失去了战略上出奇制胜的机会,那么谁先发动攻击又有什么关系呢?"宗教事务部长泽拉赫·瓦尔哈夫提格(Zorach Warhaftig)问道。他和全国宗教党的同事一样,反对任何会引发战争的举动。扎尔曼·阿兰则警告说,苏联所拥有的"宇宙之力"和"钢与火之墙"能毁掉以色列大大小小的城市。哈伊姆·摩西·沙皮拉也随声附和,他要求本-古里安重回政坛并担任国防部长。

埃什科尔刚开始回应沙皮拉——"我不会与管我们叫撒谎者和骗子的人共同组建政府,也不愿与他并肩作战"——会上便再次传来了埃及飞机掠过迪莫纳的消息。4架米格-21战机从约16.7千米高的空中飞过,还拍摄了核反应堆的照片。作为应对,以色列飞行员紧急起飞,以军还发射了"霍克"防空导弹,但二者都没能截住这几架"米格"战机。

"埃及的战机正在迪莫纳上空盘旋,而我们却在这里为本-古里安争个不停!"埃什科尔吼出声来。他怒气冲冲地离开会场,然后与拉宾和魏茨曼商议对策。他直截了当地问他们:"我是不是可以这样理解,你们俩今天都想发动进攻是吗?"

"所有迹象都表明,埃及人已做好了袭击的准备,"魏茨曼说,"我们除了立即发动进攻别无选择。"

拉宾指出,米格战机发出的奇怪的无线电信号可能是发给埃及战略轰炸机的。他说,危险显而易见,但外交手段还没有用尽。"我们等埃班与约翰逊的会面结束后再说吧。"[71]

在海外的埃班

对许多外部观察人士来说,把以色列的命运交到外交部长的手里比托付给其他任何人都好。阿巴·埃班毕业于剑桥大学,通晓多门语言,还是位啰唆的作家兼演说家。他与围绕以色列国之诞生上演的"大戏"密切相关。他曾在1947年至1949年间担任以色列驻联合国大使,从1950年开始,他还兼任以色列驻华盛顿大使。许多妙言妙语都出自他之口,比如,针对阿拉伯人在1948年后开始支持巴以分治决议,他评论说"就像杀死了父母的孩子以孤儿的身份乞求宽恕";针对联合国紧急部队命运之终结,他评论道:"在第一缕烟雾和第一束火焰出现后却跑掉的消防队有何用?"在美国,他受到政府官员的赞扬,其言论被当地媒体广泛引用。他甚至是美国犹太人的偶像。1959年回到以色列后,他参加了议会的竞选并大获成功,几乎立马就变成了内阁部长。他先是在本-古里安手下任教育部长,接下来又成为埃什科尔的副总理。尽管才当了一年外交部长,但他在国际外交方面的表现获得了极高的评价,甚至备受推崇——不过,这种赞誉同样仅限于以色列之外。

对于国内的许多人来说,他仍然是那个来自开普敦的笨拙的奥布里·所罗门(Aubrey Solomon),是难以适应以色列人生活方式和心态的无药可救的外国人,啰里啰唆且沉闷乏味。"他并未生活在现实中。"埃什科尔曾经指摘他说,"他从来拿不出正确的解决方案,拿得出的只有正确的演说。"私底下,以色列总理用意第绪语称他为"博学的傻瓜"(der gelernter naar)。除了嘲笑他,埃班的批评者也不信任他。1956年时,美国和联合国为了促使以军从沙姆沙伊赫和加沙撤出而决定对以方做出一定的承诺。许多人认为,埃班夸大了美国和联合国愿意承诺给以色列的东西,从而误导了政府。批评者认为,如今这些承诺的脆弱性已经暴露出来,值此生死存亡之际,埃班是最不值得依赖的人。以色列地工人党的数位部长,包括埃什科尔本人,都更倾向于派本党的总书记果尔达·梅厄前往华盛顿。如果梅厄当时没有生病的话,他们肯定会选择如此行事。[72]

埃班为前往华盛顿的旅程选择了一条迂回的路线。5月24日早上,他会先到巴黎。以色列与法国关系的变化大大加剧了以色列人的忧虑。此前,以方曾向法国提出了一系列要求——对保障以色列的安全做出承诺,替以色列向苏联说情,谴责纳赛尔的立场——但法方甚至都不屑予以回应。尽管法国的军火仍不断地被运送到以色列国防军手里——法国政府显然并不知道此事——但法国的外交政策明显正朝着不利于以色列的方向发展。[73]

"不要发动战争。"戴高乐敷衍地与埃班握过手后指示他说,"不要做第一个开火的人。"总统唐突的话连同其虚假又老练的伪装令埃班大吃一惊。埃班缓过神来后对法国总统说,通过封锁海峡,纳赛尔实际上已经打响了第一枪,这是公然的战争行为。他进一步提醒东道主,1957年以色列同意从沙姆沙伊赫撤离,很大程度上是因为法国承诺会保障蒂朗海峡的通行自由。"那是在1957年。"戴高乐反驳道,"现在是1967年。"

总统的这句话向埃班传递了很明确的信息:法国将不再信守那些承诺。摆脱了殖民主义的负担后,戴高乐当时正处于权力的顶峰。他将法国重新定位为东方与西方、共产主义与资本主义之间的调解人。他还为在自己与阿拉伯世界间建立起的桥梁而感到自豪。因此,他不打算"仅仅因为公众舆论对以色列这样一个有着不愉快历史的小国持有一点儿肤浅的同情"而危及其与阿拉伯世界的关系。相反,他会把美国、英国和苏联的领导人聚在一起,"像对待达达尼尔海峡那样"来解决蒂朗海峡的问题。埃班回忆说:"他把这事说得好像是我应该知道的制度性现实一样。"

埃班对苏联是否会配合上述四大国峰会方案表示怀疑,更怀疑以色列是否会为外交行动而无限期地等下去。他用精心组织的法语说:"如果摆在我们面前的选择是投降或抵抗,那么我们就选择抵抗。决定已经做出……我不相信以色列会长期接受纳赛尔制造的新局面。"[74]

这段对话是怎么开始的,就怎么结束了。戴高乐最后告诫埃班"不要发动战争"。后来,戴高乐同外交部长莫里斯·顾夫·德·米尔维耶(Maurice Couve de Murville)单独在一起的时候曾预言,以色列终究会走向战争。他后来对媒体说:"如果以色列受到攻击,我们不会允许它被摧毁。但如果你们[以色列]率先发动攻击,我们便会谴责你们的行动。"法国总统发言人则更进一步:"以色列不必率先开火,只需派一艘船通过蒂朗海峡便会被贴上侵略者的标签。"[75]

与在巴黎时相比,埃班在伦敦受到了热情的、几乎是兄弟般的接待。在唐宁街10号,埃班坐在桌子旁边。他吸着首相哈罗德·威尔逊"不那么好闻的烟斗"里冒出来的烟,并凝视着坐在他对面的英国外交大臣乔治·布朗(George Brown)。在埃班看来,布朗是一位"难以捉摸、粗鲁、极不圆滑……的阿拉伯问题专家"。埃班本来都准备好从他们的口中听到比戴高乐的言辞更令人沮丧的话,但事实正好相反。

威尔逊长期以来都是以色列的崇拜者,后来还专门为该国写了本书。他的儿子还在以色列的某个基布兹做过义工。他相信,纳赛尔的"政变"已从根本上改变了中东地区势力的平衡,使之倒向苏联一边。若不对此做出回应的话,"就会出现像1938年时那样的情况"。他告诉埃班,他将致力于通过"联合国或其他框架内"的行动重新开放蒂朗海峡。为此,他将派国务大臣乔治·汤普森(George Thompson)前往华盛顿秘密会谈,而外交部长布朗则将前往莫斯科探听苏联的意见。威尔逊说,英国将尽一切努力履行于1957年许下的承诺,并将加快向以方交付坦克弹药和一艘多余的皇家海军"利维坦"号护卫舰。

事实上,威尔逊对英国在任何国际护航行动或与埃及冲突的问题上"冲在前面"的做法持谨慎态度。他对美国人说:"我们认为,重要的是把注意力集中在自由通航问题上,而不是聚焦于岸上的状况。"这位前牛津大学经济学家有理由担心阿拉伯国家石油禁运会对其财政改革政策产生影响。然而奇怪的是,对于以色列该不该率先开火这个问题,威尔逊却没给埃班任何建议,更别提警告了。这位左翼工党成员据说曾说过这样一句话:"每只狗都可以咬人一口,但对于不停咬人的狗就应该持不同观点了。"虽然说过这样的话,但他在战争的问题上保持了沉默。[76]

伦敦的会谈按理说应该让埃班的情绪有所提升,但他疲惫不堪。埃班意识到他对1957年美方所做出的安全保证负有责任("以色列人不太可能把十年的稳定归功于我,反倒是会指责我导致了它的终结"),因此他始终对即将在华盛顿举行的会面感到焦虑。他提前给哈曼发了一封电报,并在其中说:"我们必须明确告诉美方,以色列已经做出决定,它将不会和平对待海峡被封一事。我们不会满足于仅仅由美国发表声明,而这份声明却仍将海峡的控制权留在纳赛尔手中。"

埃班所设定的任务说起来容易，要完成却很难。尽管约翰逊公开谴责了封锁，但他还没承诺要与之斗争。更令埃班感到不安的是，如果以色列为之开战的话，约翰逊也没承诺过他会表示支持。相反，政府官员却表现出了令人担忧的态度，即他们愿意放任纳赛尔的挑衅行为不管，这首先体现在他们欣然接受吴丹的提议，即将联合国紧急部队转移到以色列领土之上。其次是，在枪声响起之前，他们会一直竭力否认有挑衅行为发生。他们说，在任何情况下，以色列都不许"单独行动"。[77]

然而，以色列似乎只有威胁要采取单方面行动才能有效地让美国人不再对此事保持冷漠。正因如此，才会出现以下场景。以色列外交部向巴伯大使通报了埃及在西奈半岛上军队部署的飞速进展，大使听后问道："这是否意味着你们将会转而动用枪炮？"以方的回答明显是在故意迷惑美方，他们说："这是我们授权传达的全部信息。"与此同时，以色列驻美国的外交官对国会两院、民主党积极人士，甚至总统的私人朋友都展开了游说，以促使政府采取行动。哈曼专程跑到宾夕法尼亚州的葛底斯堡，力劝德怀特·艾森豪威尔对外公开1957年他和杜勒斯对以色列做出的承诺。这位患病的前总统表示同意，并补充说："我不相信以色列会被丢下，孤身一人。"

但这一切似乎都没能对白宫产生影响。以色列人被告知，约翰逊几乎完全被越南战争和国会的限制所束缚，他更讨厌以色列对其施压。罗斯托提醒埃夫龙说："只有当所有的和平措施都用尽之后，以色列方面的任何单边行动才有可能被认为是正当的，以色列必须在美国和世界人民面前说明其行动的正当性。"约翰逊在中东采取的任何措施都会受到联合国和美国宪法的审查。[78]

5月25日（星期四）早上，埃班空降至纽约肯尼迪机场。在埃班抵达美国之后，尽管刚开始还能听到一些令人眼前一亮的消息——埃夫龙和拉斐尔声称有87名国会议员呼吁约翰逊支持以色列，英美护航舰队（通过蒂朗海峡）计划方面也取得了进展——但这些闪光点很快便暗淡了下来。在埃班下榻的酒店里，哈曼大使向他展示了一封信，这封信后来被埃班称为"我生命中遇到过最严重的冲击之一"。

令埃班为之一惊的是,他收到的这封信是由埃什科尔亲笔签名的,信中警告说,袭击将至。"阿拉伯人正在策划一波大规模的进攻,"这封信的开头如此写道,"事情已不仅仅是蒂朗海峡的问题了,而是关乎以色列生死存亡的大事。"信中还提及了埃及在西奈半岛的6个师、进入亚喀巴湾的导弹艇及从也门调来的多个装甲旅。此外,叙利亚和伊拉克也做好了入侵的准备。"西方不断弱化的立场鼓舞了阿拉伯人,让他们的胃口随着时间的推移而不断变大。你必须敦促约翰逊澄清他到底愿意采取哪些具体措施——重复一遍,是哪些具体措施——来避免即将迎来的大爆炸。"

埃班非常生气。他不相信纳赛尔有决心,甚至有能力发动攻击。在他看来,以色列人在夸大埃及的威胁,并突出自己的弱点,而这么做只为了获得美国总统的一个承诺,一个在国会约束下总统永远无法做出的承诺。他对这份电报的评论是:"这一举动极不负责任……偏离正轨……欠缺智慧,不诚实,也缺乏战略上的考量。大错特错。"埃班从来都不是拉宾的信徒。美以关系错综复杂,像拉宾这样的业余外交人士却对其工作横加干涉,对此,他感到愤愤不平。埃班后来会将以方做出这一举动的责任归罪于总参谋长不稳定的精神状态。尽管如此,他还是接受了高层下达的新指示,并把他与美国人首次会面的时间提前了2个小时,改到了下午3时30分。[79]

于是,这场危机的焦点转而集中在了以下场合的讨论上:先是在国务院,然后是在五角大楼,最后是在白宫。哈罗德·威尔逊此前已与埃班会谈过,他把对此次会谈的印象告诉了约翰逊总统。他警告约翰逊说,除非以色列外交部长得到了美国对以色列安全的具体承诺,否则以色列基本肯定会发动战争。威尔逊的判断在美国驻特拉维夫大使沃利·巴伯那里得到了确证:"关于以色列是否将在几个小时内单方面采取行动这个问题,我想只有历史才能揭开谜底,但我的印象是,这一行动已经被推迟好几天了,尽管我知道,行动被推迟可能只是我一厢情愿的想法。"

埃班将于周日向以色列内阁报告他在美国的会谈情况,威尔逊和巴伯都知道这将决定以色列政府决策的天平会向哪边倾斜,即到底会不会率先发动攻击。"如果你们收获的是同情而不是对某些具体行动的支持,那该怎么办?"美国驻以色列大使问道。以色列外交部美国办公室负责人摩西·比坦(Moshe Bitan)回答说:"那我们的路就走到头了。"[80]

通往红海赛船行动之路

在美国外交政策的历史上,很少有国际危机能让整个政府如此猝不及防。埃及军队挺进西奈半岛的当天,白宫正考虑派副总统汉弗莱前往开罗修补美埃关系的诸多裂痕。美国人之所以会觉得这次外交行动有成功的希望,是因为纳赛尔在巴勒斯坦问题上不断缓和的态度。美国国家安全委员会中东地区专家哈罗德·桑德斯(Harold Saunders)于5月15日写道:"整个阿拉伯世界都知道,现在不是对付以色列的时候。"尽管如此,如果说还会出什么问题的话,那些问题的源头肯定是叙利亚,尤其是该国对巴勒斯坦恐怖主义活动的支持。桑德斯提出的解决办法是对叙利亚发动"即入即出的袭击"。他提议让美国政府对以色列人说:"去做你们必须做的事,但要确保它规模有限,且做得干净利落。"国家安全顾问沃尔特·罗斯托接受了这一建议,并把它呈递给了总统。他说:"我们理解埃什科尔有阻止[巴勒斯坦]袭击的需要。同时我们还得不情愿地承认,[对叙利亚]发动有限的攻击可能是他唯一的解决方案。"美国官员总算确认了埃及军队在西奈半岛集结的事实,他们起初还认为这一举动仅仅是象征性的。在他们看来,纳赛尔绝不会让叙利亚人诱使自己发动战争。[81]

随后发生的事情是联合国紧急部队使命的终结和吴丹对纳赛尔的"软弱"(哥德伯格之语)回应。突然之间,美国对中东的政策告别了漫不经心的态度,进入紧急状态。在尤金·罗斯托的领导下,政府成立了中东控制小组,该小组由来自国务院、国防部、国家安全局和中央情报局的代表组成,此外还包括像麦克乔治·邦迪(McGeorge Bundy)和W.埃夫里尔·哈里曼(W. Averell Harriman)这样的已退休外交人士。根据沃尔特·罗斯托调整后的预期,该小组的目标是"防止以色列被毁灭、阻止侵略,以及让吴丹一直在前台顶着,并让他挺直腰杆"。但美国在此过程中始终不要做出承诺。

突然，约翰逊总统向纳赛尔和阿塔西发出了私人信件，敦促他们保持克制。他给柯西金也写了信，并在信中要求他对阿拉伯人施加影响力。"你我同该地区国家之间的关系可能给我们带来困难，我坚信这些困难都不是我们想要的。"他警告苏联领导人说。与此同时，他还就以下两个问题征询了英法两国的意见，即两国是否有可能给"三方宣言"注入新的活力，以及是否应在地中海东部集结西方军舰。此外，他还询问了有关埃及使用毒气的问题。[82]

然而，最紧迫的问题是以色列及其领导人可能做出何种反应。以色列是美国在这场危机中所能施加最大影响力的国家，但对于约翰逊总统手下的官员来说，在当前局势中，这个国家仍是很大的不确定性因素。危险之处在于，由于叙利亚对恐怖主义活动的支持，以色列肯定想对此施以报复，而一旦以色列人对叙利亚展开行动，埃及便必定会发动大规模攻击。因此，以色列会选择抢先在西奈半岛上展开先发制人的打击。其结果是，这将进一步撼动美国在阿拉伯世界的地位。更糟的结果则是苏联的干预，甚至是全球战争。以色列要求美方向纳赛尔传达他们不会发动攻击的信息，但这一要求被美国国务院拒绝了。国务院官员的理由是，万一以色列发动袭击了，美国会被认为是共谋者。

根据沃尔特·罗斯托的说法，避免这一灾难的关键在于说服埃什科尔"不要把火柴放在导火线上"。更好的解决办法是，以色列先承受住第一波打击，从而排除苏联介入的道德基础，然后再发动进攻。据美国情报部门估计，尽管以色列方面会承受更大的伤亡，但他们几乎肯定能赢得战争。如此一来，华盛顿的目标便成了设法拖延以色列做出反应的时间，他们将通过军售和经济援助来赢得时间。然而，在纳赛尔于5月22日封锁海峡之后，就连这些缓和措施也丧失效力了。[83]

这一最早通过法国新闻社接收到的消息（埃及封锁海峡）再次令政府感到措手不及。约翰逊当时正在给纳赛尔和埃什科尔写信，以申明双方进一步保持克制的必要性。在紧急召开的国家安全委员会会议上，总统的顾问在对某些信息的掌握上似乎陷入了黑暗之中。他们不知道莫斯科事先对纳赛尔的行动及其动机有多了解。"苏联对他［纳赛尔］的支持要么比我们所知道的更多，要么就是他有点儿疯了。"卢修斯·巴特尔表示。五角大楼的官员对第6舰队武力解除海峡封锁的能力表示担忧，因为缺少登陆部队和反潜部队。另一方面，腊斯克也报告说，参议院强烈反对美国采取任何单边行动。与此同时，白宫和国务院的档案部门正在疯狂地寻找一些过往文件，包括杜勒斯向果尔达·梅厄做出的承诺，以及美国对以色列做出的其他承诺。这其中只有少数文件唾手可得。事实上，美国政府在这一阶段仅有的具体行动是命令美国驻特拉维夫、开罗和大马士革大使馆从当地撤出馆内所有非关键人员。[84]

和法国一样，美国在1967年时所面对的状况与1957年时相比不可同日而语。由于陷入越南战事的泥沼，而各大校园与城市贫民区内又"四处起火"，美国不能冒险再发动海外战争。于此次危机而言，显而易见的解决方案便是，通过解除封锁和重新确立自由通航权，抢先阻止以色列先发制人采取军事行动。但问题是，具体该如何做呢？法国人反对三方行动，美国人却又抵制四大国峰会——他们担心这一机制只会沦为苏联政治宣传的演讲舞台。与此同时，联合国安理会也陷入僵局。然而，就在美国无计可施的时候，却出现了一套有关国际护航的方案。

这可不是什么新概念。在苏伊士运河危机期间，以色列人曾将其作为重获运河控制权的手段，但被杜勒斯否决。但在5月24日的华盛顿，英国人乔治·汤普森重新提出了这一方案，美国人对此反应热烈。

具体地说，该计划呼吁诸海洋国家发表宣言，在其中主张出入海峡的自由通航权。如果埃及拒绝接受这一宣言，便会有一支国际货运船队驶向埃拉特，而美军的第6舰队驱逐舰及英国皇家海军"赫耳墨斯"号和"胜利"号战舰将为他们护航。这一"探查部队"会断然拒绝埃及阻挠护航的任何行动，如果有必要的话，他们还会向游弋于地中海和印度洋上规模更庞大的"掩护力量"寻求增援。英国和美国的轰炸机会摧毁埃及的机场、基地和其他战略目标，并防止苏联介入。尽管以色列人也可能加入护航舰队中来，但他们在此过程中获得的任何利益都完全是"附带的"，因为问题的关键毕竟是海峡的航行自由，而非以色列之权利。根据尤金·罗斯托的说法，该计划的"行军命令"将在两周内完成，然后由总统亲自批准。这次行动的代号是"红海赛船"行动，或简称为"赛船"行动。[85]

各方对"赛船"行动最初的反应令人振奋。约翰逊于 25 日短暂造访加拿大，其表面上的目的是参观 1967 年的世博会。访问期间，约翰逊与加拿大总理皮尔逊——联合国紧急部队的初创人——做了会谈。"皮尔逊已准备一道加入。"约翰逊向哈罗德·威尔逊通报了这一消息。他还说："走这条路能稳住以色列人。"威尔逊的反应也同样乐观："我相信世界上有足够多的国家会产生这种意识，即世界和平的意义远比继续通过无能的联合国来运作更重要，重要的是有勇气站出来并加入这一行列……谁知道呢，说不定连法国都会同意呢？"

一些阿拉伯人甚至都在私下对该计划表示支持。沙特国王费萨尔之子穆罕默德王子（Prince Muhammad）及前阿拉伯联盟秘书长之子欧麦尔·阿扎姆（Umar 'Azzam）在与中央情报局的绝密对话中表示，护航舰队计划是能拯救所有温和阿拉伯国家的唯一手段。他们说，尽管这些国家的领袖在口头上会应承纳赛尔，但他们会欢迎国际社会为贬损他，甚至是打倒他而展开的行动。

但还没过 48 小时，该方案就遇到了困难。美国人在与欧洲盟友的初步接触中发现，其盟友并没有表现出对该计划的热情。这样一场行动可能危及这些国家的石油供给（源自阿拉伯国家），他们甚至可能被卷入战争。伊朗国王反对曝光他与以色列的贸易，而计划所需船只的船东也不愿危及他们的财产。哪怕是在华盛顿内部——不管是在国务院还是五角大楼——人们都质疑美国冲在行动的最前线到底够不够明智，因为这不仅会惹怒阿拉伯人，还会为战时的美国带来沉重的后勤负担。这些迹象也预示着该计划很难得到国会的批准，而国会的批准正是这一计划得以执行的绝对先决条件。

不过，这些信息都不会让以色列人知道。相反，在与以色列代表的讨论中，白宫官员一直在吹嘘"赛船"行动准备工作的进展、愿意加入行动中的国家数量，以及美国政府推动该计划的意愿。至少在一开始时，以色列人把这些话全当真了。"只要美国承诺采取切实的行动那就行了，"哈曼对罗斯托说，"至于究竟何时采取行动倒是次要的。"[86] 但从埃班从埃什科尔那里收到的电报来看，就"赛船"行动而言，不论其行动的时机好不好，成功的概率大不大，这一行动都正在迅速丧失意义。因为即使恢复了海峡的航行自由，也不能保证以色列国能够继续存活下去。

独行与否

迪安·腊斯克对中东政治并不陌生。在1947—1948年间，他作为美国国务院联合国办公室主任，曾亲身经历了以色列建国期间的那段动荡的日子。他极力反对以色列建国，反倒是更倾向于在巴勒斯坦建立一个由犹太人和阿拉伯人共同组成的双民族国家。此后，作为洛克菲勒基金会的主席，他曾推动了数项基于阿以双方相互承认和耶路撒冷分治的和平计划，但所有这些计划都遭到了阿拉伯人的拒绝。"任何为中东和平工作的人都不可避免地要受到双方的打击。"他总结道。然而，腊斯克并没有被吓倒。他从农村的贫困生活中脱颖而出，然后摇身一变，成为罗德学者；二战期间，他在中国做出过突出贡献；身为两朝元老，他在两任总统手下任国务卿一职。58岁的腊斯克为人内敛，有着一张略似精灵的脸，他曾帮助美国渡过了一系列重大危机——柏林、古巴、东京（Tonkin）——且一次比一次成功。在眼下中东的这次危机中，他决心奉行多边主义和不干涉原则，但最重要的是要保持审慎。

腊斯克与埃班更谈不上是陌生人。尽管后者不会把腊斯克列为"因以色列之国家地位而燃起强烈热情的美国人中的一员"，但腊斯克和以色列外交部长持有相同的世俗价值观，有共同语言。两人的上一次会面是在纽约的华尔道夫酒店里，当时是1966年10月。在这次会面中，两人把国际事务从头到尾梳理了一遍，从越南战争谈到南非局势，从戴高乐的狂妄自大（"我们不是在同洛林十字架［Cross of Lorraine］打交道，"腊斯克说，"而是1940年的贝当［Pétain］。"），谈到吴丹的无能（腊斯克开玩笑地说："联合国无人可用了。"）。会议纪要显示，他们之间机智的对答十分有趣：

腊斯克：你们在柬埔寨有代表吗？

埃班：我们下个月就会派个人过去。

腊斯克：我只能说你们应该派一位好的精神医生去。

埃班：我们打算派个基布兹的成员去。

腊斯克：你们的财政收支平衡怎么样？

埃班：我们有大约6亿美元的储备金。

腊斯克：或许你能借我们点儿钱。[87]

然而，当腊斯克和埃班于5月25日（周四）在雾谷（Foggy Bottom）再次相遇时，两人间的幽默对谈却难以再现。外交部长认为他的使命"关乎国家命运"，以色列国内的氛围则被他描述成"如同末日一般"。他说，自危机开始以来，"现实一直比预测的情况更糟"，而现在"如果事关投降还是行动的问题，那以色列恐怕已经撑到极限了"。如果他不能带着美方牢不可破的保证回来，以色列"便会感到孤立无援"。之后，埃班开始转达从耶路撒冷传来的信件内容。他用被拉斯克称为"放松"的姿态来说这段话，目的是掩饰事情的紧迫感："由埃及和叙利亚发动的全面袭击迫在眉睫，随时可能发生。"但他随后又补充说，对于以方的请求，腊斯克不必太过当真，只需要让美国对埃及发布一条明确包含"警告和威慑"的声明即可。

以方的预警对腊斯克而言并不是什么新闻。当天早些时候，巴伯也从以色列外交部收到了类似的预测。美国驻以色列大使向腊斯克报告说："我相信以色列的担忧是真实的。"他还表示，该信息"在很大程度上是基于可靠情报而得出的推论"。国务卿腊斯克正在为自己和客人准备饮料，这时，他要求埃班把耶路撒冷传来的整封信大声慢慢朗读出来，然后给华盛顿更多的时间来验证该消息的准确性。

当埃班正在等待的时候，美国情报机构已经"排除"了以色列的预警。他们得出的结论是，埃及的军力部署仍是防御性的，并没有任何即将发动袭击的迹象。这一结论得到了英国情报部门和联合国的确认。据美国驻开罗大使诺尔蒂推测，以色列的警告只是烟幕弹，其目的是掩盖该国自身即将发动的攻势。腊斯克的话则显得更含蓄一些，他对中情局局长理查德·赫尔姆斯（Richard Helms）说："如果这是个错误，那么用菲奥莱罗·拉瓜迪亚（Fiorello LaGuardia）的话来说，它也应该是个美丽的错误。"

腊斯克在紧接着与埃班的会面中向他解释说，除非纳赛尔相当"不理性"，否则他不会选择在这个阶段入侵以色列。至于对以色列安全的保证，美国政府没法在未经国会批准的情况下用"北约式的语言"发表类似"攻击你们就相当于是在攻击我们"这样的声明。腊斯克透露，国会有41名议员反对美国在蒂朗海峡采取单边行动，另有许多人反对美国在国人正奋战于越南沙场时在中东地区许下任何军事承诺。因此，美方建议以色列信任由联合国和英国提出的海上护航计划。国务卿还暗示以色列重新考虑在其境内部署联合国部队的问题。最重要的是，以色列不能开战。"我希望你所传达信息的意图并不是提前通知我们以色列将发动先发制人的袭击。"腊斯克警告说，"那将是可怕的错误。"

腊斯克与埃班的对话漫无目的地继续着。埃班表达了以色列愿意"配合"任何国际行动的意愿，并敦促白宫给埃什科尔写一封保证信，其中包含"我们将解除海峡的封锁"这样的字眼。腊斯克在结束对话时则谈到了以色列政府与美国驻特拉维夫大使馆之间交流的问题。他对以方"拒人于千里之外的态度"表示担忧，并希望双方能够以更开放的态度交换信息。对话的结果是：没有保证，没有承诺，不管是明面上的还是私底下的。尽管如此，埃班却依然镇定，他感觉腊斯克已经意识到了埃什科尔警告背后隐含的政治动态。埃班也清楚，真正的讨论在于之后与约翰逊的会谈。他油腔滑调地回忆说："美国人并没有给我留下这样的印象，即他们会在鸡尾酒和晚宴第一道菜之间的时间里建立起一个全新的复杂防御联盟。"[88]

当晚，尤金·罗斯托在美国国务院屋顶上主持举行了晚宴。这位副国务卿的弟弟沃尔特·怀特曼·罗斯托是美国国家安全顾问。与其早已完全融入美国主流生活的弟弟相比，尤金更喜欢强调自己的犹太血统。为了增添生活的情调，他私底下还喜欢用意第绪语与人交谈。他对以色列的热情也十分明显。然而，在当晚与埃班的讨论过程中，罗斯托的开场白也只不过是重复了腊斯克早先已经说过的话：总统不能在没有国会批准的情况下保障以色列的安全，而在当前的情况下，总统不太可能得到国会的批准。相反，以色列应该对由美国主导的以下进程抱有信心，即先由联合国对蒂朗海峡问题展开调查，然后再由诸海洋国家发表声明并展开护航行动。

埃班做出了回应。他概述了杜勒斯于1957年对以色列许下的承诺，并强调了迅速（至多4天的时间里）结束联合国讨论的必要性。否则，封锁将会变为既定现实，而以色列人民则将对海上护航计划失去信心。除此之外，美国和以色列的立场似乎没有重大分歧。

"我不会忘记我们一边喝着葡萄酒一边分析局势时的那种平静、实事求是的态度。"埃班的助理摩西·拉维夫（Moshe Raviv）回忆说。当时的外交部长"不骄不躁……严肃而温和"地说："如果［美方］有关埃及意图的情报不实，那么华盛顿的政策将是赢取和平的最好机会。"随后，埃班进一步指出，他当然知道美国总统没有权力做出埃什科尔想要得到的那种保证，而且"如果我在特拉维夫，这封信就不会用这种方式来表达"。据罗斯托记载，当被告知美国无论如何都会向开罗大使馆发出"警告"时，埃班"似乎对这一回应他们［以色列人］请求的举措感到完全满意"。[89]

埃班努力在美方面前表现得平静，努力在美方面前抵消他在埃什科尔的信中发现的恐慌情绪，但他在无意中缓和了华盛顿方面采取行动的紧迫感。罗斯托对英国大使帕特里克·迪安（Patrick Dean）说："我们以为他们会告诉我们他们准备开打，但他们反而只是要求我们澄清拟议的海上护航计划。"当约翰逊总统在为与埃班的会面做准备时，罗斯托建议总统要么"放手"让以色列自生自灭，要么"在不做出承诺的情况下"对护航计划"持肯定的立场"。国务卿选择了后者，这将使美国得以拖延以色列发动先发制人的打击。如此一来，联合国的讨论便可以依计划进行，美国也可以寻求其他解决方案——比如在以色列境内驻扎联合国紧急部队。至于以色列要求美方对其安全做出正式承诺这一问题，腊斯克预计埃班不会在与总统的谈话中提到此事。[90]

若想更准确地了解当时以色列人的想法,可能得从哈曼的记述中寻找答案。他同样出席了罗斯托的晚宴,最终却带着一腔怒火离开。这位牛津大学培养出来的律师自1959年以来一直担任以色列驻美大使。他在发给耶路撒冷的电报中言辞激烈,指责美国政府向以色列兜售"毫无销路的商品",且背信弃义:

> 在过去的12天里,美国起到了限制我们行动的作用,阻止我们保卫自身的权利和安全。他们[美国人]在拖住我们的同时还给我们留下了这样的印象,即他们已与我们有所牵连,并会支持我们。他们明知道我们最终必须为保护这一至关重要的利益而付诸一战,但由于他们的干预和保证,我们现在必须在非常不同的军事环境下作战。事实上,他们今晚对埃班所说的,没有一件事情是肯定和精确的,没有具体和有约束力的时间表。最重要的是,对于美国在亚喀巴问题上是否会承担起有约束力的责任,美方并没有明确的承诺。

这封信给耶路撒冷政坛带来了极大的震动。如果约翰逊不愿意在任何层面上对以色列做出承诺,那么很明显,埃班并没有忠实地传达以色列政府意欲传达给美方的信息。耶路撒冷方面很快用明确而不容争辩的语言重申了它希望外交部长向美方传达的信息:

> 以色列面临着埃及和叙利亚发动全面进攻的严重威胁。在这种情况下,立即,再说一遍,以发表声明和做出实际行动的方式立即践行美方的承诺至关重要。这意味着让美国政府宣布,任何对以色列的攻击都相当于对美国的攻击。这一声明将具体体现在对该地区美国部队的具体命令上,即要求他们与以色列国防军联合行动,并对抗阿拉伯国家可能对以色列发动的任何攻击。无论你从美国得到何种答复,你只需说自己会向政府报告即可。鉴于形势严峻,你要立即将这封通告传递给美国最高当局。在总统不在的情况下,转交给

国务卿腊斯克……我们强调这封电报所涉事项的最高机密性。在任何情况下你都不得就此事与我们通话。[91]

这封电报表现出了强烈的不满和不信任,埃班不可能对此毫无察觉。他愤怒地给耶路撒冷发出了一封电报,并在其中要求政府提供埃及备战的细节。在被本国政府弄得惊慌失措的同时,他对美国人也失去了耐心。当腊斯克接下来打电话来要求推迟埃班与总统的会面时——总统希望有时间阅读一下刚发布的有关吴丹与纳赛尔之间会谈的报告——埃班发怒了。他警告腊斯克说,推迟其回国的期限会给以色列政府造成"灾难性的心理影响",以色列内阁将于周日举行"可能是我们历史上最关键的会议",他一定不能缺席这次会议。"我坦率地告诉你,我认为我们下周将开战。对于这种封锁海峡的行为,我们必须予以抵抗。我怀疑在目前这个阶段是否还有余地改变战争的前景。唯一可能产生影响的是你的总统,只要他肯表示他已经毫无保留地决定解除海峡的封锁。"腊斯克的"声音显得有些慌乱",他只是回答"我明白了",然后便挂断了电话。

尽管如此,埃班在接下来与国防部长罗伯特·麦克纳马拉(Robert McNamara)和参谋长联席会议主席厄尔·G. 惠勒(Earle G. Wheeler)将军的会谈中再次淡化了政府的指示。"对于完成政府交代的任务而言,即把这一'想法'传达给美国总统,我觉得我已经尽到自己的义务了,不需要再在疑病患者的轻率举动上浪费时间了。"在会谈中,他非但没有强调以色列所面临的危险,反倒听惠勒和麦克纳马拉讲起故事来了。他们表示,哪怕同时面对三个方向的攻击,以军也会在两周内赢得战争的胜利,而在以军先开火的情况下,一周便能取胜。不管是在训练、动机方面,还是在通信方面,以色列都比它的敌人强大得多,因此它没什么可害怕的。美方表示,如果以色列情报机构确有关于埃及袭击计划的信息,它最好披露其来源,否则该国没有先发制人的理由。[92]

美国人感到困惑,这是可以理解的。当以色列政府预测战争即将爆发的时候,美国、英国和联合国的消息人士一致认为,埃及的军事部署并没有改变，甚至连埃班似乎都否认了这一说法。然而，白宫却不敢大意。

穆斯塔法·卡迈勒在任内所做的最后一件事便是与沃尔特·罗斯托会面。此次会面的气氛亲切却紧张。这位美国国家安全顾问被埃及新一波的政治宣传攻势给激怒了，尤其是埃方的下述指控：中央情报局和摩萨德密谋推翻大马士革的复兴党政权，然后在叙利亚领土上部署联合国紧急部队。"你的敌人认为，埃及和叙利亚的突然袭击迫在眉睫。"罗斯托向埃及驻美大使通告了这一进展。"我们知道这令人难以置信。我们不相信阿拉伯联合共和国政府会如此鲁莽。这样的进程显然会导致最严重的后果。"罗斯托在结束讲话时试图缓和警告的语气，试图将警告描绘成"友好的"，并指出以色列收到了同样的警告。卡迈勒唯一的回应是否认了这一谣言的真实性，他暗示这一谣言也许是由美国人从该地区撤离引起的。此外，他还展示了有关以色列计划发动战争的报告。"纳赛尔将全力配合联合国。"他承诺说。[93]

当晚，白宫还采取了进一步的预防性措施，它将以色列警告信中的重要内容通过电报发送给了莫斯科。约翰逊坦率地告诉苏联领导人，他无法证实这一警告的真实性，但他期望克里姆林宫会向埃及人核实相关信息，并劝阻埃方的任何好战行为。如此一来，埃及和苏联就都已经被通知到了——美国不容许发生战争。但是以色列人呢？从耶路撒冷传来的那些预言性信息似乎与埃班所传达的内容并不相容：前者表达的是以方已做好了战争的准备，而后者却表明以色列对外交斡旋持开放态度。这两种解读哪个更加准确？破译这些信息的任务，以及带领美国做出决策的重担现在全落到了一个人的身上，此人便是最后一个与埃班对话的美方官员。

外界对此人的描述天差地别，以至于听起来好像是在介绍两个不同的人。对曾与之亲密工作过的理查德·赫尔姆斯来说，他是"值得为之效力的好人、信守诺言的人……对人类问题有着深刻认识的人"。沃尔特·罗斯托回忆说："他总是站在弱者一边。"罗斯托的弟弟尤金则说："他是一个有着巨大勇气的人。"他的温暖和同情心在以下事项中都得到了体现：他对"民权运动"的拥护、他推动的"向贫困开战"计划，以及他对"伟大社会"的愿景。其他观察人士却看到了他的另一面：不择手段、权力欲强、操控欲强。这些缺陷，再加上他对越南战事悲剧性的介入，导致不止一名传记作家谴责他是疑心重重的自恋者，是受欲望驱使的暴君，"其欲望如此强烈，以至于没有道德和伦理，没有任何代价——不管是之于他自己还是之于其他任何人——能够在其欲望面前拥有立足之地"。[94]

林登·约翰逊对犹太人和以色列的态度也表现出了这种二元性的特征。他与民主党内的犹太裔活动人士关系密切，尤其是民主党主席、好莱坞巨头阿瑟·克里姆（Arthur Krim）和他的妻子、前以色列国民玛蒂尔德（Matilde）。此外还有阿贝·范伯格（Abe Feinberg），他是介于约翰逊和犹太群体之间的非正式联络人。约翰逊选择了犹太人——罗斯托兄弟、演讲稿撰写人本·瓦滕伯格（Ben Wattenberg）、国内事务助理拉里·莱文森（Larry levinson）——作为高级顾问，并任命最高法院法官阿瑟·戈德堡（Arthur Goldberg）为驻联合国大使。他与另一位犹太裔大法官阿贝·福塔斯（Abe Fortas）也极为亲近。对于一位来自得克萨斯州农村地区——希尔乡（Hill Country）——的总统来说，这种现象并不常见。此外，白宫法律顾问哈里·C.麦克弗森（Harry C. McPherson）也公开对以色列抱有好感，总统助理约翰·P.罗奇（John P. Roche）也是如此。这位助理曾表示："我把以色列人看成是得克萨斯州人，而纳赛尔则被我看作圣安娜。"约翰逊对艾森豪威尔政府处理苏伊士运河危机的政策持批评态度，还是鼓吹给以色列提供大量外国援助的支持者。约翰逊吸引犹太裔美国人投票的能力据称是他在1960年成为肯尼迪竞选伙伴的原因之一。

接下来发生的是越南战争，而犹太人在美国反战争运动中起到了与其人口数不成比例的作用。1967年的民意调查显示，近半数美国犹太人反对约翰逊的越南政策。当时很流行的徽章上写着这样一句话："反对战争不需要你非得是犹太人。"范伯格曾向约翰逊保证说，美国保卫西贡的行动将成为它同样会保护以色列的证据，听到这话后约翰逊怒吼道："那为什么美国犹太人却不相信这一点呢！"在他看来，他对以色列的支持并没有得到美国犹太人的感激；美国犹太人也很虚伪，他们竟不支持越南战争，要知道这场战争针对的是与巴勒斯坦游击队并非没有共同点的敌人——越共（Vietcong）。他的愤怒也转向了以色列，因为以色列拒绝站出来公开支持越南战争，也没有敦促美国犹太人支持他的亚洲政策。由此而来的积怨加剧了他对以色列行为的不满——首先是以色列对阿拉伯国家采取的报复政策，其次是以色列抵制美国检查迪莫纳。"以色列得到的比它愿意付出的要多，"他曾向范伯格抱怨道，"这是一条单行道。"[95]

尽管如此，约翰逊仍然是坚定的亲以人士。他曾对埃班说他是以色列人的"朋友，真正意义上的朋友"。尽管他与石油公司关系密切，但他从未试图讨好阿拉伯人。他像例行公事一般驳回国务院和五角大楼的反对意见，并亲自批准对以色列的援助计划。[96]

5月26日是周五，这天，在白宫总统办公室里，约翰逊对以色列的不满和钦佩之情同时浮现了出来。"我要见见埃班，因为我觉得我有必要见他。"约翰逊在写给哈罗德·威尔逊的信中记录道。在他面前摆放着的是过往美国总统对以色列许下的安全承诺。这份文件最终是在埃夫龙的帮助下由美国国务院收集起来的。这份文件里面包括一封艾森豪威尔的宣誓书，事关美国1957年对以色列的承诺。这封宣誓书是由沃尔特·罗斯托争取到的，他之前也去过葛底斯堡。这些由承诺带来的义务沉甸甸地压在他身上。同样压在他身上的还有情报部门提供的信息，该部门预测以色列将迅速取得战争的胜利。尽管如此，他曾目睹情报部门对美国在越南的作战能力做出过类似的估计。他决定不让以色列被摧毁。然而，约翰逊也很生气，他已经"受够了美国犹太人的摆布"。这些美国犹太人通过电报和代表团轮番轰炸白宫，要求约翰逊代表以色列出面干预。如果他接待了以色列外交部长，而以色列第二天便发动了战争，这会给外界留下什么样的印象呢？[97]

"我该跟埃班说些什么？"在下午1时30分的会议上，总统向最资深的官员问道，"在日落时分，我就得开始这项不可能完成的任务了。我需要知道我该说些什么。"卢修斯·巴特尔总结了美国和阿拉伯人各自的立场："无论我们做什么，都会有麻烦。如果我们不支持以色列，激进的阿拉伯人会把我们描绘成纸老虎。如果我们站在以色列的立场上，我们将严重损害我们与阿拉伯人之间的关系。"美国国务院的乔·西斯科（Joe

Sisco）表示，以色列担心联合国会耍些"花招"使现状合法化。"以色列的存在危在旦夕。"副总统汉弗莱在提到埃及战机掠过迪莫纳上空时补充道。惠勒将军概述了赛船计划，但麦克纳马拉反对向埃班做出任何具体的承诺。福塔斯大法官说："美国不能让以色列独自面对一切。"腊斯克却不同意："如果以色列先开火，它就必须得忘了美国。"会议就这样结束了，毫无结果。约翰逊的顾问没能提供答案，反倒给他一堆问题："如果你处于埃班的位置上，我们告诉你，我们将依靠联合国和一众海上强国，这样的答案会足以令你满意吗？我是否在周一便会后悔没向埃班许诺更多？"[98]

除了拖延时间，约翰逊似乎没有别的办法。他希望能以阵亡将士纪念日为借口把与埃班的会面推迟一天或更长的时间。他相信以色列政府不会在埃班缺席的情况下做决定。这将使白宫有时间重新审视自己的选择，同时围绕着埃班来访的媒体密集报道——约翰逊怀疑是以色列方面谋划的——也会随之减少。他几乎已经决定要把与埃班的会面无限期地推迟下去，但就在这个时候，埃皮·埃夫龙跑出来说情了。

"我从我的朋友哈里·麦克弗森和阿贝·范伯格那里听到过许多你做过的善事。"一年前，当玛蒂尔德·克里姆第一次将埃夫龙介绍给约翰逊时，约翰逊对埃夫龙这样说道。从那时起，总统便和这位以色列全权公使产生了独特的友谊。两人的关系如此亲密，以至于埃夫龙得以在当天亲手将信件转交给约翰逊。不管约翰逊所表现出来的友好是否如哈曼怀疑的那样，是为了迎合美国犹太人而耍的花招，每一个认识埃夫龙的人都认为这位前工会和政府官员拥有不同寻常的人际交往能力。"他可以让高级官员在凌晨两点跑来与之会面。"其前同事莫尔德海·加齐特（Mordechai Gazit）回忆说。[99]

由于约翰逊拒绝确定与埃班会面的时间，埃夫龙感到很生气。那天傍晚5时30分，埃夫龙急忙赶到白宫。他要求与沃尔特·罗斯托见面，并直截了当地告诉他，记者团已经聚集在外面了，如果没能如期会面，会给外界造成美以关系出现严重裂痕的印象。阿拉伯人和苏联人也都能由此得出明显的结论。罗斯托开始向埃夫龙解释说，总统需要时间来研究问题，总统还十分讨厌以色列人所采取的施压策略。而就在这时，总统办公室里传来消息，埃夫龙可以进去了。

约翰逊向他打招呼时显得很激动："我了解以色列局势的严重性，但我不能保证去做比腊斯克和罗斯托已向你承诺的更多的事。"约翰逊说，他将继续推进护航计划，并声称加拿大、意大利和阿根廷已对此表示支持，但前提是在某些条件得到满足之后。尽管联合国"什么也不是"，美国也不欠吴丹任何东西，但美国政府必须穷尽国际组织的所有努力来寻求和平解决方案。一旦联合国机制失败——而且必会失败，约翰逊肯定——他将寻求国会批准美国在亚喀巴湾展开协同行动。约翰逊声称："没有国会的批准，我只是个身高 1.9 米的以色列人之友。"之后他又追溯了国会如何从未原谅杜鲁门的朝鲜政策。他向埃夫龙保证，美国将信守对自由航行权的承诺，但它不可能仅仅因为以色列将周日设定为最后期限而冒险与苏联开战。如果以色列发动了战争，那它就只能靠自己去打，并要为此承担巨大的风险。"以色列不是美国的卫星国，美国也不是以色列的卫星国。"约翰逊说了一个多小时，而埃夫龙则一直保持沉默，但最后约翰逊总统还是同意与埃班会面了。不过他有个条件：不得再向媒体透露任何消息。[100]

接着出现了一段小插曲。在此期间，埃夫龙跑去找埃班，之后以色列外交部长埃班和哈曼一起从侧门进入了白宫。其中一名警卫报告说："有个名叫埃班的人说他要去见总统。"媒体当时也在现场做报道，他们得出的结论是，约翰逊决定先让以色列人在门口"冷静下来"才放他们进去。

黄色的总统办公室看起来就像战情室。在那里，除了林登·约翰逊，在座的还有麦克纳马拉、惠勒、罗斯托、西斯科和总统新闻秘书乔治·克里斯蒂安（George Christian）。然而，发言权却先给了埃班。他抓住机会尽情表演："我们对于未来的预期充满了焦虑。"他概述了从前美国对以色列做出过的安全承诺，并转述了刚从耶路撒冷发来的电报中的内容。他不仅表达了对以色列国之福祉的担忧，更对该国是否能继续生存下去产生了怀疑。因此，美国一定要发表声明，表明其正在与以色列协调军事战略，并将对任何阿拉伯国家的袭击予以报复。"我必须得到您答案的问题是，您有解除海峡封锁的意愿和决心吗?"埃班问道,"我们是得独自战斗,还是说您会同我们站在一起?"

在回答之前,约翰逊犹豫了一下,他靠向埃班。在那一刻,埃班相信他从总统的眼睛里察觉到了"一丝备受煎熬的眼神"。之后,总统断然说道:"你们是侵略行径的受害者。"他用"强硬的口吻"表达了对吴丹及其撤军决定的看法,但他也强调自己必须穷尽联合国的各种纠纷解决机制。"我不是这个国家的国王,如果我能领导的人只有我自己而已,那我不管是对你还是你的总理而言都毫无用处……我明白,事关流血与生命,一切都危在旦夕。但我国人民在许多地方也正处于要流血和献出生命的危险之中……在未经联合国讨论之前采取行动,我恐怕难以得到一票支持,就连一美元的预算都拿不到。"

约翰逊断言,只有等通过联合国讨论后才能启动护航计划,期限大概是在两周之内。"我不是软弱的老鼠,也不是懦夫,我们会尝试的。我们需要的是一帮［海洋国家］,五个或者四个,或者更少。如果一个都找不到,那我们就单干。你可以告诉内阁,美国的总统、国会,以及这个国家都将支持这样一项计划,这项计划将采取一切措施来解除埃及对海峡的封锁。"总统说,他与一些参议员已做了初步会谈,会谈的结果显示他们对该计划持谨慎支持的态度,但以色列也可以利用其在海外的关系在这方面做出贡献。"在以色列,你们有最好的情报部门和最好的使馆资源,让他们开工,把所有关心这条水道的国家都组织起来。"

约翰逊最后把话题转移到了最棘手的问题上:以色列发动第一波打击的危险。约翰逊引用由美国所有情报分支共同得出的结论说:"埃及没有意图……发动攻击,即便有的话,以色列也能取得战争的胜利。"此外,他还对以色列采取单边行动将面临的风险做出了警告:

> 如果内阁决定那样做,他们就得靠自己。我没有后退,也不会出尔反尔,我不会忘记我说过的话……我认为,以色列绝不应该让自己在美国和世界的眼中成为战争的责任人。以色列不会孤立无援,除非它自己选择单独行动。

约翰逊把最后一句话重复了三遍，然后向埃班展示了腊斯克手写的便条——"我必须强调以下事项的必要性，即以色列不要让自己成为发动战争的责任人……我们无法想象以色列会做出这样的决定"——以此来进一步强调他的立场。"我们的内阁了解你们的政策，"约翰逊说，"他们想知道的是你们的意向：是否会采取行动。"

埃班没有给出答案。他只是告诫美方谨防在旷日持久的联合国辩论中陷入泥沼，并提议建立美以军事联络机制，为可能爆发的战争做准备。在总统的暗示下，麦克纳马拉同意考虑此事，但条件是此事始终为最高机密。[101]

这次会面吸引了世界上许多人的注意力，它代表了人们为避免第三次阿以战争所付出的最大努力。这次会面就以这样模棱两可的方式结束了。在离开前，埃班又问了一次："如果我跟总理说，您的意向是尽一切可能的努力来确保蒂朗海峡和亚喀巴湾的自由和无害通航，我这么说没问题是吗？"约翰逊的回答是肯定的，并用力握住了埃班的手。约翰逊在这次握手的过程中十分用力，以至于让埃班怀疑"我是否还会再遇到一次"。随后，总统陪伴着他的客人来到大厅，并再次提醒他说："以色列不会孤立无援，除非它自己选择单独行动。"

有关约翰逊对此次会谈的看法，各方记述的版本不同。在总统的日记中，他惊呼："他们有备而来，但我也是！……麦克纳马拉说他想把帽子扔到空中，乔治·克里斯蒂安说这是他参加过的最好的会议。"另一份史料却记载，约翰逊坐在椅子上叹息道："我失败了。他们要开打了。"而约翰·P.罗奇（John P. Roche）则回忆说，约翰逊与沃尔特·罗斯托聊着天，他一边喝着健怡胡椒博士（Diet Dr. Pepper），一边模仿埃班，说他是"小温斯顿·丘吉尔"。之后他向罗斯托发问，问他认为以色列人接下来会怎么做。据称，国家安全顾问回答说，"他们将发动攻击。"约翰逊表示同意。"是的，他们会攻击的。而我们对此无能为力。"[102]

从会面中抽身的埃班感到震惊，使他为之错愕的是约翰逊那"无力的言辞"，是"无力的总统"用"失败主义者的口吻"说话的形象。尽管他觉得美国人这次的承诺已经超越了1957年对自由航行权的承诺，但由于美方没能发表联合公报，这便严重削弱了这一承诺的效力。第二天在纽约，埃班的这一印象变得更强了。戈德堡警告埃班不要太过依赖罗斯托和其他总统顾问的"轻率"言论。这位大使相信，没有哪个国家会加入赛船计划，他给出的建议也十分直率："你对不起政府，因为会有人因此丧命，而你国的安全也牵涉其中。去告诉内阁，如果总统想发表声明，那需要国会通过联合决议案。但因为越南战争的缘故，总统将难以获得这份决议案。"

然而埃班没有气馁。在与吉迪翁·拉斐尔一同坐车前往机场的过程中，他若有所思地说，既然美国愿意"在其能力范围内采取一切措施来解除海峡的封锁"，那它就不能责备以色列"在其能力范围内采取一切措施来解除海峡的封锁"了。等到以色列因大限将至而被迫单独采取行动之时，美方的这一承诺将是无价的。埃班相信，这一天很快便会到来。[103]

柯西金来了

大约在埃班于肯尼迪机场走下飞机的同一时间，埃及国防部长抵达克里姆林宫，并准备参加会谈。这次会谈的主题与埃班访美的主题非常相似，同样至关重要，即一旦开战，苏联这个超级大国会持何种立场。同埃班一样，沙姆斯·巴德兰希望得到这一问题的明确答案，然而苏联的反应——就像美国对以色列的反应一样——也令人难以捉摸。

"由于莫斯科似乎将中东地区陷入危险状态的阈值设定在比我们更高的水平上，苏联的中东政策总是带有边缘政策的味道。"美国国务院的克里姆林宫观察人士评价道。然而，给外界观察人士造成自己十分有胆量的表象，此举很可能只是为了掩盖苏联领导层内部在处理中东问题时所产生的分歧。

这些分歧很明显地体现在莫斯科所发出的相互矛盾的信号中。当官方媒体仍在持续揭露以色列占领叙利亚的阴谋——配合抨击美国轰炸河内——之时，苏联外交官却在强调他们致力于避免暴力。因此，苏联驻华盛顿代办查尼亚科夫（Tcharniakov）向沃尔特·罗斯托保证，苏联不希望中东发生冲突，并正在敦促阿拉伯人保持克制。苏联驻特拉维夫商务专员米哈伊尔·弗罗洛夫（Mikhail Frolov）向其美国同行提议说："我们可以阻止埃及开火，但你们能阻止以色列人派船只［穿越蒂朗海峡］吗？"苏联驻美大使阿纳托利·多勃雷宁（Anatoly Dobrynin）在离开华盛顿回国休探亲假时对美国驻莫斯科大使卢埃林·汤普森（Llewellyn Thompson）说："我认为我们同你们一样在尽最大努力避免战争。"苏联驻联合国大使尼古拉·特罗菲莫维奇·费德连科（Nikolai Trofimovich Federenko）则向戈德堡发誓说，苏联是"地球上最后一个希望中东地区发动战争的国家"。[104]

然而，在实际行动中，苏联既没有敦促埃及，也没有敦促叙利亚保持谨慎，而《真理报》及其他官控媒体所刊载的文章则在继续煽风点火。对此，汤普森写道："除非［苏联］在私底下对他们发出警告，并要求他们保持克制，否则阿拉伯领导人很容易误认为这些言论是在为他们遵循的路线辩解，甚至是表达支持。"他的结论是，苏联满足于让美国独自解决危机并承受阿拉伯人的愤怒。在这种情况下，不管结果如何，苏联人都会成为胜利者。"即使以色列人痛打他们的阿拉伯邻居，苏联也可能会这样去算计，即阿拉伯人由此产生的对西方世界的仇恨，将帮助苏联人重新确立他们在阿拉伯世界中的地位。"[105]

在纳赛尔于5月22日宣布封锁蒂朗海峡之前，这场危机似乎一直都被克里姆林宫玩弄于股掌之间。苏联人没有预先收到埃方对此举的警告，他们也明确地避免去称赞此举。对苏联人来说，非难另一个国家的自由航行权，这种做法是有问题的。因为数世纪以来，他们一直奋力在达达尼尔海峡取得同样的权利。此外，他们还签署了1958年的《日内瓦海洋法公约》。然而，即使海峡封锁事件使莫斯科方面感到不愉快——"仅仅因为几艘船无法从亚喀巴航行到红海就引发一场战争，这种事是不被允许的。"一位苏联学者表示——纳赛尔也不能被谴责。唯一的解决办法是，在总体上支持阿拉伯人，但不深入细节。因此，丘瓦欣在与以色列领导人的对话中，区分了自由航行的"原则"和埃及在蒂朗海峡享有的不可动摇的主权。也因此，《真理报》警告说："如果有任何人试图在近东发动侵略，他所面对的将不仅仅是阿拉伯国家联合起来的力量,还有苏联和所有热爱和平的人民的强烈反对。"

这一威胁的模糊性给人留下了解读的空间。这是否意味着,正如许多阿拉伯人所理解的那样,如果遭到攻击,苏联会向埃及提供援助?还是说,正如美国人所认为的那样,苏联不愿意为任何具体的行动许下承诺,并与纳赛尔保持距离?[106]

这便是巴德兰及10名随访成员想要弄清楚的问题。他们此行最主要的东道主是63岁的总理柯西金,来自列宁格勒的前技术官僚。他在赫鲁晓夫被赶下台之后,被提拔到仅次于勃列日涅夫的位置上来。在同事看来,柯西金是极为聪明但缺乏特色的领导人。他总是建议谨慎行事,始终不大相信作为盟友的阿拉伯人会有什么真正价值。他也不确定如果以色列遭到袭击,美国人是否会袖手旁观。由于他们的常规部队被困在越南,为了中东地区的威胁,美国可能用上手里所剩的唯一手段:核武器。

巴德兰声称埃及军队已做好了准备,并能够击败以色列。对此,苏联总理不予理会,他反倒警告巴德兰说,英国和美国可能对海峡做出干预,并建议他的客人予以妥协。"我们将支持你,但你们已经表明了立场,并赢得了政治上的胜利。"柯西金说道,"坐在谈判桌上比挥剑打仗要好得多。"他同意满足埃及的常备武器订单需求,但期限是在3个月后,对于埃方额外的请求,他只表示会"考虑考虑"。然而,给巴勒斯坦解放组织提供武器是不可能的。"我们不想与巴勒斯坦解放组织的任何部分及其军队有染。你们有自由想给他们什么就给他们什么,但要想清楚你们在做什么,以免让他们把你们引入战争。"柯西金说。[107]

柯西金的话——基本上就是在说"你们见好就收"——在苏联外交部中有了回声,中东局局长阿列克谢·希波林(Alexei Schiborin)和外交部副部长谢苗诺夫均发出了这一声音。在谢苗诺夫的乡间宅邸里举行的通宵讨论会上,埃及人被告知:"苏联既没做好准备,也不愿意介入任何对抗。在第二次世界大战之中,[他们]已经受够了……现在轮到埃及逐步缓和的时候了。"

然而，以柯西金为首的苏联外交官与勃列日涅夫手下的将军对此事的态度存在明显的区别。国防部长格列奇科是第二次世界大战时期高加索战区的老兵，他把中东视为苏联最高的战略利益。他公开表达了对埃及所做军事准备的敬佩之情。他声称，这些准备几乎使西方陷入瘫痪。尽管他没直接建议埃及发动战争，但他完全相信埃及有能力赢得这场战争，即使是在受到攻击的情况下。格列奇科表示，《真理报》上的声明只是一系列同类声明中的第一个，而所有这些声明都将证明莫斯科对纳赛尔及其事业的忠诚。"向阿拉伯人提供政治和物质支援……甚至在精神上支持他们，苏联的这些承诺不容置疑。"

格列奇科的言论给巴德兰留下了深刻的印象。巴德兰尽管身为准将，但从来没有指挥过哪怕一个班的部队。38岁的巴德兰相对年轻，长着一张没有威信力的圆脸，身体瘦长，戴着眼镜。巴德兰仅仅因为效忠于阿米尔便获得了巨大的权力，阿米尔也能够通过他来保证对军队的控制。巴德兰决心要从苏联人那里套取陆军元帅想听的话。阿米尔想听的话跟埃班企图从美国人那里得到的承诺类似，只不过换了个说法，即与埃及开战无异于与苏联开战。格列奇科所说的话似乎接近于此，于是巴德兰便记下格列奇科的话而忽略了柯西金的观点。"从军事角度来看，这次出行是失败的。"10年后，巴德兰回忆道，"但在政治上，此行达到了我所需要的政治宣传的效果。"正是出于对这一成就的谨慎态度，埃及外交副部长菲基和大使盖莱布将此次讨论的文字记录直接寄给了纳赛尔。这份记录将于6月13日传到纳赛尔手里，但为时已晚，产生不了任何影响。[108]

5月27日，巴德兰仍在莫斯科。在当天的头几个小时里，柯西金收到了从华盛顿发来的电报。电报的内容是以色列人的警告，他们声称阿拉伯人即将发动袭击。对柯西金来说，这则消息证实了巴德兰所暗示的事情，即埃及正准备对以色列展开第一波打击。更令人震惊的是，以色列人已经知道了埃及的计划，而且毫无疑问，他们打算抢先发动进攻。总理迅速给约翰逊和威尔逊发送了两封电报，并在电报中警告说："以色列正在积极做军事准备，该国显然打算对邻近的阿拉伯国家发动武装侵略。"他声称，在没有英国和美国支持的情况下，以色列不可能发动袭击（"在这个问题上不可能存在两种意见"），他还威胁要干预，以阻止此事发生。"如果以色列发动侵略，且军事行动开始了，那我们将给那些成为侵略行径受害者的国家提供援助。"柯西金把电报中最严厉的措辞留给了埃什科尔："生火很容易，但想要扑灭一场大火，可能不像那些把以色列推向战争的人想象的那般容易。"[109]

柯西金并没有仅仅依赖于书面形式的警告。他还分别向本国驻开罗和特拉维夫大使做出了指示，要求他们立即联系各自所在国的领导人，必要时叫醒他们，并警告他们战争的危险。

于是，周六凌晨2时15分，丘瓦欣赶到了特拉维夫的丹酒店（Dan Hotel），埃什科尔当晚正在那里过夜。他说服警卫叫醒了埃什科尔，并高声朗读了柯西金的信件。之后，他要求了解以色列是否有打算开战的意图。身着睡衣的埃什科尔回答说："先生，埃及人已经打响了这场战争的第一枪。"他把此前结束的会议上剩下的温橙汁倒进杯子里，然后递给苏联大使，打趣道："虽然我们不是像叙利亚一样拥有历史性权利的发达国家，但难道高层使者还不能听听我们的观点吗？我难道不能受邀访问莫斯科吗？"大使不断询问有关以色列未来计划的问题，埃什科尔却一直回避这些问题。他抨击丘瓦欣说："全世界均接受的惯例是，外国大使应向本国元首展示该国承诺维持和平的证据——那么你又是如何信守这项承诺的？现在我们不仅迎来了第一波打击，而且到处都是炮弹和地雷。"大使表示，各方或许还能觅得一个公平的解决方案。然而，就在这一点上，埃什科尔爆发了："拜托！拜托！给我们一根救命稻草吧。给我们指条路，给个建议，告诉我吧。只要能保证和平与安宁！"[110]

慌乱的丘瓦欣于凌晨4时离开了丹酒店，他确信此行毫无成效。然而，驻开罗大使迪米特里·波日达耶夫那边的结果并非如此，同样是在那天晚上，他敲响了纳赛尔家的大门。

黎明计划之日落

"一小时前，约翰逊总统告诉我，埃及军队正在为袭击以色列阵地做准备，而且这波袭击即将开始。如果这样的事情最终发生，美国将认为自己已从对苏联做出的保持克制的承诺中解放出来。"波日达耶夫把柯西金的信念给纳赛尔听，只补充说，柯西金已向埃什科尔发出了更严厉的警告。纳赛尔的反应十分镇定："每个人都知道埃及不想打仗，埃及也没有朝那个方向发展，但埃及如果遭到攻击便会自卫。"

但纳赛尔知道而苏联大使不知道的是，黎明行动还有几个小时便要启动了，行动时间定于日出之时。与这次行动有关的军事单位——空军中队、地面部队及海军部队——均已收到了最后的命令。从表面上看，这些部队已做好了对以色列发动进攻的准备。阿米尔一直在吹嘘埃及战机飞越迪莫纳上空的壮举，这些只配备了手持摄像机的米格战机便令整个以色列陷入了恐慌。犹太复国主义者必然会在听到第一声枪响后立马逃走。

纳赛尔的情绪是否同样如此高涨尚不得而知，但可以肯定的是，在收到柯西金的信后，他的情绪急剧恶化。对他来说，电报的关键并不在于苏联可能不会援助埃及，也不是美国人可能介入。问题的关键是，这封电报证明以色列已经掌握了埃及的机密，并将其泄露了出去。[111]

纳赛尔匆忙赶到最高司令部，与阿米尔展开了紧急会晤。总统对阿米尔说，黎明行动已被曝光，有必要立即取消该行动。阿米尔表示反对，并抗议说："如果我们等下去，那么在战争开始之前，埃及就输了。"然而纳赛尔并没有选择简单地给阿米尔下达命令，他反倒是试图向阿米尔解释为什么他改变了展开第一波打击的主意，为什么埃及最好退后一步。"我们现在采取什么样的行动才不会给约翰逊和以色列另一个他们正在寻找的机会呢？"他问道。尽管全世界都把以色列军队的集结当作是例行公事，但如果埃及人做出了同样的举动，就会被认为是侵略者，尤其是在他们对联合国紧急部队和蒂朗海峡做出了相关决定之后。"[在埃及率先发动攻击的情况下]如果约翰逊命令第6舰队对我们采取军事行动，会有许多国家认为约翰逊的命令是正义的。"尽管纳赛尔依旧认为战争很可能发生，但他相信仍有可能找到外交解决方案，也许便是通过吴丹。

毫无疑问，纳赛尔的态度之所以会发生180度大转弯，是出于安全方面的考虑。在尚不清楚苏联立场的情况下，他害怕美国的干预。其态度的转变也出于他对世界舆论的敏感。但在这些考虑的背后，还隐藏着埃及总统与陆军元帅之间错综复杂的关系。在这种关系的制约下，纳赛尔不能把他的决定强加给阿米尔，阿米尔却能够推迟对纳赛尔所提要求的回应。因此，他只说他会"考虑一下"。

他确实考虑了总统的提议。回到位于家中的私人总部里，他给仍在莫斯科的巴德兰发了一封电报——"沙姆斯，消息似乎泄露出去了"——然后又给西德吉·马哈茂德发了一封电报。"你什么时候能实施埃拉特计划？"阿米尔问道。

43岁的空军司令急切地等待着发动进攻的信号。他相信，以色列绝不会允许有人对南部港口实施封锁，而且以色列肯定会率先发动攻击——除非埃及抢先为之。他热情地回答道："最多一小时，我们便能准备就绪。"

命令随即下发，飞行员纷纷登上飞机，并等待最后的放行信号。但45分钟后，西德吉·马哈茂德接到了另一通电话："行动取消。"

这位空军指挥官非常沮丧："为什么？难道我们不相信真主会帮助我们吗？"

"这不是问题的关键。"阿米尔打断了他的话，然后谈到了俄罗斯方面所施加的压力。但这并没有给西德吉·马哈茂德带来什么安慰。"当我告诉飞行员准备发动进攻的时候，我感觉他们高兴得都要跳了起来。"他抱怨道，"他们想做点儿事。"

埃及的进攻计划奄奄一息，被一次偶然的干预挫败，此时距预定的进攻发起时间仅余数小时。宣告该计划作废的最后一击于当天早晨到来，5名被认为了解该计划的埃及官员被捕，他们跌跌撞撞地跨过了以色列的边境线。很快便从西奈半岛传来报告称，有500辆以色列车辆穿过埃拉特并向西驶去。他们的目标似乎是通往埃及位于孔蒂拉据点对面的沙漠——而此处正是1956年以色列国防军突破过的地方。阿米尔迅速下令大规模增援该地区，以应对以色列的威胁。夜幕降临时，沙兹利将军的坦克从拉法撤离，并开启前往孔蒂拉的艰难旅程，路上扬起的尘土掩盖住了黎明行动的残迹。[112]

危机暂缓

沙兹利从拉法撤出的当天夜里，阿巴·埃班的飞机着陆了，但他随后便被人从机场火速带到以色列内阁的紧急会议上。那里的气氛十分火爆，几乎到了要爆炸的地步。许多部长都对埃班从伦敦、巴黎和华盛顿发回的乐观的会谈报告感到怀疑。半具官方性质的《达瓦尔日报》(Davar daily)的头条新闻这样写道："美国并未提出解除海峡封锁的有效行动。"对于在白宫举行的那场意义重大的会面而言，埃班并没有向国内发回任何相关的会议纪要。他坚持要亲自传达会谈所涉具体内容。

被蒙在鼓里的以色列官员不停向沃利·巴伯打听从美国国务院传来的信息。以色列人的绝望引起了美国大使的担忧。在此情况下，他敦促华盛顿批准以色列所提出的向该国派出军事联络员的请求。他表示，这么做没有其他原因，只是为了消除以方被迫发动战争的压力。"在埃班到达后，他或许能发出理性的声音，但以色列政府中正反两方的论战是如此胶着，以至于我坚信这一额外的举动是值得的。"但最后的结果是，美方并没有派军事联络员来，回来的只有埃班。他现在得面对18位内阁部长的质询，用利奥尔上校的话来说，这是"最漫长的一夜"。

这次会议是在一片灰暗的背景下召开的：全国宗教党威胁说，如果最后投票的结果是开战，那么它便会退出政府；而军方警告说，如果不开战，政府将会给国家带来灾难。在埃什科尔办公室外的大街上，被动员士兵的母亲和妻子们展开了游行示威，她们要求任命达扬为国防部长。纳赛尔对工会成员的演讲在以色列被广泛报道，由海卡尔主笔的那篇拥抱战争的社论也获得了相同的待遇。就在那一天，开罗广播电台发出了刺耳的声音："我们挑战你，埃什科尔，用上你所有的武器。让他们接受试炼；他们将招致以色列的死亡和毁灭。"伊拉克第1和第8机械化旅的坦克和士兵已经开赴大马士革。与此同时，约旦、黎巴嫩，甚至是远在科威特的军队都进入了战备状态。[113]

内阁的讨论从亚里夫和魏茨曼的报告开始，他们简述了阿拉伯国家针对战争的准备状况和国家即将面临袭击的危险。之后，拉宾表达了他对军队士气低落的担忧,他还担心美国可能很快便会开始安抚纳赛尔。"绞索正在我们的脖子上越缠越紧。"就在拉宾说这番话时,还没倒过来时差,胡子也没刮的埃班走了进来。

埃班首先谈到了他在华盛顿时以色列政府发给他的电报。他谴责这些电报是"廉价的伎俩",其目的是为以色列发动攻击辩护,并在这个过程中把约翰逊也牵扯进来。但他没有再多提自己的愤慨,而是迅速把话题转向了美国人提出的方案。他描述了该计划的各个阶段——走联合国"程序",由海洋国家发表声明,然后再展开护航计划——还谈到了以色列通过参与此项国际倡议所能得到的好处。他说,约翰逊对自由航行权的态度"坚若磐石",如果必要的话,他还会动用第6舰队来保证这一权利,但他永远不会支持以色列先发制人采取行动。埃班警告说,如果以色列率先展开袭击,它就得全靠自己了。

紧接着的是一番唇枪舌剑,在这番讨论中,埃班与约翰逊之间达成的协议受到了近乎塔木德式的审查。一位内阁部长指出:"建议以色列不要单独行动,这和命令以色列不要采取行动是不一样的。"另一位部长则指出,协议中并没有提到美方威胁要制裁的内容,而1956年时则有。难道华盛顿仅仅是在暗示它不能帮助以色列自卫,却没有明确否认以色列的自卫权吗?

埃班警告部长们不要过深地解读约翰逊的话。他并未提及戈德堡对他的警告,即总统的承诺是有条件的,有待国会批准。但他提到了护航计划,并表示该计划会在"几周内"启动。如果军队继续保持动员状态,那这几周的等待时间并不算太长。在这段时间内,以色列应继续关注自身的根本问题,而不是关注自身的威望。"不要为了威望而造出孤儿和寡妇。"埃班说道。

带头反对埃班的是劳工部长伊加尔·阿隆,会议之前他曾赴苏联进行国事访问。在那里,他为了说服克里姆林宫的官员保持克制已尽到最大的努力,但现在,回到特拉维夫后,他问道:"在围坐在这张桌子一旁的一圈人当中,难道真的有人认为我们应该让敌人率先发动进攻,而这么做只是为了向全世界证明是他们先发动的攻击吗?"阿隆预言说,在如今以色列双手被缚的情况下，叙利亚的恐怖活动将再次出现，而埃及则会在美国挑战海峡封锁状态的那一刻袭击迪莫纳。"纳赛尔能把自己描绘成将中东地区从核武器威胁中解救出来的英雄。"阿隆强调说，以色列并不寻求领土扩张，只是为了换取自由航行权并"打垮敌人的军队"。他坚信以军有能力打败埃及人——"先让［加利利地区的］定居者逃入避难所，之后我们再来对付叙利亚人"——他还相信，完成这一切之后，以色列将在国际上获得尊重。

之后，一众内阁部长表示支持阿隆的立场。负责农业的哈伊姆·吉瓦提（Haim Givati）警告说，以色列有沦为美国保护国的危险，而这会损害国家的士气。茨维·丁斯坦和伊斯拉埃尔·加利利则谈到了皇帝的新衣这一因素，即纳赛尔将以色列不愿打仗的心态揭露了出来。此外，他们还谈到了约旦政权倒台的可能性。"以色列只能靠摧毁埃及的军力来获救，"摩西·卡尔梅断言，"任何说我们不能独自面对这一切的人都相当于是在说我们不能在这里生存下去。"将军们（拉宾和魏茨曼）也支持阿隆的意见。魏茨曼抗议政府对以色列国防军缺乏信心，并将其视为对他个人的侮辱。"我们将打败阿拉伯人，原因很简单，因为我们更强。"他夸口说。拉宾则更为克制一些："如果以色列认为自己的存在依赖于美国的承诺，而不是依靠自己的力量，那我就无话可说了。"

然而，每站出一个反对者的同时都会有一位部长站出来支持埃班。同过去一样，哈伊姆·摩西·沙皮拉宣称："相较于我对以色列国防军摧毁埃及军队能力的信心而言，我对美国的承诺更有信心。"阿兰和瓦尔哈夫提格也表达了各自对林登·约翰逊的信心。来自左翼政党统一工人党的伊斯拉埃尔·巴兹莱（Yisrael Barzilai）担心美国对以色列的支持比苏联对阿拉伯国家的支持要少，而旅游部长摩西·科勒（Moshe Kol）则对疏远华盛顿的危险发出了警告。出人意料的是，财政部长平哈斯·萨皮尔（Pinchas Sapir）也提出了质疑，他怀疑以色列对伤亡的承受能力能否像阿拉伯人一样强。他总结说："建立国家很难，失去国家却很容易。"

被夹在这两个阵营之间的是列维·埃什科尔，又一次，他感觉身体仿佛被撕裂成两半。总理权衡着利弊：如果等下去，以色列会失去威慑力，却能赢取补充武器和资金的时间；他不愿相信约翰逊，但以色列需要"证明我们是好人"。他明白，美国的计划解决不了问题（埃及的军事威胁和巴勒斯坦恐怖活动），反倒极大地限制了以色列的行动自由。然而，美国是世界上唯一同情以色列命运的超级大国，违背其意愿的后果光是想想就令人感到害怕。

埃什科尔思想上的分裂反映了那些导致内阁分裂的原因。时间到了凌晨4时，当时的状况用拉宾的话来说是"疲惫又沮丧"，埃什科尔下令休会，在投票前让部长们先睡几个小时。他告诫他们说："我们必须决定，我们到底要把这一代人的命运放到谁的手中，是把它交给命运，给美国，还是交给丘瓦欣？"会议正式休会了，而在接下来的数小时里，两份绝密电报从华盛顿传来。

第一封电报再次确认了约翰逊对赛船计划的支持，也确认了他愿意在"其能力范围内采取一切措施"来解除海峡的封锁，并由此提高了埃班言论的可信度。腊斯克的附件进一步指出，加拿大和荷兰倾向于加入该行动。第二封电报由巴伯大使亲手递送过来。在电报中，美国总统针对莫斯科的主张——苏联认为，准备开战的是以色列而不是埃及——做出了回应。"以色列一定不要采取任何先发制人的军事行动，以免让自己陷入必须为发动战争负责的境地。"约翰逊写道。此外，总统还对以色列发出了警告，他指出，苏联有可能直接干预。"如果以色列采取了先发制人的行动，那以色列的朋友们便无法再同你们站在一边了。"

到内阁于周日下午早些时候重新召开会议的时候，上述信息使内阁的平衡发生了改变。内阁意向性投票的结果显示，支持开战者并没有如期获得微弱的多数票，反倒是双方各占一半，形成僵局。有9名部长（主要来自全国宗教党和统一工人党，有1人来自独立自由党，另有2人出自以色列地工人党）反对采取先发制人的行动，而包括总理在内的另9名阁员则支持这一行动。除了卡尔梅，所有在场的人都支持继续与美国人展开对话。

会议结束了，以色列政府决定等上3个星期，让美国履行承诺，并利用这段时间去争取国际社会的同情，筹集资金，并购买武器。在此期间，以方不会就重组联合国紧急部队提出进一步要求。而在西奈半岛恢复原状、埃及停止一切形式的封锁之前，以色列也不会考虑恢复停战协定的效力。此外，以方还将发布公报，申明以色列"将封锁蒂朗海峡视作交战行为，并将在适当的时候自卫，以行使所有国家均享有的自卫权利"。

拉宾感到非常失望。他大胆预测说："我敢肯定，再过三周，我们会发现自己仍面对着同样的问题，而我们身处的环境则会变得更为艰难。目前以色列国防军正面临着最大的挑战，即在不作为的情况下持续保持动员状态。"阿隆还认为，以色列"不管是在军事上还是在政治上都错失了良机。"然而，另一半内阁成员却另有想法。扎尔曼·阿兰似乎便代表了另一半的声音，他对以色列地工人党成员说："我并不确信它[外交]能阻止任何战争，我不抱任何幻想。但只要有机会，我们就必须找到它。战争不会消失，外交活动也会继续。纳赛尔并不是唯一能利用时间的人。"[114]

战争就这样擦肩而过了。假如这场被躲过的战争在那个阶段真的发生了，且不论是由以色列还是埃及发起，都将从根本上改变中东地区随后的历史。随着纳赛尔决定不率先发动进攻，以色列也紧随其后，这场危机似乎已度过了最危险的时刻。双方在不同程度上都致力于探索非暴力的解决方案。

5月27日，在吴丹那令众人期待已久的报告中，双方向这样一个解决方案迈出了一步。在这份报告中，吴丹用超过一半的篇幅来为撤走联合国紧急部队的决定做辩护（"我有充分的理由去相信阿拉伯联合共和国请求撤军的诚意和决心"），而报告的重心也放在了恢复停战协议机制之上，尽管如此，联合国秘书长却成功提出了"冻结"（moratorium）这一概念。他呼吁各方"要格外保持克制，抛开敌意"，并提到了"能帮助缓解紧张局势……的可行措施"。他所说的"可行措施"指的是任命联合国调解员。在以色列这边，埃什科尔决定遣散多达4万名预备役人员。纳赛尔则总结说，他现在至少有两周的"喘气时间"，在此期间他可以考虑各种选择。[115]

但实际上，局势趋缓的印象是骗人的。以军将领对内阁推迟发动攻击的决定感到不满,更对美国愿帮助以色列的承诺表示怀疑。在此情况下,将领们无视埃什科尔的命令,继续征召预备役部队。军队的高级将领普遍确信政府没有处理紧急情况的能力,需要有人将其敲醒。总理的地位本已摇摇欲坠,现在更是进一步遭到了削弱。当他正准备向议会汇报埃班的会谈成果时,却收到了来自华盛顿的警告——他在议会的讲话中不能提到有关护航计划的提议,不能提到美国对于解除海峡封锁的"明确态度"和"坚定决心"。就连向美军派驻以色列联络员的请求也未能得到美国的批准。[116]

而另一方面,沙姆斯·巴德兰则从莫斯科胜利归来。就在巴德兰离开前,格列奇科元帅把埃及国防部长拉到一边,对他说:"如果美国参战,我们便会同你们并肩作战。"他说,苏联已将驱逐舰和潜艇运送到了靠近埃及的水域,其中一些舰艇更装备上了导弹和"秘密武器"。"我想向你确认,如果出了什么事,而你们又需要我们,给我们个信号就行了。我们会立即向你们提供援助,不管是在塞得港还是在其他地方。"外交官萨拉赫·巴西乌尼认为这一声明"只不过是俄罗斯人在一口闷下伏特加后及与巴德兰道别时所使用的惯用表达"。开罗广播则对这一声明添油加醋,莫斯科方面却并未予以否认:

> 苏联政府及其军队将站在阿拉伯人民的一边,并将继续支持和鼓励他们。我们是你们忠实的朋友,并将始终如此。我们武装部队将继续为你们提供援助,因为这是苏联人民及其政党的政策。以国防部的名义,以苏联人民的名义,我们祝愿你们取得成功,战胜具帝国主义性质的犹太复国主义。我们同你们在一起,并愿随时为你们提供帮助。

巴德兰在之前曾妨碍其他代表团成员向国内汇报有关柯西金敦促埃方谨慎行事的消息,如今,他确信埃及已经无敌了。他对几位政府部长夸口说:"如果第6舰队介入我们与以色列的斗争,轰炸机和导弹艇能摧毁它最大的航母。我们有能力把它变成沙丁鱼罐头。"叙利亚总统阿塔西刚刚结束了对莫斯科的访问,他的言论进一步确认了巴德兰的判断。尽管苏联领导人也曾告诫他要保持克制,并阻止法塔赫对以色列发动袭击,但阿塔西宣称:"苏联承诺将坚决反对以色列对阿拉伯人民的任何侵略行为。"

纳赛尔已不需要更多的劝说。他自信地告诉同僚:"从柯西金那里传来的消息是,苏联会在这场战争中支持我们,在局势恢复到1956年时的状态之前,它不会允许任何大国予以干预。"[117]

联合国安理会上发生的事件进一步增强了埃及对苏联提供支持的信心。苏联在安理会中的代表是费德林。同事们在描述他时说他"十分聪明",是个"激情四射的演说家"。这位出生在中国东北地区的远东专家,对领结和烟斗情有独钟。费德林收到了极为严格的命令,他被要求阻止安理会接受任何对埃及不利的决议。他在此前便曾阻止丹麦和加拿大在联合国发起有关中东地区局势的辩论,他还抓住这个机会猛烈抨击安理会的中国台湾人主席刘锴。他甚至把以色列与纳粹德国相提并论。

安理会成员已经习惯了费德林的言语攻击。但没人想到,他竟会拒绝吴丹提出的"冻结"的提议。他解释说,整个危机都是被捏造出来的,其目的是诋毁阿拉伯人,并为侵略辩护。"苏联不觉得仓促召开安理会会议有足够的理由,也并没有感受到西方列强人为制造出的严峻氛围。"费德林引用同样的理由拒绝了法国提出的四大国峰会方案(英美两国此前都不情愿地批准了这一方案)。从5月28日之后,他直接让想与之磋商的人找不到他。[118]

其他各方也对联合国秘书长的提议产生了困扰。首先是以色列,该国认为这是联合国对战争行为的公然批准。紧接着是美国,该国虽然支持禁止挂有以色列国旗的船只出入海峡,但拒不接受任何有关禁止运输"禁运品"的禁令,比如说对石油运输的禁令。最后,就连埃及人也表示不同意。歇斯底里的穆罕默德·科尼冲进了吴丹的办公室。他对秘书长说,纳赛尔永远不会同意石油和其他"战略物资"通过蒂朗海峡,即使这些物资是在外国船只上。秘书长此前刚刚把备忘录转交到了吉迪翁·拉斐尔的手上,他在这份备忘录中要求埃什科尔确认"在未来两周内,不会有悬挂以色列国旗的船只通过蒂朗海峡"。尽管吴丹十分清楚埃方的立场,但他还是指示邦奇从拉斐尔那里收回了备忘录。对此，他没有做任何解释。[119]

因此，与其说五月最后几天里发生的事情代表了紧张局势的缓和，不如说他们只是延缓了紧张局势。这场危机非但没有达到顶点，实际上还只是刚刚开始，这一点很快便会在约旦凸显出来。这场危机最初是围绕着约旦开始的，但从那时起就几乎没怎么听到过有关该国的消息了。

第 4 章

倒计时

5月31日至6月4日

侯赛因国王的王位十分不稳。他被阿拉伯激进分子盯着，更无法从阿拉伯温和派那里寻得帮助。在他所面临的这场危机中，每一方势力的背后似乎都有强大的盟友在支持着，唯独约旦孤立无援。如果战争来临，他所要付出的代价也许是失去半个王国，失去王位，甚至是失去自己的性命。

自萨穆阿事件发生以来，侯赛因一直努力避免进一步的冲突，并与特拉维夫秘密交换有关西岸恐怖分子嫌疑人的情报。尽管他希望把以色列的愤怒转移到它所应指向的地方——大马士革——但当以色列即将入侵叙利亚的消息传开后，国王始终对这一消息持怀疑态度。约旦在阿杰隆（'Ajlun）设置的功能强大的雷达站并没有发现北方有任何以色列国防军集结的迹象。然而，当埃什科尔要求约旦不要再刺激纳赛尔（埃什科尔称其为"阿拉伯世界唯一与以色列和平相处的领导人"）时，侯赛因却欣然答应了以色列人的请求。他注意到，形势正在迅速失控。不仅是约旦河西岸，就连东岸也炸开了锅，人们为纳赛尔送上赞歌，并要求置以色列于死地。[1]

"以色列可以有恃无恐地攻击约旦，因为它认定了埃及和叙利亚不会对约旦施以援手。"约旦外交部长艾哈迈德·图坎（Ahmad Touqan）向伯恩斯大使解释说。相较于此，约旦现在却面临着更大的潜在威胁，即埃及率先对以色列发动攻击。如果进攻被击退，约旦会成为纳赛尔的替罪羊。巴勒斯坦人民会起义，也许军队也会，先推翻政府，然后用巴勒斯坦解放组织取而代之。另一方面，如果埃及成功了，那么其军队便可以穿越内盖夫，然后向安曼挺进。事实上，侯赛因确信，5月21日发生于雷姆塞的爆炸案便是埃及人耍的花招，他们的目的是把约旦士兵吸引到叙利亚边境去，如此一来，约旦河西岸便被暴露于埃及人面前。不管最后出现的是哪种情况，约旦都会输。这一困境令人感到惊异，正如王室心腹宰德·里法伊（Zayd al-Rifa'i）所说的那样："即使约旦没有直接参与战争……它也会被指责为使战争失败的罪魁祸首，而我们则将成为下一个目标。如果我们被孤立于阿拉伯主流政治之外，我们就会成为容易遭到攻击的目标。"[2]

约旦被夹在埃及与以色列之间进退维谷。如何在夹缝中生存下去，这是侯赛因的挑战，但成功的希望似乎十分渺茫。他反复呼吁华盛顿发表声明，保证战时约旦的领土完整。他还要求开罗恢复阿拉伯联合司令部的共同防御条款。但这些努力没能换来任何成功。美国人重申了对约旦独立的承诺，但以国会限制为托词，拒绝公开予以保证。在埃及，约旦参谋长阿米尔·哈马什（'Amer Khammash）将军被告知，阿拉伯联合司令部已经完蛋了，约旦应该管好自己的防御工作，别出来"捣乱"。就连沙特阿拉伯和伊拉克这两个曾经自愿帮助保卫约旦的国家如今也都收回了各自的承诺，并将其转移到叙利亚身上。

侯赛因唯一的解决方案便只能是尽量远离叙利亚和以色列之间的战争。如果埃及被卷进来，那么约旦也间接和象征性地参战，只向西奈半岛派几个团去就够了。但不管怎样，以色列都很可能报复约旦，约旦国王在5月22日的内阁部长和总参谋部紧急会议上大概这样说道。伯恩斯认为侯赛因"为边缘政策做好了准备"，他会"像参孙在圣殿里的所作所为一样……宁愿冒着被以色列人消灭的风险，也不愿接受内部叛乱"。[3]当天晚些时候，国王穿上军装，检阅了手下的2个装甲旅（第40旅和第60旅），亲眼看着他们从安曼街头走过。他这么做是为了展示武力，而不必真正用上它们。然而，即便是这一目标也随着纳赛尔做出封锁蒂朗海峡的决定而落空。

"我惊呆了，"侯赛因说，"如此欠考虑的行为只会导致灾难，因为阿拉伯人还没有做好打仗的准备。没有协调，没有合作，没有共同的计划。"他向西方外交官抱怨说，纳赛尔"表现得像个疯子""难以理解，极其危险"，在苏联的大力支持下"竟动起真格来"。尽管约旦国王发表了如此尖锐的评论，但这并不妨碍该国政府发言人公开称颂纳赛尔封锁海峡的行动，并表达了约旦对此行动的绝对支持。当满载着约旦军队重要军火的美国船只"绿岛"号在蒂朗海峡掉头离去时,约旦不敢组织任何抗议活动。这艘船的主人担心这片水域已被埋下了水雷。

侯赛因不仅对纳赛尔感到愤怒,对白宫也很不满。国王声称,白宫掌控在"犹太复国主义者"罗斯托兄弟的手里,而赛船计划则是美国为保卫以色列而施下的诡计。他警告伯恩斯说:"纳赛尔的目标并不是和以色列打仗,而是与美国展开政治战争。"他还建议美国总统退到一旁,放以色列进攻蒂朗海峡,之后总统便能扮演和平使者的角色。"如果美国为了限制以色列的海上航行权而牺牲了阿拉伯朋友,牺牲了自由世界对中东地区的影响力,那将是巨大的遗憾。"

然而,当华盛顿仍然坚持走在阿拉伯人看来是亲以色列的路线时,在埃及仍受叙利亚钳制并迅速朝着战争的方向发展的情况下,侯赛因别无选择,只能向纳赛尔靠拢。他必须让阿拉伯人相信,他不是西方的傀儡。他还得说服人民——按他自己的统计来算,"其中2/3都是巴勒斯坦人"——他愿意为祖国而战。"如果约旦政府决定在未来几周内采取一些行动,以减少该政权所认为的政权脆弱性,那根本不足为奇。"伯恩斯预测说。他还暗示沙特和伊拉克军队将在约旦领土上受到欢迎。[4]

事实上,侯赛因很快便采取了行动。他命令第40旅及其下属的100辆巴顿坦克从杰里科附近穿过约旦河,也因此违反了美国人对该型坦克所做的限制性规定。紧接着,他又做出了向纳赛尔示好的举动,他把宫廷首辅瓦斯菲·塔勒从公众的视线中移除。"我们会像老鹰一样看着他,一旦他起势我们就按住他。"图坎对伯恩斯说。与此同时,约旦总参谋长哈马什被国王派到了开罗,他将与阿拉伯联合司令部司令阿里·阿里·阿米尔——纳赛尔拒绝接见哈马什——商讨约旦在即将到来的冲突中所扮演的角色。

尽管他已命令军队进入战备状态,但侯赛因仍向美国人保证,约旦对以色列没有侵略意图,并要求他们向以色列人转告这一立场。但他也警告说,如果华盛顿与以色列的盟友关系过于密切,会给阿拉伯温和派带来危险。"一旦纳赛尔成功地在这场危机中把美国与以色列画上等号,美国就会完全被拉下水。"他在给约翰逊的口信中说道,"纳赛尔显然在努力实

现这一目标，而且已经非常接近成功了。"⁵

不过，侯赛因试图赢得纳赛尔支持的举动并非没有遭到反对。由塔勒打头，侯赛因手下最亲近的几个顾问试图提醒他选择这条道路会引发的灾难性后果，但他们的建议被无视了。国王下定决心要与埃及建立同盟关系。当听说大马士革依然称他为叛国者时，他对助手发誓："叙利亚人很快便能发现忠于阿拉伯事业的人是谁，而叛徒又是谁。"⁶

然而，第一个发现其忠心的不是叙利亚人，而是埃及驻安曼大使奥斯曼·努里（Uthman Nuri）。5月28日上午，努里被邀请到约旦总理萨阿德·朱马（Sa'd Jum'a）的家中。在那儿，他惊奇地发现，国王也在场。更让他惊讶的是，国王表达了他想在接下来48小时内对开罗做一次绝密访问的愿望。大使急忙向上级转达了这一要求，并在午夜过后收到了回复——如果侯赛因愿意承诺抵制以色列通过约旦领土攻击叙利亚的任何企图，如果伊拉克军队能够获准进入约旦河西岸，如果安曼愿意承认舒凯里和巴勒斯坦解放组织为巴勒斯坦人民的代表并加入阿拉伯国家对联邦德国的抵制行动中，那么侯赛因就会受到欢迎。条件虽然苛刻，但侯赛因还是接受了。他将于5月30日黎明飞往埃及。

当天，在机场跑道上等候着他的是图坎、朱马、哈马什及皇家空军司令萨拉赫·库尔迪（Salah al-Kurdi）准将。侯赛因依旧身着军装，衣服上镶着陆军元帅的军衔，身上别着一把.357马格南手枪。由于快晚点了，他几乎没有时间把权力移交给弟弟哈桑。随后，他亲自驾驶卡拉维尔客机飞抵开罗附近的阿勒马扎军用机场。在那里迎接他的人当中至少有4位埃及副总统，还有埃及外交部长里亚德，阿拉伯联合司令部总参谋长阿卜杜·穆奈姆·里亚德将军及总统办公室秘书长阿卜杜·迈吉德·法里德（Abd al-Majid Farid）。给这支威严的迎宾队伍打头的便是纳赛尔本人。他握住侯赛因的手并问道："既然你的到访是个秘密，要是我们把你抓起来了怎么办？"侯赛因泰然自若，只是笑了笑，然后说："这种可能性从未在我脑海中出现过。"

随行人员来到了拱北宫（Qubbah palace），阿米尔在那里加入了队伍。之后，总统、国王和陆军元帅便移步到单独的房间里开会。这次会议的时间比计划的要长得多,从午饭时间一直延续到下午。"我觉得有一项重大的责任正摆在我们民族面前,"侯赛因说,"我对这一责任的意识与每一个阿拉伯人都一样。我知道约旦正处于危险之中,我知道与以色列的战争不可避免。"在叙利亚问题上,埃及和约旦之间的关系令他感到不满。但他表示,部队已经做好了保卫叙利亚的准备,这是全体阿拉伯人共同努力的一部分,而这一共同努力也能为约旦提供保护。纳赛尔的回答很宽泛:"我们有必要在政治和军事上达至一种立场,以至于能让每个人都明白,阿拉伯国家有能力在危机面前团结起来……我最初的估计是,在与以色列爆发战争之前,我们能有个三四年的准备期,但事情的发展已经把我们远远甩在了身后。"

但侯赛因可不是为了一个笼统的声明而来的,他想要的是一份协议。他告诉纳赛尔,他愿意签署一份同《埃叙共同防御协定》一模一样的条约,并愿让所有阿拉伯国家的部队——伊拉克、沙特、叙利亚甚至埃及——进入约旦领土。纳赛尔没有争辩。他命令外交部长里亚德立即前往叙利亚和伊拉克,与两国商讨迅速派遣包括战机在内的部队协助守卫约旦领空。纳赛尔还给身处巴格达的伊拉克总统阿里夫打了电话,请求他予以配合。加沙也接到了电话,并收到了立即将舒凯里送到开罗的指示。侯赛因很快便会知道,这些举措让他付出了多大的代价,甚至比他为了访问开罗而付出的代价还要多。现在,他不光得重新开放巴勒斯坦解放组织驻安曼的办公室,还必须把约旦的骄傲——阿拉伯军团——置于里亚德将军的指挥之下,而后者则直接对阿米尔负责。

条约于下午早些时候由双方签署。根据该条约,埃及和约旦同意将"对两国之中任意一国及其军队发动的任何武装攻击视为同时对两国发起的攻击",并同意"在各自能力范围内……采取一切措施……击退这次袭击"。双方愉快地度过了这一天接下来的时光,侯赛因参观了机场飞机跑道和埃军设于赫利奥波利斯(Heliopolis)的新总部。双方仔细研究了地图,并听取了有关当前军事形势的简报。侯赛因告诫东道主提防以色列发动突然空袭,但纳赛尔并没有表现出任何担忧,他坚持认为犹太人没有能力展开这样的行动。据纳赛尔预测,联合起来的阿拉伯军队只用花数天时间便能取得胜利。他还补充说:"如果美国介入,我立马便去请求苏联的援助。"

最后,在国王离开前,艾哈迈德·舒凯里被叫了进来。他穿着皱巴巴的毛式制服,看起来很迷惘。这位巴勒斯坦解放组织主席最近刚发誓要带领军队冲进安曼,"毫不顾忌侯赛因",如今他却大步走向约旦国王,宣称他是"巴勒斯坦人的领袖",还表达了在不久的将来访问约旦的愿望。"你不用等到不久的将来,"纳赛尔笑道,"你现在就去!"然后他转过头来对侯赛因说:"如果他给你惹麻烦了,把他扔进你的高塔里,帮我除掉他!"[7]

正如侯赛因对伯恩斯所说的那样,他在"把巴勒斯坦问题的负担从他的肩上转移到纳赛尔身上"后便回到了他的王国。他受到了热烈的欢迎。与纳赛尔的会面本应秘密进行,但实际上整个地区都报道了这次会面——开罗广播电台高呼:"我们将让全世界知道,随着关键时刻离我们越来越近,阿拉伯人已做好了战斗的准备。"——并报之以热烈的掌声。欢呼的人群径直将侯赛因和舒凯里乘坐的那辆汽车举了起来,抬到空中。国王疲惫不堪,筋疲力尽,但据朱马回忆说:"我从来没有见到他像那时那么高兴、开心过。"美国不仅拒绝为约旦的领土完整提供保证,反倒给以色列提供武装,在这种情况下,侯赛因认为他已在开罗为约旦买到了"政治和军事上的保险"。他还认为,埃及不会为封锁做出让步,也不会主动发动战争,而是等待以色列先行发动袭击,然后再摧毁以色列。不管战争最后的结果如何,侯赛因至少通过此次会面排除了纳赛尔指责约旦不加入阿拉伯同盟的可能性。[8]

但并不是所有的约旦人都为侯赛因倒向埃及的举动感到欢欣鼓舞。瓦斯菲·塔勒再次挺身而出反对国王的政策并对他说:"为了防止你丢掉西岸,我已经做好了杀死 2000 名叛兵的准备。"甚至在巴勒斯坦人当中也有反对的声音,东耶路撒冷市长安瓦尔·哈提卜(Anwar al-Khatib)及其在希伯伦的同僚穆罕默德·阿里·贾巴里(Muhammad Ali al-Ja'bari)都担心埃及会把约旦拖入战争,而以色列在这场战争中肯定会向东边扩张其领土。埃约条约的批评者很快便指出，尽管在战争真正爆发前，战略性决策应由两国共同组成的联合防御委员会决定，但约旦的阿拉伯军团实际上已听命于埃及。这支军队在开罗连个军事联络员都没有。该条约还导致代号为"学院赛跑"（College Run）的秘密协议失效。美国根据这一协议已向约旦提供了12架F-104战斗机、高射炮、无后坐力步枪和弹药。由于担心武器会落入埃及人手中，美国不再向安曼运送武器，战斗机被转移到了土耳其。芬德利·伯恩斯这样说道："国王打开了一个比他预想的更大的潘多拉魔盒。"他还指出，当时在约旦发生的事件"和1914年8月的情况何其相似"。[9]

随着里亚德将军飞抵安曼，并立即开始检查约旦河西岸的防御状况，埃约条约于6月1日成为既定事实。他此行的目标不仅是为以色列可能的入侵做好准备，还要将尽可能多的敌军从南部吸引到东部来，以减轻敌军对埃及的压力。此外，埃及还将提供进一步的增援，第53和第33突击旅将被转移至约旦，他们收到的命令是渗透以色列并摧毁该国的一系列战略目标。

里亚德及其手下突击队员的到来进一步引爆了约旦公众的情绪，尤其是在巴勒斯坦人当中。而舒凯里正急于利用这一情绪，他无视侯赛因不准自己离开安曼的命令，贸然前往耶路撒冷，并于周五聚礼时在该城发表了言辞激昂的布道演讲。他承诺说，巴勒斯坦解放组织"已经做好了在约旦战线上占据最前线位置的准备，以便与犹太复国主义团伙面对面交战"。他还承诺将亲自使用该组织如今所拥有的最先进的武器。围在他跟前听其布道的人群中爆发了狂热的呼声，暴徒更是袭击了西方国家领事馆，并与试图制止他们的士兵发生了冲突。"我们将消灭以色列及其居民。至于那些幸存之人——如果有的话——我们已经为他们备好了把他们弄走的船！"[10]

埃什科尔的式微

侯赛因与纳赛尔的结盟是以色列决定等待和不开战的结果，而这一结盟反过来又增加了以色列发动战争的压力。5月28日晚，这一压力便凸显了出来。当晚，埃什科尔在内阁会议结束后准备与总参谋部成员会面。然而，在前往总参谋部的途中，埃什科尔在以色列电台演播室短暂停留，准备向这个充满焦虑的国家的国民致辞。

埃什科尔的目的是告诉国民，尽管政府已做好了击退阿拉伯国家侵略的准备，但它正在与美国合作，希望和平解决这场危机。他极度缺乏睡眠，患上了恼人的支气管炎，眼里还被植入了人工晶体——近期白内障手术的结果。屋漏偏逢连夜雨，埃什科尔直到进入演播室时才拿到这次演说的讲稿，讲稿中满是修改的痕迹和最后一分钟才加进去的补充内容。他现在不得不在现场直播的情况下把讲稿念出来。这次演说最后结结巴巴，杂乱无章，几乎让人听不懂。听众认为这是精疲力竭和恐慌的表现。不仅仅是埃什科尔的演说，媒体的报道也让以色列人感到惊慌失措。以色列人得到的消息是，该国把命运交到了另一个国家的手中，而不是依靠自己的力量。"令人惊讶的是，一个遭受过大屠杀的民族竟然愿意相信这一切，并让自己再次陷入危险之中。"《国土报》（Ha'aretz）专栏作家泽埃夫·希夫（Ze'ev Schiff）写道。据说，在内盖夫，围坐在收音机旁的士兵都流下了眼泪。[11]

然而，对于埃什科尔来说，当天晚上的灾难还远没有结束。在以军总部的地下指挥中心里，将军们正等待着埃什科尔的到来，并准备听他宣布内阁会议的结果。自从蒂朗海峡被封锁以来，以军情报部门一直预测埃及会对迪莫纳和以色列机场发动突袭，此外，以色列还会迎来敌军导弹、毒气，甚至是初级放射性武器的狂轰滥炸。叙利亚肯定会加入袭击，约旦也有可能。以军认为美国人不会干预，也不会认真对待赛船计划。因此，军队恢复并调整了一些应急计划。这些计划包括消灭埃及军队并在其他战线上夺取主动权。一切只待政府的批准，然而，以军却接到了无限期推迟的命令。紧接着，驻守内盖夫的以军发生了类似于埃军在西奈半岛上所呈现出的混乱。"各部队……移来移去，穿越各自的道路并在阵地上驻扎下来，但一天后又从那里撤出，奔向另一处阵地。"阿里埃勒·"阿里克"·沙龙（Ariel "Arik" Sharon）回忆道。他曾是空降兵军官，现在是南部地区的师长。"军队看起来并不知道自己正在做什么。"

军队里的困惑本指望随着埃班返回以色列,以及政府决定采取行动而得到缓解。然而情况并非如此,拉宾羞于启齿,不敢把情况转告给将军们,他便让埃什科尔自己来做这件事情。

在阿隆的陪同下,埃什科尔进入了地下指挥中心。没有人介绍他的到来,然后埃什科尔对手下高级将领们的讲话便开始了。他回顾了过去几天中所发生的事件——包括约翰逊和柯西金发来的信件及海上护航计划。"在政治上、外交上,甚至在道义上,发动战争都不合逻辑。"他说,"我们现在必须保持自我克制,在一周、两周甚至更长的时间里让部队维持现状。"他表达了对华盛顿所做出的承诺(解除海峡封锁)的信心,并敦促将军们要考虑到以色列在战争中将受到的损失,包括装备、外国援助和生命。"我明白,诸位指挥官感到非常失望,但成熟的心智要求我们要经得住这番考验。"他在结束讲话时表示,即使埃及军队被完全摧毁,它也会重新崛起。"15年后,也许新一代的阿拉伯人会来亲吻我们,但不是现在。"

指挥官们听完了埃什科尔的讲话,然后对他发起了攻击。"两周后,海峡仍将处于封锁状态,而我们的处境将变得更糟。"南部战区司令部司令员耶沙亚胡·"沙伊克"·加维什(Yeshayahu "Shaike" Gavish)率先发难。中部战区司令部司令员乌齐·纳尔基斯(Uzi Narkiss)对此表示同意:"我们会有更多的人死去。问题不在于我们,而在于年轻一代,他们永远不会明白为什么当初以色列国防军没有发动攻击。"他说,俄罗斯施加干预的威胁是虚张声势,至于阿拉伯军队,"他们只是些泡沫——一根大头针便能把他们戳破"。师长亚伯拉罕·约菲(Avraham Yoffe)也加入了进来:"在苏联的帮助下,埃及建立起了一支仅以摧毁以色列为目标的军队。以色列国防军是为了保卫国家而设立的,政府却不让军队完成其使命——一项人民渴望其完成的使命。"

将军们继续向埃什科尔开炮。作战部副部长雷哈瓦姆·泽维(Rehavam Ze'evi,又黑又瘦,人称"甘地",日后成为以色列极右势力领袖)和军需官马蒂亚胡·佩莱德(Mattityahu Peled,日后成为以色列极左势力领袖)都认为,如果以色列要想生存下去,就必须立即除去埃及的威胁。"以色列不能指望别人来为自己做脏活，"亚里夫将军直言道，"我们自己便可以打破紧紧缠绕在四周的束缚。"但最令人信服的声音是由沙龙发出的：

> 今天，我们亲手把我们最强大的武器——敌人对我们的恐惧——给拿走了。我们有摧毁埃及军队的能力，但如果我们在自由航行权问题上让步，我们便打开了以色列毁灭的大门。在未来，我们将不得不为我们现在必须要做的事情付出更大的代价……以色列人民已做好了发动正义战争的准备，参与战斗，并为此付出代价。这不是自由航行权的问题，而是以色列民族之生存的问题。

埃什科尔尽可能转移这些尖锐的指责。他宣称，以色列国防军并不是为了发动战争而建立的，而且它发动战争的能力也不能构成发动战争的正当理由。仅仅因为埃及军队出现在西奈半岛上并不能构成先发制人的理由。他说："威慑意味着要有耐心、耐力。"然而，这些话没能对将军们产生影响，如果不是阿隆，他们的侮辱可能会继续下去。最终，阿隆介入进来并结束了讨论。不管是阿隆还是拉宾，两人都没有为总理辩护。伤心又虚弱的埃什科尔逃离了地下指挥中心。

"这是一场真正的政变。"米里娅姆·埃什科尔回忆道，"每个人都很担心，没有人关心民主程序。"在不可战胜和软弱之间，以色列自我分裂的形象在此时凸显了出来，这让以色列的领导层陷入严重的分裂当中。拉斐尔·埃坦（Rafael Eitan）是空降部队的指挥官，他解释说："以色列军队的荣誉被玷污了，被践踏了。领导这支军队的将军们把军队当作毕生的事业，他们再也抑制不住自己的愤怒了。"然而，不管有多么生气，这些将军从未真正做出过赶埃什科尔下台的举动，也从未威胁过法治。相反，在总理离开后，他们仍留在地下指挥中心讨论如何提升士气，并提出了包括遣散3万名预备役军人的建议。[12]

然而，公众却不那么宽容。第二天的报纸上满是关于埃什科尔那结结巴巴的演讲及其可怜影响的报道。《国土报》声称，"政府目前的人员组成使其不能在危险之际领导国家",并呼吁埃什科尔下台,让位于本-古里安和达扬,然后让总理仅仅专注于"文官事务"。在1965年选举期间成立的"为埃什科尔公民组织"付费刊登了广告,主张建立由所有主流政党组成的全国团结政府。西耶路撒冷市长特迪·科莱克(Teddy Kollek)写道:"在我们看来,埃什科尔对发动攻击的迟疑源自软弱,而不是智慧。"他把组织国际护航舰队的主意贬斥为"愚蠢的举动"。"即使美国或英国船只通过海峡,在那之后,海峡也可能再次被封。"[13]

幕后的活动同样狂热。"只要埃什科尔还在位,我们就会陷入深渊。"本-古里安在日记中写道。就连本-古里安的老对手梅纳赫姆·贝京也劝说他回归政坛。贝京建议由本-古里安来领导战时内阁,然后由埃什科尔充当副手。埃什科尔拒绝了这一提议,并讥诮道:"这两匹马不能被拴在同一辆马车上。"之后,果尔达·梅厄会见了贝京和以色列工人名单党的希蒙·佩雷斯,他提议让达扬出任新设立的国防事务副总理一职。对此,达扬表示,他甚至连考虑都不会考虑,并坚持接过国防部长的职务。他还说,一旦他接过了职务,他不会只端坐于办公室中,而是会亲自指挥战争。

达扬没有亲自参与游说工作,而是精明地选择让其他政客为他发声。通过这样的方式,他超过伊加尔·阿隆,成了国防部长一职的首要候选人。这位前以军总参谋长一直是公众心目中的英雄,在以色列妇女中尤其受欢迎,无论他走到哪里都会听到人们的欢呼声。达扬所著的《西奈战役日记》(*Diary of the Sinai Campaign*)一书恰逢其时地出版了,这进一步提高了自己的威望。他在书中称颂了自己在那场战争中所取得的成就——"在亚喀巴湾……自由航行;终结了巴勒斯坦游击队活动,摧毁了……埃及-叙利亚-约旦三国联合军事司令部。"为了排挤达扬,埃什科尔开始考虑把他安排到军队中服役。拉宾愿意把总参谋长的职位让给达扬,但被他拒绝了。他只想得到一个职位:南部战区司令部司令员。[14]

随着公众层面和政治层面上动荡的加剧,以色列军队内部也发生了剧变。为了减轻肩上的负担,拉宾任命哈伊姆·巴列夫为其副手。巴列夫出生于萨拉热窝,在哥伦比亚大学受过教育,此后由普通士兵晋升为军官，并在1948年和1956年的战争中指挥过步兵和装甲部队。当拉宾给他打来电话的时候，他正在法国学习战术。这一人事任命在总参谋部中很受欢迎，但激怒了魏茨曼。他认为自己才应该是拉宾的接班人，而不是巴列夫。"我的地位被削弱了。"他在回忆录中写道，"对他们［拉宾、埃什科尔］来说，我就是个野人……一个会声称我们对希伯伦、纳布卢斯和整个耶路撒冷享有权利的人，声称我们必须用武力来实现这一权利的人……一个'国家的亡命之徒'。"

如今，魏茨曼正因为国家给他造成的创伤而备受煎熬，他威胁要辞职。他迈着重重的脚步走进总理的办公室，打断了总理与财政部长平哈斯·萨皮尔的午餐，并大吼道："这个国家要完了，埃什科尔。你为什么要把时间浪费在摩西·达扬身上？会有谁需要伊加尔·阿隆？你只要下命令，我们就赢了……你将成为带领人民取得胜利的总理！"随后，他把徽章从肩上撕了下来，扔到了埃什科尔的桌子上，然后冲出去了。

对于那些没有参与到这些权力游戏当中的以色列人来说，这场试炼是一场煎熬。在全国各地，成千上万的人都在急急忙忙地挖沟，搭建掩体，装沙袋。耶路撒冷尤以为甚，当地的学校被改成了防空洞，每天都做空袭避难演习。大多数公共汽车和几乎所有的出租车都被动员起来，紧急献血活动也相应启动。当地还向红十字会提交了派遣外科医生的紧急请求——"考虑到所面临的条件之艰苦，他们必须身体健康且经验丰富"——并从国外订购了额外的血浆。各种专门委员会纷纷成立，他们负责囤积必备食品，组织替换被征调去前线的工人，并将儿童疏散到欧洲去。医院准备好了1.4万张病床，储备了大量解毒剂（为应对毒气侵袭，预计会遭到200波攻击），还挖好了约1万个坟墓。[15]

在做这些略显病态的准备工作的过程中，唯一的亮点来自犹太人世界所迸发出的前所未有的同情。前来以色列的志愿者人数众多，甚至超过了该国的消化能力——他们倾向于吸收年轻、有技能的单身犹太人。捐赠规模也远远超出预期。犹太人在纽约和伦敦都举行了大规模游行，并在全球展开了紧急募捐活动。"历史上第一次，欧洲犹太人团结一致为以色列行动。所有道德、政治和经济层面的支持都被动员起来了。"法国犹太人领袖埃德蒙·德·罗特席尔德（Edmund de Rothschild）在寄给萨皮尔的信中写道。在巴黎，以色列大使沃尔特·埃坦（Walter Eytan）就"全面革命"做出了报告。在这场"革命"中，法国犹太人纷纷献血，安顿被疏散儿童，甚至出售艺术品来为以色列筹集资金。来自非犹太人的捐赠也纷涌而来。其中尤其受欢迎的是约 2 万个美国制造的防毒面具，讽刺的是，这批捐助是由德国提供的。[16]

然而，这些举动并没能缓解以色列人的灾难迫近感，他们担心犹太人会被丢弃到另一场大屠杀中。"你还在等什么？"《达瓦尔报》的副主编汉娜·泽梅尔（Hanna Zemer）质问埃什科尔。埃什科尔对此做了反驳，他描述了以色列在国际上所处的孤立地位，以及行动将给以色列带来的巨大伤亡。"Blut vet sich giessen vie vasser.（血流成河。）"他用意第绪语总结道。拉宾后来记录了当时的气氛："那段日子度日如年，满是紧张的会议和磋商所带来的沉重负担……我们一次又一次地评估形势，预测各种选择，然后部署部队，制订计划。但我们的政治领导人始终被虚幻的希望所俘获，认为战争可以避免。"街头有人说以色列城市将遭到大规模轰炸，整整一代士兵都会被消灭。当时有一个十分流行的笑话，讲的是卢德国际机场（Lod International Airport）上挂了牌子，告诫最后离开这个国家的人要记得关灯。[17]

当双方军队在西奈半岛边境上第一次交火时，末日似乎便已到来。一支埃及巡逻队闯入了加沙东南部贝埃里（Be'eri）基布兹附近的以色列领土，结果遭到以色列空降兵的伏击。随后，埃及的炮弹像雨点一样砸向贝埃里基布兹和附近的纳哈勒奥兹（Nahal Oz）基布兹，当地的庄稼被烧毁。尽管该空降部队被埃军按着打了数小时之久，但当地的以军师长伊斯拉埃尔·塔勒（Israel Tal）将军迟迟没有派部队前去支援。他明白，哪怕是最小幅度的升级都可能引发一场战争。最终，这一事件过去了，但另一事件给此事蒙上了阴影——埃及的米格战机再次渗透以色列领空，并侦察了以军的阵地。军事分析人士总结说，阿拉伯人已经躁动起来且信心十足。"纳赛尔上校制造出了有战争危险的局面，"埃什科尔于 5 月 29 日对议会说，"一场大火会被点燃。"[18]

而这场大火直到侯赛因飞抵开罗之时才变得如此迫近。"现在所有阿拉伯国家的军队都包围住了以色列,"国王在返程时宣称,"阿拉伯联合共和国、伊拉克、叙利亚、约旦、也门、黎巴嫩、阿尔及利亚、苏丹和科威特……阿拉伯人和阿拉伯人之间没有区别,阿拉伯军队和阿拉伯军队之间也没有区别。"哈马什将军飞往巴格达,要求伊拉克方面提供4个旅的部队,外加18架战机——他们将被编入约旦的24架霍克猎人战机编队。这些部队将与约旦的11个旅——5.6万名士兵、270辆现代化坦克(包括百夫长型和巴顿型)——一起,共同对以色列的最窄处(约旦河西岸和地中海之间14.5千米的土地)形成威胁。而在戈兰高地上,5万名叙利亚士兵、260辆坦克和数目相当的野战炮都已经各就各位,他们很快还将得到伊拉克坦克的增援。现在,上述所有军队将配合埃及的13万名士兵、900辆坦克和1100门大炮展开被纳赛尔称为"将使世界为之震惊的行动"。[19]

《埃约防御条约》的签订几乎抹去了埃什科尔企图保住国防部长一职的全部希望。在最后一次绝望的努力中,他决定遵照达扬的要求任命他为南部战区司令员。拉宾把加维什叫到地下指挥中心,向他宣读了这一决定并提议让他接过副司令员一职。

加维什身强体壮,在1948年的战争中,他的腿部曾受到重创。从伤病中恢复过来后,他于1956年成了以军的作战部长。如今42岁的他已是将军。他认为以色列与埃及的大决战不可避免,在过去的两周里,他不知疲倦地让手下为接下来的大决战做好准备。按照"红舌"(Lashon Aduma)行动的计划,他仅用几辆坦克、吉普车和大量伪装网便制造出了一个师级部队(第49师)的假象。这支"部队"被部署于孔蒂拉和古赛马之间,而这里正是以色列军队在1956年战争中突破埃军防线的地方。埃及人中计了,沙兹利将军的部队已从拉法向南转移,埃军第4师也移动到了预定区域,如此一来,西奈半岛北部的防御被进一步暴露于以色列装甲兵面前。然而,加维什为此所获得的奖励却是被撤换。埃什科尔的决定令加维什备受打击,拉宾选择遵从这一决定更是令他感到失望。最终,加维什递上了辞呈。"我向达扬致敬,"他说,"但我不会再在军中停留一分钟。"

达扬似乎很乐意接受这一任命。"身为士兵，我都做好驾驶半履带车的准备了。"他逗媒体说。然而，各种政治势力合流的结果却是他被赶去了其他地方。全国宗教党表示，如果形成不了全国团结政府，该党便准备退出政府。以色列工人名单党和加哈尔集团却表示，如果达扬不是团结政府中的一员，那么他们便拒绝加入其中。果尔达·梅厄希望阿隆出任国防部长，阿隆则建议由达扬取代埃班，但这项动议被以色列地工人党所拒绝。各种阴谋诡计持续发酵，整个国家的耐心却在逐渐消减。群众计划在6月3日（星期六）举行大规模集会，要求成立联合政府。

"我不明白，"埃什科尔恼怒地问哈伊姆·摩西·沙皮拉，"你怎么能既想要达扬，又不想要打仗？"其实埃什科尔知道答案：对于他是否具有担任国防部长的能力这个问题，内阁已经失去了信心。梅纳赫姆·贝京同样因为对埃什科尔缺乏信心而开始支持本-古里安，尽管贝京反对发动战争。除了投降，埃什科尔已别无选择。"有太多的部长，太多的议会成员，太多的将军，太多街上的人民，也总是街上的人民，支持达扬。"利奥尔哀叹道，"从那一刻起，直到他去世之时，他都再也不是从前的那个埃什科尔了。"[20]

最终，在6月1日下午4时30分，达扬在特拉维夫宣誓就任以色列国防部长。他的职权受到了严格的限制。在埃什科尔的坚持要求下，达扬同意在没有获得总理批准的情况下不会下令发动任何攻击，也不得批准任何偏离常规战争计划的行动。除非以色列城市首先遭到轰炸，否则不得轰炸阿拉伯国家的城市。作为对达扬权力的进一步限制，埃什科尔找来了著名的考古学家和以色列参谋次长伊加尔·亚丁（Yigal Yadin）并任命他为国防事务顾问。

拉宾对这项人事任命也很矛盾。"他对此并不热心，但他知道如何接受现实。"雷哈瓦姆·泽维回忆道，"他很欣赏达扬对提振国民士气所做出的贡献。他还意识到，如果开战的话，国防部长的人选最好是达扬，而不是埃什科尔。但由于无法预见这场战争的结果，拉宾也想分担一些责任。"拉宾在会见新上司（其军事名声甚至超过了拉宾自己）时问道："你准备好服从我在指挥作战方面的权威了吗？"达扬向他保证，他会像美国驻越南部队指挥官马克斯韦尔·泰勒（Maxwell Taylor）将军对参谋长联席会议主席那样来尊重以军总参谋长。但达扬刚说完这番话就立刻跑到地下指挥中心去羞辱在场的将军们，他厚颜无耻地对他们说："让我看看你们的计划，前提是如果你们有的话。我可有我的计划。"[21]

当晚，阿赫拉勒·亚里夫来到了英国大使馆，与英国大使迈克尔·哈多（Michael Hadow）一起开了次"漫长的深夜酒会"。亚里夫一边喝着酒，一边表达对埃什科尔的不满——抱怨他没有能力做出决定，抱怨他对俄罗斯的恐惧，抱怨他在萨穆阿事件中的罪责（"一个可怕的错误"）。他还声称埃班违反了政府的命令——在华盛顿的会谈过程中，埃班本该把重点放在以色列的安全问题上，却让海峡被封一事成了讨论的焦点。正因如此，以色列现在不得不背负着达扬这个包袱——在亚里夫看来，达扬是个"令人不快且以自我为中心"的人——还需要在两天内面对一场三线作战的战争。在这场战争中，以色列最终会赢得胜利，却要以巨大的伤亡为代价。哈多自50年代初以来便是以色列和中东事务的专家，他十分平静。用他的话来说，他一直"像在老鼠洞边的小猎犬一样"关注着蒂朗海峡的局势，他并不认为战争不可避免。"以色列动不动就让我们为它心惊肉跳，这么做是要付出代价的。"哈多写道。他叫"小亚里夫"不要担心，要他相信"国际社会是不会让以色列打2小时的仗的，更别提打48小时了"，更要相信美国。[22]

然而，随着危机进入第三周，也是最关键的一周，哈多的建议在以色列越来越没有市场。约翰逊刚承诺要尽"一切可能的努力"来让海峡重新开放，刚承诺不抛弃以色列，似乎便要退缩了。对于以色列要求美方提供的武器——清单被拉长，现在包括100枚霍克导弹、140辆巴顿坦克和24架天鹰攻击机——白宫一直拖延并不予回应。以方向美军派驻军事联络人的请求也遭到了同样的待遇。"如果战争爆发，我们连个求援的电话号码都没有，也没有飞机的识别代码，更没办法与第6舰队取得联系。"哈曼向尤金·罗斯托抱怨道。以色列提出建议，即埃以双方在美国和苏联的调停下分别在西奈半岛和内盖夫沙漠削减军力，这一建议也被美方给忽略掉了。以色列人被告知,美国政府顶多愿意对埃及施加经济上的压力。

由于美方缺乏实质性的行动,埃什科尔又给约翰逊写了一封热切的信。他提醒美国总统,正是由于他承诺将采取"一切措施来解除海峡的封锁",以色列政府才投票决定不发动战争。埃什科尔警告说,以色列"很快便要到达临界点,一旦越过了这个临界点,任何要求保持克制的建议都将缺乏道德或逻辑上的依据"。他表示,唯一的解决办法是迫使吴丹采取行动使西奈半岛恢复原状,让美方同意以色列派驻军事联络员,然后在"一两周内"启动护航计划。埃什科尔在信的结尾强调,以色列正"经历着历史上最沉重的日子"。但他的信并没能使美国改变立场。相反,约翰逊甚至否认自己曾说过要采取"一切措施"来解除海峡的封锁。他表示自己只说过要在宪法所规定的权力范围内采取一切措施。总统指示沃尔特·罗斯托立即向以色列人阐明这一点。[23]

"我是不是对总统的个人决心做出了错误的判断?"埃弗拉伊姆·埃夫龙问道。罗斯托隐晦地回答说:"你已经认识约翰逊总统很久了,有资格做出自己的判断。"眼含泪水的埃夫龙感叹道:"亏我们对他抱了那么大的希望。"他连忙向国内汇报了这次谈话的内容。用拉宾的话来说,这份报告给耶路撒冷带来的冲击"就像被打了一记耳光"。"我们只能这样解读这封电报:我们不能指望美方会采取任何行动……这正是谚语中所说的那最后一根稻草的样子和感觉。"

另一场危机,一场信任危机,正在美国和以色列之间发酵。罗斯托问埃夫龙,以色列人还会等多久,埃夫龙推测说:"十天左右。"巴伯大使所预测的时间则更短:"如果出现来自西奈半岛或加沙地带的大规模恐怖袭击,以色列最终将不得不采取行动。他们[以色列人]认为自己有能力让纳赛尔完蛋,如果没有阻止恐怖活动的其他方法,他们就必须得这么做。"然而,尽管埃夫龙的报告对埃什科尔来说犹如"晴天霹雳",埃什科尔却愿意做出最后的努力。他决定把梅厄·阿米特派去华盛顿。阿米特将接替埃班完成其未竟之工作,即确定美国政府是否真的打算与以色列共同行动,如果答案是否定的话,以色列又是否可以单独行动。[24]

竭尽全力

然而，在以色列人眼里看起来似乎是退缩的举动，对于美国人来说却是遭受挫折之后的结果。"从艾森豪威尔明确表示他曾对以色列做出过承诺的那一刻起，"沃尔特·罗斯托证实说，"约翰逊便坚信他必须让海峡重新开放。"罗斯托主张在危机中公开采取强硬的立场。他警告约翰逊，其政策中"冠冕堂皇的东西"太多，而"动真格的东西"太少。话虽如此，但美国总统在处理中东地区事务的过程中面临着一系列的障碍。在国防机构内部——如中央情报局和参谋长联席会议——反对赛船计划的声音十分强烈，他们认为美国没有足够的部队来实施这一计划。中东控制小组（Middle East Control Group）在分析报告中总结说："武力威胁只会迫使他［纳赛尔］在目前的道路上远走越远，曲意迎合他的虚荣心是必要的。"巴特尔问惠勒将军，如果被派往蒂朗海峡的美国军舰遭到了炮击的话该怎么办，惠勒挥出拳头砸向桌面并怒吼道："卢克（卢修斯·巴特尔），这意味着战争。"

白宫高级官员——腊斯克、麦克纳马拉和汉弗莱——把赛船计划方案带到了国会山。军方对赛船计划的反对声与国会相比，简直就是小巫见大巫了。

他们带去国会山的是共同决议草案，该草案将授权总统"采取包括动用美国军队在内的适当行动，与其他国家协力确保这一权利［自由航行权］得到行使"。国会却不为所动。参议院外交关系委员会正遭受着腊斯克所谓的"东京湾后遗症"（Tonkin Gulfitis）的折磨，对赛船计划完全无感。参议员迈克·曼斯菲尔德（Mike Mansfield）、威廉·J. 富布赖特（William J. Fulbright）和艾伯特·戈尔（Albert Gore）尤为坚定，他们认为政府不能让国家陷入另一场越南战争，只能在联合国框架内解决中东危机。即使是最亲以色列的参议员——罗伯特·肯尼迪（Robert Kennedy）和雅各布·贾维茨（Jacob Javits）——也对护航计划持保留态度。在游说了近90名国会议员后，沮丧的腊斯克和麦克纳马拉向总统报告说："虽然国会中的越南鸽派的确可能正处于转变为［以色列］鹰派的过程中……但为了从国会那里获得决议而付出的努力有可能在激烈的争论中陷入泥沼。"[25]

然而，获得国会批准只是赛船计划所需面临的问题之一，另一个问题则是让其他国家加入行动中来。按照约翰逊的设想，在美国联系过的18个国家中，至少有14个国家会响应号召。但最后只有4个国家——冰岛、新西兰、澳大利亚和荷兰——愿意签署支持蒂朗海峡航行自由的声明。其中，又只有澳大利亚和荷兰同意派船。意大利、德国和巴西不愿对军事行动做出任何承诺，即使是用再含糊的语言来表述都不行。法国仍然坚持四大国峰会方案。阿根廷人则根本不承认他们是海洋国家。"比利时人，"一位美国外交官写道，"一直含糊其词。"最令美国人失望的是加拿大，该国是赛船计划最早的支持者之一。由于担心阿拉伯人的强烈反对——联合国紧急部队中的加拿大分遣队被控有亲以色列的偏见，因此收到了要求其于48小时内离开西奈半岛的通牒——加拿大人便放弃了护航的想法。该国转而支持恢复停战协议并将联合国紧急部队移驻以色列的解决方案。

"加拿大人和欧洲人不愿承担责任，"约翰逊总统在日记中写道，"他们说这不是他们的麻烦，他们现在不应该被卷入中东。"尤其令人生畏的是纳赛尔威胁要向任何试图打破封锁的船只开火，还要阻止阿拉伯石油流向石油购买国。在给沃尔特·罗斯托的备忘录中，桑德斯甚至提到了这样一种可能性，即在没有其他国家追随的情况下由美国独自展开赛船计划。[26]

"我们也许不能成功，可能也不会成功。但我相信，如果我们不能令人信服地证明我们确已尝试过，公众舆论便不会理解也不会支持我们今后可能不得不做的事情。"英国首相威尔逊试图用这种方式来鼓励越来越怀疑赛船计划的约翰逊。在1956年的苏伊士运河危机中，英美之间的联盟关系几乎破裂了，但在当前的危机中，他们十分坚定，两国各占赛船计划的一半。然而，在国内和国际舆论的双重压力之下，甚至就连这种关系都开始出现裂痕了。"[针对海峡而采取的]国际行动将被视作一次几乎不加掩饰的英美两国行动，"为英国内阁准备的政策文件声称，"充其量只能得到一两个欧洲国家的积极支持，也可能还有几个国家支持，但其余国家则会对此产生敌意。"内阁的结论一致：

> 阿拉伯国家的军事部署，尤其是阿拉伯联合共和国的军事部署，导致中东地区的力量平衡发生了永久性变化，使以色列处于不利地位。对此，以色列和西方大国都必须予以接受……鉴于在这么长的一段时间内我们都没能主张在［苏伊士］运河的权利，我们是否应该在亚喀巴湾行使该项权利便是令人生疑的事。恢复在海峡的无害通过权于英国国家利益而言也并无必要。

英国对待赛船计划的态度也开始"变软"，他们转而支持在蒂朗海峡周边恢复少数具有象征意义的联合国部队，而这些部队将被置于埃军的控制之下。除石油外，所有运往以色列的"战略性物资"都将被扣押下来。与此同时，英国将努力阻止以色列发动战争，避免让整个世界陷入超级大国对决的困境之中。在英国方面看来，美国人试图把护航计划描绘成"英国的倡议"，他们还把该计划与以色列的国家利益而非普世利益联系在一起。威尔逊对此耿耿于怀。他甚至开始怀疑，约翰逊是否向埃班承诺了比他公开承认的更多的东西。英国首相拒绝主持各方签署宣言，并禁止英国参与到联合海上行动的计划制订过程当中去。[27]

尽管如此，美国仍在继续计划着海上行动的方案。为了不引起国会的怀疑，政府始终保持低调。为调查美国在蒂朗海峡这片模糊水域上的法律地位，美国政府组织汇编了相关报告，同时评估了执行赛船计划的潜在损失——10亿美元的外汇及数十亿美元的固定资产。行动的日程表已经定下。护航舰队将由一艘悬挂着外国国旗并携带非战略性物资的以色列船只打头，紧随其后的是一艘类似的载有石油的船只。如果上述任何一艘船只在蒂朗海峡受阻，两艘美国驱逐舰和一艘战术指挥舰将对埃军的封锁发出挑战。如果整支护航舰队遭到了攻击——在计划制订者看来，这种情况不太可能发生——一支屯驻于地中海上的海基特遣部队将"让敌人丧失空战能力"。如果必要的话，该部队还将展开两栖登陆作战。最后，如果埃及和以色列之间爆发战争，不管是哪一方先发动进攻，美国都将向以色列提供食物、人道主义援助及军火。[28]

赛船行动的应急计划预计在6月5日制订完成，但发起行动可能还需要一个月或更久的时间。然而，约翰逊却等不起这么久。埃什科尔在信中提到，以色列的攻击行动最多只能推迟两周，参谋长联席会议根据这一信息展开了行动，着手将大约65艘军舰转移到地中海东部地区。美国海军"无畏"号航空母舰从越南返回并成功穿越苏伊士运河，与同属第六舰队的"美国"号和"萨拉托加"号航空母舰成功汇合。舰队仍处于"以塞得港为圆心、以386千米为半径所构成的弧线范围之外"——这一距离不仅不至于激怒埃及人，还处于可以发动攻击的范围之内。[29]

长达139米、载有294人的美国海军"自由"号是一艘辅助通用技术研究船。它没有被列在上述这些船只的名单之中，但被指示从科特迪瓦航行到西班牙的罗塔（Rota）。该舰上虽然只有数挺.50机枪，但配备着先进的监听和解码装置，船员中更不乏高度机密的海军安全小组成员。"自由"号是一艘间谍船，其代号为"摇滚明星"（Rockstar），在国家安全局的授意下行动。这艘船在罗塔接走了3名海军陆战队的阿拉伯语翻译人员，他们与3名本已在船上的苏联问题专家共同工作。"自由"号在当地经过维修后于6月2日再次启航。美国驻欧洲海军司令部对"自由"号的命令是：待在罗塔，"除非另有指示"。然而，"自由"号却撇开指令，以"最快的速度"驶向中东地区，在埃及和以色列领海以外的海域巡逻。[30] 该舰所担负的确切任务——甚至连船长威廉·L.麦戈纳格尔（William L. McGonagle）都不知道——很可能是追踪埃及军队及其苏联顾问在西奈半岛上的活动。

虽然约翰逊致力于赛船计划，但这并没有妨碍他诉诸其他外交手段。他有必要做出这种选择的原因不仅仅是国会和一众海洋国家的反对，还源于美国驻中东地区各外交官的悲观预言。

身处贝鲁特的美国驻黎巴嫩大使波特（Porter）报告说，阿拉伯世界没有人认为蒂朗海峡被封是问题的关键——"如果被封的是约旦的亚喀巴港，那么美国还会对此表现出同样的担忧吗？"——同时提醒总统不要落入苏联的圈套。"摆在我们面前的天平上的,一边是以色列,一个无法独立生存的附庸国,其对美国的价值主要是情感上的;另一边则是阿拉伯国家,它们代表着至关重要的战略、政治、商业或经济利益。"驻叙利亚大使休·斯迈思在从大马士革发出的信中写道。驻安曼的伯恩斯大使以国家安全紧急情况为由,建议美国"不履行"对以色列的承诺。"如果以色列真的开战,"他解释说,"我们将永远无法在这件事上说服阿拉伯人,即我们其实并没有鼓励它(以色列)这么做。这将破坏我们在北非和中东的所有利益……这种情况会持续数年之久。"最后,驻开罗的诺尔蒂大使说,纳赛尔只是对以色列做了以色列在1956年对埃及所做的事——"以牙还牙",而美国没有义务去拯救这个靠武力建立起的犹太国家。他进一步警告说,埃及人真会向护航舰队开火。"在我们看来,拥有苏联全面支持的阿拉伯联合共和国会不选择,再说一遍,不选择在军事上对抗任何试图将'自由航行权'强加于其身的海军或其他部队,这将是不可思议的事。"[31]

这些劝解——伴随着美国驻贝鲁特和吉达大使馆的爆炸事件——对腊斯克产生了巨大的影响。尽管他仍决心"全速推进"赛船计划,但他对推行该计划所将付出的代价已不抱任何幻想。他向比利时外交部长哈梅尔(Harmel)透露道:"除非向以色列人表明,我们说到底还是准备用武力来使海峡保持开放状态,否则我们不太可能阻止他们靠自己来伸张正义。但另一方面,如果我们现在对以色列做出承诺,那不仅会降低我们在寻求和平解决方案时行动的灵活性,还会使我们与纳赛尔发生直接的军事对抗。"

因此,腊斯克在安理会的外交层面上付出了加倍的努力。他试图推动一项丹麦人提出的决议,以支持吴丹的"冻结"概念。戈德堡为这一倡议艰苦地游说,他的努力似乎也收到了成效——埃及方面提交了一份决议草案,该草案虽然谴责"以色列的侵略",但呼吁恢复停战协议。美国取得突破的唯一机会便在于与苏联达成共识。私下里,费德林的确表达了防止战事爆发的意向。他说,在地中海上的苏联船只只不过是在"进行一场阅兵"。然而,他的演讲却依旧恶毒。他攻击美国人,称美国人在否认埃及有封锁海峡之权利时,自己却封锁了古巴,并"用鲜血淹没了越南"。[32]

由于在联合国受阻,美国政府便绕过费德林,直接找到了他在克里姆林宫的领导。在写给柯西金和葛罗米柯的信中，约翰逊和腊斯克分别强调了美苏两国在保障自由航行和避免战争方面的共同利益，同时突出了纳赛尔在封锁海峡和危及世界和平方面的罪责。以色列先发制人的威胁成了美国人的大棒——"我们不相信以色列会让步……也不应该要求它让步。"在向苏联抛出大棒后，美国人又紧接着向他们抛出了胡萝卜——让埃以双方"暂停行动"，然后在纽约或莫斯科召开两个超级大国之间的峰会。[33] 白宫仍在等待苏联对这一邀请的答复，而安理会在经历了一场"分歧多于理解"的会议后，终于休会。到6月5日（星期一）之前，安理会在48小时内不会再召开会议。

不管是在联合国内部，还是在同苏联打交道的过程中，美国都在外交方面做出了积极的努力。然而，这种努力与同冲突双方直接对话相比，其价值十分有限。相较而言，如果能恢复与埃及的直接联系，美国所将收获的益处要大得多。6月1日，国务院中东问题专家查尔斯·约斯特率先在这个方向上做出了努力，他为了协助诺尔特而来到开罗。约斯特与老相识马哈茂德·里亚德取得了联系，里亚德同意在他的家中与约斯特会面。

埃及外交部长一开口便说了超过一个半小时，说话时带着"强烈而又异常的愤恨情绪"。他厉声谴责了美国的政策（"极端亲以色列"），然后又把矛头指向以色列本身："犹太复国主义者对待［巴勒斯坦］难民的方式被灌输给每个学生，巴勒斯坦难民问题不会消失。"他解释说，纳赛尔不会在海峡封锁问题上让步，因为这会令他颜面无光，他将与"任何"试图打破封锁的人斗争到底。尽管纳赛尔手下的将军们逼迫他发动攻击，但他还是宁愿等以色列人先发动攻击，然后再在沙漠中消灭他们。里亚德若有所思地说，让双方先打一场短暂的仗，然后在联合国的调停下停火，这样才可能打破僵局。之后各方才可以推动"务实的解决方案"，即让［巴勒斯坦］难民回归家园，而以色列则可以找到石油来源的替代方案。"这不是经济问题，而是纯粹的心理问题。"他说道。

对于美国同开罗方面的后续对话来说，这次谈话并不是一个好预兆。约斯特向国内报告说，阿拉伯人并没有表现出"战斗疲劳"的迹象，也不准备在蒂朗海峡问题上妥协。"不管是以色列发动进攻还是西方要对蒂朗海峡动武，只要这种前景看起来迫在眉睫，阿拉伯人就只会更群情奋起、更团结，而不是反过来。"他写道，并警告说埃及人将用武力来捍卫对海峡的封锁。因此，约斯特建议美国去适应纳赛尔新取得的地位。以色列则将适应没有埃拉特的日子，就像1957年前那样。[34]

然而，约斯特与里亚德的会面只是华盛顿为争取纳赛尔而付出的努力的第一步。除了约斯特，美国还暗地里派出了罗伯特·B.安德森——正是1956年试图调解埃及与以色列，使两方达成秘密和平协议的那位罗伯特·B.安德森。自危机爆发以来，这位得克萨斯州石油大亨一直通过电话与总统保持着直接的联系。在5月24日为卡迈勒大使举行的告别会上，约翰逊提出了让安德森秘密前往开罗的建议。埃及大使的答案是肯定的。于是，安德森便出发了。他非常自信地认为，这场危机很大程度上是埃及财政方面问题的结果，可以通过邀请阿米尔访问美国来解决。双方可以达成协议，用美国的小麦来换埃及的温和立场。

5月30日晚，安德森抵达开罗。他发现，受侯赛因国王访问的鼓舞，纳赛尔显得轻松又自信。纳赛尔坚称以色列在叙利亚边境集结了13个旅，而这些部队最终会发动进攻，但埃及已为发动反击做出了"详尽的计划"。他主要担心的是，叙利亚（正对埃及与约旦新签订的条约感到不满）或某巴勒斯坦组织会挑起埃及不得不介入其中的战争。安德森恭维纳赛尔说，整个阿拉伯世界的知识分子对纳赛尔的忠诚度同他们反对和平的意愿同样强烈。纳赛尔打趣说："更令我钦佩的是做出这番断言的人的素质，而不是做出这番断言本身。"

这次讨论最终还是谈到了如何化解当前的危机这一话题。不管是交由联合国还是国际法院来仲裁，纳赛尔都不看好成功的可能性，并直接拒绝了由美国调解的提议。相反，他提出由中立的谈判者来调解，但又拒绝指明该中立的谈判者具体是谁。至于美方提出的邀请阿米尔访问华盛顿的提议，纳赛尔表示他更愿意派副总统扎卡里亚·毛希丁（刚刚被任命为人民抵抗军司令员）出访。安德森表示同意，并提议由美国副总统汉弗莱回访埃及。

这次谈话促使纳赛尔写了一封信，他在信中终于回应了约翰逊于11

天前所发出的呼吁。这封信的语气一点儿也不温和，埃及领导人再次指责以色列密谋入侵叙利亚，不断违反联合国决议，还侵略他国。相比之下，埃及在海峡所采取的措施"符合逻辑"，而以色列的货物可以通过海峡则"难以想象"。尽管如此，纳赛尔在这封电报的结尾处还是接受了让毛希丁出访华盛顿的邀请并欢迎美国副总统前往开罗。这正是白宫所寻求的突破口。中东控制小组迅速采取行动，开足马力为约翰逊与毛希丁的会面做准备。这些准备工作包括起草针对阿以问题的全面解决方案，以及在致纳赛尔的信中增添"一些利凡廷绸般的笔触"。他们还做好了埃及代表团于6月5日提前到达的预备工作。[35]

尽管仍存在巨大障碍，但美国的政策显示出了进展——先是制订赛船计划的方案，后又诉诸安理会，最后与纳赛尔恢复联系。然而，在一个问题，一个称得上是最严峻的问题上，即以色列自身，美国人所面对的问题与答案一样多。

华盛顿对于摩西·达扬宣誓就任以色列国防部长一事持矛盾的态度。尽管巴伯对此并没有表现出"过分的乐观"，但他认为这项任命会增强以色列的安全感——"如果我们能够保持住外交活动的势头……我们在以色列人那里取得成功的机会就比以往任何时候都要高。"腊斯克则更为谨慎，他指出，达扬在政治上既不受缚于埃什科尔，也不受缚于本-古里安，他可能会独自走出一条路来。他对手下的美国大使说："没有，再说一遍，没有任何新的迹象表明，在眼前的外交活动期间战事迫在眉睫。"其他人却没这么乐观。卢修斯·巴特尔预测说："这项任命增加了以色列最终决定采取军事行动的可能性。"

关键的问题仍未解决：以色列人会等多久？赛船行动的计划者认为在展开行动前还需要一个月的准备期，但以色列人会为此等上一个月吗？还是说他们会像美国情报机构所认为的那样，在两周内便发动战争？

尽管约翰逊的直觉告诉他以色列人最终会"独自行动"，但他还是决心争取尽可能多的时间来做出外交方面的努力。作为邀请毛希丁访问华盛顿的配套措施，约翰逊指示当时还在越南的白宫法律顾问哈里·麦克弗森于6月5日访问以色列。总统还授权他与埃什科尔的私人特使梅厄·阿米特展开高层次且开诚布公的会谈。[36]

44岁的阿米特身体结实，充满活力（35年后，他仍在工作岗位上领导以色列的卫星项目）。他曾在哈嘎纳服过役，并在1956年的战争中担任以军作战部长，之后才离开战场转而投身间谍事业。1961年，在哥伦比亚大学商学院获得学位后，他被任命为以色列国防军情报部门主管，两年后出任摩萨德主管。在他的领导下，该组织的任务由追捕纳粹转变为追踪埃及的导弹计划。埃利·科亨被他派往叙利亚做间谍，但最终丢掉了性命。他最大胆的成就是在1966年8月让伊拉克飞行员驾着米格-21战机叛逃到了以色列。此外，他还曾与埃及的阿泽姆丁·马哈茂德·哈利勒建立联系。后来为了缓解西奈半岛上发生的危机，他又试图重建这一联系，但没有得到任何回应。自那之后，他帮助拉宾和雅各布·赫尔佐克起草了发给埃班（当时在华盛顿）的警告。阿米特坚信以色列必须立即展开行动，而且只要行动了就会取得胜利。他自信地向埃什科尔保证说："如果他［纳赛尔］先发动攻击，那他就死定了。"

阿米特在华盛顿很有名，在人们的眼中，他是个绝对正经的人。"一个出生在以色列的以色列人……与哈曼和埃班相比，他更自然、更放松，而哈曼和埃班则必须不断证明自己犹太人身份的真实性。"沃尔特·罗斯托在呈递给总统的简报中这样写道。他在之后又加了一句："从现在起，在一周左右的时间里，这些小伙子便很难再控制得住了。"阿米特与中央情报局有着极为广泛的接触，尤其是与该机构驻特拉维夫办公室主任约翰·哈登（John Hadden）的接触。在危机爆发的初期，哈登曾在凌晨两点半叫醒阿米特，只是为了警告他："如果你们率先开火，那就准备好靠你们自己吧。"

确认这一警告是否仍然有效是阿米特的首要任务。他的第二项任务——其重要性并不亚于前一项任务——是让美国人相信，"如果十天前美国便允许以色列把脏活干掉，那么美国就不会有被卷入的危险，但现在如果以色列不采取行动，美国就不得不行动起来，这么做是为了挽救中东"。以色列人并不想让美国人为他们而战——阿米特会说："这里不是越南。"——只需要他们制止苏联的任何干预，在联合国提供政治支持，并加快向以色列输送武器。埃什科尔并不看好阿米特此行的使命，将其比作 fantoflach（意第绪语，意为"室内拖鞋"），但阿米特此行所要传达的信息意义重大："以色列会不会流血取决于美国是否有良心。"

5月31日，当阿米特以化名离开以色列的时候，他很痛心地看到几个以色列重要人物登上了他乘坐的飞机，他们显然是准备逃离这个国家。在华盛顿，他遇到了詹姆斯·耶稣·安格尔顿（James Jesus Angleton）——美国方面与摩萨德长期以来的联络人。他被摩萨德称为"中情局里最伟大的犹太复国主义者"。在阿米特看来，安格尔顿与大多数以色列将军相比都更加好战。安格尔顿坚持认为，苏联多年来一直在策划这场危机，而约翰逊则会在暗地里欢迎以色列展开挫败这一阴谋的行动。他声称赛船行动"永远不会取得进展"。阿米特的另一位相识理查德·赫尔姆斯也表达了类似的观点，但他还表示，最后拍板的话必须由约翰逊、腊斯克或麦克纳马拉说出。

中情局总部又召开了会议，会上的30位中东问题专家"打开了账簿"，然后对阿拉伯人的军队展开了评估，最后发现他们完全同意以色列方面的说法。"当时的气氛一触即发，但也充满了善意。"阿米特评论道。中央情报局局长杰克·史密斯（Jack Smith）对他说："你一直在向皈依者布道。"然而，关键的讨论尚未到来，阿米特还需要面对麦克纳马拉。

这位前哈佛商学院教授和福特公司总裁是美国在越南战争中大部分政策的总设计师。他以冷酷、井井有条的风度而闻名。然而，他没打领带，只穿着衬衫，便热情地迎接阿米特的到来。麦克纳马拉向摩西·达扬表达了敬意——"我钦佩那个人"——并提出了一些尖锐的问题：如果战争爆发，它将持续多久？以色列将承受多少伤亡？阿米特十分精炼地回答了这些问题：战争将在两天内结束；以色列的伤亡人数会很多，但不会高于1948年的水平。阿米特表达了以色列希望美国提供政治和军事支持的请求。随后，为了引导东道主转而讨论以军能否率先开火的问题，阿米特表示，他将带着美国政府建议发动战争的答复回国。麦克纳马拉的回答很简单："我明明白白地告诉你，这会很有帮助。"

据阿米特的会议纪要显示,约翰逊在此次会面期间给麦克纳马拉打过两次电话,并对会谈的实质内容有充分的了解。因此,摩萨德负责人得出了这样的结论——总统同他手下的国防部长一样,并没有明确告诉以色列不要发动战争。事后,麦克纳马拉对这一结论表示反对:"我不敢相信他会这么想。我们绝对反对先发制人。我们担心以色列先发制人发动攻击会激怒苏联并引发其干预,如此一来,美国就必须得通过介入来拯救以色列。"阿米特发现了白宫内部对赛船计划的分歧,美国除了愿意向以色列提供一些防毒面具和药品,拒绝提供军事援助。如果约翰逊的目的是缓和以色列的恐惧并为外交活动争取更多时间,那么很明显,他没能实现这一目标。阿米特在飞回以色列后将比以往任何时候都确信,以色列继续等下去除了徒增损失,什么好处都得不到。[37]

阿贝·哈曼(Abe Harman)也得出了同样的结论。尽管他十分不情愿得出这一结论,毕竟以色列为了与美国人达成一致已付出了近三周的密集外交努力。这位大使准备返回耶路撒冷,接受政府的咨询,并与阿米特一同提交他们的意见。然而,在离开之前,他最后一次请求腊斯克对美方将采取的行动做出具体保证。美国国务卿向哈曼致以歉意。他表示,除了已向以色列保证过的东西,他不能再做出额外的保证。此外,他再次警告以方不要先发制人发动袭击。腊斯克还利用这次机会向哈曼转达了有关毛希丁即将访问华盛顿的消息,并承诺会让以色列始终处于"知情状态"。哈曼感到十分沮丧。约翰逊政府将与埃及展开旷日持久的谈判,而护航计划也将被无限期地推迟。"难道非得等以色列遭受了多达一万人的惨重伤亡之后,美国才肯承认侵略已经发生吗?"他问道。如果埃及率先发动了进攻,"那么以色列便已经满足上述条件了",他说道。[38]

天降达扬

与他在 48 小时前离开的那个时候相比,阿米特回来之后的这个国家已经变得完全不一样了。恐慌的气氛开始消散,取而代之的即便不是信心,也是日益增长的平静感。在军队里,将军们已经开始把 Ha-Hamtana

（"等待"）视为一件喜忧参半的事：一方面，它给埃及人留出时间在西奈半岛站稳脚跟；但另一方面，埃军的阵线也越来越靠前，这意味着以军一旦渗透，便会发现西奈半岛的大部分区域处于毫无防备的状态。埃及空军中的很大一部分部队也完成了向东的推进，这使其落入以色列战机的攻击范围之内。与此同时，以军利用这段时间完善了进攻策略，训练了士兵，并让他们各就各位。沙龙将军曾抱怨过以军各部队之间混乱的调动，然而这段混乱的时期已经结束了。"军队已被牢牢钉在阵地上，"高级情报官员什洛莫·梅罗姆（Shlomo Merom）回忆说，"我们只等着扣动扳机。"

　　在政治上，以色列的局势也稳定了下来。前几周里那令人感到无力的政治谈判和交易已经过去了，囊括了主要反对党派的全国团结政府也已组建完成。全国团结政府于 6 月 1 日（星期四）晚召开了第一次会议。时任不管部长的梅纳赫姆·贝京在会上发表了讲话，他在结束讲话的时候谈到了犹太民族的命运及等待它的严酷考验，这让埃什科尔连声感叹"阿门，阿门"。[39] 之后，新内阁采取了成立后的第一次具体行动，它决定于第二天上午 9 时 25 分在以军总部的地下指挥中心里举行总参谋部与内阁国防委员会的联合会议。

　　这些转变是许多因素的结果——公众的压力、改善了的后勤，以及意识到以色列的确陷入了孤立状态。不过，上述这些因素都不如一个人的上台那样关键，这个人便是新任国防部长摩西·达扬。

　　"跟他讲话就像在和爱尔兰人争论。"与达扬交谈过多次的迈克尔·哈多这样写道，"他喜欢为了争论而抨击别人的想法，你会发现他连续数天在完全相反的方向上与人争论。"的确，达扬是典型的充满了矛盾的人物。他以战士的形象而闻名，同时却表达了对阿拉伯人深深的敬意，包括那些在 20 世纪 30 年代初曾袭击过村庄纳哈拉勒（Nahalal）的人，也包括那些曾经打过他，并把他抛下等死的人。他是诗人，是爱写儿童故事的作家，却公开承认他后悔要了孩子，而且还是出了名的花花公子。他热爱掠夺土地，却收藏了大量的古董。作为一个拘泥于军事纪律的人，他却倾向于蔑视法律。正如以前的同学所记得的那样："他是一个骗子、一个吹牛大王、一个阴谋家、一个自以为是的人——但不管怎么样，他都是个令人深深仰慕的对象。"

旁人对他的看法同样大相径庭。像梅厄·阿米特这样的信徒会觉得他"有独创性、大胆、真实、专注",是"散发着权威和领导气息的指挥官……有着优秀的直觉,因此总能命中目标"。但也有很多人(其中包括吉迪翁·拉斐尔)看到了他的另一面:"让船摇晃起来是他最喜欢的策略,不是为了推翻它,而是为了让舵手失去控制,或者让一些他讨厌的乘客落水。"私下里,埃什科尔称达扬为 Abu Jildi——粗俗的独眼阿拉伯土匪。

但无论是他的粉丝还是批评者,谁都无法非难他那丰富多彩的人生。一开始,他在英国传奇游击队领袖奥德·温盖特(Orde Wingate)手下服役,后来在哈嘎纳担任指挥官,这一经历曾让他在英国的监狱里坐了两年牢。他于1941年获释,又以侦察员的身份参与了盟军对在叙利亚和黎巴嫩的法国维希政权所发动的进攻。他在交战中失去了左眼,并因此戴上了他那标志性的黑色眼罩。接下来,在1948年的战争中,他指挥前线部队参加了在卢德、耶路撒冷和约旦河谷的战斗。同他的军事才能一样,他的政治才干也很早便得到了认可。1948年的战争结束后,他成了前往罗得岛(Rhodes)参加停战谈判的代表。4年后,38岁的达扬成了总参谋长,他所推行的报复政策遭到了世界上大多数人的谴责,但同时使他在以色列大受欢迎。他在苏伊士运河战争中的出色表现,使他的声望进一步大增。之后,先是作为以色列地工人党的一员,后来又成为以色列工人名单党的一员,达扬成了一个精明且令人捉摸不透的政治家。他跟本-古里安走得很近,却不受制于他;他反对埃什科尔,但又不至于跟他斗个你死我活。他是"一名单飞的演员",拉斐尔写道,"一方面受人尊敬,另一方面却又因其政治手腕而令人感到害怕"。[40]

达扬重返政坛后产生了稳定军方和民众情绪的奇妙作用,也刺激了内阁去处理摆在面前的至关重要的决策。"达扬的任命如同一股清新的空气。"以军某空降兵部队副营长盖达利亚·贾勒(Gedalia Gal)回忆说,"他象征着一种转变……人们之所以焦虑,不是因为我们没有开战,而是因为政府明显对战争感到恐惧。"

"天降达扬"(Dayan ex Machina)所产生的影响在新组建的联合政府

的第一次会议上便凸显出来,在那个星期五的晚上,国防部长主导了这次会议。在会上,达扬表示以色列有两种选择:要么接受封锁,把它当作既成事实,并为了永久性的防御问题而掘壕固守。但这不是可行的选项。要么就立即对埃及发动进攻。他强调,国家"赢得这场战争的唯一机会是占据先机,并根据我们自己的计划来战斗"。直到这时他的话听起来还很乐观:"如果我们发动攻击,动用坦克突破到西奈半岛,他们就不得不同我们开战。更重要的是,我们有机会用有限的力量来维持住其他战线。"但其语调随后便降了下来,他恶狠狠地说:"如果他们先对我们发动攻击,那我们就只能祈求神明相助了。我们不仅丧失了发动第一波打击的能力……还得被他们牵着鼻子走,按他们的计划作战……在对我们来说至关重要的领土上作战。"[41]

达扬说得好像战争已经不可避免了一样,埃什科尔却尚未被说服。他相信,即使不存在外交解决方案,以色列也还要担心苏联的干预。贝尔格·巴尔齐莱(Berger Barzilai)是曾被斯大林流放到西伯利亚的老共产党员,他最近向以军情报部门透露,苏联将动用所有的影响和权力来维持其在中东地区的地位。当被问到苏联是否会介入战争时,贝尔格回答说:"当然。"贝尔格的判断似乎得到了由柯西金发给埃什科尔的另一封电报的肯定,柯西金在这封电报中再次警告说:"如果以色列政府坚持要让自己承担引发武装冲突的责任,那么它将为这一举动付出全部代价。"

埃什科尔仍把希望寄托在美国人身上,寄托在他们的意愿之上。即便他们不愿亲自去冲击埃及人的封锁,也希望他们能够支持以色列为了打破封锁而付出的努力。为了证实美国是否有这种意愿,埃什科尔再次转向了军事情报部门,要求该部门记录下任何能表明白宫可能支持以色列采取单方面行动的迹象,即所谓的为以色列"开绿灯"。这些搜集到的证据包括:《新闻周刊》专栏作家约瑟夫·艾尔索普的评论,以及美国国防部官员的汤森·胡普斯的说法,他否认美国有意致力于解除埃及对海峡的封锁,并敦促以色列单独采取行动。此外,根据阿贝·范伯格的说法,戈德堡已经令约翰逊相信,以色列率先发动攻击是唯一可行的办法。被记录下来的证据还包括以军情报部门截获的通信信息。这些信息显示，阿拉伯领导人已不再将护航计划视为严重威胁。情报部门警告说，在毛希丁访问华盛顿之后，美国可能支持恢复停战协议所设定的秩序框架，并在以色列领土上驻扎联合国部队。

这些信息刺激以色列在华盛顿展开了另一项更加低调的行动。埃夫龙与沃尔特·罗斯托私下谈了一次话。在谈话中，埃夫龙试探性地提出了一项方案，并借此探听美国政府的态度。这项方案计划由一艘以色列货船对埃及的封锁发起冲击，埃军随即对该船开火，以色列会反过来攻击沙姆沙伊赫，而这一举动则极有可能引发战争。美国是否会信守1957年对以色列的承诺？它会"挡住"苏联吗？埃夫龙问道。总统国家安全事务助理表示，这项计划可能会更好地服务于美国对阿拉伯国家和苏联的利益，而且也符合以色列的利益。如果埃及像美国和以色列情报部门所预测的那样并没有向国际护航舰队开火，那么蒂朗海峡的封锁问题将永远处于悬而未决的状态。让埃夫龙吃惊的是，罗斯托并没有拒绝这项提议，而是把它转给了总统，并附上了一份个人警告："无论谁是［这场危机中］更大的赢家，我们都是输家。"[42]

这些事态的发展增强了埃什科尔的决心，即尽可能让以色列的行动向美国靠近。星期四深夜，他问达扬和埃班："我们需要做些什么才能让他们［美国人］不会说'但你答应过要等一等的'？"以色列外交部长已无话可说，他承认他也对外交解决方案感到绝望。当被记者问到以色列现在还会等多久才采取行动的时候，埃班回答说："你可以从你的词汇中排除掉'数年'和'数月'这些词……如果不得不如此的话，以色列将单独采取行动，以解除埃及对海峡的封锁；如果有其他国家愿意的话，我们会同他们一起行动。"当晚，埃班对达扬说："有两个时钟在滴答作响，一个是华盛顿的护航计划，另一个则是以色列的战争倒计时，二者不能同步。"埃班的这一观察并没有引发达扬的争论，后者长期以来一直把解除埃及封锁的政治问题与确保以色列防卫的战略必要性这两件事区分开来。达扬唯一强调的问题是："美国打算如何应对阿拉伯国家的军事威胁？"

第二天早上，总参谋部与内阁国防委员会的成员也得面对上述问题。

亚里夫以"这是埃及最伟大的时刻"这句话作为开场白,并预测阿拉伯联军将把以色列推回到联合国巴以分治决议所划定的边界线上去,甚至更远。不过,他的主要议题却是美国人。"我们的观点是,美国并不打算强行解除埃及对蒂朗海峡的封锁,也不打算在不久的将来为解决埃及和以色列之间的问题采取具体措施。但我们觉得,美国方面理解我们必须得采取行动,而且我们认为我们也必须得采取行动。"

拉宾接过话匣子并顺势说了下去:"我们已处于无路可退的境地。我们的目标是给纳赛尔致命一击。我相信,这一击将改变整个中东地区的秩序。更重要的是,如果我们靠自己做到这一切——不是说我认为会有人来帮助我们——与1956年的战争相比,它所产生的影响将非同凡响。"他解释说,在总参谋部里没有人想要打仗,但打垮纳赛尔是以色列继续生存下去的唯一选择。

随后,将军们立即开始展示作战计划,由空军司令莫蒂·霍德开始。他声称以色列空军已经弄清楚了埃及所有飞机的位置,而以军每天能出动多达1000架次的飞机,埃军大部分停留在地面上的飞机都将被摧毁。但他同时提醒与会成员注意在以色列上空飞过的敌军侦察机,并对拖延将造成的危险做出了警告。"我们已经做好了立即展开行动的准备,"霍德总结道,"不需等待片刻,更别提等上24小时了。"

沙伊克·加维什紧接着摊开地图,开始介绍埃及在西奈半岛上的军事部署。他追踪了埃军由2个师增加到6个师的整个过程,这些部队如今都已摆好了阵势,稳如泰山。他说:"如果我们在海峡刚被封锁的时候就对沙姆〔沙伊赫〕发动袭击,那将像野餐一样容易。"

"军队从未像现在这样,已随时准备好击退埃及的进攻……消灭埃及军队。"阿里克·沙龙说,"在埃及再次对我们构成威胁之前,将过去整整一代人的时间。"

军方的简报结束,现在轮到内阁部长发言了。"如果埃及轰炸我们的城市怎么办?"哈伊姆·摩西·沙皮拉问道。扎尔曼·阿兰也加入他的行列中:"我们将损失的飞机又该怎么办?"更有几个部长提出,既然埃及军队都在西奈半岛扎下根了,再等上一两个星期又有何妨呢?

"对我们的城市来说，最好的防御就是摧毁埃及空军。"霍德反驳道。并且他向内阁部长们保证说："美国［飞机］在越南的损失率是14%，我们的损失率会更低。"

部长们随后又提出了更多的问题，但都得到了解答，唯有一个问题是例外。卫生部长伊斯拉埃尔·巴兹莱问道："但如果第一波袭击太过成功，以至于苏联不得不干预呢？"霍德站在那里无言以对。拉宾赶来救场，他对巴兹莱说，苏联人不太可能参与军事行动，倒是会同美国携手争取双方停火。

地下指挥中心里的气氛——热，局促，到处都是烟味——正在迅速变得令人难以忍受，将军们的耐心也快消磨殆尽。亚伯拉罕·约夫直接跳了起来，高声大吼道："我在内盖夫沙漠里已经跟预备役部队一起呆坐了14天，我感觉前线所有人都在抱怨我们没能主动出击。纳赛尔正变得越来越强大，而我们却只是坐在那里无所事事。我们必须从纳赛尔那里夺回主动权！"

紧随其后的是马蒂亚胡·佩莱德，这位军需官更加激动地说："当敌人正在步步推进并变得越来越强大时，我们的经济却在衰退，而这一切都是为了一个没有人能够解释的目标！"阿里埃勒·沙龙接着说："这一切对列强阿谀奉承、乞求他们帮助的举动只会坏了我们的事。如果我们想在这里生存下去，我们就必须捍卫自己的权利。"

按照利奥尔上校的说法，这场会议随后变成了一场名副其实的混战，一场"消耗战"。他确信将军们事先便计划好了这一切。"他们继续敲打着部长们的脑袋。我都不知道他们这么做到底是想让他们屈服，还是想逼他们哭出声来。"

埃什科尔最终介入了这场争论。他疲惫不堪，在自己的国家里受着无情的折磨，而每次遇到转机，美国人都会再次让他失望。总理只得做出妥协，准备在48小时内开战。尽管如此，埃什科尔仍对华盛顿怀有希望，不管是批准舰队护航计划，还是至少给以色列的行动"开绿灯"。因此，埃什科尔仍将为此争取时间。"我们仍然需要约翰逊的帮助和支持。"他对将军们说，"我希望在战斗中我们不必用上它，但一旦我们打赢了，我们必然会需要它,这样才能保住我们在战争中的所得。我要明明白白、不带一丝疑虑地告诉美国总统,我们并没有欺骗他:为了防止战争爆发,我们已经给政治行动提供了必要的时间。再多等两天或少等两天对战争的结果不会有影响!"

埃什科尔继续往下说,他愤怒地提醒沙龙,"这一切对列强阿谀奉承的举动"给以色列带来了现在可以用来保卫自己的武器。他还回应佩莱德说,也正是这些阿谀奉承的举动给以色列带来了战斗停止后所需要的朋友。"我们必须扪心自问,我们这个只拥有两百万人口的国家是否承受得起每十年便有一场战争的代价,是否有对美国和全世界嗤之以鼻的本钱。"最后,他以典型的沉重腔调结束了讲话:"军事胜利不能解决任何问题。阿拉伯人始终都在那里。"[43]

在整个争吵过程中,明显保持沉默的是摩西·达扬。达扬闷闷不乐,在他看来,政府侵入了专属于国防部长的特权。对此,他感到愤懑不满。他对利奥尔说:"我反对在做有关国家安全事务方面的决策时采用多数决定原则。"然而,当天上午的会议刚一结束,他便同埃什科尔、埃班和阿隆单独交换了意见。随后,拉宾和赫尔佐克也加入了他们的行列。达扬对他们说,内阁应该在明天,即星期天授权军队采取行动。而战争则将在第二天(星期一)拂晓时分打响。阿隆提议拿下苏伊士运河,并将其作为与埃方就蒂朗海峡展开谈判时的筹码。达扬却表示反对。他认为苏伊士运河承载着重要的外国利益,而以色列没有本钱疏远这些国家。他还拒绝了阿隆提出的征服加沙的建议。达扬预测说,一旦西奈半岛陷落,以色列不费一枪一炮便可以让这一仅32千米长的狭长地带投降。

埃什科尔不再抵制达扬的决定,甚至似乎连埃班都有意屈服。以色列外交部长的态度是逐渐发生转变的。首先是收到了关于约翰逊无力启动赛船计划的报告,然后又有迹象表明华盛顿不再对以色列先发制人持消极态度。紧接着,埃班又从国务卿腊斯克的即兴评论中读出了许多信息。当被问到美国是否会继续限制以色列的行动时,腊斯克回答说:"我不认为这是我们该管的事。"之后,埃班又通过一个秘密消息源收到了阿贝·福塔斯发来的消息。这位联邦最高法院大法官对腊斯克的言论感到愤怒："以色列这边都火烧眉头了,他却仍漠不关心。"福塔斯发来的这则消息似乎是在给以色列释放让他们放手行动的信号:

> 如果以色列没有穷尽政治因素而单独采取行动,那将是灾难性的错误。那将使美国几乎不可能再向以色列提供帮助,还将使两国之后的关系变得紧张。如果战争爆发,战争可能旷日持久而且代价高昂。但是以色列不应该批评埃什科尔和埃班。以色列人应该意识到,当美国在考虑自己究竟要在多大程度上卷入此事当中的时候,以色列人的克制和思虑周全的程序将具有决定性的影响力。

阿瑟·戈德堡似乎给以色列发出了"更绿"的信号。他告诉吉迪翁·拉斐尔:"你必须明白,你们现在得靠自己,而且你得明白这意味着什么。"戈德堡解释说,赛船计划已经作废,只有以色列自己才能应对纳赛尔的威胁、事关以色列生死存亡的威胁。戈德堡最后总结说,美国和世界舆论都将支持以色列,尤其是在阿拉伯人先开火的情况下。"我相信,如果你们真的单独行动了,你们知道该如何去做。"[44]

对埃班来说,上述信号具有决定性的影响力。然而,达扬却没有时间理会它们。他已经深入战争的战略中去,并就此与将军们展开了讨论。周六晚上,他在地下指挥中心里对他们说:"我们将有72小时的行动时间,因此,我们的成功将不取决于我们到时候所摧毁的埃军坦克数量,而取决于我们将占领的领土大小。"这片领土将包括西奈半岛全境,但不包括加沙地带和苏伊士运河。拉宾反对拿下沙姆沙伊赫——这个目标太过遥远,对后勤来说过于复杂——达扬却坚持要把该地囊括在内。他认为蒂朗海峡会像加沙一样伴随着埃及军队的溃败而落入以色列的手中。1956年的谬见——埃及军队只不过是撤退了,但并没有被打败——将就此被粉碎。

侵入西奈半岛的行动将于空军发动空袭不久后启动,这次行动将沿着三条轴线展开：一条是从拉法地区突入西奈半岛的北部，另外两条轴线位于半岛的中心地带。为了准备这次突击，以军需要采取各种各样的诱骗行动。以色列空军将对亚喀巴湾展开多次深度探测侦查，而海军则将沿陆路把大量登陆艇从地中海转移到埃拉特。这将诱使埃及认为以色列会从西奈半岛南部发动进攻，而不是沿北部和半岛中心地带。成群结队的以军士兵和装甲部队受命从边界上撤下了——他们之后还会偷偷摸摸地跑回去——更有成千上万的预备役士兵休假的照片被发布出来。这一现象得到了英国大使迈克尔·哈多的证实，他表示，以色列的海滩"就像节日期间的布莱克浦（Blackpool）*一样拥挤"。此外，达扬那天还令人惊异地向记者表示，他对通过谈判解决危机的方案持开放态度，更不能放过能争取到和平的任何机会。"以军狂热的时代已经结束了，"哈多补充说，"他们现在正在为漫长而艰难的工作做准备。"[45]

以军将不遗余力地确保这次行动的成功，但成功不仅仅取决于埃及这一条战线，还取决于叙利亚和约旦。"如果约旦人袭击埃拉特、耶路撒冷或特拉维夫地区，我们所有的计划都会被破坏，"达扬警告以军的将领们，"当我们在耶路撒冷战斗时，我们无法同时赶赴阿里什。"以色列将在东部和北部战线上采取"完全不抵抗"的策略，即使这两条战线上的边境定居点遭到敌人的炮击。

以军不要同叙利亚和约旦开战，这便是达扬向指挥官们传达的信息。他随即便离开了总参谋部并前往战场视察。"要习惯这一理念，这是一场针对埃及的战争。"达扬对北部战区司令部司令员戴维·"达多"·埃拉扎尔说道。

这两人都在距克法尔哈纳西（Kfar HaNassi）29千米远的丹（Dan）基布兹观察叙利亚前线。一天前，此处发生了一起冲突，两名以色列人和一名巴勒斯坦游击队员在冲突中丧生。以军情报部门则警告会有更糟糕的情况发生：如果以色列对埃及发动袭击，叙利亚人在一个小时内便会做出

---

* 英国地名，海滨度假胜地。

回应。他们将派步兵和装甲部队突入加利利北部，还将炮轰以色列的各定居点和城市。集结于戈兰高地上的叙军据称已摆好了进攻的架势。以军间谍更是发现，大批苏联军火已被运送到了叙利亚的各大港口。

埃拉扎尔手头有一系列应对叙利亚的应急计划，从对戈兰高地山脊发动一场有限攻击的"柑橘酱"（Marmalade）行动，到征服整个戈兰高地的"钳子"（Pincers）行动。"锤子"（Hammer）行动则代表了上述两种方案间的折中选择。按计划，以军将先佯攻戈兰高地中部，之后各支部队再登上高地的北部和南部，占领约旦河的源头，并摧毁叙利亚军队。

锤子行动将与焦点行动同时启动，以军将抢先对叙利亚发动进攻，并对约旦形成威慑——这是埃拉扎尔的建议。"如果将发生一场针对埃及的战争，那么这里同样必有一战。"他推断说，"叙利亚将在战斗开始后的五六个小时内加入进来，根本不需要我们的挑衅。"拉宾在原则上同意了这个计划，但拒绝调拨执行该计划所需要的部队，特别是直升机，几乎所有的直升机都被留下来应对南部的战斗。他也不同意埃拉扎尔的分析，即叙利亚拥有在任何情况下坚持作战的决心。拉宾认为，如果埃及迅速被击败，那么叙利亚很快也会撤退。

埃拉扎尔余下的希望全都寄托在了达扬身上。"我们必须确保，如果战争爆发，它不会止于［停战协议所划定的］绿线上。"他在达扬造访丹基布兹时对他说道，"如果我们从下面的山谷中保卫自己，我们的处境将非常可怕。"他指着叙利亚的扎乌拉村（Za'ura）对达扬说，如果以军能拿下这个地方，该地能在戈兰高地和犹太人的定居点之间形成缓冲区，还能成为突入戈兰高地的跳板。

但达扬完全否定了埃拉扎尔的想法。"你们这儿的人给我老老实实地在这里待着别动，坚守住。"这是达扬给埃拉扎尔下的命令。尽管达扬愿意批准军队迅速突入非军事区并推进到国际边界处，但他拒不允许军队展开任何可能促使叙利亚开战的行动。

中部战区司令部里也上演着同样的剧情，只不过这次的主角被换成了乌齐·纳尔基斯将军。纳尔基斯将军与他同一代的许多士兵一样，对以色列没能在1948年的独立战争中占领约旦河西岸和耶路撒冷而感到遗憾。雷哈瓦姆·泽维与纳尔基斯是同一代人，也是纳尔基斯的好朋友，他回忆说："我们都梦想着去完成独立战争所未竟之事业，解放以色列地的东部地区。只有占领了被约旦控制着的高地，我们才能保证西部平原的生存安全。这一梦想在我们制订军事计划的过程中指引着我们所有人，包括拉宾。"

中部战区司令部的"抽屉里装满了"这样的计划。该司令部认为阿拉伯人要么会试图突入以色列领土上最狭窄的地段，将整个国家一分为二，要么会试图包围西耶路撒冷。因此，司令部里所制订出的大多数计划都是针对上述行动的反击。其中最负盛名的预案是代号为"鞭子"（Whip）的军事行动。这一行动计划在48小时内摧毁约旦部署在西岸地区的火炮阵地并包围东耶路撒冷。拉宾几乎授予了鞭子行动最高的优先级。他说："即便这意味着北方定居点的陷落，我们也必须保护自己免受西岸［的攻击］。"

然而，当纳尔基斯在耶路撒冷的山丘上与达扬相会时，无论是鞭子行动还是其他更没有野心的计划都没能得到国防部长的批准。"任何会导致以色列与约旦缠斗在一起的事，你都不要去做，"达扬命令道，"你不要让总参谋部为你请求援助的事情而费心。"

"如果我们没挑衅约旦人，他们便对我们发动攻击，甚至还占领了瞭望山呢？"

"在那种情况下，你就咬紧牙，坚持住。"达扬回答说，"不用一个星期，我们就能打到苏伊士运河和沙姆沙伊赫，然后整个国防军就会转移到这里，帮你们解围。"[46]

那个星期六对达扬来说是漫长而又艰辛的一天，然而这一天却远未结束。摆在他面前的，还有一场与埃什科尔的会面，这次会面将在埃什科尔位于耶路撒冷的私人公寓中进行。

总理此前刚被告知，以军只差6架飞机就能达到最佳战备数量，但在其他所有方面——不管是坦克、大炮，还是半履带车——都装备齐全，可以随时应战。然而，这份报告只给他带来有限的慰藉，因为从巴黎传来了令人沮丧的消息。早些时候，戴高乐总统只是威胁要对中东地区率先引发战争的国家实施武器禁运，现在却突然禁止向以色列出售一切武器。"你这么做，就好像我们已经打响了战争的第一枪似的。"埃坦大使提出了抗议。"你怎么能在都不知道谁会率先挑起战争的情况下就对以色列实施禁运呢？"但他的抗议毫无用处。戴高乐不仅对以色列是否具有打败阿拉伯人的能力持怀疑态度，还渴望恢复法国与伊斯兰世界之间的历史联系。因此，他下定了决心，断然拒绝了埃坦："我亲爱的先生，我只知道一件事——你也不知道你的政府会做出什么样的决定。"[47]

现在，即周六深夜，埃什科尔正等待着达扬、埃班、莱巴比、赫尔佐克和亚丁的到来，他们将聚在一起听刚从华盛顿回来的阿米特和哈曼进行最后一次陈词。"也许那两个年轻的小伙子会带回一些令人意想不到的消息，是吗？"埃什科尔大声问他的妻子米利娅姆。"重要的是，全世界都知道我们已经等得够久了。我确信我们会赢，但这将是一场代价高昂的战争。他们会放任我们打多久？如果战事进展顺利，俄罗斯肯定会施加压力，戴高乐和其他人也会要求我们停火。"

"气氛紧张得让人无法忍受。"利奥尔上校写道，他也被邀请出席这次会议，为会议做记录。如果阿米特和哈曼建议发动战争，那么没有其他任何因素——不管是法国的抵制，还是苏联的警告——能够阻止以色列采取行动了。阿米特和哈曼在接近午夜的时候来到这里，并传达了同样的信息，即美国既无法启动护航行动——该计划根本行不通——也不会在军事上与以色列合作。"如果我们发动战争并取得胜利，那么每个人都会和我们站在一起。但如果我们没能取胜，那么事情将非常艰难。"阿米特警告道，但很快又补充说，"我的印象是，美国人会支持一切能给纳赛尔带来麻烦的行动。"阿米特和哈曼似乎都主张立即采取先发制人的措施，但随后让听众们大吃一惊。他们建议让以色列再等一周，然后派一艘船通过蒂朗海峡。他们心中的目标是"海豚"号，一艘停靠在埃塞俄比亚马萨瓦（Masawa）的以色列货船，船里装载着价值900万美元的石油。

一直保持沉默的达扬突然爆发了："从我们派船通过海峡的那一刻起，埃及人立马便知道我们要发动进攻了。他们会先向我们开火……然后我们便会丢掉以色列地。疯子才会继续等下去！"

达扬的爆发让阿米特和哈曼惊呆了，他们收回了建议。从那一刻起，直到会议结束之时（接近黎明），达扬始终将话题朝他希望的方向上引导——引向当天上午晚些时候将举行的内阁会议，引向他认为肯定会被批准的进攻计划。"在一两个小时内，空军将实现其主要目标，地面部队则会在第一天内实现其主要目标。"达扬预测说，"到第二天，我们便将踏上通往苏伊士运河的道路。埃及至少在半年时间内不会有空军。"[48]

在加入政府短短两天的时间内，达扬便已取得了以色列大部分决策的制定权，他引导着该国坚定地走向战争。不过，如果国防部长认为内阁会像走过场一样批准他的决定，那他就大错特错了。在周日上午8时15分开始的会议上，部长们首先听取了阿巴·埃班对外交局势的冗长分析。他表示，约翰逊对军事解决方案的反对态度已不再那么强硬，但同时强调，美国总统坚持让纳赛尔打响第一枪，最好是对一艘以色列船只开火。此外，美国政府一直在加紧推进赛船计划，尽管国会议员和海事国家的反应令人十分失望。

埃班刚介绍完他对美国政策的概述，以色列政府便收到了约翰逊发来的另一封信。尽管护航计划遇到了问题，但约翰逊在这封信中再次强调了美国对以色列安全及海上航行自由的承诺。他在信中写道："我们已经同阿米特将军全面而充分地交换了意见。"这似乎是在暗示他对以色列采取先发制人的行动持开放态度。但约翰逊的结论很快就消除了这种印象："我必须强调，以色列一定不要让自己承担挑起战事的责任。以色列不会孤立无援，除非它自己选择单独行动。我们无法想象它会做出这样的决定。"

现在，说服内阁部长们的任务落到亚里夫身上。他得让部长们相信，尽管约翰逊发出了警告，但以色列必须行动，而且必须立即采取行动。针对以色列所面对的安全局势，他描绘出了一幅最耸人听闻、最可怕的画面：约旦军队盯着耶路撒冷和以色列蜂腰般的细腰蓄势待发；埃军已经部署好了去攻占埃拉特的部队，拉法被守得固若金汤，就连西岸都驻有埃及军队；叙利亚人在戈兰高地上掘壕固守，随时准备从上面冲下来。来自阿拉伯世界各地的军队、坦克和飞机正逐渐汇合起来，在苏联的支持下，他们准备对以色列发动一场会危及其存在的联合攻击。

下一个发言的是达扬。他强调，以军必须在阿拉伯联军变得更强大之前，在袭击看起来还具有突然性的情况下立即采取行动。"纳赛尔必须得完成他自己开启的进程，"他说，"我们一定要去做他想让我们做的事情。"他预言，敌军的数百架战机将被摧毁——"我们取胜的唯一机会就是让这场战争按我们的方式来打"——之后则要打一场艰苦的外交战。

接下来，轮到埃什科尔了。在过去的3个星期里，他一直承受着巨大的压力。他受到人们的斥责，被孤立，被嘲笑，但最终还是说出了这番话："我很确信，今天我们必须向以色列国防军下令，让他们选择行动的时间和方式。"

不过，还是有人提出了反对意见。哈伊姆·摩西·沙皮拉抛出了本-古里安的话——以色列永远不能在没有盟友的情况下开战。达扬打断了他的话，然后说："那你就让本-古里安去替我们找一个盟友来，我都不确定到那时我们是不是还活着！"宗教事务部长泽拉赫·瓦尔哈夫提格站出来替沙皮拉辩护。他身材矮小，几乎就是个侏儒，但他具有崇高的法律意识和道德信念，这种意识和信念甚至超越了他对在军队中服役的3个儿子的关心。瓦尔哈夫提格要求派一艘以色列船只通过海峡，从而赢得一个开战的理由。"我们的一两个水手被杀害总好过以色列被指控发动战争。"他随后解释说，"我对取得胜利毫不怀疑。倒是胜利之后的那一天让我感到担心。"

但瓦尔哈夫提格的国际谴责威胁论并没有对大多数部长产生影响。伊加尔·阿隆试图扫除瓦尔哈夫提格的恐惧，他预言说："他们会谴责我们，但我们将活下去。"

现在只剩下投票了。12位部长赞成发动战争，只有两人表示反对。由达扬起草的这项决定非常简短、低调，不带任何感情：

> 在听取了总理、国防部长、总参谋长和以色列国防军情报部门负责人就军事和外交情况所做的报告后，政府确信，埃及、叙利亚和约旦的军事部署是为了对以色列发动一场威胁其生存的多线进攻。因此，政府决定发动一场军事打击，其目的是将以色列从包围中解

放出来，并阻止阿拉伯联合司令部发动进攻。[49]

行动的时间将由达扬和拉宾决定。两人都希望趁伊拉克军队还没有进入约旦，埃及突击队员也尚未穿越西岸时尽快展开行动。于是，行动开始的时间被设定为第二天早晨 7 时到 7 时 30 分之间，那天是 1967 年 6 月 5 日。

阿拉伯世界的复苏

"我们要做好敌人在 48—72 小时内发动一波打击的准备，这波打击最迟会在 6 月 5 日发生。"面对 6 月 2 日聚集在最高司令部的军官们，纳赛尔这样说道。这次会议首先由埃及军事情报部门的负责人萨迪克发言。他指出，以色列国防军已经完成了动员和部署。由于达扬被任命为国防部长，再加上有关以色列飞机深入西奈半岛上空侦察的报告，这表明以色列正准备积极展开行动。萨迪克指出，以色列有两种选择：要么接受新现状，要么发动攻击。随着伊拉克军队准备进入约旦，后一种选择似乎有更大可能。以色列一直把伊拉克军队进驻约旦视作宣战的理由，它肯定会立即采取行动。那么在这种情况下，埃及应该率先发动进攻吗？

随后，萨迪克和西德吉·马哈茂德在会议上展开了一场高声辩论。前者建议把埃及飞机从西奈半岛的前线基地上撤回，因为他们很容易遭到袭击。埃及空军司令则拒绝接受这一提议并大声吼道："我知道该怎么处理我自己的事，萨迪克！抛弃前线基地会毁了飞行员的士气！"他依然反对坐等以色列发动第一波打击。"我们将损失掉 15%—20% 的飞机，"他预测说，"我们会被打瘫。"现在轮到纳赛尔来发表反对意见了，他介入两人的争论中并解释说，埃及不能冒着疏远世界舆论的风险对以色列发动袭击，也不能危及它与法国之间刚刚出现缓和的关系。此外，埃及也开始了与美国的对话，穆希丁也计划访问华盛顿。纳赛尔说，以色列在战略上已遭受了一场严重的失败，但如果埃及发动战争，失败的就不是以色列了。"遭以军第一波打击后你还能剩下 80%—90% 的飞机。"他向西德吉·马哈茂德保证说。"那么，用剩下的这些飞机又能给敌人造成多大的损失呢？"空军司令回答说："60%—70%。"[50]

在这场危机中，纳赛尔的脑海里似乎持有两种不可调和的立场。一方面，他认为被逼到角落里的以色列不得不在几天内发动猛攻，要么是针对埃及空军，要么是针对苏伊士的炼油厂。但他也感觉到，各方或许能够避免一战，外交解决方案能取得成功，而这种结局将使埃及成为整个事件的主要受益者。西奈半岛上的新现状将得到各方的承认，埃及还能获得美国和各阿拉伯国家的大量财政支援。当被同僚问到以色列将于何时发动进攻时，纳赛尔爽快地回答说"6—8个月"，如果他们真打算发动进攻的话。他声称，如果没有美国的允许，以色列人将永远不会采取行动，但美国会受苏联掣肘。在英国媒体于6月3日对他所做的多次采访中，纳赛尔脑海里的这两种立场均得到了体现。在其中一场采访中，他声称战争迫在眉睫，而在另一次采访中，他说危机已经过去。[51]

然而，纳赛尔并不是唯一一个认为以色列已被击败，而埃及没流一滴血便取得了胜利的人。"很少有外交观察人士意识到以色列可能发动一场绝望的袭击。也很少有人关注或意识到以色列内部正在发生什么。"加拿大驻开罗大使R. M. 泰什说道，"当时大家普遍认为纳赛尔出奇制胜并成功地引起了一场变革，而俄罗斯人则抵消了美国人的影响力。"在埃及，灯火管制和防空演习仍在继续，医院的床位被空了出来，青年军事俱乐部纷纷成立。尽管如此，整个埃及的气氛却正在逐渐恢复正常。政府的紧急管制措施和对国内旅行的限制都有所放松，甚至旅游业也有了起色。虽说埃及驻联合国大使科尼对美国所采取的"19世纪军舰外交的殖民政策"表示抗议，还威胁要"采取一切必要措施阻止他国侵犯埃及领海"，但美国海军"无畏"号航空母舰在埃及船只的护送下顺利地通过了苏伊士运河，沿途甚至还受到了数千名村民的欢迎。"既然我们都能让局势恢复到1956年前的状况，那么真主也一定会帮我们把局势恢复到1948年时的状态。"纳赛尔在国民大会面前欢欣鼓舞地说道，"我们现在已做好了迎击以色列的准备……现在的问题不是亚喀巴湾、蒂朗海峡或联合国紧急部队的撤离，而是……以色列与英美两国勾结起来对巴勒斯坦实施的侵略。"[52]

战争到底是仍然悬而未决，还是已经打赢了？这个问题的出现更是加剧了身处西奈半岛前线的埃军士兵的混乱。成千上万的预备役士兵仍在陆续赶来，但他们没有装备，没有食物，对于自己的位置和目的也一无所知。埃军的军事计划部门所编制的一份报告表明，埃及至少还需要6个月的时间来巩固西奈半岛上的防线。但这一建议被忽视了，甚至可能从未有人读过这份报告。西奈半岛上一片混乱。曾任埃及驻卡拉奇武官的陶菲克·阿卜杜·奈比（Tawfiq Abd al-Nabi）将军抵达西奈半岛，受命指挥一个反坦克旅，结果却发现这支部队没有大炮也没有迫击炮，只有7辆从另一支部队借过来的坦克。此外，他手下的士兵对反坦克战一无所知。

埃军有数十支部队已经精疲力竭，他们的车辆毁损，在沙漠中来回穿梭。坦克和部队首先被转移到昆提拉去增援沙兹利的部队，然后又在纳赛尔的命令下跑到了加沙。经验丰富的将军们对这些长途奔袭感到担忧。这么做不仅浪费精力，而且让军队根据征服者计划所做出的部署几乎完全瓦解。然而，唯一发出抗议声的只有阿米尔。"这已完全偏离了我们的计划。"他提醒纳赛尔说。

"加沙对我们来说具有最高的政治和宣传价值，"总统回答说，"我曾答应过阿拉伯人民，说我会替他们光复巴勒斯坦，如果我丢掉了加沙和阿里什，他们会怎么评价我？"

阿米尔提出了异议。"但如果我们输掉了战争，他们又会怎么说？"他反驳道。据说，阿米尔最后怒气冲冲地离开了。[53]

虽说纳赛尔对以色列是否会发动进攻心存疑惑，但阿米尔始终坚持要按照狮子计划所订立的方针和路线对以色列发动攻势。他仍然希望能对内盖夫发动空中和地面进攻，并让沙兹利的部队肩负起阻止以色列人进入西奈半岛的任务。他对穆尔塔吉将军说："我和摩西·达扬之间有世仇，它一直可以追溯到三方侵略战争。现在正是让我给他留下一个难忘的教训的机会，我要打垮以色列军队。"他还对西德吉·马哈茂德说："忘掉你那20%［的损失］，跟以色列开打吧！"为了为战争做准备，阿米尔继续四处调动军队——就拿第 124 旅和第 125 旅这两支预备役部队来说，他们在 10 天内移动了 4 次——并且无视情报部门所提供的报告。这些报告显示以色列军队集中在西奈半岛北部和中部，而不是埃军所认为的南部。[54]

然而，阿米尔太过执着于他为即将到来的战斗制订的计划，并沉溺于进一步扩大自己的权力。在 6 月的头几天里，他一直在努力改变西奈半岛上的军队结构。军队被他划分为 5 个司令部：东部司令部、西部司令部、运河司令部、前线司令部和野战司令部。如此一来，来自最高司令部的命令必须通过不少于 6 名高级军官之手才能下达至战场。而这些职位也再次被阿米尔的亲信、军事官僚们填满。这些人欠缺甚至没有任何战斗经验，但他们直接向阿米尔负责。观察到这些变化的以色列人激动不已。"他又新造出了 5 个司令部，里面是一群从未打过仗的人。"沙伊克·加维什回忆说，"我们前往苏伊士运河的路都走了一半了，他们的命令都可能还没得到批准。"

但阿米尔似乎并未察觉到这些陷阱。他仍对自己的军队，尤其是空军，充满了信心。"也许这场战争能提供一次机会，让以色列和拉宾来同我们一较高下，然后他们就会发现，他们对 1956 年的记录及对西奈半岛的征服都只不过是一派胡言。"阿米尔在西奈半岛上举行的一次飞行员简报会上说道。在 6 月 4 日与舒凯里的通话中，阿米尔表示他希望"很快便能采取行动并彻底消灭以色列"。

第二天，陆军元帅计划亲自视察埃军在西奈半岛上的前线阵地。为了为这次视察做准备，他发布了第二道战争命令。阿米尔在命令中总结了本周所发生的事件——埃及与约旦签订的条约，伊拉克军队被部署到约旦，以色列寻求美国对侵略的支持。他认为，迫于高昂的动员成本和东部战线上那不可忍受的威胁，以色列将在两周内发动进攻。阿米尔下定了决心，然后下达了命令："我们的目标是摧毁敌人的主要武装力量。我们的军队可以凭借其无限的潜能完成这一任务。"他号召军队表现出纪律和勇气，"在战斗中保持最大的侵略性"。他总结说，这场战争不仅仅是为了埃及，而是为了整个阿拉伯民族。"你们手中握有军队和阿拉伯民族的荣誉。我保证你们会取得战争的胜利，我对胜利也充满了信心。愿真主让你们变得强大并保佑你们。"[55]

现在，不管是阿米尔还是纳赛尔都不再对埃及军队保卫国家、对抗以色列的能力有任何怀疑。然而，若想击败以色列，则需要阿拉伯人的共同努力。达扬的策略基于将叙利亚和约旦排除在战争之外，而埃及则依赖于把这两个国家给拉进来。

约旦的前景似乎很乐观。同埃及一样，尽管那里也存在紧急献血活动，存在纳赛尔主义者的游行示威，而军队还进行着疯狂的战争准备，但约旦人的生活仍以正常的节奏继续着。阿卜杜·穆奈姆·里亚德将军如今是约旦阿拉伯军团和埃及突击队的司令员。他迅速完成了对约旦河西岸防卫状况的调查工作。这项工作不仅是因为约以两国间那长达482.8千米的脆弱边界，也是为了缓和巴勒斯坦人情绪的政治需要。一本讲述约旦军队历史的官方历史书中写道："哪怕是输给以色列人一个巴勒斯坦村庄都将引起严重和暴力的反响，不仅仅是在约旦，而是在整个阿拉伯世界。"因此，约旦并没有选择把兵力集中在关键的战略要地上，而是选择了把他们分散开来。在约军的11个旅中，有9个旅被分散到了村庄和城镇中，这样人们才能看到他们。一旦战争爆发，分散的部队就会集中到重要的轴线上来，然后阻挡住以军所发起的任何突击；但如果做不到这一点，这些部队就将退回到能俯瞰约旦河谷的高地上来。

侯赛因亲自批准了里亚德的计划，阿拉伯军团的将军们没有提出异议。唯一的不同意见来自阿提夫·马贾利（'Atif al-Majali）准将。德高望重的马贾利是约旦军队中的作战部长，他主张把所有的部队都部署到耶路撒冷。"谁控制了耶路撒冷，谁就控制住了整个约旦河西岸。"马贾利说。但里亚德还是压过了他的意见。只有一个步兵旅，即伊玛目阿里旅被转移到了耶路撒冷。该旅将增援已驻守在当地的约旦第27旅（塔拉勒国王旅），其所携带的弹药足够支撑一个月。与此同时，约旦的第40和第60装甲旅占据了约旦河谷的阵地。守住这里之后，他们可以根据战斗需要向约旦河西岸或耶路撒冷挺进。凭借其卓越的指挥和训练，按预期，阿拉伯军团将会坚守住这条防线，至少是在其他阿拉伯国家（主要是伊拉克）的援军赶来增援之前。[56]

但约旦军队并不满足于仅仅守住自己的阵地。期待着胜利的军事策划者决定重新启用"塔里克行动"计划（该计划以8世纪阿拉伯著名将领塔里克·伊本·齐亚德［Tariq ibn Ziyad］的名字命名，直布罗陀海峡的名字也源出于此人）。这是一项老计划，其行动目标是占领犹太人的西耶路撒冷，以此对以色列形成威慑，使其在企图征服西岸任何一片土地时都会有所忌惮。随着战事的展开，约旦军队将从四个方向向以色列位于耶路撒冷南北的据点发起进攻——目标包括瞭望山、旧英国政府大楼所在的山脊，以及拉特轮走廊四周。约旦军队将"摧毁这些地区之内的所有建筑物并杀害在场的所有人"，包括平民。约军的飞机和大炮还将轰击以色列的机场。

甚至连以节制著称的侯赛因也抵挡不住这波狂热的情绪。6月4日，侯赛因收到了纳赛尔发来的警报——以色列有可能在48小时内发动袭击。国王随即召见了非阿拉伯国家的大使，警告他们不要卷入这场战争。"别插手我们和以色列人之间的事。"他说，"对于那些支持我们的人，我们永远不会忘记。而那些同以色列站在一起的人则是我们的敌人，他们可以立马忘掉他们曾在这里收获的友谊了。"[57]

尽管埃及和约旦在战争准备方面展开了密切的合作，但叙利亚坚持走着自己那令人难以捉摸的路线。叙利亚领导人无视与埃及的共同防卫条约，拒绝与开罗协调他们的政策。他们虽同意接纳伊拉克的军队——由50辆坦克组成的第一批分遣队于6月1日抵达了阿勒颇——但拒绝了埃及提供的飞机。纳赛尔和侯赛因关系的转暖，让叙利亚和埃及之间本已冰冷的关系雪上加霜。穆斯塔法·特拉斯（Mustafa Tlas）将军宣称："只要侯赛因还从他华盛顿的主子那里领工资，我们便不会改变对约旦及其国王的态度。"叙利亚官方报纸《复兴报》（*Al-Ba'th*）刊登了侯赛因、纳赛尔和舒凯里三人的合照，并在照片下面印上了标语："三大叛国走狗"。马哈茂德·里亚德和扎卡里亚·穆希丁先后被派往大马士革安抚叙利亚，但两人都没能取得成功。阿米尔向手下抱怨说："叙利亚目前的立场实在难以令人感到宽心，他们对我们与约旦签订条约一事的反应已经表明了这一点……他们接待毛希丁的态度很差，还拒绝了我们的军事要求。"[58]

与埃及和约旦形成鲜明对比的是叙利亚，它看起来就像是一个处于战争爆发边缘的国家。政府制定了应急条例并予以严格执行。全副武装的军人守卫着每一座桥梁和公共设施，民兵在街上游荡。这种警觉状态可不仅仅是一场表演。军队已做好了随时出动的准备，只等埃及或以色列任何一方展开进攻。为保卫戈兰高地而制订的防御计划——圣战行动——被叙利亚人束之高阁，他们转而准备发动攻势，展开代号为"胜利"的进攻行动。胜利行动的行动计划由苏联人设计，根据该计划，叙军的3个加强师将奔袭约64千米，并对以军发动一场闪电战。这三支部队在突破了以色列设于米什马尔哈亚尔登（Mishmar Hayarden）基布兹的防线后，将夺取提比里亚（Tiberias）、采法特（Safad）及丹基布兹周围的一系列定居点。之后，部队会重新集结，为占领阿富拉（Afula）、海法和拿撒勒（Nazareth）做准备。

受命参加胜利行动的军事单位于5月24日晚开始集结。第35师的部队被派去增援叙军位于班尼亚斯和泰勒阿扎齐阿特（Tel 'Azzaziat）的阵地（地处戈兰高地悬崖之上）。在戈兰高地上最大的城市库奈特拉，行动所必需的各支部队开始集结，其中包括3个步兵旅、2个炮兵旅和2个坦克旅。领导这次进攻的将是其中的2支精锐旅——第123旅和第80旅。最后，在6月3日，叙利亚步兵开始为部队的突进挖掘战壕。约旦河河源处的各种反步兵障碍物已被叙军清除，他们还搬来了橡皮艇，为渡河做准备。叙军预计将在6天内完成此次行动。[59]

然而，叙利亚军队是否有能力执行这一行动呢？这个问题从来没有人问过。叙利亚军队中的军官团体曾遭到多次清洗，取而代之的是约2000名被洗脑的复兴党"教育工作者"。"我在参谋学院当过老师。"易卜拉欣·伊斯玛仪·哈赫亚（Ibrahim Isma'il Khahya）回忆道，他于1966年成为第8步兵旅旅长。"我手下的军官大多也都是教师。他们都不足以参战。"叙军情报部门戈兰高地分支的指挥官纳沙特·哈巴什（Nash'at Habash）上校被赶下了台，取代他的是复兴党某高官的兄弟，这人只是个上尉。此前仅为叙利亚驻北京武官的艾哈迈德·苏韦达尼被擢升为陆军中将和总参谋长。虽然叙利亚军队所配备的250辆坦克和250门大炮的成色在整体上都比以色列的装备要新，但叙军对这些装备的维护少得可怜。叙军的补给也不稳定。前线部队缺少食物，常常擅离职守。叙利亚空军的素质尤其低下。一份内部军方报告称，叙利亚飞行员中只有45%的人被评为"良好"，32%的飞行员被评为"普通"，其余飞行员则"低于平均水平"。停驻于杜迈尔（Dmair）机场和赛盖勒（Saiqal）机场的42架飞机中，只有34架能够正常运行。

然而，在叙利亚军队内部，战士们的士气却从未如此高昂。穆罕默德·阿马尔（Muhammad 'Ammar）上尉是一名驻守于泰勒费赫尔（Tel Fakhr）要塞的步兵军官，他回忆说："当时我们认为我们更强大，我们能够把领土紧紧地攥在自己手中，戈兰高地刀枪不入。叙利亚、埃及和约旦的团结尤其使我们感到振奋。"另一名叙军上尉马尔万·哈姆丹·胡利（Marwan Hamdan al-Khuli）则听到了这样的声音："我们更强大，并且会轻易击败敌人。我们等待解放的那一天。"总参谋部的信心也同样坚定。"如果战事爆发，"特拉斯估计，"阿拉伯联合共和国和叙利亚最多花4天时间便能摧毁以色列。"[60]

尽管阿拉伯国家之间存在着尖锐的分歧，每个国家都各执己见，但他们实现了在后殖民历史上从未有过的团结。现在可以肯定的是，阿拉伯世界不仅存在，而且有能力采取行动。这是阿拉伯世界中的许多人自1948年以前便渴望见证的时刻。他们不仅要向以色列报仇，还要报复西方世界，报复这些给他们带来了长达几个世纪的压迫的国家。阿尔及利亚总理胡阿里·布迈丁（Houari Boumedienne）自豪地说："故乡的自由将通过这种方式得以实现：摧毁犹太复国主义实体，并把这片区域上的美国人和英国人全都赶出去。"也门外交部长塞拉姆（Salam）对此表示同意："我们渴望一战。战争是解决以色列问题的唯一途径。阿拉伯人都准备好了。"即使是最实诚的温和派也变得激进起来。"你一定是疯了，"约旦总理朱马对美国驻安曼大使伯恩斯说，"对任何一个阿拉伯人来说，不管他在私底下多么渴望看到纳赛尔失势,他都不会希望纳赛尔的失势是由于蒂朗海峡引起的。"黎巴嫩民族主义领袖拉希德·卡拉米(Rashid Karame)对波特*说:"阿拉伯人再也不能忍受在以色列那里所受的耻辱,在这个问题上实现了完全的团结……阿拉伯人最终会取得胜利。"

就在几天前,包括摩洛哥、利比亚、沙特阿拉伯、突尼斯在内的一众国家还把埃及视为死敌,但如今,这些国家的军事特遣部队汇集在西奈半岛之上。就连叙利亚人最后也软化了自己的态度,同意派遣一个旅的兵力前往约旦,与伊拉克人并肩作战。联合起来的阿拉伯军队拥有900架战机、超过5000辆坦克,以及50万名士兵。此外,他们还有巨大的政治影响力。阿拉伯产油国已同意联合抵制任何帮助以色列的国家,他们威胁要将这些国家建在产油国内的炼油厂国有化,甚至摧毁其输油管道。纳赛尔警告各国,苏伊士运河可能会被封锁。来自北非地区、肥沃的新月地带和海湾地区的全体阿拉伯人感觉被一项崇高的事业凝聚在一起,伊拉克总统阿里夫把这项事业表达了出来:"我们的目标是把以色列从地图上抹去。如果真主允许的话,我们将在特拉维夫和海法相会。"[61]

最短的一夜

6月3日晚至4日凌晨,美国总统在纽约出席了民主党的筹款活动。面对罗伯特·肯尼迪对党内领导权的挑战,约翰逊此刻正专注于国内政治。在上周中的大部分时间里,他都待在自己位于得克萨斯州的农场里,并向他的高级顾问咨询国内政治问题。但即便是事关他自己长期政治命运的问题也无法掩盖即将到来的国际灾难。

现在看来,避免这场灾难的可能性似乎微乎其微。两天前,腊斯克和麦克纳马拉在华盛顿与一群英国高级官员举行了一场会议,他们在会上基本上承认了一个事实,即赛船计划或已夭折。他们表示,由于国会对这一理念的"强烈反感",同时有海洋国家拒绝加入行动,这项计划很

---

* 德怀特·波特,美国驻黎巴嫩大使。

难在近期启动。由于担心走漏风声,应急计划的制订也搁浅了。此外,即使美国发表了声明,它也很难使这份声明有约束力。据中央情报局估计,埃及人几乎肯定会对任何试图进入海峡的美国船只开火,而参谋长联席会议则报告说,美国在苏伊士运河以东的部队缺乏足够的火力以击退埃及的大规模进攻。考虑到 10 艘苏联军舰已通过达达尼尔海峡进入东地中海,这一结论显得尤为严峻。苏联的船只现在正盯着美国的第 6 舰队,准备以救世主的形象出现在纳赛尔面前,并将其从邪恶、好战的西方的魔爪中解救出来。[62]

用桑德斯的话来说,赛船计划存在着许多的"欲加之罪"*。尽管如此,美国政府的主要官员——尤其是罗斯托兄弟——仍支持该计划。沃尔特继续把自由航行视为"公开的原则",美国有责任维护它;而尤金则相信护航计划能行得通——"只要我们肯秀秀肌肉。"他还相信,美国只需要"展示出外交实力和一些强力"便能降伏纳赛尔。罗斯托兄弟继续敦促相关海洋国家签署有关蒂朗海峡的宣言。他们还对宣言文本进行了润色,缓和了其中的语气,其目的是切断蒂朗海峡问题与以色列之间的任何联系。此外,他们还在揣测一系列问题——如果打着外国的旗帜,石油是否还有可能被运到以色列?埃及对蒂朗海峡的封锁是否遍及整个海峡,还是只针对它的主要航道,即所谓的"企业航道"(enterprise channel)**?

当罗斯托兄弟还在揣摩这些问题时,约翰逊正在慢慢远离护航计划这个想法。他转而专注于考虑由以色列单方面采取行动的可能性,也就是"埃夫龙方案"中所描述的那种可能性。美国国防部官员强烈支持"把以色列人推上前台"这一选项,他们坚信以色列能击败纳赛尔,这样便能避免美国与阿拉伯人和苏联人的直接对抗。无论怎么说,这种可能性似乎都在逼近。中央情报局已获悉,以色列货轮"海豚"号正停泊于马萨瓦港中。这艘货轮上载有石油,其船员由以军军事人员伪装而成,该船准备在

---

* 原文为 parade of horribles,翻译成"欲加之罪"并不准确,这一惯用语的意思是:为了反对某一行为而刻意列举出该项行为所可能引发的所有负面后果。

** 蒂朗海峡有两条航道,其中靠近西奈半岛一侧的航道被称为"企业航道",而靠近蒂朗岛一侧的航道被称为"格拉夫顿航道"(Grafton passage)。

72 小时内启航。如果通过海峡，这艘船肯定会遭到埃军的攻击，这样便给以色列人提供了他们所需要的借口。据中情局预测，以色列在随后的战斗中需要美国援助的可能性很小。[63]

这样一场赌博的危险显而易见，但所能得到的好处也不亚于它。"如果以色列在战争中取得了胜利，那么那些同情它的非洲人和亚洲人……只会得出一个结论，即纳赛尔太过不自量力了。"情报机关推测说，"但以色列倘若同西方联手，这些同情便会被抵消掉，这些国家会因为欧洲列强又一次干预其他国家的命运而感到愤懑不满。"此外，如果由以色列单独行动，而不是让美国介入并站在以色列这边，那么苏联出面干预的可能性就会更小。国家安全委员会的哈罗德·桑德斯指出，"把以色列拉回来"意味着美国要对以色列的安全做出长期的承诺，而强制解除封锁则意味着美国要扭转自己 20 年来一直不偏不倚的态度，完全认同犹太复国主义，抛弃阿拉伯温和派，让他们任凭纳赛尔宰割。"唯一的选择就是让以色列人自己来做这件事。"他总结道，"我们应该考虑承认这一事实，即我们已经失败了，并放手等战争爆发。"

约翰逊相信，以色列将在两三天内采取行动，并会在 10 天内结束这场战争。虽然美国可能通过外交途径支持以色列，但不会与之共谋，出现像以色列与英法两国远征苏伊士运河的这种情况，也不会对这个犹太国家提供大规模军事援助。确切地说，以色列会像沃尔特·罗斯托所说的那样，"像影片《正午》里的治安官一样"独自采取行动，"为赢取自尊，也为了在中东地区获得尊重"而动用必要的武力。约翰逊甚至建议他的手下开始考虑战后的解决方案——应该考虑纳赛尔到底是"一个希特勒式的人物……他决心彻底粉碎以色列……还是一个试图达成协议的精明的操盘手"，还应该考虑是否可以在边界和难民安置问题上达成妥协。

迪安·腊斯克有着更深的挫败感，也更不乐观，他得出了同样的结论。他怀疑以色列人已经知道赛船计划失败了——"如果其他任何国家也像他们那样渗透到美国政府中，我们很可能会终止与他们的关系"——并决心独自采取行动。他向美国驻各阿拉伯国家首都的大使坦承道："要求以色列仅仅接受现状是没用的,因为以色列将战斗,我们无法约束它。"但与此同时,他也写道:"我们不能撒手让他们开打,而自己却保持中立。"国务卿概述了美国中东政策的历史——美国支持该地区每一个国家的领土完整和独立性,保护埃及不受以色列、英国和法国的侵略,保护亲西方的阿拉伯国家不受埃及侵犯。然而,这种平衡政策难以为继,这一事实已经被残酷地暴露出来了。"阿拉伯世界的'圣战'心理与以色列的末日心理相互龃龉……双方似乎都能以相对平静的态度面对眼前的大战,双方对胜利显然也充满了信心……肯定有一方会做出重大误判。"

在纽约的接待会上,对这种误判及其结果的担忧无疑一直伴随着约翰逊。约翰逊真心希望能帮以色列摆脱困境,希望为美国在阿拉伯世界的盟友提供援助,希望阻止一场可能像滚雪球一样在全球层面上造成影响的战争,但他的这些希望最终落空,原因是东南亚正在发生的另一场战争,以及西方世界无行动之意愿。考虑到他所受的限制,约翰逊觉得自己已经尽了最大的努力,穷尽了所有可能的选择。晚餐时,约翰逊收到了以色列方面的消息,他的忧伤多于惊讶。当时阿贝·范伯格小声对约翰逊说:"总统先生,不能再等下去了。一切将在未来24小时内发生。"[64]

同一天,开罗举行了欢迎伊拉克加入《埃约防御条约》的庆祝仪式,纳赛尔在仪式上发表了讲话。按腊斯克的说法,这一事件"使原本平静的周日顿时变得活跃起来"。当埃及总统抓住机会重申埃及对蒂朗海峡的主张时,人们的热情被点燃了。纳赛尔表示,他拒不接受任何一方宣称蒂朗海峡为国际共有,并发誓将对任何敢于挑战封锁状态的船只或船队使用武力。

与此同时,穆尔塔吉将军为自己第二天早上与阿米尔的会面做了份笔记,他将就部队补给和人员方面的严重短缺问题与阿米尔展开讨论。这位将军刚刚亲自向埃及的战士们发布了命令,敦促他们"用……武器和共同信念的力量夺回被偷走的土地",并提醒他们:"在抗击以色列侵略的光荣战争中,全世界的眼睛都盯在你们身上。"然而当天晚上,穆尔塔吉自己却在伊斯梅利亚(Isma'iliya)度假,而阿米尔则在开罗参加通宵派对。纳赛尔的下落不明。西德吉·马哈茂德在他女儿的婚礼上。黎明时分，他将同阿米尔及某伊拉克高级代表团一起视察前线阵地。总参谋部的大部分成员都去了比尔赛迈德机场，在那里等待着陆军元帅的降临。

"［西奈］阵线上的司令员不在自己的岗位上，军队的司令不在岗位上，他们的部下也都不在。"埃军西奈半岛空军总指挥阿卜杜·哈米德·杜盖迪（'Abd al-Hamid al-Dugheidi）少将哀叹道，"所有的司令员都不在司令部里，这还是战争史上第一次出现这样的情况。"当然，当第一批侦测报告传到埃军司令部时，也没有一位司令员在场。该报告显示，以军加强了在加沙和拉法附近的活动强度，而以军的坦克则在向中心区域集中。[65]

与埃军的反应相反，里克耶将军坚信战争将在第二天爆发。在开罗安排联合国紧急部队撤离时，他阅读了穆尔塔吉的命令——"吹响进攻号角的明确信号"——并立即乘飞机返回了加沙。在他脚下，他看到了无数的军队和坦克，这些部队呈现出一种"通常情况下只有诉诸最后一搏才会表现出来的样态"。他向纽约报告了当地的状况并证实说："阿拉伯联合共和国如此大规模的军队部署，其中包括坦克和大炮，除了准备发动进攻，没有其他可能……穆尔塔吉所传达的信息明白无误。"里克耶打算等到早上再把电报发出去，不过那时吴丹将不会在联合国总部里出现。他已计划好了要在那时做口腔手术。此前访问埃及时，联合国秘书长的一颗牙齿感染了。[66]

侯赛因国王也感受到了类似的不祥之兆。土耳其大使已告诉他，战争将在第二天打响，以色列将空袭埃军的基地。事后，侯赛因会声称自己曾警告过埃及人，要他们注意以色列于第二天发动袭击的可能性。他命令空军进入最高警戒状态，然后又同手下的将军们谈了话。之后，他于凌晨1时躺上床，睡上了短暂而又断断续续的一觉。

卡特里埃尔·卡茨又一次被召唤到克里姆林宫里来。在克里姆林宫，葛罗米柯再次为以色列的"战争狂热"而责备了卡茨。只不过这一次，以色列大使急了。"在开罗和大马士革,他们正高喊着要摧毁一个邻国;阿拉伯国家的领导人正要求对我们推行种族灭绝政策。而这时我却被召唤到一个热爱和平的国家的外交部里,并听他们向以色列发出警告?"葛罗米柯面无表情地听着,然后解释说,以色列不能指望阿拉伯人忘记1956年的侵略——"他们也有情绪"——也不应该指望苏联会坐视犹太复国主义者的侵略。"如果你想让你们的未来陷入危难,那么最稳妥的方式便是选择战争。"苏联外交部长说道。然后他把下面这句话重复了好多遍:"不要受情绪的摆布。"[67]

"以色列国防军就像一个铆足了劲的弹簧,"回忆起战争爆发前夜的伊扎克·拉宾说道,"在数周的等待过程中,随着南方前线的形势发生了变化,[我们的作战计划]经过了反复的修改。从叉子行动到锄头行动,我们的计划变来变去——似乎有一整个农场的计划*——不管是在纸上,在地图上,还是在沙盘上。现在,我们要用坦克、半履带和卡车来完成最后的计划。"[68]

正在南部战区司令部视察的拉宾被召回特拉维夫,准备听取达扬做最后的报告。这份报告十分简短,包含一系列指示——耶路撒冷周围的军队将得到增强,但不能把坦克开进城市。除非约旦人先进攻,否则以军不能对约旦采取任何行动,哪怕是小规模的土地争夺。这一命令同样适用于北线:如果叙利亚人袖手旁观,就不要与叙利亚交战。至于南线,达扬过了一遍"拿顺"(Nachshon)行动(以圣经人物亚米拿达之子拿顺命名,红海被分开后,他是第一个踏入其中的希伯来人),其主要内容为"在西奈阵线上推进到阿里什-利卜尼山一线,拿下由阿布阿吉莱、拉法、阿里什三地合围而成的轴心区域,并消灭这一区域中的埃军"。以色列军队将尽可能地快速前进,绝不停歇。虽然沙姆沙伊赫并没有被列入目标之中——到达该地需要花费太长时间——但以军在西奈半岛上所占据的领土可以在之后被用来换取蒂朗海峡的自由航行权。最后,达扬谈到了焦点

---

* 双关语——以军的各种计划均以农场上的工具命名。

行动：以色列空军将在地面上的战斗开始前竭尽全力歼灭埃及空军。而地面行动将于星期一早晨 7 时 45 分展开，在那一刻，以军将念出行动密码"红色床单"（Sadin Adom），之后地面战争便正式打响。

以色列国防军的 27.5 万名士兵、1100 辆坦克和 200 架飞机已准备好发动中东历史上最大规模的进攻了。直到这时，即黎明前的几个小时里，达扬才终于有时间展开反思。"我一直都很清楚我身上所承载着的沉重负担。"他后来这样写道。尽管他深信以色列最终能生存下去，但他也意识到了它可能要付出的沉重代价。"我不能轻视本-古里安说过的话，他曾警告不要发动这场战争。我也不能忽视戴高乐的立场和迪安·腊斯克的警告性建议，尤其不能忽视俄罗斯人的威胁。"他认为，如果以色列能够迅速取得胜利，便能使苏联来不及做出反应。然而，如果进展滞后，甚至停滞不前，干预的危险将会成倍增加。

那天晚上，本-古里安也经历了类似的恐惧（白天的时候达扬向他说明了事情的进展状况）。"我的心因明天的行动而感到不安……"他在日记中写道，"我们即将踏出的这一步让我感到非常担忧……事情来得太快，已超出了我的理解力。事先［与美国领导人］商量一下难道真的不显得更明智一些吗？"

伊扎克·拉宾同样因为以色列缺乏与美国人的全面协调而感到担忧。"政府和总参谋部在最糟糕的战略形势下把以色列拖入了战争。"他回忆说。然而，在经历了这么长时间的摇摆不定之后，做出这一决定本身便能给以色列总参谋长带来安慰。他离开报告会，匆匆赶回家，迎来了"数周内的第一次夜间休息"。

小憩一会儿也是利奥尔上校的目标，他在午夜之后离开了总理的办公室。自从埃及军队进入西奈半岛后，过去这三周里所发生的事情对于埃什科尔的这位助手来说"就像是另一个星球上发生的故事"。现在他很害怕，如果以军先制人的行动失败了，他不确定以色列是否抵挡得住阿拉伯军队联合发动的猛攻。利奥尔匆忙赶回家，溜上床，躺到妻子旁边，然后把闹钟定到早晨 6 时。到那时他会把她叫醒，然后叫她下到避难室里去。

然而，有一个人却没睡。列维·埃什科尔独自坐在自己办公桌前，正在写一组信件。第一封信是写给柯西金的，主要是请求苏联军队不要对以色列施加干涉。"来自四面八方的敌军把我们团团围住，为了捍卫我们的存在，也为了阻止纳赛尔实现其目标，即重复希特勒对犹太人犯下的罪行，我们正与之展开殊死搏斗。我们确信，当犹太民族正经受着历史上最大的考验的时候，苏联在当下历史中所扮演的角色将再次基于它对犹太人的理解和兄弟情谊而决定。"

第二封信中的内容同样热情洋溢，而这封信是写给约翰逊的。那天晚上的早些时候，以色列内部爆发了激烈的争论，争论的焦点是关于以色列是否应该对外宣称战争是由埃及人挑起的。达扬遭到了反对，但阿隆（在赫尔佐克和埃班的支持下）坚信把战争的责任直接归咎于纳赛尔对以色列来说不会造成什么损失，反而可能会有所得。因此，埃什科尔在信中这样写道：埃及的大炮向以色列人的定居点开了火，埃及的飞机编队还被发现飞向边界。他接下来描述了导致目前冲突的一系列事件——纳赛尔叫嚣着要让以色列灭亡，联合国紧急部队被赶走，蒂朗海峡被封，埃及与叙利亚结盟，埃及与约旦结盟，苏联人不计后果的欺骗和谎言。

埃什科尔对上述一系列事件的概要中隐含着他个人的一种理解，即中东的困境有其特殊背景，这一背景使得阿以之间的冲突因为一系列因素而最终激化：阿拉伯国家间的竞争、超级大国之间的对抗，以及涉事各国国家内部的政治斗争。在催化剂——恐怖袭击、边境冲突、报复性袭击——的刺激下，这一背景进而引发了一场危机。这场危机一旦被点燃，便会不可逆转地走向战争。

"摆在我们面前的斗争还没有结束。"埃什科尔写道。然后他请求以色列"最强大的朋友"在制衡苏联这方面向以色列提供"大力支持"。至于战争的目标，以色列总理仍表现得很谦虚。他没有指望通过战争从根本上改变阿以双方所身处其中的背景，并消除未来爆发类似战争的可能性。相反，所有以色列人为之奋斗的，都只是力求终结眼前的威胁，并在此后无限期地保持沉默。"我们只想在我们的领土上和平地生活，并享受我们合法的海洋权益。"[69]

第 5 章

战争：第一天，6月5日

以色列空军发动袭击

地面战斗开始

约旦和叙利亚展开反击

袭击于以色列时间早上7时10分正式开始。16架富加教师教练机——法国制造，20世纪50年代的教练机，新装配上了火箭弹——从哈措尔（Hatzor）空军基地起飞。这些富加教练机使用的是神秘战机和幻影战机的发射频率。为了达到模拟的效果，他们以常规的巡逻模式飞行。4分钟后，真正的战斗机——暴风雨轰炸机——离开了哈措尔空军基地。5分钟之后，1个空军中队的幻影战机从拉马特戴维（Ramat David）空军基地起飞，另有15架双引擎秃鹰战机从哈茨里姆（Hatzerim）空军基地起飞。到7时30分，已有近200架飞机在空中飞行。它们身上肩负着当天早上空军司令莫蒂·霍德发布的命令："以色列英雄的精神将陪伴着我们战斗……约书亚、大卫王、马卡比家族，以及1948年和1956年的战士们，我们将从他们身上汲取力量和勇气来向威胁我们安全、我们独立和我们未来的埃及人发起攻击。飞吧，在敌人面前高飞，将他毁灭，让他在旷野中流散，这样以色列人才能在自己的土地上世世代代安心居住。"

这些飞机飞得很低，通常不超过15米，以避免被埃及的82个雷达站发现。大多数飞机都转向西面，朝地中海飞去，直到最后侧身绕向埃及。其余飞机则沿着红海，向埃及内陆深处的目标冲去。飞行员严格保持着无线电静默。即使在飞行路径交叉的时候，通信也仅限于手势信号。"这个游戏的名字叫作'在没有被发现的情况下到达埃及海岸'。"以色列空军作战部长拉菲·哈尔莱夫（Rafi Harlev）曾这样训导他的飞行员。他警告他们说，如果发生机械故障，不得求助，他们将不得不坠毁到海里去。

但这些飞行员也有很大的优势。与他们的埃及对手相比，他们受到了更好的训练，有更多的飞行时间，而且几乎全部250架飞机（65架幻影、35架超级神秘、35架神秘IV、50架暴风雨、20架秃鹰轻型轰炸机、

45架富加）都能正常运行。在几乎完全保密的情况下，这些人反复演练焦点计划，在埃及机场的实体模型上做练习。只有少数内阁部长知道该计划，而总参谋部的成员则只收到了有关该计划的一纸摘要。另一方面，这些飞行员对以色列的袭击目标也了如指掌——每架埃军飞机的位置，驾驶该架飞机的飞行员的姓名、军衔，甚至是声音。

这些信息大多是通过电子手段获得的，但也有一些是间谍活动的产物。出生于德国的以色列间谍沃尔夫冈·洛茨（Wolfgang Lotz）伪装成一名前纳粹党卫军军官潜入埃及，他从与之交好的埃及军方领导人那里获得了重要的细节信息，直到他于1964年被捕。在潜入敌国高层的消息人士中，有一位名叫安瓦尔·伊夫里姆（Anwar Ifrim）的情报官员。在埃及，他被称为阿里·埃勒菲（'Ali al-'Alfi），是纳赛尔的私人按摩师。用霍德的话来说，他帮助以色列获取到了埃及飞机的"实时情报"。而埃及人对他们自己的飞机却几乎没做任何保护。这些飞机被分门别类地集中在一起——米格的归米格，伊留申（Ilyushin）的归伊留申，图波列夫（Topolov）的归图波列夫——每类飞机都有自己单独的基地，这使得以色列人能够区分出优先攻击的目标。虽然埃军空军此前已经提出了建造混凝土机库的建议并得到了批准，但这一建议没有得到实施。埃及的飞机停在露天的停机坪上，甚至连防护的沙袋都没有。用霍德很喜欢说的一句话来说：“战斗机是最致命的武器，但仅限于天空中。在地面上，它毫无还手之力。”[1]

当时，几乎所有的埃及飞机都停在地面上，飞行员正吃着早餐。埃军认为，以色列的任何袭击行动都必定会在黎明时展开，因此，米格战机在日出时便已经完成了巡逻任务，并于埃及时间8时15分（比以色列时间晚一个小时）返回了基地。仍在空中飞行的，只有4架用于训练的飞机，且都没有配备武器。然而，就在此时，有两架伊尔-14运输机从阿勒马扎空军基地起飞。其中一架运输机准备开往比尔赛迈德基地，机上载着陆军元帅阿米尔和空军指挥官西德吉·马哈茂德。另一架飞机上的乘客则包括埃及内部情报主管侯赛因·沙菲（Husayn al-Shaf'i）、伊拉克总理和一名苏联高级顾问，他们的目的地是阿布苏韦尔。埃及当时所有的军队高层指挥官要么坐在那两架飞机上,要么在这两架飞机即将着陆的地方等待着。以色列人注意到了他们雷达屏幕上显示的两架伊留申运输机,担心他们会探测到以军正在接近的飞行中队。警报确实是响了,但不是因为以军的轰炸机,他们已一声不响地爬上了巡航高度。警报实际上来自阿杰隆。

约旦设于阿杰隆(靠近杰拉什)的雷达设施由英国提供,是中东地区最精密的雷达设施之一。早晨8时15分,雷达站的雷达屏幕上突然布满了光点。约旦经常发现有大量以色列飞机驶向地中海,对此,约旦人早已习以为常。但这种密度的大规模集结前所未有。值班的约旦军官向里亚德将军位于安曼的总部发送了密码"葡萄"(阿拉伯语为'Inab,是预先设定好的密码,代表着战争)一词。里亚德又接着将信息传递给了在开罗的埃及国防部长沙姆斯·巴德兰,然而在那里,这一密码始终处于无法破译的状态。前一天,埃及人改变了他们的编码频率,却并没有告知约旦人。以色列人也改变了他们的编码频率,这让阿杰隆的雷达观测员感到迷惑,不知道屏幕上的这些光点到底是以色列空军还是从航母上起飞的外国(英国或美国)飞机。他们注视着雷达屏幕,突然,光点转向东面,朝西奈半岛方向移动。于是观测员开始一个劲儿地用电报发送战争密码。

但是,即使这些信息能被解密,巴德兰当时也不在场。这位国防部长几小时前才上床睡觉,并留下了严格的命令,不许人打扰。同样不在场的还有负责解码工作的迈斯欧德·朱奈迪(Mas'ud al-Junaydi)上校,以及空军作战部长贾迈勒·阿菲菲(Gamal 'Afifi)将军。他后来因不称职而受审,在审判过程中,阿菲菲声称:"我在那之前已经离开军队十年了,那份工作我干了还不到六个月。感谢真主我当时不在场,因为那个人至少还知道该向谁打电话,该如何处理。如果我当时在场,情况只会更糟。"埃及空军情报部门对以色列的袭击也做了大量汇报,但最高司令部的军官选择无视他们。这些人忠于阿米尔,却不信任纳赛尔。[2]

对于以色列人来说,这几分钟至关重要。"当时真是胜负难料。"埃泽尔·魏茨曼回忆道。他并没有辞职,而是放下了自尊心,继续担任作战部长。魏茨曼不太关心地面战争,他主要关心的是空军和由他发起的焦点计划。"五年来,我一直在谈论这一行动,解释它,孵化它,渴望它,一

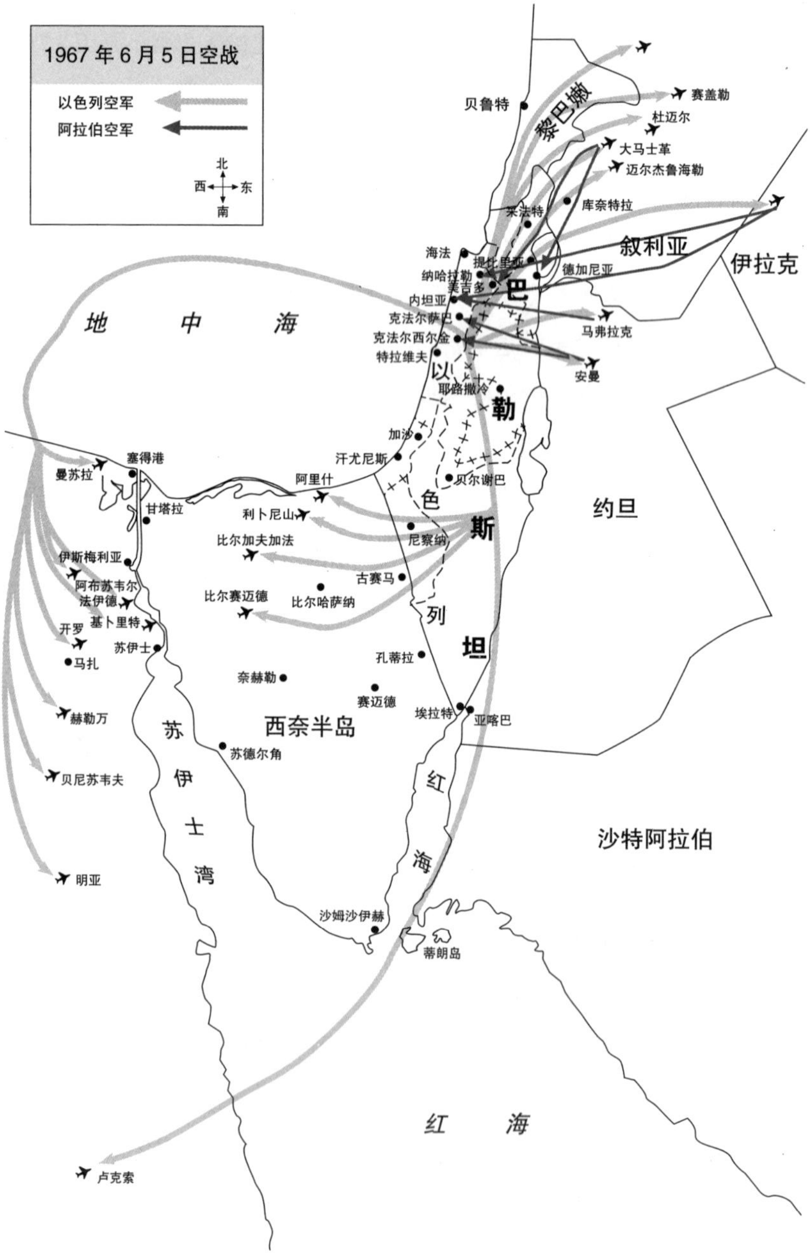
1967年6月5日空战
以色列空军
阿拉伯空军
北
西
东
南
贝鲁特
黎巴嫩
赛盖勒
杜迈尔
大马士革
迈尔杰鲁海勒
库奈特拉
采法特
叙利亚
伊拉克
海法
提比里亚
纳哈拉勒
美吉多
德加尼亚
内坦亚
克法尔萨巴
克法尔西尔金
特拉维夫
马弗拉克
安曼
地中海
以色列
巴勒斯坦
耶路撒冷
加沙
汗尤尼斯
贝尔谢巴
约旦
塞得港
曼苏拉
阿里什
甘塔拉
利卜尼山
尼察纳
比尔加夫加法
伊斯梅利亚
古赛马
阿布苏韦尔
法伊德
比尔赛迈德
比尔哈萨纳
基卜里特
开罗
苏伊士
马扎
孔蒂拉
奈赫勒
赛迈德
埃拉特
亚喀巴
赫勒万
西奈半岛
苏伊士湾
苏德尔角
红海
贝尼苏韦夫
沙特阿拉伯
明亚
沙姆沙伊赫
蒂朗岛
红海
卢克索

环一环地打造它，训练将士们去执行它。如今，再过一刻钟，我们就会知道这只是一个梦，还是说它会变成现实。"

这项计划看起来就像一个复杂而又极其危险的迷宫。它要求几十个中队的飞机从不同的基地起飞，并默默地在 11 处不同的目标上空集合，而这些目标间的距离又在 20—45 分钟的航程之间。除 12 架飞机外，以军将所有的飞机都投入了这次袭击行动当中——用橄榄球球迷的话来说，这叫"孤注一掷"——这个国家的天空几乎处于毫无防备的状态。无数次的演练让以色列空军指挥官相信，即使埃军的飞机能够成功脱离跑道，以色列空军也能在短短 3 小时内摧毁整个埃及空军。然而，拉宾仍然心存疑虑，他甚至命令突击队员做好准备，一旦焦点行动失败了，便在夜间对敌人的飞机跑道发起攻击。[3]

如今拉宾和达扬在以色列空军总部等待着，身旁还有魏茨曼和焦虑的以色列空军司令。"最初的 45 分钟给人的感觉就像过了一整天。"霍德说道。他身上肩负着本次袭击行动的直接责任。霍德身材消瘦，沉默寡言，曾经是一名基布兹成员。在第二次世界大战后，霍德曾将大屠杀的幸存者偷运到巴勒斯坦，在以色列独立战争之前，他又偷运进一架英国"喷火"（Spitfire）战机。在 1948 年和 1956 年的战争中，他成了一名技术娴熟、头脑冷静的飞行员。相较其才华而言，他的足智多谋和勇气更为人所知。像辛辛纳图斯一样，他最强烈的愿望是回家种田。但在 1966 年的早些时候，魏茨曼坚持让霍德取代他成为空军总司令。从那时起，他就专注于改进焦点计划。他成功地把以军飞机换油和填充弹药的周转时间降低到 8 分钟以内。相比之下，埃及的周转时间则是 8 个小时。"他可能无法引用比阿利克［希伯来诗人］或莎士比亚，"魏茨曼说道，"但他能用平实的希伯来语骗倒阿拉伯人。"

汗流浃背的霍德整壶整壶地往嘴里灌水——按魏茨曼的话来说，"就像一台巨大的散热器"——他正等待着第一波进攻的消息。打头的飞机编队已经越过了海洋。在海上，他们使用电子干扰设备成功躲过了苏联船只的探测。以色列时间 7 时 30 分，第一批目标进入视野。其中就包括在法伊德（Fa'id）和基卜里特（Kibrit）的巨大空军基地。埃及情报机构错误地认为这些基地在以色列空军的攻击范围以外。在这些基地里，飞机就停在停机坪上，成排排好或停在半圆形的防护墙里。许多机场只有一条跑道——一旦堵住它，那些飞机就完蛋了。[4]

在空中，能见度很好，风阻系数接近于0，属于最适合攻击的条件。以色列战机突然向下猛扑2.7千米，把自己暴露于埃及的雷达之下。埃及飞行员跑到停机坪上准备紧急起飞，但没有几个能跑到自己的飞机跟前。

以军的战机俯冲下来。接近时4架一组，攻击时2架一组，每架飞机都要冲击3次——如果时间允许的话，就来4次——第一次是轰炸，后面几次都是扫射。他们的首要任务是摧毁跑道，然后是那些对以色列城市形成威胁的远程轰炸机，其次是米格战机，最后才是导弹、雷达和支援设施。每架飞机攻击7—10分钟，返程花费20分钟，加油8分钟，飞行员休息10分钟。如此一来，飞机在1个小时内便能再次行动起来。而在这1个小时内，埃及的空军基地仍将遭到几乎不间断的攻击。

"当我们接近目标的时候，天空渐渐明朗起来了。"神秘战机编队指挥官阿维胡·宾农（Avihu Bin-Nun）中尉回忆道，"当我向下俯冲并投出炸弹时，我看到4架米格-21战机停在跑道的尽头准备排队起飞。我拉起投弹手柄，开始射击，击中了其中的2架，它们随即着火。"

宾农投放的这种炸弹叫迪朗达尔（Durendal），是以色列与法国联合开发的绝密武器，并以圣骑士罗兰（Roland）的剑命名。一旦被投出，这枚重达81.6千克的炸弹便会通过反推火箭和降落伞稳定下来，直到它直接对准目标并与地面呈60度角。这时，炸弹上的助推火箭会被引燃并推动炸弹钻入地表深处。迪朗达尔会在地面上留下一个5米宽、1.6米深的弹坑，使跑道无法使用。跑道也无法修复，因为炸弹上的延迟引信会引发持续爆炸。在不到1个小时的时间里，以军仅在阿布苏韦尔基地就投放了100多个爆炸装置。宾农接着说："散落在停机坪上的40架米格战机中有16架被我们摧毁，在回程的途中我们还打掉了一个SAM-2导弹阵地。我们看到所有其他埃及机场也都处于火海之中。"

以军飞机下方的埃及飞行员都处于震惊的状态，不敢相信以军竟然有穿透其防线的能力，使他们完全措手不及。"在上午9点整，我站在跑道上，正准备出发展开飞行训练。"马利斯基地（Malis base）的指挥官塔赫辛·泽基（Tahsin Zaki）准将回忆说，"我听到了喷气式飞机的声音，就在同时，我朝声音的方向望去，看到了两架灰色的超级神秘战机。他们往跑道头部投下了两枚炸弹。在他们身后又来了两架战机，他们朝跑道中部投下了两枚炸弹，最后两架战机则在跑道尾部投下两枚炸弹。几分钟后，整个跑道都被炸毁了。这是一场完完全全的奇袭。"[5]

埃及人的飞机已成了瓮中之鳖，他们被以军战机的30毫米炮和热源追踪火箭弹当靶子打。在苏伊士运河以西的贝尼苏韦夫（Beni Suweif）空军基地和卢克索（Luxor）空军基地，巨大的图-16轰炸机连同机上重达10吨的炸弹被击中然后爆炸，其爆炸威力如此之强，以至于其中一架攻击机直接被炸飞了。在西奈半岛上，由幻影战机和神秘战机组成的混合编队攻击了埃军位于利卜尼山、比尔塞迈德和比尔加夫加法（Bir Gafgafa）的前线基地。以军战机对停在那里的大量米格战机进行了低空轰炸，少数试图起飞的战机最后也难逃焚烧殆尽的命运。只有阿里什的跑道得到幸免，但这也只是因为以军认为它很快便能派上用场并承担起运输任务。

到第一次高潮结束时，即以色列时间8时，西开罗、法伊德和阿布苏韦尔空军基地遭到了平均25架次以军飞机的袭击。西奈半岛的4个机场和埃及本土的2个机场已完全瘫痪。连接西奈半岛上军队和最高司令部之间的主要通信电缆被切断。然而，对埃及空军本身造成的伤害才是最具毁灭性的破坏。在略多于半小时的时间里，埃及人已经损失了204架飞机——整个空军的一半战力——其中只有9架仍在地面上。

就连以色列人自己都惊呆了。没有人曾设想过一个中队的飞机便能让整个空军基地丧失战斗力，而焦点计划的杀伤率会超过预期的100%。以军此前在做战争预期的时候曾考虑到了这样一种可能，即埃及人很快便将克服最初的震惊，重整旗鼓，然后击落攻击者多达1/4的飞机。事实上，以色列飞行员也确实接到命令，他们被要求为空战储备足够使用5分钟的燃料和1/3的弹药。然而，这些预计的事情一件也没有发生，甚至连地面上的防空火力都没怎么见着。埃及的100个防空炮台和27个SAM-2

导弹阵地此前都收到了阿米尔的命令：不许开火。他担心自己乘坐的飞机会被地面上的防空部队误认成是以色列的飞机。只有开罗的防空部队试图击退敌机，他们向盘旋于头顶的三角翼飞机疯狂射击。"我们当时处于高度戒备状态，弹药充盈，但我们没有接到开火的命令。"掌控防空火炮的塞伊德·艾哈迈德·拉比（Sa'id Ahmad Rabi'）少校证实说，"最后，我自作主张地开了火，并以为我会被带到军事法庭上接受审判。但后来我反倒获得了一枚表彰英勇行为的勋章，之后便一直在这一岗位上工作。"

拉比声称自己击落了数架以色列战机。在第一波袭击中，以色列空军总共损失了 8 架飞机和 5 名飞行员。其中一架飞机在袭击过程中受损，但由于不能打破无线电静默，它在偏离航向后经过迪莫纳上空，其后被以色列的霍克飞弹击毁。

直到现在，随着第一波袭击的结束，以军总部才知道了战斗的结果。这一切似乎太令人难以置信了，以至于霍德直到当面听取了飞行员的汇报后，才敢确定他们所取得的巨大成功。"心中的石头——只有一块，却异常沉重——总算落了下来。"达扬写道。然而，在以色列公众的心中，这样的一块大石却依然悬而未落。以色列空军所取得的成功将尽可能久地被隐瞒下去，这是为了在以色列坦克开进西奈半岛的同时避免联合国做出停火决议。8 时 15 分，达扬发出了作战密码"红色床单"。地面战争即将开始。

与此同时，第二波袭击的战斗机也到达了目的地——敌人的 14 个空军基地（其中近一半位于苏伊士运河以西）和埃及所有的雷达站。尽管此时以色列人已不再享有奇袭的优势，也不再采取无线电静默措施，但以军在攻击这些设施时所遇到的抵抗依旧不温不火，很大程度上仅限于防空火炮的攻击。以色列空军仅在 100 多分钟内便出动飞机 164 架次，共摧毁埃军 107 架飞机，只损失了 9 架飞机。当天早上，埃及各大基地中停驻着 420 架作战飞机，其中有 286 架被摧毁——30 架图-16、27 架伊尔-28 中型轰炸机、12 架苏-7 战斗轰炸机、90 架米格-21 截击机、20 架米格-19、75 架米格-17、32 架运输机和直升机——另有近 1/3 的飞行员丧生。13 座军事基地、23 座雷达站和防空阵地在空袭后都变得无法使用。

10点35分，霍德转向拉宾并报告说："埃及空军已经不复存在了。"[6]

当战场局势在以色列变得清晰起来的时候，它在埃及和其他阿拉伯世界却变得异常模糊。驻守被摧毁的空军基地的军官意识到，一场可怕的悲剧发生了。在比尔塞迈德基地服役的埃军飞行员穆斯塔法·哈桑（Mustafa Hassan）描述了这种感觉：

> ［第一次］攻击结束后约30秒，第二波战机就到达了……我们在沙漠里跑来跑去，寻找掩护，但飞机没有射击。他们只是在上空盘旋着。他们的飞行员惊讶地发现基地已经完全被摧毁了，没有任何可攻击的目标。我们是唯一的目标……一群在沙漠中飞跑的虚弱的人类，手枪是我们自卫的唯一手段。这是一出令人悲哀的喜剧……埃军拥有着最新、装备最精良的战机，而他们的飞行员却在用手枪作战。袭击开始5分钟后，［以色列］战机消失了。沙漠里一片寂静，掩盖住了大火的噪声，正是这片大火摧毁了我们的飞机、空军基地和飞行中队。他们以最好的方式完成了任务，我们的损失是100%，而他们的则是0。

塔赫辛·泽基准将的经历也与之类似。他无可奈何地看着侯赛因·沙斐仪的飞机勉勉强强刚降落在机场辅助跑道上便遭到敌方幻影战机的扫射。机组成员和乘客成功逃了出来，同行的另一架飞机上的人却不幸遇难，所有人都死在了跑道上。"以色列花了数年时间准备这场战争，而我们却只为阅兵做准备，"泽基说，"为了一年一度的'革命日'阅兵式，军队持续准备了好几个星期……却没有人为战争做准备。"

阿米尔的飞机被"一森林的以色列飞机"（西德吉·马哈茂的描述）所包围，根本无法着陆。它从一座着火的基地飞向另一座着火的基地，在空中盘旋了近90分钟，直到最后降落在开罗国际机场。阿米尔的空军联络官穆罕默德·阿尤布（Muhammad Ayyub）上校在那里等着，手里拿着枪。他确信有人对他的上司发动了一场政变。"你们想杀了他，你们这群狗杂种！"阿尤布大骂道，随后在场的其他军官也掏出了枪。西德吉·马哈茂德冲出来站到了他们中间，避免了一场枪战。"笨蛋，"他责备他们说，"把枪收起来！以色列正在攻击我们！"

由于没有军事运输工具，阿米尔乘出租车去了最高司令部。他手下的米格战机只有37架还能飞，而他本人则差点在空中被击落，但阿米尔还是兴高采烈的。战争终于开始了。他立即令西德吉·马哈茂德为埃军征服以色列海岸提供空中掩护（执行美洲豹行动），并部署埃及最新的苏霍伊战机，如果有必要的话再带上战机的苏联教官。然后，阿米尔又打电话给大马士革和巴格达，要求他们立即展开拉希德行动，对以色列的机场展开轰炸。伊拉克人同意了，后来却说该国遇上了"技术问题引起的延误"。叙利亚人则声称他们的飞机目前正在接受训练。

这些令人失望的答复并没有影响到埃及最高司令部军官的情绪，在苏联武官 S. 塔拉森科（S. Tarasenko）看来，最高司令部"平静，近乎冷漠，军官们只是在听收音机，喝咖啡"。然而，整个首都的市民都在庆祝。"街道上挤满了示威者。"《世界报》的中东记者埃里克·鲁洛（Eric Rouleau）回忆道，"高射炮在射击。成千上万的人高喊着'打倒以色列！我们将赢得这场战争！'。"然而，鲁洛和其他外国记者都不被允许前往前线。所有的国际电话线都被切断了。唯一的信息来源是政府的公报："伴随着对开罗和整个阿拉伯联合共和国的空袭，以色列于今日 9 时开始进攻。我们的飞机紧急起飞，并挡住了敌人的攻击。"

埃方对反击的描述让人觉得前途一片光明。据称，共有 86 架敌机被击落，其中还包括一架美国轰炸机。埃及飞机的损失数字则被设定为 2 架。"大家为这个消息感到兴奋并为之鼓掌。"美国大使诺尔蒂在报告中写道，"电台［正在］播放爱国歌曲，其中穿插着号召人们重回巴勒斯坦并在特拉维夫会合的呼吁。"阿米尔给在安曼的里亚德将军发去了一封电报，他在电报中说，尽管他们（埃及）刚开始有些惊讶，但以色列已经丧失了 75% 的空军战力。埃及军队正在反击，同时还从西奈半岛发动了攻势。[7]

当以色列空袭的消息传来时，纳赛尔并不在最高司令部，他同样对战事的开启表示欢迎，并相信形势很快便能逆转。然而，上午 10 时——

第二波空袭的高峰期——当埃及空军声称击落了161架以色列轰炸机时，纳赛尔开始怀疑了。他试图联系阿米尔，但没人回复，西德吉·马哈茂德也联系不上。安瓦尔·萨达特是少数几个愿意告诉他真相的人物之一，但他此时把自己锁在了家里。萨达特于11时走进了最高司令部，苏联大使波日达耶夫和其他高级官员向他报告了埃及的灾难。"我只是回家待了几天，"他写道，不忍看到"人们……为伪造出来的胜利报告欢呼，舞蹈，鼓掌。我们的大众媒体每隔一个小时就发布一份这样的报告"。

纳赛尔仍处于一片黑幕之中，而这仅仅是因为军队和政府里没有人敢告诉他真相，所有人都赞同开罗广播电台里所播放的那个版本的故事——"我们的飞机和导弹此刻正炮击着所有以色列的城镇和村庄"，它号召"每个阿拉伯人为他们在1948年失掉的尊严复仇，越过停火线并推进到匪帮的老巢：特拉维夫"。[8]

西奈半岛上的"红色床单"

以色列军队伪装自己，并采取了无线电静默措施，在夜间秘密推进。他们在埃及边境上看到一波又一波的以色列飞机从头顶上飞过。上午7时50分，"红色床单"的作战密码传来，地面部队开始展开行动。伊斯拉埃尔·塔勒将军的乌格达（Ugdah）——以色列国防军为特别任务而设置的扩编师——包括250辆坦克、50门大炮、1个空降兵旅和1支侦察部队。这支师级部队在纳哈勒奥兹对面和汗尤尼斯（Khan Yunis）南部这两处地点越过边境。他们迅速前进，一直没有开火，目的是让奇袭的突然性保持下去。以军的前方便是长达11.3千米的拉法赫缺口（Rafah Gap）[*]。以军若想穿越西奈半岛到达甘塔拉和苏伊士运河，有三条主要路线可供他们选择，而从拉法赫出发的那条是其中距离最短的一条。出于这个原因，埃及在该地区部署了整整4个师的军力，各种雷区、碉堡、地堡、隐藏的炮台和战壕纵横交错。对于以色列袭击者来说，他们除了突破这些防御工事别

---

[*] 即埃及与加沙地带的边境。

无选择，因为道路两旁全是沙子和沟壑，无法通行。

然而，这正是以色列人的计划，在事先选定的关键地点上打击敌人，集中火力，重拳出击。塔勒将军是参加过第二次世界大战及前两次阿以战争的老兵。自1964年以来，他便一直指挥着装甲部队，并把它调教成了一支纪律严明、机动性强的部队。这支部队在先前与叙利亚人的小规模冲突中已经经受住了检验，塔勒本人还在冲突中受伤。现在，它的任务是攻破埃及最坚固的防御阵地，给埃军制造混乱，打击军队士气，并最终在敌军阵营中引发一场多米诺骨牌式的溃退。塔勒向他手下的军官们做了战前简报，他在简报的最后提醒军官们——战争很少会按照计划的方向发展。他们只需要遵循一个原则："每个人都在攻击，每个人都在向前渗透，不往两侧和后方看。"1956年，以色列装甲部队在36个小时多一点的时间里便突破了这同一片区域，而这一次他们只用了24个小时。[9]

对于塔勒的师来说，行动刚开始时进展得很顺利。此次突击行动中，领头的是以色列最精锐的第7装甲旅，其指挥官是什穆埃尔·戈嫩（Shmuel Gonen）上校。戈嫩的队伍在加沙南部碰到了埃军士兵，这些士兵误把以军坦克当成了自家的坦克。埃军第11旅也遇到了类似的情况，这支部队配备有中东地区最大的坦克——斯大林坦克。当以色列空降兵发动正面进攻的时候，第11旅的指挥官们让以军士兵基本不受骚扰地在沙丘上跋涉。"显然，有人在天上看着我们，"指挥官拉斐尔·埃坦在战后评论道，"他们的每一项意外之举及我们的每一项意外之举，最后都变成了我们的优势。"然而，以色列在战场上所取得的进展却不仅仅是运气的产物。埃及情报部门断定，敌军在该地区的活动只不过是为了转移埃军的注意力，而其主线进攻目标实际上是拉法和汗尤尼斯。

如今37岁的戈嫩是家具商的儿子，他13岁时便离开宗教学校，加入了哈嘎纳。他是个有魅力的军官，为人坚定而又乐观。一天前，他曾向他的部下保证，"我们将像1948年和1956年那样打败他们［埃及人］"，以色列人会"跑到运河里洗脚"，并在开罗推翻纳赛尔。但他同时提醒他们，"如果我们没赢，那我们将无家可归"，并告诫他们要保存弹药。他们的目标不是直接攻击拉法——这项任务将留给空降部队去完成——而是从其北边的汗尤尼斯出发，从侧翼包围该城。以军选择了离埃军大炮最远，且处于海风下风处的进攻路线，这么做是为了避免埃军的毒气攻击。以军第60旅拥有86辆谢尔曼和AMX的坦克，这支部队将在梅纳赫姆·阿维拉姆（Menachem Aviram）上校的带领下像一支铁钳一样把汗尤尼斯给夹住。

尽管戈嫩手中握有强大的部队——包括58辆百夫长坦克和66辆巴顿坦克——但他只分配了1个坦克营的兵力去执行突入汗尤尼斯的任务。坦克营朝着城镇的方向前进，沿途只遇到了轻微的抵抗。然后，"突然间，敌人万炮齐发"，侦察部队军官奥里·奥尔（Ori Orr）回忆说，其手下有半数人员伤亡。"炮弹、机枪、反坦克炮——全对着我们开火……整个区域的埃及T-34坦克都在各自的阵地上进行轰击。一辆［以色列的］半履带车在驶离道路前被炮弹击中。里面的8名士兵全部死亡。"后来以军又派了另一个坦克连过来，但这支部队遭到了敌军炮火的连续打击。以军所遇到的最激烈的抵抗来自埃军第20师（巴勒斯坦师）。这支部队谈不上一流，其指挥官是加沙地区的军事总督穆罕默德·阿卜杜·穆奈姆·胡斯尼（Muhammad 'Abd al-Mun'im Husni）将军。

戈嫩手下6辆打头的坦克很快便被摧毁，35名军官丧生。与此同时，阿维拉姆的部队则深陷于沙漠之中，而以军空降兵也因为沙丘的困扰在导航方面遇到了巨大的困难。

"这是一场生死之战，"塔勒告诉他的士兵们，"无论伤亡的代价有多大，我们都要一直进攻。"以色列人的伤亡率确实很高，他们不得不面对敌军的反坦克壕沟、路边的碉堡和石阶，这些防御工事迫使以军避开主路，进入迷宫般的小巷。尽管如此，以军的进展却是惊人的。戈嫩旅仅用了4个小时多一点的时间便已挺进到汗尤尼斯的铁路枢纽，之后该旅又分成两路纵队走完了通往拉法剩余的14.5千米道路。

拉法连同其庞大的军事营地，实际上被以军绕开了。以军主要的目标是埃军位于拉法西南12.8千米处的谢赫·祖韦德（Sheikh Zuweid）防线。该防线由埃军第7师的两个旅把守。第7师于3周前才被创建起来，埃军成立该军事单位的目的是为黎明行动和征服内盖夫做准备。第7师的指挥官是埃及步兵军校校长，阿卜杜·阿齐兹·苏莱曼（Abd al-Aziz Suliman）少将，而他手下的军官大多也是教官出身。因此，他们对以色列人的非常规作战方式——从海上和沙漠中采取行动——准备不足。从装备上看，第7师也很难与以军匹敌。第7师拥有20门大炮和66辆陈旧的坦克，而对手则配备了现代化的百夫长坦克和巴顿坦克，其数量也更多。"我们在几条轴线上都遭到了敌军装甲部队的猛烈攻击，不管是来自我们背后北方的海面上，还是来自空中和陆上的不停轰击。"伊扎特·阿拉法（'Izzat 'Arafa）营长回忆道，"我们与该地区其他指挥部几乎没有联系，也不知道战场上发生了什么。"

然而，掘壕固守、伪装严密的埃军也让以军付出了惨痛的代价。"［埃及］炮兵阵地都挖得很低，"戈嫩后来对记者说，"他们一次轰出十发炮弹，每一轮齐射后我们便会有一辆坦克被击中并着火。许多死去的士兵的尸体和大量被烧毁的坦克被留在了拉法。"为了帮助先头部队取得突破，以军不得不动用重炮轰击并发动空袭。苏莱曼和手下的几名军官阵亡。在群龙无首的情况下，埃军许多士兵弃阵而逃，留下40辆坦克和约2000名或死或伤的战友。

这场战斗演变成了一场溃败。以军除阿维拉姆旅之外都结束了战斗。这支部队算错了敌军侧翼部队的位置，受困于敌军各据点之间。以军花了几个小时来解救这支部队，但到黄昏时分，以色列人便已完成了扫荡。数千名埃军士兵、数百辆吉普车和卡车从以军身旁涌过，他们将重新集结于通往阿里什的大道上。

但对以军来说，这条路如今已是门户大开。下午晚些时候，以色列国防军第79装甲旅的部队已冲过长达11.3千米的吉拉迪隘口（Jiradi defile）——一条从移动沙丘中穿越的狭窄通道。驻守该地的守军隶属于埃军第112步兵旅。他们各就其位，却把以军的坦克误认成是己方的坦克。以色列国防军的内部报告后来描述了埃军这一判断失误所造成的后果，令人感到毛骨悚然：

> 道路两旁全是藏身于掩体中的坦克、反坦克炮、迫击炮和机枪，

埃军通过战壕把他们连接在一起，周围都是地雷。两个阵地间的最长距离是50米。埃及人［对以色列部队的出现感到］如此惊讶，以至于都没有开火。［以色列］指挥官以为埃及人已经逃走，于是命令他的手下不要开火。以军路都走了一半了才发现埃及人并没有逃走。

该通道几经易手，但以色列人最终还是扫除了埃军的障碍，并从通道西端冲了出来。在一下午的时间里，他们挺进了30多千米。现在摆在他们眼前的便是阿里什的市郊。这是一座拥有4万人口的城镇，同时是埃及军队在西奈半岛上的行政中心。"我们于晚上10点到达目的地，周围一片漆黑，"约西·佩莱德中尉写道，"目之所及全是燃烧着的埃及坦克，中间躺着埃及士兵。但我们的许多坦克也着火了，而躺在它们旁边的以色列人也都没了性命。"以色列总共损失了28辆坦克，另有93人受伤，66人阵亡。[10]

尽管代价高昂，但以军此次进攻所取得的战果远远超出了原来的计划，以至于他们取消了原定于第二天对阿里什发动的海、空联合军事行动，而此前准备参加此次行动的空降兵也被转移到了耶路撒冷。虽然战争最终的结果还是个未知数，但以军已在一场至关重要的战役中获得了胜利。在这场战役中，双方在大致对等的条件下作战。由于以色列空军正投入于焦点行动之中，空中力量在这场战役中只扮演着次要角色。

类似的均衡也出现在更南边一点的战场上：乌姆盖特夫（Umm Qatef）。这是一片长9.7千米、宽3.2千米的地区，整个区域戒备森严。这里是埃及征服者计划中的第一道防线，是西奈半岛防御体系的微缩版：这里也有三条沿直线铺开的防线——包括战壕网、地雷阵、反坦克炮和机枪阵地，有80门大炮、90辆坦克，还有1.6万名士兵——敌人将被消灭于这三条防线之间。此处守卫着战略要地的阿布阿吉莱交叉路口，阿布阿吉莱连接着西奈半岛内陆地区，直抵米特拉山口和伊斯梅利亚。这一据点曾在1956年顶住了以色列人发起的多次猛攻，直到补给耗尽时才投降。自那以后，埃军又在鲁瓦法大坝（Ruwafa Dam）和古赛马设置了据点，这进一步增强了乌姆盖特夫的防卫。守卫这些阵地的是隶属于埃及第2步兵师的部队，尽管该部队已经做好了战斗准备，但指挥这支部队的将领是塞阿迪纳吉布（Sa'di Nagib）。这是一个出于政治方面的考虑而做出的任命，纳吉布是阿米尔出了名的酒友。

纳吉布将要面对的是阿里克·沙龙。39 岁的沙龙为人招摇，充满了争议。他在 50 年代参加了以色列对阿拉伯国家的报复性袭击，还参与了苏伊士运河战争中的那场血腥的米特拉山口战役。沙龙在这些行动中所扮演的角色既为他赢得了赞誉也为他带来了责难。沙龙之前曾担任国防军的训练主管，那时候他便对埃军在乌姆盖特夫的布防情况做了彻底的研究，并决心不再重复以色列在上次战争中犯下的错误。沙龙的计划是越过被埃及人视为不可逾越的沙漠，然后带领着装甲部队从北方发起突击。与此同时，在西边，他的坦克部队将对乌姆盖特夫山脊上的埃军堡垒发动进攻，并阻止他们从利卜尼山或阿里什那里获得任何增援。以色列步兵将扫清长达 2.7 千米的战壕，而在他们身后 1.6 千米处，直升机运载的空降兵则负责让当地的埃及炮兵哑火。最后，以军的装甲部队将被派往古赛马，其任务是牵制住当地的埃军，让他们无暇他顾，并把他们同其他埃及军队隔离开来。沙龙希望所有这些目标都能及时实现，这样才能让他手下第 38 师的 3 个旅同约夫将军的第 31 师汇合，然后携手攻击埃及设于西奈半岛中部的第二道防线——利卜尼山、比尔拉赫凡（Bir Lahfan）和比尔哈萨纳。

早晨 8 时 15 分，纳坦·"纳特克"·尼尔（Natan "Natke" Nir）上校手下打头的百夫长坦克离开尼察纳（Nitzana）从奥贾（al-'Awja）穿越埃以边界，并驶过该地废弃的联合国紧急部队哨所。然而，埃及人却在塔拉特乌姆（Tarat Umm）、乌姆塔尔法（Umm Tarfa）和 181 号山（Hill 181）三地成功拖延住了以军的行动。一架以色列飞机在俯冲低飞的过程中被埃军的防空炮火击落。接着，乌姆盖特夫的炮阵开火了。以军设法从北部和西部接近，他们一边得面对敌人的重炮轰击，一边还得跟沙丘和地雷做斗争。以军的伤亡人数很高，视线又因一场沙尘暴的到来而变得模糊起来。然而，尼尔的坦克还是成功渗透到了阿布阿吉莱的北翼，该地在以军的代码系统中被称为"奥克兰"（Oakland）。到黄昏时分，以军所有单位都已

第 5 章 战争：第一天，6 月 5 日 259

经各就各位了。90 门大炮被推上来准备对乌姆盖特夫进行狂轰滥炸，耶库提埃勒·"库提"·亚当（Yekutiel "Kuti" Adam）上校的士兵们通过民用巴士到达了敌军战壕附近步行可达之处。直升机也已就位，准备运载丹尼·马特（Dani Matt）上校的空降兵部队。然而，埃及人对以军的所有这些活动都毫无察觉，因为他们正忙于应付敌军对他们外围地区的试探性攻击。他们徒劳地等待着最高司令部对他们下达反击的命令，没有最高司令部的命令，他们一步都不能动。[11]

在夜幕降临时，以色列突击部队打开了他们的手电筒。为防止友军之间互相交火，每个旅所射出的光的颜色都不同。但在行动最后的信号发出之前，沙龙接到了加维什打来的电话。南部战区司令部司令员表示，以色列空军现已腾出手来，可以为地面部队提供支援。他还建议沙龙把进攻推迟 24 小时，先让空军来削弱目标敌军战力。沙龙表示不同意，但他的回答因受电子干扰而变得含混不清。通话中断了，但接着加维什又打来一通电话：空军已收回了提供援助的建议，现在有其他地方更需要这些飞机。以军的第二条战线上战事突起，而敌人则是约旦。

"鞭子"猛抽

在战争爆发前，美国驻耶路撒冷总领事埃文·威尔逊（Evan Wilson）曾推测说："如果战争真的爆发了，而耶路撒冷却不受牵连，这种情况总是可能发生的。"耶路撒冷似乎不受该地区动荡的影响，该城的气氛始终相对平静。一条 3.2 千米长的分界线将城里的犹太人和阿拉伯人分隔开来。以色列和约旦士兵沿着这条线以同样警惕的心态面对着对方，他们在过去的 19 年里一直保持着这种状态。通过设置高大的隔离墙、铁丝网和地雷，耶路撒冷整座城市被完完全全地分隔开来。在有些情况下，甚至连房子都被分割开了，因为这些房产恰好处于 1949 年停火协议所划定的停火线上。虽然双方的地堡和观察哨通常只相距几米远，但守在那里的士兵们连眼神接触都很少发生，更不用说身体接触了。

6 月 5 日这天晚上，双方这一奇怪的共处方式依旧没变。尽管约旦阵地上偶尔会有小型武器朝以色列这边开火，但以色列人接到了严格的命令——不予理会。以军还取消了护航车队每周前往瞭望山的行程和一些训练演习。"站岗的时候，我们甚至把我们乌齐冲锋枪（Uzis）里的弹夹都拆了出来，"当时驻守耶路撒冷的以军预备役士兵约拉姆·加隆（Yoram Galon）回忆说，"怕万一有子弹意外走火，继而在这条战线上引发战争。"以色列人承受不起这场战争。中部战区司令部的大部分弹药已经被转移到了埃及边境，只留下50辆老式谢尔曼坦克、36门大炮和27门迫击炮来保卫整个大特拉维夫地区。在首都，许多预备役士兵被遣送回家，只有71人还留守在正对着约旦阿拉伯军团的防线上。"[中部战区的]安全似乎的确依赖于奇迹。"在战争结束后，纳尔基斯将军对以色列国防军审查委员会说，"我们当时渴望去相信一件事，即敌人绝不会发动进攻。"[12]

但纳尔基斯并不持有这一信念。在他看来，侯赛因"不可靠"，此人与纳赛尔签署了共同防御协定，还允许埃及突击队踏上约旦领土。如果约旦人发动了攻击，以色列很有可能会失去几个边境地区，包括拉希什（Lakhish）定居点和耶路撒冷城郊的梅瓦塞莱特锡安（Mevasseret Zion）。然而，纳尔基斯最大的恐惧却集中在瞭望山这一小块（2.6平方千米）飞地上。瞭望山是耶路撒冷最高的山，山上坐落着由哈达萨医院（Hadassah hospital）和希伯来大学（Hebrew University）组成的建筑群。这一片建筑群自1948年以来便一直处于停用状态。如今守卫着这座山的是一支由85名警察和33位平民组成的卫戍部队，该部队受联合国监督。尽管以色列成功地将一些重型武器偷运到了这块飞地上，但它仍然极易受到攻击，无论是从东边的橄榄山，还是从约旦河西岸城市拉马拉。瞭望山的陷落不仅会对以色列的威望造成巨大打击——纳尔基斯警告说，其陷落"是征服西奈半岛上的任何一块领土都无法弥补的"——还使得约旦人能够同南耶路撒冷的军队联系起来，他们将使这座城市中的19.7万犹太人陷入孤立。[13]

以色列在西岸边境地区的局势也不见得能好到哪里去。尽管以军的应急计划要求在战争时期加强以色列在东部阵线的防御，但在6月5日这天，这些被指定的部队中没有一支可被支配。剩下的只有五支预备役部队，其中两支在北部守卫着耶斯列平原（Jezreel Valley），另外各有一支部队分别守卫耶路撒冷、卢德机场和通往特拉维夫的道路上。虽说以色列指挥官经常谈到如何攫取拉特轮附近的土地，但他们知道，如果没有哈雷尔（Harel）旅的那50辆谢尔曼坦克，进攻行动就没法展开。然而第10旅（哈雷尔旅）的坦克，作为一支战略性预备部队，被留在了特拉维夫。这么安排的目的是挡住埃及从南部发起的任何进攻。"我们当时的任务并不清楚。"纳尔基斯回忆道。在以色列独立战争中，他便同这支哈雷尔旅并肩作战，试图夺取耶路撒冷的老城。"我们没有收到征服约旦河西岸或约旦河谷的命令。但我确信战争将会到来，而且肯定会在耶路撒冷结束。"[14]

早晨7时55分，当防空警报开始在以色列首都响起时，纳尔基斯并不感到惊讶。然而，即便早8时的新闻已报道了埃及坦克和飞机正在朝以色列边境移动的消息，许多以色列人，不管是平民还是士兵，都以为防空警报只是失误而已。尽管如此，市里还是在加速做好应急准备。医院处于高度警戒状态，博物馆里的展品——其中包括死海古卷——也被转移到安全的储存仓库里了。无线电台正播放着召集预备役部队集合的代码，并引导预备役士兵找到各自的军事单位。

政府仍然希望约旦只会发射几枚炮弹而已——用纳尔基斯的话来说，"鸣放几声礼炮，以便履行其对阿拉伯国家间团结的义务"——除此之外，便不再有所作为。为了进一步确保约旦的不作为，以色列还将通过个人渠道向侯赛因发出呼吁，敦促他表现得克制。达扬反对这个主意。"难道侯赛因不知道他不应该攻击我们吗？"他问道。然而，阿隆却坚持要对约旦君主发出警告，并最终选定了三个渠道——美国国务院、英国外交部，以及联合国驻耶路撒冷的奥德·布尔将军。因此，早晨8时30分，布尔将军被召唤至以色列外交部中，召见他的是外交部前联合国专家亚瑟·卢里（Arthur Lourie），他对布尔将军说：

> 8时10分，埃及飞机被发现进入我国领空，我们的飞机和装甲

部队已开始对他们采取行动。卢里以外交部长的名义要求布尔紧急向侯赛因国王转达以下信息：以色列不会，再说一遍，不会攻击约旦，只要约旦保持安静。但是，如果约旦开启战事，以色列将尽全力还击。

布尔又高又瘦，外表严肃。这位前战斗机飞行员在中东地区有近十年的经验。他对以方的这一姿态并不感兴趣。对以色列怀有敌意的他——他将用他的回忆录来平衡挪威亲以派的观点——驳斥了埃及挑起战争的说法，并对文本的语气表示不满。他回应说："这是一种赤裸裸的威胁，将威胁从一个政府传递到另一个政府并不是联合国的常规做法。"他要求以方给他两个小时的时间去征求纽约方面的意见，但卢里坚持要他立即转达这一信息。从各方面看，约旦都正在为战争做准备。[15]

在过去的 24 小时里，随着约旦部队被告知战争的时间已经到来，战争的准备工作的确加速了。马安·阿布纳瓦尔（Ma'an Abu Nawwar）是瞭望山旁边阵地上的约旦指挥官，他证实说："储备弹药被分发了出去，所有机枪的弹链都上好了子弹，炮弹也都装填好了。" 8 时 50 分，侯赛因国王的副官加齐（Ghazi）上校打断了国王的早餐，并对他说："陛下，以色列已经开始了对埃及的进攻。"对此，国王并没有表现出震惊。侯赛因拨通了司令部的电话，了解到以下情况：阿米尔声称以色列伤亡惨重，而埃及则发动了迅速的反击。阿杰隆雷达站报告说，有数百架飞机从西奈半岛的方向飞出来——实际上是回程的以色列飞机，但约旦人认为是埃及的飞机。这一消息大大减轻了约旦国王对以色列的恐惧。他此前担心以色列企图征服东耶路撒冷和城内的 8 万阿拉伯人，还担心以色列企图征服全部或部分约旦河西岸。因此，约旦可以发动进攻了。

然而，这场进攻的强度还有待侯赛因来决定。他在 9 时后走进司令部，结果发现里亚德将军已经下令展开一系列影响深远的行动，包括用大炮、空中轰炸和突击队袭击等方式摧毁以色列的机场。里亚德已向戈兰高地上的 10 个叙利亚旅发出了请求，要求他们下到约旦河谷。在那里，他们将同 150 辆伊拉克坦克汇合，并通过突击架桥车越过约旦河。这些架桥车则是里亚德从埃及和沙特阿拉伯那里征得的。他还指示第二伊玛目阿里旅（2nd Ali Brigade）前去占领耶路撒冷南部的英政府大楼所在山脊。这些行动的目的是给埃及军队的侧翼提供掩护，里亚德认为埃军很快就会从贝尔谢巴（Beersheva）和伯利恒向北开来。为了防止以军从侧翼包抄——以色列人从内盖夫突入西岸——里亚德又将约旦的坦克旅移向了南方。第 60 旅被调往杰里科，而第 40 旅则被调往希伯伦。

这些指示一旦得到执行，约旦就将完全被卷入一场与以色列的战争中。尽管里亚德深受约旦人喜爱——步兵上校阿瓦德·巴希尔·哈利迪（Awad Bashir Khalidi）称赞他是"最好的阿拉伯军官之一，不光在阿拉伯世界，在任何地方都是如此"——但他没有时间充分研究该地区的防御状况。他也不了解阿拉伯军团的心态，这支军队里的指挥结构与家族关系紧密相连。"他不了解我们的情况。"情报官员沙菲克·乌杰拉特（Shafiq 'Ujeilat）说道，"他不知道我们如何相互交流，也不知道我们如何战斗。"他在战略上优先考虑埃及的即时需求——捣毁敌军机场，并为埃方所设想的进攻提供支持——却无视约旦自身的关切，即保卫西岸和东耶路撒冷。约旦参谋部的几名成员点明了这一问题，其中声音最大的是阿提夫·马贾利。他强调，约军没有可用的大炮和装甲部队来对原英国政府大楼所在的山脊发动攻击。他争论说，约军不如立即拿下瞭望山，并实施塔里克计划。双方互以恶语相向——马贾利愤怒地离开了参谋部——但最终还是里亚德说了算。只有侯赛因有权力撤销或变更命令，但他什么也没说。[16]

侯赛因于 9 时 30 分在安曼电台发表讲话，他告诉他的人民，约旦受到了攻击，而"复仇的时刻已经来临"。之前，他刚刚接到纳赛尔的电话，在电话中，埃及总统证实了阿米尔早些时候对侯赛因说过的话，即以色列遭受了巨大的损失，机场也全被炸毁。"在联合国安排停火之前，赶紧占领尽可能多的土地。"纳赛尔催促侯赛因赶紧行动，他预计安理会在当天晚上便会召开会议。与此同时，伊拉克人也向侯赛因确认——实际上是欺骗——他们的飞机已对以色列采取了行动。

侯赛因显然对这一消息感到兴奋，并对以色列要求他保持克制的动机表示怀疑。他可能仍然认为，如果约旦军队对以色列基地进行有限的炮击并占领原英国政府大楼所在的山脊（如今是联合国驻地），并不会引起以色列的全面反击。不过，从根本上说，侯赛因并没有别的选择，他只能依从里亚德的决定。不管是为了在政治上生存下去，还是为了让自己在这个世界上活下去，侯赛因都不得不选择战斗。伯恩斯大使在前线一处观察哨里找到了侯赛因，并把卢里写的便条递给他，约旦国王则很实事求是地做出了回答。"是他们挑起的战争，"他说，"嗯，空袭已经给了他们答复。木已成舟。"[17]

约旦对以色列的炮击早在一个小时前就开始了。上午 10 时，两门美国制造的 155 毫米"长脚汤姆"（Long Tom）野战炮开始轰击以色列，其中一门指向特拉维夫郊区，另一门则对准了以色列北部最大的机场——拉马特戴维。约军的指挥官们被要求对"清单上所列出的所有敌军阵地"进行长达 2 个小时的密集轰炸。这份清单不仅包括以军的军事基地，还包括位于以色列狭窄的中部地区上的平民定居点。哈里·麦克弗森当时住在巴伯的家（位于特拉维夫市北部）里。他被巨大的爆炸声惊醒。坦克很快也开始猛烈轰击，之后飞机也加入了进来。上午 11 时 50 分，约旦空军 16 架能使用的霍克猎人战机对内坦亚（Netanya）、克法尔西尔金（Kfar Sirkin）及克法尔萨巴（Kfar Saba）发动了突袭。尽管袭击没能给以色列人造成重大损失——1 名平民身亡，7 人受伤，1 架运输飞机被炸毁——但它所造成的心理上的影响是巨大的。苏联驻约旦大使在侯赛因的皇宫外向伯恩斯大使问好，并评论道："据我们估计，如果以色列人收不到武器，如果各方允许阿拉伯人一直打下去，他们便会赢下这场战争。"

约旦的进攻造成了许多后果，其中之一便是把叙利亚和伊拉克空军拖入了这场战争。叙利亚启动了拉希德计划，开始轰炸以色列北部。中午，叙利亚空军的 12 架米格战机对加利利地区的定居点发动了攻击，其中包括埃什科尔和霍德二人的家乡——德加尼亚（Degania）基布兹。3 架米格战机被击落，其余则被以色列战机击退。与此同时，伊拉克空军的

3架霍克猎人战机对耶斯列平原——包括达扬家所在的村庄纳哈拉勒——展开了低空轰炸。另有一架伊拉克的图-16轰炸机袭击了加利利地区的阿富拉城，之后在美吉多（Megiddo）机场附近被击落。同样，这批空袭所造成的物质上的损失很小——只有几处鸡舍和一位老人的家被击中——但有16名以色列士兵身亡，其中大部分是图-16坠机的时候造成的。大马士革电台迅速宣称："叙利亚空军已经开始轰炸以色列城市了，还摧毁了以色列人的阵地。"战争已经来到以色列的东部战线上了，不久后，它还将席卷耶路撒冷。[18]

自9时30分开始，断断续续的机关枪交火声便在该市肆虐。然而，约旦人逐渐让冲突升级，他们用上了76毫米迫击炮和106毫米无后坐力炮。纳尔基斯将军命令手下的士兵用小型武器还击，且只能沿平直的弹道射击，避免击中老城里的平民和圣地。"他们开始射击……而我们则尽力不予还击。"第16旅（耶路撒冷旅）旅长埃利埃泽尔·阿米泰（Eliezer Amitai）上校证实说。该旅是一个主要由城市居民组成的预备役部队。与纳尔基斯一样，阿米泰也曾在1948年耶路撒冷的战场上奋战，当时他是哈雷尔旅中的一名排长。"由于害怕激怒约旦人，坦克不能开火，无后坐力炮又不能移来移去。我们只希望他们能保持安静。"尽管纳尔基斯越来越担心瞭望山会落入敌手，但他严守达扬的指示，避免采取任何有可能激怒约旦的行动。10时30分，约旦广播电台宣布阿拉伯军团已经占领了原英国政府大楼所在的山脊——后来发现该报道并不属实——即使是在这种情况下，以色列人也还是没有予以回应。

到目前为止，约旦人的所作所为与以色列领导人所预料的一样，他们向外界展示了自己与其他阿拉伯国家的团结一致，但只是以一种有限的方式，并没有发起全面战争。但在11时15分，情况发生了变化。阿拉伯军团的榴弹炮向西耶路撒冷发射了6000枚炮弹中的头一炮。他们先是对准了耶路撒冷南部的拉马特拉谢尔（Ramat Rachel）基布兹和北部的瞭望山，之后又把炮口转向市中心及城市偏远街区。军事设施、议会及总理官邸都成了攻击的目标，约军的炮火实际上是无差别攻击。超过900座建筑被破坏，其中就包括位于埃因凯雷姆（Ein Kerem）的哈达萨医院新址。

出自艺术家马克·哈加尔（Marc Chagall）之手的彩色玻璃窗被打碎。锡安山上的圣母升天修道院的屋顶也着了火。超过 1000 名平民受伤，150 人伤势严重，其中有 20 人不治而亡。"重机枪和迫击炮——也可能是大炮——在耶路撒冷持续开火。"英国驻耶路撒冷总领事在 11 时 30 分左右报告说。"看起来好像是约旦人往新城里发射了许多炮弹。耶路撒冷完全被卷入战争中。已经有子弹击中了领事馆，有一颗差点击中了女王陛下的领事。"[19]

以军在埃及迅速取得进展之后，约以边境上的局势却急剧恶化。这是以色列在战争开始后所遇到的第一次重大挫折。在南部的安全获得保障之前，达扬不希望在另一条战线上开启战事。由于法国已宣布对中东地区实施武器禁运——法国将继续秘密向以色列提供武器，但会保持较慢的速度——以军也有必要为此而节约弹药。纳尔基斯曾多次请求让步兵突击到瞭望山上去，但这些请求都被达扬——驳回。尽管如此，为了应对东部战线上的新威胁，达扬还是批准了一系列行动。以军将使约旦、叙利亚和伊拉克的空军依次丧失作战能力，同时摧毁阿杰隆的雷达设施。以军还将减少敌军设置在耶路撒冷老城四周的前线阵地。此外，为了随时能对约旦展开"鞭子"（Whip）行动，以军的第 10 旅和数个来自北部战区司令部的作战单位也将被调动起来。[20]

以色列空军在接近 12 时 30 分的时候对马弗拉克（Mafraq）和安曼两地的机场发动了一场闪电战。魏茨曼在战争之前便曾主张，即使约旦方面没有发出挑衅，以色列也需要消灭约旦空军，这是一项预防性措施。但拉宾否决了这一提议。如今，在霍克猎人飞机袭击了内坦亚之后，魏茨曼又有了借口。当以色列空军发动袭击时，约旦的霍克猎人飞机正在地面上加油。以军仅用了 9 分钟便让约旦的这两座空军基地陷入瘫痪状态——跑道被炸出坑来，控制塔被摧毁。以色列空军的第二波进攻于下午 1 时 10 分的时候到来，并顺利完成了任务。约旦的 20 架霍克猎人飞机全部被炸毁，另有 8 架飞机起火，布尔将军的私人飞机也难逃一劫。只有一架载有 14 名飞行员的 C-130 大力神运输机成功起飞，之后驶向了伊拉克西部的 H-3 机场，飞行员们将在那里继续战斗。以色列只因约旦方面地面上的火力而损失了一架神秘战机。

侯赛因在自己的院子里目睹了此次袭击。他的两个年幼的儿子也在场，阿卜杜拉和费萨尔对炸弹的爆炸声感到异常的兴奋。他亲眼看见了好友菲拉斯·阿杰隆尼（Firas 'Ajluni）少校的死亡，他当时正试图驾驶飞机起飞。约旦国王后来声称，那天幸亏他在家里，才逃过一劫。他在巴斯曼宫（Basman Palace）的办公室被以军的炮弹炸得千疮百孔。

另一位见证了这场屠杀的人是瓦斯菲·塔勒，即那位反对约旦与埃及结盟的皇家顾问。他用双手拍打着眼睛并哭了起来："我们失去了陛下在他整个统治生涯中所建立的一切！"然后他转向舒凯里，厉声斥责他，就好像他是纳赛尔一样："埃及空军在哪里？你的米格战机和导弹又跑到哪里去了？"[21]

对约旦来说，空军被打垮还只是以色列报复的开始。以色列空军还袭击了约军的第 40 旅，当时这支部队正从达米亚桥（Damiya Bridge）出发向南移动。阿尔耶·本-奥尔（Arye Ben-Or）少校带领着富加战机中队参与了此次空袭，他回忆说："在伯利恒、希伯伦和杰里科上空飞行是一次非同寻常的经历……那种感觉就好像我们是在自己的历史家园上战斗。"富加战机摧毁了几十辆坦克，还让 26 辆运载弹药的卡车车队烧了起来。"我根本不知道那场战斗竟会释放出隐藏在我体内的如此强烈的情感。"本-奥尔说道。5 天后，他在北方执行一项类似任务的时候死去。

以色列在耶路撒冷也对约旦人的轰炸做出了回应。他们用上了一种代号为 L 的秘密武器，该武器以其发明者——隶属于以军工程部的戴维·拉斯科夫（David Laskov）上校——的名字命名。L 是一种棺材状的地对地导弹，具有毁灭性的打击力量。"人、沙袋、石头全都被炸飞到空中。"一位目击者回忆道，"浓密的烟雾笼罩着所有的［约旦人的］地堡上方。建筑物的碎片落在他们身上，电线杆也是。"一名阿拉伯军团的士兵投降了，他坚信以军投下了一枚原子弹。[22]

然而，虽说以色列对约旦采取了更强硬的态度，但它仍在想办法将这场战斗控制在一定范围内，甚至是结束这场战斗。11 时 40 分布尔将军试图安排双方停火，这一方案被以色列人接受。以方在约以混合停战委员会中的代表杰里·比伯曼（Jerry Bieberman）会见了约方的斯塔诺维（Stanowi）上校。比伯曼对斯塔诺维说，"根据可靠消息，埃及空军已被歼灭"，因此约旦应该立即同意停火。然而，这项动议没能产生任何影响。约旦总理朱马在电台讲话中对听众说："今天我们正经历着生命中最神圣的时刻，我们与阿拉伯民族的所有其他军队团结在一起，为了勇气和荣耀而战，抗击共同的敌人。我们等了这么多年，终于迎来了这场可以让我们除去过去污点的战争。"与此同时，圆顶清真寺（Dome of the Rock）上的扬声器正在呼唤信徒"拿起武器，夺回被犹太人偷走的国家"。[23] 在这样的呼声之下，阿拉伯军团开始进攻了。

12点45分，约军第27营（伊斯姆·宾·宰特旅［Isam bin Zayt Brigade］）营长巴迪·阿瓦德（Badi Awad）正听着广播，广播里播报着埃及的胜利和约旦占领原英国政府大楼的消息。突然，他收到了从里亚德的办公室里发来的一串密码："幸福之路"（Sabil al-Sa'ada）。这串密码的意思是让阿瓦德带上两个连的部队登上原英国政府大楼所在的山脊。阿瓦德身体粗壮结实，是一名参加过1948年耶路撒冷之战的老兵。他确信以色列人会动用坦克来还击。但他也相信自己有能力躲在政府大楼院落的墙后守住阵地。他的自信源于其手下的400名士兵、4门无后坐力炮，再加上一些重机枪和迫击炮。

原英国政府大楼这块地方在希伯来语中被称为Armon ha-natziv（专员的宫殿），在阿拉伯语中则被称为Jabal al-mukabbar（大山）。政府大楼院落曾是英国驻巴勒斯坦托管政府的总部，并在1948年之后成了联合国观察员的处所。这座建筑坐落在其所在山脊的最东端，而这片山脊则控制着由耶路撒冷通往伯利恒和希伯伦的重要道路。此地还可以成为攻取东（阿拉伯）耶路撒冷或西（犹太）耶路撒冷的立足点。因此，无论是以色列人还是约旦人都制订了在战时夺取这片山脊的应急计划。虽然在停战协议的框架下，这片区域是非军事区，但其南部和东南部有一系列加固过的约旦炮台，西部则有以色列人的实验农场和艾伦比基地（Allenby Base）。以军还在山脊北坡上设置了一个秘密的瞭望哨——即所谓的"孤房"。这座哨所可以针对该处约旦人的活动提前发出警报。然而，这片山脊与瞭望山和叙以之间的非军事区形成了鲜明的对比——约以双方很少会为了这片山脊发生摩擦。以色列和联合国却在这块地方上发生了一些小冲突。比如5月11日这天，挂在英国政府大楼楼顶上的联合国旗帜被人偷走了，取而代之的是一条以色列制造的浅蓝色睡裤。布尔将军曾就此向以方表示抗议。[24]

阿瓦德少校手下的士兵在政府大楼边缘的树林周围挖好了战壕，然后从那里用迫击炮和无后坐力炮炮轰拉马特拉谢尔和艾伦比基地。同样遭到炮轰的还有阿布托尔（Abu Tor，阿拉伯人和犹太人在此混居）的犹太人聚居区。布尔将军冲向他们，怒不可遏。"我不记得这辈子有哪次曾如此愤怒过。"他在回忆录中写道。他坚持让阿瓦德向里亚德确认自己所收到的命令。阿瓦德少校立马照做，并提议让所有平民都撤离该地区。布尔拒绝了这项提议，并用路障把自己和手下的工作人员都关在了院落里。他试图联系上以色列外交部，希望能避免以军对约旦部队发动的反攻。

下午1时35分，阿瓦德派出了一支先遣巡逻队去山脊西端侦察以色列的军力。在接近实验农场的时候，这些士兵遭到了攻击，开火的是农场主管的妻子拉谢尔·考夫曼（Rachel Kaufman）和三名手持老式捷克斯洛伐克枪的工人。从实验农场和"孤房"发回的报告均证实约旦人发动了进攻。传言还散布到了东耶路撒冷。《生活》杂志记者乔治·德·卡尔瓦罗（George de Carvalo）目睹了阿拉伯居民庆祝政府大楼山脊的陷落，他们还欢呼道："明天我们将拿下特拉维夫。"

上述事件令以色列人感到震惊，但当安曼电台于凌晨2时对外宣布约军攻陷瞭望山时，以色列人惊呆了。纳尔基斯还记得，在此前发生的原英国政府大楼沦陷事件中，约旦方面是先行宣布攻占大楼，之后才对大楼发动了实际的进攻。他的结论是，瞭望山这块飞地会是约旦人的下一个目标。"这是一个迹象，它表明约旦人已有了计划，"他后来证实说，"他们过于激动，感觉问题最终得到了解决，结果把计划暴露出来。"据他估计，约旦会有数百辆巴顿坦克将从约旦河谷上到拉马拉来，然后从后方攻击瞭望山。这整个征程需要8个小时。[25]

对以色列人来说，情况已经变得十分危急。约旦军队可以从政府大楼的山脊上散开，穿过耶路撒冷南部的各犹太人聚居区——塔勒皮奥特（Talpiot）、卡塔蒙（Katamon）、圣西蒙（San Simon）——然后与从北边的瞭望山上下来的军队和坦克会合。西耶路撒冷整座城市都可能会沦陷。与此同时，在西岸，伊拉克第8机械化旅和1个巴勒斯坦旅正赶赴达米亚桥，他们将占据原第40装甲旅所驻守的阵地。伊拉克人可以与该区域的其他7个约旦旅联合在一起，共同出击，将以色列一分为二。

这些事件迫使以色列必须重新审视己方在东部战线上的战略。达扬与埃什科尔、拉宾和亚里夫在地下指挥中心召开会议。在会上，达扬谈到了约旦的远程大炮，这些大炮已使拉马特戴维损失惨重，并表示有必要让他们哑火。以色列坦克将不得不攻击靠近西岸城市杰宁的炮台，但最好不要踏入杰宁城。以军还必须采取行动让约旦停止对耶路撒冷的炮击，同时逆转约旦在耶路撒冷所取得的任何进展。最关键的是，以军必须要为瞭望山解围。为了达到这一目标，达扬甚至愿意考虑占领拉特轮走廊，但前提是不对其他地区下手。"我们的目的是打击埃及而不是其他国家，"他说，"我建议不要同时卷入两场战争。"

埃什科尔赞同这一计划，但拉宾随后表示反对："我们已经干掉了他们［约旦］的空军，为什么非要在这个时候去占领他们的领土？"亚里夫同意拉宾的观点："侯赛因肯定会对我们采取行动，我们现在所做的事情却为他提供了行动的理由。"国防部长记下了这一建议，他要求在外交上做出进一步的努力来说服约旦人停火。但在出席会议的利奥尔上校看来，达扬似乎有些自相矛盾，他嘴上说希望避免与约旦交战，但同时对约旦发动了进攻。"这个人对着子孙后代和历史记录说着一套，但在战场上做着另一套。"利奥尔写道，"鬼知道达扬真正想要什么？"

然而，在战场上，达扬的指示却不存在这种含糊之处。他已向北部战区司令部开了绿灯，允许他们派出两支装甲旅对杰宁发动进攻，然后又命令作战部副部长雷哈瓦姆·泽维为进攻耶路撒冷制订一份计划。根据该计划，哈莱勒旅的坦克将沿着约旦控制着的山脊前进，这片山脊控制着耶路撒冷和特拉维夫之间的大路。哈莱勒旅还要挡住任何从北边下来的敌军装甲部队，并替瞭望山上的卫戍部队解围。与此同时，以色列步兵将攻破飞地（瞭望山）南部山脚下的约旦据点，并立即收复政府大楼及其所在山脊。[26]

后一项任务落在了34岁的阿舍·德雷津（Asher Dreizin）中校身上。他是耶路撒冷旅（哈莱勒旅）下属第161预备营的指挥官。在战事爆发前不久，拉宾曾对这支部队说："1948年的时候我曾在这里战斗过。如果在这场战争中，我们必须在这里战斗，我希望你们能完成我们未曾完成的任务。"德雷津也有同感。他同哈莱勒旅中的许多普通军官一样，一方面希望能避免一战，但也渴望粉碎约旦阿拉伯军团之不可战胜的神话。他此前已经准备好了一份重新夺回政府大楼的计划，但当进攻命令真正到来的时候，他可以自由支配的时间只够在泥土上画一张地图，并简要地向手下的士兵们介绍作战方案。"由于这一切都来得十分突然，我感觉到我们会让约旦人大吃一惊，"他后来对同僚说，"尽管如此，当时的行动还是很难处理，令人感到困惑。"

德雷津的部队于2时24分从艾伦比基地出发，该部队包括2个步兵连和8辆谢尔曼坦克。在行军路上，这8辆谢尔曼坦克不是出现故障就是被困在实验农场的泥沼中，最后只剩下3辆坦克可用于进攻。约旦军队的抵抗非常顽强。阿瓦德手下的士兵们藏身于大楼院墙背后，他们成功地摧毁了2辆谢尔曼坦克，打死了1名以色列士兵，并击伤7人（包括德雷津）。但袭击者最终凭借火力和数量上的优势突破了这座建筑的西门，并开始用手榴弹清扫院落内的敌军。布尔将军像疯了一样地跑出来，高喊着让以色列人停火，并告诉他们约旦人已经逃走了。德雷津非常适时地同意了——当时以军士兵正准备将手榴弹扔进一间屋子里，事后才发现这间屋子里有30名联合国工作人员，还有他们的妻子和孩子。

以色列与联合国的关系从来都不理想，这次经历过后更难说有所改善。以色列人没有浪费手头的弹药，他们用这些弹药破坏了院落里的大部分建筑，还炸毁了布尔将军的汽车。布尔将军希望以军撤出大楼，但以色列人表示拒绝，他们为约旦人如此轻易地进入大楼中感到愤怒。然而，德雷津却没有时间去争辩。战斗仍在继续，首先是在政府大楼背后的高地

（天线山）上，然后是在西部和南部的一系列地堡附近。每一座地堡都以它的形状命名：铃铛、香肠等。这些地堡的远处坐落着阿拉伯人的村庄：苏尔巴希尔（Sur Baher）和杰贝勒穆凯贝尔（Jabal al-Mukabbar）。

这场战斗持续了近 4 个小时，战斗往往是双方士兵的白刃战。阿瓦德和他手下幸存的士兵退回到了希廷旅所在的战壕中。他们向驻守于约旦河谷中的约旦装甲旅发出了增援的请求，但没有一个人赶来增援，约旦士兵逐渐被敌军势力所压倒。到下午 6 时 30 分的时候，他们已退至伯利恒，近 100 名士兵死伤。德雷津的部队也好不到哪里去，他后来又负伤 2 次，只剩下 10 个人，弹药也少得可怜。当晚，以色列士兵在政府大楼的山脊上掘壕固守，等待着敌军的反扑。他们的确粉碎了阿拉伯军团的不败神话，还控制了南耶路撒冷。[27]

约旦攻击原英国政府大楼的消息并没有令乌齐·纳尔基斯感到意外，这位中部战区司令员也没有对约旦人感到失望。西（犹太）耶路撒冷遭炮轰反倒给了他回击的理由。下午 3 时 10 分，战斗最激烈的时候，莫尔德海·"莫塔"·古尔（Mordechai "Motta" Gur）麾下的第 55 空降旅被调到了中部战区。这支部队最初的任务是空降至阿里什，并与海陆两军一起对该地发动攻击。然而，由于以军在西奈半岛上的进展过快，该行动最终被取消。空降兵被推上大巴，然后赶赴耶路撒冷。

"第 55 旅从天堂掉到我们这里。"战争结束后纳尔基斯跟军官们开玩笑说，"南部的天堂不想要他们。"对于占领耶路撒冷老城这项提议，达扬甚至连想都不愿去想，纳尔基斯却下定决心要实现这个目标。如今他终于有机会去纠正以色列在 1948 年所犯下的错误，这是奇迹般的二次机会。他后来对同僚说："不管它［这场战斗］在耶路撒冷是怎么开始的，我只知道它将在老城结束。"古尔刚踏入中部战区司令部，纳尔基斯便对他说："趁天还亮着，去拿下你能拿下的所有地方。"这位上校是这个国家最年轻的旅长，他在 1948 年的战争中曾在内盖夫地区短暂战斗过。尽管如此，古尔却出生于耶路撒冷这座古老的城市。和纳尔基斯一样，他也渴望拿下耶路撒冷。他迅速部署好空降兵部队，命他们向瞭望山和老城方向移动。

"我们将解放耶路撒冷!"古尔高喊道。

但这项任务绝不会如此容易。古尔和他的军官们对这座城市的情况还知之甚少。他们并没有接受过多少城市作战方面的训练,也缺少战地地图和航拍照片,许多地图和照片都在约旦的炮击中被毁。现在,由于大量的重型武器和通信设备还处于等待空投的状态,空降兵只有5个小时的时间来制订计划。"我们的目标是在午夜前把这个旅变成一支有能力在耶路撒冷作战的部队,"第55旅情报官员阿里克·阿赫蒙(Arik Akhmon)上校回忆说,"问题不在于怎么做才能做对,而是如何避免做得非常糟糕。"

事实证明,仅仅是将空降兵集合到一起都成了大问题。因为约旦方面的轰炸,运载着空降兵的大巴被迫绕道走上了未铺砌过的小路。然而,这里已经挤满了哈雷尔旅的军事车辆。哈雷尔旅和空降兵一样,对这片区域也很陌生,因为该旅此前所有的演习都是在内盖夫沙漠进行的。而且面对密集雷区和多石山路,该旅却没有配备用于应对这种环境的武器装备,而这样的环境对于坦克来说是很要命的。"我们不得不面对两个敌人——约旦人和地形。"在战斗结束后,营长阿哈龙·贾勒(Aharon Gal)上校说道,"很难说哪个更糟。"

但第10旅也有自己的优势,那便是他们经验丰富的指挥官尤里·本-阿里(Uri Ben-Ari)。本-阿里是个有趣却又非常挑剔的人物。他的父亲曾在第一次世界大战中为德国而战,并为自己赢得了一枚德国的铁十字勋章,结果最后却死在达豪(Dachau)集中营里。逃到巴勒斯坦后,本-阿里在1948年同哈雷尔旅一起战斗过。在1956年的战争中,他指挥的坦克成了第一辆抵达苏伊士运河的以军坦克。尽管一场金融丑闻让他结束了军旅生涯,但他仍继续学习着德国的装甲战术,甚至给自己配了根马鞭。回忆起战争第一天的情况,他说:"我们都为自己隶属于中部战区司令部而感到懊悔……我们得知战争在8点便已打响,但到了10点半我们还是无所事事。我们像怀孕的妇女一样坐着——我们知道有一些东西会诞生,却不知道到底会是什么。"[28]

命令终于在下午到达。按照达扬的指示,哈雷尔旅将向北进攻,攻入能俯瞰耶路撒冷—特拉维夫公路的山丘地带,并从三个地点穿过这片山丘，然后向东推进 17.7 千米，穿过一系列已设防的村庄：比杜（Bidu）、纳比塞姆伊勒（Nabi Samwil）、拜特伊克萨（Beit Iksa），以及谢赫阿卜杜阿齐兹（Sheikh 'Abd al-'Aziz）。这次行军的目标是到达位于拜特哈尼纳（Beit Hanina）附近的拉马拉—耶路撒冷公路，占领位于舒阿法特（Shu'afat）的阿拉伯人聚居区，最后与瞭望山的空降兵部队会合。到下午 4 时，以军的大部分部队都已经就位。他们将要面对的是约旦的哈希米旅（al-Hashimi Brigade）、步兵及两个营的埃及突击队员。

尽管以色列人拥有相当多的敌军情报，但他们对当地崎岖的地形和目标的复杂性毫无准备。在停火线以北 3.2 千米的地方，他们遇到了雷达山（Radar Hill）。这里此前是英国建造的雷达站，如今则覆盖着大量的地堡，周围 300 米全是地雷。加勒上校描述说："这些坦克本来是用来掩护我们前进的，却撞上了地雷。我们的军队分散开来。步兵们没有其他选择，不得不在没有坦克掩护的情况下展开进攻……在约旦炮火的猛烈轰击下，士兵们从一块石头跳到另一块石头上，以躲避地雷。战斗很残酷，刀和刺刀都用上了。"最严重的问题是地雷，据本–阿里说，这些地雷"新的旧的都有，完全不可预测。我们没有清理他们的设备……被炸掉了几十条腿"。[29]

2 名以色列士兵阵亡，7 辆谢尔曼坦克被毁。约旦的伤亡人数也相对较少，只有 8 名士兵死亡。但是到午夜时分，哈希米旅逐渐往耶路撒冷—拉马拉公路以北的地方撤退。于是，这条公路便向以色列坦克敞开了大门。如此一来便能解瞭望山之围，而东（阿拉伯）耶路撒冷与西岸北部的联系也将被切断。然而，西岸北部本身也受到了以色列人的攻击。

在下午晚些时候，随着约旦的长脚汤姆野战炮对布尔根（Burqin）和耶阿巴德（Ya'bad）等几个村庄的轰炸愈演愈烈，埃拉德·佩莱德（Elad Peled）准将所统领的师也加入了战局。他的部队本来是用来对付叙利亚的，现在不得不匆忙转向约旦，并在途中重新集结。佩莱德是一名士兵中的士兵，少年时，他最先是在哈嘎纳当侦察兵，之后又在一系列的步兵和装甲部队中服役，最后被任命为国防军作战部长。与耶路撒冷周围相比，他所踏入的这一地区山少路多，这对坦克来说是理想的作战环境。其部队从以色列的耶斯列山谷——传说中的哈米吉多顿（Armageddon）便在此地——移动到约旦的多坦山谷（Dothan Valley）。佩莱德计划包围杰宁并迫使其投降。他的部队由两个装甲旅（分别从北部战区司令部和从中部战区司令部借来）和一个机械化步兵旅。"我们在下午5点越过边境，深入敌军领土，"佩莱德描述说，"前面有反坦克炮炮台，但我们的坦克从他们中间穿过。直到那时，[约旦的]炮手才醒过来，并用轻武器向我们开火。"

约旦方面负责阻挡佩莱德的是3个步兵旅、1个装甲旅和6个辅助营。以色列人在贝特谢安（Beit Shean）附近的约旦河谷地区发动了佯攻，上述约旦部队中的一部分兵力被吸引开来，其余的部队则散布在乡间。由于约旦驻防的军队被分散到长达48.3千米的防线上，第25步兵旅（哈立德·本·瓦利德旅）旅长阿瓦德·巴希尔·哈利迪上校（'Awad Bashir Khalidi）直接向侯赛因提出了抗议："丢掉村庄会给您带来政治上的麻烦，这一点我理解，但政治和军事不可得兼。"然而，哈利迪的部队也不是没有优势可言，他们坐拥杰宁附近的战壕和地堡，更对当地地形了如指掌。此外，他们还可以指望第40装甲旅这一强援。

约旦第40装甲旅是阿拉伯军团中最晚成立的旅级部队，由陆军准将鲁昆·加齐（Rukun al-Ghazi）将军指挥。该旅配备有M-47和M-48巴顿坦克，还包括一支配备了M-113装甲运兵车的步兵营。这支部队本来被部署到能在12小时之内到达杰宁的地区，但随着战争的爆发，该旅又被调往南部的耶路撒冷，半路上遭以色列空军血洗。现在，由于以色列军队已对杰宁形成实质性威胁，里亚德又命令该旅往北折返。在光天化日之下，第40旅又一次完全暴露于以色列空军的火力之下，数十辆军车被毁。同样遭到空军打击的还有伊拉克的第8机械化旅，这支部队当时正从马弗拉克赶往达米亚，其任务是接替原来驻守于该地的第40旅。[30]

以色列人的进攻于下午4时开始，尤里·拉姆（Uri Ram）上校和摩西·巴尔·科赫巴（Moshe Bar Kokhva）中校的两个装甲旅对杰宁发动了钳形攻势，分别向杰宁的南部和西南部移动。与此同时，阿哈龙·阿夫农（Aharon Avnon）上校的步兵旅将从北部冲下来。通往杰宁的两条主要道路——美吉多与杰宁之间的道路及阿富拉与杰宁之间的道路——都处于哈利迪手下第 25 旅的覆盖范围之内。以色列人刚一越过边境，约旦士兵便用大炮、坦克和迫击炮轰击他们。

"我们以为我们是唯一受到攻击的部队。"哈利迪总结说，他的部队遭到了来自地面和空中的猛烈轰炸。然而，约旦士兵却把自己隐藏得很深，还配备有反坦克武器和 30 辆左右的坦克。他们发起了顽强的抵抗，甚至一度包围了以色列军队，直到被反包围为止。虽然约旦人的巴顿坦克更现代化一些，但在近距离作战时，以色列人的谢尔曼坦克能够穿透巴顿坦克的装甲，并点燃他们的外部燃料箱。与此同时，以色列的侦察部队拿下了战略要地阿拉巴枢纽（'Arabe junction），从而挡住了敌军增援部队的去路。

然而，约旦人仍在战斗着。哈利迪呼叫空军提供掩护，安曼的里亚德将军把他的请求传递到开罗，在开罗的法齐又把请求传递给叙利亚人。法齐将军对叙利亚人说，由于约旦被围困，而埃及的坦克正在穿越内盖夫，叙军的援助刻不容缓。当晚 9 时 30 分，法齐收到了答复：叙利亚战机将于第二天早晨第一缕阳光出现的时候向杰宁地区的以色列军队发起进攻。[31]

但事实上，叙利亚的空军已被打得所剩无几了。以色列国防军在正午时分对叙利亚的杜迈尔、大马士革、赛盖勒、迈尔杰鲁海勒（Marj Rial）和 T-4 空军基地发动了空袭，共出动飞机 82 架次。叙利亚空军在以军的空袭中丧失了 2/3 的军力：2 架伊-28 轰炸机，32 架米格-21 战机，23 架米格-17 战机及 3 架直升机。此外，伊拉克的 H-3 空军基地也遭到了以军的攻击，共有 10 架飞机被毁。然而，由于以色列人的这波袭击缺少突然性，他们自己也损失了 10 架飞机，大部分都是地面火力造成的。以军有 6 名飞行员阵亡，其中 2 名飞行员跳伞逃生，但后来被叙利亚村民杀害。[32]

"我们的空军对整个北部地区的敌人进行了猛烈轰炸，"哈菲兹·阿萨德宣称。"敌人丧失了大部分的空军战力。"按照叙利亚人的说法，是他们，而不是以色列人，挑起了战争，61 架以色列飞机被击落，海法炼油厂被夷为平地。叙利亚总统阿塔西对外宣告："我们已经决定，这将是针对帝国主义和犹太复国主义发动的最终解放战役……我们将在特拉维夫相会。"

遭到了以军的毁灭性打击后,叙利亚人这般虚张声势只是为了掩盖自己的震惊。中央方面军司令穆斯塔法·特拉斯所在的帐篷被以色列飞机的密集炮弹给炸毁了,他艰难地逃了出来,并迅速把他的总部移到了后方。"陶菲克·杰赫尼(Tawfiq al-Jahani)少校递给了我一支烟,希望能让我镇定下来,但我拒绝了,从那一刻起我就戒掉了烟瘾。"但并不是所有的叙利亚军官都被打蒙了。阿萨德在当天下午军政府的一次会议上催促道:"在以色列先发制人之前,在他们动用装甲部队和步兵对我们发动突袭之前,我们必须抢先行动。"阿塔西提出了让黎巴嫩来打击以色列的建议,这样能减少以色列在叙利亚领土上发动反攻的危险,但黎巴嫩人不愿接受这一方案,于是叙利亚军方转而下令在第二天早上5时45分展开胜利行动。为进攻做准备,叙利亚炮兵将沿着长达48.2千米的前线向以色列定居点开火,这些被叙利亚人挑选出来的定居点分别是罗什·皮纳(Rosh Pina)、阿耶莱特·哈沙哈尔(Ayelet HaShachar)和米什马尔·哈亚尔丹(Mishmar HaYarden)。[33]

炮击始于下午2时30分,并在其后越变越强。定居点里的居民愤怒地游说政府入侵戈兰高地,让他们能够从此以后摆脱叙利亚的威胁。亚里夫警告说,叙利亚正准备从戈兰高地中部地区——加多特基布兹正对面处——发动攻击。他还报告说以军在该地区截获了俄罗斯人的通信信号。拉宾请求抢先发动进攻,至少让以军穿过非军事区。但这些都没能说服达扬。在以色列国防部长看来,由于以色列军队已经面临着双线作战,他们完全没必要再开启第三条战线。虽然不情愿,但他最终还是允许炮兵和飞机对叙利亚人的炮火进行还击,但他同时警告他们不要攻击叙利亚平民的村庄。达扬的决定是,只要大马士革不采取地面行动,北方就不会爆发战争。[34]

达扬为限制冲突规模所做出的努力——不管是真心,还是虚伪(利奥尔这样认为)——并不能磨灭这一事实:成千上万的阿拉伯人和以色列人已经开始在战场上厮杀了。尽管战斗的进程,特别是空战的进程,已经变得对以色列有利，但没人能预测出战争最终的走向。过去几个月中所发生的政治事件以混乱著称，而这种政治上的混乱将在战争期间继续保持下去。但促成战争爆发的背景仍然很重要，这一背景不仅仅包括以色列和阿拉伯国家的行动，还包括美国、苏联和联合国的行动。

外交失误

凌晨 4 时 35 分，美国总统卧室里的电话开始响起。电话的另一端是沃尔特·罗斯托，他向总统报告说，中东战争已经打响。在之前的两个小时里，罗斯托一直都待在白宫战情室听取有关战事的第一批报告。当确证过这些消息后，他才拨通了总统的电话。约翰逊平静地说了句"谢谢你"，然后分别给腊斯克、麦克纳马拉和戈德堡打了电话。快速用完早餐后，总统和罗斯托、理查德·赫尔姆斯及厄尔·惠勒一起来到了战情室。根据日志记录，当时的战情室里"乱作一团"。

战情室里争论的焦点是有关战事的基本情报。美国人只知道西奈半岛上的数座机场已经无法正常运转，地面战争正在进行。埃及方面声称以色列人挑起了战事——他们企图轰炸开罗并封锁苏伊士运河，但在此过程中损失了 158 架飞机。但是，以色列官员——埃班和埃夫龙——发誓说是埃及先开的火。他们声称埃及向边境方向派遣了飞机，并用坦克突入了内盖夫。不过，美国情报部门得出的结论是，埃及方面的数据"可能是高度膨胀的"，应该"以 10 倍的系数降低"。更确切地说，是以色列方面率先展开了行动，并迅速在空中和地面行动中占据上风。

然而，这一消息并没给约翰逊政府带来些许欢乐。"以色列取得成功的早期迹象并没有让我们感到宽慰，"麦克纳马拉回忆道，"我们不知道事情将如何解决，我们是否不需要直接参与进来。"腊斯克虽然因为以色列人并没有"被赶到海滩上去"而松了口气，但为以色列人破坏了赛船计划和毛希丁的访问而感到"怒气冲天"。他仍然相信这些行动可能会取得成效。约翰逊也为其外交努力的失败而感到难过——后来他写道："对于以色列决定采取行动，我从未掩饰过我内心的遗憾。"——并对战争的未来走向感到担忧。[35]

约翰逊内心最深的忧虑是苏联人及其干涉的意愿。7时47分,一位在五角大楼作战室值班的将军给麦克纳马拉打来电话,并告诉他:"柯西金总理正在'热线'上,要求与总统通话。"这条热线被内部人员称为Mo(scow)link。它在古巴导弹危机之后被安装在五角大楼里,之后一直用于传达节日问候,但从未在真正的危机中使用过。国防部长把热线接到了白宫战情室。

"我们应该说些什么?"麦克纳马拉问道。

约翰逊回答:"天啊,我们该说些什么?"

柯西金在确认过约翰逊确实在场后才传达了下述信息:"所有大国都有义务立即让这次军事冲突停止。苏联政府已经采取了相应行动,之后也将朝着这个方向努力。我们希望,美国政府也将采取同样的行动,并对……以色列施加适当的影响力。"

美方半个小时后才做出回复,腊斯克向葛罗米柯表达了他对相关战争报道的"惊愕",并向他保证,华盛顿将努力让战斗停止。"我们认为,现在重要的是在联合国安理会框架内让这场战斗尽快结束,为实现这一目标……我们已准备好同所有成员国共同合作。"最后,总统本人也动笔了。在电报的开头,他写下了"亲爱的柯西金同志"这几个字——在克里姆林宫里,有些人认为这是一个玩笑——并表示认同苏联提出的"大国责任"这一概念。在电报中,他还重申了腊斯克所提出的要求,即在安理会迅速采取行动。"你可以放心,我们将动用我们所有的影响力让战事结束。"约翰逊保证说。

美苏之间这些"充满建设性又友好的"通信——之后还会有17次——有助于缓和美国对苏联人态度的焦虑。然而,约翰逊却不愿意冒任何风险。为了避免给外界造成美国与以色列相互勾结的印象,他命令第6舰队(其中包括"美国"号和"萨拉托加"号两艘航母)停留在克里特岛水域附近,并让海军陆战队登陆小组继续留在马耳他休假。同时,美国对整个中东地区实施了武器禁运。在此期间,约翰逊只与埃什科尔联系过一次,非常简短,还是通过间接的方式——由哈里·麦克弗森在抵达以色列时转交给以色列人。在这封简短的信件中，约翰逊只写了一句话："愿上帝赐给我们能够捍卫权利的力量"。[36]

尽管约翰逊还在忙着处理紧急的战略问题，但他已经有预见性地开始考虑中东问题的战后解决方案了。战争可能促进和解而并非无用，这一观念对美国人来说并不是什么新鲜事。早在5月15日，哈罗德·桑德斯就建议白宫考虑一下，"如果战争打响，推迟我们做出反应的时间，让以色列有足够时间在战场上取得明显的胜利（假定他们有这个能力），这么做是不是会有一些好处……这对于解决边界问题，甚至是难民问题是否会有所帮助"。两周后，尤金·罗斯托授权成立了一个由高层军官和文官组成的"中东特别工作小组"。他要求该小组为和平解决阿以冲突提出"最高明的建议"。他对小组成员说："不要忘记，危机也是机会。思维定式慢慢消解，一扇扇的门也渐次打开。拓宽你们的视野，放开了想。"

随着第一天的战斗逐渐接近尾声，沃尔特·罗斯托在给总统的信中建议："我们应该开始……和俄罗斯人谈谈战后和解方案，如果可能的话，也和其他国家讨论讨论。"用以色列在战场上新获得的领土来换取阿拉伯人在其他问题上的让步。"光是停火并不能解决以色列人心中的根本问题，除非他们获得了足够多的领土，并摧毁了足够数量的埃及飞机和坦克，以至于他们对自己在谈判中所处的地位有绝对的把握。"作为这方面努力的第一步，美国告诫欧洲驻华盛顿的大使："未来几天的军事事件将决定我们是否能通过外交途径解决更广泛的问题。"此外，美国还要求以色列提出他们自己对战后和解问题的意见。[37]

然而，这种外交解决方案的缺陷在战争的初始阶段就已经凸显出来了。赛船计划实际上已作废。这一事实在战争第一天早晨便得到了确证：日本、尼日利亚、埃塞俄比亚和葡萄牙在获悉战争打响之前便表示拒绝参加赛船行动。毛希丁的访美计划虽然没被正式取消，但被无限期推迟下去。美国宣称自己在冲突中保持中立态度，但驻华盛顿的阿拉伯大使并不买账，他们指责美国这么表态是为了鼓励以色列进攻而故意误导埃及。从贝鲁特开始，美国在整个阿拉伯世界的大使馆和领事馆接连遭到暴民的袭击。美国国内局势也不平静。美国国务院发言人罗伯特·麦克克洛斯基

（Robert McCloskey）表态说："不管是在思想上、言论上还是行动上，我们［在战争中］的立场都是中立的。"这遭到了美国犹太人的强烈抗议。尴尬的腊斯克不得不解释说："中立是国际法上的一个伟大的概念，但并不意味着冷漠。"由于受到各方面掣肘，约翰逊政府别无选择，只能奉行多边主义，通过联合国渠道来解决问题。这一倾向在美国于冲突后发表的首份公报中得到了体现：

> 了解到中东地区爆发了大规模战事后，我们深感痛心。我们曾试图阻止这种情况发生……美国将竭尽所能来终结这场战争，也将尽全力为这一地区的和平与发展迎来一个新的开始。我们呼吁所有各方支持安全理事会促成立即停火。[38]

约翰逊的设想是，一旦迎来一场真正的战争，安理会将迅速行动，并有效地终结这场战争。有关战斗开始的消息最早于凌晨2时40分到达联合国总部，发出消息的是里克耶将军。他在报告中说以色列飞机轰炸了埃及在加沙的据点，并向一队联合国紧急部队士兵扫射，杀死了3名印度士兵。邦奇接着往联合国秘书长家里打了电话，并用"战争爆发了！"这样的字眼唤醒了他。45分钟后，吴丹放弃了每天早上都要做的冥想，来到联合国总部。几乎在同一时刻，吉迪翁·拉斐尔拨通了丹麦驻联合国大使汉斯·塔伯尔（Hans Tabor）的电话，塔伯尔是联合国安理会6月的轮值主席。拉斐尔告诉他，以色列所采取的行动是为了回应埃及人那"懦弱而阴险"的袭击。拉斐尔收到母国指示要在安理会上就上述事由宣读一份声明，但到6时30分，上级的指示出现了变化。拉斐尔收到的信封上写着"仅供您过目"，他了解到埃及空军被摧毁的消息。他现在的任务变成了动用一切手段尽可能久地拖延安理会通过一项停火决议。

讽刺的是，埃及大使穆罕默德·科尼同样在寻求拖延。他也控诉以色列对加沙、西奈半岛及埃及本土的机场发动了"一场阴险的有预谋的侵略"，并宣称"埃及已决定动用一切符合《联合国宪章》规定的手段保护自己"。但另一方面，科尼实际上已与开罗深入交流，并相信埃及现在正在发动一场大规模的反击。他和其他阿拉伯国家驻联合国大使——叙利亚的托迈和约旦的穆罕默德·法拉（Muhammad al-Farra）——都兴高采烈，他们听电台报道着阿拉伯人在战场上所取得的胜利，并收到了共产党和其他友好团体发来的贺电。科尼对费德林说："我们欺骗了以色列人。"他坚称埃及损失的飞机都是些胶合板模型。"我们走着瞧，看到底谁能赢得这场战争。"[39]

在苏联和英国的召集下——法国常驻联合国代表罗杰·赛杜（Roger Seydoux）"怀疑是否有召开会议的必要"——安理会于上午9时30分召开会议，但这次会议很快就失败了。阿拉伯代表对停火这一概念本身便提出了反对，而吉迪恩·拉斐尔则宣称，对于任何试图命令其军队退回边境的建议，以色列都将以"冷眼相对"。费德林谴责了以色列"因受某些帝国主义团体秘密和公开的行动的鼓舞"而采取的"军事冒险主义"，并威胁要否决任何未能明确谴责以色列的决议。陷入僵局的安理会决定休会，以便"紧急磋商"，但与会代表中似乎只有戈德堡一人致力于进行这样的磋商。费德林把自己关在大使馆里，不与外界联系，阿拉伯人欢欣鼓舞，而以色列人则沉默不语。环境似乎并不利于启动华盛顿意欲推动的和平进程。

然而，戈德堡却坚持认为，这场战争无论是在外交层面上还是对他个人而言，都是一个期待已久的机会。戈德堡是他们家八个孩子中最小的一个，他的父亲是芝加哥的一名蔬果商，在他3岁的时候就去世了。戈德堡在都市的贫困环境中长大，最终成为全国知名的劳工律师。他被肯尼迪任命为劳工部长，后来拒绝了最高法院大法官的提名，并接受了美国驻联合国大使的任命——但他很快就后悔了。与能言善辩的前任大使阿德莱·史蒂文森（Adlai Stevenson）相比，说话啰唆又枯燥乏味的戈德堡相形见绌。尽管他每天都与约翰逊接触，却被排除在领导层的决策过程之外。然而，这正是他希望能够施加自己影响力的地方。戈德堡越来越反对越南战争，他真的考虑过辞职这个选项。

然而，所有这些都随着中东地区危机的爆发而改变。戈德堡是一个赤裸裸的犹太复国主义者，他对以色列的支持经常引发自己与国务院之间的摩擦。而现在,他反倒是可以利用自己与特拉维夫和白宫的紧密联系来扮演两者间的主要中间人。5月15日,当戈德堡正在曼哈顿的环线观光游船上招待各国驻联合国大使时,约翰逊派出一艘海岸警卫队的快艇把他接了回来,并告诉了他有关埃及军队进入西奈半岛的消息。

6月5日凌晨4时40分,为了协调安理会的紧急会议,戈德堡先后拨通了白宫战情室和拉尔夫·邦奇的电话。他的想法是促成一项简单停火决议。中午,他问拉斐尔以色列想要什么。拉斐尔的回答很简单:"时间。"[40]

然而,随着以色列在战场上取得胜利的谣言传到纽约,剩下的时间越来越少了。下午6时30分,印度坚持要求安理会重新召开会议并做出决议,让各方恢复到6月4日时的战前状态。这一草案暗示了封锁蒂朗海峡和驱逐联合国紧急部队的合法性,而这对戈德堡来说根本就是不可接受的。通过与约翰逊和沃尔特·罗斯托的紧密协调,戈德堡与英国驻联合国大使卡拉登勋爵(Lord Caradon,晋爵前原名为休·富特[Hugh Foot],是英国驻塞浦路斯最后一任总督,还曾是巴勒斯坦托管政府里的官员)共同提出了一项替代解决方案。这份方案要求交战各方立即停火,"确保部队脱离接触","避免使用任何性质的武力,并缓和该地区的紧张局势"。使用这种语言的目的是迫使埃及重新开放蒂朗海峡并从西奈半岛撤军。

据戈德堡后来证实,他当时的观点是:"如果我们有恢复和平的机会,在局势僵化之前,我们必须迅速采取行动。"费德林在了解了战场上的情况之后,似乎也意识到了这一点。但他仍然拒绝批准这样一项决议,因为该决议中既没要求以色列撤军,也不承认埃及在蒂朗海峡的权利。他提议将进一步的讨论推迟到第二天早上,并建议戈德堡在此期间与科尼协商。戈德堡提醒埃及大使:"机不可失,时不再来,阿拉伯人似乎总是妥协得太晚。"戈德堡与科尼之间的关系非常友好,但关系再好也没用,科尼拒绝考虑美国人提出的决议草案。[41]

美国为了将第三次阿以战争转化成永久和平而付出的努力——改变整个冲突背景——已经开始呈现出衰象了。无论是阿拉伯人还是苏联人都不愿意停止战斗,更不用说达成和解了。以色列方面则决心至少在48

个小时内阻止任何停火决议诞生,该国还把休战与阿拉伯国家宣布进入非交战状态联系了起来。拉斐尔又发起了新一轮的拖延战,他宣布阿巴·埃班将飞赴纽约,并将于次日在安理会发表讲话。他表示,以色列外交部长希望安理会在他抵达纽约并为以色列做出陈词之前,不要做出任何决定。"上战场的时候,我们并没有决定我们的目标是什么,"他在给拉斐尔的信中写道,"但我们很清楚的是,我们的目标是能够更安全、更稳定地生存下去,并让我们更接近和平。"[42]

第一天的"射火鸡大赛"

对于阿拉伯和以色列士兵来说,和平的概念似乎遥不可及。截至当天晚上,阿以双方相互敌对的军队已陷入了令人绝望的战斗中。这些战斗将很快决定这场战争的进程——决定整个中东地区的命运。

西奈半岛,晚10时,以色列国防军6个营的105毫米炮和155毫米炮火力全开,形成了以色列军事历史上最大的弹幕,他们在不到20分钟的时间内将6000枚炮弹打到了乌姆盖特夫。"让一切都颤抖吧!"据说沙龙曾这样高喊道。当以色列坦克继续轰击着当地最北边的防御阵地时,以军的步兵冲向了埃军东边的防线(由三道战壕组成),而以军的空降兵则让西边的埃及大炮丧失了战斗力。以军这是在推行沙龙的计划,即所谓的"连续不断的突袭"——在夜间,从多个意想不到的方向同时对敌人发动打击。一名被俘虏的埃及军官对此表示同意:"这就像看着一条火蛇伸展开自己的身体一样。"

埃及士兵感到极为震惊。他们一整天都在听着那些令人欣喜若狂的新闻报道,阿拉伯人在战场上取得胜利的消息不断传来。"我们所获得的有关战争的消息都是从收音机里听来的。"被部署于乌姆盖特夫后方的埃军高级情报官员哈桑·贝赫杰特(Hasan Bahgat)回忆说,"全世界都以为我们的军队打到了特拉维夫市郊。"上午11时45分,阿米尔的最高司令部发布了第4号军事命令,命令中写道:"边境发生了地面冲突,敌人试图突破我们在西奈半岛上的前线防线。攻击失败。"最高司令部随后又于下午4时30分和6时发布了第12号和13号军事命令，声称攻击昆提拉和乌姆盖特夫的以色列部队不是被赶走了就是被消灭了。穆尔塔吉将军从未料到以色列会对乌姆盖特夫发动直接攻击，他下令驻利卜尼山和比尔拉赫凡的部队发动反击。但这两支部队都没能取得成功，他们被以色列部队挡在了路上，还遭到了以色列空军的无情轰炸。而在乌姆盖特夫，迟迟等不到增援部队的埃及指挥官绝望了，他们不得不命令炮兵部队向己方阵地开炮。[43]

不过，以色列人这边也并非完全一帆风顺。负责运送丹尼·马特手下空降兵的直升机有一半都迷失了方向，从未找到战场。另一半直升机则由于敌军迫击炮的火力无法着陆。莫尔德海·齐波里（Mordechai Zippori）上校麾下的一整支装甲旅在攻击敌人前线时，单单因为缺乏一辆扫雷坦克而使整个进攻行动陷入停滞。另一方面，尼尔上校在突破了鲁瓦法大坝后方的防线后被一发坦克炮弹击中，双腿严重受伤。然而，以军在很大程度上完成了整体计划，在某些方面甚至还超出了计划范围。在付出了40人死亡、140人受伤的代价下，以色列人突破了埃及的防线，并已准备好对乌姆盖特夫发动攻击。

埃军在西奈半岛上布下的第一道防线几乎全都遭遇了类似的命运。在更远的南方，亚伯拉罕·曼德勒（Avraham Mendler）上校的第8装甲旅本来只是个诱饵，负责把埃军从以军真正入侵的路线上引开，但他们袭击并占领了设在孔蒂拉的地堡。当地的埃军侦察部队展开了英勇的抵抗，这次战斗在埃及军事史上名垂青史。"侦察营伏击了前进的敌军，敌军在数量和火力上都超过了我们。"侦察官叶海亚·萨阿德·巴沙（Yahya Sa'ad Basha）回忆道，"侦查营勇敢地与以军交战，并击中了许多以色列坦克。只有三辆埃及坦克幸存，其中一辆受损。大多数军官和士兵都被打死了。我看着我的营逐渐瓦解……我目睹了被以色列坦克碾过的士兵的尸体……我看着伤员躺在地上，却完全无法帮助他们。"夜幕降临时，曼德勒手下的士兵已经占据了一处极具战略意义的阵地。通过此地，曼德勒的部队不仅能够阻止沙兹利的部队前去援助乌姆盖特夫，还能加入沙龙的下一场大战中，其目的地是奈赫勒（Nakhl）。

在北方，塔勒的部队巩固了对拉法和汗尤尼斯的控制，并到达了阿里什的近郊。"在城市中进行清扫是一场艰苦的战斗，"以色列国防军的记录中这样写道，"埃及人从屋顶上、阳台和窗户向外开火。他们把手榴弹扔进我们的半履带车，并用卡车堵住了街道。我们的人则把手榴弹扔回去，并用他们自己的坦克从卡车上碾压过去。"

接近午夜时，以色列在南部的第三支师级部队——约夫将军的部队——灯火通明地从塔勒和沙龙的部队之间穿过，他们的目标是比尔拉赫凡和利卜尼山。埃勒哈南·塞拉（Elhanan Sela）上校所率领的百夫长坦克先头部队绕过北边的阿布阿吉莱，然后穿过了沙龙麾下部队所在的战场。他们在途中还与沙龙部队的坦克互相鸣炮致敬。之后，这支部队向西南方向挺进。在更北的哈里丁旱谷（Wadi Haridin）的沙漠荒地中，以萨迦·"伊斯卡"·沙德米（Yissachar "Yiska" Shadmi）上校麾下的第200旅正在缓慢前进。这片旱谷被埃及人认为是不可逾越的。但早在1956年时，以军的伞兵部队就调查过该地，并发现它适合坦克行进。尽管遭到了地雷和炮击的袭扰，塞拉和沙德米的部队还是设法切断了所有通往利卜尼山、阿布阿吉莱和阿里什的交叉路。此外，他们还拦住了两支试图包围沙龙部队的埃及装甲旅。

以军虽然在其他战线上高歌猛进，但在加沙地带，在一场希望避免的战斗中，他们没那么成功。达扬此前曾明确表示禁止以军进入这条长达40.2千米的条状地带。他解释说，以色列没必要给自己增加25万巴勒斯坦难民的负担，也没必要让自己卷入复杂的城市巷战。然而，在发布"红色床单"战斗密码后不久，加沙的巴勒斯坦部队便向邻近的以色列定居点尼里姆（Nirim）和基苏菲姆（Kisufim）开了火。拉宾推翻了达扬的命令，他指示耶胡达·雷谢夫（Yehuda Reshef）上校手下的机械化加强旅进入加沙地带。这支部队迅速遭到了巴勒斯坦士兵和拉法第7师残余势力的猛烈炮火和激烈抵抗。"从本质上来说，相对于移动作战，埃及士兵更擅长静态防御。"以军空降兵指挥官拉斐尔·埃坦说道，"相比之下，巴勒斯坦士兵更愿意做出牺牲。"

70名以军士兵将在这场战役里最激烈的战斗中丧生。同样身亡的还有加拿大广播公司记者本·奥瑟曼（Ben Oyserman）、《生活》杂志记者保罗·舒策（Paul Schutzer，他生前拍摄的最后一组照片将出现在该杂志的战争特别版上），以及12名联合国紧急部队队员。到日落时分，以军部队占领了具有战略意义的阿里蒙塔尔山脊（'Ali Muntar ridge），从此处可以俯瞰整个加沙城。但另一方面，以军被守军逼退到了城外。[44]

其他未料到的战斗同时在东线肆虐。以色列人在那里也遭到了同样顽强的抵抗。在杰宁附近，以色列军队企图突破靠近卡巴提亚（Kabatiya）十字路口处的布尔根森林（Burqin woods），但阿拉伯军团的第12装甲营挡住了巴尔-科赫巴麾下部队（其规模远大于对手）的屡次进攻。副营长穆罕默德·塞伊德·阿杰隆尼（Muhammad Sa'id al-'Ajluni）少校命令该处守军"战至只剩最后一人、最后一颗子弹"，并声称摧毁了18辆以军坦克。"惊慌失措的以色列人在他们燃烧的车辆周围跑来跑去，就像被吓坏了的蚂蚁一样。"该营营长萨拉赫·阿莱延（Salah 'Alayyan）上校记录道。但以色列空军无情的轰炸开始给约旦人造成伤害。实战证明，约军装备了外部燃料箱的M-48巴顿坦克在近距离作战时十分脆弱，甚至面对以色列老旧的谢尔曼坦克时也是如此。阿杰隆尼手下的12辆坦克被摧毁，只有6辆仍能继续运转。黄昏刚过，阿杰隆尼发现南方有灯光向己方阵地接近，他以为这是约旦第40装甲旅派来的增援部队。事实上，他们是以色列坦克发出的灯光，一旦进入射程，他们便立即向守军开火。

对于这场战斗，以色列的官方历史承认："约旦人在战斗中勇敢而高效，[佩莱德的师]不得不先摧毁他们的坦克和反坦克武器，之后才能向更高处、向敌人的步兵阵地进发。"以军第37装甲旅旅长埃弗拉伊姆·雷内尔（Ephraim Reiner）描述了当时的情况——他的部队在事先没有大炮和空军支援的情况下根本无法前进。"一架飞机在空中转了一圈，然后飞向了约军指挥官的坦克，飞机射伤了他，他的通信兵和情报官也被射死。直到那时，我才向师部报告我已发动进攻……一次经典的夜间袭击，非常好。"受伤后的阿杰隆尼命令剩余的坦克撤回杰宁，到那里后却发现他们和哈利迪的第25步兵旅的残余部队一起被敌军包围了。[45]

以色列国防军在西岸北部所取得的突破在耶路撒冷地区也得到了回应。在这一区域，本–阿里的第 10 旅正在接近比杜（Bidu）和至关重要的拜特·伊克萨–拜特·哈尼纳枢纽（Beit Iksa-Beit Hanina junction）。另一支旅级部队（由杂七杂八的步兵部队凑成），即摩西·约特瓦特（Moshe Yotvat）上校麾下的第 4 旅，则被以军派去攻打拉特轮走廊。走廊西部入口处有一座约旦的警察堡垒——阿拉伯语叫 Bab al-Wad，希伯来语叫 Sha'ar Hagai——这一堡垒曾在 1948 年时经受住了以色列人的连续突袭。令人惊讶的是，6 月 5 日傍晚，这一堡垒在几乎没有受到任何抵抗的情况下就陷落了。邻近村庄亚卢（Yalu）、伊姆瓦斯（Imwas）和拜特努巴（Beit Nuba）的情况也一样。

同样住在这些村庄里的还有埃及的两支突击队——第 33 营和第 53 营。他们准备攻击以色列的机场。"晚上 7 点，诸巡逻队——每一支都由约旦情报侦察兵领导——向拉姆拉和哈措尔移动，"突击队军官阿里·阿卜杜·穆奈姆·马尔西（'Ali 'Abd al-Mun'im Marsi）说道，"我们开始渗透进以色列定居点……我们对我们的任务没有明确的概念，只有一张手掌大小的照片，照片拍摄的是以军的某个基地。"然而，马尔西手下的士兵很快就被发现了。他们跑到附近的田野里躲起来，然后以色列人便放火把田野给烧了。600 名突击队员中，只有 150 人幸存并逃到了约旦。

"他们将于两个小时内到达耶路撒冷。"谈到哈雷尔旅的坦克时，以军副参谋长哈伊姆·巴列夫当晚向政府汇报说。在耶路撒冷市内，约以两军的冲突也开始愈演愈烈。晚上 7 时 45 分，以色列的迫击炮和火炮开始齐射，对约旦阵地进行饱和轰炸。这些约旦阵地沿着所谓的"北线"部署，从曼德尔鲍姆门（Mandelbaum Gate）一直到瞭望山。火光和探照灯照亮了夜空。此前，在整整一天的时间里，约旦人一直用炮弹和小型武器不间断地袭扰驻扎于北线上的以色列步兵。现在以色列步兵总算从约旦人的炮火中解脱出来。不过，对于莫塔·古尔的空降兵来说，这些应对措施只不过是为接下来的行动做好铺垫，他们将要突破阿拉伯人的社区谢赫贾拉（Sheikh Jarrah），并打通与瞭望山的联系。约旦方面用于抵抗以色列人进攻的是一个密集的障碍网络，包括掩体、铁丝网和地雷。

本-古里安（左）和埃什科尔。"好似父亲将儿子赶出了伊甸园。"（弗里茨·科亨，以色列政府新闻办公室）

埃什科尔（左）和约翰逊，1964年。"以色列真正意义上的朋友。"（以色列国家档案馆）

摩西·达扬。"说谎者、吹牛者、阴谋家、自命不凡之人——也是深深钦佩的对象。"（弗里茨·科亨，以色列政府新闻办公室）

从左至右：巴列夫、拉宾、魏茨曼。（以色列政府新闻办公室）

从左至右:沙龙、贝京、约菲。(摩西·米尔纳,以色列政府新闻办公室)

离开联合国紧急部队。因达尔·吉特·里克耶将军(第一排左一)。(伊兰·布鲁纳,以色列政府新闻办公室)

蒂朗海峡。"我的军队怎么可能眼睁睁看着以色列的旗帜经过他们?"阿米尔问道。(以色列政府新闻办公室)

"我的将军告诉我我们会赢，"纳赛尔（右）告诉吴丹，"你会对他们说什么？"（美联社）

"等待"。以色列平民在挖掘战壕。（伊兰·布鲁纳，以色列政府新闻办公室）

上图：埃班（中）与约翰逊（右）在白宫。"以色列不会孤立无援，除非它自己决意如此。"（约翰逊图书馆，照片由冈本洋一拍摄）

左图：侯赛因·伊本·塔拉勒·伊本·阿卜杜拉，约旦国王。（苏里曼·玛祖格）

下图：从左至右：埃什科尔、阿隆、塔勒和加维什。（以色列政府新闻办公室）

侯赛因在前往开罗的途中飞过埃什科尔。(《晚祷报》,以色列)

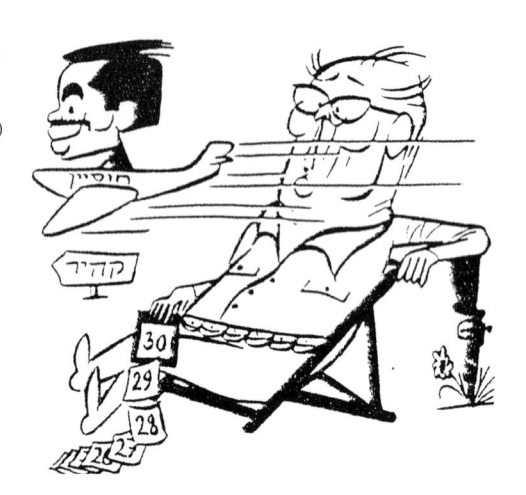

纳赛尔碾碎了床上的埃什科尔。(《晚祷报》,以色列)

埃什科尔挑选着"是"和"否"的花瓣。
(《晚祷报》,以色列)

以色列被埃及、叙利亚、约旦和黎巴嫩的坦克刺穿。(《生活报》,黎巴嫩)

在阿拉伯国家的支持下,纳赛尔将以色列踢入亚喀巴湾。(《雅利达日报》,黎巴嫩)

特拉维夫遗址中的犹太人头骨。(琼迪·阿拉比,叙利亚)

白宫战情室。从左到右：麦克纳马拉、卡岑巴赫、汤普森大使（吸烟）、沃尔特·罗斯托、汉弗莱、腊斯克（就座）、约翰逊、邦迪。（约翰逊图书馆，照片由冈本洋一拍摄）

阿拉伯驻联合国大使：穆罕默德·法拉（上图左）和乔治·图迈赫（上图右），以及穆罕默德·科尼（右下）。（由穆罕默德·法拉提供）

阿瑟·戈德堡大使。(由穆罕默德·法拉提供)

以色列国防军机械化部队穿过西岸前进。(沙哈姆,以色列国防军档案馆)

巴勒斯坦人逃离约旦河。（美联社）

阿塔·阿里与作者在交谈，1999年

拉比·高伦（带羊角）与以色列士兵在西墙。（以色列政府新闻办公室）

纳克西斯（左）、达扬（中）和拉宾（右）走进狮门。（伊兰·布鲁纳，以色列政府新闻办公室）

西奈的埃及战俘。（塔勒·沙卜泰，以色列政府新闻办公室）

自杀式的出击。一架埃及的米格战机在西奈半岛袭击以色列军队。(汉·米哈,以色列政府新闻办公室)

6月8日,米特拉山口的埃及残骸。"仅在那一天,就有一万人丧生。"(汉·米哈,以色列政府新闻办公室)

6月9日,达扬、埃拉扎尔(指着地图)、埃什科尔、巴尔列夫(右,拿着地图)和利奥尔上校(在达扬身后,戴着眼镜和帽子)。(美联社)

6月10日,以色列大炮击中塔瓦菲克的叙利亚阵地。(基德隆,以色列国防军档案馆)

达扬和联合国首席观察员奥德·布尔将军。(美联社)

"我希望我们今后的努力能够致力于实现持久的和平。"约翰逊和科西金在葛拉斯堡罗。(约翰逊图书馆,照片由冈本洋一拍摄)

拉宾试图说服古尔，让他把攻击推迟到黎明，因为到那时以色列空军可以提供掩护，但这个提议立即被古尔拒绝了。古尔解释说，飞机在即将到来的巷战中用处不大，而空降兵更喜欢在黑暗中作战。更重要的是，如果西奈半岛上的战事加剧，或以军与叙利亚爆发了军事冲突，以色列军方可能无限期地推迟古尔部在耶路撒冷的行动。古尔希望于午夜离开，但由于后勤方面的困难，进攻发起的时刻被推迟到凌晨2时15分。那时距破晓时分仅余90分钟。尽管如此，古尔上校依旧信心满满，他后来写道："我们知道，阿拉伯军团将在他们固定死了的防线上发起对耶路撒冷的保卫战……他们从来没有建造过第二道防线。一旦我们突破了［第一道防线］，我们在战场上的进展就会变得很容易。"[46]

驻防于耶路撒冷地区的约旦军队——国王塔拉勒旅、希廷旅和伊玛目旅——确实是固定不动的，他们之间几乎没有协调甚至是沟通。然而，到下午晚些时候，随着以色列人的攻势越来越猛，这座城市的指挥权落到了塔拉勒国王旅的阿塔·阿里·哈扎阿（'Ata 'Ali Haza'）将军身上。如今44岁的阿里，举止温和，体格瘦小。他从15岁起就开始当兵，曾因参与1948年曼德尔鲍姆门附近的战斗而被授予英勇勋章。作为英国坎伯利参谋学院（Camberley College）的毕业生，他是一名严肃的军官，非常爱国，并厌恶阿拉伯激进分子。"1967年以前，我一点也不担心以色列会发动战争，"他说道，"但从1956年起，我就一直担心纳赛尔会挑起战争。"虽然他强烈反对约旦卷入"纳赛尔的战争"，但他决心在耶路撒冷坚守下去，至少要坚持到双方达成停火协议之时。

阿塔·阿里命令他的部队在耶路撒冷地区从南到北的一条线上加强防御：从南部的阿布托尔到北边的耶路撒冷老城、谢赫贾拉，从瞭望山一直到泰勒富勒（Tel al-Ful）。他手下可支配的部队有5000名阿拉伯军团士兵和1000名巴勒斯坦民兵。这支部队配备着重型迫击炮、机关枪和榴弹炮。但他的部队没有坦克，而且他相信，他所面对的以色列部队，其规模至少是他的3倍。尽管他自己的发报机已被严重破坏，但阿塔·阿里还是设法给西部方面军司令员穆罕默德·艾哈迈德·萨利姆（Muhammad Ahmad Salim）少将发出了一条信息，催促他立即派遣坦克和部队支援。

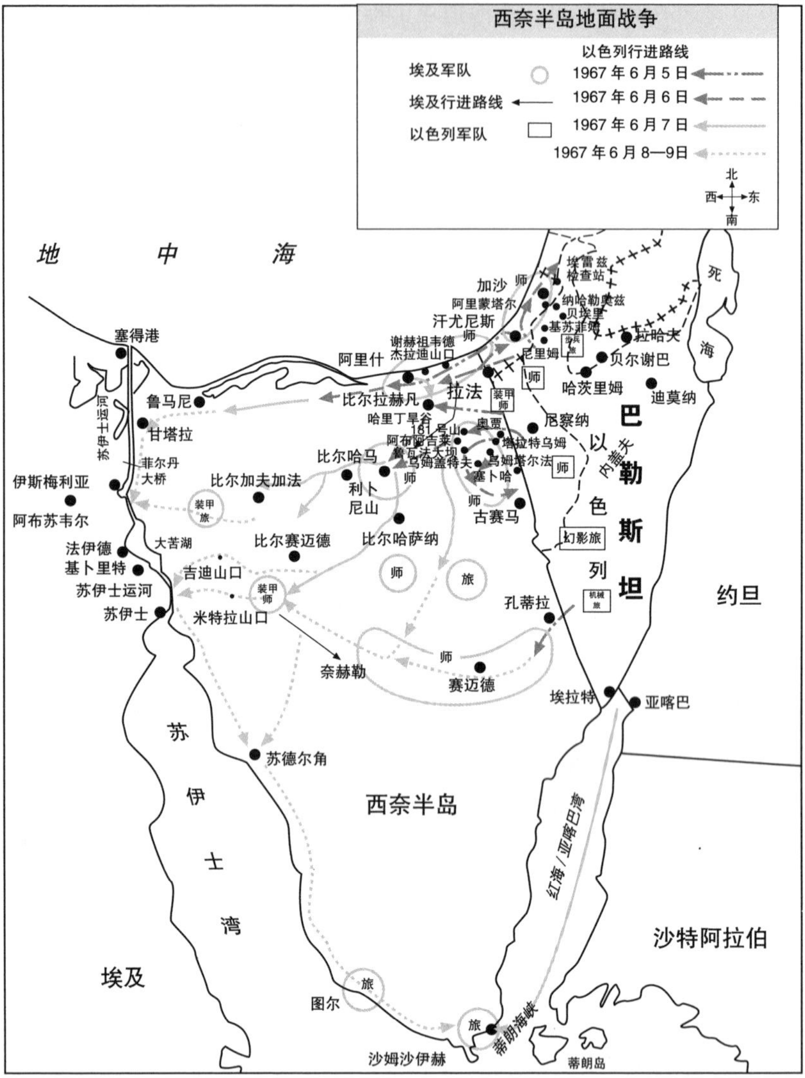

西奈半岛地面战争
以色列行进路线
埃及军队
1967 年 6 月 5 日
埃及行进路线
1967 年 6 月 6 日
以色列军队
1967 年 6 月 7 日
1967 年 6 月 8—9 日
北
西
东
南
地中海
加沙
师
阿里蒙塔尔
汗尤尼斯
埃雷兹检查站
纳哈勒奥兹
贝埃里
基苏菲姆
步兵旅
死海
拉哈夫
贝尔谢巴
哈茨里姆
迪莫纳
塞得港
谢赫祖韦德
杰拉迪山口
阿里什
尼里姆
比尔拉赫凡
拉法
装甲师
鲁马尼
哈里丁旱谷
181 号山
奥贾
尼察纳
甘塔拉
塔拉特乌姆
乌姆塔尔法
苏伊士运河
菲尔丹大桥
比尔哈马
利卜尼山
塞卜哈
伊斯梅利亚
比尔加夫加法
装甲旅
古赛马
阿布苏韦尔
巴勒斯坦
以色列
内盖夫
幻影旅
法伊德
大苦湖
比尔赛迈德
比尔哈萨纳
基卜里特
吉迪山口
旅
苏伊士运河
孔蒂拉
机械旅
苏伊士
米特拉山口
约旦
奈赫勒
赛迈德
埃拉特
亚喀巴
苏
伊
士
湾
苏德尔角
西奈半岛
红海/亚喀巴湾
沙特阿拉伯
埃及
图尔
沙姆沙伊赫
蒂朗海峡
蒂朗岛

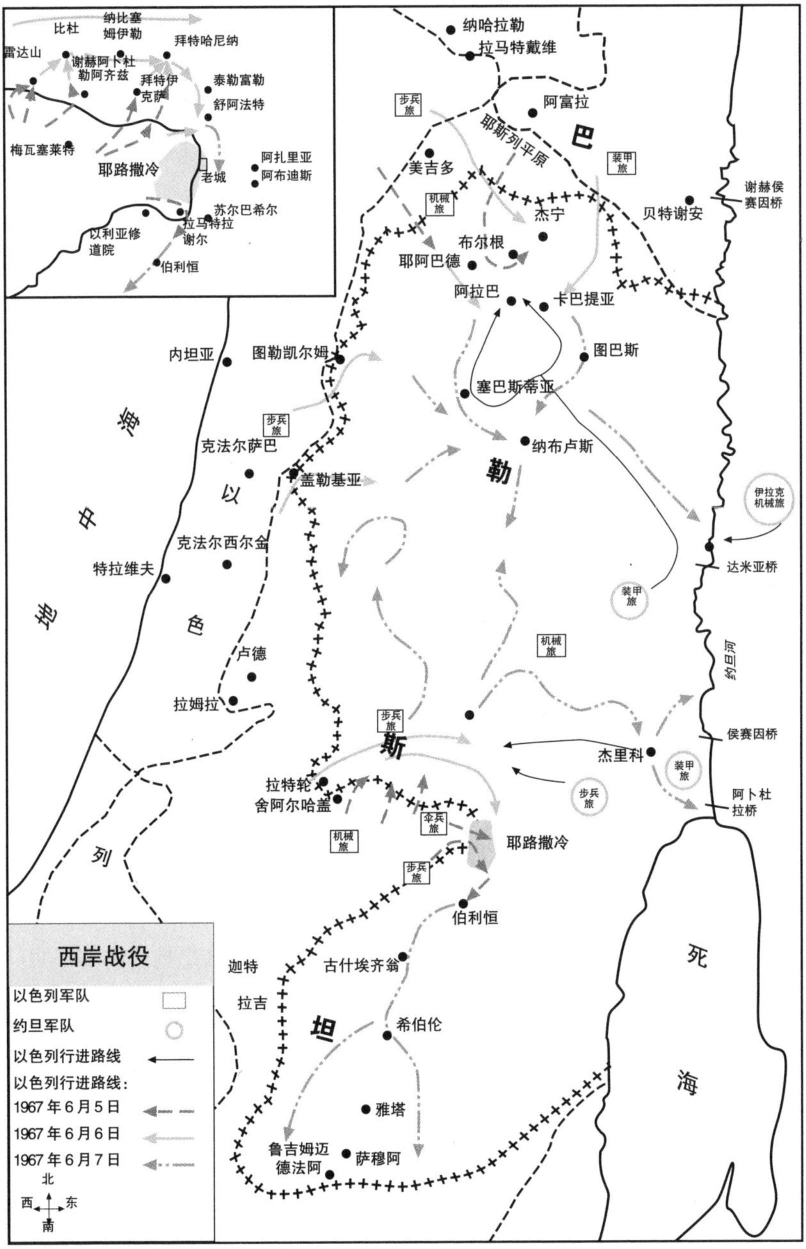

西岸战役
以色列军队
约旦军队
以色列行进路线
以色列行进路线：
1967年6月5日
1967年6月6日
1967年6月7日
北
西
东
南
比杜
纳比塞
姆伊勒
拜特哈尼纳
雷达山
谢赫阿卜杜
勒阿齐兹
拜特伊
克萨
泰勒富勒
舒阿法特
梅瓦塞莱特
耶路撒冷
老城
阿扎里亚
阿布迪斯
苏尔巴希尔
拉马特拉
谢尔
以利亚修
道院
伯利恒
纳哈拉勒
拉马特戴维
阿富拉
耶斯列平原
巴
步兵旅
装甲旅
机械旅
美吉多
杰宁
贝特谢安
谢赫侯
赛因桥
布尔根
耶阿巴德
阿拉巴
卡巴提亚
图巴斯
内坦亚
图勒凯尔姆
塞巴斯蒂亚
纳布卢斯
克法尔萨巴
盖勒基亚
勒
伊拉克
机械旅
达米亚桥
地
中
海
以
色
列
克法尔西尔金
特拉维夫
卢德
拉姆拉
约旦河
斯
伞兵旅
侯赛因桥
杰里科
拉特轮
舍阿尔哈盖
阿卜杜
拉桥
耶路撒冷
伯利恒
迦特
古什埃齐翁
拉吉
坦
希伯伦
雅塔
鲁吉姆迈
德法阿
萨穆阿
死
海

萨利姆照做了，他从第60装甲旅中腾出了一个巴顿坦克营，并派该部前去支援。同约军的第40旅一样，第60旅也是一支精英部队，由侯赛因国王的侄子、毕业于美国陆军参谋学院的谢里夫·扎伊德·宾·沙克尔（Sharif Zayd bin Shaker）准将指挥。第60旅最初的任务是去击退拉特轮走廊的以色列军队，但是鉴于耶路撒冷不断恶化的局势，该旅转而受命前往耶路撒冷市周围的阿拉伯郊区，并从那里攻击瞭望山。第60旅的坦克在黑暗中缓慢前行，从杰里科到耶路撒冷，他们需要沿着长达43.5千米、落差823米的坡路前行。与他们境况相似的是伊玛目阿里旅的步兵们，他们正艰难地沿着山路行进，从盖莱特谷（Wadi Qelt）攀升至伊萨维亚（Isawiya）。然而，在他们到达目的地之前，这两支部队都被以色列飞机发现，并遭到火箭弹和加农炮的攻击，几乎被消灭。

当晚9时，正当占领了南耶路撒冷的以色列人准备进攻城市以北地区时，阿塔·阿里望见了橄榄山（Mount of Olives）天际的光亮。他立马意识到发生了什么事情。他再次请求驻拉马拉和希伯伦的部队前来援助，但均遭到拒绝。这两座城市都在为抵御以色列人的进攻做准备。耶路撒冷将得不到任何增援。[47]

以色列领导人密切关注着约旦方面日益恶化的局势。对他们来说，现在的问题不在于以军是否能拿下耶路撒冷，而是占领该城东部地区的做法在政治上是否明智。以色列内阁中的数名成员，尤其是梅纳赫姆·贝京和伊加尔·阿隆，强烈支持占领行动。整整一天，他们一直在催促埃什科尔批准对耶路撒冷的进攻计划。"Sis Agedank.（这倒是个主意。）"埃什科尔用意第绪语回答道，一边说一边用手拍打着自己的脑袋。以色列总理又一次在两极之间摇摆不定，一方面是对以色列的作战能力绝对自信，而另一方面则是对国家未来安全状况的担忧。除了有苏联干预的风险，如果以军占领了这座古老的城市及其宗教圣地，以色列人还将面临被基督教世界谴责甚至封锁的危险。

内阁中对占领东耶路撒冷有所顾忌的并非埃什科尔一人。其他阁员，尤其是来自全国宗教党的内阁部长，都担心此举会引起国际社会的强烈反对。但来自约旦方面的反方向的压力也在起作用。尽管以色列反复通过外交渠道要求与约旦方面达成停火协议,但约旦方面对特拉维夫外围和耶路撒冷市中心的炮击仍在继续。达扬来到以色列议会大楼,出席自己宣誓就任国防部长的仪式。但他到了之后才发现这座建筑已被遗弃,又不得不返回特拉维夫。直到傍晚,其他阁员才设法穿越战火来到耶路撒冷。后在贝京的要求下,诸内阁部长集中到了一座地下掩体中开会。

贝京召开此次会议的目的是讨论耶路撒冷老城相关事宜,即以色列军队是否应该进入老城,以及如果军队进入了老城,以色列政府又该采取何种政策。牵动这些部长神经的,除了迫使侯赛因停止炮击和保卫瞭望山的必要军事措施,还有犹太民族的千年愿景——一个统一的犹太首都。"也许这是在耶路撒冷召开的最重要的一次内阁会议。"利奥尔上校写道。他还注意到了自己当时的兴奋状态:"身为一个出身于严格遵守教规的家庭的孩子,身为一个在集中营中惨遭灭绝的家庭的孩子,身为犹太人的后代和以色列公民,我无法抑制住内心高涨的情绪。"[48]

部长在讲话时必须得盖过敌军炮火轰击所造成的持续低音,他们的情绪确实被点燃了,每个人都畅所欲言。"这是我们在政治上遭受考验的时刻。"贝京率先说道,"我们必须攻击老城,这是对侯赛因不重视我方警告的回应,也是对约旦方面炮火的回应。"阿隆表达了相同的意见:"我们都希望看到老城成为以色列不可分割的一部分——或者说至少以色列人有接近宗教圣地的渠道。"但埃什科尔建议谨慎行事。"我们必须权衡征服老城所造成的外交层面的影响,"他说道,"即使我们占领了西岸和老城,我们最终也会被迫离开。"全国宗教党的哈伊姆·摩西·沙皮拉也支持埃什科尔的意见,他宣称:"我认为将该城国际化会面临很多压力,而我,就个人而言,不会反对这个主意。"这场讨论的失败更多是因为个人倾向上的分歧,而不是意识形态上的分野。以色列地工人党的扎尔曼·阿兰支持沙皮拉,而左翼政党统一工人党的莫尔德海·本托夫(Mordechai Bentov)却与贝京站在了同一边。阿巴·埃班则担忧入侵老城可能会对城内的圣地造成破坏。

最后,部长们同意各自保留不同意见,并接受了由埃什科尔提出的折中方案:"考虑到约旦方面的轰炸对耶路撒冷局势造成的影响,考虑到我方已向侯赛因发出警告,占领老城的机会可能已经出现。"然而,以色列人当前的任务却是让约旦人的大炮哑火。

达扬和他手下的将军们——拉宾、魏茨曼和巴列夫——已经在努力解决这一问题了。"我知道你们想要什么。"达扬对他们说,"你们想拿下杰宁。"没有一位将军提出反对意见,达扬自然也没有表示异议。简单地说就是,以色列军队踏入西岸地区的第一步已经获得了授权。至于耶路撒冷,达扬下令再向侯赛因发送一条消息,威胁约旦国王,如果其军队继续轰炸以色列,以色列便会轰炸安曼。在此期间,以军可以加紧攻击耶路撒冷老城的北部和南部地区,继而包围老城。当达扬从埃什科尔口中得知了内阁的讨论结果后,达扬回应说:"明天之前老城便可能落到我们手中。"然而,国防部长却决定进一步推迟征服老城的行动,直到以军完成对西奈半岛的征服。[49]

埃及战线和约旦战线这两者之间存在内在关联。约旦炮击以色列是对以色列袭击埃及的回应,而约旦方面在战场上早期的成功又使得以色列有理由对约旦进行反击。另一重关联在于纳赛尔和侯赛因都没有意识到他们的军队所面临的危险。纳赛尔的军官们害怕让他知道实情,而侯赛因的军官们则由于缺乏与战场上的联系而毫不知情。他们两人都不会轻易相信,埃及的空军——阿拉伯人战争努力的关键性因素——会在几个小时之内被歼灭,更不会相信当以色列人的坦克正在两条战线上齐头并进时,叙利亚人却始终按兵不动。埃及的宣传机器,不管是广播还是新闻,仍在继续吹嘘着埃军的一场场大捷。与此同时,约旦人发布的公报则声称进攻耶路撒冷和杰宁的以色列部队已被击退,并有31架以色列飞机被击落。[50]然而,随着第一天的战斗逐渐偃旗息鼓,有越来越多关于阿拉伯军队灾难表现的证据浮现出来,纸已经包不住火了。

纳赛尔在下午4时知道了真相。那是他在那天里第一次走进埃及最高司令部,并见证了里面的混乱场景。阿米尔——要么是喝醉了,要么是嗑了药,要么两者皆有——从极度兴奋的状态转变为极度沮丧的状态。

他在电话里尖叫着，首先命令穆尔塔吉把他的部队转移到阿里什，后来又改变主意，下令将部队撤到利卜尼山和埃军的第二道防线上去。他与西德吉·马哈茂德进行了通话，并宣布是美国而不是以色列飞机对埃及发动了袭击。他还声称他手下的一名飞行员——胡斯尼·穆巴拉克（Husni Mubarak）——曾看到美军战机。阿米尔拒绝接电话，不管是来自苏联大使还是来自外交部，他们都渴望得到信息。他们也联系不上沙姆斯·巴德兰。这位埃及国防部长把床搬进了自己的办公室，然后躺在里面与世隔绝。"想想，那可是我们最高级别的安全官员，其职位相当于达扬。"阿卜杜·拉提夫·巴格达迪（Abd al-Latif al-Baghdadi）嘲弄地说道。他和卡迈勒·哈桑（Kamel Hassan）及哈桑·易卜拉欣（Hassan Ibrahim）都是前"自由军官组织"成员，他们曾一同在最高司令部里工作过。

纳赛尔尝试与他的陆军元帅交谈，但发现他悲伤欲绝，几乎语无伦次。他们谈话的具体内容依然不得而知，但结果是无可争辩的。即便没有空中掩护，他们还是命令驻阿里什的第14装甲旅旅长萨拉赫·穆赫辛将军于黎明时发动反击。此外，他们还做出了一项决定，即告知阿尔及利亚埃及空军被歼灭的实情，并要求该国借给埃及大量的米格战机。最后，也是最重要的一点是，纳赛尔和阿米尔同意将有关英美直接参与到战争中的谎话继续编下去，这么做是为了减少埃及所受的耻辱，并促使苏联介入。在莫斯科，盖莱卜大使接到的指示是立即拜会柯西金，并向他转告有关英美两国在战争中的共谋行为。阿拉伯产油国（打头阵的是伊拉克和科威特）纷纷响应纳赛尔的号召，中断了对英美两国的所有石油运输。下午6时5分，开罗阿拉伯之声的听众了解到，"美国是敌人。美国是以色列背后的敌对势力。哦，阿拉伯人呀，美国是所有民族的敌人，是取人性命的杀手。它双手沾满了鲜血，阻止你们去和以色列算账。"[51]

谣言——历来都是中东地区传播信息的媒介——已经开始散播开来。此时距离第一架以色列飞机在埃及的机场跑道上投下炸弹已经过去了16个小时，在黎巴嫩和叙利亚、伊拉克和沙特阿拉伯的街头，人们纷纷低声谈论着以军这一行动的结果。约旦军事情报局长易卜拉欣·阿尤布（Ibrahim Ayyub）准将在晚7时召见了手下的工作人员，并告诉他们："我刚刚收到消息，90%的埃及空军被摧毁于地面之上。"

中东地区对战争进程一无所知的人群为数不多，稀奇的是，以色列人也属于这一群体之一。以色列国内的空袭警报响了一整天，但"解除警报"的信号一直没响。以色列人只知道埃及坦克正隆隆地开进内盖夫，而其他阿拉伯国家的军队也准备入侵。在致全国人民的广播讲话中，埃什科尔向他的同胞描述了他们所面临的"残酷而又血腥的战斗"，并警告他们："前方与后方的区别可能会变得模糊……整个以色列都是前线。"尽管这些声明已给人们造成了严重的不安全感，但达扬坚持要求媒体对以军的成就保持绝对的沉默。他的目的是尽量让国际社会在停火问题上施加压力的时间延后，让苏联施加干预的危险延后。[52]

然而，这并不妨碍以色列人向美国提供最新的信息。梅厄·阿米特向麦克弗森和巴伯介绍了情况，并向他们强调了以色列所面临的生存威胁。他还表示以色列会动用一切手段来回应敌军炮火的轰击。他宣称，这场战斗不仅是为了以色列的安全，还是为了整个中东地区亲西方势力的生存。随后，以色列向华盛顿发送了一份报告，该报告全面描述了以军在西奈半岛、耶路撒冷及约旦河西岸所获得的战果。该报告还通报了有关400架阿拉伯飞机和19架以色列飞机被摧毁的消息。沃尔特·罗斯托审阅了这些最新消息，随后通过备忘录的形式把这些信息传达给了总统。罗斯托备忘录的开头写道："随信附上第一天'射火鸡大赛'*的战况，以及一张地图。"[53]

---

* 原文为 turkey shoot。在战争中，这一固定用语专指一方的进攻让另一方猝不及防，乃至使战争的结果呈现出一边倒的局面。1944年6月，太平洋战场上爆发了马里亚纳海战，由于战斗中日军飞机十分轻易地便被美军击落，这场战斗被美国人戏称为"马里亚纳射火鸡大赛"（Great Marianas Turkey Shoot）。

第 6 章

战争：第二天，6 月 6 日

以色列人突进，阿拉伯人撤退

美国对战争与和平的讨论

大谎言和停火

尽管已经53岁了，而且大腹便便的，但身为以色列自然保护协会会长的亚伯拉罕·约夫也是一名在西奈半岛上有着丰富经验的战士。1956年，他曾带领一队步兵沿着西奈半岛东部海岸线南下并攻占了沙姆沙伊赫。后来，作为南部战区司令部的司令员，他还发展出了一套战时应急方案，让坦克在人们普遍认为不可逾越的沙漠地区移动。战争爆发前几周，在加维什将军的召唤下，约夫将军身穿便服来到了军营里，他以为这只是次礼节性的访问。但等他从军营里出来时，他已身着一身准将的军装，手下统领着以军的第31师。第31师下辖2个预备旅，每个旅都配备有100辆坦克。他的任务是从塔勒部以南和沙龙部以北的地方突入西奈半岛，继而将这两条战线上的敌人切割开来，并阻止敌军增援部队靠近任何一条战线。此后，第31师将向东边冲去，趁埃军还忙于第一道防线的战斗时对埃及的第二道防线发起攻击。

约夫最初的目标是拿下通往阿布阿吉莱、比尔拉赫凡和阿里什三地的重要交叉路口，第31师已于午夜之前完成了这一任务。"我们收到了消息，说是有两支埃及装甲旅正在接近，"当时指挥着24辆百夫长坦克的以萨迦·沙德米（Yissachar Shadmi）后来讲述道，"他们关掉了所有的灯，被我派到前方的侦察员报告说：'我看不见他们！'我告诉他：'那就乱射一通。'然后我们的第一波炮击就炸毁了7辆车。埃及人随后便在沙丘中散开，紧接着爆发了一场艰苦的战斗，从晚上11点持续到第二天早上10点。"这项任务由沙德米开了个头，最后由以色列飞机来收尾。到中午时分，沙漠中到处都是燃烧着的车辆残骸。埃及人向西逃去，逃向利卜尼山，而这里正好是以色列人重新集结后准备进攻的地方。

约夫部突入埃军中心地带使得塔勒和沙龙得以完成前一天尚未完成

的任务——征服吉拉迪隘口、汗尤尼斯及乌姆盖特夫的堡垒。这其中的每一场战斗都十分血腥。经过一场正面进攻后，沙龙麾下的百夫长坦克穿过了阿布阿吉莱，准备向乌姆盖特夫的埃军主要堡垒发起突击。结果却发现通往该地的路上满是地雷和坑洞。以军的工程兵最终在凌晨4时清理出了一条小路，之后以色列和埃及的坦克在相距仅9米的距离范围内展开了激烈的战斗。40辆埃及坦克和19辆以色列坦克被留在了战场上，空余火焰与之做伴。与此同时，库提·亚当（Kuti Adam）的步兵完成了对当地埃军三层战壕的清扫。以色列方面的伤亡情况为14人死亡，41人受伤；埃及方面的损失情况则是300人死亡，100人被俘。

沙龙的部队在早晨的时候开过乌姆盖特夫，他们扫清了周边地区的敌军，并准备攻取东南部的古赛马。在北部，戈嫩上校的坦克部队成功冲破了吉拉迪隘口处埃军的防守，从而与被困在隘口西侧的以色列前线部队建立起了联系。然而，以军的这些前线部队并没有选择坐等援军到来，他们反倒行进到了阿里什的郊区。戈嫩赶紧前来与他们汇合。通过空投物资获得补给后，他们共同前往阿里什机场，并于7时50分占领了机场。然而战斗还远未结束。"我们在早上8点踏进了这座城市，之后打算穿越整座城市然后到达沿海公路。阿里什万籁俱寂，一片荒凉。"以军某连指挥官约西·佩莱德（Yossi Peled）回忆道，"突然，整座城市变得鸡犬不宁。每条巷子、每一个角落、每一扇窗户、每一幢房子里都有人向我们射击。"

戈嫩在留下了几支分队清扫阿里什之后，将其余部队分成三路人马。一支由以色列·格拉尼特（Yisrael Granit）上校指挥的坦克、工程兵和炮兵部队继续沿着地中海海岸向运河驶去。而由戈嫩上校亲自率领的第二支部队则向南转移到比尔拉赫凡和利卜尼山。埃坦上校及第35旅的空降兵则被派去征服加沙。正如达扬所担心的那样，加沙地区的战斗——从汗尤尼斯到阿里蒙塔尔山脊——异常残酷，以军在此处所受的损失几乎占据了整个南部战线伤亡人数的一半。但另一方面，此前达扬曾预测说，一旦加沙与西奈半岛的联系被切断，该地区很快便会陷落。事实证明，达扬的预测是正确的。到中午，以色列人便已占领了埃军设于这座城市里的总部，并开始了收尾工作，肃清城里的敌军残余势力。[1]

对于前线的埃及人来说，以色列的进攻给他们带来了毁灭性的打击。埃军第2师严重受损且孤立无援，第7师和第20师基本上已不复存在。数千辆车被毁——燃烧着的车辆空壳在道路上一字排开，照亮了夜空——另有数百辆车因机械故障而丧失移动能力（苏联制造的引擎不适合沙漠环境）。至少有1500名士兵丧生。埃军侦察军官阿德尔·马赫朱卜（'Adel Mahjub）逃离了乌姆盖特夫，并于黎明前到达了比尔哈萨纳。他发现该地"已着火并被彻底摧毁。那些还活着的士兵没有吃的。车辆没有汽油，武器也没有弹药。就像一场地狱之旅"。在利卜尼山，埃及炮兵向从西边逼近的数千名士兵开了火，但据侦察军官哈桑·贝赫杰特说："一个小时后，其中一名士兵来到我们这里，结果我们发现他是埃及人。我们用大炮炸死了从阿布阿吉莱撤来的埃及士兵。"

除了敌军炮火的骚扰，埃及人一整天都被敌军持续的空袭追着跑。驻守比尔加夫加法机场的埃军安全官员阿扎姆·希拉希（'Azzam Shirahi）回忆说："在第二天，陆军元帅阿米尔与基地指挥官通过了话，要求他尽快修复跑道，以便派来新飞机。我们都跑去试着修复跑道，但轰炸仍在继续。高射炮不停向以色列飞机开火，直到炮管融化，但没起到任何作用。许多飞行员和负责空防的士兵和军官都被炸死。自那之后便没有新的飞机过来，也没有人出来抵抗以色列人。"那几架成功起飞的埃及飞机——比如当天早上对戈嫩旅的补给卡车发动了攻击的两架苏霍伊战机——迅速遭到了以色列飞行中队的攻击。[2]

尽管如此，西奈半岛上的埃及军队还远不至于说已被完全征服。纳赛尔手下有超过一半的军队仍然完好无损，其中的一些重要组成部分——第3师和第6师，以及沙兹利的部队——到目前为止还没有开过一枪一炮。埃军还有数百名飞行员处于随时待命状态中，一旦新飞机安全抵达，他们便可以立即驾驶飞机起飞。48架阿尔及利亚的米格战机已经在飞往埃及的途中，此外，还有来自摩洛哥、突尼斯和苏丹的志愿部队也纷纷赶来。与此同时，全世界各地的同情者倾注着他们对埃及的支持。"作为美、英帝国主义的反动代理人，以色列的所作所为让我们感到异常愤慨，"越南共产党领导人胡志明在致纳赛尔的私人电报中写道，"他们注定要遭受一场可耻的溃败。"苏联在一份官方声明中宣称,其将"坚决支持"阿拉伯人"反抗帝国主义和犹太复国主义的正义斗争",并对此"充满信心"。埃及人民从开罗电台的广播中得知,他们的军队已经"消灭"了攻击孔蒂拉和汗尤尼斯的敌军,并已突入敌人的领土。[3]

以色列方面的状况与此形成了鲜明的对比。与大多数埃及士兵不同的是,以色列大部分参加了入侵行动的地面部队和飞机几乎都已持续作战 24 小时以上;战士都很疲劳,弹药和燃料方面也十分有限。在政治上,英美两国都已宣布在冲突中保持中立,而法国则对以色列实施了进一步的武器禁运。虽然拉宾在凌晨 1 时的无线电广播中终于让以色列公众了解到以军在空中和地面战场上所取得的成功,继而提振了国民士气,但这也增加了国际社会强制要求以色列停火的可能性。万一这种情况真的发生,拉宾承认以色列将别无选择,它只能违背联合国的决定,直到以色列的最低目标(尤其是在沙姆沙伊赫的目标)得到实现为止。

"只有等我们先掌控了战争的走向之后才能知道战争将于何时结束!"达扬朝将军们喊道。他于早上 7 时 45 分向拉宾下达的命令非常明确:"完成对加沙地带的征服,扫清阿里什轴线,向西推进,但至少要与苏伊士运河保持 6.4 千米的距离。准备向南部的古赛马发动进攻。"他本来打算派曼德勒的部队沿红海海岸一路冲向孔蒂拉,但最终还是决定对该地发动一场海、空两路的联合进攻。这一行动至迟不会晚于第二天(6 月 7 日)晚上。至于 6 日这一天,以色列的主要注意力仍将集中在南部战线上,以军这一整天都将致力于"彻底解决掉埃及的装甲部队"。[4]

讽刺的是,埃及人对局势的评估与以色列人并不相同。讽刺之处就在于纳赛尔和阿米尔对局势的判断比战场上的实际情况要绝望得多。开罗方面并没有选择呼吁双方立即停火,继而专注于让国际社会对以色列施压,反倒继续声称其军队在内盖夫不断向前推进并取得了胜利。埃及领导人并没有把手下依然庞大的军队重新组织起来,让部队在白天掘壕固守,并趁夜间,当以色列的空中优势被削弱的时候发动反攻,反倒下令军队进行大规模且混乱无序的撤退。

究竟是谁下达了撤军命令？对于这一问题，埃及人在之后的许多年里一直存在争议。纳赛尔的辩护者（其中包括哈桑宁·海卡尔和安瓦尔·萨达特）坚持认为，这一命令完全是阿米尔自作主张的，埃及总统只是在命令发布后才了解情况，并且试图收回成命。阿米尔的辩护者则承认命令的确由阿米尔下达，但他们断言纳赛尔此时已经完全知情，并同意了这一决定。不过双方都同意的是，这一命令可以追溯到6月6日早晨5时50分。当时，法齐将军从阿米尔那里收到了一份无线电报的副本，阿米尔在电报中指示沙姆沙伊赫的守军准备向西撤退。还没到中午的时候，陆军元帅开始要求埃军撤退到西奈半岛上的第二道防线上，但到了下午5时，他召见了参谋长法齐，让他在20分钟内制订出一份全面撤军的计划来。法齐坚信阿米尔当时完全是按照自己的意志行动的，但阿米尔和巴德兰后来在证词中表示，纳赛尔亲自批准了这一命令。[5]

不管当时的情况到底如何，总之这一命令让法齐震惊不已。尽管埃军在心理层面上遭到了严重打击，但他相信征服者计划依然可行。以色列军队在埃军的第一道防线上付出了血淋淋的代价后，依然可以被吸引到利卜尼山和比尔塞迈德的第二道防线上，然后被埃军击垮。持有此想法的并非只有法齐一人；几乎全体参谋部成员都同意他的意见。当天早上早些时候，阿米尔打电话给穆尔塔吉，他用颤抖的声音问道："我们的部队情况怎么样？"西奈半岛司令员给出了一个乐观的答案。他确信地对阿米尔说，在西奈半岛的14个旅中，只有4个旅被打掉，其中仍有3个旅坚守在乌姆盖特夫；而其他军队——苏联军队或联合国部队——肯定很快便会介入进来。"长官先生，如果您增援北部阵线，我们可以坚守到外国军队前来保卫运河之时。"穆尔塔吉从未想过当时阿米尔正在考虑撤军。

然而，法齐不久后便会发觉，撤退正是阿米尔的意图。法齐与埃军作战部长卡迪（al-Qadi）起草了一份撤军计划，根据该计划，埃军将逐步撤到吉迪山口和米特拉山口，并对苏伊士运河进行集中防御。"撤军本来应该要花3天时间。"穆塔吉回忆道，"第4师先留在蒂朗海峡。第二天晚上，这支部队撤退后留下的阵地将由第6师负责，到第三天晚上，第6师将从该地撤出，由一支预备旅代替其驻防。"考虑到当时的情况，这一策略似乎是可行的,但它立马便被阿米尔否决了。"我命令你撤退!"阿米尔吼道,"就这样!"

陆军元帅决定不再等书面计划被制订出来,他直接拨通了在西奈半岛上的亲信的电话。"确保在13点前让所有剩下来的飞机都做好了准备,并随时待命,"他对西德吉·马哈茂德说,"除了为第4师提供空中掩护,你不要让这些飞机做其他任何事,直到该师到达运河西侧。"对于手下其他的门生,他只是建议他们不管用什么方法都要尽快撤离。其中的一个例子是埃军第3步兵师师长奥斯曼·纳萨尔('Uthman Nassar)少将。他告诉手下的军官,他得回去参加最高司令部的紧急会议,然后收拾好行李后便离开了。后来有人发现他屡次现身于开罗的咖啡馆中。然而,大多数军官都只能通过传闻得知撤军的命令。在阿米尔的明确指示下,这些军官与法齐的指挥部之间的直接联系早在战争前就已经被切断了。

阿米尔后来会用埃及空军的崩溃和第一道防线的陷落来为自己的决定辩护:"为了避免军队完全被打垮并成为敌人的俘虏,撤军是我唯一方法。"但这一命令所产生的效果是让一支用了24天才召集起来的庞大部队在数小时内全部撤离。

"营长把我们叫出来,告诉我们必须撤退。"第4师通讯官穆罕默德·艾哈迈德·哈米斯回忆道,"这完全出乎我的意料。我手下的战士们士气高昂,正在为进攻做准备——我该怎么面对他们?"哈米斯什么也没告诉他们,只是让他的人驾车穿过了黑夜。"突然,当黎明到来之时,我的司机向外望去,然后看到了运河。'我们竟然撤退了!我们竟然撤退了!'他开始尖叫,带着惊讶和恐惧的神情哭了起来。"但其他军事单位就没那么幸运了。成千上万的车辆和成千上万的士兵在道路上拥挤不堪,许多埃及人都成了以色列飞机唾手可得的猎物。阿米尔所要求的空中掩护未能实现。[6]

纳赛尔和阿米尔之间错综复杂的关系最终演变成了战场上的无序状态。空军、加沙及西奈北部的陷落成了他们两人不可磨灭的污点。他们既缺乏意志,也不够镇定,以至于无法控制损失。撤军本就是最困难的军事操作,而他们又不具备让部队有组织地撤回来的能力。也许他们相信

1956年时让他们挽回面子的那一幕神话将会重演，而此次撤退也可以被掩饰为面对实力强大的帝国主义死对头时所采取的权宜之计。也许他们认为苏式武器所遭受的如此夸张的失败会迫使苏联人出面调停。埃军为什么要下达撤军命令？这一命令又是谁下达的？是纳赛尔还是阿米尔？这些问题已变得无足轻重，反正埃及军队已经开始逃跑了。

亚伯拉罕·卜伦（Avraham Bren）上校是约夫将军的副指挥官，也是参与过西奈半岛上前两次战役的老兵。当看到埃军从比尔拉赫凡逃跑的场景时，他直接呆住了。战争结束后，他对以军派来听他汇报的军官说："你开车经过烧毁的车辆，然后突然看到这支庞大的军队，人数多得数不过来，目之所及全是他们的人，散布在一片广阔的区域里。当你看到了数量庞大的敌人，并意识到你只有一个营的坦克时，这可不是一种愉快的感觉。"达扬一直在以军总部的地下指挥中心里追踪着战争的进程，他也同样感到困惑。"虽然以色列已经控制了天空，但埃及的城市并没有遭到轰炸，按说即使没有空中支援，前线的埃及装甲部队也能作战啊。"[7]

以军情报部门负责人亚里夫于当天下午向总参谋部汇报了西奈半岛上所发生的重大变化。"我们的飞行员报告说，埃及军队的状况很糟糕，他们正在集体撤退，行走在因我们此前的空袭而部分受阻的道路上。"哈伊姆·巴列夫强调了抓紧时间摧毁埃及军队的必要性。但是，当敌人逃跑的速度比以军追击的速度更快时，要怎样才能实现这一目标呢？

"在战争之前，关于军队越过阿里什—利卜尼山一线后该做些什么，没有任何计划，甚至都没讨论过。"约夫将军回忆说，"没人相信我们会推进得更远，或［埃及的］崩溃会如此迅速。没人相信我们能有连续四天的时间来进行战斗——我们脑袋里考虑的都是些外科手术式的行动。"到黄昏时分，沙伊克·加维什在利卜尼山同沙龙、塔勒和约夫三位师长开了一场会，在会上，有关军队该往哪走，还要走多远，以及目标为何的问题全都得到了解决。

加维什的策略是阻止埃及人在他们的第二道防线上站住阵脚，并阻止他们对阿里什发动反攻。他想狠狠地揍他们一顿，然后把他们逼到山口，并摧毁掉他们余下的坦克。相应地，塔勒的部队将要前去征服利卜尼山以西的埃军阵地,并向埃军第3师(位于比尔塞迈德以东)和第4师(位于比尔加夫加法)发起进攻。约夫将向南对比尔哈萨纳和第3师的残余力量发动攻击。之后他将把他的部队分成两支,分别向吉迪山口和米特拉山口进发。在更远的南部,沙龙将在奈赫勒阻击撤往该地的沙兹利的部队,然后将其余的埃及部队逼入塔勒和约夫设下的伏击网中。与此同时,格拉尼特上校的部队将继续沿着地中海海岸前进,穿过鲁马尼(Romani),最后到达甘塔拉。但出于政治原因,以军将不会征服苏伊士运河,至少暂时如此。"一旦加维什给我们下达了命令,"约夫回忆道,"战争的剩余部分就变得很明显了。虽然可能发生一些意想不到的转变——第4师可能在等着我们,或者更糟——我们实际上是在展开一项追击行动。这场战斗的结果已经被决定好了。"[8]

埃及领导人至少在军事斗争层面似乎能同意以上观点。在下令撤退之后,埃及的重点从坦克和大炮转向了政治宣传,特别是指责英美两国为了以色列的利益而介入这场战争中。至少在这一点上,纳赛尔和阿米尔之间是完全协调一致的。他们二人都与苏联大使日达耶夫进行了会谈,并在会谈中抛出了有关英美两国与以色列共谋的指控,借此来获得苏联的直接支持。由于无法提供英美两国发动攻击的证据,阿米尔转而指责苏联向埃及提供了有缺陷的武器。"我不是武器方面的专家,"波日达耶夫回答说,"但我知道我们提供给越南人的武器在战场上肯定胜过美国人一筹。"纳赛尔却没有为双方留下多少辩论的余地,他直接向苏联大使口述了一封致柯西金的信。纳赛尔声称第6舰队及美国在该地区的基地正在积极协助以色列。他表示,犹太人正在坐享其成,眼看就要收获一场巨大的胜利了,除非莫斯科向急需飞机的埃及提供类似的援助。[9]

随着时间的推移,这一无稽之谈就像滚雪球一样迅速扩大,并传遍了阿拉伯世界的各个角落。大马士革广播电台宣称:"英国轰炸机源不断地从塞浦路斯起飞,他们正在帮助以色列并为之提供补给。堪培拉轰炸机正在攻击我们的前沿阵地。"安曼广播电台则宣称有三艘美国航空母舰正在以色列海岸附近作业。据称,有人看到美国军舰曾停留在海法港,后来还堵住了苏伊士运河的入口。另有其他消息源指出，以色列人驾驶着美国的飞机，手里还握着由中央情报局提供的埃及地图，甚至有美国飞行员隐匿自己的身份为以色列驾驶飞机。被俘虏的以色列飞行员据称"坦白交代了"与美国方面的合作：以色列动用了1200架飞机来袭击埃及，而单凭以色列根本不可能做到这一点。纳赛尔在一份广为流传的公报中呼吁"阿拉伯群众去捣毁帝国主义者的一切利益"。

公报播出数小时后，暴徒便袭击了整个中东地区的美国使领馆。在巴格达、巴士拉、阿勒颇、亚历山大和阿尔及尔，就连在突尼斯城和班加西这样友善的城市，都出现了这样的情况——美国外交官在他们的使馆院落里布满了路障，并做好了最坏的打算。伊拉克和利比亚的石油设施被关闭，而沙特阿拉伯、科威特和巴林则禁止向美国和英国输送石油。"美国现在是阿拉伯人的头号敌人，"阿尔及尔广播电台宣称，"必须把美国人存在的印记……从阿拉伯国家中抹掉。"许多在埃及的美国人都是长期居住在当地的居民，他们只有几分钟的时间来收拾行李，之后便被枪指着，遭搜身然后被立即驱逐出境。"这是人们在前往奥斯维辛集中营途中的那种感受。"《生活》杂志记者托马斯·汤普森（Thomas Thompson）写道。在开罗，理查德·诺尔特（Richard Nolte）看着愤怒的人群聚集在他的办公室外。他发电报说："我们正在焚烧所有——重复一遍，所有——机密文件，并为应对埃及人的示威及侵入使馆大楼做准备。"然而，就在这局势高度紧张的时刻，诺尔特受到了召见，并被护送到埃及外交部里。在外交部里，埃及人告诉了他有关英美两国与以色列共谋的"事实"。

"你说你反对侵略，但当以色列对埃及发动侵略时，你什么也没有做。"马哈茂德·里亚德指责诺尔蒂说，"你说你不知道谁是侵略者，但事实上这个问题的答案一清二楚，在开罗至少有90或80位大使都这么认为。"大使唯一的答复是强调，如果埃及接受一项明确将以色列定义为侵略者的停火决议，它将在国际上获得广泛同情。毛希丁可以按计划来访问华盛顿，然后为蒂朗海峡找到一个外交解决方案。但他的话没能打动埃及外交部长，里亚德以同样的语气继续说道："如果埃及是侵略的一方，那第6舰队现在就已经停在埃及的海岸上了！"[10]

尽管里亚德相信美国与以色列是同谋，但他反对与华盛顿断绝关系，毕竟在战后埃及将不得不与美国进行谈判。然而，纳赛尔却不同意。他从华盛顿召回了埃及使馆工作人员，并宣布断绝与美国的所有外交关系。另外 6 个阿拉伯国家——叙利亚、苏丹、阿尔及利亚、伊拉克、毛里塔尼亚和也门——也紧随其后，很快便与美国断绝了外交关系。10 个阿拉伯产油国则禁止向美国和英国出口石油。在大马士革，叙利亚人给斯迈思大使 48 小时的时间离开这个国家。此前，他一直被软禁在他自己的住所里。诺尔特写道："我在开罗流星般的使命就这样结束了。"

纳赛尔在军事上虽已投降，但至少在政治上，他取得了成功。他将整个阿拉伯世界团结在自己的身边，并置于自己的领导下。然而，只要有一个阿拉伯国家（约旦）没有追随埃及的脚步，这场胜利仍然是不完整的。曾经被痛斥为帝国主义工具的侯赛因，如今成了纳赛尔嘴里的"我们英雄主义和民族主义的兄弟"和"勇敢的小国王。"[11] 如果纳赛尔能把这位国王拉进来一起指责英美两国与以色列共谋，那将会在整个地区，尤其是在西方的阿拉伯盟国之间，造成巨大影响。纳赛尔需要侯赛因的合作，侯赛因却有自己的顾虑。

停尸场

"那天晚上就像地狱一样，"侯赛因在回忆录中记录道，"亮得好似白天一样。天空和大地上闪耀着光芒，这些光亮源自火箭弹和以色列飞机不停的轰炸。"在黑暗中，国王穿梭于安曼的司令部和在前线上仍然安全的阵地之间，而后者正在逐渐减少。

在杰宁，哈利迪上校的步兵和阿杰隆尼少校的 3 辆幸存的坦克正在抵抗从北边和南边袭来的强大得多的以色列军队。出人意料的是，在凌晨 4 点，救援部队出现了，赶来增援的是第 40 装甲旅的两个营。在未被以色列人发现的情况下，第 4 装甲营溜了进来，并与哈利迪的部队共同保卫杰宁。与此同时，第 2 营则把以军挡在了阿拉巴的东边。阿尔加齐准将高呼"为真主而战！"，随后其麾下的巴顿坦克便火力全开。另一支装备了

M-113装甲运兵车的机械化营（埃米尔阿卜杜拉营）也加入了战斗。以色列人的车一辆接一辆地突然起火，局势开始发生逆转。"敌人放任我们的部队靠近，勇敢而顽强地与我们作战。"以色列装甲旅指挥官摩西·巴尔-科赫巴回忆道。加齐已经开始考虑转守为攻的策略了，他准备把第40旅剩下的坦克集合起来，然后把以色列人赶出边境。

但之后太阳升起来了，约旦人又一次被暴露在天空之下。以色列战机和炮兵部队对加齐的士兵进行了长达2个小时的炮击，造成10人死亡、250人受伤，其中许多人不得不被遗弃在战场上。约军只剩下7辆坦克（其中2辆没油）和16辆装甲运兵车。他们艰难地向东开去，一直开到图巴斯路（Tubas road），然后向南驶向纳布卢斯。与此同时，巴尔-科赫巴的装甲部队和阿夫农的步兵则一起向杰宁进发。约旦方面的抵抗非常顽强，特别是在该市的警察堡垒一带，巴尔-科赫巴本人也在那里受了伤。直到中午，以色列人才宣称控制住了这座城市，获得了打开西岸北部地区的钥匙。[12]

在耶路撒冷战场上——城市西部的山区——约旦人也在节节败退。尽管哈雷尔旅的一支部队在比杜村外遇到了约旦人的激烈抵抗——1名以色列士兵和20名阿拉伯军团士兵丧生——而另一支部队也因为巨石的影响而失去了大部分的履带式车辆，但以军最终还是有5辆谢尔曼坦克于凌晨2时55分到达了纳比塞姆伊勒。在那里等着他们的是约旦人一个连的巴顿坦克。经过15分钟的战斗之后，这些坦克被击退，其外部燃料箱都着了火。通往拜特·哈尼纳的道路就此畅通无阻。拜特·哈尼纳位于东耶路撒冷的郊区，距离拉马拉—耶路撒冷公路只有500米。[13] 瞭望山基本上安全了。

然而，纳尔基斯将军却不敢相信这一点。他确信，约军第60旅仍然对西耶路撒冷构成了直接威胁——瞭望山上的士兵报告说听到了坦克接近的声音——并请求空军再次发动空袭。起初，巴列夫拒绝了这一请求。他解释说，以色列的飞行员已经筋疲力尽，他们在不到24小时的时间里完成了5次飞行任务。但这一解释没能说服纳尔基斯。他争论说，如果没有空中支援，以色列人将会丢掉耶路撒冷——"不管疲惫与否，他们必须摧毁那支装甲部队。"然而,即使是在以色列空军对宾·沙克尔准将的坦克造成了严重损害后,中部战区司令部司令仍然持怀疑态度。由于不能确定敌人有多少车辆幸存下来,他拒绝拿瞭望山的命运冒险。瞭望山上的卫戍部队将按照计划由空降兵来解救。

阻挡以军救援的障碍物是耶路撒冷最坚固的防御工事。该防御工事由密密麻麻的战壕、地堡、地雷区及混凝土障碍物构成。该地自第一次世界大战时起便以弹药山(Ammunition Hill)这个名字为人所知,当时艾伦比将军曾把他的军械储存在这里。以色列人认为这个堡垒对瞭望山和西耶路撒冷构成了直接威胁,而对约旦人来说,此处代表了抵御以色列进攻耶路撒冷东部的第一道防线。在这条防线两侧的士兵,不管是以色列人还是约旦人,都已经遭受了连续好几个小时的炮击。然而,他们的士气依旧相当高昂,重要的补给也没有减少。一场艰苦战斗的大幕已经被拉起,凌晨1时25分,莫塔·古尔的空降兵悄无声息地进入了战斗队形。

古尔手下的部队将分三路进发。第一支分队将通过曼德尔鲍姆门附近的无人区,穿越将东、西耶路撒冷分开的联合国检查站,然后袭击守卫着弹药山南部入口的警察学院。第二支分队将向东穿过谢赫贾拉和"美国殖民地"(American Colony)附近的社区,然后前往洛克菲勒博物馆(Rockefeller Museum)。而第三支分队则将沿着核桃谷(Wadi Joz)的山涧谷攀升至奥古斯塔维多利亚医院(Augusta Victoria Hospital),该医院位于瞭望山和橄榄山中间的山脊上。此次行动预期的目标是,当战争结束时,以色列不仅能摆脱约旦的威胁,而且还能为攻入耶路撒冷老城做好准备。"耶路撒冷不是阿里什。"纳尔基斯在袭击发动前对空降兵说,"希望这次我们能为1948年的失败赎罪。"[14]

凌晨2时10分,耶路撒冷的天空再次被照亮,不过这次是因为以色列人的猛烈炮击:火炮、坦克和迫击炮向约旦人的阵地上齐射,以削弱敌人的防线。设置于劳工联盟大楼(西耶路撒冷的最高点)上的巨大探照灯进一步暴露了约旦人的阵地,并有效地使他们的视线受阻。约瑟夫·"约西"·约夫(Yosef "Yossi" Yoffe)少校在日常生活中是个农民,也是参加过以色列50年代报复袭击的老兵。第66营在他的带领下爬过了约旦人布下的第一道铁丝网，之后一路狂奔。但在这道铁丝网后，又出现了另一道铁丝网，而且后面还有4道，这些防线在以军的地图上都没有被标记出来。在双方密集火力网的笼罩下，突击队员被困在了无人区里，他们头顶上悬挂着一轮冉冉升起的明月。"为了到达目的地，我们用上了一个又一个爆破筒，越过了一道又一道栅栏，遭遇了一支又一支敌军分队。"空降兵情报官阿里克·阿赫蒙回忆道，"而最艰难的战斗尚未开始。挡在我们面前的是弹药山。"到最后一排铁丝网被剪断之时，以色列方面付出了7名士兵死亡、10多人受伤的代价。古尔一直为黎明的迫近而感到焦虑不安，直到凌晨3时10分，他才收到了约夫突入警察学院的消息。古尔回复说："我都想亲你了。"

警察学院在托管统治时期由英国人建造，后来被移交给联合国。以色列人认为这里是阿塔·阿里的总指挥部，因此必然有大量部队驻守该地。实际上，驻守在这片区域的约旦军队只有一个连的兵力，共140名士兵。该连隶属于苏莱曼·萨莱塔（Suliman Salayta）上尉麾下的第2侯赛尼营（2nd al-Husseini Battalion）。在2辆谢尔曼坦克（从耶路撒冷旅借来）的掩护下，以色列工程兵为突击部队扫清了一条道路，突击部队在接下来的2个小时内摧毁了大约34个地堡和机枪掩体。尽管如此，约旦人也在抵抗，他们把以色列人挡在了据萨莱塔阵地仅15米的地方。萨莱塔上尉的手下士兵有17人阵亡、42人受伤，他命令友军向自己的阵地开炮，之后带着他手下依然能够战斗的士兵撤到了附近的弹药山。

警察学院的这场战斗对于以色列人来说同样代价高昂。战斗结束后，突击队中只有一小队人适合继续战斗。然而，援军赶到了，空降兵们行进至弹药山，并从西部、东部和中部三个方向对该地发起了进攻。

"长官，敌人已经成功地渗透到警察学院的左边，"二等兵法尔汗·哈曼（Farhan Haman）向负责弹药山防御的曼苏尔·克兰舒尔（Mansur Kranshur）少校报告道，"有一队坦克和两个连的步兵。排长说他能控制住局势，但需要请求炮兵支援。"但事实证明，光靠炮击并不足以阻止以色列人前进，甚至加上从警察学院撤过来的增援部队也没有用，徒增不断受伤的约旦士兵。尽管如此，守军还是成功挫败了以色列人的进

耶路撒冷战役，
6月5日—7日

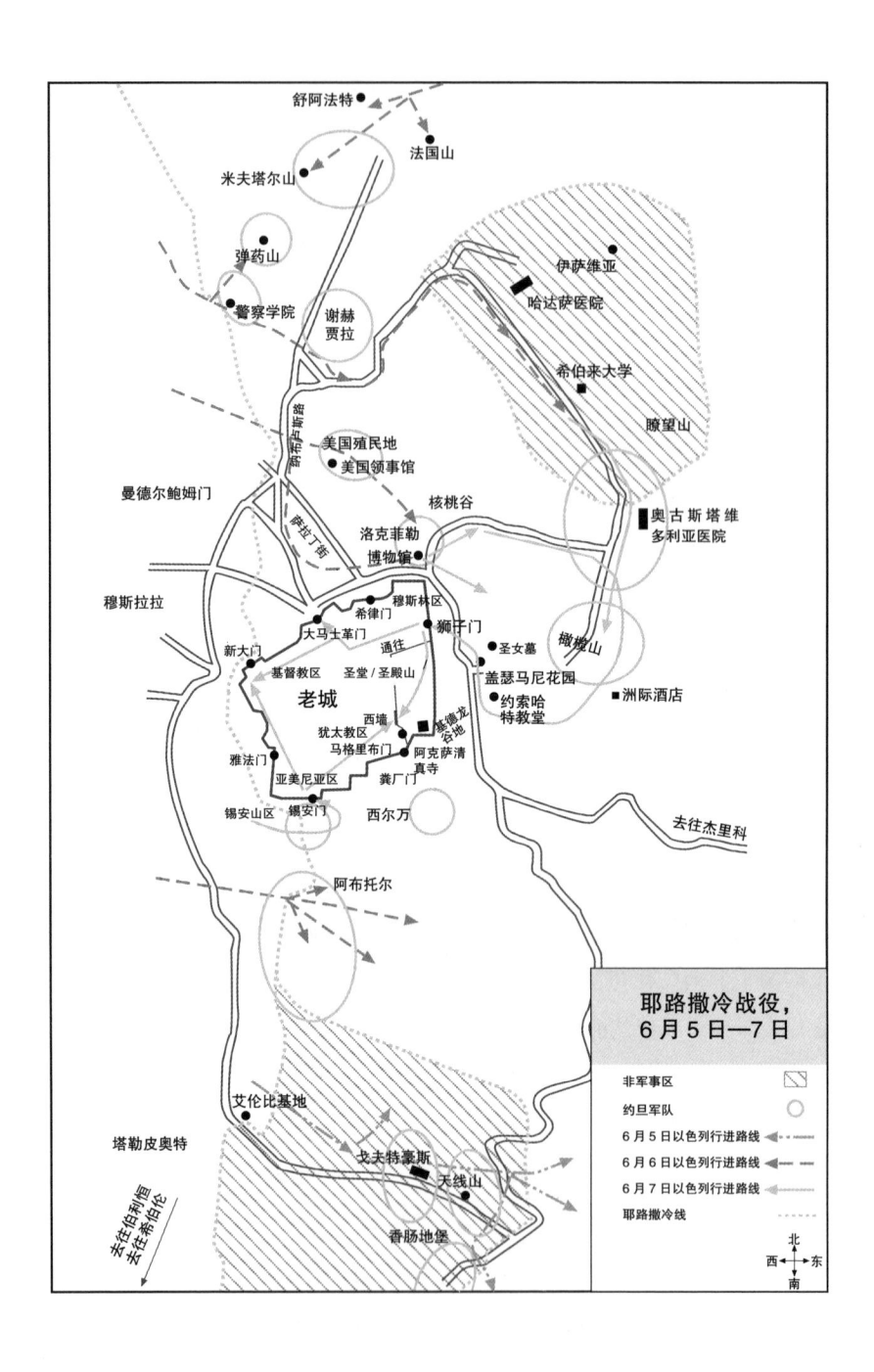

非军事区
约旦军队
6月5日以色列行进路线
6月6日以色列行进路线
6月7日以色列行进路线
耶路撒冷线

攻，他们向外投掷手榴弹，用布伦轻机枪扫射，高呼"真主至大"。

以色列的突击小队几乎被全歼。3辆谢尔曼坦克中的1辆被击毁；另外2辆则不能把他们的火炮压到足够低的位置，因此没法对埋在地里的约旦阵地开火。由于害怕危及自身安全，以军空降兵不敢请求炮火支援，而他们的背包又太宽，无法在敌人的战壕里移动。于是，他们只能在没有掩护的情况下在开阔地上向前推进，然后一个接一个地倒下。约旦方面的炮火不仅来自弹药山，西边隔着一条山谷有一座被以色列人称为米夫塔尔（Mivtar）的山，山上约旦军队的据点也在向以军的空降部队开火。"我们大部分的伤亡不是来自肉搏战，而是源于更远处阵地袭来的手榴弹和炮弹。"参与过这次战斗的老兵约哈纳·米勒（Yohanan Miller）证实说。很快，几乎所有的以色列军官和士官都被击中，他们的部队也被打散。然而，临时凑起来的以军攻击部队还在继续前进，并穿过了一道道被尸体堵塞的壕沟。到凌晨4时30分，当第一束光出现时，他们已经到达了克兰舒尔所在的地堡。

"战斗已经进入了短兵相接的阶段，"克兰舒尔少校通过无线电对阿塔·阿里说道，"弹药快用完了。你之后就再也听不到我的声音了，但我希望你能听到关于我和我手下战士们的消息。"阿塔·阿里回答说："愿你长寿，我的朋友。"之后便批准了克兰舒尔的请求，开始对整个地区进行炮击。克兰舒尔尽管腿部受了重伤，但他还是利用这段炮击的时间将自己幸存的部队集中起来，并通过北边最后一块空地逃到了舒阿法特山脊。在他身后，以军工程兵用9.5千克TNT炸药炸毁了他的地堡。弹药山之战——阿以冲突史上最血腥的战斗之一——于早上5时15分结束。71名约旦士兵在这场战斗中丧生，并有46人受伤，其中大部分人伤势严重。另有35名以色列士兵——相当于约夫营整整1/4的兵力——也死在了战场上。[15]

当约夫的部队开始征服弹药山的时候，以军空降旅的其余部队越过了东西耶路撒冷的城市分治线。约西·弗拉德金（Yossi Fradkin）领导下的第28营在等待前进信号的时候遭到了81毫米迫击炮的轰击，造成64人死伤。第28营的行动严重拖后，又缺少人手和装备，但他们成功地穿过无人区来到了东耶路撒冷的"美国殖民地"。按计划，从此处开始，空降兵将通过防守松懈的萨拉丁街（Salah al-Din Street）向老城进发。

尽管弗拉德金在1948年和1956年的战争中有着丰富的战斗经历，但他还从未在耶路撒冷战斗过。"我们的士兵几乎完全不知道他们将会遇上些什么。"战争结束后，他对战友们说，"他们不知道我们要把他们带去哪儿。他们也不了解这个地方。"他没有走上萨拉丁街，而是错误地转向了纳布卢斯路（Nablus Road），而约旦人正在那里守着。克兰舒尔少校注意到了弹药山上以色列人的动向，他拨通了纳布卢斯公路防区指挥官纳比·什希马特（Nabi Shkhimat）上尉的电话。"敌人的坦克正朝你的方向驶来，"克兰舒尔警告他，"做好在一片广阔区域上作战和巷战的准备，战至只剩最后一个人、最后一颗子弹。"

什希马特准备好了，三层厚的地堡中加入了火箭炮和反坦克炮兵，这些地堡正对着纳布卢斯路。以色列人陷入一片混乱。坦克对着街道直接开火，一波又一波的空降兵冲过来，但约旦人坚守在阵地上。"他们就像醉鬼一样，精疲力竭，并迷失了方向。"第2侯赛尼营指挥官马哈茂德·阿布·法里斯（Mahmud Abu Faris）在描述袭击者时这样说道，"我们是靠信仰战斗，而不是命令。"他声称，当时一名以色列军官试图抓住他，但他切掉了那人的耳朵，然后用手枪将其击毙。

然而，不管约旦人的抵抗有多么顽强，它后来还是逐渐被以色列的火力和势头所盖过。加齐·伊斯玛仪·鲁巴伊亚（Ghazi Isma'il Ruba'iyya）排长试图鼓舞手下5名士兵的士气，但他回忆道："我失败了。我看着他们的脸，从他们脸上看到了士兵临死前才会有的表情。"鲁巴伊亚给营指挥部发电，但没有得到答复。什希马特命令他的士兵们撤退到与老城相邻的穆斯拉拉（Musrara）社区，45名身亡的士兵和142名伤员被留在身后。

对于以色列人来说，战斗的场景同样令人毛骨悚然。"突然，这条街变成了一座屠宰场。"空降兵伊加尔·尼尔说，"几秒钟后，我周围的人都被击中了。此前从没有感到恐惧过的我经历了一场剧烈的转变。我突然感到被遗弃，毫无希望。"只有30人——原部队人数的一半——走过了从美国领事馆到基督教青年会之间600米的距离，这段路被他们称为"死亡之路"（Simtat ha-Mavet）。

以军第71营则更幸运一点儿，它成功地突破了铁丝网和地雷区，来到瞭望山山脚附近的核桃谷。该营的指挥官是乌齐·伊拉姆（Uzi Eilam）少校。他是一位在芝加哥大学接受过培训的工程师，还是一位参加过20世纪50年代报复袭击的老兵。此前他一直对手下的部队被转移出西奈半岛而感到失望。"当他们告诉我们我们要去耶路撒冷的时候，我感到非常失望，"他在战争结束后吐露道，"显然，我们不会在那里跳伞，我们只会被派去保卫边境……但是，当炮击开始的时候……我们意识到这不是闹着玩的，这是一场战争。"

从核桃谷出发，以色列人可以切断老城与杰里科的联系，还可以切断东耶路撒冷和拉马拉之间的联系。剩下的唯一一条通往西岸的路线——从东边穿过阿扎里亚（al-'Azariya）的郊区——已被以军的炮兵锁定。尽管奥古斯塔维多利亚医院四周的约旦阵地仍很棘手，但以军的炮火让驻守于该地的约旦人不敢对伊拉姆的部队发动反击。以军第28营的小分队信心十足地冒险向洛克菲勒考古博物馆进发。这座像城堡一样的建筑十分耀眼，坐落于耶路撒冷老城的西北角*。在经过了一场短暂的冲突之后，这支小分队于早上7时27分占领了该博物馆。

古尔认为，此处是最后对老城发动总攻时的理想出发点，之后便可以通过附近的希律门（花门）攻入老城。这位空降兵指挥官将前线指挥部搬到了洛克菲勒博物馆，3位急于保护文物的希伯来大学考古专家也跟着一起来到了博物馆。古尔发现该地区仍被约旦的狙击手控制着，而他的旅也已精疲力竭。尽管如此，他还是请求纳尔基斯允许他立即攻入希律门。他收到的答案是否定的，以色列内阁尚未对耶路撒冷做出决定。古尔怒不可遏，他想要忽略政府的命令——"如果我服从命令，不进老城，难道我不会因此给后面数代人带来悲伤，给站在城墙外的以色列国防军带来耻辱吗？"但纳尔基斯还是设法安抚了他，他解释说："我们的目标是包围这

---

* 原文如此，疑应为东北角。

座城市，迫使它投降。而包围城市将为占领城市打好基础。"空降兵将在洛克菲勒博物馆重新集结，并准备于当天下午晚些时候拿下奥古斯塔·维多利亚山脊。[16]

当古尔的士兵在洛克菲勒博物馆休息时，尤里·本·阿里（Uri Ben Ari）和第10旅突破到了拉马拉—耶路撒冷大道上。泰勒富勒是一座由岩石构成的圆丘，侯赛因设于此处的新皇宫正在建设之中。以色列人的谢尔曼坦克在此地与多达30辆约旦巴顿坦克进行了一场激烈的持久战。在迪卜·苏莱曼（Dib Suliman）上尉和阿瓦德·沙特·伊德（'Awad Sa'ud 'Eid）上尉的指挥下，约旦人成功地挫败了敌人的进攻，并摧毁了许多半履带车。但最终，以色列的空中力量和巴顿坦克外部燃料箱的脆弱性成了决定战斗结果的关键性因素。苏莱曼和伊德撤向了杰里科，留下一半燃烧着的坦克。

此后，以军的第10旅与第4旅汇合，他们沿着舒阿法特和法国山（French Hill）的阿拉伯社区下坡，穿过了约旦设在米夫塔尔山的防御工事，最终来到了弹药山。然而，由于突进的速度过于迅速，他们竟被驻扎于西耶路撒冷的以军当成了敌军，甚至还向他们开了火。当时这两支部队的坦克在街上游荡着，寻找着战斗机会，但混乱随之而来。"我们不知道哪些地方已被拿下，哪些地方还没被拿下。"空降部队的副指挥官摩西·佩莱斯（Moshe Peles）上校回忆道，"我们什么都不知道。"

以色列历史学家后来质疑，以军此前为拿下弹药山而进行的战斗是否真有必要？坦克部队的及时出现是否让此前在弹药山上付出的那么多牺牲显得有些多余？在教室里做出这样的事后批评很容易，但在战争的迷雾中并非如此。从纳尔基斯的角度来看，他认为约旦的巴顿坦克正在接近，因此，对弹药山发动攻击似乎是拯救瞭望山的最好方法。这一举措还促成了以军对耶路撒冷的双重包围——步兵在内侧，周围环绕着一圈装甲部队。6月6日中午，一份由约旦军队发出的电报称："除了老城，敌人已经占领了耶路撒冷全境。"[17]

这一消息对侯赛因来说并不意外。里亚德将军在黎明前就警告过约旦国王："如果我们不能在24小时内做出决定，您就可以跟您的军队和约旦所有的领土吻别了！我们就快要丢掉西岸了，我们所有的军队都将被孤立或被摧毁。"这位约旦武装部队的埃及司令提出了两个选项：要么立即接受停火，要么下令全面撤退。这两项措施都十分激进，却毫无根据。约旦军队仍然控制着老城和大部分东耶路撒冷，而以色列军队在西岸的进展也仅限于拉特轮走廊和杰宁地区。即使没有空中掩护，军队也可以坚守下去，直到与以方达成一份能保证约旦利益的停火协议。这份协议将确保西岸大部分地区仍属于约旦。这里的情况类似于埃及的西奈半岛，约旦国王就像埃及领导人一样让冲动的情绪模糊了现实。侯赛因刚听完里亚德将军的建议就立即召见了美国、苏联、英国和法国大使。国王向他们表示，如果以军不"立即停止暴力袭击"，其政权将"熬不过一个小时"。

侯赛因再次陷入两难之境。在埃及军队仍在战斗的时候，如果约旦正式同意停火，那就相当于宣布投降。巴勒斯坦人会暴动，甚至军队也会反叛。然而，撤退同样危险，纳赛尔可以以此为借口撤回自己的军队，然后将阿拉伯人在战场上的失败归咎于约旦。伯恩斯的判断是："停火之后，约旦在维持国内法律和秩序方面遇到的困难将比战时更大。万一纳赛尔为了让约旦继续战斗下去而不惜煽动推翻侯赛因，那该怎么办？"

侯赛因的解决方案是在私底下与以色列就停止战争达成共识，或者最好是由国际社会来强制双方停火。在与伯恩斯的通话中，侯赛因处于一种近乎歇斯底里的状态。他声称只有15分钟的时间来决定是否将军队撤离西岸。"如果今晚不撤退，我们就会被干掉。等到明天我们就没得选了，只能下令捣毁武器装备，然后让每一名士兵照顾好自己。"约旦国王坚称纳赛尔犯下了大错——"没人能预料到这场冲突会以如此快的速度扩大到这种程度"——而另一方面，里亚德则"几乎操控着约旦的全局"，因此国王自己不用承担任何责任，他还否认是他的军队率先向平民目标开火。他唯一关心的是"立即停止暴力冲突"——他避免使用"停火"一词——否则他的政权就将垮台。

当晚，为了实现实质性停火，侯赛因提出了不少于四次请求，但他每次得到的答复都是否定的。"我觉得现在让以色列对于维护侯赛因及其政权提起兴趣，可能为时已晚。"巴伯在特拉维夫解释说。以色列人指出，在侯赛因要求停火的同时，耶路撒冷和纳布卢斯地区的战斗却仍在继续，而之所以会出现这种情况，要么是因为侯赛因失去了对军队的控制权，要么是他为了阻止以军进攻而使出的诡计。华盛顿方面虽然支持停火，但它对侯赛因的回应也没显示出多大的热情：要么选择把军队的控制权收回来，要么选择继续成为攻击的目标。

对此，约旦国王感到失望透顶又无比绝望。他警告美方，如果战斗继续下去，约旦将别无选择，只能现身说法，坐实纳赛尔对英美两国的指控，即他们确实与以色列勾结在一起。[18]

这一威胁并非虚张声势，侯赛因很快就会证明这一点。半小时后，他接到了从开罗打来的电话。"我们是说美国和英国〔都在对我们发动进攻〕，还是只提美国？"纳赛尔问道。他还问侯赛因是否要说英国人也派出了航空母舰。侯赛因回答说"美国和英国"，并同意立即发表一份声明。纳赛尔非常振奋。"奉真主之名，"他感叹道，"我发表一份声明，你也发表一份声明，看看能不能让叙利亚人也发表一份声明，就说美国和英国航母上的飞机参与了对我们的袭击。我们要抓着一点，咬死不放。"埃及总统在讨论结束之时敦促国王"不要放弃"，尽管战斗确实很艰难。"我们全心全意地与你们同在，我们今天正驾驶着飞机飞越以色列上空。我们的飞机从早上起就一直在攻击以色列人的机场。"[19]

纳赛尔与侯赛因通过一条未加密的民用电话线完成了此次通话——阿拉伯联合司令部所购买的尖端通信设备并未安装上——这次通话被以色列情报部门录了下来，并被公开了出去。但不管怎么说，侯赛因也从没有否认过这次通话。埃及的《金字塔报》甚至公开证实了这一点："国王与总统达成了一致，他们认为必须向整个阿拉伯民族通告有关当前局势的这一重大发展，并相应地调整其立场。"约旦从纳赛尔那里得到了特许，继续维持与美国的外交关系。但得到这个特许是要付出代价的，侯赛因被约翰逊总统定性为撒下了"弥天大谎"的一方。

通告指控西方合谋援助以色列，侯赛因凭此安抚住了巴勒斯坦人，也保住了约旦与埃及之间的联盟。但在军事上，他的境遇持续恶化。尽管约旦方面一再要求叙利亚和沙特阿拉伯提供援助，而叙、沙两国也一再确认自己已向约旦派遣部队，但这些援助一个也没来。叙利亚人的第17机械化旅已经到达了边境，却拒绝采取进一步的行动。该旅指挥官刚开始声称自己需要先侦察地形，之后又说没有收到大马士革方面发来的指示。没有收到命令也是沙特军队的借口，他们同样在边境上停了下来。沙特军队中的随行埃及军医穆尼尔·泽基·穆斯塔法（Munir Zaki Mustafa）痛苦地回忆说："我们希望能来一架以色列飞机袭击我们，这样我们就能说我们参加了战争，而且开了炮——然而我们什么都没做。"

只有伊拉克的第8旅为加入战局做过尝试。他们穿越了达米亚大桥，但在那里遭到了以军飞机的轰炸，并被打垮。此外，以色列空军还打掉了巴勒斯坦解放组织的一个营，并袭击了伊拉克西部的H-3空军基地——此地寄托了侯赛因对空中掩护的最后希望。尽管以色列人有两架幻影战机被击落，但他们给伊拉克人留下了一排排冒着烟的米格和霍克猎人战机。

中午的时候，沮丧的侯赛因要求里亚德把真相告诉埃及陆军元帅。"西岸的局势正变得令人感到绝望，"里亚德将军写道，"以色列人正在全线出击。我们遭到了以色列空军的轰炸，日夜不停，却无力抵抗……约旦、叙利亚和伊拉克的空军几乎全被摧毁。"里亚德在结尾处重申了他的看法，即在联合国没有强制要求停火的情况下，约旦将不得不从西岸撤军，否则将一败涂地。侯赛因也接受了这一现实。在中午12时30分，他向纳赛尔发送了一份电报：

除了人员和装备上的巨大损失，由于缺乏空中保护，每过十分钟我们就要损失一辆坦克。而敌军大部分的火力都集中在约旦军队身上……在这种情况下，如果任由情况继续下去，就只可能出现一个结果：在经过一场光荣的战斗之后，你和阿拉伯民族将失去约旦这座堡垒及其所有军队，而这场战斗则将被人用鲜血载入史册。[20]

尽管侯赛因不愿公开接受停火，也不愿下令撤退，但国王已经准备好放弃决策权，并把事情交由纳赛尔来决定。然而，整个下午都快要过去了，他依然没有等来纳赛尔的决定。在此期间，以色列的攻势未停。佩莱德将军的坦克部队停在杰宁附近，他们正准备南下前往纳布卢斯。与此同时，另一支以色列部队也正从西边的盖勒吉利亚向该城挺进。在耶路撒冷城外，第10旅和第4旅占领了有5万人口的拉马拉。而在耶路撒冷城内，米迦勒·佩卡斯（Michael Peikas）中校指挥着第163步兵营袭击了守卫森严的阿布托尔，这片阿拉伯社区俯瞰着老城的南部城墙。战斗非常残酷，有17名以色列人丧生，其中便包括佩卡斯，另有54人受伤。但以军还是拿下了这一地区，并由此切断了老城与南部的伯利恒与希布伦的联系。另一方面，从拉马拉下来的以军部队也很快切断了老城通往杰里科的最后一条道路。

6月6日下午晚些时候，约旦的大部分军队都处于被困在西岸的危险之中。平日里平静又稳重的里亚德——他从没错过午觉，即使在战斗中也是如此——现在却大声地与侯赛因争论着国王拒绝批准撤退的问题。里亚德讽刺说："我最困难的工作就是在你面前扮演吴丹的角色。"

国王愤怒地冲出司令部，他征用了一辆吉普车并直奔约旦河谷。在那里，他遇到了从杰宁撤回来的第25步兵旅和第40装甲旅的残余部队。"我永远不会忘记部队惨败的样子，好似产生了幻觉一样。"他后来记录道，"道路上塞满了卡车、吉普车和各种各样的车辆，这些车辆有的扭曲变形，有的内部被掏空，有的凹进去，有的还在冒烟，他们散发出那种炸弹爆炸后烧焦的金属和油漆的气味——一种只有火药才能发出的臭味。在这片残骸里躺满了人。30人一组或2人一组，受了伤，筋疲力尽。在经历了一群以色列幻影战机的致命一击后，他们试图清扫出一条道路出来。这些飞机在万里无云的蓝天上和灼人的烈日下呼啸而过。"侯赛因想要打听在第40旅中服役的堂兄弟阿里·伊本·阿里（'Ali ibn 'Ali）的情况，但又不愿动用特权，他最后选择保持沉默。[21]

当国王正在为战事发愁的时候，其手下的军队仍在继续战斗着。在老城的城墙背后，阿塔·阿里决心坚守到底。虽然他只剩下两门重型迫击炮，但他和手下士兵所拥有的口粮和弹药还可以支撑两周。他把指挥部设在老城的亚美尼亚区，并在老城的7座城门处分别部署了50名士兵，等待以色列人发动进攻。

当晚 7 时刚过，以色列人便开始行动了。但以色列人的目标并不是老城，而是奥古斯塔·维多利亚山脊。弗拉德金的第 28 营本来是计划通过核桃谷到达该山脊，结果拐错了弯，最后发现自己来到了老城狮子门（Lions Gate，或圣斯蒂芬门 [St. Stephen's]）的城墙下面。致命的炮火猛烈地朝以军士兵袭来。4 辆谢尔曼坦克被困在一座狭窄的桥上，这座桥连接着盖瑟马尼花园（Garden of Gethsemane）和约索哈特教堂（Church of Jehosophat）。他们试图转弯，却被击中，同样被击中的还有空降部队侦查连的 3 辆吉普车。总共有 5 名以色列士兵丧生，25 人受伤，而幸存者则在圣母玛利亚之墓那凹陷的庭院里挤作一团。与此同时，瞭望山上的观察员报告说有 40 辆巴顿坦克正从阿扎里亚向橄榄山方向行进。由于担心背靠城墙的整个部队会被困在开阔地上，古尔只好命令弗拉德金的部队撤回洛克菲勒博物馆。以色列试图完全包围这座古城并迫使其驻军投降的计划失败了。而对于约旦人来说，他们则赢得了宝贵的时间。[22]

以色列人没能拿下奥古斯塔维多利亚山脊，这一事件应该给侯赛因带来了一些刺激，让他更加不愿撤军。但这一事件对约旦的影响远不及其对以色列的影响。在以色列，军队和政府领导人正深入讨论征服老城的利弊。他们需要考虑一系列重要问题：时机、世界舆论，以及以色列与联合国和美国的关系。此外，以色列似乎还引燃了另一场战争的导火索。这条导火索不在西奈半岛，也不在西岸，而是在与叙利亚接壤的北部边境上。

大马士革和耶路撒冷

从前一天开始，叙利亚对以色列北部定居点的炮击就一直没停过，但以色列方面基本没有对此做出回应。这些定居点的居民构成了该国最大的游说团体。他们持续向政府施压，要求政府采取行动。他们的诉求得到了劳动部长伊加尔·阿隆的支持。阿隆是牛津大学的毕业生，精英部队的指挥官，还是 1948 年抗击埃及战斗中的英雄。49 岁的阿隆向农民保证，只要叙利亚人的大炮还对着他们，战争就不会结束。

若要推动一项消灭这些大炮的行动，阿隆至少可以依靠埃什科尔心照不宣的支持。埃什科尔以前是加利利地区的农民和水利专家，他对北方的定居者深表同情，并对约旦河的河源有着持久的兴趣。"从战争爆发的那一刻起，埃什科尔便对北方格外担忧，"利奥尔上校回忆道，"在每一次磋商和讨论中……他都会问三四次'北方的情况怎么样？'，我觉得他都有点儿着魔了……经常为巴尼亚斯（约旦河河源之一）的事打扰别人。他一天要问12遍'巴尼亚斯呢？'。"

但并不是所有的内阁部长都像埃什科尔那般关注戈兰高地。扎尔曼·阿兰和哈伊姆·摩西·沙皮拉等人仍然为另辟一个战场以及苏联的干预而感到担忧。在这方面他们有一个强大的盟友——摩西·达扬。

国防部长也表达了对苏联人的担忧。他还怀疑北部战区司令部在需要兼顾西岸的情况下是否还有足够的兵力来攻占戈兰高地。他更驳斥了内阁部长的下述说法，即叙利亚对以色列形成了战略上的威胁。"我们害怕埃及人，尽管他们很遥远，但他们很强大；我们害怕约旦人，尽管他们很弱小，但他们离我们非常近。叙利亚人不仅弱小，而且还隔得远——没有立即攻击他们的必要。"

除了战略方面的考量，达扬的行动还受到政治利益的驱使。而这一政治利益便是维护他在所有军事决策上的排他性权力。"不要干涉安全事务，在安全问题上没有民主。如果你想干涉，那我就不干了。"达扬的这番话是针对支持占领戈兰高地的阿隆和其他内阁部长（加利利和卡尔梅勒）而说的。他只允许以军在北部采取最低限度的行动——占领非军事区，甚或是巴尼亚斯泉。然而，他曾私下对本-古里安表示，叙利亚人的"鲁莽"令人难以忍受。他说，一旦其他战线上的战局确定下来，就该轮到叙利亚人吃苦了。[23]

达扬并不是无条件地支持这一立场，其前提是北部的暴力活动被控制在可接受的范围内。然而，6月6日凌晨2时，这一前提受到了实质性的挑战。叙利亚军队发射的大规模炮弹落到了以色列境内的一大片领土上——从胡拉谷地北端的丹基布兹和克法尔索勒德（Kfar Szold）一直到加利利海南岸的埃因盖夫。265门大炮平均每分钟向以色列定居点发射约45吨重的炮弹，光是罗什皮纳镇就遭到了近1000枚炮弹的轰击。为了转移叙利亚人的火力，以军工程兵在边境上点燃了大量烟雾，但这种策略只起到了部分作用。这波袭击共造成约205幢房屋、14座公共建筑和45辆车辆受损，另有16人受伤，2人死亡。

这波攻击源于叙利亚的第129营和第168营，除130毫米火炮外，他们还配备有4个连的重型迫击炮和反坦克武器。"敌人似乎损失惨重，正在撤退。"驻扎于泰勒阿扎齐阿特的叙利亚第11旅观察员易卜拉欣·埃克图姆（Ibrahim Aktum）上尉报告说。"在这一关键性的、历史性的时刻，我们的军队已经开启了整条战线上的战斗，并炮轰了敌人的阵地，"国防部长阿萨德宣称，"而这仅仅是这场解放战争中的第一波炮火。"

由于以色列人没有对炮击做出回应，叙利亚人在经历了前一天的空袭之后重又恢复了信心。接近午夜时分，大马士革的总司令部收到了开罗方面发来的一份最高机密电报："我们的部队正在猛烈攻击以色列及其军队。我们摧毁了以色列人大部分的飞机，军队正在向特拉维夫挺进……立即向我们报告北方战线的情况和敌人的军力部署状况。"苏韦达尼立即召开了总参谋部会议，他在会上命令叙利亚军队立即展开胜利行动——征服以色列北部。

叙利亚军队的进攻将以突入胡拉谷地北端的佯攻开始。随后叙利亚的主攻部队也将发动攻击。这支主攻部队由3个旅组成，其目标指向更南边靠近加利利海的地方。

叙军的佯攻于早晨7时开始。在2个连的T-34坦克的掩护下，第243步兵营的士兵从巴尼亚斯出发下行到丹基布兹。在这个定居点里，叙利亚人没看到一个人影，他们以为以色列人已经逃走了。事实上，当地的以色列人只是躲在防空洞里，警报一响起，他们便跑去保卫定居点的外围地区。"我（从防空洞里）出来后，突然看到6辆坦克从上面向我们冲下来，直接向我们开火。之后出现了一片烟雾和磷，"一名公社成员回忆道，记录显示他的名字叫约西，"那是步兵发动进攻的信号……我听到了叫喊声，然后看到70名士兵一字排开，从350米远的地方向我们冲来。我打光了手头所有的子弹，然后看到他们中有人开始倒下。"

叙利亚人还对其他以色列目标发动了类似的袭击。但不管是针对泰勒·丹，还是针对阿什莫拉（Ashmora）地堡的袭击，其结果都是一样的。7辆叙利亚坦克被摧毁，20名叙军士兵丧生。以色列指挥官伊扎克·哈尔丰（Yitzhak Halfon）上校也献出了自己的生命。[24]

叙利亚人的佯攻被击退，而其所设想的总攻也从未实现。由于不熟悉地形，主攻部队3个旅的指挥官都未能到达预定进攻发起地。约旦河上的桥梁对于苏式宽体坦克来说太窄了，而坦克部队与步兵之间又缺乏无线电联系的手段。其他部队干脆无视出击的命令停留在库奈特拉附近的营地里。这次行动的失败很大程度上促使大马士革方面决定不再进一步推动胜利行动。即使叙方对是否要放弃该计划仍存有些许疑虑，但这些疑虑最终也随着以军飞机和大炮对叙军阵地的轰炸而消散了。"叙利亚前线的局势很糟糕。"叙军的一份内部报告总结道，"我们的部队没能发动进攻，要么是因为部队没有到达指定地点或没有完全做好准备，要么是因为他们无法在敌军飞机的轰炸下找到藏身之处。预备役部队无法承受敌军的空中打击，他们的士气一落千丈，继而溃散。到6月6日晚，在没有收到命令的情况下，大部分预备役士兵都跑回了基地。"

此后，叙利亚人声称其军队正处于"最严峻的状况——以色列人用包括汽油弹在内的各式炸弹进行持续不断的空中轰炸——且已遭受了20%的损失"。以此为由，他们重启了军队防御计划——"圣战行动"。然而，这一决定并不妨碍他们在虚拟世界中发起一场攻势。大马士革广播电台声称，沙阿尔·伊舒夫（Sha'ar Yishuv）已被占领（该地压根就没有遭到袭击），5架以色列战机被击落，犹太人正逃往海法。他们也没告诉埃及人真相。叙利亚总司令部对开罗方面说："我们的军队正在征服胡拉谷地，并迅速向罗什皮纳和采法特挺进。到这天结束的时候，我们肯定能到拿撒勒。"[25]

与此同时，叙利亚人对以色列定居点的炮轰仍在不断升级，其炮火的杀伤力在这一天中逐渐增强。对于叙方的这场作秀，拉宾不以为然。他认为叙方发动这些攻击只是为了回应阿拉伯世界中广为流传的一种说法，即"叙利亚愿意眼睁睁地看着埃军战死至只剩最后一人"。他支持展开一些小规模行动，包括占领非军事区及巴尼亚斯河的上游源头。为了换取在叙利亚上空被击落的以色列飞行员，他还支持以军抓捕叙利亚战俘。拉宾的结论是，以军优先考虑的事项仍然是西岸，而不是戈兰高地。

这一结论恐怕很难让北部战区司令部司令员戴维·"达多"·埃拉扎尔感到满意。埃拉扎尔出生于萨拉热窝，在那里，他和巴列夫成了童年好友。达多在16岁时移民到了巴勒斯坦，军队成了他的家。作为1956年战争期间的装甲部队指挥官，他为自己赢取了勇敢和有侵略性的名声。英俊、有魅力的他收获了整个以色列北部居民的欢心。为了回报他们的热情，他力图保护他们不受叙利亚人的伤害。

在达多看来，叙利亚对加利利地区的轰炸及对丹基布兹的袭击只是个前奏曲，之后叙利亚人还会发动一场规模更大、更致命的攻击。尽管他手下的许多部队都被派去西岸作战，但他仍觉得自己至少有足够的人手拿下戈兰高地北部地区。埃拉扎尔计划于6月8日早晨发动袭击——天气预报说7日会有大雾，这将影响到以军的空中掩护——他也确信政府会批准这一计划。[26]

尽管达多设计出了这样的计划，达扬却依然反对三线作战，况且还要冒着进一步激怒苏联的危险。另一方面，拉宾强调，以军必须阻止叙利亚对犹太人定居点的炮击，并占领约旦河河源。梅厄·阿米特则坚持认为美国人会支持这一行动。但以色列国防部长依然不为所动：他不会为埃拉扎尔和他的锤子行动开绿灯。

然而，达扬对叙利亚的仁慈却并没有延及约旦。由于侯赛因拒绝了以色列早些时候对和平的请求，达扬对国王刚提出的停火提议没多大耐心。"我们先完成他强加给我们的任务，"他对拉宾说，"然后我们会给他一个适当的答复。"他所说的"任务"是指完全征服俯瞰约旦河谷的西岸高地。一旦敌人的装甲部队被消灭，以军的部队也可能下到杰里科和约旦河的边境口岸去。唯有耶路撒冷一地，达扬始终劝诫以军对其保持克制，他断然拒绝了占领老城的所有提议。

那天中午的时候，他又重申了自己的立场。当时他和魏茨曼一起加入了乌兹·纳尔基斯的瞭望山之旅，此地于不久前刚刚得到解围。达扬一边欣赏着耶路撒冷老城有着金色穹顶和教堂塔楼的迷人景色，一边感叹道："多么神圣的一片景色啊！"纳尔基斯却无心欣赏风景，他急于得到达扬的许可——让以军穿过城墙然后攻入老城内部。2000 年前，罗马将军提图斯曾试图斩断犹太人与耶路撒冷的联系，但最终失败，回想此事，他请求达扬立即同意占领老城。"绝对不行！"达扬回答道。以色列军队可以在老城周围埋下地雷，也可以包围它，迫使它自己投降。但如果以军攻破城墙，则会引发国际社会的强烈反对，而这是以色列几乎负担不起的代价。"我可不想让梵蒂冈插一脚进来。"摩西·达扬说道。[27]

达扬对罗马的暗示不是无意的，此前便传出风声说教皇提议宣告耶路撒冷为不设防城市，该城不容侵犯，任何一方都不得攻击。该计划很快就收到了华盛顿方面的祝福，而华盛顿也开始向以色列施加压力。它要求以色列与约旦停火，还要求以色列人不要进入老城。如果以军现在攻入老城，它不仅会激怒全世界的基督徒，而且还会激怒美国人。

但军队包围老城实际上给政府带来了一个难题：获胜的犹太士兵怎么可能光站在距犹太教最神圣的圣地仅几米远的地方看着，却不想接近圣地呢？在下午 2 时召开的内阁国防委员会会议上，这个问题占有重要的分量。

在犹豫了很久之后，埃什科尔为自己找到了答案。以色列军队将占领老城，然后政府将召集起老城内所有主要教堂的领袖，并保证以色列会尊重他们的圣地。贝京指出各国正试图在联合国达成一项停火决议，并警告说："我们很可能像 1948 年时那样，最后停留在耶路撒冷的城墙外。"他提议让以色列的军队和政府领导人走向西墙，并为这座城市的圣洁做祈祷。伊加尔·阿隆表示同意：占领这座城市，让一切都结束吧。哈伊姆·摩西·沙皮拉的想法是向基督徒和穆斯林领袖发出呼声，让他们低调地说服侯赛因让老城投降，以避免再发生流血冲突。多数部长对这些提议冷嘲热讽。比如说，加利利要求以色列趁国际社会还没有施压之前立即拿下老城，并避免大肆宣扬。

然而，最后还是达扬的话起了决定性作用。他依然反对以军冲入老城。他认为，无论如何以军都已经在军事上控制了该地区，那就等西奈半岛上的战斗结束后再来进行这场攻城战。尽管如此，这位国防部长在与本-古里安的私下谈话中却做了另一种解释：以色列即使占领了圣地之后也不得不在国际制裁的威胁下放弃圣城，因此这么做不值。达扬曾向埃什科尔做出过承诺，表示不会批准不必要的进攻，实际上这反而使达扬在更多的时候扮演起了一个能够遏制住以色列激进主义的角色。然而，他对耶路撒冷和其他战斗的真实想法却仍然是个谜。一位以色列高级国防官员曾半开玩笑地对一位美国外交官说："对于任何试图打乱局势发展进程的行动，达扬将军都会睁一只眼闭一只眼。"[28]

为停火而战

以色列到底要不要占领老城？要不要攻击叙利亚？是立即占领沙姆沙伊赫，还是再等一天？所有这些问题都受到时间这一最重要因素的影响。以色列人明白，最终决定这场战争结果的不光是战场上的表现，还取决于9656千米外的华盛顿和纽约。

这构成了阿巴·埃班于当天凌晨离开特拉维夫的原因，他的任务是阻止联合国通过停火决议。埃班打算向安理会提交一份阿以全面和解计划，他确信阿拉伯人会拒绝这份提案，从而给以色列多留出几个小时，甚至几天的战斗时间。但埃班也在为战争结束后所必定要经历的密集外交活动做打算。他决心要避免让他所谓的1956年的"噩梦"和"政治创伤"再次发生。在1956年的战后外交活动过程中，以色列作为战场上胜利的一方却被迫在不能保证和平的情况下放弃了自己的利益。"如今我们又一次打破了阿拉伯侵略军队的封锁圈，如今我们又将面对那些制订好计划准备让我们的脖子再次被……绞索套上的人。"

然而，埃什科尔却很犹豫。虽然他也希望军事上的胜利能够改变自1948年以来阿以关系背后的大环境，但他发现，在目前这个阶段，光是提及和平都十分危险。"我们要求你在这个阶段暂时不提外交计划或和平建议。"内阁秘书长雅各布·赫尔佐克博士指示埃班说，"我们必须完成军事计划，而推动意义深远的外交行动只会增加外界阻止我们部队前进的压力。此外，向联合国提出这样的建议，有可能阻碍在战场上通过直接接触实现这些目标的机会……也可能阻碍在和谈过程中通过双边渠道实现这些目标的机会。"[29]

近两天未眠的埃班踏上了一趟曲折的旅程。首先，在他穿过自家门前的草坪的时候，一大块约旦炸弹的弹片差点击中了他。随后军用车辆延误了数小时才把他送上飞机——一架双引擎的国内飞机，其他所有飞机都被征用了。为了躲避敌人的雷达，埃班的飞机不得不以极低的高度飞行。飞机在雅典降落，埃班又开始寻找换乘的飞机。最后，在换乘飞机经停阿姆斯特丹之后，一脸疲惫不堪的以色列外交部长总算是抵达了纽约。但他没有时间休息，下飞机后又被匆匆带走，立即被送到了安理会。

吉迪翁·拉斐尔焦急地等待着他。这位以色列大使在过去的24个小时里一直在阻挠安理会通过停火决议，尤其是一项要求各方恢复战前状态，却不必结束战争状态的决议。"不能再让纳赛尔从战争的失利中收获一场政治胜利，"他在给戈德堡的信中写道，"这不仅对以色列至关重要，对西方在中东地区的地位也至关重要。"埃班来了，他坚决要求不要在安理会决议中提到1949年的停战协议，他还花了很长时间向戈德堡说明提及这一协议将会给后续争取和平的努力带来怎样的障碍。"阿巴……别担心，"戈德堡终于插上了一句话，他安慰埃班说，"都已经完成了，决议草案和一切……把吉迪翁叫过来，我把草案给他。"

但埃班没有时间去看文本。过了一会儿，他被叫到安理会上发言，在那里，他宣读了在前来纽约途中草草写下的笔记，并发表了一场杰出的演说。

埃班先是宣布以色列已经"从严重的危险走向成功和光荣的抵抗"，紧接着追述了这场危机的起源：西奈半岛的再军事化，联合国紧急部队的撤离，以及纳赛尔对蒂朗海峡的封锁。埃班的这次演说不仅蕴含了丰富的隐喻——他说"以色列……在用一片肺呼吸"，并借此影射海峡被封，然后又暗指联合国紧急部队是"一把刚开始下雨就被人收走的雨伞"——还表现出了很强的戏剧性。埃班环顾在场的大使们然后说道："看看围坐在这张桌子四周的人，请你们想象一下，如果某外国势力强行封锁了纽约或蒙特利尔、波士顿或马赛、土伦或哥本哈根、里约热内卢或东京或孟买港，你们的政府会做何反应？你们会怎么做？你们会等多久？"最后，他无视赫尔佐克的警告，提到了以色列"追求和平的本能"，并呼吁为中东地区制订一份全面和解计划："让我们从废墟中建立起一个新的关系体系吧！让我们透过黑暗看到光明和温和的黎明！"[30]

尽管埃班又一次违背政府的指示，发表了不该发表的言论，但由此而引发的危险全都被他的演讲天赋所抵消。这场演讲在全球范围内广为传布，《纽约时报》赞美了埃班"在措辞方面的高超技艺"，《芝加哥论坛报》更认为埃班发表了"有史以来最伟大的外交演说之一"。通过此次演说，埃班对公众舆论产生了深远的影响。在公众舆论层面，以色列获得了明显的支持。在战争的前48小时里，白宫收到了17445封信件，其中96%是亲以色列的，3%是孤立主义者，只有1%支持阿拉伯人。哈里斯民意调查（Harris poll）显示，超过半数的美国人认为是苏联谋划了这场中东战争，他们想以此来巩固越南共产党的地位。新闻媒体在中东问题上通常都是不偏不倚的，然而，看到以色列在战场上节节胜利，他们也难以抑制住内心激动的情绪。

林登·约翰逊一直关注着这些事态的发展，他对公众的情绪十分敏感。约翰逊安坐于战情室中，他的妻子伯德夫人服侍他用过了早餐。同样在场的还有腊斯克、麦克纳马拉和罗斯托兄弟，总统正在仔细地审视着这场战争。他对苏联在此次危机中扮演的角色和阿拉伯人撒下的弥天大谎非常反感。除了即将到来的选举年，在整个美国掀起的一股亲以热潮也引起了约翰逊的注意。他倾向于至少允许以色列保住其在西奈半岛上所征服的领土，让以色列人能在未来的谈判中用这些土地作为讨价还价的筹码。腊斯克断言，很明显"我们不能让以色列接受一份小修小补的解决方案"。沃尔特·罗斯托的评论更犀利，他质问道："这场战争的战后和解方案是否要建立在此前的停战协议框架之上？然而，正是这一停战机制使阿拉伯人一直对以色列保持敌对姿态，让以色列问题成了阿拉伯人政治生活中的团结性因素，更给苏联提供了一个将阿拉伯世界牢牢把控在手里的机会；还是说，与其如此，不如推动这样的一份和解方案，即让以色列国得到认可，承认其是中东地区的国家之一，并享有通过苏伊士运河的权利。"

以色列人当然乐意接受这些提议。经戈德堡之手，以色列最高法院首席大法官希蒙·阿格拉纳特（Shimon Agranat）给约翰逊送去了一封密信。埃什科尔在信中对美国总统表示，他理解美方在应对当前局势的过程中所遇到的困难，不管是蒂朗海峡被封锁的问题，还是以色列所面临的安全威胁问题。他只请求美国在安理会上阻挠相关国家推动停火决议，并支持以色列以阿拉伯国家被占领土地来换取和平的计划，最重要的是请求美国阻止苏联介入战争。在说完了上述顾虑之后，埃什科尔表示："我们已准备好靠自己来处理这件事情。"以色列官员认为，约翰逊政府似乎已准备接受这一请求。本-古里安根据从政府内部渠道获得的信息，得出了这样的结论："事实证明，埃班并没有忠实地向我们转达约翰逊想传递的信息。美国希望我们尽快了结纳赛尔。"[31]

然而，即使约翰逊愿意让以色列赢得战争，他也希望能尽量减少此举给美国在中东地区的利益所带来的损害，并避免与苏联发生冲突。"我们至今仍认为，在近东发生的战斗应该尽快停止。"总统在上午10时3分发给柯西金的电报中这样说道。他在电报中要求苏联人站出来驳斥纳赛尔对美国的指控（与以色列共谋）。他还提醒苏联人注意美国对保障海峡航行自由的承诺，并寻求与苏方在安理会上展开合作。具体来说，他要求柯西金支持美方提出的停火决议草案，这份草案要求军队撤回到"停战协定所划定的分界线内"，但"不损害各方的权利、主张或立场"，并结束"一切性质的武力行为"。

但柯西金并没有做出回复。与此同时，在联合国里，各方依旧陷于僵持状态。戈德堡明确对费德林说，这份决议草案的目的是解除蒂朗海峡的封锁，并开始就军队脱离接触和某些"领土变化"进行直接谈判。戈德堡解释说，以色列人希望用他们在战场上的所得来换取阿拉伯人的认可和和平。因此这项决议草案肯定不会令以色列人感到满意，但如果莫斯科同意该草案的话，华盛顿也会支持它。"这是一揽子交易，"他总结道，"要么接受，要么拒绝。"

虽说费德林老是喜欢发表一些夸张的反美言论，他却很喜欢戈德堡——他形容戈德堡是"一个狡猾的犹太人，魔鬼都可能被他骗得团团转"——并称赞了他的创造力。不过这份草案所涉及的内容已经远远超出了费德林的职权范围——苏联方面仍然将停火与立即无条件撤军联系在一起。然而当天晚些时候，这位苏联大使却接到了一通不寻常的电话。这通电话来自莫斯科，打电话的是外交部副部长谢苗诺夫。塞米欧诺夫以格罗米科的名义指示苏联大使接受一项简单停火决议，甚至不包含撤军条款。"即使阿拉伯国家不同意，我重复一遍，即使不同意，你也必须这么做。"

美方官员对苏联政策的突然转变感到震惊，他们怀疑费德林所传达的信息超出了他的权限，或是他与莫斯科之间的关系已经破裂。随后，美方又收到了一封柯西金通过美苏热线发来的电报，此时距离双方上一次通过热线沟通已过去了8个小时。柯西金在电报中承认他支持停火，但要求以色列撤军。此举令美方感到更加的困惑，并引发了白宫中的一场辩论。到底应该对苏方的哪套立场做出回应？是费德林的立场还是柯西金的立场？约翰逊最后做出了回复："我们双方在安理会的两名大使全天都在进行密切磋商。我们了解到，大使们就一项非常简短的决议达成了一致意见，这项决议呼吁各方第一步先停火。"

正如戈德堡所预料的那样，美国人对这一进展感到高兴，以色列人却高兴不起来。戈德堡声称，以方从被占领的土地上撤军至少要花"4个月"的时间，这给以色列人留下了足够的外交空间。以色列方面则对这一说法表示怀疑，更因决议提到了（1949年）停战协议而感到愤怒。然而，由于以色列此前声称本国进行的是一场防御性的战争，他们便不能以需要更多用于交易的领土为由拒绝停火。埃班用超乎寻常的热情掩盖住了这种困境，他在安理会上说，"我们欢迎，我们赞同，我们支持，我们接受"停火决议。

7分钟后，下午4时30分，决议通过。停火将于当晚10时（格林尼治时间）生效。约翰逊不失时机地出现在国家电视台上，宣布"这是我们所有人都期待着的，为中东地区所有人民步入和平与进步的新时代……

所迈出的必要的第一步"。[32]

但事实证明,约翰逊露面露得有点太早了。阿拉伯国家的代表尚未对决议表态。约旦大使穆罕默德·法拉是一位出生在汗尤尼斯,并在美国受过教育的外交官。他曾因担心自己可能不得不与以色列人握手而拒绝在联合国秘书处任职。他是第一个对决议做出回应的阿拉伯人。法拉此前刚刚接到了外交部长艾哈迈德·图坎的电话,图坎告诉了他约旦在战场上所遭遇的惨重失败。这一消息得到了吴丹的证实。因撤走联合国紧急部队,联合国秘书长遭到了人们的谴责,如今的他仍在为此感到痛心。自从战争爆发以来,他一直都很低调。"我的朋友,战场上的情况一片灰暗。"秘书长说道,而法拉则哭了起来。他适时地接受了停火决议,却也意识到,如果没有埃及人的支持,该决议实际上毫无价值。这更是加剧了他精神上所受的创伤。

是否能结束战斗,是否能保住埃及军队、耶路撒冷老城及西岸地区的余下领土,这些问题的答案现在取决于穆罕默德·科尼。在之前辩论的时候,戈德堡找到了科尼。他告诉科尼,纳赛尔的空军已经被摧毁,而他的军队也已经开始撤退了。戈德堡承诺会尽力让以色列撤军,但前提是埃及支持停火决议。科尼困惑地请求开罗方面的指示。他收到的回复十分明确:任何不要求以军无条件撤离的决议都将遭到埃方的拒绝。外交部长里亚德解释说,任何缺少这一条款的决议都是不可行的。他还补充说(显然他并无讽刺之意):"在西奈半岛上的以色列军队和埃及军队已经混在一起了,战场上缺少一支联合国紧急部队来决定或识别其中任何一方的阵地。"

于是,科尼拿起话筒拒绝了戈德堡与费德林妥协出来的方案。他还进一步谴责美国和英国与侵略者勾结。紧接着,乔治·托迈——一名激进的阿拉伯复兴党成员,身材矮胖,戴着眼镜——肯定了叙利亚与埃及的一致立场。伊拉克大使阿德南·帕沙希(Adnan Pachachi)则谴责这份决议是在"向以色列投降"。

戈德堡的努力遭到了破坏。为了否认阿拉伯人的指控,美国大使提出向联合国观察员开放第6舰队,他希望能通过这最后一招来建立起一种监督停火的机制，但这一提议也未能取得进展。由于受到阻挠，安理会最终休会。在接下来将近24小时的时间里，安理会将不再召开任何会议。[33]

第二日：结尾

停火决议在纽约的流产却并没有令特拉维夫方面感到遗憾。"不知不觉中，"拉宾记录道，"纳赛尔开始表现得更像盟友而不是敌人。"当安理会正陷入僵局时，以军总参谋部完成了战争第二阶段——拿顺行动-2——的筹备工作。

在第二阶段，以军仍将优先处理埃及战线，其目标是消灭纳赛尔的军队，并控制米特拉山口和吉迪山口。沙姆沙伊赫再次引起了以军的特别关注，当地埃及军队的规模仍不确定。达扬和拉宾授权启动了"光之行动"（Operation Lights）——先由海军探查该地区，之后再由空降兵从红海海岸或苏伊士湾海岸发动攻击。在加沙地带，建立以色列军政府的计划得到了批准，该政府将担负起防止抢劫和恢复该地区正常生活的任务。而另一方面，叙利亚战线上所有的行动都被延后。除了为有限的侵占土地的行动做准备，军队唯一的任务就是阻止敌人任何进一步的侵袭。如果黎巴嫩也加入战争中来——两架黎巴嫩霍克猎人战机于当天下午扫荡了以军位于加利利的阵地，结果其中一架飞机被击落——以军将被允许越过边境，最远能行进到利塔尼河（Litani River）。最后，在耶路撒冷，以色列愿意接受老城的投降，但目前不会对其发动强攻。与此同时，以军将任命军政府首长来管理被征服西岸地区的主要城市，而居住在那里的阿拉伯人将得到尊重。对于那些想逃到约旦的阿拉伯居民而言，达扬指出，以色列不会加以阻拦。

当以色列内阁成员于当天深夜来到总理办公室开会的时候，西岸、加沙及耶路撒冷的未来也成了他们关注的焦点。以色列的领导人首先是听取了巴列夫将军就战争头40个小时的战况所做的简报。之后，他们列出了战争结束后有待解决的问题，包括水源、非军事区和巴勒斯坦难民问题。阿贝·哈曼从华盛顿向国内发回了一份提案。他提议在西岸建立一个巴勒斯坦国，该国将与以色列组成联邦。根据该提案，以色列将组建一支由友善的巴勒斯坦人组成的"象征性的部队"，并把他们派到埃及和叙利亚的战线上与敌军交战。埃什科尔更关心的是让阿拉伯平民和战俘得到人道的对待，但永久性和解的概念也让他受到了启发。他告诫部长们："我们必须考虑用新的方式来定义外交和战略层面的概念。我们必须制订一项计划，在永久和平与安全边界的框架内确保以色列在中东地区占据一席之地。"[34]

在61.2千米外的安曼，一条消息抵达了约旦军队总司令部，当时是晚上11时15分。在请求纳赛尔做出指示的十几个小时后，侯赛因终于收到了纳赛尔的答复。"我亲爱的兄弟，侯赛因国王，"纳赛尔在电报的开头写道，"我们正处于需要忍耐的关键时刻……我们完全了解你的困难处境，在这个时刻，我们的战线也在崩溃。昨天，敌人的空军给我们造成了致命的一击。从那时起，我们的陆军就失去了所有的空中支援，被迫承受着敌人强大的火力……我认为我们现在唯一的选择就是在今晚撤离约旦河西岸，并希望安理会下令停火。"

就这样，通过一封简短信件，纳赛尔最终承认了侯赛因已经知道的事实：埃及空军已经不复存在了，埃及军队也正在全面撤退。如此一来，约旦军队便可以退回约旦河东岸而不必再担心埃及或其他激进政权的反应。侯赛因以丢掉西岸和耶路撒冷为代价换得了自己政权的合法性。纳赛尔在信的结尾处这样写道："我想告诉你，我是多么欣赏你的英勇行为、你那坚强的意志，以及约旦人民和军队所表现出来的勇气。真主的平安慈悯与你们同在。"

侯赛因也做不了什么。他此前提出的让双方暗地里停火的请求遭到了以色列人的拒绝。以军很快就会穿过西岸余下的领土——纳布卢斯和盖勒吉利耶、伯利恒和希伯伦——占领耶路撒冷老城，并下到约旦河谷和杰里科。尽管约旦军中还有许多部队尚未加入战斗，但军队整体的士气十分低落。面对这些逃避不掉的事实，沮丧又疲惫的侯赛因批准了里亚德的撤军计划。晚上11时30分，约旦的指挥官接到了撤退的命令，基本上每个人都得靠自己的力量越过约旦河。侯赛因给伊拉克总统送去了一封

言辞华丽的书信,在这封信中,约旦国王最后赞颂了一番自己和手下的军队:

> 过去两天中的那些令人痛苦的事件向我们表明,阿拉伯兄弟情谊、阿拉伯人之间的相互理解已在他们对天堂的渴望中得到了表现——这些东西将在时间中继续存在下去。[我们的鲜血]……已经融进了绿地、山川、城墙和这片洁净的大地上。[35]

然而,就在这之后,局势奇迹般地发生了变化。美国和苏联在纽约(比约旦时间晚7个小时)达成了停火协议。约旦人同以色列人一道接受了这项决议。以色列人指望着埃及方面拒绝停火,这样他们便有理由在战场上继续推进。但约旦与以色列不同,侯赛因相信这项决议可以扭转败局。战地指挥官发回的乐观报告更是坚定了国王的信心。在纳布卢斯地区作战的加齐和图尔基(Turki)准将向侯赛因保证,他们的部队仍有勇气,军队仍能继续战斗。

因此,在撤退命令刚发布还不到两个小时的时间里,国王就准备收回成命了。停火将于黎明时开始生效,在那之前,所有逃到东岸的部队都被要求再次渡过约旦河,并坚守阵地。哈桑·宾-塔拉勒王子旅接到命令,该旅将在伊拉克突击队员的增援下守住通往杰里科和约旦河上桥梁的道路,而第40旅的残部则将在纳布卢斯以东重新集结。侯赛因相信,如果这些阵地上的约旦军队能够坚守24小时,那么西岸大部分领土及耶路撒冷老城都能被保留下来。[36]

第 7 章

战争：第三天，6月7日

对耶路撒冷的宿命之战

埃及的"帷幕"被撕破

苏联人的威胁和美国人的头脑风暴

"我已经命令我们在西岸及其他战线上的所有军队坚守阵地。在真主的帮助下,胜利将会降临到你我身上。"就这样,侯赛因国王决定不把他的军队撤回约旦河东岸,并把这一决定告诉了纳赛尔。他在给手下将士发出命令的时候则用上了一种更加好战的语气,要求他们"不管在哪儿,一旦发现了敌人,就用手臂、手、指甲或牙齿去杀死敌人"。但他同时提醒士兵,如果以色列人在战场上尊重停火决议的话,约军也要照做。

6月7日凌晨2时20分,老城外的以色列人正通过扬声器怂恿阿塔·阿里及其麾下士兵缴械投降。就在这时,阿塔·阿里收到了国王的最新指示。这名约旦指挥官此前已经给士兵提供了两种选择:要么坚守阵地,要么选择任何可能的路线撤退。巴迪·阿瓦德少校的身上已经没有弹药了,燃料也不多,他开着吉普车上了橄榄山,然后又从那里穿过沙漠,最终撤到了杰里科。其他人就没那么幸运了。在炮火和饥饿的双重胁迫下,加齐·伊斯玛仪·鲁巴伊亚中尉带着他手下的120名士兵挨家挨户地乞讨,却被一一拒绝。"当你打了败仗的时候,没有人会尊重你。"他回忆道。3天之后,已经衣衫褴褛、憔悴不堪的他终于逃到了死海。[1]

然而,对于侯赛因国王来说,在埃及军队正在撤退时命令手下军队坚守阵地,这种情况同样危险。纳赛尔肯定会发怒。侯赛因在下达完新命令后不久便又收到了一封来自开罗的电报:"我们武装部队的最高司令部毫无疑问地推断出以下结论:美国和英国帮助过以色列。"国王的回答十分委婉,他坚称自己别无选择,只能接受停火决议,并将他所做出的决定归因于"东方宿命论"。埃及方面对约旦构成的威胁不容忽视,安曼已经爆发了亲纳赛尔主义者的示威游行,抗议者要求约旦远离西方,向苏联靠拢。更不稳定的因素是成千上万的巴勒斯坦人,他们正从西岸逃向东岸。

加上 1948 年战争后逃到约旦的那些充满怨气的难民——占约旦大多数人口——新一波流离失所的巴勒斯坦人威胁要破坏哈希姆政权的统治。

然而，与以色列人所构成的威胁相比，埃及人和巴勒斯坦人对侯赛因的威胁就显得相形见绌了。黎明前，尤里·拉姆和摩西·巴尔-科赫巴的坦克旅从杰宁出发，朝纳布卢斯方向驶去。拉姆选择了一条非常规的路线，其部队从阿拉巴（'Arabe）挺进到图巴斯（Tubas），然后从东部突入纳布卢斯。他们摧毁了加齐的 35 辆坦克，并挡住了增援部队的道路。就在步兵和侦察兵在达米亚桥上追击掉了队的约旦部队时——只有 5 辆巴顿坦克成功跨过了约旦河——以军的装甲部队占领了古撒玛利亚首都塞巴斯蒂亚（Sebastia）。在纳布卢斯等待着以色列人的是 25 辆坦克，这是第 40 装甲师仅存的兵力，他们收到的指示是坚守阵地。"我们正处于高度戒备状态，准备迎接敌人。"某连连长穆罕默德·德鲁比（Muhammad al-Darubi）上尉回忆道。"6 点半的时候，我们看到一列敌军坦克驶近。另一列则经由从阿拉巴通往这里的主路驶来。他们都是很好的攻击目标，我们射出的炮弹像暴雨一样砸向他们。但我们的火力暴露了己方的阵地，我们知道，敌军的飞机就要来了，只不过或早或晚罢了。"

在耶路撒冷，面对以军即将发动的袭击，约旦方面只有象征性的部队仍在坚守阵地。除了 100 名守卫老城的士兵，其他部队都已撤离，其数量远低于驻扎在奥古斯塔维多利亚山脊的守军。以耶路撒冷市长鲁希·哈提卜（Ruhi al-Khatib）和区长安瓦尔·哈提卜（Anwar al-Khatib）为首的巴勒斯坦名流属于最后一批认为阿拉伯人会输掉这场战争的人。他们一直认为纳赛尔是不可战胜的，而以色列则即将被击败。出于这样的信念，东耶路撒冷没有为战争做任何准备——没有囤积紧急医疗用品，也没有建造防空洞。自从战斗开始以来，巴勒斯坦人始终坚信在他们头顶上盘旋的飞机及瞭望山上的坦克都是约旦人或伊拉克人的。然而，到 7 日早晨，当绘有大卫之星的旗帜飘扬在洛克菲勒博物馆上空时，当阿塔·阿里的军队开始撤退时，这些名流再也无法否认现实了。他们恳请侯赛因发表声明，宣称耶路撒冷为不设防城市，避免老城中的穆斯林圣地被毁于一旦。[2]

对于这些担忧，侯赛因并非无动于衷。他所在的家族曾把伊斯兰世界中最神圣的两处圣地——麦加和麦地那——输给了沙特人。作为这个家族的后代，他下定决心要保住作为第三大圣地的耶路撒冷老城。他敦促巴勒斯坦人相信真主，不要放弃希望。他收回了之前提出的有关"结束暴力活动"的倡议，并表示他已准备好接受正式停火。他现在只需要说服以色列人就可以了。

约旦总理朱马以格外严肃的态度声请联合国和伯恩斯大使说服以色列人不要占领老城，并停止对纳布卢斯的进攻。他警告说，如果不这样做，就会导致哈希姆政权垮台。为了证明约旦的诚意，朱马指出了以下事实：约旦不仅违抗了纳赛尔的撤军建议，还拒绝了伊拉克的进一步空中支援。赫马什将军也跑去游说伯恩斯，请求他结束这场"毫无意义的大屠杀"，挽救约旦君主，并使其政权免于崩塌。美国大使伯恩斯迅速把这些信息传达给了约翰逊总统，同时表达了他自己的担忧。他提醒总统注意在约旦的1200名美国公民的安全，还指出了在以色列持续进攻的情况下苏联干预的危险。伯恩斯强调说，时间十分紧迫，总统必须与埃什科尔展开直接对话。

然而，当提到拨打这通电话时，白宫犹豫了。阿拉伯人撒下的弥天大谎使美国政府官员变得十分谨慎。他们避免向以色列提出任何有关军事行动方面的建议，以免被视为与之共谋。腊斯克顶多愿意将侯赛因的停火提议传达给特拉维夫，并建议以色列政府"顾及其自身在阿拉伯世界的利益"。国务卿表示，侯赛因在该地区一直起着缓和局势的作用，从长远来看，推翻他的政权会给该地区带来危险。[3]

腊斯克的电报在早上7时到达耶路撒冷。随后的2个小时内，以色列方面展开了密集的政治和军事活动。这些活动始于达扬，他告诉埃什科尔，约旦军队已经停止了撤军行动并逐渐回到原来的阵地上。阿拉伯军团将坚守阵地，直到停火决议生效。达扬断言，虽然以军尚未完成对老城的包围，但它最好迅速行动起来，攻破老城。埃什科尔表示同意，而达扬则在拿到了拉宾提供的攻击计划之后，指派哈伊姆·巴列夫负责监督该行动。他的命令很简短：尽快赶到老城内的各犹太圣地，并避免使用重型武器。

巴列夫立即联系了纳尔基斯："安理会有决定停火的危险。你必须马上进入老城，但是要小心行事。开动你的大脑。"紧接着，纳尔基斯用无线电联系上了在洛克菲勒博物馆的古尔，命令他立即拿下奥古斯塔·维多利亚山脊，并将他手下的士兵从希律门转移到最接近西墙的狮子门（在以军代码中被称为"越南"）。中部战区司令部司令员焦急地期待着行动的展开。"1948年我在耶路撒冷战斗的经历让我伤痕累累。"他在战后向同僚坦承，"在耶路撒冷这块地方，我知道，你今天没有完成的事情，明天可能就没机会完成了。"

纳尔基斯的担忧在梅纳赫姆·贝京那里寻得了共鸣。在听到BBC于凌晨4时发布的停火决议即将生效的消息后，贝京拨通了达扬的电话。"安理会的决定改变了整个局势，"他强调说，"我们一秒钟都不能再等了。"达扬暴躁地回答道："我不需要更多建议了……虽然老城还没有被包围，但我已经下达了进入老城的命令。"说完这番话后，达扬建议贝京去找埃什科尔商量。贝京随即拨通了总理办公室的电话。他首先为深夜打扰总理休息而道歉，之后便试图说服埃什科尔在早晨7时之前召开内阁紧急会议。与此同时，达扬下达了一项命令，他允许以军有限地使用坦克和飞机来实现突破。但这一命令同时伴随着一项严厉的警告，即禁止以军攻击圆顶清真寺、阿克萨清真寺或圣墓教堂。以军给其中任何一处圣地所带来的损害都可能引发一场新的国际危机。

早晨6时，以色列的炮火开始射向老城的穆斯林区。两小时后，以军的大炮猛烈地轰击了奥古斯塔维多利亚医院附近的地区，随后以军战机又向该地区投下了汽油弹。维多利亚医院于1909年由德皇威廉二世（Kaiser Wilhelm）建造而成，并以其妻子的名字命名。如今，医院周围的战壕已经成了一片致死地。"我发现我手下的一个士兵蜷缩到只有我手掌般的大小。"约军某连连长马哈茂德·阿布·法里斯说道。少数幸存的约旦士兵逃走了，而那些很快到来的以军空降兵——瞭望山的第71营和核桃谷的第66营——则发现，这片曾被两军激烈争夺过的山脊如今已空无一人。以色列人这边大多数的伤亡实际上都是由自己造成的（己方炮火误伤），共有9人死亡，11人受伤。

空降兵继续南下，他们占领了洲际酒店，这间酒店建造在橄榄山和世界上最古老的犹太人墓地之上。之后该部队又拿下了阿布·迪斯（Abu Dis），从而完成了对老城的包围。他们从阿布·迪斯下到客西马尼园（Gethsemane）。这里是耶稣被逮捕的地方，也是前一天晚上以军与约军交火的地方，以军在冲突中遭到了灾难性的失败。如今，空降兵面前矗立着耶路撒冷老城和由马穆鲁克苏丹拜巴尔斯（Baybars）于1320年建造的城门，城门上至今还饰有他的狮形纹章。古尔的内心充满了期待，他对手下的营长们说："我们占领了俯瞰这座老城的高地。再过一会儿我们就将进入老城。这是我们世世代代都梦想着，并为之奋斗的耶路撒冷老城，我们将成为第一批进入它的人。犹太民族正在等待着我们的胜利。以色列正等待着这一历史性时刻。为你们感到骄傲吧。祝你们好运。"[4]

然而，并不是只有以色列军队才满怀期望，以色列平民的心也悬着。最初在以色列独立日庆典上唱响的《金色的耶路撒冷》，如今通过以色列人的每一台收音机传唱出来。特迪·科雷克（Teddy Kollek）已经有60个小时没合过眼了，但这并不妨碍他迅速赶往约旦大使酒店（Jordanian Ambassador Hotel）。在那儿，他为即将统一的城市设立了一个临时市政厅。出生于维也纳的科雷克是本-古里安的门生，两人十分亲近。他在约旦大使酒店碰到了雅各布·赫尔佐克的兄弟哈伊姆·赫尔佐克（Chaim Herzog）。哈伊姆·赫尔佐克是毕业于剑桥的律师，曾两次执掌以军情报部门大权。自危机开始以来，赫尔佐克一直定期在广播电台上发声，并通过他对时局的冷静分析让听众平静下来。但现在，他实在是太兴奋了，以至于都不能安坐于工作室里，匆匆赶往老城。

在途中，赫尔佐克遇到了以军的首席拉比什洛莫·戈伦（Shlomo Goren）。他既是学者，又是空降兵，这个留着大胡子的狂热分子刚从西奈半岛过来。在西奈半岛上时，他乘坐的半履带车被直接击中，司机最终丧生。戈伦手持《妥拉》（Torah）*卷轴和羊角号（shofar）**来到洛克菲勒博物馆，找到了古尔并警告他说："如果你坐在这里，没能攻入[老城]，

---

* 《妥拉》分广狭两义，狭义上的《妥拉》指《摩西五经》，广义上的《妥拉》指包含了《摩西五经》《先知书》和《文集》在内的整部《希伯来圣经》。

** 犹太人的仪式乐器，由公羊角制成，犹太人会在新年和赎罪日结束时吹响。

历史永远不会原谅你。"然而,他对赫尔佐克却更加宽宏大量。他承诺,如果赫尔佐克能说服政府解放耶路撒冷,他将在来世占有一席之地。[5]

但是政府仍未被说服,它刚刚收到了腊斯克发来的电报,建议以色列停火。

"嗯?那么我们该对侯赛因说些什么?"埃什科尔在一场由主要内阁部长和顾问出席的临时会议上问道。摆在他面前的,不仅有腊斯克的电报,还有哈罗德·威尔逊发来的类似信息,要求以色列遵照安理会决议与约旦停火。此外,埃班还从纽约发回了一份报告,他在报告中转述了戈德堡的一项呼吁。戈德堡以美国总统的名义表示,如果以色列继续与约旦交战,那么它会使自身卷入"严重的国际难题"。埃班补充说,除了遵守决议,以色列几乎没有别的选择,只能寄希望于阿拉伯人会违反决议。

"我们说的每句话都只会让事情变得更复杂,我们必须非常小心。"达扬说。他提议秘密组织一次会议,并邀请约旦国王参加,但除此之外以色列方面将不做出任何承诺。雅各布·赫尔佐克建议以色列先完成东线上的征服,然后再与侯赛因展开对话。而阿尔耶·莱巴比则坚持要求侯赛因先驱逐里亚德和其他埃及军官,这将成为双方达成任何协议的先决条件。"那相当于是让约旦国王去死。"伊加尔·阿隆说道。埃什科尔则对下述问题表达了自己的疑虑,即以色列同意停火决议是否意味着要立即与侯赛因展开和谈。"也许我们只需要问问他,现在约旦的老大到底是谁?"埃什科尔若有所思地说道。

最后,埃什科尔的疑问变成了以色列对腊斯克的回应:侯赛因是否真正掌控着他的军队?如果是的话,他能否证实这一事实?另外,以色列人声称西耶路撒冷仍遭受着约旦方面的炮击。因此,他们坚持要求知道约旦方面停止炮击的确切时间,还要求了解约旦和以色列代表得以见面讨论停火和"持久和平"的具体地点。

以色列人知道,针对这些要求,侯赛因做出积极回应的可能性极小。尽管如此,由于他们的部队离踏入老城只有数步之遥,向约旦方面发出最后通牒的策略仍是一场赌博。如果约旦国王即便只是在理论上接受了以色列人的要求,以色列人重获西墙和其他圣地——实现犹太人持续了两千多年的愿望——的机会可能就消失了。

约旦方面躲躲闪闪，闪烁其词，回答模棱两可。总参谋长赫马什对伯恩斯说，约旦军队已经失去了与耶路撒冷的联系，也没法知道其大炮是否仍在炮击敌军阵地。总理朱马叫来西方大使，并向他们抱怨以色列屡次违反停火决议。"约旦已经到了忍耐的极限！"他吼道，并警告要进行大规模反击。[6] 除此之外，约旦方面一片沉默。这是自战争开始以来侯赛因第二次无视埃什科尔本人发出的请求。从实质上看，约旦方面已经否决了以色列人的最后通牒。

上午9时45分，谢尔曼坦克从近距离向12米高的狮子门开炮。以军摧毁了一辆挡在门前的公共汽车，并炸开了城门。约拉姆·扎姆什（Yoram Zammush）中尉是一个严守犹太教教规的犹太人，古尔向他承诺，他将是第一个到达西墙的犹太人。在扎姆什所乘坐的半履带车的带领下，以色列士兵发起了攻击。约旦炮兵从城墙及城门内广场周围的屋顶上向以军开火，却抵挡不住以军的进攻。以军坦克缓慢地向前移动，结果被卡在了狭窄的巷子里面。以军的半履带车（其中一辆载着莫塔·古尔及其参谋）与扎姆什的车辆紧靠在一起，共同向苦路*驶去。以军的其他部队则呈扇形散开，分别通过穆斯林区和基督徒区向大马士革门和雅法门进发。

与此同时，埃利·凯达尔（Eli Kedar）上尉带领着耶路撒冷旅下属的一个连，登上了老城东南角的锡安山，并向锡安门进发。1948年，以色列人曾试图从这里突入老城，但最终失败。参加那场战役的时候，凯达尔才15岁，他在战斗过程中被俘。但现在，他又回来了。他通过锡安门的门洞爬入了老城里的亚美尼亚区。50名士兵紧随其后，他们一路下坡并最终来到了城里的犹太区。犹太区曾遭到洗劫，之后穆斯林搬了进来，而此时他们的住所外都挂着投降的旗子。凯达尔只遇到了小型武器的零星抵抗，他把部队引向"粪厂门"（Dung Gate）——在希律王时代，这里是处理垃圾的通道——并与从东部基德龙谷地（Kidron Valley）赶来的第

---

* 基督徒为纪念耶稣赴难而在耶路撒冷老城内确定的路线，路上共有14站。

71空降旅会合。

与此同时，古尔和他手下的战士步入一片宁静、四周栽满了树木的广场中，该地被穆斯林称为"尊贵圣所"（al-Haram al-Sharif），而犹太人则称之为"圣殿山"（Har ha-Bayit）。这片区域被认为是犹太人第一和第二圣殿的遗址，也被认为是亚伯拉罕献祭以撒及穆罕默德登霄的地方，可以说绝对是一处至圣之所，受到数百万人的崇拜。情报官员阿里克·阿赫蒙描述了那一刻的场景："在半履带车上经过了两天的战斗后，仍有子弹从空中飞过，突然进入这一片开阔的空间，每个人都看过这里的照片，尽管我没有宗教信仰，但我不相信当时在场的人会完全无感。那是一种奇妙的感觉。"经过与约旦步兵的短暂冲突之后，古尔用无线电对纳尔基斯说出了3个字（希伯来语，用英语表达则需要使用7个单词），这3个字将在接下来的几十年中不断产生回响。"Har ha-Bayit be-Yadenu."——"圣殿山落到我们手里了。"

古尔接待了一支由当地阿拉伯名流组成的代表团，他们向古尔投降，献出了老城，并把存放在各清真寺里的武器也交了出来。令他们感到惊讶的是，这位以色列将军竟释放了他们，并允许他们回到自己的家中。但古尔和他手下的任何一名参谋都不知道如何到达西墙，他们不得不向一位阿拉伯老人问路。这位老人带着古尔穿过了马格里布门（Mughrabi Gate），然后从西墙的南边走了出来。西墙是由希律王用大型方石建造起来的护土墙，也是第二圣殿于公元70年被罗马人摧毁后所留下的唯一遗迹。犹太人在过去19年的时间里一直没有机会接近这处最神圣的圣地。

随着古尔从圣殿山下到西墙，来自耶路撒冷旅和第71旅的空降兵也聚集到了西墙边。他们陷入狂喜的状态中，甚至都不去理会约旦狙击手的火力。戈伦拉比挣脱了古尔手下3名士兵的控制，径直冲向西墙。他口中念着卡迪什（Kaddish，哀悼者的祈祷词），吹响了羊角号，然后宣布："我，以色列国防军的首席拉比什洛莫·戈伦将军已经来到此处，并再也不会与它分离了。"士兵们挤进了西墙与马格里布区（Mughrabi Quarter）那破破烂烂的住宅之间的狭小空间里，他们开始自发地唱歌和祈祷。在他们头顶之上，大卫之星已被人升起。[7]

埃什科尔没有浪费一分一秒，他立即将老城中的圣地置于其相应的神职人员——拉比、穆斯林宗教领袖、天主教教会——的管辖之下。他本打算亲自前往老城，但考虑到敌军狙击手的持续威胁，军方提出了反对意见。然而，在下午2时30分，他却得知国防部长走入了老城。在拉宾和纳尔基斯的陪同下，达扬得意扬扬地走向圣殿山，他煞费苦心地让人拍摄下了整个过程。在那里，他向纳尔基斯提议将老城城墙的一部分推倒——这是一种象征着征服的古老习俗。戈伦拉比也有一个想法：他认为以军应该利用手上的炸药，炸毁圣殿山上的两座清真寺，以便为即将到来的救世主时代做准备。但这两个建议都直接被纳尔基斯忽略。他所关心的是维持老城的秩序并保证城市的安全，这是在当地确立以色列统治的必备条件。他写道："我的宿命就是成为完成那项使命的载体，这一想法征服了我。"

到达西墙跟前之后，达扬遵照传统在便条上写下了祈祷文——据说他写下的愿望是渴望和平——并把它塞进了西墙石头间的缝隙里。然后，他以自己一贯含糊不清、好战却又宽宏大量的态度宣布："我们已经重新统一了这座城市，以色列的首都，不会让它再遭人分割。而对于我们的阿拉伯邻居，我们如今依旧向他们伸出……我们和平的双手。"

拉宾听着达扬的演说，怀着敬畏的心情看着数百名士兵与极端正统派犹太教徒一起翩翩起舞。"这是我生命的巅峰时刻，"拉宾回忆道，"多年来，我一直偷偷地怀着一个梦想，即我可能在……为犹太人重新收回西墙的过程中起到作用……现在这个梦想实现了，我却突然困惑起来，众人之中为何唯有我能独享此一殊荣。"他在西墙前发表的讲话听起来不像是一个战士的言论，倒像是从一个预言家嘴里说出来的话：

> 同志们的牺牲没有白费……无数代犹太人惨遭谋杀、殉难和屠戮，只是为了让耶路撒冷对你们说："安慰我们的人民吧；安慰那些

母亲和父亲，是他们的牺牲换回了我们的救赎。"[8] *

以色列政府也为此欢欣鼓舞。贝京要求立即重建犹太人区，并让数千名以色列人重新定居于此。埃班在纽约听到了胜利的消息，他写道："一股历史性情绪的洪流冲破了束缚着它的堤坝，让我们的思想和心灵都移动到了远远超出我们脚下土地边界范围之外的地方。"宗教事务部长泽拉赫·瓦尔哈夫提格曾属于那些最激烈地反对战争的内阁成员之一，他回忆起当时的场景："我的心中充满了喜悦"，随后便冲到西墙边，亲吻着墙壁，并拥抱了达扬和拉宾。总理的特别军事顾问伊加尔·亚丁则开始考虑下一个目标——希伯伦。"我们与希伯伦之间存在着一段很长的历史，可以追溯到亚伯拉罕。"他提醒埃什科尔说。然而，在一众内阁成员中，唯独埃什科尔此时仍保持着克制。在征服耶路撒冷的这场战斗中，已有97名空降兵身亡，430人受伤，他为此感到沮丧。同时，他对于征服大量充满敌意的巴勒斯坦人持谨慎态度。"你有没有想过我们怎么做才能和这么多的阿拉伯人生活在一起？"他问道。亚丁十分傲慢地反驳说："事实是，总理先生，一旦我们的军队到达那里，他们［巴勒斯坦人］就会逃往沙漠。"[9]

以色列人的前进势头看起来的确势不可挡。就在莫塔·古尔的空降兵占领西墙的同时，本-阿里的坦克抵达了杰里科的郊区。纳布卢斯西部也爆发了一系列激烈的战斗。与此同时，在耶路撒冷以南地区，以色列步兵占领了马埃利亚斯修道院（Mar Elias monastery）周围的防御工事。前方便是伯利恒和希伯伦。约旦军队完全陷入混乱，为了迅速逃往约旦河东岸并抵达安全地带，他们不惜丢弃自己的军事车辆。古什埃齐翁位于耶路撒冷城外，这里曾有一系列以色列人的定居点，但这些定居点在1948年的战争中被摧毁。在古什埃齐翁的废墟中，以军袭击者发现了20辆全新的巴顿坦克。另有类似数量的巴顿坦克陷在了杰里科的泥地里。总理朱马向伯恩斯抱怨说，约旦军队已经损失了80%的战力，并声称以色列人决

---

* 拉宾所引用的这段话似乎是在呼应《以赛亚书》第40章第1—2节的内容："你们的神说，你们要安慰，安慰我的百姓。要对耶路撒冷说安慰的话，又向他宣告，他争战的日子已满了，他的罪孽赦免了，他为自己的一切罪，从耶和华手中加倍受罚。"（译文引自《和合本圣经》）

心摧毁约旦余下的部队。由于道路上挤满了难民，军队撤离的速度正在越变越慢。

当天下午早些时候，侯赛因出现在总参谋部成员面前。他谈到有必要集结起全国剩余的军队来保卫东岸地区，还谈到了他对援军的持续希望。这位阿拉伯世界中唯一接近过真实战场的统治者已经有两天半的时间没吃没睡了。在一位目击者看来，国王显得"震惊、沮丧、感到受辱"。他刚刚失去了他王国的半壁江山及其主要收入来源——旅游业和农业。他的军队也倒在了一片废墟中。在这种情况下，即使是开罗发来的最新电报也很难让侯赛因感到安慰。这封电报指出，纳赛尔已经批准了国王的撤军命令；另一方面，考虑到侯赛因需要依靠国际社会的压力来拯救耶路撒冷，纳赛尔也准许约旦不与西方国家断绝关系。[10]

大幕落下

侯赛因愿意接受停火——即便他还不打算驱逐其军队中的埃及人——这一事实让以色列领导人意识到，战争眼看就要结束了。"政治沙漏中的沙粒就快要流完了。"拉宾写道。有鉴于此，他下令立即启动原定于当晚才展开的"光之行动"——征服沙姆沙伊赫。

这次行动按照计划开始，先由海军对埃及的防线试探一番。参加这次行动的部队包括2个步兵营、炮兵和防空单位。除此之外，还有1支大型的海上分遣队——包括6艘鱼雷快艇、1艘驱逐舰和1艘潜艇。以军于凌晨4时进行了空中侦察，然而侦查结果显示该地区实际上已被遗弃。尽管如此，拉宾还是担心被敌人的诡计蒙蔽。半小时后，3艘以色列导弹艇受命向敌人的海岸炮台开火。与此同时，以军的空降兵和突击队员已准备好登上诺拉特拉斯运输机（Noratlas）和直升机飞往苏伊士湾岸边的图尔（Al-Tur），并计划经由陆路向蒂朗海峡发动袭击。

但以色列人并不知道，最初驻扎在蒂朗海峡阵地上的1600名埃及士兵，现在已经没多少人留守在他们的岗位上了。在阿米尔的坚持要求下，沙姆沙伊赫的驻军不能与埃军在西奈半岛上的指挥部取得联系，只能直接接收从开罗传来的加过密的命令。"除了我们在广播电台上听到的消息,我们对这场战争一无所知。"当地指挥官阿卜杜勒·穆奈姆·哈利勒将军回忆道,"但是,6月6日,我收到了阿米尔要求我们撤退的指示。该指示得到了执行。"哈利勒手下的军官对此感到震惊。其中一位名叫马哈茂德·阿卜杜·哈菲兹(Mahmud Abd al-Hafiz)的军官说:"我们当时处于震惊状态。广播电台继续播放着胜利的歌曲、关于以色列空军被摧毁的通告,广播里还说我们的军队已经到达了特拉维夫的大门口。"由于没有足够的燃料支持他们沿着苏伊士湾行进约290千米,阿卜杜·哈菲兹和他手下的士兵徒步走完了其中的大部分路程。"我无法向你描述我们从沙姆沙伊赫撤退时的感受。我们几乎都要哭了,因为我们不敢相信当时正在发生的事情。我们连一名以色列士兵都没见到过。"

午夜刚过,沙姆沙伊赫实际上已被遗弃的消息传到了穆尔塔吉那里。困惑不已的他命令第4装甲师的部队立即前去增援。但事实上第4装甲师是第一支从西奈半岛穿过运河的埃军部队,其中的一些军事单元甚至都已经接近开罗了。该部队指挥官西德吉·古勒少将此前已从阿米尔本人那里收到了撤军命令,后来他声称对穆尔塔吉的命令一无所知。

来自空军和海军的报告最终说服了拉宾,即大部分埃及士兵已经逃离。空降部队没有降落在图尔,而是直接被运送到沙姆沙伊赫。他们在当地经历了一场激战,最后杀死了20名埃及士兵,另外抓了80名战俘。中午12时15分,达扬宣布,蒂朗海峡是一条国际水道,对所有船只开放,不受限制。仍旧停在马萨瓦港的以色列货轮"海豚"号立即起航前往埃拉特,与此同时,另有2艘船离开埃拉特驶往非洲。

红海再次向以色列航运开放,苏伊士运河却并非如此。对此,达扬并不介意。当他得知一支以军侦察巡逻队已经前去探查这条航道时,他立即下令让他们撤回。由于1956年苏伊士运河战争的创伤仍历历在目,国防部长仍然反对任何可能导致运河停摆的行动,以免再次激怒使用这条航道的国家。[11]

因此,达扬指示以色列军队不要冒险越过米特拉山口和吉迪山口,这两个地方是通往西奈半岛中部地区的主要通道,还能为以军提供一条对付埃军反攻行动的理想防线。然而，南部战线上战事的发展远比达扬预想的要快得多。

头一天晚上，加维什将军在利卜尼山已经制订出了向上述两处山口进发的计划，以军的三个师都开始行动了。塔勒将军手下的部队继续沿两个方向向前推进——戈嫩的第7装甲旅向南朝比尔拉赫凡进发，而格拉尼特的机械化部队则沿着地中海海岸线前进。戈嫩的部队摆脱了利卜尼山的堡垒，然后袭击了戒备森严的比尔哈马（Bir Hamma），此地位于埃及第3师的后方。之后戈嫩又向西奔袭了64千米，最后到达比尔加夫加法。他的目标是切断埃军第4师的主要逃生路线——通过菲尔丹桥（Firdan Bridge）穿越苏伊士运河。同时在强行突破埃及第3师的以军部队是约夫将军的师，该部队穿过比尔哈萨纳和比尔塞迈德挥师南下。然而，约夫的目标却并不是菲尔丹大桥，而是通往米特拉山口和吉迪山口的入口，以及正处于撤退过程中的埃军第2师。在最远的南方，阿里埃勒·沙龙穿过沙漠来到了奈赫勒，他希望能在沙兹利的部队到达前述山口前将其困住。

以色列人快速向前推进，却碰上了正往回撤的埃及部队，并因此受到了阻碍。逃亡的车辆和燃烧着的残骸堵塞了道路，使得以军进展缓慢，有时甚至不能行进。除了军官和士官，以色列人不再捕捉俘虏，反倒是鼓励埃及士兵向运河跑去，或者光着脚跑进沙漠。在通往比尔加夫加法和比尔塞迈德的路上，以色列的坦克不得不绕过埃及的部队，从而拦截并摧毁他们。埃军第6师的司机马哈茂德·苏瓦尔加（Mahmud al-Suwarqa）目睹了这场溃败，他回忆说：

> 我们正等着执行我们的命令，向埃拉特进发。但6月7日，连长和营长突然都消失了。后来我发现他们坐飞机逃到运河另一边去了。我丢下了我的吉普车，加入往奈赫勒撤退的队伍当中去，但我们在那里遭到了空袭。然后，在米特拉山口，我们遇到了似乎是从苏伊士运河方向来的以色列人。他们向我们发射了炮弹，并用机枪扫射。在那之后，我就什么都不知道了。醒来的时候，我正全身是血地躺在一辆以色列军车里。

尽管如此，散乱的埃及部队却仍然表现出了主动性和韧性。埃及的T-55坦克盘踞在比尔加夫加法那纵横交错的军事设施周围。面对着塔勒麾下正在前进的坦克，他们坚守着自己的阵地。多达12辆T-55坦克和50辆装甲运兵车被击毁，但埃及守军成功拖住了以色列军队，使得埃军第4师的大部分部队逃过了运河。沙龙的师则被困在泥泞的河床中，该部队遭到了导弹的猛烈轰击，被迫调转方向——直接进入了一场与约夫师坦克的"友军炮火"决斗。这么一耽搁便使沙兹利的部队从沙龙之前设下的圈套中溜走了，古赛马堡垒中的守军也以类似的方式逃走了。与此同时，埃及空军虽然遭受了巨大的损失，但利用其基地接近前线的优势，仍在发动空袭。"为我们的空军欢呼三声。"一位在记录中被称为阿舍（Asher）的以色列军医回忆起了当时的想法。他把米格战机当成了幻影战机：

> 飞机越来越近了，他们好像是在向我们俯冲。出于某种原因，我们过于自信了。我们确信，今天，战争的第三天，不可能还有完好无损的埃及飞机。不管怎样，这架飞机开火了，一名军官喊道："是'米格'！迅速散开！"我们在沙丘中疯狂奔跑。飞机在我们上空盘旋并开火。就像在电影里一样——你可以听到"啪、啪、啪"的声音。我们抬头看，发现又多了几架飞机，3架米格战机已组成编队正在准备发动攻击。我们……扑进了大概离公路60米远的沙子里。那架刚刚向我们射击的飞机同其他3架等着它的飞机会合在一起，然后一起开始向我们扫射。

伊尔-28轰炸机袭击了位于鲁马尼西部的格拉尼特的部队，造成空降兵指挥官拉斐尔·埃坦严重受伤。然而，这些袭击几乎没造成什么影响，面对具有压倒性优势的以军，埃及空军在这波自杀式袭击中又损失了14架飞机。[12]

负隅顽抗的行动已挡不住埃军撤退的大潮，更不用说扭转局势了。"逃跑的埃及军队处于一种完全混乱的状态。"埃及安全军官阿扎姆·希拉希（'Azzam Shirahi）回忆说。当以色列人接近时，希拉希接到了炸毁比尔加夫加法所有剩余建筑的命令。"当我摧毁自己的基地时我直接崩溃了。我唯一下不了手的就是清真寺。"阿卜杜勒·法塔赫·泰尔基（Abd al-Fattah al-Tarki）博士是一名人文学科的学者，同时是第2装甲旅的预备役军官。他回忆说："每个人都失去了理智，我们被告知要撤退到比尔塞迈德，当我们到达那里时，却发现那里的阵地已经着火了。道路上的军队处于完全崩溃的状态。这是一场大屠杀，一场灾难。如果不是因为困惑和混乱，以色列连1/4的胜利都拿不到。"[13]

埃及的第二道防线——备受吹捧的"帷幕"——已经崩溃。尽管有几名将军，如第14装甲旅旅长萨拉赫·穆赫辛曾试图让部队有组织地撤军，但大多数高级军官早就抢在士兵之前逃走了。第14旅的作战部军官希尔比尼·塞伊德·哈马达（Al-Shirbini Sa'id Hamada）回忆说："虽然他们包围了我们，但以色列人还没有突破防线。但后来撤退的命令下来了——我们不清楚原因——情况就变得混乱不堪了。"

穆尔塔吉是最后一批离开前线的埃军指挥官之一。为了躲避敌人的空袭，他已经把指挥部移到了西边，但这位埃及地面部队的领袖仍在前线。尽管如此，在下午2时30分的时候，军事警察局局长萨阿德·阿卜杜·卡里姆（Sa'ad Abd al-Krim）少将找到了穆尔塔吉，并建议他立即撤离，否则他有可能成为战俘。一位阿拉伯历史学家后来评论道："最可笑的是，东部战线竟从低级别军官那里接受最高司令部的命令。"[14] 无论荒谬与否，穆尔塔吉都执行了他接到的命令。曾经高度组织化的埃及军队现在完全失去了组织。

但后来，在那天下午的晚些时候，这场战争中出现了一股新势力，它旨在彻底改变局势，从溃败中挽救埃及，给以色列带来失败的威胁。作为阿拉伯人最重要的盟友，苏联在战争前曾大声疾呼，后来却明显地沉默了。现在，它突然站出来并表示要支持阿拉伯人的事业。

"哪里爆发战争了？"6月5日上午，苏联大使丘瓦欣在以色列外交部里问道。当战争爆发的时候，苏联方面完全措手不及，但在随后的24小时里，他们开始全力关注事态的发展。在确定了战争的走向将不可逆转地朝向有利于以色列一边后，费德林才获准在安理会寻求停火。但当时，苏联与阿拉伯国家之间的关系出现了严重错位。尽管莫斯科希望迅速结束战斗，但埃及人和叙利亚人依靠着苏联所提供的实质性帮助，坚持要继续战斗下去。

苏联的官方机构实际上已经暗示了该国对阿拉伯人的大量援助。例如，《真理报》宣称"苏联政府依然忠于其承诺，它将援助受侵略国家……并保留其应局势要求而采取一切措施的权利"。在6月6日的安理会投票中，费德林使用了同样的措辞来为自己的投票辩护。但令阿拉伯人感到不满的是，苏联人口中所说的"一切措施"竟是接受了他们不情愿接受的停火决议，而且这项决议将允许以色列保留其所征服的阿拉伯国家领土。中央情报局的报告总结道："同样的举动也让苏联在阿拉伯世界付出了一些代价。苏联在联合国里部分放弃阿拉伯人的举动，至少在许多人眼里看来是在一定程度上出卖了他们。"

对苏联来说，避免给人造成上述印象，或者至少是减轻这种印象已变得越来越困难，因为阿拉伯人全方位溃败的事实已经昭然若揭。纳赛尔的期望是，即便苏联不直接对以色列采取军事行动，也要紧急向埃及空运武器和弹药。但就算是这一请求，克里姆林宫也不愿意答应。一名苏联官员向一名驻莫斯科的美国外交官抱怨说："这场战争已经表明，阿拉伯人即使在事关重大利益的问题上，也无法团结一致。"苏式武器装备在战场上的糟糕表现令俄罗斯人十分难堪，而他们在当地的兵力又被美国的第6舰队超出一头，在此情况下，他们希望在声誉遭到无可挽回的损害之前，在叙利亚也成为战争的受害者之前结束战争。

因此，尽管苏联的宣传机器指责第6舰队正将其武器"对准"阿拉伯国家，但并未声称这些武器此前曾开过火。相反，柯西金召见了埃及大使穆拉德·盖莱卜，并直言不讳地告诉他，苏联方面并没有发现相关证据能证明埃及对英美同以色列合谋的指控属实。一方面，约翰逊总统曾亲自出面否认美方曾介入战争；另一方面，苏联巡洋舰一直在地中海东部地区跟踪着美国的航空母舰，但这艘巡洋舰也没有发现美军有异常活动。苏联同意运送新飞机，但目的地是阿尔及利亚。他们解释说，把飞机运到伊拉克有点太远了，而运到利比亚却又太靠近美国的惠勒斯空军基地了。因此，新飞机将在阿尔及利亚重新集结，然后再转移到埃及。盖莱卜表示抗议，说这个过程需要花费数周的时间，但这位埃及大使没能引起苏联人的任何同情。

阿拉伯人撒下的弥天大谎已经让他们自食其果了。此举非但没能刺激苏联人前来相助，反倒是迫使他们在安理会寻求停火。反过来，阿拉伯人也被激怒了。在战争的第三天，纳赛尔已经不仅仅指责西方与以色列串通一气了，他甚至还暗示苏联与美国已就在中东地区不作为达成了共识。对于苏联人来说，走出这一恶性循环的唯一出路是暂时忽略阿拉伯人这边，把注意力集中在以色列身上。[15]

苏联总理无疑记得其前任（布尔加宁）曾威胁要向特拉维夫发射导弹。1956年时，苏联人的警告加上美国人有意愿对以色列实施经济制裁，在这两方面因素的共同作用下，苏伊士运河战争结束了，以色列人被迫撤离西奈半岛。但如今苏联面对着一个袒护以色列，而并非与之有冲突的美国。因此，柯西金选择避免威胁使用暴力。在第一天的战斗结束后，他告诫埃什科尔说："如果以色列政府不听从理性的声音，不停止屠杀，它将承担引发战争的责任，并承受所有可能的后果。"然而，这一警告的模糊性却削弱了其有效性，以至于直接被以色列人忽略掉了。苏联人若想让人觉得这一警告可信，它得用上不那么模糊，但强硬得多的措辞。

因此，6月7日下午，疲惫不堪、面色苍白的丘瓦欣前往以色列外交部拜访了阿尔耶·莱巴比。苏联大使给埃什科尔带来了一封信，信上写着："苏联此前已经警告过以色列政府，但以色列领导人拒绝听从理性的声音。如果以色列不立即遵守安理会决议，苏联将重新审视其与以色列的关系，还将选择并推行由以色列的侵略政策导致的其他必要措施。"苏联还向西方领导人发出了类似的警告，他们认为这将促使西方国家对以色列施加更大的压力。[16]

莫斯科重新焕发的斗志对这场战争产生了直接的影响，尽管受影响的并不是以色列。当法齐将军于当天下午在最高司令部里找到了阿米尔时，阿米尔对他喊道："小心我们的武装部队。"这位陆军元帅看起来情绪高涨，语无伦次，他认为苏联就要出面干涉了，并为此感到欣喜若狂。"听我说，法齐，小心我们的武装部队。"他激动地重复了一遍。但之后阿米尔的举止发生了变化，突然变得稳重起来。他指示手下的总参谋长，要他命令第4师调过头来，再次渡过运河，并在米特拉山口和吉迪山口阻击敌人。"这是一个政治决定。总统已经下达了命令，必须执行。"

尽管法齐不确定他的上司到底是受到了苏联所做出的承诺的影响，还是精神错乱了，但他还是立刻飞到了运河西岸的伊斯梅利亚。他在那里找到了穆尔塔吉、穆赫辛和其他高级军官，并向他们传达了军队命令的变化。"这是一项自杀式的任务！"穆尔塔吉抗议道，"我不能在没有空中掩护的情况下把他们送回去，所有的道路上都挤满了士兵和被摧毁的车辆。"其他军官也提出了类似的反对意见，但在凌晨4时，命令还是被传递到了第4师那里——"继续留在山口，直到你们收到了撤退的指示为止。"虽然"帷幕"可能已经永久落下，但第三道防线，也就是埃军的最后一道防线仍可能守得住。[17]

美丽新世界

埃及为刺激苏联做出实质性干预所做的努力却迫使他们促成停火。与之类似的是，苏联方面试图威慑以色列人的举动反而让他们加速展开进攻。

费德林紧跟政府的新政策，他跑到安理会要求立即实施停火决议。阿巴·埃班再次接受了这项动议，但科尼再一次表示拒绝。达扬在耶路撒冷注意到了事态的发展，他对内阁国防委员会的成员说："我不会无视苏联的警告，但我也不会被它吓倒。以色列离实现其为自己制订的目标已经不远了，等我们完全实现这些目标后，便可以接受停火。"不过，考虑到外界叫停战斗的压力越来越大，国防部长命令以军尽全力在夜幕降临前到达半岛上的那两处山口。利奥尔上校油腔滑调地写道："紧接着我们甚至可能去拿下莫斯科。"

除了加快了以军的战争日程安排，柯西金的警告还造成了另一重影响——它把和平问题移到了聚光灯下。这一结果是苏联人和阿拉伯人都没有预料到的。在另一次部长和政治顾问会议上,伊加尔·阿隆表示,"这是一次历史性的机会,我们要么能获得全面的和平,要么能与各国分别签下条约。首先,我们将与约旦、黎巴嫩和摩洛哥商讨和平。如果侯赛因不愿签署条约,那他就准备带上家人一起逃到英国去吧。"梅厄·阿米特则问道:"我们必须决定我们该怎么处理西岸。我们是想吞并它还是有其他的计划?"埃什科尔提议将东岸与西岸分开,并在西岸建立起一套自治制度。"否则,我们将面对200万配备有武器并敌视我们的阿拉伯人。如果仍有哪怕一位埃及将军在那里,他很可能坚持让他们战斗到最后。"然而,对于加沙地区而言,总理却找不到解决办法——"一根卡在我们喉咙里的刺。"此外,他也不知道该如何处理埃及问题。针对这一问题,外交部联合国办公室主任约瑟夫·特科阿(Joseph Tekoah)提议说:"我相信,现在时机已经成熟,我们可以完全推翻埃及政权,然后与新政权和平相处,我们必须说服美国人从和平的角度考虑问题。"[18]

事实上,美国人已经开始考虑和解的问题了,而且比以色列人更有条理,也更详细。由于安理会休会,苏联也暂时被遏制住,约翰逊及其顾问得以在6月7日的大部分时间里自由地思考中东地区未来的和解问题。正如约翰逊总统对国家安全委员会所说的那样,其目标是"尽量少制造英雄,也要尽量少制造败者",在调停过程中持一种不偏不倚的态度,为海峡的自由航行、军备控制和难民问题找到解决办法。然而,约翰逊也意识到了摆在他面前的问题的复杂性及其中的隐患——"当我们解决了所有这些难题之后,我们希望战争从来没有发生过"——并就问题的解决方案征求了他手下顾问的意见。

沃尔特·罗斯托回答说,问题的关键是"这场战争的战后和解方案是否要建立在此前的停战协议的框架之上。然而,正是这一停战机制使阿拉伯人一直对以色列保持敌对姿态,让以色列问题成了阿拉伯人政治生活中的团结性因素,更给苏联提供了一个将阿拉伯世界牢牢把控在手里的机会;还是说,与其这样,不如推动一份和解方案,让以色列得到认可,被承认是中东地区的国家之一"。罗斯托建议,政府应尽快制订一项全面的和解计划，该计划将在一个松散的联合国框架下运行，并由美国来调停。

中东控制小组的麦克乔治·邦迪所提出的方案也体现出了类似的逻辑。麦克乔治·邦迪之前是国家安全部长，现任福特基金会主席。他像波洛涅斯*一样滔滔不绝地向总统提出了自己的建议："要明确的是，我们现在正见证着一场必定会改变地区格局的历史事件。用一幅积极的画面把我们的希望——繁荣稳定的中东地区中有一个强大又安全的以色列——展现出来。把美国的观点明确地表达出来，即这一次必须要实现和平，而不仅仅是一套支离破碎的停战协定。公开表明我们倾向于真正解决难民问题……这是好的约翰逊主义，也是好的以色列主义。"

为了寻求一份和平计划，白宫除了咨询工作人员，还征求了两位哈佛教授的意见。这两位教授是纳达夫·萨夫兰（Nadav Safran）和斯坦利·霍夫曼（Stanley Hoffman），他们都是国际和中东事务专家。他们两人都认为这场战争是自停战协定签署以来第一次真正实现和平的机会，尤其是在当前苏联被羞辱、埃及实力被削弱的情况下。教授建议各国轮流直接对话，并强调说："我们必须避免把所有阿拉伯国家放在谈判桌的一边，而把以色列放在谈判桌的另一边。"[19]

这些建议的共同前提是美国和以色列在和平问题上的立场相吻合——除了某些"表面上的"边界变化，美国希望以色列放弃所有阿拉伯被占领土，以此来换取与阿拉伯国家面对面谈判的机会，并最终与之达成和平协议。埃什科尔和埃班最初的声明（否认了以色列在战争中有任何对领土的野心）及美国人从特拉维夫发回的乐观报告都加强了这种和谐的印象：

> 相当清楚的是，当前以色列军事行动的成功已经产生了根本而持久的影响。它使以色列各行各业的人都相信，这是一次机会，能让以色列摆脱半被人承认半被人否认的临时状态（已经持续了19年），进而变成一个具有完整国家地位的国家，一个享有其他独立国家所

---

* 《哈姆雷特》书中人物。

有属性的国家。他们将坚持从寻求停火转向与邻国缔结最终的和平条约。

巴伯大使在报告中以充满热情的笔调写下了以色列国防军"惊人的军事胜利"及这场胜利将为美国和以色列创造的"美丽新世界"。

然而，6月7日晚，被假定存在的美以共识出现了第一道裂痕。以色列官员此时已不再回避他们对新获领土的所有主张，反倒是开始暗示该国有必要在加沙和沙姆沙伊赫永久驻军，并拓宽正对着约旦的狭窄领土。达扬提出了在西岸建立一个自治的巴勒斯坦邦国的想法，该邦国将与以色列形成联邦。最具争议的是，以色列的统治者几乎一致宣称耶路撒冷不可逆转地被"解放"了。"作为犹太人和以色列公民，我清楚地知道，耶路撒冷完全属于以色列。"以色列驻罗马大使埃胡德·阿夫里埃勒（Ehud Avriel）对罗马教廷的枢机主教德拉卡瓦（Dellacava）说道，"这一事实在基督教建立前一千年前，在伊斯兰教建立前两千年前便已得到确证，梵蒂冈最好能找到办法让自己接受这一观点。"以色列银行为西岸地区的发展设立了5000万美元的基金，并提出了收购西奈半岛的想法，这笔交易将像美国当年购买阿拉斯加和路易斯安那那样操作。[20]

这些变化的征兆全都传到了白宫，并引起了迪安·腊斯克的关注。"如果我们不让自己成为以色列的辩护律师，我们就无法挽回我们在阿拉伯世界的损失。"他在国家安全委员会会议上说。具体而言，他愿意代表以色列向阿拉伯国家提出签订全面和平条约的要求，同时推动各方签署军控协议，并找到解决巴勒斯坦难民问题的办法。但是作为回报，美国国务卿坚持要求以色列同意撤出所有阿拉伯国家被占领土。他对驻外大使说："我们希望传达这样一种信念，即对我们所有人来说，阿拉伯国家的领土完整和政治独立同以色列的安全一样重要。"

然而，美国和以色列之间的潜在摩擦还远未成为美国总统关注的焦点。更紧迫的事情是对阿拉伯人撒下的弥天大谎发起反击——对外散布埃及在也门使用毒气的报告，这是一种备选方案——并针对阿拉伯国家石油禁运采取防范措施。约翰逊还渴望利用他对以色列战争的支持来说服美国犹太人（约翰逊的一名助手称他们为"战争的鸽派"）在越南战争问题上支持自己。不过，最紧迫的问题是警惕苏联的反应，不要被他们的被动状态所麻痹。"我不相信苏联会就此罢手，"三军总司令在国家安全委员会会议上直言，"我不确定我们是否已摆脱了困境。"[21]

就在美国的政策制定者正在计划为中东建立一个全新的和平世界时，旧世界上第三天的战事结束了。黄昏时分，以色列军队在几乎没有开枪的情况下进入了伯利恒。在马槽广场（Manger Square）上，迎接他们的是人群的欢呼声，店主争先恐后地向他们兜售纪念品。"我们冲进了警察局，准备睡上一觉，"耶路撒冷旅军官拉菲·本维尼斯蒂（Rafi Benvenisti）回忆说，"突然，一位老人被带进来，他告诉我：'城里的长老和贵人都在等着迎接伯利恒的征服者。'"本维尼斯蒂被带到圣诞教堂（Church of Nativity）——这是为数不多的几处受损的建筑之一，四枚炮弹击中了它的屋顶——并进入了一个点着蜡烛的房间，牧师和家父长们都在那里等着。"我向他们保证，他们没有什么可怕的，我们为了和平而来。他们震惊了，我也是。然后大家都回家了。"

纳布卢斯是一个有8万人口的城市，是撒玛利亚人在圣经时代的首都。当尤里·拉姆的部队进入纳布卢斯时，接待他们的人可就没那么友好了。拉姆回忆说："成千上万的人站在那里鼓掌，挥舞着白色的手帕，而我们在不知情的情况下，微笑着回应他们……城里面秩序井然，没有任何恐慌的迹象。"直到一名以色列士兵试图解除当地国民警卫队队员的武装时为止。在那一刻，围观者才意识到，这支部队并不是伊拉克人的军队（他们刚开始是这么认为的），而是以色列人。"刹那间，街道上空无一人，狙击手的枪声开始响起。"

佩莱德的师从纳布卢斯地区向东转，然后向南进发，其目的是与北上的哈雷尔旅会合。到午夜时分，横跨在约旦河上的四座桥梁全部被以军占领。达扬下令拆毁这几座桥梁，以此来表明西岸与东岸的实体联系已经被切断了。[22]

西岸的战斗已接近尾声，但西奈半岛上的战斗才刚刚进入高潮。以色列·格拉尼特麾下的特遣部队在几乎没有遇到任何反抗的情况下到达了距离运河最近的埃及村庄鲁马尼。与此同时,隶属于塔勒师的其他部队正在争相跑向米特拉山口和吉迪山口。埃及人虽说放弃了海岸公路,但他们决定让杀回来的第4师保卫这两处山口。接近午夜时分,第4师的先头部队——60辆T-55坦克——在比尔加夫加法西部撞上了30辆隶属于塔勒师的AMX坦克。3辆轻得多的AMX坦克和8辆半履带车(其中一辆载满了弹药)瞬间起火。20名以色列士兵在此次交战中被杀,其中包括一名连长——沙梅·卡普兰(Shamai Kaplan)少校。余下的以军部队则撤退了。

然而,就在埃及人英勇地抗击塔勒部的时候,约夫的坦克正在接近米特拉山口的入口。一支由9辆百夫长坦克组成的分遣队——燃料极其不足,其中4辆不得不被其他坦克拖着走,他们在日落之前到达了山口的入口。在那里,他们把埃军车辆的残骸摆好,以便将撤退的埃及军队直接引向他们的炮口。[23] 尽管数量远不及埃军,但以军这支小规模部队控制住了敌军唯一的逃生路线。埃及人的3个师——300辆坦克外加3万多名士兵——很快就要在这里被以色列人绊倒了。

第 8 章

战争：第四天，6 月 8 日

以色列的致命一击

一次致命的事故

纳赛尔投降，叙利亚人等待着

第三次阿以战争的第四天以约旦河谷的一系列爆炸开始。紧缺炸药的以色列人用缴获的约旦迫击炮弹炸毁了约旦河上的各座桥梁。为了给以军工程兵提供掩护，哈雷尔旅的部队跨过约旦河来到了东岸，进而引发了安曼的新一轮恐慌。侯赛因恳求芬德利·伯恩斯："看在上帝的分儿上，让他们停下来吧！"约旦国王声称有30辆以色列坦克正在该国北部地区肆虐，他们已经炮轰了雷姆塞。

侯赛因向英国人也发出了类似的请求，但他继续支持阿拉伯人谎言的举动令英国人感到厌恶，因此英国人同美国人一样也不想向他施以援手。国王被迫依靠自己，而他手头可用的资源已经不多了。在战争开始时，侯赛因向战场上部署了11个旅，如今却只剩4个旅还能正常战斗。约旦军队的残余兵力——包括亚尔穆克旅（Yarmuk Brigade）和侯塞尼旅（al-Husseini Brigade）的部分战力、皇家卫队，以及第60旅幸存的5辆坦克——将与伊拉克部队一起保卫从西边通往安曼的道路及戈兰高地的南部山坡。然而，只要以色列强大的军队行动起来，约旦人就几乎没有获胜的机会，甚至连生存的机会也没有。[1]

但是以色列并没有发动攻击，装甲部队也没有向安曼突进，甚至连佯攻都没有。部署在约旦河沿岸的以军部队反倒是摆出了守势，以此来应对约旦可能发起的反击。"在经历了4天的战斗后，"乌齐·纳尔基斯在战后的一次报告会上总结说，"中部战区司令部实现了其本能的愿望，并将以色列的边境拓展到了约旦河边。"然而一旦考虑到以军为之付出的代价，这种成就感就要大打折扣：200名以色列士兵丧生，其中144人是空降兵。在战争中，约军指挥官没有表现出适应不断变化之局势的能力，以色列人对他们印象平平，阿拉伯军团的战士却令以色列人心存敬意。以军内部的一份报告总结说：敌人"表现出了勇气和决心，特别是在耶路撒冷，他们在被包围的地堡中战斗到最后"。以色列人给在弹药山上丧生的约旦人立了坟墓，并在坟墓上给他们留下了标记，以此来赞颂约军士兵们在战时所表现出来的非凡勇气。

以色列在西岸势力的巩固——而不是它在东岸的扩张——在约旦人看起来也变得很明显。虽然安曼毫发无损，但以色列军队进驻了希伯伦，圣经时代的列祖之洞（Cave of the Patriarchs）便坐落于此地。由于担心以色列人会对1929年的犹太人社区大屠杀予以报复，该城的阿拉伯居民赶紧把白色的床单挂在窗户外，并自愿交出他们的武器。约旦河西岸上的战争结束了。历史学家萨米尔·穆塔维（Samir Mutawi）从约旦的视角定义了这一时刻："6月8日中午，约旦再次变成阿卜杜拉［国王］的外约旦，而以色列则占领了古巴勒斯坦地区全境。"[2]

在南部战线上，战争何时会停止，会在何处停止，这两个问题成了人们关注的焦点。成千上万的埃及士兵涌向米特拉山口和吉迪山口，希望能最终到达苏伊士运河。"36架敌机接连袭击了我们，"埃军第4师指挥官古勒少将向阿米尔报告说，"我们的坦克、大炮和高射炮都着火了。与后方指挥部的通信被切断，与装甲旅的通信也被切断。我们现在正遭到攻击！"穆尔塔吉也给阿米尔打来电话："我认为，在我们的军队穿过运河之后，我们必须立即摧毁这两座山口。"阿米尔向法齐和陆军司令穆赫辛将军征求意见，问他们应该把最后的防线部署在哪里，是在运河的西边还是东边。两人都同意穆尔塔吉的意见。阿米尔下达了命令，这是他在这场战争中所下达的最后一项命令："所有部队都从西边保卫运河。摧毁通往运河的两处山口，不要动运河本身，等待进一步的指示。空军将在6月8日至9日的夜间掩护我们的部队撤退。"

然而，无论是摧毁山口还是保卫运河都并非易事。在以色列空军的持续帮助下，数辆以色列坦克一直封锁着通往两座山口的入口，并把它们变成了致命的死胡同。"所有在山口东边的坦克、卡车、大炮和设备都被摧毁了，仅在那一天就有1万人丧生，"马哈茂德·里亚德写道，"还有许多人死于饥饿和干渴。"前线上的以色列侦察员兴奋地在友军中挑出敌军，两军完全混在了一起。这场屠杀一直持续到上午10时左右，以色列飞行员被勒令停止摧毁埃及的车辆，以便完好无损地俘获这些车辆。

至少有100辆埃及坦克在两座山口被摧毁，另有60辆坦克在奈赫勒以东被摧毁，此外还有400门大炮和数不清的车辆被毁。以军完好无损地拿下了一整座SAM-2防空导弹阵地。以色列人此时已无力再收留战俘，他们让投降的埃及人向运河的方向走去。"成群结队的拿着武器的埃及人疯狂地跑来跑去，"某坦克指挥官杰基·伊文（Jackie Even）后来证实说，"我告诉自己：'等等，这里将会发生一场大屠杀，双方都在开火。'于是我命令所有人：'不要杀害士兵。试着抓住他们，然后让他们走，这样他们就会对其他人说，以色列人不会杀死他们，只会把他们送回家。'"埃及方面只有军官被拘留下来，以换取在敌人后方被击落的以色列飞行员。在被抓获的数百名高级指挥官中，包括埃及炮兵司令萨拉赫·亚古特（Salah Yaqut）少将，他在一辆被打废了的以色列坦克面前举手投降。

同样的场景在更远的东部也反复出现。在奈赫勒与比尔塞迈德之间的荒地里，曼德勒上校的部队将沙兹利部和埃及第6师麾下的部分军事单元直接逼入了阿里克·沙龙的伏击网中。

以军情报主管阿哈龙·亚里夫向哈里·麦克弗森报告说，"我们正紧跟在他们后面。"他还表示，埃及的装甲部队已经损失了多达70%的兵力。虽说埃及军队的灭亡已经成为无可辩驳之事，但另一个问题随之出现了，即对于埃军的残余部队而言，以军要追多远？拉宾告诉内阁，以军"到达运河没有问题"，仅仅需要得到国防部长的批准。不过，尽管以色列国防部长急于让纳赛尔倒台——作为加速纳赛尔下台的手段，他提议轰炸开罗机场——但他同样急于避开苏伊士运河。他威胁说："对于那些接触运河河岸的以色列指挥官，不管他是谁，我都会亲自把他送上军事法庭。"然而战场上的进展很快便会凌驾于那些表面上控制着它的人，包括摩西·达扬。[3]

在有效地封锁了两座山口之后，约夫的坦克现在正追赶着那些偷偷溜过山口的埃及军队。在北部，戈嫩和第7旅击溃了古勒的T-55坦克先头部队,其中的40辆坦克被击毁。在失去了超过50%的装备后,埃军第4师再次向菲尔丹大桥撤退,而戈嫩的部队则在后面紧追不舍。此外,格兰尼特上校的部队也正冲向这座大桥,他们在通往甘塔拉的道路上从海岸转向内陆。

以军不顾此前已经接到的命令——要离苏伊士运河至少19千米远——向运河逼近。从表面上看,以军这么做是为了追逐敌军——完全打垮埃及军队,并阻止其重整旗鼓——但除此之外还有一重内在动因。尽管以军在西奈半岛上的战斗中取得了惊人的成功,但这些成功因耶路撒冷的解放而显得黯然失色。"圣殿山落到我们手里了。"据说加维什将军曾对他的军官这样说道,"我们与荣耀失之交臂。"然而,他们现在却可以在苏伊士运河沿岸重新夺回一些荣耀。

无论是在西岸还是在西奈半岛,以军的进攻与其说是刻意设计的,还不如说是出于权宜之计。以军的那句古老格言"上了战场就即兴发挥"被运用到了极致,以至于以军在战场上的进展比军事计划者或政府官员所预见的都要远得多。"以色列政府从来没有为战争设定具体的目标。"作战部副部长雷哈瓦姆·泽维回忆说,"军事目标从底层向上传递,从军队上升到政治高层。政府在战争结束后才把我们在战场上所取得的成就圈出来,并宣称这是其最初的目标。"[4] 泽维的观察可能适用于南部和东部战线上的战斗,但在另一片战场上,政府下定决心要进行控制。内阁,而不是军队,将决定何时及是否要打击叙利亚。

无法回避的戈兰高地

"叙利亚对基布兹及以色列定居点的炮击持续不断,"6月8日早晨,巴伯大使在向美国国家安全委员会发出的电报中写道,"一些基布兹已经完全被夷为平地。"他强调说,叙利亚人正在为战争做准备,"[他们]没有——重复一遍,没有——对停火的要求做出回应。"据巴伯预测,以色列国防军会再次先发制人,向叙利亚境内渗透19千米。"在这种情况下,如果以色列的袭击将要发生或已经发生,我都不会——重复一遍,不会——感到惊讶。"

然而,巴伯对局势的评估只有部分是正确的。叙利亚的火炮仍在轰炸加利利地区的农场——其中48座农场被击中——大马士革电台则继续宣称其在北方取得的巨大胜利,包括解放阿卡(Acre)和拿撒勒。叙利亚人谴责了约旦放弃西岸的举动,并将其归咎于"约旦反动派"。同时,叙方还向黎巴嫩总统夏尔·赫卢(Charles Helou)和拉希德·卡拉米(Rashid Karame)施压,要求他们积极参战。但黎巴嫩的将军成功地顶住了这一压力,而叙利亚自己的军队仍端坐于基地内。叙军的官方记录里这样写道:"由于前线的复杂局势,而且由于预备役部队不愿战斗,陆军司令部无法做出任何关于发动全面或局部进攻的决定。因此,它决定在地面上保持低调,集中精力用大炮轰击,最大限度地使用防空火力,并密切关注敌军的行动。"由于遭到了以军连续不停的轰炸,再加上又听到了有关以色列将要入侵的谣言,苏韦达尼和其他高级军官纷纷撤退到大马士革。亚西尔·阿拉法特率领着一支游击队来到戈兰高地的前线上,结果发现路上空空如也。他后来得出的结论是,叙利亚与以色列私底下达成了协议。[5]

叙利亚人并没有入侵的意图,以色列人(在官方层面上)也没有。尽管公众舆论强烈支持对戈兰高地发动进攻——"和那些挑起战端的人算账的时候到了,"《国土报》大声疾呼,"结束这一切吧。"——政府却仍然抵制这一提议。以军在埃及和约旦战场上所取得的决定性胜利似乎让内阁中的反对声变得更加坚定。内阁国防委员会再次就以色列的北方问题召开了会议。

"它〔攻击叙利亚〕将使整个世界都压在我们头上。"扎尔曼·阿兰说,"如果接受停火只是为了之后再违反停火决议,那我表示反对。"支持他的是全国宗教党的代表——哈伊姆·摩西·沙皮拉和泽拉赫·瓦尔哈夫提格。而伊加尔·阿隆则一如既往地反对上述意见,他认为占领戈兰高地是消除叙利亚威胁的唯一途径。阿隆的建议是,以色列不必占领该地区,但可以把它留给当地的德鲁兹人独立建国。军方站在了阿隆这边,巴列夫后来证实说:"将军们认为,如果让叙利亚人毫发无损地离开,他们会继续推行他们的政策，不会因为我们在南部和东部的胜利而被吓倒。"

在那些赞成和反对攻击叙利亚的人中间，总理选择了一条中间道路。尽管埃什科尔同样急切地想要拿下巴尼亚斯河并让叙利亚的大炮哑火，但他也意识到了其中的危险。"我很抱歉叙利亚战线受到的关注太少，但我很清楚这个问题可能让我们与苏联纠缠在一起。"决定性的一票又一次落在了达扬身上。

以色列国防部长没有表现出埃什科尔的那种矛盾心理，他依旧反对与叙利亚的战争。达扬不仅提到了那些早已被说烂了的理由——苏联干预的威胁和在停火决议生效之前征服戈兰高地的困难性。他还指出，以色列已经征服了足够多的阿拉伯国家领土，不需要更多土地了。

在达扬的引导下，国防委员会决定"过一两天再决定是否要在叙利亚的戈兰高地上采取进一步行动，并命令参谋长提交一份行动计划，待国防委员会批准"。政府还补充说，在这两天里，以军不能采取任何公然挑衅叙利亚人的行动。[6]

对于北部战区司令部司令员戴维·埃拉扎尔来说，这一消息无疑是一个沉重的打击。由于天气恶劣，他推迟了原定于前一天发动的袭击，而现在，整个行动都被取消了。他回忆说："那几个小时是我经历过的最糟糕的时刻，觉得自己错过了一次历史性的机会，而这都是因为我自己的过度谨慎而造成的。"政府授权他的军队最多只能拿下边境上的泰勒阿扎齐阿特。愤怒的埃拉扎尔给拉宾打了一通电话："以色列国防军打败了敌人，并把以色列从南部和东部的噩梦中解救出来，而我们却只能继续给叙利亚的戈兰高地当炮灰？"

"你到底想不想进攻？"拉宾回应道。

"我不想！"埃拉扎尔吼道，"攻击泰勒阿扎齐阿特意味着付出最大的代价却得不到任何回报。如果我们全面突进也只用付出相同的代价，它能给我们带来什么？"他砰的一声挂掉了电话，然后取消了所有的战斗准备。"所有人都给我回到集结地。给我准备一架直升机。我要飞去特拉维夫！"

拉宾同意埃拉扎尔的判断：仅仅是为了一个地堡，何苦要让数百人冒着生命危险攀上戈兰高地？他在以军地下指挥中心接见了北部战区司令员，并陪他找到了阿隆和埃什科尔。

"你能做些什么？"以色列总理问道。埃拉扎尔摊开一幅地图，指向扎乌拉（Za'ura），他说从该地到大马士革的道路是敞开着的。"我不需要额外的部队。我不需要任何东西。我今天就能突破到那里，拿下该阵地并继续挺进。我们当然会有伤亡，但不会是场屠杀。我们可以做到。"

"政府必须授权军队征服戈兰高地。"阿隆敦促道。

随后，又有一位替北方定居者发声的人给总理打来了电话。哈伊姆·贝埃尔（Haim Ber）冲着埃什科尔的电话喊道："我们不停遭到炮轰！我们要求政府把我们从这场噩梦中解救出来！"

总理深感困惑。他问埃拉扎尔："那为什么国防部长会反对呢？"将军只是耸耸肩："我不知道他的理由是什么，但肯定不是作战或战术方面的原因。"

埃拉扎尔离开总理办公室后，又跑去找埃什科尔的妻子米里娅姆。米里娅姆对埃拉扎尔说："我的生日就快到了，我想要巴尼亚斯河。"

"我将尽我所能帮你拿下它，"将军向她保证，"但你也必须做好你那边的工作。"[7]

正当埃拉扎尔在特拉维夫为他的行动进行游说的时候，以军继续为锤子行动做着准备。约旦河上最后一座桥梁被摧毁后，埃拉德·佩莱德的师离开了西岸，并开始向北移动。亚伯拉罕·曼德勒的第8装甲旅和丹尼·马特的第80空降旅也开始从西奈半岛转移过来。以色列主要城市的街道上都挤满了坦克、卡车和部队，城际公路上更是堵得一塌糊涂。在戈兰高地上，由于以色列空军并不知道锤子行动已被撤销，他们猛烈地轰炸了叙利亚的地堡和坦克阵地。这一行动被美国称作"一场大规模袭击的前奏曲，其目的是夺取俯瞰着边境周围基布兹的高地"。

在外交层面上，以色列似乎也在为进攻造势。"叙利亚问题仍然存在，似乎也有必要给叙利亚来一次打击。"亚里夫向麦克弗森透露道。尽管以军还没有在戈兰高地上采取任何行动——"这非常不幸。"亚里夫说——但以色列之后很可能会采取行动为自己"争取到更多的空间"。在与埃班的对话中，麦克乔治·邦迪暗示说，战争分明是由叙利亚挑起来的，并给阿拉伯人带来了苦难，但奇怪的是，该国并没有因此而受到惩罚，反倒是可以自由地让"整个致命的过程"重新上演。尽管腊斯克告诫巴伯，让他不要让以色列采取进一步行动——"在以色列接受停火决议之后，这样的发展会让人怀疑以色列方面的意图，并给美国在阿拉伯国家的代表带来最严重的问题"——但埃班得出的结论是，如果叙利亚被击败，白宫将对此持欢迎态度。[8]

事故剖析

6月8日早晨，华盛顿方面就像前一天一样，在安全的距离内监视着战争的发展。美国在中东地区的大使馆和领事馆遭到了围困，在该地区陷入险境的美国公民也正在撤离，华盛顿方面把这一切都看在眼里。

密切地关注着这些事态的发展。白宫中东控制小组注意到苏联正通过阿尔及利亚重新武装埃及军队，因此该小组对于以色列方面提出的要求（美方向以色列提供48架A-4战机）给予了特别的关注。但问题在于，美国政府能否在回应以色列要求的同时无视其他国家（沙特阿拉伯或约旦）的请求。邦迪在回顾了美国国务院在"思想、言论和行动"上的中立态度之后表示："如果我们不停止对所有人的援助，我们会碰到另一个麦克洛斯基（McCloskey）。"然而，大多数人的注意力仍集中在另一件事上，即阿拉伯国家撒下的弥天大谎及美国该如何驳斥它。为了证实没有美国军队参与这场战争，美方邀请利比亚官员访问了惠勒斯空军基地。腊斯克则郑重地向沙特国王费萨尔保证，纳赛尔的指控是毫无根据的。他还进一步承诺说，美方将"寻得一条公平的路径"，反对"通过武力来改变边界或解决问题"。[9]

约翰逊几乎毫不担心美国有直接卷入战争的可能性。美方与克里姆林宫的沟通一直是坦率而有建设性的，而在联合国里，费德林则拒绝与戈德堡合作。尽管这场战争在意料之外的方向上发生了偏移，但没有理由担心它会波及至少386千米之外的美国第6舰队。

然而，有一艘船却处于离战场近得多的位置。就在黎明前，美国海军"自由"号航行到了距离西奈半岛24千米远的地方，刚好在埃及的领海线之外。这艘船开始在阿里什和塞得港之间来回游弋，航行在一条很少被商业船只使用的航道上——埃及方面在此前已经宣布禁止中立船只在此航道上航行。此外，岸上的战斗痕迹清晰可见。由于担心这些因素，船长麦戈纳格尔（McGonagle）中校要求第6舰队派出一艘护卫舰前来护航。但他的请求被拒绝了。海军中将威廉·马丁（William Martin）写道，"自由"号"是一艘在公海上有着明显标记的美国军舰，对任何国家来说，它都不是一个合理的攻击目标"。

但不管是马丁还是麦戈纳格尔都没有收到前一天晚上参谋长联席会议发出的5份电报，这些电报要求他们撤退到离前线161千米以外的地方。由于美国海军的通信系统超负荷运转又过于复杂，这些命令首先被发送到远东的菲律宾，然后再从那里传送回"自由"号。[10] 这些电报将于第二天到达，届时早已失去其存在的意义了。

当天早上5时55分，以色列海军观察员尤里·梅雷茨（Uri Meretz）少校在加沙海岸以西约113千米处执行空中侦察任务。他注意到飞机下面有一艘船，他认为这是一艘美国的供应船，舷号为GRT-5。在海法的以色列海军司令部里，以军参谋官在控制板上用红色的记号标注了该船的所在之处，表示该船"身份不明"。但参谋官在翻阅《简氏战舰年鉴》（Jane's Fighting Ships）后证实了这艘船的身份——"美国的电磁音频监测船，'自由'号。"于是，控制板上的标记被改为绿色，表示该船立场"中立"。此外，还有一架以军战机于早上9时在阿里什以北32千米处看到了这艘船——"灰色，体积庞大，舰桥在船中部。"以色列空军的这两份报告都没有提到长2.4米、宽1.5米的美国国旗。但根据"自由"号船员的证词，这面旗帜当时正在该舰右舷的升降索上飘扬着。船员们还声称，以色列飞机此后继续在这艘船的上空飞行，这给了他们足够的机会来识别该舰。然而，当时以色列的飞行员的目标并不是"自由"号，他们是在寻找此前在海岸附近被发现的埃及潜艇。[11]

以色列的海岸线非常脆弱，但这里聚集着该国 90% 的人口和工业。光是埃及的舰队数量便是以色列的 4 倍多，其中包括新配备的黄蜂级导弹艇（Osa-class）和蚊子级导弹艇（Komar-class）。埃及海军还可以向屯驻于该地区的约 70 艘苏联船只寻求支持。以色列海军在战争中的表现显得漫无目的，与空军和陆军形成了鲜明的对比。海军和突击队对叙利亚和埃及港口发动的联合袭击并没能给敌人造成严重的损失——6 名以色列蛙人在亚历山大港被俘——而以色列空军的飞机反倒是差点向游弋在特拉维夫海岸附近的以色列鱼雷艇开火。尽管美国第 6 舰队仍在地中海东部地区，能牵制苏联，但以色列方面没办法直接联系到该舰队。他们曾再三要求派驻海军联络员，但这些请求都直接被美方忽略掉了。

受到这些因素的困扰，拉宾召见了美国海军驻特拉维夫武官欧内斯特·卡尔·卡斯特尔（Ernest Carl Castle）中校。拉宾对他说，以色列方面会动用一切手段来捍卫自己的海岸。拉宾建议，美国要么告知以方其在该地区的船只，要么将其移走。所有身份不明且航速高于 37 千米/小时的船只——只有炮舰才能达到这一速度——都将被击沉。[12]

上午 11 时，在以色列军舰追击埃及潜艇的同时，以军海军司令部的执勤军官亚伯拉罕·伦茨（Avraham Lunz）结束了自己的轮值工作。他按照程序规定从控制板上移除了绿色的"中立"标记，理由是该信息已经过去了 5 个小时，不再能反映准确情况。于是，对以色列海军来说，"自由"号已经驶离该片海域。

24 分钟后，一场可怕的爆炸撼动了阿里什的海滩。尽管这次爆炸是由弹药库着火引发的，但以色列观察员注意到海上有两艘军舰，并断定埃及人正从海上炮击他们。另外根据以色列和埃及方面的报告，前一天的确发生过类似的轰炸。[13]

在阿里什爆炸后不久，"自由"号航行到了其巡逻路线的东部边界，并调转 238 度驶向塞得港。与此同时，在以军地下指挥中心里，埃及海军向岸上炮击的报告让拉宾感到不安。他此前曾收到过警告，据说埃军有可能在加沙附近展开两栖登陆行动。他重申了军队的现行命令——击沉战区内任何身份不明的船只。但他同时建议军队谨慎行事——据说有苏联船只正在附近海域活动。由于当时以军并没有空闲的战机可用,海军受命介入此次事件,而空军则会在之后提供空中掩护。然而半个多小时过去了,海法的海军司令部却没有做出任何反应。总参谋部终于忍不住了,它痛斥海军:"海岸正遭到炮击,而你们海军却什么都没做。"

在作战室里接替了伦兹岗位的是伊齐·拉哈夫(Izzy Rahav)上尉,此时他已经不需要上级再催促了。他派出了第914中队的3艘鱼雷艇,其代号为"宝塔"(Pagoda)。他们的任务是找到开炮的敌舰并摧毁它。当时的时间是中午12时5分。

这3艘鱼雷艇的旗舰是T-204号。下午1时41分,T-204号鱼雷艇上的作战信息官恩辛·阿哈龙·伊夫拉(Ensign Aharon Yifrah)向船长摩西·奥伦(Moshe Oren)报告了最新情况:在阿里什东北方向出现了一艘身份不明的船只,该船与鱼雷艇相距35.4千米。伊夫拉测量了两次该船的航速,估计其航速为55.6千米/小时。基于这一事实,再加上这艘船又正往埃及方向驶去,奥伦得出的结论是:这是一艘敌舰,该舰在炮击完以色列阵地后正逃往本国港口。

鱼雷快艇开始追逐该舰,但即使是在鱼雷艇全速追击(最高时速66.7千米)的情况下,他们也无法在该舰到达埃及之前追上目标。因此,拉哈夫向以色列空军发出了警报,两架正在西奈半岛上例行巡逻的幻影战机被征调了出来。这两架飞机的指挥官是伊夫塔赫·斯佩克托尔(Yiftah Spector)上尉。空军指挥部提醒他注意该地区的以色列鱼雷艇,并命令他前去确认可疑船只是否属于以色列海军。根据指示,如果该舰不属于以色列海军,飞机便可以发动攻击。

拉扎尔·卡尔尼(Lazar Karni)是以色列空军调度员,其职责是监听地空通信,并提供临时建议。下午1时54分,卡尔尼突然开口说话:"这是什么?美国人?"(他在事后向以色列调查人员表示,他当时是出于自己的直觉而发问,他认为埃及人不太可能单派一艘船前往阿里什。)另一名空军调度员回应道:"美国人?在哪里?"但卡尔尼并没有回应。他在事后解释说:"我军正在对一艘敌舰发动攻击,而我单凭自己的直觉就做出干预，我认为并不合适。"

与此同时，斯佩克托尔找到了这艘身份不明的船只，并在914米的高空识别了该舰。他看到"一艘军舰，船体呈战舰灰色，装有四座炮台，船头指向塞得港……[还有]一个桅杆和一个烟囱"。除了船体上的一些"黑色字母"，这艘船并没有其他标记。其甲板上没有涂上蓝白相间的交叉记号——所有以色列船只的标志。斯佩克托尔得出的结论是，这是一艘"Z"或"狩猎"级驱逐舰。又因为其飞机只配备了加农炮，斯佩克托尔要求空军派出其他装有炸弹的战机前来增援。

"自由"号上的水手后来否认以色列人曾展开过任何侦察行动，他们声称以色列战机直接向下俯冲并发动了攻击。以色列则表示，以方曾询问过卡斯特尔中校"自由"号的下落。然而对于以方的这一说法，美方也拒不接受。实际上，卡斯特尔对这艘船一无所知。尽管存在这些分歧，但在美以双方两个版本的故事中，有一点还是相吻合的：下午1时57分，幻影战机的攻击开始了。[14]

当幻影战机发动第一波攻击的时候，"自由"号的船员正处于"无戒备"状态。他们没戴头盔也没穿救生衣，而麦戈纳格尔和几个军官正在甲板上晒太阳。突然，幻影战机30毫米的加农炮从船头到船尾将"自由"号射了个遍。"自由"号的天线被切断，油桶着火。9名士兵当场死亡，更有数倍的人受伤，其中便包括麦戈纳格尔，他的双腿严重受伤。他拒绝撤离该舰——后来被授予国会勋章——并命令船员打右满舵，让船只往大海深处行驶。他向第6舰队发出了紧急电报："受到不明飞机的攻击，请求立即支援。"

幻影战机从船尾到船头对"自由"号扫射了3次，以至于事后调查人员在船体上数出了多达800个洞。"我们冲它开了很多炮，"斯佩克托尔报告说，"我感觉它故意放出烟来，从烟囱里冒出来。"以色列空军主调度员什穆埃尔·基斯莱夫（Shmuel Kislev）曾两次联系己方飞行员，向其询问对方船只是否有动用防空火炮还击。但飞行员似乎太投入了，他们都没有做出回答。发动进攻三分半钟后，幻影战机的弹药耗尽，于是便飞走了。取而代之的却是一个中队的神秘战机，他们刚刚轰炸完埃及步兵回来。为了完成轰炸任务，这些战机上携带有凝固汽油弹。尽管这种炸弹也不甚适用于海战，但神秘战机成功通过低空俯冲将炸弹投下。几秒钟后，"自由"号舰桥和甲板的大部分区域都烧了起来，整艘船都被浓烟笼罩着。

当神秘战机准备再次发动袭击时，以色列海军却注意到被攻击的舰艇并没有还击，他们提醒基斯莱夫，袭击目标可能实际上是以色列船只。"如果［对身份识别］有疑问，就不要攻击。"基斯莱夫对飞行员们说道。以色列海军很快就联系了己方位于该地区的所有船只，但没有一艘遭到了炮火袭击。于是海军发出信号让空军继续进攻。"你们可以进攻了，"基斯莱夫说，"你们可以将其击沉。"

由于这艘船没有做出任何反应，基斯莱夫感到十分困惑——"这比［击落］米格战机还要容易得多。"另一名调度员如此评论道——但他同时担心击沉该舰的功劳会被海军抢走。神秘战机中队指挥官约西·祖克（Yossi Zuk）上尉对基斯莱夫说："如果你有一支由两架飞机组成的编队，且飞机上装载着［500磅的］炸弹……那就太好了，要不然海军十分钟后就赶到了。"在这些相互对冲的压力之下，基斯莱夫决定让飞行员再为识别该舰做最后一次努力。"看看他们［飞行员］能不能找到一面旗帜。看看他们能不能通过旗帜识别出它［该船］。"

此时的祖克仍在低空飞行，仍在扫射，他回答说："它上面没有国旗。"但他同时注意到船身上有一个在他看来像是字母 P 的图样。随后他又纠正了自己先前的结论："注意，船的标记是 Charlie-Tango-Romeo-5。"

"别动它！"基斯莱夫叫道。他知道埃及的军舰几乎都是用阿拉伯语来标记的，不会使用拉丁字母来拼写。他猜测被袭击的船只是美国人的。

这一消息吓坏了地下指挥中心里的以色列军官。拉宾担心这艘船不是美国的，而是苏联的。如果是这样的话，以色列正好给莫斯科提供了一个干预的借口。由于达扬正在前往希布伦的路上，而莫提·霍德则刚刚做完简报在回程的途中，总参谋长只好亲自掌控局势。鉴于以军飞行员认为他们曾看到有士兵跳船，拉宾于是派出两架空军直升机前去搜寻幸存者。拉宾还命令仍在追击的鱼雷艇与该船保持安全距离。

与此同时，"自由"号上的景象如同地狱一般。士兵们的身上沾满了可怕的胶状汽油，他们被大火所吞噬。他们的身体被弹片撕碎，全都涌进狭小的军官休息室里——此处已经被改造成了紧急医院。在通信室里，通信兵发出了未编码的求救信号。其他健全的水手则疯狂地烧毁机密文件，并升起了一面巨大的美国国旗，以取代被击毁的海军军旗。他们都不知道袭击者到底是谁。大多数人认为袭击是由埃及的米格战机发动的。

此前遮蔽了以色列飞行员视线的烟雾现在也影响到了奥伦上尉。以军鱼雷艇中队于2时44分到达现场，此时距离拉宾命令它停止追击之时已经过去了24分钟。尽管拉宾发出的这道命令出现在T-204号鱼雷艇的航海日志上，奥伦上尉后来却声称他从未收到过该命令。但他当时还是停了下来，在距离6000米的地方仔细观察着这艘船。尽管有烟雾，他仍能发现这艘船并不是那艘可能炮击了阿里什的驱逐舰，但有可能是一艘货船。它要么为驱逐舰提供补给，要么从海滩上运走了撤退的敌军。他查阅了手上的情报手册，发现该船的轮廓与埃及的补给舰"古赛尔"（*El Quseir*）号相似，其他两艘鱼雷快艇的舰长也分别独立得出了同样的结论。他还试图向该船发出信号，要求确认其身份，却没有收到明确答复。奥伦命令他的中队排成战斗队形。

就在鱼雷艇接近"自由"号的时候，"自由"号发出的求救信号终于传到了"美利坚"号航空母舰上。"救援部队已经启程。""美利坚"号回答说。这艘航母正在进行战略演习，其甲板上的战机装载有核弹头，但当时已没有时间用常规武器来替换下它们。一支由8架F-4战机组成的分队从舰上起飞，并往西奈半岛方向飞去，但几分钟之后这些飞机都被海军中将马丁（Martin）撤了回来。如果说拉宾担心（以色列军队袭击的）这艘船是苏联人的，马丁则怀疑对该船发动攻击的是苏联人。如果没有最高级别官员的授权，他是不会冒着引发一场核战争的危险而派出这些飞机的。

"美利坚"号的救援虽然没有赶来，但以色列人进入了"自由"号的射程范围之内。麦戈纳格尔曾试图用手提轻便信号灯来向以军发出信号——探照灯都被打坏了——并命令他手下的士兵不要向靠近的鱼雷艇开火。当时舰上共有四支机枪，一名没有听到命令的水手用其中的一支机枪向以军开了火。另一支机枪也开了火，不过这次是因为弹药爆炸引起的。在奥伦眼里看来，他现在正遭到一艘埃及船只的攻击。他用无线电联系上了海军司令部的伊齐·拉哈夫，并请求司令部允许他还击。在犹豫了一阵之后，拉哈夫最终妥协了。

在以色列人发射的5枚鱼雷中，只有1枚击中了目标。这枚鱼雷直接击中了"自由"号的右舷，并造成25人死亡，死者几乎全都来自舰上的情报部门。

"基斯莱夫，这是一艘埃及补给舰，"以色列空军驻海军联络员报告说，"我不希望再听到任何人告诉我空军在身份识别方面有问题。"刚一确认攻击目标无误，基斯莱夫便立即指示直升机继续执行救援任务，但要保持谨慎。他的命令传达出来："告诉直升机，他们不是美国人，他们是埃及人……告诉在阿里什的他们［以色列军队］，埃及水手正从海上，从一艘被他们［以色列海军］击沉的船那边游过来。"

然而，以色列海军还没有击沉这艘船。鱼雷艇靠近了"自由"号，并用加农炮和机关枪扫射了该船的船体。据船员说，他们连"自由"号上的救生船都没有放过。其中一艘被T-203号鱼雷艇截获的救生船被发现带有美国海军的标记。奥伦开始怀疑这艘船可能不属于埃及人。然后，他绕着这艘严重倾斜的舰船打转，最后看到了该船的舷号"GRT-5"。奥伦试图通过扩音器与舰上人员取得联系，但没有得到回应。这艘船的身份还要再过半个小时才能得到确证。在该地区上空1千米的高空中，一架美国的EC121M侦察机截获了鱼雷艇上发出的信号。麦克·普洛斯提那克（Mike Prostinak）是这架飞机上的希伯来语专家，他对机上指挥官海军军士马尔文·E.诺维奇（Marvin E. Norwicki）说："嘿，长官。我在特高频上发现了一些非常奇怪的活动。他们提到了一面美国国旗。"

以军总参谋部正在研究苏联采取报复行动的可能性，就在这时，有关上述船只属于美国的消息传来了。拉宾回忆说："我必须承认，得知该消息后我的心情很复杂。我对袭击了我们的朋友感到非常遗憾，但又有一种巨大的解脱感［因为那艘船不是苏联人的］。"以方立即向卡斯特尔发送了一封道歉信，卡斯特尔又转而将信传递给了第6舰队。不久之前，另一批装上了常规炸弹的美军战机刚刚从"萨拉托加"号上起飞。美军要求飞行员不要在靠近海岸的地方飞行，也不要追击发动袭击的飞机，但同时授予他们"动用任何必要的武力来保护美国海军'自由'号"的权力。

这些战机也被马丁召回了，唯一到达"自由"号的飞机是以色列空军的两架超级黄蜂（Super Frelon）式直升机。麦戈纳格尔终于得知了攻击者的身份，他用粗鲁的手势把这两架直升机赶走了。另一架搭载着卡斯特尔的以色列直升机——他把自己的名片插在橘子里，并将其扔到了甲板上——则因为天太黑而无法降落。到下午5时5分时，以色列人已与"自由"号中断了联系，而"自由"号则在基本上没有操作系统的情况下摇摇晃晃地驶向大海，船上共有34人死亡，171人受伤。[15]

将近两个小时后，约翰逊收到了一份电报，这封电报告诉他："位于埃及以北96—160千米处"的"自由"号被一艘不明船只击沉。总统的第一反应是认为苏联参与了此事。为了防止事态进一步升级，他通过热线向克里姆林宫发送了有关袭击，以及"萨拉托加"号派出飞机的消息。柯西金确认收到了这些信息，并承诺会将信息传递给纳赛尔。[16] 但问题依然存在：试图击沉"自由"号的到底是谁？

又过了两个小时，以色列驻华盛顿大使馆证实了其所谓的"错误行动"。哈曼随即向美方发出了一封正式的道歉信。跟拉宾一样，约翰逊最初的反应是松了一口气，毕竟苏联人没有卷入此事。虽然美方向哈曼表达了自己"极度沮丧"的心情，但约翰逊政府仍对以方的坦白表示感谢。埃什科尔赶紧向美方发送了一封电报："请接受我深切的哀悼，并替我向所有失去亲人的家属表示慰问。"埃班的电报紧随其后："我对所发生的关乎美国人生命和安全的悲惨事故深感惭愧和悲痛。"在一封写给美国总统的私人信件中，埃夫龙写道："我同你一起哀悼逝去的生命，并与在这残酷的命运中丧生之人的父母、妻子和孩子一起分担悲伤。"以色列政府在48小时内便提出要向死伤者赔偿损失，该政府最终为此支付了1200万美元。

这些赔偿和道歉起初似乎令美国政府感到满意，他们急于淡化此事。驻特拉维夫的巴伯大使警告说："它['自由'号]太过靠近战场，这可能会助长阿拉伯人对美国–以色列阴谋的怀疑。"与此同时，驻开罗的诺尔蒂大使也表示："有关'自由'号遭鱼雷攻击的故事，我们最好尽快把它讲出来，最好把它讲好。"美方可能还担心，这一事件会引起人们对在埃及水域活动的美国潜艇（代号为"额饰–615"[Frontlet 615]）的关注。美国国防部最后发布了一份官方声明，它在声明中承认有"一艘美国海军研究船"被派去"为美国在中东地区的撤侨行动提供信息"，这艘船在"西奈半岛以北24千米处"的国际水域遭到了袭击。该声明指出，以色列方面已承认对这起袭击负责，并已为此事件道歉。除了这份声明，美国政府全面压制媒体报道这一事件。[17]

然而现在，美国官员已不那么关心事故发生的过程了，他们更关心的是事故发生的原因。许多问题渐渐浮现出来：为什么以色列方面会在公海上攻击一艘没有丝毫挑衅迹象的中立船只？他们怎么能没看到"自由"号上的旗帜或在其船体上新漆的标记？与"自由"号相比，"古赛尔"号慢得多、小得多，更没有独特的天线，在这种情况下，以方怎么能把两艘船给弄混？最后，"自由"号当时的航速为9.3千米/小时，其最大航速则只有33.3千米/小时，以方怎么可能测出其航速为55.6千米/小时？

"无法理解，"腊斯克怒气冲冲地说，"我们不能接受这种情况。"克拉克·克利福德（Clark Clifford）曾是杜鲁门和肯尼迪这两位总统的顾问，在其担任顾问期间，他一直立场坚定地支持以色列。在约翰逊手下，他成了外国情报咨询委员会主任。就连他都认为这次袭击"不可原谅……是一项公然的严重过失行为，以色列政府应负完全责任"。他建议政府在处理这一事件时，就把它当作是"阿拉伯人或苏联人做的"。没有任何官员能够解释清楚以色列袭击美国船只的动机，该事件的事实也难以理顺。要么是以色列军队无能（然而他们在战场上又取得了完美无缺的胜利），要么就是他们故意为之。事实上，美国政府中的许多人都已断定这次袭击是故意的，以色列方面的解释毫无诚意可言。[18] 美国对以色列的指控逐渐由一次刑事过失转变成了一场蓄意谋杀。

以色列人试图用三份内部报告来打消这些指控。这三份报告中的最后一份是一项全面的调查，该调查在军事法学家耶沙亚胡·耶鲁沙勒米（Yeshayahu Yerushalmi）的领导下展开。这三份报告都承认，以色列国防军的过失包括：误称阿里什遭到了来自海上的炮击，对"自由"号的航速做了错误的估算，以及把"自由"号与"古赛尔"号弄混了。这些报告指出，以军军队各部门之间的沟通不畅，飞行员在连续4天不间断的战斗中精疲力竭，而海军则急于弥补此前在战争中的失败。然而，这三项调查都得出了这样的结论：这次攻击是一次"无辜的错误"，没有恶意或重大过失。"我很遗憾，我们的部队卷入了一次事关友好国家船只的事件中。"耶鲁沙勒米写道，"我没有发现任何偏离合理操作标准以至于应该移送军事法庭审判的行为。"[19]

"这根本就是在胡扯。"尤金·罗斯托在审阅这些报告时抱怨道。腊斯克则写到，这次袭击"简直让人无法理解……是一种鲁莽的军事行动，反映出了对生命的漠视"。以色列方面暗示，"自由"号没有理由出现在其当时所在的位置，该舰也没有向以方告知其行踪，更没有使用一切手段（信号、照明灯、旗帜）来亮明自己的身份。美国对于以色列的这种说法感到不快。埃夫龙曾向美方保证，以军涉事军官将因疏忽而受到"严厉惩罚"，但现在他的保证反而变得毫无根据可言。白宫如今不仅要求以色列人支付赔偿，而且还要承认其有不法行为，更要求"依照国际法"审判发动袭击的负责人。

然而，虽说美方提出了这些要求，但这并不意味着他们有彻底调查此事的意愿。在袭击发生后不久，美国海军少将伊萨克·C. 基德（Isaac C. Kidd）在马耳他组织了一个海军调查法庭。据该法庭推测，由于缺乏足够的风，以色列飞行员可能看不到"自由"号上的旗帜，因此这次袭击似乎是"一次误认身份的事件"。此后，美国中央情报局、参谋长联席会议、众议院拨款委员会及国家安全局对该事件做了进一步的审查。[20] 但这些调查都没有尝试去回答下述问题：到底是谁把"自由"号这艘仅配有轻武器且"隐姓埋名"的船只派到他人的战争地带中去？这么做又是为了什么？这些报告只字未提"自由"号的使命可能是一个巨大的错误，更不用说对其提出指控了。

由于这些问题没有答案，这导致后来出现了声称能解释这一事件的各种各样的阴谋论。根据这些阴谋论，以色列发动这次袭击的目的是阻止"自由"号对外报道以军在西奈半岛上所取得的进展，阻止其传播以军处决埃及战俘的消息，或阻止"自由"号泄露有关以军已截获开罗与侯赛因国王之间通讯的消息。最广为流传的指控是：以色列——尤其是达扬——希望通过摧毁"自由"号来掩盖以军为即将入侵叙利亚而做的准备工作。

然而，所有这些阴谋论都经不起历史的审视，甚至都说不通。以色列几乎没有对美国人隐瞒其军队在西奈半岛上的进展，也没有隐瞒其对戈兰高地的意图。到6月8日这天，约旦方面已经丧失战斗力了。没有证据表明以色列大规模处决了战俘，也没有证据表明它试图通过杀害美国人来掩盖这一行径。实际上，由于他们过于在乎美国人的意见，同时他们对苏联又有根深蒂固的恐惧，以色列人不可能想去招惹唯一愿意保护他们的超级大国，更不用提与之开战了。另一方面，尽管以军本可以轻易地击沉"自由"号，但事实是它并没有选择这么做。它一意识到错误便立即停止了射击，并主动提出为这艘船提供帮助。上述论证逻辑将为阿拉伯和苏联评论家所用。但讽刺的是，他们用这一逻辑来证明"自由"号曾在战争期间为以色列进行间谍活动，而该舰后来遭到以方攻击则只不过是一场错误。[21]

一场只持续了四天的战争？

"自由"号事件——对该舰身份的错误识别，以及美国和苏联军队之间因此险些冲突——表明超级大国之间很容易在无意中便在中东地区爆发冲突。戈德堡建议埃班说："以色列要小心，不要把自己的优势扩张得太大。"他指出，阿拉伯人的全面溃败已经增加了苏联干预的危险。美国中央情报局则根据苏联某秘密消息源所提供的信息得出了同样的结论：苏联直接参与战争的可能性越来越大。（该消息源表示："我们别无选择。"）柯西金似乎也威胁要让苏联表现出更强的侵略性来。苏联总理通过苏美热线在致华盛顿的信件中写道："以色列的行动让阿拉伯国家陷入了这样一种境地，即他们不得不对侵略者发动一场合法的防御战争。除非以色列部队完全撤出……否则不能确保能在近东重建和平。"

防止美苏两个超级大国之间发生冲突的最大希望便是联合国安理会。安理会在中断了将近 24 小时后，于下午 2 时重新召开会议。然而，会场上的气氛却几乎没有改善。现在，除了美国与苏联所持立场间的巨大差距，美国和以色列的立场也出现了分歧。埃班反对将停火与以军撤回 6 月 4 号边界线这两件事关联起来。他不希望安理会的决议提及（1949 年）停战协定，也不希望决议提到"撤退"一词。戈德堡反过来也提醒埃班注意公共舆论。"在当前局势下，以色列不应以企图侵犯他国领土完整的形象示人……这是有必要的。"他傲慢地叫埃班去请教麦克乔治·邦迪，学习"如何最好地实现和平，同时让阿拉伯人克服仇恨和羞辱"。

美国和以色列的分歧虽然尖锐，但与以色列和苏联的分歧相比就显得有些微不足道了。费德林咆哮着说："以色列的军队［正］紧跟在希特勒麾下刽子手的血腥脚步之后。"吉迪翁·拉斐尔则回应说："以色列和犹太人民都没有与希特勒的德国勾结在一起，更没有鼓励纳粹德国发动对全世界的侵略。"苏联提出了一项谴责以色列的决议，要求其军队完全撤出阿拉伯国家。美国人则提出了一份自己的决议草案与之相抗衡。该草案呼吁"有关各方……展开讨论"，将交战部队分开，杜绝使用武力，维护国际权利，并"在中东建立稳定和持久的和平"。这两份草案都没能获得安理会的批准，甚至都没怎么经过认真讨论。

然而，只要埃及仍拒绝接受停火，讨论以色列是否会撤离这个问题就没有意义。科尼现在面临着来自两个相反方向上的压力：苏联敦促他表现出灵活性，而亚非集团的成员国——尼日利亚、巴基斯坦、塞浦路斯、印度尼西亚——则鼓励他坚定立场。有传言称，苏联轰炸机正在飞往战争前线的途中，埃及军方则很快便会重新集结，并展开大规模反击。照传言来看，即使科尼接受了停火决议，开罗方面也会拒绝承认。法新社又报道称纳赛尔曾公开对结束战争表示欢迎，于是情况变得愈加混乱了。埃及大使赶紧前去证实这一说法，却发现这是无稽之谈。此后，他便坐在远离会议大厅的地方，在观察员旁听席上等待着纳赛尔的指示。[22]

但几乎已经有三天没有人看到纳赛尔或从他那儿听到消息了。他把自己锁在屋子里,据说是由于军队的失败而变得颓废不堪。埃及总统避免与外界的所有接触,特别是与军方领导人。萨达特一再要求与总统见面,敦促他拿掉阿米尔,并亲自指挥军队,但最后都无功而返。纳赛尔就是不肯出来。然后,在6月8日中午,埃及领导人突然露面。他满面笑容地走进了最高司令部,并宣布他刚刚与苏联和阿尔及利亚领导人进行了交谈。他说,200架全新的米格战机正运往埃及。他预计埃及军队将重整旗鼓,先守住西奈半岛上的两处山口,然后再集结起来发动大规模进攻。阿卜杜·拉提夫·巴格达迪('Abd al-Latif al-Baghdadi)是纳赛尔的一位老友。他问纳赛尔,为什么埃及没有按照莫斯科的要求协调其政策并接受停火。纳赛尔说:"不管我们接不接受,这都无关紧要。犹太人将一直战斗下去,直到达到他们的目的为止!"

纳赛尔随后召见了马哈茂德·里亚德,并给他看了一份从莫斯科发来的电报,这份电报敦促纳赛尔同意停火。里亚德回答说,由于最初是苏联的情报促使埃及军队进入西奈半岛,那么苏联现在便不应该同华盛顿一起要求埃及停止自卫。里亚德表示,埃及决心在以色列人被赶出去之前战斗到底,而俄罗斯人则应该支持埃及的这场战斗。

里亚德同样对战争非常乐观,其原因是有报道称埃及的防空部队已经击退了以色列的飞机,而敌人的空降兵部队则在米特拉山口被歼灭。此外,据说以军还有一支装甲部队在鲁马尼停了下来。除了拒绝莫斯科的要求,里亚德还亲自拨通了安理会每一名常驻代表的电话,他在电话中提醒他们,如果以军不立即全面撤退,埃及就不会停火。开罗广播电台再次向听众们确认,埃军在西奈半岛的所有战线上都仍在进行着激烈的抵抗,政府无意同意停火。

获得停火决议的机会似乎正在消失,原因在于埃及人产生了他们可能会战胜敌军的错觉,也在于他们对公开受辱的恐惧。在与诺尔蒂的谈话中,埃及情报部门主管萨拉赫·纳西尔对以色列将获得胜利的说法表示怀疑,他相信埃军会打回到战前的停战线上去,甚至可能会继续封锁海峡。但埃及永远不会同意停火,他解释说:"不然我们该怎么向人民交代?"[23]

然而，这些错觉却掩盖不住正沿着苏伊士运河蔓延开来的灾难景象。据估计，有1.1万名士兵越过了这条水道，另有2万名士兵被困在西奈半岛上，急需水资源。法齐将军从伊斯梅利亚见证了军队的溃败。他看到整个坦克连的士兵丢弃了他们的车辆和个人武器，然后游过了运河。阿米尔无视这些士兵和他们所面对的困境，他命令阿卜杜勒·穆奈姆·哈利勒将军炸毁横跨运河的桥梁。"这是我从他那里听到的最后一句话，"哈利勒证实说，"他下达的最后一项可耻的命令。"

"那是一番可怕的景象，"穆罕默德·艾哈迈德·哈米斯回忆道。他是第6师的通讯官，在传言说阿尔及利亚会提供空中掩护的情况下，他又回到了西奈半岛。"军队的碎片散落在沙滩上……被烧毁的坦克……被摧毁的车辆……看起来像雕像一样的烧焦了的尸体……突然，我看到了数名坐在军用吉普车上的高级军官，他们让我再一次掉头往回走……他们告诉我［西奈半岛］上已没有剩余的［埃及］军队了，一切都结束了。"侦察官叶海亚·塞阿德·巴沙也逃出了山口，结果却发现自己被困住了。"我走到运河岸边，看到桥已经被炸毁了。我伸开四肢躺在地上，在疲惫和悲伤中……在被打败的痛苦中，我熟睡了一觉。我们无法理解自己是怎么被打败的。"

在吉迪山口，古勒发现这里几乎只剩自己和他的第4师士兵了，他们没有大炮，只剩下一辆坦克。他后来声称："我们的通讯完全被美国的'自由'号给堵住了。"由于害怕被俘，古勒下达了战争中的第二次，也是最后一次的撤退命令。

英国战地记者戴维·普莱斯–琼斯（David Pryce-Jones）目睹了埃及军队的逃亡。在报道完阿布阿吉莱的陷落后，他随着埃及军队一起逃到了甘塔拉，在那里，渡船按每次50人的标准分批将西奈半岛上的埃及士兵运过了河：

> 一名医生督促他们在登记簿上签名，一个接一个地把大拇指按在紫色的印字板上，然后按向某本书的页面上。他们是义务兵，不识字。在河另一边的岸上，母亲们头顶着太阳顺从地站在队伍里，一

动不动。她们从全国各地赶来，前来打探她们儿子的命运。在这些被挤在一起的母亲的身后，一圈带刺的铁丝网将军营里的一块军官围场圈了起来，四五名军官躺在有条纹的躺椅上，透过望远镜观察着众人。

外国记者的报道和来自前线的传言最终还是绕过了埃及的军事审查。在开罗，不久之前人们还在为以色列人在战场上失败的消息而欢呼雀跃，现在却沉浸在令人不安的沉默中。诺尔蒂警告说，该市存在"明显的、即时的骚乱和示威活动升级的危险"，这将导致"公共秩序严重崩溃"。[24]

下午晚些时候，纳赛尔会见了部队里的高级军官，他们向纳赛尔汇报了西奈半岛上不可逆转的局势。纳赛尔最后一个会见的是阿米尔。总统走进来的时候，陆军元帅正在同巴格达迪和卡迈勒·哈桑商量事情。这些前"自由军官"站了起来，并哭着离开了房间，留下两位领导人单独在一起。紧随其后的是一场激烈的争论。纳赛尔的老朋友马哈茂德·吉亚尔在外面听着，但他也不知道这场争论中的细节问题。过了一会儿，纳赛尔弯腰驼背地走了出来。"想象一下，吉亚尔，一切都结束了，我们同意停火。"阿米尔紧接着走了出来。"够了，吉亚尔，"他说，"我们要投降了。"

纳赛尔再次叫来里亚德，并用哽咽的声音告诉他，埃及不能再继续打下去了，必须通知科尼。里亚德不敢打电话。在其回忆录中，他承认说："在过去的几天里，我一直在向他［科尼］灌输我所收到的那些振奋人心的军事报告。他认可了这些报告的真实性。而对于各国大使们所告诉他的有关埃及军队崩溃的消息，他则认为是充满恶意和完全不实的。我们沉默了好一会儿。此前我们一直活在幻想中，但在那令人绝望的时刻，幻想最终破灭了。"埃及外交部长于晚上9时拨通了科尼的电话。

科尼惊呆了。"不可能！"他大喊道。这位埃及大使此前已经准备好了一份完全不同的发言稿，他将要再次拒绝停火。他怀疑这通电话是以色列人的诡计，并立即把电话打到了纳赛尔的办公室里，他要求与总统直接通话。"你做得很好，穆罕默德，"纳赛尔安慰他说，"但是，是的，你必须接受停火。"

科尼心灰意冷，当众哭泣。他于晚上9时35分来到安理会会议厅，并宣布说："在我方政府的指示下，我很荣幸地向各位转达我们接受停火的决定，但前提是另一方也必须停火。"几位安理会非常任理事国代表目睹了这一切，他们坚持认为科尼的声明只不过是一种策略。在他们看来，如果停火决议中没有某些有关以色列撤军的保证性条款，纳赛尔是永远不会让步的。但开罗最高司令部发布的一纸公报很快便打消了这些疑虑。该公报证实，埃及"在经过了与以色列、美国和英国联合空军前所未有的激烈战斗后"决定接受停火。不过，该公报还警告说，战斗将在其他战线上继续进行："1亿阿拉伯人被复仇的仇恨所吞噬……其目标是来自芝加哥和得克萨斯的黑帮。"25

科尼在安理会上的声明在耶路撒冷引起了巨大的反响，这些反响集中在关于以军该于何处结束战争的争论中。随着停火消息一同传来的是有关美国将敦促以色列和埃及军队在战场上分别后撤9.7千米的传言。由于急于确立以米特拉山口和吉迪山口为基础的新防线，达扬一改先前的反对态度，允许以军越过山口。约夫现在把他的师分成三路纵队。其中两支部队将沿着大苦湖（Great Bitter Lake）南侧继续前进。第三路纵队则将对苏伊士运河沿岸的苏德尔角（Ras al-Sudr）发动袭击，并在该地与从沙姆沙伊赫北上的空降兵会合。塔勒则继续推进其双管齐下的计划，其手下的两路部队分别从比尔加夫加法和甘塔拉向菲尔丹大桥进发。按计划，到停火决议生效之时，以军便已稳稳地扎根于运河两岸了。

这场战争看起来马上就要结束了，通过一场4天的战争，以色列占领了西奈半岛和约旦河西岸。由于叙利亚马上便要宣布接受停火，以色列到底要不要攻击戈兰高地的问题便显得没有意义了。此外，苏联似乎比以往任何时候都更加坚定地要保护他们在中东地区唯一的盟友——叙利亚人。他们至今仍然毫发无损。

因此，在6月8日下午早些时候，面容疲惫的丘瓦欣大使向以色列外交部转交了一封信。这封信谴责以色列未能履行停火决议并公然违反国际行为准则。"如果以色列政府不遵守安理会的决议，"克里姆林宫警告说，"苏联会重新审视其与以色列的外交关系……它［还］将考虑采取用于应对以色列激进政策的其他措施。"据说苏联大使在结束此次会面时曾警告说："如果以色列人沉醉于胜利中，并进一步展开侵略，这个小国家的未来将会变得十分凄惨。"

尽管苏联的意图是明确无误的，但以色列领导层中仍有一些强力的声音，他们要求以军抢在正式停火之前对叙利亚发动一波进攻。这些人之中便包括埃什科尔。当晚7时10分，埃什科尔再次在他位于特拉维夫的办公室里召开了一次内阁国防委员会会议。他的目标是动员众人支持以军至少占领戈兰高地上的部分领土——"就像一只牛头犬挣脱锁住它的铁链一样。"他用意第绪语对定居者说道——并压过达扬的反对声。

这次会议以拉宾的报告开场，该报告介绍了叙利亚军队对加利利北部的持续炮击。他说，在停火前时间允许的情况下，以军现在有足够的兵力来捣毁叙利亚人的大炮。接下来，内阁国防委员会做出了一项前所未有的举动——移民游说团体的代表被邀请在会上向部长们发表讲话。"如果以色列没有能力保卫我们，我们有权知道！"克法尔吉拉迪（Kfar Giladi）基布兹的雅各布·埃什科利（Ya'akov Eshkoli）高喊道。"你们应该坦率地告诉我们，我们不是这个国家的一部分，也没有权利得到以色列国防军的保护。你们应该叫我们离开家园，逃离这一场噩梦！"

伊加尔·阿隆迅速站出来表示支持。"假设如果我们拿下了叙利亚人的山脊，苏联便会与我们断绝关系——我不相信这种事情会发生——与其为了保住我们与苏联的关系，而让叙利亚人继续占据山脊，我宁愿为了拿下山脊而与苏联断绝关系。"

阿隆的论证逻辑至少说服了一位曾经反对对叙利亚采取行动的内阁部长。扎尔曼·阿兰表示："4000年来，我们一直在谈论着亚伯拉罕献祭以撒的故事，在这些定居点里，不管是男人、女人还是孩子都遭到了让他们做出牺牲的威胁。这种情况是令人难以忍受的。"

然而，其他部长仍旧对这些说法无动于衷，他们反对去激怒叙利亚。"我不是懦夫，"泽拉赫·瓦尔哈夫提格说，"但与苏联决裂便意味着与其他十个国家的决裂，甚至意味着要与亚非国家决裂。这可能会导致我们被逐出联合国……我们已经迷醉了，但不是因为酒……如果叙利亚没有明显违反停火决议，我们就不应被拖入一场新的战争。"哈伊姆·摩西·沙皮拉坚持全国宗教党的立场，表示同意："我们应该再等一天……我们不应该把他们［叙利亚人］拖入战争。"

然后，终于轮到达扬发话了。他提醒部长们注意到以色列已取得的巨大胜利，同时也提醒他们注意接下来所要面对的激烈的外交战。"我愿意成为一个最低限要求主义者——得到我们已经得到了的东西就足够了。在这场痛苦的斗争中，为什么我们还要对另一个拥有不同国际边界的国家下手呢？这有点太过分了……对于我们的攻击，叙利亚人会永远耿耿于怀下去，今天不会了结，甚至未来许多年后都不会了结。"

达扬紧接着强调了以色列所面临的危险，这种危险不仅仅在于苏联有可能会干涉进来，以色列还可能与法国，这个为以色列供应战机的国家，完全疏离开来。"空军的状况不佳。"达扬声称，"我们从1962年起就没有购进过新飞机，而我们大部分的飞机在战争第一天［6月5日］都被击中过。"他还谈到了北部战区司令部缺乏足够兵力的问题，以及美国有可能反对以色列对叙利亚采取行动的问题。他否认叙利亚对以色列构成了威胁，但随后又反过来大声说："我担心叙利亚和伊拉克会发动联合空袭。我担心，除了约旦，其他所有的阿拉伯国家都将继续与我们战斗下去。"

国防部长再次谴责政府干涉了他所独享的权力（"在军事问题上，我反对以少数服从多数的原则做出决定"），然后说出了一番令全场为之震惊的话。"我宁愿把定居点移动个16—32千米，让他们远离叙利亚的炮火攻击，也不愿卷入第三条战线上的战事，并进而与苏联发生冲突。成千上万的阿拉伯人已由于这场战争而被迫迁移，我们也可以重新安置几十名以色列人。"

达扬的提议——宁愿将定居点连根拔起，也不愿摧毁叙利亚人的大炮——令许多部长勃然大怒。"我们决不会考虑移动农场，"阿兰嚷道，

"这相当于是在割让以色列的部分领土。"埃什科尔也站出来申明:"绝不能让叙利亚人取得更大的胜利了。"

然而到了做决定的时候,埃什科尔却没有这般果断。他只是提议说,达扬、拉宾,再加上他自己将视情况于合适的时机批准以军对戈兰高地采取行动。他同时补充说:"如果叙利亚人能毫发无损地结束这场战争,那就太遗憾了。"此外,他还暗示戈兰高地可以作为未来边界谈判的筹码。"当然,我们并不觊觎叙利亚的领土,哪怕只是一寸土地。"[26]

在接近午夜的时候,达扬拨通了埃拉扎尔将军的电话,并向其宣布了内阁的最新决定。他解释说,埃及还没有实施停火,而以色列却已经遭受了足够多的伤亡,无力再另辟一条战线。此外,苏联人的态度仍不确定。埃拉扎尔试图说服达扬,他向达扬保证说,以色列军队在攀登高地的过程中所遭受的损失不会让人望而却步——"不会那么糟糕"——而且苏联的威胁只不过是嘴上功夫,并不会付诸行动。"如果我们现在不在这条边境线上做点什么,"北部战区司令部司令员嚷道,"这将成为未来几代人的诅咒。"达扬虽然很同情埃拉扎尔,但其立场十分坚定:"我了解你,理解你,也知道你想要什么,但我也知道你很自律,不会做出任何违背我们决定的事情。"

达扬把电话递给了拉宾,拉宾听着北部战区司令员向他发泄他的不满。"这个国家到底是怎么了?我们怎么对得起我们自己、我们的人民,以及定居点?在经历了他们[叙利亚人]造成的这一切麻烦之后,挺过了他们的炮击和骚扰之后,我们却让那些傲慢的杂种留在山顶上,任凭他们骑在我们的背上吗?"由于天气原因,埃拉扎尔此前推迟了进军戈兰高地的行动。对此,他懊悔不已。"我要是知道昨天推迟行动会导致其最终被取消,即使是在没有空中掩护的情况下我也会发动攻击。虽然这样做会让我们付出惨重的代价,但我们肯定能把高地拿下来。"

此前以色列定居者曾要求以军撤离边境地区的平民,但这一要求被埃拉扎尔拒绝了。现在他却请求拉宾允许他这么做,并准许他的军队解除戒备。但拉宾只同意撤离儿童,并坚持让北部战区司令部全面保持战斗队形。他叫埃拉扎尔不要放弃希望,"有些事情可能还会发生"。一时间,拉宾的指示似乎与达扬的命令出现了冲突。但国防部长出人意料地表示同意。他暗示埃拉扎尔说："虽然决定暂时不发动攻击，但这个决定有可能还是会发生变化的。"[27]

第 9 章

战争：第五天，6月9日

戈兰高地大决战

纳赛尔试图辞职

联合国复苏，苏联被激怒

以色列宪政危机

午夜刚过，达扬在内阁会议结束后直接来到了以军地下指挥中心。在接下来的3个小时里，他了解到埃及人的确接受了停火决议，而且叙利亚方面很快也会效仿。突然，达扬在拉宾面前做出了一番令其感到困惑的评论。达扬表示，在戈兰高地上已经几乎无人守卫的情况下，仅仅占领泰勒阿扎齐阿特毫无意义——阿拉伯人会认为这种有限的攻击是以色列方面缺乏意志的表现。他对总参谋长说："如果叙利亚人只是安静地坐着，我不会批准对他们采取任何行动。但如果他们不顾我们的克制仍然炮轰我们，那我会建议内阁拿下整个高地。"

拉宾始终支持惩罚叙利亚，他没有提出任何反对意见，但他也没有向北部战区司令部做出新的指示。他离开了地下指挥中心，并在整整四天的时间里第一次回到了家中（"在我的头碰到枕头之前我就已经睡着了"）。他不确定国防部长是否还会再改变主意，毕竟此前在面对是否要征服耶路撒冷，以及是否要接近苏伊士运河这两个问题时，达扬曾先后反转了自己的立场。[1]

达扬仍留在指挥中心里，他继续监控着局势。这时，巴列夫来了。他此行的目的是让达扬相信内阁（包括埃什科尔）确实支持发动攻击，只不过找不到合适的借口罢了。此外，又涌现出一批新的情报评估报告，其中一份报告指出苏联方面已缓和了他们的语气，不再威胁干预。凌晨3时10分，大马士革广播电台宣布，如果以色列尊重停火决议，叙利亚也会如此。该电台表示："打仗不能求快，需要长期和耐心的准备。"而在凌晨4时45分，加维什将军也从西奈半岛打来电话，他说以军已在苏伊士运河旁驻扎下来了。看起来，战争确实就要结束了。

这至少是以军情报部门的结论。埃利·哈拉赫米（Eli Halahmi）少校主要负责研究叙利亚军队,用他的话来说,以色列已经"错过了"惩罚大马士革的"机会",他请求休假并前去朝拜西墙。但是,就在午夜到来之前,他收到了新一批从北方发来的航拍照片。照片上所显示的场景令他吃了一惊。在库奈特拉周围的军营似乎已被叙军遗弃了,而此前该地堆满了叙军的装甲部队、炮兵和突击队。"我们的推测是,叙利亚人在戈兰高地上的军事部署可能正陷入崩溃状态,"哈拉赫米报告说,"目前还不清楚这种情况是否会再次出现。"

亚里夫在读到这份报告时耸了耸肩,然后说:"我们又能做些什么呢?就要停火了。"

哈拉赫米追问道:"长官,我们不能让他们[叙利亚人]在离开的时候连一点儿抓伤都没有。如果他们毫发无损地离开了,他们会继续看不起我们,吹嘘他们打败了我们,吹嘘他们仅凭自己的力量便吓得我们无所作为。"

尽管亚里夫仍持怀疑态度,但他还是把这份报告交了上去,而这份报告在黎明时落到了摩西·达扬的手中。同样落到他手中的还有一份刚从开罗截获的电报。"我确信以色列将把全部兵力集中起来专门对付叙利亚,以便消灭叙利亚军队,"纳赛尔在电报中警告阿塔西总统,"为了你自己的利益,请允许我建议你立即接受停火,并告知吴丹这一事实。这是拯救勇敢的叙利亚军队的唯一途径。我们输掉了这场战斗。愿真主在未来庇佑我们。"

如果说达扬的态度倾向于再次发生 180 度大转弯的话,那么这份电报,再加上哈拉赫米的报告,最终促使他选择这么去做。他草草写了一张便条然后把它发给了埃什科尔:

1. 在我看来,这封电报迫使我们采取最大限度的行动。

2. 昨晚,我没想到埃及和叙利亚领导层会像这样崩溃,直接放弃战斗。无论如何,我们要尽可能利用这次机会。多棒的一天啊。[2]

与此同时,戴维·埃拉扎尔正经历着——用他自己的话来说——"我一生中最糟糕的一晚"。为了让达扬批准他对戈兰高地的攻击行动，北部战区司令部司令员做出了最后一番努力。他把预备役军官乌齐·菲内尔曼（Uzi Finerman）派到了特拉维夫。菲内尔曼是以色列工人名单党的成员，也是国防部长的私人朋友。然而直到凌晨2时，他依然没有从菲内尔曼那里得到任何消息。埃拉扎尔不再抱希望，随后便上床睡觉了。4个小时后，他的电话响了。

"你能发动攻击吗？"达扬问道。

埃拉扎尔尽管有些茫然，但还是毫不犹豫地给出了答案。"我能，现在就行。"

"那就攻击吧。"

达扬开始解释他态度急转直下的原因——埃及开始遵守停火决议，以及叙利亚军队的崩溃。但埃拉扎尔打断了他的话："他们有没有崩溃，我不知道。这对我来说也不重要。我们现在就发动攻击。非常感谢你。再见。"

达扬紧接着让他的副官伊扎克·尼塞胡上校去联系总理办公室的利奥尔上校。"我简直不敢相信自己的耳朵，"利奥尔评论说，"头一天整整一天达扬都在反对以军征服叙利亚戈兰高地的行动……这一消息就像晴天霹雳一般。"

埃什科尔也感到震惊。"真卑鄙。真卑鄙。"当利奥尔告诉埃什科尔这一消息时，埃什科尔的嘴里一直这样嘟囔着。尽管他全力支持拿下巴尼亚斯河的行动，但达扬无耻的行径及其对民主规范的蔑视令总理大为光火。"我现在能撤销命令吗？这么做不合理啊！"他抱怨说，"如果他认为他可以做任何他想做的事，那就让他去做吧。"

利奥尔接下来拨通了总参谋长司令部的电话。虽然拉宾的反应没有被记录下来，但他立即命令一架直升机把他送到北部战区司令部去了。他于早上8时在那里着陆，下飞机后，他赶紧去找埃拉扎尔。"叙利亚军队远没有到崩溃的地步，"拉宾警告他说，"你必须假定它还会顽强地战斗，会全力以赴地战斗！"[3]

在锤子行动与钳子行动之间

现在,以军可用的飞机数量多过了攻击目标的数量,他们发射的火箭弹则是从埃及人那里俘获的。就这样,空军开始展开行动。从上午9时40分开始,以色列空军出动了好几十架次的战机。从黑门山(Mount Hermon)一直到塔瓦菲克,他们向叙利亚人的阵地上投掷了数百吨的炸弹。叙军的炮台和仓库被炸毁,运输部队从道路上被赶了出来。然而,这些炸弹却难以破坏俯瞰着以色列领土的地堡和战壕系统,他们覆盖了通往戈兰高地的每条道路。尽管如此,埃拉扎尔还是命令战机加倍轰炸该地区,这么做能给地面部队争取到时间,让他们穿越泥泞的雷区并扫清道路,同时还能打击叙利亚人的士气。

叙军的士气即便没有被打垮,至少也已经出现严重裂痕了。叙利亚人认为以色列人已经疲惫不堪,更认为以色列人被叙军对定居点的炮火给震慑到了,因此他们对以色列空军的猛烈轰炸毫无准备。叙军戈兰高地中央区指挥官艾哈迈德·米尔(Ahmad al-Mir)上校报告称敌人仅在3个小时内便出动了163架次的飞机,他手下有52名士兵阵亡,80人受伤。以军的轰炸还在心理层面上给叙军造成了影响,许多高级军官弃阵而逃,许多士兵也跟着他们一起逃走了。作战部长阿瓦德·巴哈(Awad Baha)接到了指示他前去增援前线阵地的命令,他说部队缺乏空中掩护,并直接忽略了该命令,称其为一项"自杀性"命令。驻扎于库奈特拉外的第70装甲旅也做出了同样的回应。即便当时还处于深夜里,该旅指挥官伊扎特·贾迪德(Izzat Jadid)上校仍拒绝发动反击,他直接带领着手下的坦克回到了大马士革。尽管叙利亚电台将空袭描述为英美两国为了"拯救以色列人免遭灭亡"而付出的努力,但它掩盖不住叙军所遭受的损害。

尽管如此,大部分叙利亚军队仍藏身于他们的地堡中,并随时准备战斗。叙军兵力最集中的地方是戈兰高地的中部区域,那里有3个旅的战力和144门大炮,他们的炮口对准了所谓的"海关之路"(Customs House road)——通往库奈特拉的最直的一条路线,因此也最有可能被侵略者占领。军队被命令要不惜一切代价封锁住这条路线,蓄势待发,并节省弹药。"避免开火。"总参谋长苏韦达尼对他的指挥官们说道,"我们已请求联合国做出干预。我们在等待着答复,它随时都会到来。"[4]

与叙利亚预期的方向相反,以色列人并没有打算要占领"海关之路"——至少在最初的进攻阶段不做此打算。以军的锤子计划要求军队迅速粉碎敌人的前线防御阵地,而其攻击的方向则是敌人最意想不到的地方——靠近克法尔索勒德(Kfar Szold)的北方一带,以及加利利海以南之处。但由于军队从西岸和西奈半岛向北移动所造成的大规模交通堵塞,从戈兰高地南方发动的进攻被无限期地推迟了。取而代之的是以军的次要突击方向,即戈兰高地的中部地区,位于达尔巴希亚(Darbashiya)与杰莱比纳(Jalabina)的诸堡垒之间。埃拉扎尔预计最开始的攻击将会非常血腥,血腥得让人感到害怕。在光天化日之下,以军需要在非常陡峭(609.6米)且多石的地形上攀爬——这次攻击本应在夜间进行——其第一波部队将会完全暴露在叙利亚的炮火之下。以军必须迅速行动,并移动到连接叙利亚所有防御工事的巡逻道路,然后占领防御工事。这些防御工事能为彼此提供火力掩护,他们被地雷和带刺的铁丝网围起来,周围布满了混凝土掩体和碉堡。

"如果这就是计划的话,要知道这是去自杀。"亚伯拉罕·曼德勒在得知自己的任务时对埃拉扎尔说道。他手下第8装甲旅的谢尔曼坦克——以色列在前线唯一的坦克——在经过了西奈半岛上的激烈战斗后已有所损坏,而坦克驾驶员则筋疲力尽。现在,他们却被要求在光天化日之下,在几乎不可逾越的地形上去摧毁叙利亚最强大的防御系统。事实上,上午11时40分,以军刚一出发,并开始攀登陡坡的时候,曼德勒的部队便遭到了藏身于掩体中的叙利亚坦克的轰击。

"一开始,我们一点儿也不害怕,"第8旅第129营的坦克手雅各布·霍雷什(Ya'akov Horesh)表示,"推土机跑在我们前面,清除铁丝网和地雷。但后来炮弹像雨点一样砸来。推土机被击毁……半履带车被炸到空中。突然,我们被击中了!……我爬上炮塔舱口,发现坦克着火了,我也跟着一起烧了起来。我听到枪声,听到有人在电台呼叫空中掩护。我想着被枪打死总比被烧死要好，便从炮塔上跳了出去……他们[以色列士兵]把我拉了起来，并把我放在了另一辆坦克的甲板上。而我身上的火还在烧着。"

8辆推土机中有5辆瞬间被击中，它们燃烧着的外壳被其他仍在前进的车辆撞到一边。由于地形的限制，谢尔曼坦克的机动性急剧下降，他们缓慢地向戒备森严的西尔迪卜（Sir al-Dib）村移动，其目标是叙军位于卡拉阿（Qala'）的主要要塞。以军的伤亡数字在不断上升，其中包括39岁的营长阿尔耶·比罗（Arye Biro）。侦察官拉斐尔·莫卡迪（Rafael Mokady）少校在平民生活中是一名大学讲师。他接替了比罗的位置，但在10分钟后也被打死。然后，在局势本已经十分危急的情况下，部分进攻部队迷失了方向，出现在另一座堡垒面前（位于扎乌拉），该地由叙利亚第244营的预备役士兵把守着。曼德勒回忆说："如果我们能控制住扎乌拉，我相信我们便可以扭转战局。"他临场决定让军队对扎乌拉和卡拉阿同时展开攻击。

战斗的场面既激烈又混乱，以色列和叙利亚的坦克艰难地在障碍物周围打转，在极近的距离内相互射击。曼德勒回忆说："叙利亚人打得很好，让我们流血了。我们只能用我们的履带碾压他们，用我们的大炮在非常近的距离——100—500米的范围内——向他们开炮射击，通过这种方式我们才击败了他们。"前3辆进入卡拉阿的谢尔曼坦克被叙利亚的反坦克火箭炮小队给拦了下来。在该小队身后，一列由7辆T-54坦克组成的增援部队冲了过来，并试图击退袭击者。接替了莫卡迪岗位的纳塔尼埃勒·霍洛维茨（Nataniel Horowitz）上尉回忆道："我们遭到了从房屋里射出的炮火的攻击，但我们又没法掉头回去，因为我们身后的部队正推着我们往前走。我们走在一条狭窄的小路上，路两边都是地雷。"霍洛维茨的头部受伤——其头部流出的血液让头盔上的通信设备短路了——手上的地图也被毁。在此情况下，霍洛维茨向剩余的军事车辆发出了继续前进的信号，同时请求上级对敌人的装甲部队发动空袭。曼德勒拒绝了他的请求，理由是根本没有可用的飞机。"长官，"上尉回答说，"如果我们不能立刻得到空中支援，那就永别了，因为我认为我们不会有机会再见面了。"

以军最终还是派出了 2 架战机，他们炸毁了 2 辆 T-54 坦克，叙军的其余坦克便撤退了。在指挥官穆罕默德·塞伊德（Muhammad Sa'id）少校阵亡后，驻守卡拉阿的士兵也撤退了。

到下午 6 时，卡拉阿和扎乌拉都陷落了，与之一同陷落的还有第三座堡垒——埃因菲特（'Ein Fit）。最易接近库奈特拉的道路如今已向以色列人敞开了大门，但以军为这场胜利也付出了很大的代价。数十名以色列士兵或死或伤，而在最初加入战斗的 26 辆坦克中，只有 2 辆坦克仍有战斗力。[5]

类似的屠杀在整个中部地区都出现过——在达尔达拉（Dardara）和泰勒希拉勒（Tel Hilal）叙军据点的战斗中，以色列第 118 营有 21 名士兵丧生，36 人受伤。此外，在以军锤子行动的北部战线上也爆发了激烈的战斗。以军戈兰尼步兵旅的第 12 营被派去扫除大约 13 座叙军阵地，其中便包括泰勒费赫尔（Tel Fakhr），这座马蹄形的大型军事据点位于叙利亚境内 4.8 千米处。以色列空军对这些阵地都进行了长时间的轰炸，其目的是削弱这些阵地的防御，或迫使驻军逃跑。

但在这条战线上，以色列人也低估了叙军地堡之抵御大规模轰炸的能力。与此同时，以军在导航方面犯下的错误则又一次将他们直接置于叙利亚人的枪口之下。该营的 9 辆坦克和 19 辆半履带车一个接一个地被叙军击毁，坐在车辆里的以军士兵则或死或伤。其中一位名叫鲁文·丹戈尔（Reuven Dangor）的坦克驾驶员发现自己成了多门火炮的攻击目标。"我们刚经过该据点的南部，我便感觉到一阵猛烈的震动……驾驶室里全是烟雾，当我总算从震惊中缓过神来的时候，我们的炮塔又被另一发炮弹击中了，这枚炮弹比第一枚更猛烈，更致命。我从紧急舱口里逃出来，然后去找坐在炮塔里的战斗员。结果发现炮塔里空无一人。"

以色列人虽说被拦下来了，但拦下了他们的军队也受到了打击。叙军的内部报告为我们提供了一份有关恐惧、混乱和遗弃的残酷记录：

> 由于敌人相隔仅 700 米远，部队又遭到了猛烈的炮火轰击，前线的排准备开始战斗。排长派二等兵杰利勒·以撒（Jalil 'Issa）去找

营长,请求他允许部队隐蔽,但以撒找不到营长。排长又派出了另一名送信员,结果这名送信员把二等兵费杰尔·哈姆杜·凯尔纳齐(Fajjar Hamdu Karnazi)带了回来。他报告说,营长失踪了。当敌人接近到600米的时候,穆罕默德·优素福·易卜拉欣(Muhammad Yusuf Ibrahim)中士架起了254毫米口径的反坦克炮,并把敌军领头的坦克给打掉了。但后来他和手下的班长都被打死了。敌军继续向前挺进。安瓦尔·贝尔贝尔(Anwar Barbar)上士负责操作第二门254毫米口径反坦克炮,但他也失踪了。排长想找到他,但没有成功……二等兵哈吉·丁(Hajj al-Din)——于几分钟后被杀——架起了反坦克炮,并独自开火。他摧毁了两辆坦克,并迫使敌军部队撤退。但当排长试图向司令部汇报战况时,没有人回应。

与此同时,以军营长摩西·"穆萨"·克莱恩(Moshe "Musa" Klein)在半路上命令他手下剩余的25名士兵弃车而行。这些士兵被分成两组,分别从泰勒费赫尔的南北两翼发起进攻。南翼一侧的道路上布满了地堡、战壕,此外还有一排双层铁丝网。驻守在这些防御工事后面的是叙军第187步兵营下属的一支连队,这支配备有反坦克炮、机枪和82毫米迫击炮的连队在艾哈迈德·易卜拉欣·哈利利(Ahmad Ibrahim Khalili)上尉的领导下等待着以军的到来。"这是我们守备最森严的阵地之一,"他回忆说,"该阵地把他们〔以色列人〕直接置于我们的瞄准器之下。"

随后发生的战斗不禁让人想起耶路撒冷弹药山上的战斗,双方在相距极其近的地方战斗,常常是白刃战。第一批到达叙军阵地边缘的以色列士兵躺在铁丝网上,让其他的分队踩着他们越过铁丝网。这些队伍从那里冲向了叙军战壕。

泰勒费赫尔北翼的叙军指挥官是迪科·塔库姆(Diko Takum)上尉,他命令手下的士兵在以色列人接近铁丝网之前不要开火。他说:"我们等他们进入必杀范围内再开火。"几分钟后,塔库姆的副手哈提姆·哈利格(Hatim Haliq)中尉报告说:"犹太人已经在里面了!我们已遭受重大人员伤亡!"塔库姆请求增援,在无人回答的情况下,他命令部队无限期地坚守下去。"所有人都不许跑。不要让他们前进。我们都守在这儿，否则我们都会死在这里。"

以色列人发起了攻击。戈兰尼旅的士兵什洛莫·本·巴萨特（Shlomo Ben Basat）证实说：

> 我和士兵卡勒曼跑到了左边。我们穿过战壕，正在清理掩体。突然间，我们看到了一间凹室，里面有床和箱子。卡勒曼对我说："我进去，你在外面等着。"但他刚一进去，就被里面一名受伤的叙利亚士兵所发射的子弹击中了。卡勒曼跟跟跄跄地走了出来，他摔倒在地上，然后死了。之后叙利亚人走了出来。他看到了我，立刻开始恳求我饶他一命。他站在那里，手里拿着击中了卡勒曼的枪，枪口还在冒烟。我用他的血替卡勒曼报了仇。

在袭击北翼的13名以色列士兵中，有10人或伤或亡，而在南翼的12名以色列士兵中，只有1人——伊萨克·哈马维（Yitzhak Hamawi）下士——仍站得起来。"穆萨（克莱恩）和我一起跑过一道道战壕。"哈马维回忆说，"每当有头盔出现时，我们都分辨不出他究竟是不是我方人员。突然，在我们面前出现了一个我们辨识不出的士兵。营长向他喊出了暗号，但该士兵没有回答，营长便朝他开了一枪，但没打中。我们从战壕里跳了出来，刚跑了5米，穆萨就面朝地倒了下来……此前没被击中的叙利亚士兵打死了他。我们的通讯员等着他再次跳起来，然后开枪打死了他。"

杀死克莱因的士兵在叙利亚人的记录中被确认为是阿里·以撒·哈菲兹（'Ali 'Issa Hafez）。紧随其后死去的是守在泰勒·费赫尔最后一道战壕中的叙军指挥官杰米勒·穆萨（Jamil Musa）中士。战壕里只剩下8名驻防士兵，领导他们的是穆斯塔法·苏莱曼（Mustafa Suliman）下士。然而，当一支戈兰尼旅的分遣队通过后方一条未标记的道路攻破堡垒之后，就连这些士兵也撤退了。叙利亚军官艾哈迈德·阿里（Ahmad 'Ali）少尉和2名列兵向以军投降。在长达7个小时的战斗中，以军有31人阵亡，82 人受伤。叙利亚士兵有 62 人阵亡，20 人被俘。

泰勒费赫尔陷落了，同样陷落的还有泰勒阿扎齐阿特（被戈兰尼旅下属的第 51 营征服）和达尔巴希亚（Darbashiya）。尽管以色列部队已经实现了他们的大部分目标，而且远远超出了预定计划，但是他们才渗透到叙利亚境内 12.9 千米深的地方。以军在扎乌拉和卡拉阿之间确立了一处发起进攻的桥头堡（宽达 8 千米）。此外，以军还对叙利亚前线的另 5 处据点发起了试探性攻击。这是锤子行动的最低目标，但埃拉扎尔和总参谋部想要达成的目标可远不止这些——他们想要展开"钳子行动"并征服整个戈兰高地。据拉宾估计，要达成这一目标，以军至少还要花上两天时间。[6]

在其支离破碎的第一道防线后面，叙利亚人的防御体系基本上完好无损。北部的黑门山和巴尼亚斯，以及在塔瓦菲克和"海关之路"之间的整个南部地区仍牢牢地把控在叙利亚人手中。叙利亚领导人于当晚早些时候决定尽快向驻守这些区域的部队提供增援，并继续炮轰以色列定居点。此前，在里亚德将军的坚决要求下，叙军的第 17 机械化营被派到了约旦北部。如今该营接到了命令，他们将立即撤回来保卫大马士革。阿萨德在一次全国性的广播讲话中发誓要不计代价地继续抗击"犹太复国主义与帝国主义的侵略"。"敌人的目标是破坏人民的士气，迫使我们的人民在对抗阿拉伯民族之大敌的英勇战斗中撤退。"叙利亚外交部召见了阿拉伯国家驻大马士革的大使，并询问其政府会如何在军事上为叙利亚提供帮助。叙利亚更是专门请求埃及这个与叙利亚签订了条约的盟友向其施以援手。[7]

谢幕

当然，埃及人根本无法提供任何帮助，他们自己也迫切需要援助。不管是出于对大马士革的不满（叙利亚在战争初期并没有帮埃及解围），还是因为想从危险的阿拉伯国家间政治中抽身出来，总之开罗直接忽略了北方的战事。它唯一担心的是西奈半岛和以色列人的致命一击。

到 6 月 9 日中午，以色列人便已完成了对西奈半岛的征服。约夫师的

戈兰高地战役

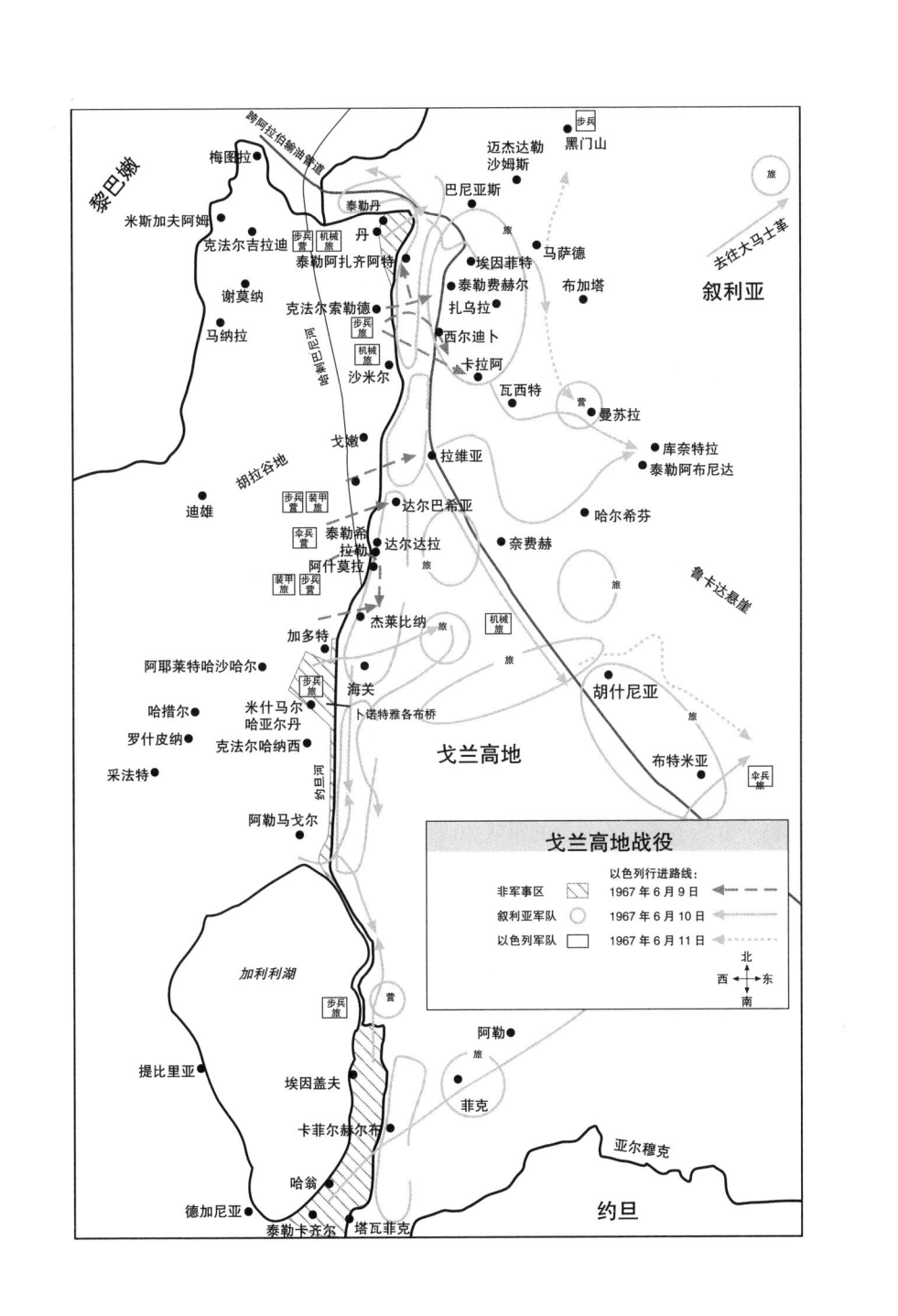

	以色列行进路线：
非军事区	1967年6月9日
叙利亚军队	1967年6月10日
以色列军队	1967年6月11日

主要地名（自北向南、由西向东）：

黎巴嫩、叙利亚、戈兰高地、约旦

梅图拉、米斯加夫阿姆、克法尔吉拉迪、泰勒阿扎齐阿特、谢莫纳、马纳拉、丹、泰勒丹、克法尔索勒德、沙米尔、戈嫩、胡拉谷地、哈绥巴尼阿河、迪雄、泰勒希拉勒、阿什莫拉、达尔达拉、达尔巴希亚、拉维亚、加多特、阿耶莱特哈沙哈尔、海关、卜诺特雅各布桥、米什马尔哈亚尔丹、克法尔哈纳西、哈措尔、罗什皮纳、采法特、阿勒马戈尔、约旦河

迈杰达勒沙姆斯、黑门山、巴尼亚斯、埃因菲特、马萨德、泰勒费赫尔、扎乌拉、布加塔、西尔迪卜、卡拉阿、瓦西特、曼苏拉、库奈特拉、泰勒阿布尼达、哈尔希芬、奈费赫、鲁卡达悬崖、杰莱比纳、胡什尼亚、布特米亚、去往大马士革、跨阿拉伯输油管道

加利利湖、提比里亚、埃因盖夫、卡菲尔赫尔布、哈翁、德加尼亚、泰勒卡齐尔、塔瓦菲克、阿勒、菲克、亚尔穆克

北 西 东 南

两支部队——一支从南部的苏伊士出发，另一支从西部米特拉出发——与通过直升机在苏德尔角着陆的空降兵会合了。整个苏伊士湾的东岸如今都掌握在他们手里。在北部，戈嫩的第7装甲旅到达了大苦湖的湖岸边，而格拉尼特的部队则绕过了甘塔拉，占据了伊斯梅利亚和菲尔丹对岸的阵地。尽管零星的小规模战斗仍在继续——埃及人又失去了50辆坦克——战斗实际上已经停止了。埃及人为了封堵苏伊士运河而凿沉了自己的船只。但在以色列人这边，也许是因为他们太过自信，或者只是因为太过疲惫，他们并没有占领西奈半岛最北端的港口。这一港口——福阿德港（Fu'ad）——将很快成为苏联大规模重新武装埃及的主要渠道。

俄罗斯运来的第一批武器实际上已经在开罗附近着陆，到月底时这些武器总计将重达约5万吨。然而，埃及方面即使是付出了这般惊人的努力，也无法掩盖成千上万的埃及士兵一瘸一拐地返回首都的场景。士兵们自觉羞愧不堪，他们之中的许多人都脱掉了军装，以免被人看到他们失败的样子。"在伊斯玛伊利亚和我的房子之间只有400名士兵。"纳赛尔后来对苏丹领导人穆罕默德·马哈古卜（Mohamed Mahjoub）说："只要以色列军队愿意，他们便可以进入开罗。"英国情报机构报告说："在通往开罗的道路上所能看到的防御措施只包括数个用沙袋堆起的路障和战壕，这些防御工事几乎不会给前进的军队构成任何严重障碍，除非是持不同政见的埃及军队。"街头谣言称，对政权不满的军官或由阿里·萨布里领导的亲苏联特工将会发动一场叛乱。情报局长萨拉赫·纳西尔甚至冒着巨大的风险与诺尔蒂秘密会面。他在会面中警告诺尔蒂，如果美国不采取"亲阿拉伯"政策，那么该国将会迎来一场共产党人的政变。

称颂阿拉伯人胜利的大规模示威游行，以及有关以色列灭亡的报道都消失不见了。埃及的经济一团糟。"到停火协议被安排妥当之时，阿拉伯联合共和国与战争开始前的状况相比，一年的收入要减少约4.485亿美元。"一名英国外交官计算了埃及在旅游、西奈半岛上的石油产业，以及运河收入方面将承受的损失。极度沮丧的安瓦尔·萨达特仍然拒绝从他位于金字塔附近的别墅里走出来。"我……被我们的失败压垮了。失败已经渗透到了我的意识结构当中，我日夜都得面对它……我用尽了所有的坚毅努力去承受朋友和敌人对我们军队的猛烈抨击。"《世界报》的记者埃里克·鲁洛回忆说，当时有"一股哀悼的气氛笼罩在开罗上空"，开罗的埃及公民秘密地称纳赛尔是 al-wahsh——"野兽"。失望的情绪也不仅限于埃及。阿尔及尔的骚乱者高呼"纳赛尔是叛徒！"并袭击了埃及大使馆；在突尼斯，暴徒烧毁了埃及文化中心。阿拉伯世界感到羞辱和愤怒，他们迫切地需要一头替罪羊。[8]

纳赛尔似乎愿意充当替罪羊。这位曾经镇定自若的领导人如今患上了严重的抑郁症，他抱怨自己腿痛，并枕着枪睡觉。他多次打电话给法齐将军，询问他部队的情况。"我就坐在这里，等着军队过来，然后把我带走。"纳赛尔对阿斯旺省省长迈兹库尔·阿布·伊兹（Madkur Abu al-'Izz）说道，他很快便会任命此人来重建空军。总统端坐于一片黑暗之中——开罗仍在实施灯火管制——一根蜡烛照亮了他的脸。"我的私人保安就在前线上，在运河边。但是除了手枪，我什么也不需要。它就在这里，在我的口袋里，已经准备好了。"这句话的意思是说，纳赛尔宁愿自杀也不愿成为军事政变的受害者。然而，就在午夜过后不久，纳赛尔却收到了有关阿米尔企图自杀的报告，他赶紧冲到了最高司令部。

在司令部里，他发现陆军元帅醉醺醺的，怒斥着他国的阴谋，并要求服用大剂量的安眠药。纳赛尔设法使他平静下来，他这样做也是为了让他自己的思路逐渐清晰起来。"一个无法保卫其国土边界的政权将失去合法性。"总统对他最好的朋友，也是他最大的政治竞争对手说道，"尽管我们现在很悲伤，但我们必须知道，我们的统治已经以悲剧告终。"阿米尔并没有提出任何异议，只是提议将政府的权力移交给他亲手挑选的国防部长沙姆斯·巴德兰。纳赛尔则更倾向于他的副总统扎卡里亚·穆希丁。

那天早上7时，纳赛尔接受了其门生穆罕默德·哈桑宁·海卡尔的访问。这位《金字塔报》的编辑非常震惊：总统在过去的5天中仿佛老了10岁。纳赛尔说，他将完全承担这次溃败的责任，如果人民坚决要求的话，他还愿意面对行刑队。然而，他不能再继续执政下去了，因为埃及的领导人现在不得不与美国密切合作——对他而言，这是一项异常痛苦的任务。相反，他将在当天晚上宣布辞职；军队的高级军官也将丢掉他们的饭碗。说完这番话，纳赛尔便起身准备离开了，但他还没来得及离开，电话就响了。阿米尔歇斯底里地哭着说，以色列人已经越过了苏伊士运河，现在正冲向开罗。"他已经完全丧失勇气了，"纳赛尔叹了口气，然后挂断了电话，"这就是他丢掉军队的原因。"[9]

当天晚上 6 时 30 分，电台实时播放了纳赛尔的辞职声明。此前不久，开罗广播电台刚刚对听众说："现在，前线的局势平静下来了，所有行动都按照停火决议的要求停止了。"总统的语调柔和，其声音显得异常脆弱。他以以色列有意入侵叙利亚为理由为自己的一系列决定做了辩护，包括让西奈半岛再度军事化、驱逐联合国紧急部队，以及封锁蒂朗海峡。他还强调了美国和苏联对埃及所施加的压力——要求埃及不要率先开火。他把发动突然袭击的账记到了以色列人头上——"我们预计敌人将来自东部和北部，他却从西部袭来"——却把袭击的成功归功于美国和英国战机对以色列的公开援助。为了扭转这场"挫败"（al-naksa），阿拉伯人必须团结起来对抗以色列，并保持他们对最终胜利的信心。之后，不出所料，纳赛尔为他的行为承担了全部责任。他递交了辞呈，并宣布毛希丁将成为他的继任者。他的结束语似乎让人想起了早期的纳赛尔，那位《革命哲学》一书的作者：

> 帝国主义势力认为阿卜杜勒·纳赛尔是他们的敌人。我想让他们明白，整个阿拉伯民族都是他们的敌人，而不光是贾迈勒·阿卜杜勒·纳赛尔……因为阿拉伯民族团结的希望在贾迈勒·阿卜杜勒·纳赛尔出现之前就存在着，在贾迈勒·阿卜杜勒·纳赛尔之后它也将继续保存下去。只有民族才能够一直生存下去。无论纳赛尔对祖国的事业做出了何种贡献，他只不过是民众意志的表达工具，而不是其意志的创造者。

纳赛尔刚说完这番话，开罗上空便传来了飞机的轰鸣声，防空炮台开始向飞机射击。突然，仿佛就像计划好了的一样，街上挤满了人。成千上万的人——儿童、妇女、大学生——涌向曼希埃特·贝克里（Manshiet al-Bakri）大街。示威者撕扯着自己的头发、衣服，击打自己的头部，并高喊道："纳赛尔，不要离开我们！"埃里克·鲁洛说他听到了"像大海一样的咆哮"，看到"黑乎乎的一大片人群"正向市中心行进。"突然之间，我发现自己必须得付出一番努力才能够穿过人群。"马哈茂德·里亚德回忆说，"愤怒的人们高声叫嚷着，要求纳赛尔必须留下来……为荣誉和尊严复仇。"

在亚历山大乃至在整个中东地区的城市中——从拉巴特到巴格达——都爆发了类似的声援纳赛尔的集会。侯赛因国王在致纳赛尔的一封电报中写道："我敦促你遵从整个民族的意愿，继续留任下去，战斗才刚刚开始。"这封电报通过安曼电台被播送了出来。埃及著名的知识分子、国民议会的代表及工会官员纷纷向总统宣誓效忠。毛希丁也公开拒绝接替他的位置。埃及电视节目主持人在报道总统的讲话时哭了起来，并啜泣着说："就让炸弹落下来吧，就让第6舰队靠近我们的海岸吧，但我们要你留下！"纳赛尔的照片迅速地填满了电视机屏幕。

许多西方人士对这些事件的自发性感到怀疑，他们认为这些事件是"纳赛尔刻意使出的花招，其目的是借此重获人民授权，并巩固他逐渐下降的地位"。加拿大大使R. M. 泰什称这篇演讲是"神来之笔，其中包含了所有奇异和美妙的元素，而纳赛尔正是这方面的大师……[它]很快便将一场令人为之惊异的惨败变成了一场胜利"。《生活》杂志记者托马斯·汤普森夸张地问道："纳赛尔是在作秀吗？"然后他自己回答说："看来是这样的。辞职、高射炮、灯火管制、暂时的恐慌、歇斯底里的暴民，所有这些都引导人们得出一个必然的结论，即只有纳赛尔才能让这个国家团结在一起。"几乎只有埃里克·鲁洛一个人不接受这种怀疑。"你没法在几个小时内就能组织起好几百万人。"他解释说，"人们鄙视纳赛尔，因为他把他们引向灾难，但他们也爱他，把他当作父亲。他们不想让他抛弃他们，他们没有其他可以信任的人。说到头来，毛希丁是谁？"

不管整个事件到底是不是即兴发生的，喷涌而来的支持最终还是让人无法拒绝。纳赛尔接受了阿米尔和巴德兰以及几乎所有总参谋部成员的辞呈——军队的控制权落到了穆罕默德·法齐手中——但他很快便收回了自己所做出的辞职承诺。他发布了一份声明，该声明宣称埃及总统将与国民议会就其职位问题展开讨论。但在前往议会的途中，纳赛尔的车队据称遭到了欢呼的民众的阻拦。接下来发布的公报则宣称，纳赛尔"无法忽视人民的呼声"，他将继续留任下去，直到"以色列侵略的痕迹被根除"。[10]

"帝国主义者的压力"

虽说纳赛尔承诺要收回被征服的阿拉伯国家领土，但以色列征服的领土范围仍在不断扩大。叙利亚人寻求其他阿拉伯国家支援的努力失败了，他们又害怕以色列直接对大马士革采取行动，在此情况下，叙利亚人别无选择，只能求助于联合国。

由于以色列人已经翻越了通往戈兰高地的山坡，并向高地更深处发起了攻击，在纽约的乔治·托迈于早晨5时30分打通了安理会主席汉斯·塔博尔的电话，要求主席召开安理会紧急会议。叙利亚方面在正式的抗议书上这样写道："尽管我们遵守了停火决议，但我们现在正遭受着以色列人在整条停战分界线上发动的攻击，同样遇袭的还有我们的城镇和村庄。"在口头上，托迈更进一步指控以色列飞机轰炸了大马士革，同时以色列空降兵已在库奈特拉着陆。

以色列方面的回应则含糊其词。以色列官方还没有对外宣布以军对戈兰高地发动的攻势——以色列电台也没有提及此事——只是说叙利亚对加利利北部的炮击仍在继续。沃利·巴伯向美国国务院汇报了其与埃班的对话。在报告中，他向国务院保证，以军对戈兰高地的行动很快就会结束。此外，他还说："应该让叙利亚方面所宣称的停火不仅在法律上生效，而且在事实上生效。"在联合国里，吉迪翁·拉斐尔声称以色列有16个定居点遭到叙方炮击，并将叙利亚接受停火的举动说成是"为了对以色列发动袭击而做的……有预谋的伪装。"

紧接着发生的是一场后来被以色列大使形容为"无比激烈的"辩论。在托迈所提出的指控的基础之上，穆罕默德·科尼又加上了一条罪名：以色列人还在轰炸开罗。拉斐尔被激怒了，他驳斥说，埃及的指控是"恶意捏造出来的"。之后，他又补充说："让这种不负责任和虚假的指控传播出去只会加剧中东地区本已紧张的局势。"费德林要求"严厉惩罚"以色列的行径。他同时警告说："不遵守［停火决议］将给以色列这个国家带来最严重的后果。"

尽管苏联人仍在争论，叙利亚人却愿意接受一项简单停火决议，即任何能阻止以军继续挺进的决议。然而，就在草案即将付诸表决之前，费德林却突然坚持要追加一些谴责以色列的条款，其中包括命令以军退回（1949年）停火线以内。戈德堡展开了回击，他指责俄罗斯人以牺牲人类生命为代价玩弄政治。费德林反问道："那么为何华盛顿在明明有足够的手段去做某些事情的情况下，却没有扳动一根手指来阻止以色列的侵略呢？"

然而，费德林的表演却让叙利亚人付出了沉重的代价。12时30分，塔博尔呼吁结束辩论，并宣读了一份包含了各方"最低限度共识"的声明。该声明确认了安理会希望各方停火的意愿，并指示联合国秘书长与交战各方协商。此后，联合国副秘书长阿列克谢·涅斯捷连科（Aleksei Nesterenko）这个肌肉发达的苏联人把托迈和拉斐尔都拉进了他的办公室——"我们就像职业拳击手一样，分坐于两处相对着的角落里，"以色列驻联合国代表写道，"而他自己却像裁判一样站在拳击台上。"但这一举动没能取得任何进展。拉斐尔声称他仍在等待耶路撒冷方面的指示。他提醒涅斯捷连科说："迄今为止，一直以来的惯例都是由各国政府来向他们的大使做出指示，而不是由联合国秘书处出面，我们最好继续遵守这一原则。"他向叙利亚大使点了点头，然后便退了出去。[11]

由于苏联的顽固，再加上他们自己阻挠安理会议程，以色列人为发动进攻赢得了宝贵的时间。安理会在当晚6时30分之前不会再召开会议。然而，尽管要求结束战斗的呼声在国际舞台上日渐衰弱，但在华盛顿，这种声音越来越尖锐。

在此次阿以战争中，美国所推行的政策中实际上存在着根本性的矛盾。随着第三条阿以战线的开启，这一矛盾也被完全暴露了出来。一方面，他们对以色列所取得的战果表示欢迎，因为在未来的阿以和解谈判中，这些战果可以成为以方交易的筹码，美方也渴望看到叙利亚引起挑衅而受到惩罚。但另一方面，约翰逊政府也急于让各方停火，并避免与苏联发生冲突。当以色列进攻戈兰高地的消息传至莫斯科之后，美国与苏联之间会发生冲突的说法便再也不是无稽之谈。克里姆林宫承诺它将"向他们［埃及和叙利亚］提供援助，帮助他们击退侵略者，并捍卫他们的民族独立"。

苏联的声明让腊斯克和那些一直抵制以色列军事行动的国务院官员得了势，并削弱了沃尔特·罗斯托、邦迪及桑德斯的地位，这三位看到了以色列军事行动中有利的一面。在白宫里的许多人看来，影响美国政府决策平衡的还有另一项因素：以色列不断增长的自大情绪。埃什科尔在当天接受合众国际社（UPI）采访时暗示说，由于美国在战前没有履行其义务，因此以色列才被迫独自采取行动。尽管以色列总理的言论被媒体严重地断章取义——他实际上称赞了美国对以色列的承诺——此事还是引起了约翰逊的不满。在一次国家安全委员会的会议上，总统在记事本上写道："我从埃什科尔那里得到了坚定的承诺［遵守停火协议］，但他把事情搞砸了。那个老家伙根本不会在意任何帝国主义的压力。"这一压力，实际上来自美国和苏联两方。[12]

腊斯克立马开始责备以色列人。在收到了联合国关于以色列发动袭击的报道之后，腊斯克"深感不安"，但他不相信叙利亚的大炮对加利利地区构成了严重威胁。他指示巴伯立即去找阿巴·埃班。巴伯将向以色列外交部长表示，安理会上的局势"正在迅速恶化"，美国希望以色列能"不惜一切代价"遵守停火决议，并只在明确自卫的情况下开火。"以色列通过实际行动来证明它是言行一致的，这一点对我们来说非常重要。"

安理会日益恶化的局势、苏联的威胁、美国所表现出来的不满，以及令人担忧的高伤亡率，这些因素给以色列内阁国防委员会带来了压力，这些压力在当晚8时召开的会议中得到了体现。会议的气氛十分紧张。数名委员会成员都反对以军继续在戈兰高地上发动攻势，他们还为达扬批准了进攻行动而感到愤怒。其中反对声最强烈的是全国宗教党的哈伊姆·摩西·沙皮拉和统一工人党的伊斯拉埃尔·巴兹莱。

事实上，以色列国防部长刚刚批准了军队在戈兰高地南部展开锤子行动。按计划，以色列军队将占领塔瓦菲克，这是一座能俯瞰加利利海南端的叙利亚堡垒，但前提条件是该地的叙军仅会发起轻微的抵抗。然而，当达扬从北方前线回来之后，他突然发现自己已处于守势。他必须得解释为什么他突然一改先前的反对，反而对叙利亚发起了进攻。在解释过程中，他援引了下述事实：埃及和叙利亚突然接受停火决议的举动，以及纳赛尔向大马士革发送的电报。正如袭击西岸和进入耶路撒冷老城的决定是为了应对改变的情况而临时做出的决定，批准军队对戈兰高地发动攻势也是为了应对新情况而采取的权宜之计。达扬说："这些通知为我们提供了思考下述问题的机会：我们可能有能力改变我国与叙利亚之间的国际边界。"他还不诚实地暗示这次进攻行动是获得了埃什科尔的首肯的。

总理的回应几乎否定了这一说法——"我很难说［达扬］有问过我"——但不论他对国防部长有多大的意见，这些不满都大不过他对叙利亚的敌意。总理始终含糊其词："昨天一整天，我们都如坐针毡……我当时真的很赞成［这次行动］，也为该行动被推迟而感到遗憾，尽管我们当时的确做出了这样的决定……即如果［北方］保持安静的话，那我们也得闭嘴。我们怎么能在行动进行到一半的时候选择停止呢？——我做不出来。"

沙皮拉却一点儿也不含糊。"为什么我们现在要在全世界面前违反停火决议？"他嚷道，"我要求知道谁违背了我们［内阁国防委员会］的决定！"

巴兹莱表示支持："国防部长有权利改变他自己的想法，但整个论点都发生了彻头彻尾的改变，这次会议本应在半夜召开，并于当时就做出正确的决定。"

沙皮拉坚持要求立即取消进攻行动，但他又一次遭到了阿隆的反对。"即便叙利亚和埃及在这次会议之前就已经接受了停火决议，我仍将批准这次行动。"加利利表示同意："即便停火是相互的，我也会反对［停止进攻]。"梅纳赫姆·贝京说，尽管达扬和埃什科尔在"美的"层面上可能违背了委员会的决定，但他们同时合理地行使了各自的特权。"在玛丽亚·特蕾莎（Maria Theresa）的时代，有过一项法律规定：如果一个士兵违反了纪律，但表现英勇，他会被记过，但同时会获得一枚勋章。"

总理的外交政策顾问赫尔佐克是最后一个向部长们发表讲话的人。他表示，与其让叙利亚留下戈兰高地，不如让以色列与苏联的关系承担风险。"不能让叙利亚人凯旋，"埃什科尔最后说道，"以色列不能在打倒了所有阿拉伯国家的情况下却唯独放过叙利亚。"[13]

这次会议最终批准以军继续采取行动，直到第二天（星期六）早晨为止。达扬表示，以色列没法再进行更长久的战斗了，因为它既缺少军事上的资源，也缺乏外交上的自由度。当晚晚些时候，以色列政府又召开了另一次部长与高级顾问会议，达扬在会议上报告说："叙利亚人打起仗来就像狮子一样。到了白天，当叙利亚人试图发起反攻的时候，我们没法再继续战斗。"他还谈到，有必要向戈兰高地增派部队，并将最近缴获的武器转移过去，而如果叙军继续炮击加利利的话，可能还有必要派空军去轰炸大马士革。埃什科尔却显得更为乐观，这似乎是他唯一一次这么乐观，他提议说："如果前线的战士觉得他们今晚和明天就能完成任务，那就让他们去吧。反正不管怎么样他们都会在联合国里谴责我们。"以色列人似乎已无法左右征服整个戈兰高地的目标了。

然而，战场上事态的发展又一次超出了政府讨论的范围。当达扬正在解释以色列人为何不能再向前推进的原因时，戴维·埃拉扎尔却正计划着向前推进。除了塔瓦菲克，他还授权军队征服戈兰高地上的一大片领土——从布特米亚（Butmiya）一直延伸到库奈特拉，沿着一条石油管道线（所谓的跨阿拉伯输油管道线）及与之平行的辅助道路展开。再往北走，巴尼亚斯以及通往黑门山的道路也会一同被拿下。

与达扬的预测相反，埃拉扎尔认为他有足够兵力来完成这项任务。以色列南部地区的交通堵塞问题终于被解决了，成千上万的增援部队正奔赴前线。那些在当天的战斗中幸存下来的坦克和半履带车被重新装填满弹药。伤员撤离后，士兵们受到了鼓舞，军中士气高昂。不论政府方面是否迟疑，截至黎明时分，有整整8个旅能投入对叙利亚第二道防线的进攻中。接近午夜时分，拉宾给北部战区司令部打来电话，他撤销了派空降兵攻占戈兰高地南部的命令，但埃尔扎尔的回复只是向他表示歉意。他羞怯地回答说："按照你之前的命令，他们已经开始行动了，我阻止不了他们。"

与此同时，叙利亚人在继续为以色列人的猛攻做准备。由于确信以色列会通过黎巴嫩攻打大马士革——以军在黎巴嫩边境上发动了佯攻——苏韦达尼撤回了3个旅（第42、第44装甲旅及第35步兵旅），命他们保卫首都。另外3个旅（第11、第132步兵旅及第7国民警卫队装甲旅）受命沿着第二道防线掘壕固守。当天晚上，哈菲兹·阿萨德向他们广播了一条消息。"哦，士兵们，30万人民军队的战士与你们并肩作战，在他们身后还有1亿阿拉伯人，"这位叙利亚国防部长说道，"站在前线上的我军精锐啊，去轰击敌人的定居点吧，让他们变成尘土，用犹太人的头骨铺设阿拉伯人的道路。毫不留情地攻击他们吧。"[14] 大马士革方面声称，战斗还没有结束。

第 10 章

战争：第六天，6 月 10 日

戈兰高地被征服

联合国里鬼鬼祟祟的勾当

超级大国的武力威胁

展望即将到来的和平

在戴维·埃拉扎尔看来，这项任务很简单。他告诉他的军官："我们必须向内陆推进，先生们，尽可能深、尽可能快，至少要到达北部的库奈特拉枢纽和南部的布特里亚枢纽。我们必须在电话铃响之前完成这一切。"埃拉扎尔知道，这一通电话会告诉他，以色列已承诺遵守停火决议，而北方的攻势，乃至这场战争，也将结束。

以军要与无情的时间赛跑，他们还预计叙利亚人会发动反攻，在这种情况下，以色列军队彻夜奋战。叙利亚人的回击也同样的坚决。在守备森严的杰莱比纳（Jalabina）村，叙利亚第132旅的预备役步兵架起了防空炮，并挡住了以色列第65空降营的进攻。"我两次站起来向村子发动进攻，但两次后面都没人跟着我。"乌齐·芬克尔斯坦（Uzi Finkelstein）连长回忆说。他手下的士兵精疲力竭，又受到炮弹休克症的困扰，最终在巨石之间崩溃了。四个小时之后，芬克尔斯坦才带着一个小分队成功地渗透进了村子，并摧毁了敌军的重炮。

与此同时，曼德勒的坦克从卡拉阿向南驶去，他需要在重炮和坦克的轰击之下前进9.7千米，直到最后到达瓦西特（Wasit）。而在北部的巴尼亚斯，叙利亚的迫击炮队等待着以军的到来。戈兰尼旅（Golani Brigade）的工程兵在雷区清理出了一条通道，直到这时，叙利亚人才终于开火。16名以色列士兵在行动中丧生，4人受伤。

尽管以色列人预计的叙军大反攻并未成为现实，但叙利亚人的抵抗如此顽强——进攻者也因此被迫放慢了脚步——以至于到黎明时，埃拉扎尔最终放弃了拿下库奈特拉的希望。将军十分失望，他确信以色列错过了历史性的机会，于是便睡下了。

半小时后，他被拉宾的一通电话叫醒，要求他汇报行动进展。"伊扎克，我差不多把前线清理干净了，"埃拉扎尔对他说，"尽管在我看来它还没完全清扫干净。"

紧接着，拉宾说出了一番令他感到意外的话。政府准备给以军额外的时间来"理清战线"。尽管拉宾并没有提到要让部队挺进到库奈特拉，但总之行动可以继续下去了。"看来我们还有更多的时间，"总参谋长说，"我们尚未承诺要停火。"

"如果是这样的话，"埃拉扎尔兴奋地回答说，"我立马就发动进攻。"[1]

以色列人继续展开攻击，叙利亚人却并没有继续抵抗。当曼德勒到达距瓦西特8千米远的曼苏拉（Mansura）村时，出人意料的是，他只遇到了几乎可以忽略不计的抵抗。"我们没有与撤退的敌人产生接触，"他后来证实说，"我们向几辆坦克开火，结果发现它们早已被遗弃了。我们周围有大量的装备，包括坦克和收音机，它们完全还可以使用。"戈兰尼旅的部队在进入有防御工事的巴尼亚斯村的时候也遇到了类似的情况。以军只发现了几名被锁在阵地上的叙利亚士兵，叙军的战壕已空无一人。以军用了不到15分钟的时间便完成了这次袭击。

上午8时30分，一系列猛烈的爆炸声震动了戈兰高地。叙利亚人炸毁了他们自己的地堡，烧毁了文件，然后集体撤退了。由于叙利亚的指挥官不愿上前线，而他们与前线的通讯又被切断了，这意味着他们失去了对战场的一切控制。然而，当大马士革广播电台宣布库奈特拉（坐落于叙利亚首都西南方向仅72.4千米远的地方）已陷落时，就连他们都感到困惑不已。大马士革电台宣称："我们发誓要在库奈特拉粉碎犹太复国主义者的蛇头，并把死掉的尾巴留在特拉维夫。"[2]

危机与信誉

叙利亚人向外界四处求援——阿拉伯世界其他国家、联合国及最关键的苏联，但都无功而返，绝望的他们最终失控了。叙政权希望能从前线撤出军队以便保卫首都，而提前宣布库奈特拉的陷落则正好为该政权提供了一个这么做的借口。此外，国际社会也有可能受此消息的刺激而采取行动。[3]

实际上，国际社会也的确正在采取行动。在叙利亚方面的请求下，安理会于凌晨4时30分重新召开会议。托迈声称以色列军队已经占领了库奈特拉，并从该城向大马士革施压。费德林指责以色列"公然误导安理会，拖延时间"，并称拉斐尔是个骗子。他和叙利亚大使共同向安理会主席塔博尔施压，督促他要求以色列发表一份包含以军部队确切位置的声明。拉斐尔却表示拒绝。他指出，安理会无权强迫任何主权国家的常驻联合国代表说话。尽管如此，外界所施加的压力已让他越来越喘不过气来。他多次逃离安理会会议厅，给身处耶路撒冷的埃班打电话，请求他明示政府的政策。"不光是以色列的信誉受到了威胁，我们还面临着遭到安理会谴责的危险，这其中包括美国。"拉斐尔很清楚，战后的外交战即将打响。他提醒埃班，如果以色列拒绝澄清该国在戈兰高地上行动的目的，这将使以色列在道德层面上陷入困境。

当天早晨，由联合国观察员提交的一份报告又给以色列的信誉蒙上了一层阴影。该报告称以色列战机正在轰炸大马士革。拉斐尔极力否认了这一说法，他反倒指出，观察员还注意到了以色列定居点上冒出的烟雾。但随后传来的观察员报告均表明叙利亚首都上空的确出现了以军战机的踪影。以色列外交部被迫发出了一项声明，首次承认了戈兰高地上正在发生的战事。以方的这项声明在遣词造句方面却略显拐弯抹角：以色列空军战机并没有袭击大马士革，它们是在为以军的地面部队提供掩护。然而，这一声明却并没能缓解紧张局势。尽管戈德堡和卡拉顿（Caradon）*呼吁安理会通过一项决议，要求双方均遵守此前通过的停火决议，但费德林坚持说，只有以色列一方应受到谴责。"木已成舟！"他嚷道，"事实已经证明了以军所犯下的罪行！"[4]

费德林的怨恨实际上反映了克里姆林宫内部的不安。英国外交部注意到了这种不安："对于苏联来说，[这段日子]很糟糕……给人最突出的印象是：被他们寄予了厚望的梦想破灭了，他们的信心崩塌了，另外还

---

* 英国常驻联合国代表。

有一份沉重的账单等待他们去处理。"埃及那可耻的溃败，以及苏联人在面对这场溃败时的冷漠，暴露出了苏共中央政治局内部的裂痕。分歧的两端分别是那些支持和反对在中东地区与美国对抗的人——其中一方是柯西金及其手下的技术官僚，而另一方则是勃列日涅夫身边负责安全事务的官员。

这一分歧，再加上苏联缓慢的决策程序——政府每周召开一次会议，具体时间是周四——几乎让苏联的外交工作在危机爆发的头几天里陷入瘫痪。苏联前领导人赫鲁晓夫一直在一旁关注着这次危机，他哀叹苏联未能控制住纳赛尔，也低估了以色列的实力。"从一开始，我们的国家就犯下了错误——犯下了允许这场战争发生的错误，纵容纳赛尔挑衅以色列，并把赌注全压在了他身上。"以色列和美国最终在这场赌博中获益，中国人也分了一杯羹，其政治宣传攻势很快便让莫斯科的威信受损。阿拉伯人对苏联彻底失望了。"苏联有意愿向一些阿拉伯国家提供武器，为他们训练军队……给他们提供经济援助，却不愿冒险与美国在该地区展开军事对抗。"时任苏联常驻联合国代表团副团长的阿卡蒂·舍甫琴科（Arkady Schevchenko）写道。他还表示，这场战争"证明苏联完全有可能做出这种事来，即在点燃了这些国家的热情并促使他们与对手摊牌之后，却在关键时刻抛弃他们"。[5]

不光是阿拉伯人对莫斯科大失所望，就连其东欧的那些盟友也对苏联感到失望。这些国家对苏联不当的危机处理方式感到十分愤怒，最终在6月10日召开的华沙条约组织成员国峰会上表达了他们的不满。但在峰会召开之前，苏联在军事层面上几乎没有采取任何措施来恢复其受损的声誉。尽管自战争开始以来，苏联驻扎于地中海地区的空军、空降兵以及海军舰艇都一直处于高度警戒状态，但苏联在该地区的军事部署没有发生重大变化。苏联对阿拉伯人的援助仅限于向埃及和伊拉克提供战争物资，尤其是米格战机。

随后，以军在戈兰高地上实现了突破，叙利亚宣布了库奈特拉的陷落，不久之后又传来了以军战机轰炸大马士革的报道。苏联的宣传机构随即开始指责以色列推行"种族灭绝"政策，并图谋统治世界。在停驻于地中海的苏联舰队中，有传言说苏联即将进行军事干预，其中一项可能的行动便是让军队在海法登陆。葛罗米柯急切地希望能避免冲突，他采取的措施十分强硬，但不包含暴力手段——断绝苏联与以色列的关系。根据一名苏联官员的说法，这一决定"与其说是为了支持阿拉伯人而表现出的姿态，不如说是国内政治博弈过程中的一项举动……此举是为了安抚我们国内的鹰派"。然而，眼看着苏联在中东地区最重要盟友的首都即将陷落，想要让这些鹰派人士安静下来可就没那么容易了。[6]

早上7时30分，白宫的美苏热线电传打字机再次响起。"柯西金先生希望总统尽快来到设备跟前。"约翰逊就这样收到了通知。苏联领导人表示，以军部队正在向大马士革挺进，这么做的后果可能非常严重：

> 我们迎来了一个非常关键的时刻，如果在接下来的几个小时内以军没有停止军事行动，我们将被迫仅顾及本方立场。我们已准备好这么做了。然而，这些行动可能使我们产生冲突，继而引发一场严重的灾难……我们的建议是请您要求以色列无条件停止军事行动……我们建议您对以色列做出如下警告：如果该国没有按上述要求行事，我们将会采取必要的行动，包括军事行动。

有关苏联警告之严肃性的进一步证据接踵而来。鲍里斯·N. 塞多夫（Boris N. Sedov）是苏联驻华盛顿大使馆二秘，也是克格勃高级官员。他主动接触美国国务院的雷蒙德·加特霍夫（Raymond Garthoff），并告诉他：为了向中东地区输送军队，莫斯科方面已做好了侵犯土耳其、伊朗和希腊领空的准备。"在叙利亚的400名苏联顾问已经得到了参加战斗的授权。"塞多夫说道。英国外交部还收到了一封由10个华约成员国发来的信，它们在信中承诺将"尽一切所能帮助阿拉伯国家的人民向侵略者坚决说不……维护他们的合法权利"。它们同时表示，"阿拉伯人民的正义斗争必将取得胜利"。

据中情局局长理查德·赫尔姆斯描述，当时白宫战情室里的"气氛十分紧张"，约翰逊和他的顾问们在用"我所听到过的最低的声音"对话。卢埃林·汤普森大使翻译了柯西金发来的信息，并重新检查了一遍，以确保"包括军事行动"这几个词的确存在。他回忆说，当时的情况"令人非常担忧，其事态又极其严重。"上午10时，克里姆林宫又发来了一封电报。这封电报再次指控了以色列对大马士革的险恶用心，并建议约翰逊向美国（驻叙利亚）大使确认此事——这话说得就像是苏联根本不知道美国大使已被驱逐出叙利亚了一样。莫斯科方面的情绪已明显变得十分冲动了。

一个小时过去了，约翰逊在此期间一直在审视着自己的各种选择。相较于埃及而言，柯西金更忠实于苏联对叙利亚的承诺。对此，汤普森感到十分惊讶，并怀疑柯西金是否真的相信西方国家想要推翻复兴党政权。赫尔姆斯认为以色列人的目标确实是大马士革，并要求得到战场上的确认。然而，争论的焦点实际上是下述问题，即苏联人是真打算干预还是说只想试探试探美国方面的决心？这就像汤普森所说的那样："如果我们用很有礼貌的语气来回复，给人的感觉好像是我们在苏联的威胁下退缩了。"

最终，美国总统没有选择用威胁来还击苏联，他用友善而又不失简洁的文字做出了回应。他向柯西金保证，美国为了限制以色列已付出了最大的努力，他还敦促柯西金以同样的方式对待叙利亚。此外，约翰逊表示，如果克里姆林宫能公开并明确地与纳赛尔撒下的弥天大谎保持距离，这"将有助于实现和平"。

直到约翰逊离开房间后，麦克纳马拉才转过头来问汤普森："如果我们明确向他们［苏联］表示我们不打算善罢甘休……难道你不认为这可能起作用吗？直接让第6舰队，让两艘航母及其随行船只驶向东地中海，这难道不是一个好主意吗？"

汤普森点头说是，他认为这样做能取得效果。赫尔姆斯也表示同意。他想起苏联船只一直紧盯着第6舰队，然后说："消息很快便会传到莫斯科。"

约翰逊接受了顾问们的建议。他命令麦克纳马拉："找到第6舰队的确切位置，然后让它掉头。"

国防部长拿起了电话，并立即下达了命令。这支舰队之前在塞浦路斯西边的克里特岛和罗得岛之间航行，现在它奉命向东航行，并将一直行驶到距以色列海岸线160.9千米以内的地方。[7]

除了阻止苏联采取行动,美国也做好了向以色列施压的准备。埃班一直在拖延时间,他向巴伯保证,以色列"绝无攻打大马士革的意图",而且只要叙利亚停止了对北部定居点的炮击,以军便会立即在原地停火。此前美国大使尚且愿意接受这番言论,但如今他接到的指示是让他直接拒绝。他回答说,攻陷库奈特拉已远远超出了摧毁叙军大炮这一目标。"以色列必须在安理会于今天下午开会之前证明它在战场上已接受了停火决议,否则将危及它在其他战线上所获得的战果。"巴伯警告道。以色列将遭到联合国的谴责,美国国会也有可能做出同样的举动。除此之外,它还得独自面对苏联。

在联合国,戈德堡把拉斐尔邀请到代表休息室里。他敦促拉斐尔发表一项能够表明以色列停战意图的声明。他暗示说,如果拉斐尔不这么做的话,费德林很快便会宣布:"苏联政府准备动用一切可能的手段让以色列尊重停火决议。"在总统明确的指示下,戈德堡对拉斐尔说:"美国政府不希望战争因为苏联的最后通牒而结束。这种结局不光对以色列的未来来说是灾难性的,对我们所有人来说都是灾难性的。你的责任就是立即采取行动。"

为了避免以方未能领会戈德堡的意思,尤金·罗斯托和尼古拉斯·卡岑巴赫安排了与阿贝·哈曼和埃皮·埃夫龙的紧急会议。在会议上,美方用"最坚定的语气"告诉以色列人,如果他们继续与叙利亚交战,那他们就得独自承担责任。世界舆论正转而反对他们,而美国国会则"受够了没能叫停战斗"。此外,在苏联人"叫嚣着要发动战争"的情况下,如果华盛顿能够向他们保证以色列将遵守停火决议,这一点至关重要。两位副国务卿的态度坚决,他们说:"在俄罗斯人面前,我们的信誉岌岌可危。"[8]

当这些信息传到耶路撒冷的时候,埃什科尔刚收到一封来自莫斯科的电报。这封电报提到了以色列违反停火决议的"犯罪"行为,提到了以色列侵略叙利亚领土并向大马士革挺进的"叛逆"之举。苏联警告说:

"如果以色列不立即停止行动,那么苏联和其他爱好和平的国家便将对其实施制裁。"

为了增加其威胁的可信度,丘瓦欣冲进了埃班的办公室,他用颤抖的声音宣布:"鉴于以色列对阿拉伯国家的持续侵略,鉴于其公然违反安理会决议的行为,苏联政府决定与以色列断绝外交关系。"埃班即刻便做出了回应。他承认以色列和苏联之间存在着严重分歧,但他认为,正是因为存在分歧,双方才应该加强关系,而不是断绝关系。他说:"如果关系完全和谐的话,那只不过是开个鸡尾酒会的事。"

丘瓦欣让自己的语气缓和了下来,然后回答说:"阁下所说的是合乎逻辑的,但我被派到这里来不是为了讲逻辑的。我是来告诉你双方关系破裂了。"然后,令以色列外交部长感到惊讶的是,苏联大使突然哭了起来。

作为苏联在中东地区之失败政策的替罪羔羊,丘瓦欣将很快被逐出外交舞台,并被流放到西伯利亚去。然而,不仅是苏联,其他9个社会主义阵营的国家——罗马尼亚是唯一的例外——也召回了各自的驻以色列大使。以色列的第一反应是请求华盛顿在苏联直接参与战争的情况下为其提供军事援助。白宫并未予以回应。[9] 一时之间,以色列突然被孤立了起来,它在安理会上受到谴责,还可能与苏联军队发生冲突。在此情况下,以色列领导人别无选择,只能停下来重新审视他们所做出的决定,是否仍然值得继续冒险去攻击叙利亚。

玩弄边缘政策

"我建议,我认为,我相信,我们必须挺进库奈特拉和布特米亚,而且我们也能做到这一点,"埃拉扎尔说,"叙利亚人是不会反扑的。叙利亚军队就要崩溃了。"

当时的时间是上午10时,在一场以军的特别会议上,北部战区司令部司令员正在向埃什科尔、达扬、魏茨曼和哈伊姆·巴列夫做汇报。在过去的一个小时里,以色列广播电台的阿拉伯语频道一直在重复播报着叙利亚所发布的有关库奈特拉之陷落的消息,以色列人知道这消息是假的,但他们希望这条消息能加速敌军的崩溃。考虑到叙利亚人正在撤离，现在的问题是：以色列有时间利用起这一机会吗？

"我们必须尽快结束。我们承受着来自联合国的巨大压力。"以色列总理强调说。除此之外，总理还在抵制着内阁部长的停火要求。随着以色列与美国的关系逐渐变得紧张起来，而其与莫斯科的关系又已经破裂，部长们对进攻的反对声也越来越强烈。

"你什么时候能完成任务？"达扬问道。

埃拉扎尔向他们保证，以军将于当天下午4时之前达成既定目标，到达极北部的迈杰达勒·沙姆斯（Majdal Shams）、中部的库奈特拉，以及南部的布特米亚。

埃什科尔打断了他的话，并说："如果你说4点，那可能得等到5点或6点。"

"长官，"将军笑着回答说，"如果我说4点，我的意思是2点或3点。"

作战部副部长泽维坐在埃什科尔身旁，同样坐在总理身旁的还有阿隆和摩西·卡尔梅勒，他们正仔细地听着这场对话。"我的工作是不断替埃什科尔挤出一个小时又一个小时的战斗时间，"泽维后来透露说，"这份工作并不容易，来自华盛顿和纽约的压力非常大。而达扬也不希望延长战斗时间。"

最后，国防部长同意再给军队4个小时的时间，但1分钟都不能再多。到那时，达扬将去会见布尔将军，并向他确认以色列接受停火。他总结说："两点之后就别想再叫空中掩护了。"[10]

就在以色列决定延长战斗时间的同时，叙利亚也决心要更顽强地抵抗。由于安理会突然愿意对抗以色列，再加上苏联威胁要干预，受此鼓舞，大马士革试图撤回其有关库奈特拉陷落的声明。"我们英勇的军队仍在库奈特拉战斗着，"阿萨德在上午11时45分通过广播向叙利亚听众说道，"我们勇敢的士兵决不会让敌人占领这座城市。大量的敌军坦克已被摧毁。"一位评论员补充说："我们今天在库奈特拉的胜利就意味着明天在特拉维夫的胜利。"

然而，这一声明来得太晚了。叙利亚军队正在全面溃退，他们丢弃了重型装备，并用这些装备堵住了道路。苏联顾问告诫士兵要留在自己的岗位上，并下令一看到逃兵便立即处决。然而，所有这些努力都是徒劳的，苏联人的命令直接被忽略了，就连负责处决逃兵的指挥官都选择弃阵而逃。叙军士兵认为整个戈兰高地都已经沦陷了，更有谣言称以色列人动用了核武器。受此刺激，约有4000名叙利亚士兵逃去了约旦，另有3000士兵逃到了黎巴嫩。

"我们完全被切断了联系，没有无线电通信，同时遭到了猛烈的轰炸。"军械官迈尔万·哈姆丹·胡利说。他所在的排驻扎于卜诺特·雅各布桥（Bnot Ya'akov Bridge）附近，并未受到以色列轰炸的影响，他们等待着上级下达入侵加利利的指示。"最终，撤退的命令传来了，[但是]不知道为什么。我们所知道的一切都是从收音机里听来的，通过这些信息，我们猜测我们已经输掉了这场战争。"穆罕默德·阿马尔上尉在泰勒费赫尔附近发生的战斗中幸存了下来，他还记得当时的混乱状态："那些原本应该阻止敌军前进的部队，在没有得到授权，没有协调的情况下就撤退了。我们什么也不知道，别无选择，只好后退。光是我自己所在的排就有10人死亡，4人受伤。我们已没有弹药，也没法再弄到更多的弹药。"叙军第8旅旅长易卜拉欣·伊斯玛仪·哈亚（Ibrahim Isma'il Khahya）坦率地说出了他的耻辱经历：

> 我们接到了封锁通往库奈特拉之道路的命令。但后来，这座城市被宣布沦陷了，这使我手下的许多士兵都离开了前线，他们趁道路还畅通的时候跑回了叙利亚。他们全扒在车上。这进一步打击了我们的士气。我在还没看到一个敌人之前就撤退了。

使这一困惑加剧的是，有9.5万名叙利亚平民从戈兰高地上逃离。阿里·达尔维什（Ali al-Darwish）是乌云（al-'Uyun）村的农民，还是国民警卫队的志愿者。他说："6月5日，我们接到了疏散命令。附近有一个[叙利亚]炮兵营，以色列对该兵营发射的炮弹有击中村民的危险。我们什么也没带走，只给孩子们拿了毯子。我们在山洞里藏了5天，直到指示我们完全撤离的命令下达下来，我们通过步行逃到了约旦。"阿卜杜拉·马尔伊·哈桑（Abdallah Mar'i Hasan）是替叙利亚政府工作的巴勒斯坦人，他坚持要留在库奈特拉，并一直留守到6月10日上午。"直到那时，我意识到其他人都已抛弃了这座城市，于是我也离开了。除了身上的衣服，我一无所有。"只有德鲁兹人和切尔克斯人群体留了下来，并欢迎戈兰高地的新征服者，他们在以色列的亲属正忠心耿耿地在以色列国防军中服役。

大多数难民都聚集在大马士革，但在以色列人的猛攻下，即便是首都似乎也不安全。"犹太人……正在接近大马士革，"总参谋长苏韦达尼向叙利亚的政治领导人发出了警告，"没有人能阻止他们。以色列得到了美国和英国的支持，甚至有资本藐视联合国。我们必须准备好保卫首都，并战至最后一滴血。"然而，第一个逃离这座城市的便是总参谋部成员。一位美国外交人士称这一举动"往小了说是胆小，往大了说是叛国"。紧接着逃走的是政府的各大部长们，他们带着囤积的黄金冲向了阿勒颇。"我们从未有幸与犹太复国主义仇敌交战过。"穆斯塔法·特拉斯承认说。由于正在撤离，他当天的大部分时间都用来躲避以色列战机的追逐。尽管装有扩音器的吉普车在城里四处奔走，敦促人们站起来战斗，但最后只有一个旅（第70旅）留下来保卫大马士革，该旅以忠于叙政权而闻名。[11]

以军在叙利亚人身后猛追不舍，他们沿3个方向——从北边的迈斯阿德（Mas'ade）和布格阿塔（Buq'ata）、从东边的卡拉阿，以及从东北方向的泰勒阿布尼达（Tel Abu Nida）——向库奈特拉进发。其他部队则要么向南前往胡什尼亚（Khushniya），要么向北进入毗邻黎巴嫩边界的丘陵地带。在加利利海的南端，以军于下午1时集中火力炮轰了塔瓦菲克，随后空降兵袭击了这座堡垒。此后，以军赌了一把，他们赌叙军只有少数人，甚至没有人还留在战场上，然后派800名空降兵乘直升机先飞到了卡菲尔赫尔布（Kafr Harb），然后又飞到阿勒（el-'Al），最后到达了布特米亚。空降部队跃进的速度如此之快，以至于指挥官往往不知道他们身处何处，只知道他们必须赶在停火生效之前继续前进。叙利亚人则撤退得更快，大多数的阵地上都空无一人。

然而，以军的进展速度仍然相对缓慢。两点钟的最后期限即将到来，但就连以色列的先锋部队都还没有到达他们的目的地。在许多以军士兵看来，停火的消息马上就要传来，他们没有理由急着向前冲。经过奈费赫（Nafakh）的时候，阿隆叫停了他的吉普车，并询问一名正在游荡的军官——罗恩·萨里克（Ron Sariq），一名侦察连连长——他和他的手下在做什么。

"等待命令。"萨里克回答说。

"别站在那儿，快跑！现在！"阿隆喊道，"快去把库奈特拉拿下！"[12]

以军于12时30分的时候拿下了库奈特拉，曼德勒接受了巴列夫的请求，允许让戈兰尼旅率先进入这座城市，以此来向该旅表示敬意。在过去的19年里，该旅一直戍守着以色列的北部边界。进入该城后，他们发现整片整片的社区都几乎被完全遗弃，商店和市场还摆满了货物，桌上的午餐仍然是热的。"我们当时完全可以继续前往大马士革，"戈兰尼旅第51营营长本尼·英巴尔（Benny Inbar）上校回忆说，"那条道路在我们面前完全敞开着。他们[叙利亚人]都逃走了。"

埃拉扎尔在叙利亚军官俱乐部里与拉宾进行了会晤，他敦促拉宾授权装甲部队突入叙利亚深处。根据以军于1964年制订的代号为"短柄小斧"（Garzen）的应急计划，以军的两个师将在80个小时之内攻克敌人的首都。但拉宾拒绝了这一提议，他坚决不允许以军再占领更多的叙利亚领土。唯一的例外是黑门山。埃拉扎尔与拉宾会面时，莫提·霍德也在场，他把黑门山称作是"国家的眼睛"。以军将尽快占领该山的部分山峰，并将其转变为以色列最高的观察站，从那里能看到大马士革的市中心。[13]

在这次关键的磋商过程中缺席的是摩西·达扬。这位国防部长正准备与奥德·布尔会面。为了给以军争取时间，他用上了一招相当粗鄙的计谋。达扬本来把两人的会面安排在提比里亚进行。但当联合国首席观察员抵达该地时，他发现会面的地点已经转移到了特拉维夫。两人最终在下午3时见上了面，比预定的时间晚了1个小时。

布尔先开口说话，他强调必须要打破以军向前挺进，然后叙利亚人自卫的恶性循环，这一恶性循环给以色列提供了进一步推进的借口。然而，达扬却并不接受这种说法。据他说，叙利亚人仍在炮击以色列人的定居点，而如果他们停止炮击，以军也会立即停止进攻。"我们并不是在追逐自己的利益。"他说道。达扬把停火描述成一项绝对的准则——"我们不是在谈判，我们不会同意附加任何条件"——但随后提出了自己的几项重要条件。以色列将不会接受任何违反停火规定的理由，比如说，某些叙利亚部队会声称自己尚未收到停火命令。此外，停火协议的措辞中绝不能提到1949年的全面停战协定。在停火线附近不允许派驻联合国观察员。布尔只需要接受以色列的说法就可以了：战斗确实已经停止。[14]

停火协议将于下午6时生效，"谁都不许告诉我他的无线电通信设备坏了。"达扬指示埃拉扎尔说。他命令魏茨曼和泽维草绘一幅以色列与叙利亚新边界的地图，并训斥他们说："要控制住你们自己！"然而，北部战区司令部最后还是忽略了从耶路撒冷传来的指示，他们将最后期限延长了几个小时，以改善以色列的防御形势。以军的每一个单位、每一名士兵，都被派去占领有战略价值的山顶和交通枢纽。情报官阿胡维阿·塔边金（Ahuvia Tabenkin）把头盔盖到了他的厨师和后勤人员的头上，并命他们爬上胡什尼亚以北的鲁卡达（al-Ruqada）悬崖之巅。直升机则继续往布特米亚东北部的腹地运送部队。

并不是所有的以军行动都没遭到阻拦，战场上仍会时不时地出现叙军零星的抵抗。搭载埃拉扎尔的直升机曾一度遭到一架米格战机的追击，被迫在某处峡谷急速下降。然而，这架直升机最终还是安全地降落到了加利利海南岸的埃因盖夫基布兹。数十名基布兹成员跑出来迎接埃拉扎尔将军。"达多与埃因盖夫基布兹成员之间的相会绝对是一次令人难忘的经历，"作战参谋长伊扎克·霍菲（Yitzhak Hofi）回忆道，他和巴列夫当时也在那架直升机上，"不管是男人、女人还是孩子，或哭或笑，他们全都扑倒在他身上，拥抱他，亲吻他。一定是因为他们对所发生的事情感到太过兴奋，为噩梦的终结而得到了解脱。"[15]

达扬与布尔会面的消息，以及随后停火的正式到来，缓和了联合国内的动荡局势。"以色列人在安理会里通过玩弄政治手段来拖延时间，最后拖到了让局势接近崩溃的边缘，令人为之心惊。"巴伯说道。但以色列的边缘政策也明显收到了成效。尽管费德林继续对英美和以色列的帝国主义行径做出猛烈抨击，但安理会始终没有通过谴责以色列的决议。第二天，戈兰尼旅第13营的平哈斯·诺伊（Pinchas Noi）上校和他的无线电通讯员乘直升机飞到了黑门山，并在山顶上插上了一面以色列的国旗。然而，不管是阿拉伯世界还是苏联都没有对此做出反应。

联合国的焦点已不再是地面上的军事局势，而是战后的解决方案。戈德堡会见了一个又一个代表团，游说他们支持阿以谈判。按照他的设想，双方将面对面直接展开谈判，也可以选择由联合国来斡旋，最后促成双方达成初步协议，使双方军队脱离接触并保证蒂朗海峡的自由航行。戈德堡轻描淡写地写下了下面这段预言："以军部队的撤离到底是一项单纯的撤军行动还是一揽子和解计划中的一部分，这将成为停火协议落实后所要面对的主要问题，而且这个问题也有些棘手。"

全球领袖也已经把注意力转向了战后的外交阶段。这一阶段的争议性在柯西金随后通过苏美热线发出的信件中体现得十分明显："如果今天所有的军事行动都已结束，那么就有必要采取下一步行动，即让以军撤出阿拉伯国家被占领土，并退回到停战线之后。"尽管如此，这位苏联领导人在信的结尾还是释放出了积极的信号——"我认为我们会就此事与你保持联系"——从而为两个超级大国在未来展开合作留下了可能性。对约翰逊来说，他所关心的不仅仅是军队的部署和撤退的问题，他还在考虑如何结束阿以冲突这一根本问题——考虑去改变冲突背后的大环境。"现在看来，中东地区的军事行动就要结束了，"他在回复柯西金时写道，"我希望我们今后的努力能够致力于实现世界上持久的和平。"[16]

第 11 章

余 震

统计、检讨和旧 / 新中东

132个小时是这场战争所持续的时间。这场战争是有史以来耗时最短的战争之一。在这段短暂的时间里，埃及方面失去了1万—1.5万名士兵，其中包括1500名军官和40名飞行员。此外还有成千上万的人受伤，另有5000人失踪。约旦方面有700名士兵死亡，6000多人受伤或失踪。叙利亚方面据估计有450人死亡，受伤人数则是死亡人数的4倍。以色列方面承认己方有679人死亡，2563人受伤，而后来以色列国防军给出的死亡人数高达800人——按人口比例计算，相当于有8万美国人死于战争。[1]

尽管阿以双方在伤亡比例上的悬殊（约25∶1）已经够刺眼了，但这一比例与双方战俘数量上的差距相比就显得小巫见大巫了。以色列方面至少俘获了5000名埃及士兵，其中包括21名将军。此外，他们还俘获了365名叙利亚人（其中只有30名军官）和550名约旦人。以军声称还俘获了2名苏联顾问。而以色列方面总共只有15人被俘。尽管双方相互谴责对方殴打甚至处决战俘，但实际上战俘普遍受到了优待。然而，双方交换战俘的过程却持续了好几个月。以色列坚持要求埃及释放自1954年以来一直被关在监狱里的埃及犹太人，他们此前因间谍罪而被捕入狱。此外，以方还要求埃及交还几名被处决的特工的遗体，其中便包括埃利·科亨的遗体。埃及和叙利亚却不愿接回那些充满怨气的被俘将士，并拒绝直接与以色列谈判。[2]

然而，就两军所获战果而言，最大的差距倒不在于人，而在于物。埃及85%的军事装备（价值20亿美元）都被以军摧毁。原属于埃军的庞大军火（320辆坦克、480门大炮、2个SAM导弹阵地，以及1万辆车）最终成了以色列的战利品。约旦方面的军备损失清单也很长：179辆坦克、53辆装甲运兵车、1062门大炮、3166辆车、近2万件各式各样的武器。在阿拉伯军队中，叙利亚人的装备损失最少。他们损失了470门大炮、118辆坦克和1200辆车，另有40辆坦克被以色列人俘获。以色列空军出动飞机3279架次，共摧毁了469架敌机（其中50架毁于空战）。这些数字中包括了埃及85%的战斗机和所有轰炸机。英国空军驻特拉维夫武官R. 戈林–莫里斯（R. Goring-Morris）评论说："在军用航空史上，还从来没有哪个国家能让空中力量在现代战争中起到如此迅速和决定性的作用。"但这也是要付出代价的。以军损失了36架飞机和18名飞行员，差不多相当于以色列空军20%的军力。苏联很快便补充了埃及和叙利亚所损失的米格战机，但以色列向法国订购的幻影战机及其向美国订购的天鹰攻击机始终处于搁置状态。

在这场战争中，军队的伤亡率即使按照现在的标准来看也非常高，但平民的伤亡人数出奇地低。除了对耶路撒冷、以色列边境定居点，以及加沙和西岸巴勒斯坦社区的轰炸，大部分战斗都发生在远离主要人口中心的地方。然而，却有大量的非战斗人员在战争中遭受了苦难，饱受折磨。约有17.5万（据以色列方面估计）到25万（据约旦方面估计）巴勒斯坦人从约旦河西岸逃到了约旦。他们之中的许多人是二次难民，不得不再次住进环境糟糕的难民营中。尽管并不是以色列人的行动促成了这波大逃亡，但以色列也没有采取任何措施来阻止它，或鼓励难民重返家园。以军最初反倒是在约旦河沿岸设下了埋伏，以防止"渗入者"穿越回西岸。达扬在战争结束一周后发现了这一情况，他认为这么做是不人道的，并禁止这一行为。

在戈兰高地上的情况也一样，以色列并没有迫使平民大批逃亡，但也没有阻止这类事情发生。虽然以军在战争计划中并没有为叙利亚平民做出预案，但总参谋部的确下达了具体的命令（第121330号令）："不许驱逐叙利亚高地或被占领土上的村民。"大马士革方面后来声称，叙利亚村民被以军集体赶了出去，但事实上，几乎没有以色列人接触过叙利亚平民。大部分平民是在叙政府的命令下撤离的，他们在袭击者到来之前就逃走了。

停火之后，以色列坚持认为1967年的难民问题就像1948年的难民问题一样，必须在全面和平条约的框架内得到解决。阿拉伯国家一致拒绝这一要求，他们坚持无条件遣返和补偿难民。那年夏天的晚些时候，以色列被迫允许至少部分巴勒斯坦人重回约旦河西岸，但实际上很少有人响应这一号召。[3]

难民的处境尽管十分悲惨，但很快便被另一件事所掩盖：阿拉伯国家对居住于其中的犹太人的迫害。在以色列获胜的消息传来后，暴徒袭击了在埃及、也门、黎巴嫩、突尼斯和摩洛哥的犹太人聚居区，焚毁了犹太会堂，并攻击了当地的居民。利比亚首都的黎波里发生了屠杀，共有18名犹太人死亡，25人受伤，而幸存者则被赶到了拘留所里。在埃及的4000名犹太人中，有800人被逮捕，其中包括开罗和亚历山大的首席拉比。他们的财产也被政府扣留。大马士革和巴格达有着古老的犹太社区，其中的居民遭到了软禁，领导人被监禁和罚款。总共有7000名犹太人被赶出了家门，其中许多人身上只有一个小背包。[4] 除了突尼斯的布尔吉巴和摩洛哥的哈桑二世国王，阿拉伯世界再没有任何政治家站出来谴责这些暴行。联合国和红十字会曾试图替犹太人出面调解，但都遭到了拒绝。

相比之下，如今处于以色列统治之下的120万巴勒斯坦人却没有遭到系统性的迫害。尽管劫掠行为很普遍，破坏活动也被记录在案——据称，盖勒吉利耶有将近一半的房屋被毁，后来以色列政府又出面修复了这些房屋——但以色列很快便在西岸和加沙地带建立起军事管理体制，并在当地推行了军事戒严法和约旦法律。巴勒斯坦社区和宗教领袖在大部分情况下仍保有战前的地位，其中包括圣殿山上的伊斯兰教瓦克夫（waqf，意为"宗教基金会"）——达扬的这一决定遭到了以色列鹰派的批评。然而，在耶路撒冷老城内，以色列却偏离了它的宽容政策。为了在西墙前建立礼拜广场，老城穆格拉比（Mughrabi）社区中的住宅被以色列政府推倒了。然而，政府最具争议性的决定是下令拆毁了3座阿拉伯人的村庄：亚卢、拜特努巴和伊姆瓦斯。这3座村庄坐落于拉特轮走廊的战略枢纽附近。以色列人指控这3座村庄的居民在1948年时煽动了巴勒斯坦人对耶路撒冷的围攻，并于不久前窝藏了对卢德发动了袭击的埃及突击队员。即便如此，还是有数支部队拒绝执行拆除命令。最终，该命令得到了执行。

阿拉伯村民虽然得到了补偿，但以色列政府不允许他们返回该地。

除此之外，以色列并没有对阿拉伯人采取进一步的报复行动。而就在几天前，这些阿拉伯人还在庆祝以色列的灭亡。据披露，约旦此前摧毁了老城中的犹太会堂，并用橄榄山上的犹太人墓碑铺设道路，甚至修建厕所。然而，这一切并没有阻止达扬与4000名穆斯林一同参加在阿克萨清真寺举行的主麻日（周五）聚礼。[5]

相对于战后的重大格局演变而言，不管是伤亡、战俘，还是难民问题都相形失色。以色列占领了10.9万平方千米的土地，相当于其原来国土面积的3.5倍。在战争爆发之前，以色列非常脆弱，其主要城市全都处于阿拉伯国家火炮的射程范围内。而如今，这个犹太国家正威胁着大马士革、开罗和安曼。该国首都耶路撒冷已实现统一。尽管以色列与苏联断交了，尽管这场战争也给它与法国的关系带来了长久的压力，尽管发生了"自由"号事件，但以色列赢得了美国的尊重。"以色列军队的精神，实际上所有人的精神，都必须亲身体验后才敢相信。"哈里·麦克弗森在向总统报告时说道。他描述了他亲眼看到过的场景：两名以色列女兵坐在一辆吉普车上，"其中一人戴着一顶闪闪发光的紫色浴帽，另一人头上包着一条橙色的头巾"，她们在内盖夫沙漠中驰骋。"在经历了在越南问题上的怀疑、困惑和含糊不清之后，能够看到人们全心全意、无条件的奉献，这非常令人感动。"

战前，以色列的经济好似一潭死水，现在却突然繁荣起来了。游客和捐款不断涌入这个国家，西奈半岛上的油井中也提炼出石油来。几乎不再有人向外国移民，而成千上万新入籍的移民则急切地想要分享胜利的荣耀。

以色列的确正陶醉于这份荣耀之中。在之后的数周里，以色列媒体一直在称赞军队的无畏、智慧和力量。《国土报》向读者介绍了新铸造的"胜利硬币"，并提供了"胜利蛋糕"的配方，以供返乡的士兵食用。在卢德，阿巴·埃班对注视着他的听众说："在联合国的讲台上，我宣布了以色列国防军的光荣胜利和耶路撒冷的救赎。"与埃班比起来，哈伊姆·巴列夫的话就没那么文雅了。他对内阁说："以色列从来没有像现在这样受

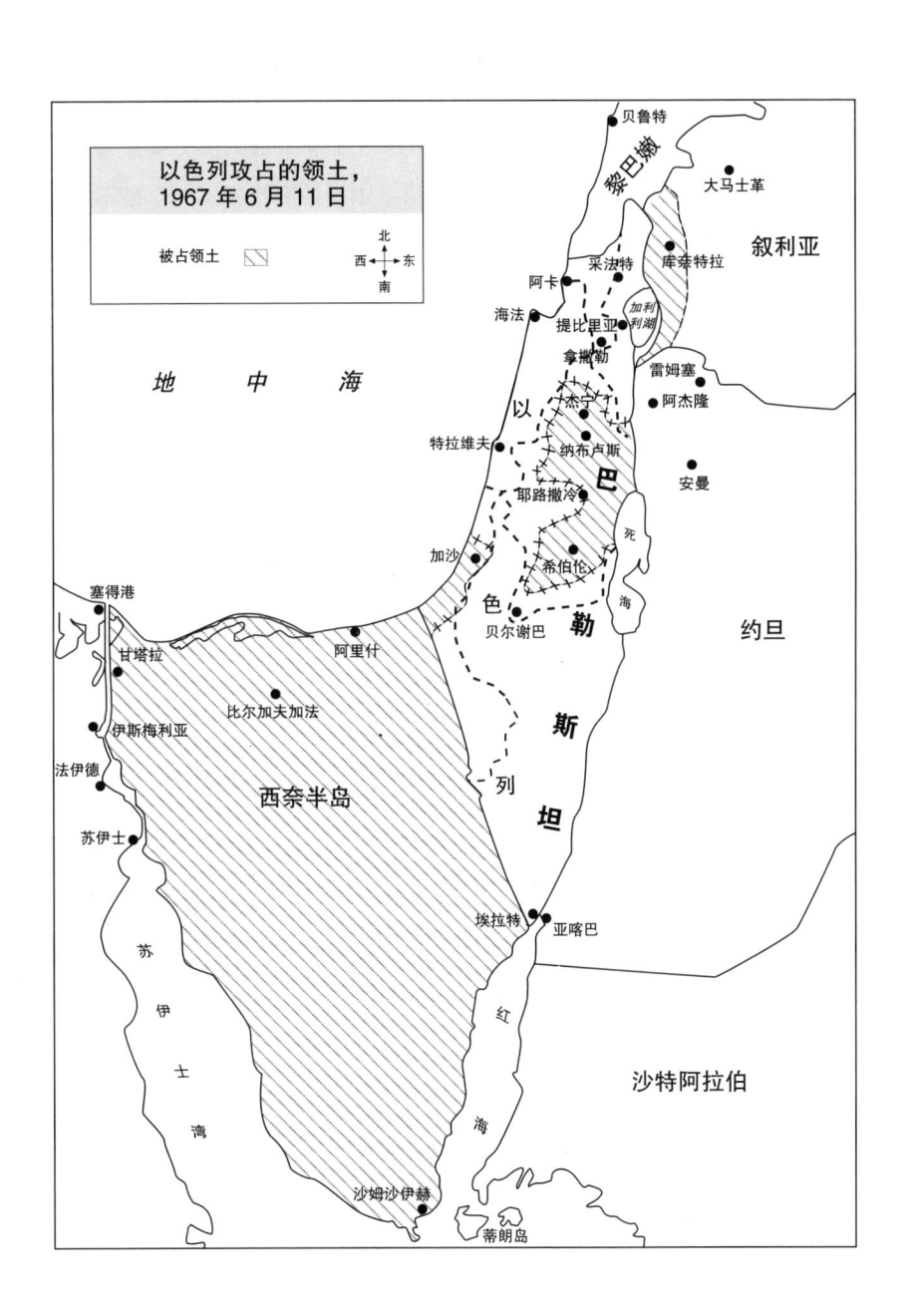

以色列攻占的领土，1967年6月11日

被占领土 ▨

北 / 南 / 西 / 东

地名标注：
- 贝鲁特、黎巴嫩、大马士革、叙利亚
- 采法特、阿卡、库奈特拉
- 海法、提比里亚、加利利湖
- 拿撒勒、雷姆塞、阿杰隆
- 杰宁、特拉维夫、纳布卢斯、安曼
- 耶路撒冷、死海
- 加沙、希伯伦、约旦
- 贝尔谢巴
- 以色列、巴勒斯坦
- 地中海
- 塞得港、甘塔拉、阿里什
- 伊斯梅利亚、比尔加夫加法
- 法伊德、西奈半岛
- 苏伊士、苏伊士湾
- 埃拉特、亚喀巴
- 沙特阿拉伯
- 红海
- 沙姆沙伊赫、蒂朗岛

到世界各国的尊敬和推崇。我们把每个阿拉伯国家都搞垮了。"一直深受人民欢迎的达扬和拉宾现在已被奉为偶像。不光是以色列犹太人，就连海外的犹太人也这样认为。这场战争使犹太人"能够挺直腰杆走路了"。政府向总参谋长授予了特殊的荣誉：为这场战争命名。在一众备选方案（"勇气之战""救赎之战""光之子之战"）中，拉宾选择了一个最不引人注目的名字："六日战争"，它能让人联想起上帝创世的六日。

　　有那么一刻，以色列人自我认知中的末日情结似乎已经被不屈不挠、不可战胜的以色列形象所取代，但这也只是一瞬间的事。英国大使迈克尔·哈多注意到，以色列并没有举行大规模的庆祝活动，他们发动了战争，赢得了胜利，回到家后便马上恢复了正常生活。以色列人在整个过程中所表现出来的平静让哈多感到"非常鼓舞人心，却又相当可怕"。许多以色列人因他们所取得的胜利、内心的负疚感、丧亲之痛而感到不适。这些情绪在战后出版的一本访谈集中大量涌现出来。这本书取材于对基布兹成员的采访，被命名为《第七日》。27岁的沙伊（Shai）来自阿菲基姆（Afikim）基布兹，他曾带领空降兵参加过乌姆盖特夫战役。他回忆说："杀死阿拉伯人或知道我们赢了，这并不会让我们感到特别兴奋或高兴，我们只是觉得我们做了必须做的事情而已。但这与感到高兴还是有很大区别的。"加勒（Gal）是居住在吉瓦特哈伊姆（Givat Haim）基布兹的坦克炮手，他也表达了类似的看法："我为什么要讨厌阿拉伯人？即便我能看到他手上拿着枪那又怎么样？你朝他开枪，你知道他也是个人，他也有家庭……在你看到有人死了之前一切都显得正常。那便是我们开始诅咒战争的时刻。"来自乌沙（Usha）基布兹的里夫卡·尼特（Rivka Niedt）在日记中记录了她到达阿里什时的感受："外面天昏地暗，还有糟糕的噪声……枪声、尖叫声和短暂又可怕的爆炸声……你的喉咙哽住了，你的眼前一片黑暗，然后你往外面跑……但风……只能给你带来一阵从死者和黑蝇那里飘来的恶臭。"

　　继《金色的耶路撒冷》之后，《和平之歌》成了战后最受欢迎的希伯来语歌曲：

> 没有人能让我们复生，
> 从坟茔那黑暗的深处。
> 胜利的喜悦在这里没有任何意义，
> 赞美的歌声也是如此。
> 因此，为和平唱支歌吧。
> 不要只是低声祈祷，
> 最好为和平唱支歌。
> 高声把它唱出来吧。[6]

然而，阿拉伯人对这场战争并没有表现出如此矛盾的心理。即使是"六日战争"这个名字都令他们感到厌恶，因为它传达了一种闪电式征服的感觉。他们选择了一些更为直白的名字，比如"挫折之战""灾难之战"，或更加平淡无奇的名字——"六月战争"。战场上的射击刚一停止，阿拉伯世界便开始了对战争的检讨。用某位中东历史学家的话来说，他们"在一个充满压力、一切都十分清晰的时刻"开始了"清算"，研究"一个小国"如何做到这一切——"它暴露了阿拉伯人的不足，攫取了大片领土，并摧毁了他们的军队，而这些军队在过去十年左右的时间里一直为其所拥有的武器和英雄气概而感到自豪。"阿拉伯世界的知识分子对阿拉伯民族主义产生了强烈的幻灭感——作为一场大规模运动，它再也不会复兴——并强调了现代化和民主的重要性。另一些人则主张以越南或古巴模式为原型，在阿拉伯世界推行更加暴力的激进主义，或者回归严格的伊斯兰教义。知识分子将对阿拉伯社会，对其固有的习性和弱点，以及阿拉伯人的个性和心理等各方面做出痛苦的反思。

而另一方面，阿拉伯政客则坚决拒绝为失败承担任何责任，更不用说自我反省了。纳赛尔依旧将埃及的失败归罪于不服从命令的埃及军官和英美两国的阴谋。侯赛因国王则在宿命论上大做文章。他对人民说："我似乎属于这样一个家庭……这个家庭必须承受国家的苦难并做出牺牲，永无止境……如果你没能赢得荣耀，那不是因为你缺乏勇气，而是因为这是真主的意志。"叙利亚领导人遭到了整个阿拉伯世界的谴责。他们费了那么大的劲去挑起战争,真到打仗时却没做出什么贡献。然而,叙利亚的领导人却彻底地否认了他们在这场战争中的失败。苏韦达尼将军辩解说:"以色列的目标不是要征服叙利亚的几寸土地,而是要推翻进步政权,但他们没能做成此事。因此,我们必须把自己视为这场战争的胜利者。"叙利亚外交部长马胡斯更是把这一观点发扬光大,他说:"如果大马士革或阿勒颇沦陷,它们还可以重建。但如果复兴党被推翻了,那将是无可挽回的损失,因为复兴党才是阿拉伯民族的希望。"哈菲兹·阿萨德更是宣称:"叙利亚独自战斗了六天,一直没有停歇,使出了全力。"据说,当一名下级军官要求调查这场溃败时,阿萨德射杀了这名军官。[7]

1973年战争之后,军队荣誉恢复,埃及人才开始谈论1967年战争失败的原因。埃及审判了对战败负有责任的军官。萨拉赫·哈迪迪(Salah al-Hadidi)是负责此事的审判长,他写道:"我可以这么说,是埃及的政治领导层诱使以色列发动了战争。领导层明显激怒了以色列,并迫使它展开对抗。"在论及战败原因时,法齐将军特别提到了埃及"个人主义式的官僚领导"和"阿米尔的失控"这两方面因素。穆罕默德·萨迪克则指出:"军官的晋升靠的是忠诚而非能力,军队害怕告诉纳赛尔真相。"穆尔塔吉认为以色列拥有更好的武器、指挥和组织。在他看来,以色列人似乎有更强烈的斗志。西德吉·马哈茂德指责了埃及所做出的一系列决定——仓促驱逐联合国紧急部队、占领沙姆沙伊赫,以及承受以色列人的第一波打击。他说:"我们完全依赖于俄罗斯的装备,而陆军元帅并没有全心投入军队的事务中去。"在扎卡里亚·毛希丁看来,军队的问题在于缺乏情报。他说:"以色列人知道每一个靠政府救济金过活的埃及人及其妻子的名字,而我们甚至连摩西·达扬的家在哪里都不知道。"阿里·萨布里指责军方拒绝调查在苏伊士和也门战争中的失败,并要求军方把涉事军官赶下台。沙姆斯·巴德兰则谴责了纳赛尔:"他做出的决定让军队陷入了困境。以色列在美国的帮助下对我们设下了埋伏,他没有和任何人商量,就把我们带进了伏击圈。"[8]

阿拉伯人到底缘何会惨败?专家迅速前来解答这个问题。在他们看来，以军受到了更优越的训练，而且有更强烈的作战动机，而阿拉伯人在作战层面上不统一，对敌人更是缺乏了解。哈多强调了人的因素，即以色列士兵和阿拉伯士兵之间的巨大差距：

> 他们都算不上职业化军队，并没有配备上最现代化的装备，大部分都是身为平民的预备役军人，所受的训练也相对有限。他们被民用设备运送到战场上去，所得到的补给和支持也基本上通过民间渠道获得。相比之下，职业化的阿拉伯军队反而对现代战争的基本要素完全缺乏了解，也不具备使用苏联提供的先进武器和装备的能力。他们几乎每一条战线上的领导层都表现得很无能，无能到了令人难以置信的地步，毕竟他们为了这场以毁灭以色列为目标的战争做了十年的准备和训练。

达扬的评价则更为严厉。他在向总参谋部提交的最终报告中批评了以色列对纳赛尔意图的误读、对美国的过度依赖，以及在埃及封锁海峡时的犹豫不决。他写到，尽管存在这些缺点，但以色列还是"在六日战争结束之时在所有战线上都推进到了极限"。以色列能做到这一点的原因是埃及没能意识到先发制人的好处，未能准确衡量敌人的实力及意愿。埃及犯下的这些错误使以色列人变得傲慢自大。六年之后，以色列人会在他们与阿拉伯人的下一次重大战争中重蹈覆辙。[9]

这些分析也许可以解释以色列如何赢得战争，但它们无法解释战争最后的结果。除了消除埃及的威胁和摧毁纳赛尔的军队这两项目标，战争中的其他任何阶段都不是以色列方面提前计划好的，甚至都未经考虑。不管是占领整个西奈半岛、征服约旦河西岸还是登上戈兰高地，情况都是如此。就连以色列人所谓的耶路撒冷的"解放"——它被视为这场战争中最重要的事件，以色列人几乎把该事件同有关弥赛亚的预言联系在了一起——很大程度上也是靠偶然的机会才实现的。是战场上的变化和势头，而不是理性的决策，最终决定了战争的结果。如果在第一天的战斗结束后埃及接受了停火，如果约旦人没有占领原英国政府大楼所在的山脊，如果达扬坚持反对征服戈兰高地（仅举几个"如果"），该地区的局势会大不相同。而战后的历史——动荡与突破，对和平的艰难探索——也可能向不同的方向发展。

世事的变幻无常也引发了这场战争。本书在开头的部分提到了众所周知的蝴蝶效应，蝴蝶只需拍打翅膀便能引起风暴。从1966年11月开始，整个中东地区见证了许多次类似蝴蝶拍打翅膀的事件。首先是巴伯大使在转交侯赛因国王致埃什科尔吊唁信时的拖拖拉拉。随后又发生了萨穆阿事件——约旦和以色列士兵在不经意间发生了冲突。在冲突中打了败仗的约旦为了挽回颜面，便指责埃及"躲在联合国紧急部队的裙下"。受此刺激，埃及产生了驱逐联合国部队的念头。此外，纳赛尔与阿米尔之间错综复杂的关系、以色列内部的政治阴谋（削弱埃什科尔并让达扬入主国防部），以及荣誉、沙文主义和恐惧等因素——所有这些都以意想不到的方式对整件事产生了深刻的影响。埃及在最后一刻才取消了黎明行动——埃及以其人之道还治其人之身的唯一一次机会——实际上便深刻地揭示出了整个过程的随机性。

然而，即便是这种混乱也有其背景。只有在阿以冲突的独特背景下，如此多元的各项因素才能交织在一起，并在战争中达到高潮。这些因素包括叙利亚的激进主义和以色列的政治活动、阿拉伯国家间的竞争和美国对越南的关注、苏联的担忧和埃及的渴望等。而在战争开始之后，也只有在这一背景之下，一系列意料之外的事件才可能发生，从阿拉伯军队撤退到以色列攻击"自由"号，从安理会机制瘫痪到苏联的干涉失败。

阿以冲突背后的大环境孕育了这场战争，但战争是否反过来改变了这一大环境呢？它到底是基本上没对这个地区产生什么影响，还是使整个地区产生了全新的规则和新的统治者？那天翻地覆的六天真的是一场创世之举吗？它真创造了与旧中东有本质区别的新中东吗？

"实现平等主体之间的光荣的和平"

在新落成的希伯来大学的圆形剧场里，以色列人举行了数场庆典活动。伦纳德·伯恩斯坦（Leonard Bernstein）在这座剧场里指挥了马勒的第二交响曲（《复活》）和门德尔松的小提琴协奏曲，独奏者是技艺超群的艾萨克·斯特恩（Isaac Stern）。《金色的耶路撒冷》的旋律被反复奏响。*此外，在6月29日，伊扎克·拉宾也在这一俯瞰着犹太沙漠（Judean desert）和死海海岸（两地于不久前刚被以军占领）的剧场中获得了希伯来大学授予的荣誉博士学位。

拉宾以整个以色列国防军的名义接受了这一荣誉。他不仅谈到了后方的欢腾，也提到了前线士兵的忧郁："他们不仅看到了胜利的荣耀，也见证了这份荣耀背后的代价，即那些在他们身旁倒在血泊中的战友。"这些士兵"很清楚我们的正义事业，很清楚他们对祖国的热爱，也很清楚强加到他们身上的艰巨任务"。他们在最艰难的条件下展现了他们在道德、精神和心理层面的价值。许多以色列人献出了生命，只是为了捍卫拉宾所谓的"以色列人民的权利，即自由、独立、和平与安宁地生活在自己的国家之中的权利"。

和平与安宁将成为拉宾一生都难以实现的目标。尽管其政治对手一直批评他在战前和战争期间的表现——他的崩溃，以及他在面对达扬时的无力——但公众普遍将胜利归功于他。处于事业顶峰上的拉宾很快便离开了军队，并在以色列驻华盛顿大使一职上取得了成功。但后来在以色列总理任内（1974—1977年），他就表现得不那么游刃有余了，当时的以色列正处于赎罪日战争之后的余震之中。他最大的成就是与埃方就部队在西奈半岛上脱离接触一事达成了协议，从而为以色列后来与埃及签订和平条约奠定了基础。

1992年，拉宾重任总理一职，并开始推行一项危险性不亚于六日战争的政策——寻求与巴勒斯坦人民达成历史性和解。当时巴勒斯坦人的领袖是亚西尔·阿拉法特，那个曾经领导游击队袭击以色列并间接促成六日战争爆发的阿拉法特。拉宾和阿拉法特推动的这一进程将为他们赢得诺贝尔奖（当时的以色列外交部长希蒙·佩雷斯也获得了这一荣誉），但他

---

* 这场音乐会的举办时间是1967年7月9日。

们也因此遭到了反对这一进程的以色列人和阿拉伯人的敌视。巴勒斯坦恐怖分子杀害了数十名以色列平民，而以色列极端分子也将拉宾视为叛徒。1995年11月4日，拉宾在特拉维夫的和平集会上讲话时，一名极端分子开枪打死了这位以色列总理。人们在他的口袋里发现了一张染上了血迹的纸，上面写着《和平之歌》的歌词。

拉宾得出的结论是，1967年的战争改变了阿以冲突的背景。但这并不是说阿拉伯人对以色列人不那么反感了，而是说这场战争已经让阿拉伯人接受了一个事实，即他们永远不可能用武力消灭以色列。许多以色列领导人也持有这一信念，有些人甚至想得更远，他们认为阿以双方将第一次实现和平——用阿拉伯人的领土换来的和平。

6月19日，以色列内阁秘密决定拿西奈半岛和戈兰高地——其中的一些地区将被非军事化，而蒂朗海峡的航行自由也要得到保证——换取埃及和叙利亚的一纸和约。在从埃及手中夺取的领土中，只有加沙地带将被并入以色列，其难民将作为整个地区计划的一部分而得到重新安置。经过激烈的辩论后，这项动议以一票之差获得通过。但是关于约旦河西岸的未来，内阁没能做出任何决定，许多部长仍希望在这片领土上建立巴勒斯坦自治实体。内阁只就耶路撒冷达成了一致意见，它将保持统一，并成为以色列对之享有主权的首都。

在6月19日决定的支持者当中，十分突出的一位便是阿巴·埃班。尽管他对拉宾持保留态度，但学位授予仪式那天他也出现在了瞭望山上。在此前的一周里，他曾对大使们提出了这样的建议："我们面临着新的现实，它引导我们就和平与安全问题展开谈判。必须强调的是，这其中会涉及领土方面的问题。必须让其他国家和阿拉伯世界都知道，我们不可能把时钟拨回到1957年或1948年。"但他又暗示说："一切都是可变动的、灵活的、开放的。"埃班在他担任外交部长的整个任期中都一直坚守这些原则，直到1974年为止。他最初反对在约旦河西岸和加沙建立巴勒斯坦国，后来却接受了这一想法。他警告说，吸纳近200万巴勒斯坦人口将威胁到以色列国内犹太人的人口多数地位。最终埃班会与拉宾和经常嘲弄他的以色列公众和好。到2001年时，他虽已老迈，但仍学识渊博，并获得了以色列终身成就奖。[10]

在 1967 年的战争之后，埃班称自己在以色列领导层中属于"政治家"那一派。在大环境已经改变的情况下，这一派领导人希望抓住这一机会用土地换和平。其他有类似想法的部长——如扎尔曼·阿兰和哈伊姆·摩西·沙皮拉——表示，他们愿意返还阿拉伯人几乎所有的被占领土，但耶路撒冷除外。他们还获得了一个意想不到的人的支持：戴维·本-古里安。他此后再也没在以色列的政治斗争中扮演过重要的角色，被人永久地弃置于斯代博克的平房里。这位曾受以色列人敬畏的"严父"对吞并领土过程中所暗含的危险提出了警告，在他看来，此举将对犹太人的多数地位形成威胁。1973 年 12 月，他在"赎罪日战争"的阴影中死去。

然而，尽管以色列的一些决策者倾向于做出巨大的让步，但另一些人——他们被埃班称为"安全人士"——则怀疑阿拉伯人的谈判意愿。而且出于战略和意识形态方面的考虑，他们坚持留下大部分被以军占领的土地。就跟之前一样，这些人在内阁中受伊加尔·阿隆领导。这位劳工部长——后来成为外交部长——在 6 月 19 日的内阁决议中曾投下反对票，并游说政府在约旦河西岸建立定居点。按照他的说法，这些定居点将形成一道新的防线：下到约旦河谷，沿耶路撒冷周围，南至希伯伦山地，进而界定出"一个为各国所同意且独立的阿拉伯国家，它将被以色列领土所包围"。尽管阿隆于 1980 年去世，享年 62 岁，但阿隆计划一直都是以色列所奉行的非官方政策，直到拉宾与阿拉法特展开和谈时为止。

同样反对 6 月 19 日内阁决定的以色列领导人还有梅纳赫姆·贝京。他的加哈尔集团（后来成为利库德集团）甚至都不接受在领土方面让步这一想法。"在我看来，[西岸]自治的概念会导致巴勒斯坦国的出现。"他对内阁说道。尽管如此，十年之后，身为总理的贝京还是会欢迎纳赛尔的继任者安瓦尔·萨达特到访以色列。他同意把整个西奈半岛都还给埃及，并在西岸和加沙地带实行巴勒斯坦人自治。然而，他后来还是辞职了，其意志被另一场阿以战争（黎巴嫩战争）消磨殆尽。此后他便隐居了起来，并于 1992 年去世。

6 月 29 日，在希伯来大学的圆形剧场里，当时坐在阿隆和贝京身边的是以军总参谋部的成员。其中包括那些更同情"政治家"派立场的将军，如乌齐·纳尔基斯和耶沙亚胡·加维什，他们后来在国内的公共事务上都很活跃。此外还有伊斯拉埃尔·塔勒，他后来被誉为以色列梅卡瓦（Merkava，意为"战车"）主战坦克之父。然而，他们对以色列政策的影响力却完全不及那些与政府中"军事安全"派领导人有联系的将军。

例如，戴维·埃拉扎尔就坚持要求留下戈兰高地。当初为了拿下这片高地，他曾做了艰苦的游说工作。1967年战争结束后不久，巴勒斯坦游击队的袭击活动便死灰复燃，他们埋藏在黎巴嫩和约旦北部。埃拉扎尔发誓要让这些国家过上"无法忍受的生活"。他说："相对于长期保持克制，以色列国防军的行动更有利于恢复平静。"1973年，果尔达·梅厄所领导的政府禁止以军对埃及和叙利亚军队发动先发制人的打击，身为总参谋长的埃拉扎尔则因为以军在战争早期阶段所遭受的挫折而备受指责，并被迫辞职。他伤心欲绝，四年后便去世了。

另一位坚定反对政府在领土方面让步的将军是埃泽尔·魏茨曼。离开军队从政后，他自然地被吸引到了贝京的政府里，并担任国防部长一职。他同贝京一样，也同意从西奈半岛撤出全部军队。他后来转而投靠工党，并把自己塑造成捍卫和平的人士。他于1993年被选为以色列总统，在此职位上工作了7年，最后因金融丑闻而辞职。

最后一位是阿里埃勒·沙龙。他在1973年的战争中声名大噪。但后来在国防部长任上，他因推动了1982年以色列对黎巴嫩的入侵行动而臭名昭著。一年以后便发生了以色列的黎巴嫩盟友屠杀巴勒斯坦难民的事件，沙龙在此事件中也负有间接的责任。他虽辞去了国防部长的职务，但一直反对放弃阿拉伯国家被占领土，即使这么做是为了换来和平。然而，虽说沙龙鼓励以色列人在西岸和加沙地带建立了数十个新定居点，但另一方面，也是他下令拆除了西奈半岛上的以色列定居点。2001年，在当选为总理之后，他与希蒙·佩雷斯及其他工党成员组成了全国团结政府，致力于基本完全撤出被占领土。[11]

阿以冲突的背景究竟在多大程度上发生了改变？和平是否可能？是否还会发生另一场战争？以色列人在这些问题上存在不同意见。在接下来的几十年里，许多人会在不同的结论之间摇摆不定。然而，在1967年那天聚集在瞭望山上的所有领导人之中，有那么一个人——摩西·达扬——却能做到同时支持两种不同的立场。

"我在等电话铃响。"达扬的这句话被广泛引用，他是在暗示，如果阿拉伯人肯来谈判的话，以色列愿意归还领土。但在6月19日的那场内阁辩论中，达扬争辩说，在阿拉伯人永远都不会接受以色列国的情况下，讨论和平条款根本没意义。他对当时的决定提出了抗议，说道："我们不能因一票之差就从西奈半岛和戈兰高地撤军！"达扬虽然鼓励犹太人在约旦河西岸建立定居点，但他并不反对在那里建立巴勒斯坦国，也不反对保留约旦作为穆斯林圣地保护者的地位。他反对在西奈半岛上修建定居点，却推动建造了半岛上最大的犹太城镇亚米特（Yamit）。他强调，以色列有必要在被占领土上"坐稳并一直统治下去"，在1970年时，他却提议以色列从苏伊士运河撤出，并以此作为埃以双方走向非交战状态的第一步。据英国大使馆统计，六日战争结束后的六周内，达扬光是针对和平这个问题就提出了不少于六种不同意见。

令人捉摸不透、如同谜一样的达扬在1973年的战争中将引发更多的争议。他像拉宾在1967年战争时那样崩溃了，并且面临着来自国防部内部的强大压力。三年后，他以贝京政府外交部长的身份重回政坛。在此职位上，他带头与萨达特展开了谈判——起初是秘密的，后来在戴维营会面。随后，由于贝京在巴勒斯坦问题上拖拖拉拉，被激怒的达扬退出了政府。他组建了自己的政党，致力于单方面从西岸撤军。然而这一计划于1981年戛然而止，在这一年里，达扬患癌症去世。[12]

被夹在"政治家"和"安全人士"之间的是以色列总理埃什科尔。除了"政治家"和"安全人士"，他还得同时应对变化多端的达扬。在战争前的几个星期里，他被军队领导人的锋芒所掩盖，被他为外界所诟病的优柔寡断所困扰。这个男人扛下了整个总参谋部所施加的压力，与约翰逊讨价还价，并戳破了柯西金吹的牛皮。他所做出的再等待三周的决定为以色列赢得了大部分世界舆论的支持，并给他的军队提供了充足的准备时间。在6月29日的瞭望山上，这个男人悄无声息地坐在到场的嘉宾中间。

同其他人一样，埃什科尔也区分出了以色列的"安全"利益和"政治"利益。他认为，前者可以通过在被占领土的敏感地区建立非军事化地区及以军前线岗哨来实现，而后者则可以通过与埃及和叙利亚签订和平条约——以战前边界为基础——来得到满足。以色列也能以联合国分界线为基础与约旦达成和平协议，同时补偿并重新安置巴勒斯坦难民。

埃什科尔所推行的计划的关键因素在于巴勒斯坦人，在于他们是否有意愿在西岸建立一个"受保护的"政权，一个将在未来获得独立的政权。但他的愿景没能实现。那年夏天，以色列调查人员采访了80个住在西岸的名流显贵，其中很少有人能就巴勒斯坦自治的性质达成一致，而海外的巴勒斯坦人则强烈反对这一概念。侯赛因由于担心这个潜在的国家会对他的王国构成威胁，便着手破坏埃什科尔的努力。而纳赛尔则拒不接受任何不能恢复所有被占领土（包括耶路撒冷在内）原始地位的计划。[13]

尽管如此，埃什科尔仍没有放弃。他继续寻找愿意与以方直接谈判的巴勒斯坦伙伴和阿拉伯领导人。他坚持认为——就像他对林登·约翰逊所说的那样——"六日战争可能已促使中东地区开启了历史上首次通往和平的进程"。

美国总统和以色列总理的这次会晤——四年以来的第一次——于1968年1月在约翰逊位于得克萨斯州的农场上举行。埃什科尔强调了战争给该地区造成的变化，以及战争所带来的机遇。"我们的政策是展开直接谈判，最终指向和平条约。我们之所以选择这条道路，不是因为固执于任何特定的公式，而是因为我们相信，面对面的接触和争论将会为双方创造出新的心理现实。"他又一次唤起了以色列那二元对立的自我形象，总是在强大与无助之间来回摇摆。他一方面赞美了以色列国防军，但同时抱怨说："在战场上的一次失败对我们民族的生存来说便是致命的……以色列在一天之内就可能被人消灭。"——依然是那个呆子参孙。不过，从本质上来说，埃什科尔还是十分有雅量的：

> 总统先生，我没有自负的胜利感，也没有在争取和平的斗争中以胜利者的身份自居。我感到了解脱，我们从6月的灾难中获救，为

此我感谢上帝。现在我所有的注意力都转移到了与我们的邻居和平相处这件事上——实现平等主体之间的光荣的和平。

一年之后，埃什科尔就去世了，死于心脏衰竭。利奥尔上校坚持认为这一切皆源自总理在六日战争期间所承受的压力，而摩西·达扬便是这一压力的主要来源之一。略显突兀的是，达扬在总理临终前冲到了他的面前，并大喊"埃什科尔！"，然后突然哭着走出了房间。事实上，所有以色列人都惊呆了。《国土报》的编辑此前曾要求埃什科尔辞去国防部长一职，如今却称赞他"能以优雅而非盛怒的方式管理国家"。另一份日报《晚祷报》（*Ma'ariv*）则承认了他在1967年战争中的领导地位，并表示："也许只有埃什科尔——其性格中结合了大胆、固执和软弱——有能力带领以色列挺过史上最严重的危机。"

当然，阿拉伯世界对埃什科尔之死的反应就没那么积极了。开罗广播电台对这位"在阿拉伯受害者残躯之上建立以色列国的匪帮头目"的死表示欢迎，而伊拉克发言人则在悼词中称赞他是"那些在我们被占领土上犯下战争罪行之人中最聪明的那个"。法塔赫在大马士革也发表了声明，声称该组织用地对地导弹杀害了埃什科尔。阿拉法特在声明中宣称："我们现在的首要目标是通过武力解放巴勒斯坦，即使这场斗争将一直持续好几十年。"[14]

三不原则还是三是原则？

一切迹象均表明，这场战争只不过使阿拉伯世界对以色列的舆论变得愈加强硬。用埃及官方报道的话来说，阿拉伯世界依旧不可能"与以色列和平相处，不可能让帝国主义的影响存续下去，也不可能容忍犹太复国主义国家的存在。而阿拉伯人民则永远不会让任何胆敢与以色列谈判的阿拉伯人活下去"。哈齐姆·努赛巴（Hazem Nuseibah）是前约旦外交部长，这位巴勒斯坦裔普林斯顿大学毕业生将阿拉伯人那铭刻在心的仇恨、愤怒与耻辱宣泄了出来。"如果美国认为，仅仅因为我们所遭受的巨大灾难,我们便会忘记巴勒斯坦,而中东地区也会出现和平,那他们就大错特错了。"他对芬德利·伯恩斯说道,"中东地区是不会有和平可言的。"

战争结束之后,阿拉伯世界的政治斗争也似乎还是像从前一样难以平息。就在以色列决定拿土地换和平的那天,叙利亚政权处决了20名军官,并提议与巴格达合谋推翻侯赛因国王。从叙利亚叛逃后的萨利姆·哈土穆一直住在安曼。他获得了叙利亚政府的赦免并被诱骗回大马士革。然而,回国后的他却被叙利亚情报部门首脑琼迪折磨至死。"纳赛尔是个大阴谋家,是个冒牌货。"沙特国王费萨尔对英国驻吉达大使说道。费萨尔发誓说:"如果我是犹太人,我也会对他做出同样的事情。"这位国王在1975年时被他的亲侄子用枪打死。

8月29日,当纳赛尔的双脚踏上喀土穆那炙热的柏油跑道时,阿拉伯世界似乎依然如故,至少看起来是这样。埃及总统来到苏丹首都是为了参加自1965年以来的首次阿拉伯国家峰会。这也是纳赛尔在经历了3个月前的那场灾难之后与阿拉伯领导人的首次会晤。成千上万的人涌上街头向他致意,纳赛尔却显得紧张又憔悴。夏天的那场战争仍使他感到惊魂未定。他在动身前往喀土穆之前曾向部长们坦白:"我忘不了6月开头的那几天。我感到一种难以形容的巨大痛苦。毫无疑问,那段日子对我们所有人都造成了影响,不管是在心理上、物质上还是精神上。"[15]

纳赛尔的目标是夺回阿拉伯国家失去的领土。他知道,任何外交解决方案都免不了要与美国合作,但纳赛尔此时尚不愿承认以色列,哪怕是间接承认,更谈不上与之和平共处了。因此,他仍需要军事上的备选方案,他不得不重建军队。为此,他转向了苏联。

然而,苏联方面却有些犹豫。在六日战争的过程中,他们损失了太多的武器,有的甚至落到了西方手里。此外,他们还有这样一重担忧,即现在的阿拉伯人仍然很弱小,如果现在重启战事,则可能引发核战争。在6月22日对开罗的访问中,波德戈尔内总统同意满足纳赛尔的要求,苏联将向埃及提供数以百计的飞机、坦克和顾问。但反过来他也要求埃及为苏联舰队提供港口——对埃及来说,这一要求更难以接受——这将成为化解阿以冲突的政治解决方案。"你要更多的飞机是为了最终消灭以色列吗？"波德戈尔内问道。纳赛尔唐突地回答说："任何有关在政治上让步的讨论都只是在奖赏侵略行径，这在政治上和理智上都不合逻辑。"

一个月之后，作为纳赛尔的密使，伊拉克总统阿里夫和阿尔及利亚总统胡阿里·布迈丁在莫斯科又重申了埃及对苏联武器的需求。勃列日涅夫再次要求阿拉伯人接受以土地换非战争状态的解决方案。这位苏共总书记建议他们说："让以色列撤离，然后你就按你想要的方式去解读这份协议吧。等你变强大了之后再放手去做自己想做的事情。"这笔交易既不涉及和平，也不需要承认以色列。但纳赛尔还是坚定地宣称，"被人用武力夺走的东西就要用武力夺回来"，而"[非交战状态]这一代价将让我们遭遇双重失败"。最终，他如愿以偿：苏联同意无条件地重新武装埃及军队。[16]

凭借着埃及被重新填满的军火库，纳赛尔得以对西奈半岛上的以军部队发动一场持续了三年的消耗战。他以此来支撑他的主张，即六日战争只不过是旷日持久的斗争的第一步。然而，当埃及和以色列的大炮在苏伊士运河两岸互相炮击对方的时候，美苏两个超级大国都在努力为中东地区寻找临时解决方案，不管该方案是在联合国框架之内还是之外。纳赛尔无法忽视这些努力。"在我看来，无论是苏联还是美国所提出的和平方案最终都会指向投降，"他说道，"我们唯一走得通的道路便是通往战争的道路。"7月，他对阿拉伯世界的外交部长说，为了走上这条道路，阿拉伯人需要在一定程度上欺骗敌人：

> 我们需要两三年的准备时间，然后展开一次彻底的行动，清除敌人的侵略痕迹。但我们必须通过政治活动把准备工作给隐藏起来。我们得先说服我们的朋友，头一个便是苏联。之后我们还要在联合国框架内和在国际谈判中付出一切努力。

这项计划中唯一得到豁免的国家便是约旦，它完全依赖于美国的武器，不能指望它能在1970年之前发动军事行动。"没有别的选择，只能让他[侯赛因]自由行动，并争取收回西岸。"纳赛尔向海卡尔透露道。只要不单独与以色列达成和平协议，侯赛因便可以自由地探索如何通过美国的调停来收回约旦河西岸。[17]

为战争做准备、围绕和平做文章分别是埃及的"安全"和"政治"目标，纳赛尔也把这两者区分得很清楚。为了实现这些目标，纳赛尔就必须让阿拉伯世界像战前一样团结。因此，他必须找到结束也门战争的解决方案，他还得想办法弥合阿拉伯革命政权与保守政权之间的裂痕。在喀土穆峰会召开之前的几周里，纳赛尔支持阿拉伯国家恢复对西方的石油运输。他还表示要停止对阿拉伯各君主国的一切颠覆活动，但同时要求他们帮助挽救埃及的经济。纳赛尔在致侯赛因国王的信中写道："我们一起参战，一起失败，我们也必须一起胜利……埃及愿意把自己的命运和勇敢的约旦人民的命运捆绑在一起。"海卡尔在《金字塔报》上为阿拉伯世界各政权的和平共存做出了辩护："允许其他国家做实验，允许有不同的政治和社会观点，这是符合国家利益的。"[18]

纳赛尔所付出的巨大努力至少维持住了阿拉伯世界表面上的团结，但是为了让自己的国家团结一致，他还需要耗费更多的精力。

自从辞职之后，阿卜杜勒·哈基姆·阿米尔便开始把同情他的人都笼络到自己身边。这些人高呼"陆军元帅是唯一的指挥官"的口号，并要求让阿米尔官复原职。纳赛尔担心阿米尔会煽动叛乱，于是主动提出恢复他之前的副总统职位。但除了军队总司令一职，其他任何职务都不会让阿米尔感到满足。他开始囤积武器，并动员那些很快便会因为战败而被革职的军官。他们选好了政变的日子——9月1日，在这天里，纳赛尔远在喀土穆。但一周前纳赛尔就下定了决心，他认为他的好朋友"对和平、军队和祖国构成了威胁"，并决定对他采取行动。

一个被精心挑选出来的营跟随法齐将军来到了阿米尔位于吉萨（Giza）的别墅跟前。纳赛尔眼里含着泪水，跟在队伍后面。"他觉得这样的游行只会发生在古希腊悲剧里，而不是政治家的真实生活中。"海卡尔写道。法齐没收了大量的武器，并逮捕了300名军官。然而，清洗行动才刚刚开始。1000多人将被监禁，其中包括穆尔塔吉和西德吉·马哈茂德、沙姆斯·巴德兰和萨拉赫·纳西尔，以及数百名阿米尔家族的成员。

许多人将被长期监禁，通常还附带有强制劳动的处罚。然而，就算是那些被判无罪的人，也会继续蒙受耻辱。"人们会拿砖头砸我的窗户。当我走在外面的时候，他们会狠狠地咒骂我。"空军高级指挥官阿卜杜勒·哈米德·杜盖迪证实说。他从开罗搬到了亚历山大港，就是为了逃避人们的羞辱。"连我自己的外甥，一个五岁大的孩子，都对我说：'你是个胆小鬼，叔叔。你逃跑了，还抛弃了我们。'"

然而，等待着阿米尔的却是最残酷的命运。经过长时间的审讯，这位前陆军元帅和埃及最高权力的竞争者身体严重不适，很快就去世了。官方的尸检报告认为其死因是乌头碱——在阿米尔的胃里发现了这种毒药——中毒，但也有传言说他是被枪杀的，要么是在逃跑的过程中，要么是因为他威胁要揭露政府在这场灾难（六日战争）中所扮演的角色。纳赛尔也崩溃了，他坦言说："如果是我死了，而不是亲眼看到了这次失败，这种结局对我来说会好得多。甚至比失败本身更让我失望的是我一生的朋友，阿卜杜勒·哈基姆。"然而，其他人却不像纳赛尔那样悲痛。萨达特说："这是阿米尔迄今为止做出的最明智的决定。如果我是他，6月5日那天我就会结束这一切。"[19]

这些事件还对纳赛尔造成了进一步的影响。当他抵达喀土穆时，他已是一位身体虚弱但政治上安全的统治者，他决心"恢复阿拉伯人的尊严和荣誉"。与他相比，此时的侯赛因国王不仅身体不适，还十分担心他的王位。

"我不得不承认，6月过去之后，我花了很长时间来理解、消化和正视所发生的事情。"国王在回忆录中坦承，"这就像一场梦，或比这更糟，是一场噩梦。"侯赛因也采取了相关措施来重整军队。这些措施谈不上是清洗，只是改组军队，让皇室成员掌控了更大的权力，并填补了阿提夫·迈贾利留下的权力真空。这位将军曾坚持要保卫耶路撒冷，在该城投降后，他崩溃了，随后便去世了。侯赛因曾试图整合驻扎于约旦领土之上的数百名巴勒斯坦解放组织战士，并为数十万巴勒斯坦难民提供了庇护。他虽然穿梭于阿拉伯和西方各国首都，并在各地都发表了态度强硬的演讲，但私底下一直在寻求"公正而光荣的和平"。在伦敦的秘密会议上，雅各布·赫尔佐克问他:"陛下准备好与以色列签署和平条约了吗?"侯赛因回答说:"当然了,准备好了,但……我必须和整个阿拉伯世界一起行动。"[20]

侯赛因认为,只有通过召开阿拉伯国家峰会才能实现和平,这样的峰会将授权他为收复西岸而与他国展开谈判,还能保护他免受阿拉伯激进分子的攻击。侯赛因随后说服了起初持怀疑态度的纳赛尔。他让纳赛尔相信,这世上存在一个政治上有自由度但又不至于承认以色列的解决方案。然而,在喀土穆,这两个曾经的敌人如今却面临着艰巨的挑战:阿尔及利亚和伊拉克要求继续实行石油禁运,并将西方的公司国有化;而舒凯里则强烈要求打响游击战,并在被占领土上发动民众起义。叙利亚代表将这次峰会描述成是发动新一轮军事进攻的跳板,但他们并没有得到多少支持,随即便飞回了大马士革。

纳赛尔依旧处变不惊。他就像鼎盛时期那样主导了这次峰会。他告诉与会者,苏联和美国企图结束战争状态的计划"将致使我们投降并受到羞辱",同时强调,"采取政治行动和清算[巴勒斯坦]问题是有区别的"。他对以色列吞并西岸的危险发出了警告,并敦促各国支持侯赛因通过美国间接收复该地区。纳赛尔的印记在峰会最后的公报上得到了明显的体现。这份公报宣称,为了收复被占领土,为了实现巴勒斯坦人的权利,阿拉伯国家将在"政治行动"上保持团结一致,坚持"不承认,不和解,不谈判",并采取"所有必要措施加强军事准备"。[21]

在喀土穆峰会上,到底是阿拉伯温和派还是激进派取得了胜利?西方观察家在这一问题的答案上存在分歧。诚然,这次峰会的确否决了阿拉伯国家与以色列的任何互动,但它似乎也为第三方仲裁或在被占领土上推行非军事化政策提供了可能性。侯赛因声称这次会议给阿拉伯激进分子"泼了桶冷水",并迫使以色列人"证明他们真的打算和平相处……在这个世界上被人们所接受,他们就像藓一样附着于大地之上"。然而,当南斯拉夫提出的方案——以军撤出西奈半岛,并以此换取埃及对海峡航行自由的保证——被呈递至纳赛尔面前时,纳赛尔却不予理睬。他提醒手下的部长:"我们的主要目的是通过政治解决方案这条路来为我们争取到做军事准备的时间,并说服苏联向我们提供我们所需要的所有武器。"对于以色列人来说,喀土穆峰会的"三不原则"使以色列内阁于6月19日做出的决定变得不再可行。埃什科尔说:"阿拉伯国家元首的这一立场更加坚定了以色列的决心,即再也不能给敌人创造有利条件,使其破坏我们的国土安全,并密谋反对我们的主权和存在。"[22]

尽管围绕喀土穆峰会的争论还会继续下去,但有些结论无可置疑。比如,阿拉伯人的注意力已经从解放巴勒斯坦转移到了解放那些被占领土,从"抹去以色列"转移到了舒凯里所谓的"抹去侵略的痕迹"。通过这次会议,纳赛尔给也门战争画上了句号,同时获得了2亿美元的援助。对他来说,这次峰会无疑是一场胜利,但也是他人生中的最后一场胜利。[23]

在接下来三年的人生中,纳赛尔在军事、经济和政治上接连失意。到1970年,埃及的经济状况即便按埃及的标准来看也糟糕透顶。此外,这个国家几乎被成千上万的苏联顾问所"占领"。沿着苏伊士运河的消耗战升级成为一场灾难——开罗的郊区遭到了以军的轰炸,埃军却丝毫没能松动以色列对被占领土的控制。8月,纳赛尔同意停火,但一个月后,他又被卷入另一场冲突当中——寄身于约旦的巴勒斯坦武装公开反对约旦的君主制。叙利亚坦克移向约旦边境,以色列则承诺帮助侯赛因——整个地区濒临大战的边缘,直到纳赛尔最终介入为止。他调停出了一套解决方案,根据此方案,阿拉法特和游击队员将撤离约旦,并在黎巴嫩寻得容身之所。这场约旦内战,或巴勒斯坦人所谓的"黑色九月",耗尽了纳赛尔最后的一点儿余力。纳赛尔于9月28日回到开罗,他躺上床,再也没起来。

埃及举国突然陷入巨大的痛苦当中,这种程度的痛苦在现代历史上还从未出现过。数不清的哀悼者涌上开罗街头,把整座城市堵得水泄不通。向来以镇定自若著称的柯西金在看到这一场景后也不禁潸然泪下。整个中东地区的国家都为纳赛尔之死降下了半旗。当时的气氛在纳赛尔的继任者(萨达特)的文字中得到了最好的表达:"我对他的悲伤将伴随我的生命一直继续下去,让我的心受到煎熬。"整个中东地区也只有以色列人对此反应平平。他们并没有为之感到庆幸，反倒是有些警惕。阿拉伯世界再也没有一个强大的领袖，强大到能引领阿拉伯世界走向和平或战争。许多以色列人可能会赞同侯赛因国王的这句话："世界上大多数领导人的伟大在于他们的思想和行动，但贾迈勒的行动和思想是因为他的伟大才具有力量。"[24]

侯赛因比纳赛尔多活了近30年。他将带领国家挺过重重危机——不管是社会和经济方面的问题，还是不时爆发的阿以冲突。他不再扮演巴勒斯坦人民代言人的角色，并把代表权移交给了巴勒斯坦解放组织。他还放弃了对约旦河西岸的主张，转而在以色列和巴勒斯坦领导人之间展开斡旋。在1991年的海湾战争中，他曾消极地支持伊拉克。但后来在1994年，他携手伊扎克·拉宾签署了《约以和平条约》，并于次年在拉宾的葬礼上宣读了悼词。1999年2月，他死于癌症，整个世界都为之哀悼，但许多巴勒斯坦人除外。

哈菲兹·阿萨德又比侯赛因多活了一年。他引人注目地抵制了喀土穆峰会。在把贾迪德、马胡斯和阿塔西赶下台之后，阿萨德夺取了叙利亚的最高统治权。1973年，他和埃及一起发动了阿拉伯人所谓的十月战争（或称斋月战争），这场战争结束时，以军已打到了大马士革的郊区。三年后，为了帮助基督教民兵对抗巴勒斯坦解放组织，阿萨德把军队派到了黎巴嫩境内。进入黎巴嫩之后，叙军又很快把矛头转向了基督徒，并占领了这个国家的大部分地区。阿萨德以残酷无情而著称，在1982年的国内叛乱中，他屠杀了大约两万名同胞。此外，他强烈反对埃及和以色列签订的和平条约，并继续支持巴勒斯坦游击队活动。然而，阿萨德自己却也与拉宾及其他以色列领导人谈判过，尽管谈判是间接的。以色列领导人提出要把戈兰高地的大部分，甚至全境都还给阿萨德，但他们的交换条件——和平——对阿萨德来说还是要价太高了。

在1967年那个时代的所有阿拉伯领导人当中，亚西尔·阿拉法特是活得最长的那一位。当年他甚至都没有收到喀土穆峰会的邀请。然而，由于这次会议否定掉了阿拉伯国家发动常规战争的可能性，这使他和他的游击队成了阿拉伯武装斗争的先锋。仅仅在两年之内，阿拉法特便成了巴勒斯坦解放组织的主席——舒凯里很快就被人遗忘了——并发动了多次引人注目的袭击。1972年的慕尼黑惨案（以色列奥运会运动员遭屠杀）便是其中的典型例子。又过了两年之后，阿拉伯国家承认巴勒斯坦解放组织是"巴勒斯坦人民的唯一合法代表"，而阿拉法特也被邀请到联合国大会上发言。不过，之后巴勒斯坦解放组织便卷入了黎巴嫩内战。他们先是与基督徒作战，后来又转而攻击叙利亚人，最后把矛头对准了以色列人。此前已经被驱逐出约旦的阿拉法特，如今被流放到了突尼斯。在那里，他先是在海湾战争中宣布支持萨达姆·侯赛因，后来又在加沙和西岸的民众起义中被边缘化。在经过这一切之后，他似乎被人遗忘了。之后拉宾让他"重获新生"，他又回到了巴勒斯坦被占领土上，并成了新成立的巴勒斯坦民族权力机构的主席。[25] 1981年萨达特被人刺杀之后，阿拉法特曾为刺客送上了赞歌。然而这位好战分子似乎最终也选择了追随萨达特的脚步。如同在他之前的埃及人和约旦人一样，阿拉法特在和谈中也会吸取美国过去缔造和平的经验，而这一经验始于30年前的林登·约翰逊。

第242号决议：遗产与现实

战争的最后一枪还没打响，阿瑟·戈德堡便已经开始活动于各联合国代表团之间了，其目的是探讨和解及各方直接对话的可能性。然而，将战争转化为持久和平的困难很快便凸显出来了。

阿拉伯人坚持要求以方无条件归还他们的全部被占领土，而以色列人虽然愿意放弃西奈半岛和戈兰高地，但拒绝归还西岸和耶路撒冷。美国几乎没有影响阿拉伯人的手段，他们对以色列人的影响力也十分有限。在停火后不久，约翰逊总统对顾问们说："挡住柯西金的可不是达扬，苏联很快就会受不了以色列吹的牛皮。"与此同时，阿拉伯人拒绝以任何形式承认以色列国，而苏联也准备好"不遗余力地"（乔·西斯科[*]语）捍卫阿

---

[*] 时任美国国务院助理国务卿。

拉伯人的这一权利了。"以色列占据西岸的行为将在20世纪剩余的时间里撒下复仇主义的种子，"迪安·腊斯克总结说，"但以色列国必须得到承认。"

面对着如此巨大的挑战，再加上美国在越南问题上本身就困难重重，约翰逊完全可以选择忽视中东问题。但约翰逊没有这么做，反倒是提出了一项大胆的倡议。在6月19日的教育工作者大会上，美国总统在致辞中阐明了他和手下工作人员从战争第一天起就一直在酝酿的想法。这些想法被总结成五项原则，即承认该地区每一个国家的生存权利；确保所有国家的领土完整和政治独立；保证航行自由；控制中东军备；解决难民问题。埃什科尔对这次演讲表达了"深深的敬佩"，埃班赞叹其"技艺精湛"，罗斯托则汇报说："截至今晚，阿拉伯人还没有切断石油管道或割破我们的喉咙。"[26] 需要做的事就只剩寻求苏联的合作了。

美国对苏联的这项倡议是在一个看起来不太可能的地点提出的：一幢维多利亚时代的老房子里，这幢房子位于新泽西州的葛拉斯堡罗（Glassboro）。6月23日，在这幢房子里，约翰逊与柯西金总理探讨了一系列问题，其中包括越南和核扩散问题，之后才把话题转移到中东。约翰逊呼吁柯西金支持他的五项原则，支持有关"和平的共同语言"。但柯西金十分顽固。他指责美国鼓励以色列扩张，对纳赛尔则背信弃义。他警告约翰逊，"阿拉伯人是暴躁的民族"，并预测阿拉伯人会"用猎枪，甚至赤手空拳地"无条件地夺回他们的土地。作为以色列撤出所有领土的回报，苏联人最多同意由国际法院来对海峡封锁一事做出仲裁。

尽管十年之后柯西金会被勃列日涅夫赶下台——波德戈尔内的下台紧随其后——但在1967年夏天，这位苏联总理仍然大权在握。由于未能在安理会实现他的目的，他要求在联合国大会召开紧急会议，其目的是"清算侵略所造成的后果，并让以色列军队立即撤回停战线内"。吴丹对苏联的要求做了淡化处理。在西方观察家看来，吴丹的这一举动是为了弥补他在危机中的过失（缺乏决断力）。他只是援引了联合一致共策和平机制*，并悄悄地召开了大会。

这次会议持续了五个星期，但会议并未支持阿拉伯人的主张，即这场战争是以色列的侵略行为。拉丁美洲国家在会上提出了决议草案。根据该决议草案，联合国将出面调解，以色列需要归还所有被占领土，而阿拉伯国家则需要承认"该地区所有国家享有和平与安全的权利"。此外，不结盟运动也提出了动议，要求以军立即无条件撤出被占领土。然而，这两种方案都遭到了阿拉伯人的抵制。苏联人被他们所谓的"阿拉伯极端分子阵营"给惹怒了，他们提出了在内容上类似于拉丁美洲国家草案的决议，但这一决议也未能通过。"苏联人似乎犯下了他们所能犯的每一个错误。"卡拉登勋爵说道，"他们把阿拉伯人带进了战场，让他们经受了彻底的失败，然后却摆出了一副准备抛弃他们的姿态。"费德林大使承担了苏联在联合国大会中失败的责任，并永远地离开了自己在联合国的岗位。[27]这位政治煽动家曾发誓要"让美国受到羞辱，并把美国打得一败涂地"。

"在经历了柯西金先生在联大的猛攻之后，我们现在正忙着清理现场，"约翰逊在致哈罗德·威尔逊的信中写道，"最有可能出现的情况是，中东问题将重回安理会，它本来就属于那里，但还是得通过幕后的谈判才能找到解决方案。"腊斯克与苏联大使多勃雷宁确实已经开始了秘密的谈判。腊斯克试图将以色列的撤军与阿拉伯人需要付出的代价嫁接在一起，而多勃雷宁则愿意做出任何妥协，前提是不得使用"非交战状态"一词。最后，葛罗米柯和戈德堡在7月初达成了协议。该协议要求以色列根据"不容以战争获取领土"的原则迅速撤军，并维护每一方的下述权利："保持民族国家的独立性，并在和平与安全中生存。"难民与自由通航问题则将通过联合国的干预而得到解决。[28]

这份协议似乎没能取悦任何人。纳赛尔反对该协议中没有明确要求以军撤退至6月4日分界线之后的条款，他还反对在埃及与以色列之间

---

* Uniting for Peace mechanism，在安理会陷入僵局时启动。根据联合国大会1950年11月通过的"联合一致共策和平"决议，如果安全理事会因其常任理事国不能达成一致，无法在发生威胁和平、破坏和平或侵略行为的情况下采取行动，则大会可采取行动。大会有权立即审议该事项，以便建议会员国采取共同措施，包括在出现破坏和平或侵略行为的情况下，于必要时使用军队，以维护或恢复国际和平与安全。

展开间接调解的建议。"我不能接受这个,"他对苏联人说,"如果我接受了,我就回不了家了。我甚至无法面对我的女儿们。"对于以色列人而言,即使是拉丁美洲国家的草案在用领土换和平这方面也规定得不够具体。因此,埃班把美苏之间达成的这份协议形容为"一场不仅是物理意义上的撤退,而且是外交层面上的倒退,退回到过去19年来一直存在的严峻形势中去"。他抗议说:"这样下去的话,约翰逊的五项原则将只剩一个空壳。"到那年夏天结束的时候,甚至连美国和苏联似乎都开始与这份协议保持距离。[29]

与此同时,埃以双方围绕着西奈半岛而展开的暴力事件却在不断升级,并于10月20日达到顶点。这天,以色列的"埃拉特"号驱逐舰被埃及导弹击沉,该舰有1/4的船员丧生。以色列施以报复,他们轰炸了埃及设于苏伊士城的主要炼油厂,使炼油厂燃起熊熊大火。约旦河沿线的多处地点也爆发了零星的战斗。近在咫尺的似乎是战争,而不是通过协商达成的和解方案。然而,阿以冲突再次爆发的威胁也刺激了外交行动,安理会因此再次就中东问题行动起来。

戈德堡意识到,成功的关键在于决议的措辞。它既要暗示出以色列出于对全面和平的渴望,愿意交还部分被占领土,还要体现出阿拉伯人为了让以军全面撤离,最多只能承诺进入非交战状态。这一新的行动方针——戈德堡最后的行动方针,之后他便因与约翰逊在越南问题上的分歧而辞职——需要长达数周的密集讨论。为了说服以色列人,沃尔特·罗斯托建议:"我们给他们适度的支持,让他们的思维不至于过快限死在其所占领土上不放。"对此,麦克弗森警告说:"我们必须用武力迫使他们后退,让1956年的战争重演一遍,停止援助是行不通的。"然而,由于约翰逊在苏伊士运河危机时便抵制过艾森豪威尔所推行的压力策略,美国总统拒绝通过武力让以色列人屈服。最多,他只愿意推迟向以色列运送武器,并敦促埃什科尔变得"灵活、耐心、谨慎和慷慨"。至于约旦人,邦迪建议总统说:"我们的主要目标是尽可能温和地让他[侯赛因]放下他现在的信念,你必须帮他把栗子从火中取出来。对于柯西金来说足够好的方案,侯赛因也一定会觉得好。"尽管如此,美国对其他阿拉伯国家几乎产生不了任何影响，他们都唯埃及马首是瞻。缔造和平的过程就像之前的战争一样，纳赛尔掌握着关键。[30]

"这只不过是披着美国人外皮的以色列决议。"抵达纽约的马哈茂德·里亚德向戈德堡抗议说，"它甚至都没给我们最基本的东西，即抹去侵略的痕迹。"考虑到埃及人的敏感，戈德堡做出了一些让步，其中包括在决议中提及"不容以战争获取领土"这一原则，并把"促成谈判的调停者"一语改为"建立联系并促成协议的联合国代表"。根据这份决议草案，中东地区将承诺实现和平，并保证该地区所有国家的领土完整和安全，但没有具体提到要与以色列实现和平，也没有提到要承认以色列的国家地位。美方甚至连这一草案的非美国提案国都找到了，那就是英国。最后，还剩下一个巨大的障碍，即以色列撤军的程度——到底是撤离"最近冲突所占领之领土"，还是撤离"最近冲突所占领之全部领土"。

在戈德堡和卡拉顿的不懈努力下，埃及人最终相信"领土"确实意味着全部领土——法语和阿拉伯语版决议都保留了"领土"前的定冠词——而以色列人对此也感到满意，因为英文版决议仍然保持了一定的模糊性。因此，在11月22日，安理会一致通过了第242号决议——"关于在中东地区实现公正而持久的和平的原则"。[31]

以色列虽然不情愿，但还是接受了这项决议，约旦也接受了。纳赛尔的反应则更加模棱两可。在支持联合国决议的同时，他却在国民大会面前重申了"三不原则"，并提醒大会说："被人用武力夺走的东西就要用武力夺回来。"此外，他还告诉将军们："你们不用理会我在公开场合中可能提到的和平解决方案。"然而，他私底下却暗示美国人，他对与以色列就非交战状态达成协议持开放态度，并愿为此"承担一切后果"。伊拉克和叙利亚则完全拒绝了这项决议，并谴责它是"欺骗人民的东西，是失败的祸因"。巴勒斯坦人也是如此，他们为自己被排除在文本之外而感到愤怒。巴勒斯坦解放组织要等到20年之后才会接受第242号决议，而在1967年时，它宣称："未解决的巴勒斯坦问题将继续危及中东乃至全世界的和平与安全。"[32]

约翰逊总统想要抓住第242号决议所创造的机会，他打算与联合国代表、瑞典外交官贡纳尔·雅林（Gunnar Jarring）携手将中东地区推向和平。然而，随后发生的事件却将他击倒。在安理会做出第242号决议的2个月后，越南民主共和国发动了"新年攻势"。又过了2个月后，由于其外交政策的失败，而年轻一代美国人又站出来辱骂他，林登·约翰逊宣布放弃竞选连任。约翰逊政府留下的遗产是一种混合物，其中既存在良好的心愿又包括失败的梦想。然而，这份遗产的贡献却是不可否认的，它为未来阿以双方签订和平协议奠定了基础。在随后7个总统的任期内，美国始终支持第242号决议及其所暗含的"用领土换和平"原则，即便该决议从未直言这一原则。

"那6天的战争真的改变了中东吗？"即使从35年后的角度来看，这个问题的答案依然模糊不清。原本只会在中东地区引发冲突的事件在1967年后却可能朝着和平的方向发展。在个别斡旋者及有勇气和远见的领导人的推动下，曾经难以想象的外交突破在接下来的几年中却几乎成了家常便饭。然而，暴力仍困扰着整个中东地区数百万人的生活。它还威胁着要把整个地区，乃至整个世界都拖入战争。

六日战争（或六月战争）虽然给地区带来了和平的机会，但它也打开了通向更加致命的冲突的大门。但基本的真理一直摆在那里：不管以色列通过军事手段征服了多少土地，它始终无法实现它所渴望的和平。尽管被彻底击败，阿拉伯人仍然有能力发动一场可怕的军事行动。领土地位问题可以谈判，但那些关键问题——以色列的生存权、巴勒斯坦难民的回归，以及以色列的国家地位——始终被搁置在一边。如果这场战争的确是一场改变了整个地区面貌的风暴，那么这场风暴也暴露出了阿以冲突的潜在本质——其存在的基石。因此，1967年被创造出来的现代中东是一种混合体：它既有初生的希望，又有迫在眉睫的危险，新时代与旧时代的背景交织并存。

在撰写本书时，中东地区又一次陷入动荡之中。巴勒斯坦人拿起了武器，以色列展开了报复，和平进程已经搁浅。恐怖袭击和反恐行动、入侵和报复，这一熟悉的模式重又浮出水面。流血事件也不仅限于阿以冲突的舞台上，它已波及海外，并以另一种形式爆发——针对美国的大规模恐怖主义袭击和美国对伊斯兰极端分子的报复。如今，阿拉伯示威者——其中许多人手持纳赛尔的海报——要求与西方和以色列摊牌。与此同时，以色列人则在等待着，在权衡先发制人的风险。这场对于政治家、士兵和历史学家来说从未结束的战争，很可能再次袭来。

注 释

第 1 章

1 Al-Fatah's first operation is described in many sources. The versions vary, however. See, for example, Yezid Sayigh, *Armed Struggle and the Search for State: The Palestinian National Movement, 1949–1993* (Oxford: Clarendon Press, 1997), pp.107–8, 121. Ehud Yaari, *Strike Terror: The Story of Fatah* (New York: Sabra Books, 1970), pp.49–79. Salah Khalaf, *My Home My Land, A Narrative of the Palestinian Struggle* (New York: Times Books, 1981), pp.44–49. Helena Cobban, *The Palestinian Liberation Organization* (Cambridge: Cambridge University Press, 1983), pp.22–39. Alan Hart, *Arafat: A Political Biography* (London: Sidgwick & Jackson, 1994), pp.155–56. Ahmad al-Shuqayri, *Mudhakkirat Ahmad al-Shuqayri, 'Ala Tariq al-Hazima, Ma'a al-Muluk wal-Ru'asa'* (Beirut: Dar al-'Awda, 1971), 3, pp.152–88, 229–56. Arafat quote in Riad El-Rayyes and Dunia Nahas, *Guerrillas for Palestine* (London: Croom Helm, 1976), p.27.

2 Studies on the origins of Zionism abound. See, for example, David Vital, *The Origins of Zionism: The Formative Years* (Oxford: Oxford University Press, 1982).

3 On Britain's promises to the Jews and the Palestinian Arabs, see Walter Laqueur, *The Israel-Arab Reader* (New York, Citadel Press, 1968), pp.15–18, and Leonard Stein, *The Balfour Declaration* (London: Mitchell Vallentine, 1961), pp.309–514, 534–58. See also J. M. Ahmed, *The Intellectual Origins of Egyptian Nationalism*

(London: Oxford University Press, 1960).

4   Francis R. Nicosia, *The Third Reich and the Palestine Question* (London: I. B. Tauris, 1985), pp.177–78. Lukasz Hirszowicz, *The Third Reich and the Arab East* (London: Routledge & K. Paul, 1966), pp.71, 95, 248. For biographies of Ben-Gurion, see Shabtai Teveth, *Ben-Gurion: The Burning Ground, 1906–1948* (Boston: Houghton Mifflin, 1987), and Michael Bar Zohar, *Ben-Gurion: A Biography* (New York: Adama Books, 1977).

5   Israel Gershoni and James P. Jankowski, *Egypt, Islam and the Arabs: The Search for Egyptian Nationhood, 1900–1930* (Oxford: Oxford University Press, 1986), pp.40–55, 231–69. Michael Doran, *Pan-Arabism Before Nasser: Egyptian Power Politics and the Palestine Question* (New York: Oxford University Press, 1999), pp.94–127. Albert Hourani, *A History of the Arab Peoples* (London: Faber and Faber, 1991), pp.340–64.

6   Yehoshua Porath, *In Search of Arab Unity* (London: Frank Cass, 1986), pp.290–311. Ahmed M. Gomaa, *The Foundation of the League of Arab States: Wartime Diplomacy and Inter-Arab Politics, 1941 to 1945* (London and New York: Longman, 1977), pp.98–133.

7   Mary C. Wilson, *King Abdullah, Britain and the Making of Jordan* (Cambridge: Cambridge University Press, 1987), pp.151–86. On the flight of Palestinian refugees, see also Ilan Pappe, *Britain and the Arab-Israel Conflict, 1948–1951* (London: Macmillan, 1988). Dan Scheuftan, *Ha-Optzia ha-Yardenit: Ha-Yishuv ve-Medinat Yisrael mul ha-Mimshal ha-Hashemi ve ha-Tnua ha-Leumit ha-Falastinit* (Tel Aviv: Yad Tabenkin, Machon Yisrael Galili, 1986). The best treatment of international diplomacy on the Palestine issue can be found in Wm. Roger Louis, *The British Empire in the Middle East, 1945–1951: Arab Nationalism, the United States, and Postwar Imperialism* (Oxford: Oxford University Press, 1984), pp.381–574.

8   A similar observation was made by the Hebrew University historian J. L. Talmon immediately after the 1967 war: "The Jewish complex grows from a mixture of fear and distrust, on the one hand, and a feeling of power on the other...The mixture of hubris and fear is all pervading in Israel. One hears people say in the same breath 'we can reach Cairo within hours; we may be destroyed in half an

hour...'" See J. L. Talmon, *The Six Days' War in Historical Perspective* (Rehovot, Israel: Yad Chaim Weizmann, 1969), p.78.

9   Recent writings by revisionist authors have claimed that the Jewish forces in the 1948 war actually outnumbered the Arabs. See, for example, Benny Morris, *The Birth of the Palestinian Refugee Problem*, pp.20–23. This may be true for the later stages of the conflict, but in its crucial initial phase, in May–June, when Israel's fate hung in the balance, the Arabs invaded with overwhelming force.

10 On the contacts with Husni Za'im, see David Peled, "Ben-Gurion Wasn't Rushing Anywhere," *Ha'aretz* (English edition), Jan. 20, 2000, p.4, and Itamar Rabinovich, *The Road Not Taken: Early Arab-Israeli Negotiations* (New York: Oxford University Press, 1991), pp.65–167.

11 On Nuri's secret contacts with the Israelis, see Michael Oren, "Nuri al-Sa'id and Arab-Israel Peace," *Asian and African Studies* 24, no. 3 (1990).

12 Yaacov Ro'i, *From Encroachment to Involvement: A Documentary Study of Soviet Foreign Policy in the Middle East, 1945–1973* (New York: Wiley, 1974), p.115. Galia Golan, *Soviet Politics in the Middle East: From World War II to Gorbachev* (Cambridge: Cambridge University Press, 1990), pp.29–37. Naftali Ben-Tsion Goldberg, "SSSR Protiv Izrailia," *Sem Dney*, Aug. 17, 2000, p.4. M. Prokhorov, ed., *Sovetskii Entsiklopedicheskii Slovar*, 4th ed. (Moscow: Soviet Encyclopedia, 1989), p.486. Khrushchev quote in Yosef Govrin, *Israeli-Soviet Relations, 1953–1967: From Confrontation to Disruption* (London: Frank Cass, 1990), p.66.

13 Alpha plan discussed in Evelyn Shuckburgh, *Descent to Suez, 1951–1956* (London: Weidenfeld and Nicolson, 1986), pp.242–67, and Michael B. Oren, "Secret Efforts to Achieve an Egypt-Israel Settlement Prior to the Suez Campaign," *Middle Eastern Studies* 26, no. 3 (1990).

14 Gamal Abdel Nasser, *The Philosophy of the Revolution* (Washington, D.C.: Public Affairs Press, 1955). Nasser quote from Robert Stephens, *Nasser, A Political Biography* (London: Penguin, 1971), pp.135–36.

15 Zaki Shalom, *David Ben-Gurion, Medinat Yisrael ve ha-Olam ha-Aravi, 1949–1956* (Sede Boqer: Ha-Merkaz le-Moreshet Ben-Gurion, 1995), p.39. Michael B. Oren, *Origins of the Second Arab-Israeli War* (London: Frank Cass, 1993), pp.29–34. Michael B. Oren, "The Egypt-Israel Border War," *Journal of*

Contemporary History 24 (1990). V. A. Kirpichenko, *Iz Arkhiva Razvedchika* (Moscow: Mezhdunorodnyie Otnosheniya, 1993), pp.37–39. On the disputes surrounding the Jordan River and the Hula swamp, see Arnon Soffer, *Rivers of Fire: The Conflicts Over Water in the Middle East* (Lanham, Md.: Rowman and Littlefield, 1999), and Kathryn B. Doherty, *Jordan Waters Conflict* (New York: Carnegie Endowment for International Peace, 1965).

16 Oren, "Secret Efforts to Achieve an Egypt-Israel Settlement Prior to the Suez Campaign."

17 Michael B. Oren, "The Tripartite System in the Middle East, 1950–1956," in Dori Gold, ed., *Arms Control and Monitoring in the Middle East* (Boulder, Colo.: Westview Press, 1990).

18 NAC, MG 26, N1, 29: Pearson Papers: Middle East Crisis, Nov. 20, 1956. ISA, 2459/1: Tekoah to Embassies, Nov. 15, 1956. John Moore, ed., *The Arab-Israel Conflict: Readings and Documents* (Princeton, N.J.: Princeton University Press, 1977), pp.1045–55. PRO, FO371/121738/189: Dixon to Foreign Office, May 3, 1956. FRUS, XVI, p.1208. BGA, "Diary: The Diplomatic Battle Over Suez," July 1957. Michael B. Oren, "Faith and Fair-Mindedness: Lester B. Pearson and the Suez Crisis," *Diplomacy and Statecraft* 3, no. 1 (1992); Michael B. Oren, "Ambivalent Adversaries: David Ben-Gurion and Dag Hammarskjold," *Journal of Contemporary History* 27 (1992). Brian Urquhart, *A Life in Peace and War* (New York: Harper & Row, 1987), pp.193–94.

19 P.J. Vatikiotis, *Nasser and His Generation* (New York: St. Martin's Press, 1978), p.161.

20 For Arab perceptions of Israel during this period, see Mahmud Husayn, *Al Sira' al-Tabaqi fi Misr min 1945 ila 1970* (Beirut: Dar al-Tali'A, 1971), pp.250–53. Amin Al-Nafuri, *Tawazun al-Quwwa bayna al-'Arab wa-Isra'il: Dirasa Tahliliyya Istratejiyya li 'Udwan Haziran 1967* (Damascus: Dar al-I'tidal lil-Tiba'A wal-Nashr, 1968), pp.162–67.

21 Malcolm H. Kerr, *The Arab Cold War: Gamal Abd al-Nasir and His Rivals, 1958–70* (Oxford: Oxford University Press, 1971). Stephens, *Nasser*, pp.356–57. John Waterbury, *The Egypt of Nasser and Sadat: The Political Economy of Two Regimes* (Princeton, N.J.: Princeton University Press, 1983), pp.57–82.

22 Alvin Z. Rubinstein, *Red Star on the Nile: The Soviet-Egyptian Influence Relationship Since the June War* (Princeton, N.J.: Princeton University Press, 1977), p.136.

23 Baruch Gilad, ed., *Teudot le-Mediniyut ha-Hutz shel Medinat Yisrael* 14, 1960 (Jerusalem: Israel Government Printing House, 1997), pp.16–32. Yitzhak Rabin, *The Rabin Memoirs* (Berkeley: University of California Press, 1996), pp.55–56. Ze'ev Lachish and Meir Amitai, *Asor Lo Shaket: Prakim be-Toldot Hail ha-Avir ba-Shanim 1956–1967* (Tel Aviv: Misrad ha-Bitahon, 1995), pp.232–47. Oral history, Col. Shlomo Merom, Dec. 7, 1999. Interview with General Anwar al-Qadi in *al-Ra'i al-'Am*, June 2, 1987.

24 Patrick Seale, *Asad of Syria: The Struggle for the Middle East* (London: I. B. Taurus, 1988), pp.65–68.

25 *Foreign Relations of the United States 18, 1961–1963: Near East* (Washington: U.S. Government Printing Office, 1995), p.62. Statistics on U.S. wheat shipments to Egypt and the Chester Bowles quote in William J. Burns, *Economic Aid and American Policy Toward Egypt, 1955–1981* (Albany: State University of New York Press, 1985), pp.212–16.

26 Ali Abdel Rahman Rahmi, *Egyptian Policy in the Arab World: Intervention in Yemen 1962–1967, A Case Study* (Washington, D.C.: University Press of America, 1983), pp.189–96. On Nasser's relationship with 'Amer, see 'Abdallah Imam, *Nasir wa-'Amer* (Cairo: Mu'assasat al-Kitab, 1985), pp.5–32, 67–83. Gen. Muhammad Fawzi, *Harb al-Thalath Sanawat* (Cairo: Dar al-Mustaqbal al-'Arabi, 1980), pp.33–45. Mohamed Hassanein Heikal, *1967: Al-Infijar* (Cairo: Markaz al-Ahram, 1990), pp.181, 394–98.

27 Nasser himself would make the Yemen-Vietnam comparison. See LBJ, Lucius Battle Oral History, p.38.

28 Vatikiotis, *Nasser and His Generation*, pp.161–62. Anwar El-Sadat, *In Search of Identity: An Autobiography* (New York: Harper & Row, 1977), pp.162–63. Burns, *Economic Aid and American Policy*, pp.139–40. Rahmi, *Egyptian Policy in the Arab World*, pp.189–96. Kennedy quote from *Foreign Relations of the United States 18, 1961–1963*, pp.752–53.

29 Kennedy quote from *Foreign Relations of the United States 18, 1961–1963*,

pp.280–81. See also Judith A. Klinghoffer, *Vietnam, Jews and the Middle East: Unintended Consequences* (New York: St. Martin's Press, 1999), p.9. Mordechai Gazit, *President Kennedy's Policy Toward the Arab States and Israel: Analysis and Documents* (Syracuse, N.Y.: Syracuse University Press, 1983). Moshe Ma'oz, *Syria and Israel: From War to Peacemaking* (Oxford: Clarendon Press, 1995), pp.86–87.

30 Israel's nuclear policy in this period, and its place in Kennedy's foreign policy, are discussed at length in Avner Cohen, *Israel and the Bomb* (New York: Columbia University Press, 1998) and Seymour Hersh, *The Samson Option* (New York: Random House, 1991). Nasser's use of West German and former Nazi scientists is revealed in PRO, FCO 39/233 UAR Internal Political Situation: Who's Who of Nasser's Ex-Nazis, June 26, 1967. See also Martin Van Creveld, *The Sword and the Olive: A Critical History of the Israeli Defense Force* (New York: Public Affairs, 1998), p.164. Terence Prittie, *Eshkol: The Man and the Nation* (New York: Pitman, 1969), p.225.

31 Ben-Gurion quotes from, respectively, ISA, Foreign Ministry files, 3329/1: Prime Minister to Director-General of the Foreign Ministry, Nov. 19, 1961, and 723/5/A: Foreign Ministry to Embassy in Washington, May 14, 1963. America's assessment of Egyptian missile capabilities in LBJ, National Intelligence Estimates, boxes 6–7: The Eastern Arab World, Feb. 17, 1966. On Israel's contract with Dassault, see Cohen, *Israel and the Bomb*, p.116.

32 Ze'ev Schiff, *A History of the Israeli Army, 1874 to the Present* (New York: Macmillan, 1985), pp.115–17. George W. Gawrych, *The Albatross of Decisive Victory: War and Policy Between Egypt and Israel in the 1967 and 1973 Arab-Israeli Wars* (Westport, Conn.: Greenwood Press, 2000), pp.23–27. Ze'ev Lachish and Meir Amitai, *Asor Lo Shaket*, pp.28–31. Aharon Yariv, *Ha'Arakha Zehira: Kovetz Ma'amarim* (Tel Aviv: Ma'Arakhot, 1998), pp.123–24. Yair Evron, "Two Periods in the Arab-Israeli Strategic Relations 1957–1967; 1967–1973," in Itamar Rabinovich and Haim Shaked, eds., *From June to October: The Middle East Between 1967 and 1973* (New Brunswick, N.J.: Transaction, 1978), pp.100, 112–13. S.N. Eisenstadt, *Ha-Hevra ha-Yisraelit* (Jerusalem: Magnes Press of Hebrew University, 1970), pp.26–33. Klinghoffer, *Vietnam, Jews and the Middle East*,

p.20. Van Creveld, *The Sword and the Olive*, pp.156–57.

33 Prittie, *Eshkol*, p.211. Eshkol quotes from Moshe A. Gilboa, *Shesh Shanim, Shisha Yamim-Mekoroteha ve-Koroteha shel Milhemet Sheshet ha-Yamim* (Tel Aviv: Am Oved, 1969), pp.34, 36.

34 Egyptian quote from Moshe Shemesh, *The Palestinian Entity 1959–1974: Arab Politics and the PLO* (London: Frank Cass, 1989), p.4. Saudi-Jordanian quote from Asher Susser, *On Both Banks of the Jordan: A Political Biography of Wasfi al-Tall* (London: Frank Cass, 1994), pp.55–57.

35 Syrian quote from Burns, *Economic Aid and American Policy*, p.140. Nasser quote from Avraham Sela, *The Decline of the Arab-Israeli Conflict: Middle East Politics and the Quest for Regional Order* (Albany: State University of New York Press, 1998), p.59. Itamar Rabinovich, *Syria Under the Ba'th 1963–66: The Army-Party Symbiosis* (Jerusalem: Israel Universities Press, 1972), pp.95–96. Tal quote from Susser, *On Both Banks of the Jordan*, p.55. See also Leila S. Kadi, *Arab Summit Conferences, and the Palestine Problem, 1945–1966* (Beirut: Palestine Liberation Organization, 1966), pp.96–109. Fawzi, *Harb al-Thalath Sanawat*, p.49. Mohamed H. Heikal, *Sanawat al-Ghalayan* (Cairo: Markaz al-Ahram, 1988), pp.729–30.

36 Syrian quote from Moshe Shemesh, "Hama'avak ha-'Aravi al ha-Mayim Neged Yisrael, 1959–1967," *Iyunim* 7 (1997): 124. Nasser quote from Heikal, *Sanawat al-Ghalayan*, p.740.

37 David Kimche and Dan Bawly, *The Sandstorm: The Arab-Israeli War of June 1967: Prelude and Aftermath* (London: Secker & Warburg, 1968), p.25.

38 Mahmoud Riad, *The Struggle for Peace in the Middle East* (New York: Quartet Books, 1981), p.12. Samir A. Mutawi, *Jordan in the 1967 War* (Cambridge: Cambridge University Press, 1987), pp.57–58.

39 Quote from Shemesh, *The Palestinian Entity*, p.38. See also Sela, *The Decline of the Arab-Israeli Conflict*, pp.62–68. Fawzi, *Harb al-Thalath Sanawat*, pp.47–48.

40 Ma'oz, *Syria and Israel*, p.81.

41 The PLO, hailed as "the vanguard of the joint Arab struggle for the liberation of Palestine," was constituted by a Palestinian assembly in Jerusalem on May 28, 1964. See Sayigh, *Armed Struggle and the Search for State*, pp.95–100. Al-

Shuqayri, *Mudhakkirat* 3, p.144. Avraham Sela, ed., *Political Encyclopedia of the Middle East* (New York: Continuum, 1999), pp.602–3.

42 LBJ, National Intelligence Estimates, boxes 6–7: The Eastern Arab World, Feb. 17, 1966. Kadi, *Arab Summit Conferences*, pp.176–77. Al-Shuqayri, *Mudhakkirat 3*, pp.78–84, 98–106. Heikal, *al-Infijar*, pp.199–218. Mohamed Ahmed Mahjoub, *Democracy on Trial: Reflections on Arab and African Politics* (London: Andre Deutsch, 1974) pp.105–14.

43 Oral history interview, Adnan Abu Oudeh, Amman, Nov. 6, 1999. Jadid quotes from Avraham Ben Tzur, *Gormim Sovietiim u-Milhemet Sheshet ha-Yamim: Ma'avakim ba-Kremlin ve-Hashpa'ot be-Azoreinu* (Tel Aviv: Sifriat Poalim, 1975), p.17. Ma'oz, *Syria and Israel*, p.84.

44 Bourgiba's plan was designed to paint Israel into a corner. If Israel also accepted the Partition Resolution, sacrificing 30 percent of its territory and accepting the establishment of a Palestinian state, then that would become the basis for negotiations and additional Arab claims. If Israel rejected the plan, the Arab call for war would then be legitimized. For the period of the second and third Arab summits, see Kerr, *The Arab Cold War*, pp.98–116. Sela, *The Decline of the Arab-Israeli Conflict*, pp.75–94. Gilboa, *Shesh Shanim, Shisha Yamim*, p.40. Heikal, *Al-Infijar*, pp.137–42. Rahmi, *Egyptian Policy in the Arab World*, pp.224–27.

45 Nasser quote from Burns, *Economic Aid and American Policy*, p.159. An alternative translation appears in Richard B. Parker, *The Politics of Miscalculation in the Middle East* (Bloomington: Indiana University Press, 1993), p.105. Klinghoffer, *Vietnam, Jews and the Middle East*, p.72. Heikal, *Al-Infijar*, p.372. See also LBJ, Lucius Battle Oral History, p.38; David Nes Oral History, pp.3–5.

46 PRO FCO/39/285, UAR–Economic Affairs: Effects of the Arab-Israeli War on the UAR Economy, Dec. 1, 1967. Kimche and Bawly, *The Sandstorm*, pp.35–36. Vatikiotis, *Nasser and His Generation*, pp.202–12. Heikal, *Sanawat*, pp.733–57, 774–75. Heikal, *Al-infijar*, pp.175–84. Riad, *The Struggle for Peace in the Middle East*, pp.15–17. El-Sadat, *In Search of Identity*, pp.164–65.

47 Ze'ev Ma'oz, "The Evolution of Syrian Power, 1948–1984," in Moshe Ma'oz and Avner Yaniv, eds., *Syria Under Assad: Domestic Constraints and Regional Risks*

(London: Croom Helm, 1986), pp.71–76.

48 Aharon Yariv, *Ha'Arakha Zehira*, pp.159–61, Aharon Yariv, "Ha-Reka la-Milhama," *Dapei Elazar, no. 10, Esrim Shana le-Milhemet Sheshet ha-Yamim* (Tel Aviv: Yad David Elazar, 1988), pp.15–23. Avi Cohen, *Ha-Hagannah al Mekorot ha-Mayim—Mediniyut Hafalat Hail Ha-Avir le-Tkifa bi-Gvul Yisrael-Suria, 1956–1967* (Tel Aviv: Hail ha-Avir, Misrad ha-Bitahon, 1992), p.55.

49 On the Syrian-Israeli border war of 1964–65, see PRO, FCO17/565, Israel–Territorial: Hadow to Morris, Feb. 15, 1967. Mustafa Khalil, *Min Milaffat al-Julan: Al-Qism al-Awwal* (Amman: Dar al-Yaqin lil-Tiba'A wal-Nashr, 1970), p.47. Hanoch Bartov, *Dado: 48 Years and 20 Days* (Tel Aviv: Ma'Ariv Books, 1981), pp.83–92. Shabtai Teveth, *The Tanks of Tammuz* (London: Sphere Books, 1969), pp.76–95. Cohen, *Ha-Hagannah al Mekorot ha-Mayim*, pp.86–87, 107–8; Eshkol quote on p. 113.

50 Heikal, *Al-Infijar*, pp.220–23, 239–46, 333, and Heikal, *The Sphinx and the Commissar: The Rise and Fall of Soviet Influence in the Middle East* (London: Collins, 1978), pp.166–68. I. Adeed Dawisha, *Egypt in the Arab World: The Elements of Foreign Policy* (New York: Wiley, 1976), pp.46–47. Lachish and Amitai, *Asor Lo Shaket*, pp.19–20. Sayigh, *Armed Struggle and the Search for State*, pp.100–107. ISA, 3975/14, Foreign Ministry files, Diplomatic Relations with the United States, Washington to Foreign Ministry, July 12, 1966. Nasser quotes from Theodore Draper, *Israel & World Politics: Roots of the Third Arab-Israeli War* (New York: Viking, 1967), p.44, and Stephens, *Nasser*, p.461.

51 Gen. Odd Bull, *War and Peace in the Middle East: The Experiences and Views of a U.N. Observer* (London: Lee Cooper, 1973), p.95. Mutawi, *Jordan in the 1967 War*, pp.38–39, 114. Susser, *On Both Banks of the Jordan*, p.78.

52 Moshe Zak, *Hussein Ose Shalom* (Ramat Gan: Merkaz Begin-Sadat, 1966), pp.6–75. Meir Amit, *Rosh be-Rosh: Mabat Ishi al Eruim Gdolim u-Farshiyot Alumot* (Or Yehuda: Hed Arzi, 1999), pp.94–98. Ben-Gurion quote in *Documents of the Foreign Policy of Israel*, pp.36–37.

53 Hussein quotes from Susser, *On Both Banks of the Jordan*, pp.105–6, and Mutawi, *Jordan in the 1967 War*, pp.66–67. See also William B. Quandt, Fuad Jabber and Ann Mosley Lesche, *The Politics of Palestinian Nationalism*

(Berkeley: University of California Press, 1973), pp.165, 173. Kerr, *The Arab Cold War*, pp.112–22. Heikal, *Al-Infijar*, pp.351–53.

54 Eitan Haber, *Ha-Yom Tifrotz Milhama: Zikhronotav shel Tat-Aluf Yisrael Lior, ha-Mazkir Hatzvai shel Rashei ha-Memshala Levi Eshkol ve-Golda Meir* (Tel Aviv: Yediot Ahronot, 1987), pp.54, 122, 133–34. Matitiahu Mayzel, *Ha-Ma'Arakha al ha-Golan-Yuni 1967* (Tel Aviv: Ma'Arakhot, 2001), pp.99–101. The complete Eli Cohen story can be found on the Internet, at www.elicohen.com.

55 Sylvia K. Crosbie, *A Tacit Alliance: France and Israel from Suez to the Six Day War* (Princeton, N.J.: Princeton University Press, 1974), pp.123–24, 140–48, 170, 224–25. Jean Lacouture, *De Gaulle: The Ruler, 1945–1970* (New York: Norton, 1992), p.435. ISA, 3975/16, Foreign Ministry files, Diplomatic Relations with the United States: Bitan to Harman, Jan. 19, 1967.

56 Johnson quotes from I. L. Kenen, *Israel's Defense Line: Her Friends and Foes in Washington* (Buffalo, N.Y.: Prometheus Books, 1981), p.173, and USNA, Middle East Crisis files, 1967, Lot file 68D135, box 1: United States Statements on Israel: Johnson Statements, June 1, 1964. Eshkol quote from Cohen, *Israel and the Bomb*, p.204.

57 ISA, 3976/9, Foreign Ministry files, Relations with the United States: Eban Conversation with Johnson, Sept. 2, 1966. Lachish and Amitai, *Asor Lo Shaket*, pp.22–23. Klinghoffer, *Vietnam, Jews and the Middle East*, p.61. Memorandum of Understanding quoted in Ma'oz, *Syria and Israel*, pp.86–87.

58 Documents relating to the connection between Vietnam and the Middle East proliferate in the Israeli archives. Though Israel could not come out openly in support of the war—leftist members of the government opposed it—Israeli representatives conveyed strong backing for America's policies in Southeast Asia. See, for example, ISA, 3975/12, Foreign Ministry files, Diplomatic Relations with the United States: Harman to Eban, June 24, 1966; 3975/14, Diplomatic Relations with the United States: Harman to Foreign Ministry, July 4, 1966; 3977/22, Diplomatic Relations with the United States: Report on Eshkol Talk with Feinberg and Ginzburg, April 28, 1966.

59 A survey of Israel's economic crisis appears in PRO FCO17/577: Israel–Defense: Report of Defense Attaché, Nov. 16, 1966. See also Gawrych, *The Albatross of*

Decisive Victory, p.3.

60 Ma'oz, *Syria and Israel*, p.89.

61 An internal CIA memorandum described the new Syrian government as "unstable, as any foreseeable successor is likely to be. The prospect is one of a succession of extremist military governments...The question in regard to Syria's future then is not whether it will be moderate or radical, but what will be the kind and intensity of its radicalism." LBJ, National Security file, Middle East, boxes 145–57: Special Memorandum–Syria's Radical Future. See also, Quandt, Jabber, and Lesche, *The Politics of Palestinian Nationalism*, pp.166–67. Itamar Rabinovich, "Suria, ha-Yahasim ha-bein-Araviyim u-Frotz Milhemet Sheshet ha-Yamim," in Asher Susser, ed., *Shisha Yamim-Shloshim Shana* (Tel Aviv: Am Oved, 1999), pp.50–52.

62 On Soviet aid to the Arab world, see PRO, FCO17/112: Soviet Aid to Arab Countries, June 26, 1967 and USNA, Lot files, USUN, box 6: Circular: Foreign Military Assistance to Near East Countries, June 19, 1967. I. L. Blishchenko and V. D. Kudriavtsev, *Agressia Izrailia 1 Mezhdunarodnoie Pravo* (Moscow: Mezhdunorodnyie Otnosheniya, 1970), pp.8–11. See also Christoper Andrew and Oleg Gordievsky, *KGB: The Inside Story* (New York: HarperCollins, 1990), pp.495–98. Oded Eran, "Soviet Policy Between 1967 and 1973," in Rabinovich and Shaked, *From June to October*, pp.27–30. Kimche and Bawly, *The Sandstorm*, pp.44–45. Burns, *Economic Aid and American Policy*, p.154. On Khrushchev's ouster, see LBJ, Lucius Battle Oral History, pp.14–15. 'Amer quote from Heikal, *Al-Infijar*, p.81.

63 NAC, RG 25 box 2827, Syria: New Urge for Industrialization, Feb. 8, 1967. ISA, 4048/1627, Foreign Ministry files, Soviet Foreign Relations: Eban Conversation with Hare, April 27, 1966. Yariv, *Ha'Arakha Zehira*, p.149. Ben Tzur, *Gormim Sovietiim u-Milhemet Sheshet ha-Yamim*, pp.35–49, 71–72. V. M. Vinogradov, *Diplomatia: liudi i sobytia* (Moscow: Rosspen, 1998), pp.151–54, 215. O. E. Tuganova, *Mezhdunarodnyie otnoshenia na Blizhnem i Srednem Vostoke* (Moscow: Mezhdunarodnyie Otnoshenia, 1967), pp.134–35.

64 A. M. Grechko, *Sovetskaia Voiennaia Entsiklopedia 3* (Moscow: Institut Voiennoi Istorii, 1976), p.508. V. Rumiantsev, "Arabskii Vostok na Novom

Puti," *Kommunist* (Moscow) 16 (November 1969), p.91. I. Ivanov, *Ostorozhno: Sionizm!*, 2nd ed. (Moscow: Politicheskaia Literatura, 1971), p.3. I. P. Beliaev and E. M. Primakov, *Egipet: Vremia Prezidenta Nasera* (Moscow: Mysl, 1974), p.324. V. V. Zhurkin and E. M. Primakov, eds., *Mezhdunarodnyie Konflikty* (Moscow: Mezhdunarodnyie Otnoshenia, 1972), p.129. Govrin, *Israeli-Soviet Relations*, pp.276–79, 300. Avigdor Dagan, *Moscow and Jerusalem: Twenty Years of Relations Between Israel and the Soviet Union* (London: Abelard-Schuman, 1970), pp.155–57.

65 Ben Tzur, *Gormim Sovietiim u-Milhemet Sheshet ha-Yamim*, pp.190–91, 210–11. Atassi quote from Draper, *Israel & World Politics*, p.35.

66 On U.S. support for Israel *vis-àaG-vis* Syria, see LBJ, National Security file, Middle East, Israel box 140, 141: Conversation with Foreign Minister Eban, Nov. 3, 1966. ISA, 3977/20, Foreign Ministry files, Relations with the United States: Evron to Bitan, Oct. 25, 1966; President Johnson to Eshkol, Nov. 9, 1966.

67 ISA, 3975/12, Diplomatic Relations with the United States: Rafael to Bitan, June 20, 1966. Haber, *Ha-Yom Tifrotz Milhama*, pp.127, 139. Parker, *The Politics of Miscalculation*, p.11. Govrin, *Israeli-Soviet Relations*, pp.287–89. Tass quote from Dagan, *Moscow and Jerusalem*, p.176.

68 The Israeli and Syrian versions of the fighting in the Galilee in this period can be found in UN, DAG 13/3.4.0, box 82, Israel/Syria High Level Talks, Cultivation Arrangements: Barromi to the President of Security Council, Jan. 9, 1967, and Tomeh to President of Security Council, Jan. 10, 1967. See also Cohen, *Ha-Hagannah al Mekorot ha-Mayim*, pp.140–56.

69 Sayigh, *Armed Struggle and the Search for State*, pp.137–38. Rabin quote from Gilboa, *Shesh Shanim, Shisha Yamim*, pp.287–89. Syrian quote from BBC, Daily Report, Middle East, Africa, and Western Europe, No. 199, G3.

70 Cohen, *Israel and the Bomb*, p.261.

71 Amit, *Rosh be-Rosh*, pp.210–26. Haber, *Ha-Yom Tifrotz Milhama*, pp.64–65. Klinghoffer, *Vietnam, Jews and the Middle East*, p.73. On the confluence of Egyptian and Israeli interests in 1966, see ISA, 3975/15, Foreign Ministry files, Diplomatic Relations with the United States: Argov to Harman, March 19, 1966, and 3978/2, United States–Relations with the Middle East. Evron to Gazit, Aug.

25, 1967.

72 'Ali 'Amer quote from Gilboa, *Shesh Shanim, Shisha Yamim*, p.65. Nasser quote from Heikal, *Al-Infijar*, pp.365–66. See also Sela, *The Decline of the Arab-Israeli Conflict*, p.90. Kerr, *The Arab Cold War*, pp.122–28. Seale, *Asad of Syria*, p.126.

73 Suliman Mazhar, *I'tirafat Qadat Harb Yunyu: Nusus Shahadatihim Amama Lajnat Tasjil Ta'rikh al-Thawra* (Cairo: Kitab al-Hurriyya, 1990), p.88. Makhous quote from BBC, Daily Report No. 183, G3. Voice of the Arabs and Damascus Radio quotes from BBC, Daily Report No. 183, B1 and Daily Report No. 199, G1.

74 ISA, 3977/20, Foreign Ministry files, Relations with the United States: Handwritten Notes (by Y. Herzog) on LE meeting with Barbour, Nov. 10, 1966. MPA, Party Secretariat Procotols, 2/24/66/88: Eshkol Remarks to the Executive, Dec. 15, 1966. "Notepad" quote from Rafi Man, *Lo Ya'ak al ha-Da'At* (Or Yehuda: Hed Arzi, 1998), p.242.

75 ISA, 4030/6, Foreign Ministry files, Diplomatic Contacts and Security Council Debate on the Samu' Operation: Harman Conversation with Symes, Nov. 14, 1966; 3977/20, Foreign Ministry files, Relations with the United States, Mr. Bitan's Visit, Nov. 29, 1966.

76 Ezer Weizman, *On Eagles' Wings: The Personal Story of the Leading Commander of the Israeli Air Force* (New York: Macmillan, 1976), p.206. Haber, *Ha-Yom Tifrotz Milhama*, pp.106–7. Eshkol remarks to the Cabinet in Zak, *Hussein Ose Shalom*, p.89.

第 2 章

1 Descriptions of the Samu' battle from ISA, 3998/5, Foreign Ministry files, Diplomatic Relations with Iran: Y. Rabin to Military Attachés, Nov. 15, 1966. Zak, *Hussein Ose Shalom*, p.89, Kimche and Bawly, *The Sandstorm*, p.83. Susser, *On Both Banks of the Jordan*, p.110. Oral history interviews with Ezer Weizman, March 1, 1999 and Meir Amit, Feb. 9, 1999.

2 NAC, RG 25, box 10050: Political Affairs–Canada's Foreign Policy Trends and Relations–Israel. Middle East Situation–Call By Israeli Ambassador, Dec. 14, 1966. Charles W. Yost, "How It Began," *Foreign Affairs* (January 1968), p.305. U Thant, *View from the UN* (New York: Doubleday, 1978), pp.215–17.

3   On the general U.S. reaction to the Samu' raid, see LBJ, National Security file, Middle East, Israel box 140, 141: W. Rostow to the President, Nov. 14, 1966 and ISA, 4030/6, Foreign Ministry files, The Security Council Debate on the Samu' Operation, Nov. 16, 1966; Komer quote from 3977/20, Foreign Ministry files, Relations with the United States: Eban Conversation with Kromer, Dec. 12, 1966. Katzenbach quote from ISA, 3977/20, Foreign Ministry files, Relations with the United States: Eban Conversation with the Acting Secretary of State, Dec. 12, 1966. Rostow quote from ISA, 3977/20, Foreign Ministry files, Relations with the United States, Dec. 12, 1966.

4   Eban's remarks in ISA, 3977/20, Foreign Ministry files, Relations with the United States: Meeting of Foreign Minister Abba Eban with Walt Rostow, Dec. 12, 1966, and Eban Conversation with Kromer, Dec. 12, 1966. Eshkol's letter to Johnson in LBJ, National Security file, Middle East, Israel box 140, 141: Nov. 23, 1966. Johnson's letter to Hussein in LBJ, National Security file, History of the Middle East Crisis, box 17, Nov. 23, 1966. America's refusal to convey the Israeli condolence letter in LBJ, National Security file, Middle East, Israel box 140, 141: Walt Rostow to the President, Nov. 14, 1967, and from oral history interview with Mordechai Gazit, Feb. 4, 1999. National Security file, Middle East, Israel box 140, 141: W. Rostow to the President, Nov. 14, 1966. See also Uriel Dann, *King Hussein and the Challenge of Arab Radicalism: Jordan, 1955–1967* (New York: Oxford University Press, 1989), p.155, and Zak, *Hussein Ose Shalom*, p.89.

5   Gilboa, *Shesh Shanim, Shisha Yamim*, p.75. Eshkol quote from MPA, Party Secretariat Protocols, 2/24/66/88: Dec. 15, 1966. Lior quote from Haber, *Ha-Yom Tifrotz Milhama*, p.89.

6   Hussein of Jordan, *My "War" with Israel*, as told to Vick Vance and Pierre Lauer (New York: Morrow, 1969), p.29. Susser, *On Both Banks of the Jordan*, p.111. Egyptian and Syrian accusations against Hussein in BBC, Daily Report No. 224, B1; Daily Report No. 192, B4-5. Hussein quote in Georgetown University, Special Collections, Findley Burns, Jr., Oral History Recollections, p.9.

7   Al-Shuqayri, *Mudhakkirat 1*, pp.271–72. Mutawi, *Jordan in the 1967 War*, pp.73–74. Oral history interview with Adnan Abu-Oudeh, Amman, Nov. 16, 1999.

8 Indar Jit Rikhye oral history, Feb. 22, 2000. Hussein's letters to Nasser in BBC, Daily Report No. 224, D6-1; his interview with *Christian Science Monitor* in Daily Report No. 192, D2. Edgar O'Balance, *The Third Arab-Israeli War* (London: Faber & Faber, 1972), p.173. Mutawi, *Jordan in the 1967 War*, p.81.

9 ISA, 3998/5, Foreign Ministry files, Diplomatic Relations with Iran, Conversation with Dr. Sidriya—Report on Arab Defense Committee Meeting, Dec. 16, 1966. Mutawi, *Jordan in the 1967 War*, p.82.

10 Sidqi quote in Shmuel Segev, *Sadin Adom* (Tel Aviv: Taversky Press, 1967), pp.15–16. Predictions of Nasser's fall from power appear in PRO, FCO 39/233 UAR Internal Political Situation: UAR: General Situation. P.W. Unwin, Jan. 20, 1967, and LBJ, National Security file, Country file, Middle East-UAR box 161: CIA Report on Egypt, Oct. 3, 1966, and ISA, 3975/15, Foreign Ministry files, Diplomatic Relations with the United States: Gazit Conversation with Bergus, Feb. 6, 1967. On cuts in Egypt's defense budget, see Salah al-Din al-Hadidi, *Shahid 'ala Harb 67* (Beirut: Dar al-'Awda, 1974), pp.31–35, and Mazhar, *I'tirafat Qadat Harb Yunyu*, p.208–9. Information on the El Nasr Automotive plant and the Tesh quote appear in PRO, FCO 39/233, UAR Internal Political Situation, Canadian Embassy, Cairo, to Foreign Ministry, Jan. 19 and March 2, 1967, respectively.

11 Al-Tall remarks in Susser, *Both Banks of the Jordan*, pp.117–18 and in PRO, FCO 17/231 Jordan-UAR Relations: Amman to Foreign Office, Jan. 9, 1967. Gen. 'Amer's claim in al-Shuqayri, *Mudhakkirat 3*, p.233. Egyptian charge of Jordanian embezzlement in PRO, FCO 17/231, Jordan-UAR: Amman to Foreign Ministry, Feb. 13, 1967. Nasser's speech in PRO, FCO 17/231, Jordan-UAR Relations: Cairo to Foreign Office, March 15, 1967. Capt. Hamarsha's press conference in USNA, POL 30 Jordan, Cairo to State Department, Feb. 2, 1967. Riyad Hajjaj's press conference in PRO, FCO 17/23, Jordan-UAR Relations: Amman to Foreign Office, March 17, 1967.

12 PRO, FCO 17/231, Jordan-UAR Relations: Morris to Beaumont, March 10, 1967. Descriptions of the Arab Defense Council meeting in USNA Central Foreign Policy files, 1967–1969, POL Arab-Jordan, box 1844: Amman to Washington, March 16, 1967. Heikal, *Al-Infijar*, pp.429–31. Al-Shuqayri, *Mudhakkirat 3*,

p.285. BBC, Daily Report No. 11, B3.

13 Hussein's Jericho speech in BBC, Daily Report No. 41, D1. On Jordan's interpretation of the Egyptian-Syrian treaty, see Mutawi, *Jordan in the 1967 War*, pp.73–79.

14 Athanasius, a fourth-century church leader, struggled alone against Arianism; he was bishop of Alexandria. "Contra mundum" quote in PRO, FCO 17/494, Israel–Political Affairs: W.H. Fletcher (Cairo) to Foreign Office, June 1, 1967. Akram quote in IDF 192/74, file 1348: The Battle for the Southern Front, p.55. Sabri and Awad quotes in Vatikiotis, *Nasser and His Generation*, pp.166–69. For further descriptions of Nasser in this period, see Andrei Gromyko, *Memoirs* (New York: Doubleday, 1989), p.272. El-Sadat, *In Search of Identity*, p.148. Richard B. Parker, *The Six Day War* (Jacksonville: University of Florida Press, 1997), p.263. Parker, *The Politics of Miscalculation in the Middle East*, pp.242–45.

15 LBJ, Lucius Battle Oral History, p.38.

16 YAD, Remarks by Yitzhak Rabin, Feb. 3, 1987. Nasser quote in Kimche and Bawly, *The Sandstorm*, pp.32–33. 'Abd al-Latif Al-Baghdadi, *Mudhakkirat* (Cairo: al-Maktab al-Misri al-Hadith, 1977), pp.167–219. Fawzi quote in *Harb al-Thalath Sanawat*, p.69. Heikal, *Al-Infijar*, p.457. Wajih Abu Dhikri, *Madhbahat al-Abriya'* (Cairo: Al-Maktab al-Misri al-Hadith, 1988), p.142. Ramadan, 'Abd al-'Azim. *Tahtim al-Aliha: Qissat Harb Yunyu 1967* (Cairo: Madbuli, 1988), pp.48–49. Parker, *The Politics of Miscalculation in the Middle East*, p.91. CIA report cited in USNA, Middle East Crisis, Memos, box 17: Memorandum for the White House, May 24, 1967.

17 USNA, Central Foreign Policy files, 1967–1969, POL 7 ARAB-SUMMIT, box 1844: Damascus to State Department, March 16, 1966. Kerr, *The Arab Cold War*, pp.125–26. 'Ali 'Ali 'Amer quote from Heikal, *Al-Infijar*, p.423. Reference to "in the icebox" in LBJ, National Security file, Country file, Middle East-UAR box 161: Lunch with Ambassador Kamel, Jan. 17, 1967. Oral history interview with Gen. Yusuf Khawwash, Nov. 16, 1999. On rumors of revolt in Yemen, see PRO, FCO 39/233, UAR Internal Political Situation: Tennet Minute, March 30, 1967.

18 Profiles of 'Abd al-Hakim 'Amer appear in Berlinti 'Abd al-Hamid, *Al-Mushir wa-Ana* (Cairo: Maktabat Madbuli al-Saghir, 1992), pp.201–5. Fawzi, *Harb al-*

Thalath Sanawat, pp.33–45, 52–54. Imam, *Nasir wa-'Amer*, pp.5–13, 39–41, 67–86. Heikal, *Al-Infijar*, pp.818–22. Birs Zia' al-Din, "'Abd al-Nasir...Hakama," in *Ruz al-Yusuf 2464*, Sept. 1, 1975, pp.42–47. Vatikiotis, *Nasser and His Generation*, pp.159, 161. Gawrych, *The Albatross of Decisive Victory*, pp.12–13. Mahjoub, *Democracy on Trial*, p.134. Wajih Abu Dhikri, *Madhbahat al-Abriya'*, pp.195–97. Anouar Abdel-Malek, *Egypt: Military Society–The Army Regime, the Left, and Social Change Under Nasser* (New York: Vantage Press, 1968), p.144. An example of the Soviet communiqués appears in BBC, Daily Report No. 183, B1. 'Mushir' quote from USNA, Central Policy files, 1967–1969, POL 7 UAR, box 2554, Cairo to State Department, April 22, 1967. Nasser's attitudes to 'Amer in El-Sadat, *In Search of Identity*, pp.168–69 and Richard B. Parker, "The June 1967 War: Some Mysteries Explored," in *Middle East Journal* 46, no. 2 (Spring 1992), p.194.

19 PRO FCO/39/263 UAR–Relations with the USSR: Mr. Gromyko's Visit to Cairo, March 29, 1967. ISA, Foreign Ministry files, 4083/3, Contacts with the Soviet Union, Raviv to Shimoni, April 1, 1967. Gilboa, *Shesh Shanim, Shisha Yamim*, p.86. Heikal, *Al-Infijar*, pp.409–20. Ben Tzur, *Gormim Sovietiim u-Milhemet Sheshet ha-Yamim*, p.177.

20 USNA, Central Policy files, 1967–1969, POL 7 UAR, box 2554: Battle to Rusk, Feb. 22, 1967. Heikal quotes from *Middle East Record 3, 1967* (Jerusalem: Israel Universities Press, 1971), pp.49–50. LBJ, Lucius Battle Oral History, p.36; David G. Nes Papers: Nes To Roger P. Davies, Deputy Assistant Secretary NEA, May 11, 1967. Parker, *The Politics of Miscalculation in the Middle East*, pp.242–45. The British predictions of Nasser's need for distractions abroad were similar to the Americans'. See ISA, 4080/5, Foreign Ministry files, Contacts with Great Britain, London to FM, May 16, 1967.

21 Heikal, *al-Infijar*, pp.407–8. Nasser's remarks to 'Aref in BBC, Daily Report, Middle East, Africa, and Western Europe, No. 25, B3–4. Other Nasser quotes in Vatikiotis, *Nasser and His Generation*, pp.249–51.

22 ISA, Foreign Ministry files, 3977/20, Relations with the United States: Attack on the Northern Border, Jan. 1967. UN, DAG 13/3.4.0, box 82, Israel/Syria High Level Talks, Cultivation Arrangements: Barromi to President of Security

Council, Jan. 15, 1967 and Tomeh to President of Security Council Jan. 13, 1967; Comay to the Security Council (Radio Damascus quote), Jan. 17, 1967. Another translation of the Syrian quote can be found in Draper, *Israel & World Politics*, p.43. USNA, POL 12 SYR–SYR–US, box 2511:'Asifa Communiqué #56–*al-Ba'th* and *al-Thawra*, Jan. 15, 1967. PRO, FCO 17/665 Syria–Political Affairs: Damascus to Foreign Office, Jan. 3, 1967.

23 Ma'oz, *Syria and Israel*, p.82. *Al-Ba'th*, April 10, 1967. Tlas quote from PRO, FO17/671: Syria–Political Affairs: Damascus to Foreign Ministry, March 2, 1967.

24 NAC, RG 25 box 2827, Syria: Present Conflict between the Syrian Government and the I.P.C. (Embassy of Syrian Arab Republic–London), Jan. 3, 1967. Damascus radio quote from BBC, Daily Report, Middle East, Africa, and Western Europe, No. 8, G2. *Al-Ba'th*, March 7, 1967.

25 PRO FCO/39/263 UAR–Relations with the USSR, Speares Minute–Soviet Foreign Minister's Visit to Cairo, April 11, 1967. ISA, 4049/7, Foreign Ministry files, Soviet Relations with Arab Countries, Moscow to Foreign Ministry, Jan. 8, 1967; 3975/15, Foreign Ministry files, Diplomatic Relations with the United States: Argov to Bitan, Feb. 9, 1967 ("small rather than big trouble"); Eban Conversation with Hare, June 27, 1966 ("tensions without explosions"). Anatoly Dobrynin, *In Confidence: Moscow's Ambassador to America's Six Cold War Presidents (1962–1986)* (New York: Random House, 1995), pp.156–59. Oded Eran, "Soviet Policy Between 1967 and 1973," in Rabinovich and Shaked, eds., *From June to October*, p.50.

26 USNA Central Foreign Policy files, 1967–1969, POL 12 SY, box 2511: Tel Aviv to Department of State, Jan. 24, 1967; Moscow to Department of State, Feb. 15, 1967. PRO, FO17/672 Syria–Political Affairs: Damascus to Foreign Office, Jan. 27, 1967. ISA, 3977/20, Foreign Ministry files, Relations with the United States: Bitan Conversation with Alfred Atherton, Dec. 12, 1966. Dagan, *Moscow and Jerusalem*, pp.186–87. Govrin, *Israeli-Soviet Relations 1953–1967*, pp.276–79. Ben Tzur, *Gormim Sovietiim u-Milhemet Sheshet ha-Yamim*, pp.131–33, 151.

27 PRO, FCO 17/665 Syria–Political Affairs: Damascus to Foreign Ministry, Jan. 18, 1967; Damascus to Foreign Ministry, Feb. 21, 1967; FO17/671: Syria–Political Affairs: Damascus to Foreign Ministry, Feb. 4, 1967. ISA, 3975/15,

Foreign Ministry files, Diplomatic Relations with the United States: North American Desk Memorandum, Feb. 4, 1967. Assassination attempt on al-Assad in BBC, Daily Report, Middle East, Africa, and Western Europe No. 8, G1; arrest of government ministers in 64, G2. See also Itamar Rabinovich, "The Ba'th in Syria," Rabinovich and Shaked, *From June to October*, p.222.

28 LBJ, National Security file, Middle East Crisis, box 145–57: CIA: Syria–A Center of Instability, March 24, 1967. Assad conversation with 'Awdah in PRO, FO17/671: Syria–Political Affairs: Craig to Moberley, January 24, 1967.

29 The number of complaints submitted to the ISMAC in Frederic C. Hof, *Line of Battle, Order of Peace?* (Washington: Middle East Insight, 1999), p.14. UN, DAG

   13/3.4.0, box 84, Verbatim Records, ISMAC 80th Meeting, Jan. 25, 1967. Syria description of talks in BBC, Daily Report, Middle East, Africa, and Western Europe, No. 19, G1. See also Indar Jit Rikhye, *The Sinai Blunder* (London: Frank Cass, 1980) p. 9.

30 PRO, FCO 17/576: Israel–Defense Attaché, Annexure 1, June 12, 1967. Walid Abu Murshid, Antoine Butrus and Fuad Jabber, "Al-Kitab Al-Sanawi lil-Qadiyya al-Filastiniyya li-'Am 1967," in *Silsilat al-Kitab al-Sanawi lil-Qadiyya al-Filastiniyya 4* (Beirut: Manshurat Mu'assasat al-Dirasa al-Filastiniyya, 1969), pp.124, 151–54. UN, DAG 13 3.4.0, box 84, IJMAC, Israeli Complaints of March 12 and 26, 1967. Al-Fatah communiqués can be found in USNA, POL 12 SYR–SYR–US, box 2511.

31 UN, DAG 13/3.4.0, box 82: Israeli Complaint S/7853, April 14, 1967.

32 PRO, FO17/671: Syria–Political Affairs: Damascus to Foreign Office, Feb. 27, 1967. USNA Central Foreign Policy files, 1967–1969, POL 12 SY, box 2511: Damascus to Department of State, May 23, 1967. ISA, 3975/15, Foreign Ministry files, Diplomatic Relations with the United States: Argov to Harman, March 19, 1967 (Hoopes quote); 3977/21: Evron to North America Desk, March 16, 1967; Argov to Bitan, March 27, 1967; 7919/1, Levi Eshkol files, Diplomatic Telegrams: U.S.A.: Evron to Levavi, May 17, 1967 (Rostow quote).

33 Evron quote from LBJ, National Security file, Middle East, Israel box 140, 141: W. Rostow to the President, Jan. 16, 1967. Eshkol quote from Haber, *Ha-Yom Tifrotz*

Milhama, p.141; "Syrian syndrome" on p. 99. See also Eyal Sisser, "Bein Yisrael le-Suria: Milhemet Sheshet ha-Yamim ule-Ahareiha," *Iyunim be-Tkumat Yisrael* 8 (1998), pp.220–21.

34 Al-Shuqayri, *Mudhakkirat 5*, p.35 ('Ali 'Ali 'Amer quote). Heikal, *Al-Infijar*, p.434. See also Hisham Sharabi, "Prelude to War: The Crisis of May–June 1967," *The Arab World* 14 (1968). "Takrit ha-7 be-April: 20 Shniyot Aharei–Sheshet ha-Migim she-Kirvu et Sheshet ha-Yamim," *Bamahane* 39 (April 8, 1987).

35 Sidqi quote from Mazhar, *I'tirafat Qadat Harb Yunyu*, pp.107–8. Heikal, *Al-Infijar*, p.434. Gilboa, *Shesh Shanim, Shisha Yamim*, p.94. Al-Shuqayri, *Mudhakkirat 5*, p.50. Al-Sabbagh, *Mudhakkirat Qadat al-'Askaraiyya al-Misriyya 5*, pp.14–15. Kimche and Bawly, *The Sandstorm*, p.86. Cohen, *Ha-Hagannah al Mekorot ha-Mayim*, pp.178–79. Speeches by the Egyptian delegation to Syria in BBC, Daily Report, Middle East, Africa, and Western Europe, No. 72, B1 and 72, G1.

36 Jordanian claims in BBC, Daily Report, Middle East, Africa, and Western Europe, No. 73, D1. Gilboa, *Shesh Shanim, Shisha Yamim*, p.83. Nasser's remarks in BBC, Daily Report, Middle East, Africa, and Western Europe, No. 86, B1 –17. Suliman quote from BBC, No. 82, G1.

37 USNA, Central Foreign Policy files, 1967–1969, POL 7 ARAB-SUMMIT, box 1844, Cairo to the Secretary of State, March 27, 1967; 1967–1969, POL Arab-Jordan, box 1844: Amman to Department of State, April 19, 1967. Mutawi, *Jordan in the 1967 War*, p.101.

38 Ephraim Kamm, *Hussein Poteah be-Milhama: Milhemet Sheshet ha-Yamim be-Eynei ha-Yardenim* (Tel Aviv: Ma'Arakhot, Misrad ha-Bitahon, 1974). Mutawi, *Jordan in the 1967 War*, p.86. Hussein of Jordan, *My "War" with Israel*, pp.38–39. Heikal, *Al-Infijar*, pp.435–36. Amman broadcast in BBC, Daily Report, Middle East, Africa, and Western Europe, No. 86, B1 –17.

39 PRO, FCO 17/576: Israel–Defense Attaché, Annexure 1, June 12, 1967. LBJ, National Security file, History of the Middle East Conflict, box 20: United States Policy.
and Diplomacy in the Middle East Crisis, May 15–June 10, 1967, pp.5–6. UN, DAG 13 3.4.0, box 84: Syrian Complaint 7863, April 28, 1967; Israeli Complaint

7880, May 11, 1967.

40 Harman quote in LBJ, National Security file, History of the Middle East Conflict, box 20: United States Policy and Diplomacy in the Middle East Crisis, May 15–June 10, 1967, pp.8–9. Eban quote from Gilboa, *Shesh Shanim, Shisha Yamim*, p.97. A similar statement was made by Gideon Rafael, Israel's UN ambassador, to the Security Council. See Parker, *The Politics of Miscalculation*, p.41.

41 Prittie, *Eshkol*, pp.105, 183. Haber, *Ha-Yom Tifrotz Milhama*, pp.140–42. Weizman, *On Eagles' Wings*, pp.190–91. NAC, RG 25 10082: 20-ISR-9: Visit of Prime Minister Eshkol to Canada, Jan. 15–26, 1968. Oral history interview with Miriam Eshkol, Aug. 30, 1999. See also the essays by Yoav Gelber in http://research.haifa.ac.il/%7Eeshkol/index.html (Levi Eshkol homepage).

42 Robert Slater, *Rabin of Israel: A Biography* (London: Robson Books, 1993), pp.108–16. Dan Kurzman, *Soldier of Peace: The Life of Yitzhak Rabin* (New York: HarperCollins, 1998), pp.1–32. Rabin, *The Rabin Memoirs*, p.61.

43 Michael Brecher, *Decisions in Crisis* (Berkeley: University of California Press, 1980), p.36. Semyonov quotes in Gilboa, *Shesh Shanim, Shisha Yamim*, p.87. Parker, *The Politics of Miscalculation*, p.11.

44 ISA, 3975/15, Foreign Ministry files, Diplomatic Relations with the United States: Harman to Bitan, March 1, 1967; Bitan to Harman, March 6, 1967; Argov to Harman, March 19, 1967. LBJ, National Security file, Middle East, Israel box 140, 141: US Attitudes Toward Military Aid to IS, April 20, 1967; Tel Aviv to Department of State, January 17, 1967 (Barbour quote).

45 *U.S. News & World Report* 62, no. 16 (April 17, 1967), pp.75–77. Prittie, *Eshkol*, p.249. Al-Atassi quote from BBC, Daily Report No. 214, G3.

46 LBJ, National Security file, History of the Middle East Conflict, box 20: United States Policy and Diplomacy in the Middle East Crisis, May 15–June 10, 1967, pp.6–7. Arthur Lall, *The UN and the Middle East Crisis, 1967* (New York: Columbia University Press, 1968), pp.3–4. Gideon Rafael, *Destination Peace: Three Decades of Israeli Foreign Policy* (New York: Stein and Day, 1981), p.136. Brian Urquhart, *A Life in Peace and War* (New York: Harper & Row, 1987), p.20. Tomeh quote in Menachem Mansoor, *Arab World: Political and Diplomatic History, 1900–1967: A Chronological Study* (NCR, Microcard Editors, n.d.),

entry for May 13, 1967. See also Yost, "How It Began," pp.306–7. Rikhye, *Sinai Blunder*, p.11.

47 LBJ, National Security files, NSC Histories, Middle East Crisis, box 17: Tel Aviv to the Secretary of State, May 12, 1967. Gilboa, *Shesh Shanim, Shisha Yamim*, pp.98–101. Haber, *Ha-Yom Tifrotz Milhama*, pp.146–47. *Middle East Record* 3, p.187. Parker, *The Politics of Miscalculation in the Middle East*, pp.15–18. Parker, *The Six Day War*, pp.31–32, 69. Weizman, *On Eagles' Wings*, p.208.

48 PRO, FO17/666, Syria–Political Affairs: Damascus to Foreign Office, May 14, 1967. ISA, Foreign Ministry files, 3975/17, Bilateral Relations with the U.S.: Harman to Foreign Ministry, May 12, 1967; 7920/4, Levi Eshkol Papers, Prime Minister's Reports and Surveys: Eshkol's Reports to the Ministerial Defense Committee, May 18, 1967. Riad, *The Struggle for Peace in the Middle East*, p.17. Haber, *Ha-Yom Tifrotz Milhama*, p.147. Seale, *Asad of Syria*, p.115. Rikhye, *Sinai Blunder*, p.10. Al-Atassi quote from Mansoor, *Arab World*, entry for May 13, 1967. Makhous quotes from LBJ, National Security files, NSC Histories, Middle East Crisis, box 17: The President in the Middle East Crisis, Dec. 19, 1968, and Damascus to the Secretary of State, May 20, 1967.

49 UN, DAG 13/3.4.0, box 84: HJKIMAC, El-Farra to the Secretary General, Feb. 6, 1967; Comay to Secretary General, Feb. 10, 1967; Bull to Sasson, May 15, 1967. LBJ, National Security file, Middle East, Israel box 140, 141. Katzenbach to the President, May 2, 1967. NAC, RG 25, box 10050: Political Affairs–Canada's Foreign Policy Trends and Relations–Israel: Israel's Independence Day Parade, May 15, 1967. ISA, 3977/22, Diplomatic Relations with the United States: Bitan to Evron, April 16, 1967. Teddy Kollek, *For Jerusalem* (London: Weidenfeld and Nicolson, 1978), pp.187–88. Haber, *Ha-Yom Tifrotz Milhama*, pp.118–19, 145–46. Rikhye, *Sinai Blunder*, p.13. Bull, *War and Peace in the Middle East*, p.70. U Thant, *View from the UN* (New York: Doubleday, 1978), pp.218–19.

50 Heikal, *Al-Infijar*, pp.442–44. El-Sadat, *In Search of Identity*, pp.171–72. Prediction of the U.S. embassy in USNA, Central Policy files, 1967–1969, POL 2 UAR, box 2553: Cairo to the Department of State, April 29, 1967; POL ARAB-ISR, box 9: Paris to the Secretary of State, May 23, 1967. LBJ, National Security files, NSC Histories, Middle East Crisis, box 20: Davis to Rostow, June

2, 1967. On the Soviet interpretation of the absence of tanks and cannons from the Jerusalem parade, see ISA, 4078, Foreign Ministry files, Contacts with the United States with the Entry of Egyptian Forces into Tiran, Evron to Foreign Ministry, May 15, 1967, and USNA, POL ARAB-ISR, box 9: Paris to Teheran, May 15, 1967. Podgorny quotes from Dayan, *My Life*, pp.309–10 and Heikal, *Al-Infijar*, pp.445–46.

51 A minor literature has grown up around the reasons for the Soviets' warning to Sadat. See Michael Bar-Zohar, *Embassies in Crisis: Diplomats and Demagogues Behind the Six Day War* (Englewood Cliffs, N.J.: Prentice-Hall, 1970), p.2. Ali Abdel Rahman Rahmi, *Egyptian Policy in the Arab World: Intervention in Yemen 1962–1967: A Case Study* (Washington D.C.: University Press of America, 1983), pp.232–35. Nadav Safran, *From War to War: The Arab-Israel Confrontation, 1948–1967* (New York, 1969), pp.267–77. Anthony Nutting, *Nasser* (New York: Dutton, 1972), pp.397–98. Parker, *The Politics of Miscalculation in the Middle East*, pp.18–19, 156–57. Parker, *The Six Day War*, pp.35–41, 48–49, 70–73. Parker, "The June 1967 War: Some Mysteries Explored," p. 181. Ritchie Ovendale, *The Origins of the Arab-Israeli Wars* (London: Longman, 1984), p.178. W. W. Rostow, *The Diffusion of Power: An Essay in Recent History* (New York: Macmillan, 1972), p.257. Seale, *Asad of Syria*, p.129. Govrin, *Israeli-Soviet Relations*, pp.308–9. Ben Tzur, *Gormim Sovietiim u-Milhemet Sheshet ha-Yamim*, p.167. Ilan Asia, *Tismonet Dayan: Arba Milhamot ve-Shalom Ehad—ha-Roved ha-Nistar* (Tel Aviv: Yediot Ahronot, 1995), p.129. Oral history interviews with Vadim Kirpitchenko, Dec. 25, 2000, and Carin Brutenz, Jan. 21, 2001.

52 A similar interpretation of Soviet decision-making was posited by State Department Middle East expert Harold Saunders shortly after the war: "The Soviet advice to the Syrians [*sic*] that the Israelis were planning an attack was not far off, although they seem to have exaggerated the magnitude. The Israelis probably were planning an attack—but not an invasion." From LBJ, National Security file, History of the Middle East Crisis, box 17, Saunders to Bundy, June 16, 1967. See also Meir Amit, "Ha-Derekh le-Sheshet ha-Yamim—Sheshet ha-Yamim be-Re'i le-Ahor," *Ma'Arakhot* 325 (June–July 1992). ISA, 4083/3, Foreign Ministry files, Contacts with the USSR–Closure of Tiran:

Bonn to Foreign Ministry, June 14, 1967; Levanon to Foreign Ministry, June 23, 1967. "Ideological myopia" from PRO, FCO/39/263, UAR–Relations with the USSR: Mr. Gromyko's Visit to Cairo, April 1, 1967; FCO17/498: Israel – Political Affairs: The Middle East Crisis (Morris), October 23, 1967 ("ideological myopia"). LBJ, National Security files, NSC Histories, Middle East Crisis, box 18: Paris to the Secretary of State, May 23, 1967. Solomon M. Shvarts, *Sovetskii Soiuz I Arabo-Izrailskaia Voina 1967* (New York: Amerikanskii Evreiskii Rabochii Komitet, 1969), pp.24–26.

53 Shukri Dhabbah, *Wa-Madha Ba'du?* (Cairo: Dar al-Quds, n.d.), pp.18–24. Eric Rouleau, Jean-Francis Held, Jean and Simone Lacouture, *Israel et les Arabes le 3e Combat* (Paris: Editions du Seuil, 1967), p.54. Ivan Prokhorovitch Dediulia, "Na Zemle Obetovannoy," *Nezavisimoe Veonnoe Obozrenie*, no. 20 (1998). Syrian claim in Mazhar, *I'tirafat Qadat Harb Yunyu*, pp.109–10. Parker, *The Six Day War*, pp.2, 42. Parker, *The Politics of Miscalculation in the Middle East*, p.5. Heikal, *Al-Infijar*, pp.448–51.

54 Heikal, *Al-Infijar*, pp.444–47 ISA, 4078, Foreign Ministry files, Contacts with the United States with the Entry of Egyptian Forces into Tiran, Evron to Foreign Ministry, May 15, 1967.

55 'Abd al-Muhsin Kamil Murtagi, *Al-Fariq Murtagi Yarwi al-Haqa'iq* (Cairo: Dar al-Watan al-'Arabi, 1976), pp.27–29, 45–46. Sabr Abu Nidal, *Ma'rakat al-Khamis min Haziran: Awwal Dirasa 'Arabiyya 'Askariyya Shamila lil-Hazima* (Cairo: Al-Mu'assasa al-'Arabiyya lil-Dirasa wal-Nashr, 1971), pp.26–38. Fawzi, *Harb al-Thalath Sanawat*, pp.53–66, 117–18. Abu Dhikri, *Madhbahat al-Abriya'*, pp.111–23. Ramadan, *Tahtim al-Aliha*, pp.79–80. Mazhar, *I'tirafat Qadat Harb Yunyu*, pp.208–9. Rikhye, *Sinai Blunder*, p.147. PRO, FCO 39/233 UAR Internal Political Situation: Cairo to Foreign Office, May 23, 1967. 'Abd al-Mun'im Khalil quote in Al-Sabbagh, *Mudhakkirat Qadat al-'Askaraiyya al-Misriyya 2*.

56 LBJ, National Security file, Country file, Middle East-UAR, box 161: Lunch with Ambassador Kamel, Jan. 17, 1967; Memos to the President (W. Rostow), box 16; Rostow to the President, Feb. 14, 1967. Nasser speech in BBC, Daily Report, Middle East, Africa, and Western Europe, No. 93, B2.

57 Mazhar, *I'tirafat Qadat Harb Yunyu*, pp.90, 231. 'Amer quote from Mutawi,

Jordan in the 1967 War, p.96. Gilboa, *Shesh Shanim, Shisha Yamim*, p.64. Parker, *The Six Day War*, pp.41–42. Rikhye oral history, Feb. 22, 2000. PRO, FCO 39/233 UAR Internal Political Situation: Cairo to Foreign Office, Jan. 9, 1967.

58 Heikal, *Al-Infijar*, pp.448–51. Seale, *Asad of Syria*, pp.129–30. Robert Stephens, *Nasser: A Political Biography* (London: Penguin, 1971), pp.470–71. ISA, 6444/4 North America, Telegrams from Foreign Ministry to Embassies, May 19, 1967.

59 'Abdallah Imam, *'Abd al-Nasir-Kayfa Hakama Misr* (Cairo: Madbuli al-Saghir, 1966), pp.358–60. 'Abdallah Imam, *'Ali Sabri Yatadhakkar: Bi-Saraha 'an al-Sadat* (Cairo: Dar al-Khayyal, 1997), pp.122–23, 140. Fawzi, *Harb al-Thalath Sanawat*, pp.36–39, 40, 52–54. Heikal, *Al-Infijar*, pp.818–22. Vatikiotis, *Nasser and His Generation*, pp.159–61. Fawzi, *Harb al-Thalath Sanawat*, pp.33–45, 52–54. Imam, *Nasir wa-'Amer*, pp.5–13, 39–41, 67–86. Heikal, *Al-Infijar*, pp.818–22. Parker, *The Six Day War*, p.45. Parker, "The June 1967 War: Some Mysteries Explored," p. 194.

60 Fawzi, *Harb al-Thalath Sanawat*, pp.69–70. Heikal, *Al-Infijar*, pp.458–59. Murtagi, *Al-Fariq Murtagi Yarwi al-Haqa'iq*, pp.49–53. Mazhar, *I'tirafat Qadat Harb Yunyu*, pp.51–52. Parker, *The Politics of Miscalculation in the Middle East*, pp.61–63.

61 Heikal, *Al-Infijar*, pp.458–59. Parker, *The Politics of Miscalculation in the Middle East*, pp.63–64. Description of Fawzi in PRO, FO 39/250: Middle East Crisis: UAR

Attitude Eastern Department Minute, June 23, 1967. In a letter to U.S. Ambassador Arthur Goldberg on May 31, U Thant revealed that he had previously indicated to the Egyptians his recognition of their right to disband UNEF: "In discussion with the Foreign Ministers and Permanent Representatives of the United Arab Republic in the years I have been Secretary-General the subject of the continued presence of the UNEF occasionally came up…In the course of these talks, I found that the United Arab Republic took it for granted that if the UAR officially requested withdrawal of the Force, the request would be honoured by the Secretary-General. I had thus given thought to the matter. When, therefore, the request for withdrawal of the Force came, the decision in principle that would have to be taken and the procedure to be followed were perfectly clear to me."

See UN, S-0316 box 8, file 8: UNEF-Withdrawals, Correspondence with the United States: U Thant to Goldberg, May 31, 1967. On Egyptian contacts with India and Yugoslavia, see LBJ, National Security files, NSC Histories, Middle East Crisis, box 20: Intelligence Information Cable, June 1, 1967.

62 Murtagi, *Al-Fariq Murtagi Yarwi al-Haqa'iq*, pp.65–66. Al-Baghdadi, *Mudhakkirat*, p.174. LBJ, National Security files, NSC Histories, Middle East Crisis, box 17: The President in the Middle East Crisis, Dec. 19, 1968. Qadi quote in Al-Sabbagh, *Mudhakkirat Qadat al-'Askariyya al-Misriyya* 1, p.7. BBC, Daily Report, Middle East, Africa, and Western Europe, No. 95, B1, B4. 'Amer orders in Heikal, *Al-Infijar*, pp.452–54. The testimony of Muhammad Ahmad Khamis appears in Darraz, *Dubbat Yunyu Yatakallamun*, pp.69–75.

63 Al-Hadidi, *Shahid 'ala Harb 67*, p.112. Ramadan, *Tahtim al-Aliha*, pp.41–42. PRO, FCO 39/233 UAR Internal Political Situation: Cairo to Foreign Office, May 13, 1967. Fawzi, *Harb al-Thalath Sanawat*, pp.69–71. Rikhye, *Sinai Blunder*, p.159. Parker, *The Six Day War*, pp.43–44. Parker, *The Politics of Miscalculation in the Middle East*, p.92. Mohamed H. Heikal, *The Sphinx and the Commissar: The Rise and Fall of Soviet Influence in the Middle East* (London: Collins, 1978), p.175. Asia, *Tismonet Dayan*, p.127. Sabri quote from Imam, *'Ali Sabri Yatadhakkar*, p.97. Fawzi quote from Mazhar, *I'tirafat Qadat Harb Yunyu*, pp.51–52.

64 ISA, 3977/22, Foreign Ministry files, Relations with the United States: Conversation with Ambassador Chuvakhin, May 13, 1967. Gilboa, *Shesh Shanim, Shisha Yamim*, p.98. Parker, *The Politics of Miscalculation in the Middle East*, pp.8–9; 248, ft 13. Oral history interview with Arye Levavi, March 4, 1999.

65 ISA, 3977/20, Foreign Ministry files, Diplomatic Relations with the United States, Evron to Gazit, Dec. 12, 1966; 3975/15, Foreign Ministry files, Diplomatic Relations with the United States: Conversation with Bergus, Feb. 16, 1967. NAC, RG 25, box 10050: Political Affairs–Canada's Foreign Policy Trends and Relations–Israel: New York to Ottawa, Sept. 22, 1967. Parker, *The Six Day War*, p.128. Haber, *Ha-Yom Tifrotz Milhama*, p.147. Eban, *Personal Witness*, p.380. Baron, *Hotam Ishi*, p.17.

66 Prittie, Eshkol, pp.70–71. MPA, Party Secretariat Protocols, 2/24/66/88: Dec. 15, 1966.

第 3 章

1 ISA, 4078/4 Foreign Ministry files, Contacts with the United States on the Entry of Egyptian Forces to the Sinai: Harman Conversation with Rostow, May 15, 1967. Oral history interview with Col. Shlomo Merom, Dec. 7, 1999. Nasser quote from Slater, *Rabin of Israel*, p.79. Rabin quote from Rabin, *Memoirs*, p.68. Eshkol quote from oral history interview with Miriam Eshkol, Aug. 30, 1999. See also Parker, *The Six Day War*, p.137. Haber, *Ha-Yom Tifrotz Milhama*, pp.147–50. Mayzel, *Ha-Ma'Arakha al ha-Golan*, pp.99–103. Slater, *Rabin of Israel*, pp.88–120. Abraham Rabinovich, *The Battle for Jerusalem, June 5–7, 1967* (Philadephia: Jewish Publication Society of America, 1972), p.5. Shlomo Nakdimon, *Likrat Sh'at ha-Efes* (Tel Aviv: Ramdor Press, 1968), pp.17–18. Weizman, *On Eagles' Wings*, p.208.

2 LBJ, National Security files, NSC Histories, Middle East Crisis, box 17: Department of State to Cairo, May 15, 1967. Appeal to U Thant in Yost, "How It Began," p. 309 and in Rafael, *Destination Peace*, pp.136–37. Harman's message to Nasser in LBJ, National Security file, History of the Middle East Conflict, box 20: United States Policy and Diplomacy in the Middle East Crisis, May 15–June 10, 1967, pp.11–12. Amit, *Rosh be-Rosh*, pp.226–27. ISA, 3977/20, Foreign Ministry files, Relations with the United States: Eban to Washington, London, Paris, May 15, 1967; 6444/4 North America, Telegrams: Foreign Ministry to Embassies, May 19, 1967; 7920/1, Levi Eshkol Papers, Diplomatic Telegrams: Eban to Rafael, May 17, 1967.

3 ISA, 4078/8 U.S. Reactions to the Closing of the Straits, Eban to Harman, May 16, 1967. Rabin, *Memoirs*, pp.68–70. Slater, *Rabin of Israel*, p.123. Cairo Radio quote from Mansoor, *Arab World*, entry for May 16. Nasser quote from BBC, Daily Report, The Middle East and Africa, ME/2467/A/2.

4 IDF, 710/70 General Staff Discussion: May 17, 1967. Trevor N. Dupuy, *Elusive Victory: The Arab-Israeli Wars, 1947–1974* (New York: Harper & Row, 1978), p.239. Van Creveld, *The Sword and the Olive*, p.179. Haber, *Ha-Yom Tifrotz Milhama*, pp.150–51. Rabin, *Memoirs*, p.70. On the PLA in Gaza, see Abu Murshid, Butrus, and Jabber *Silsilat al-Kitab al-Sanawi lil-Qadiyya al-Filastiniyya*, pp.115–16. See also, interview with Gen. Sidqi al-Ghul, commander

of the 4th Division, in *al-Ra'i al-'Am*, June 2, 1987.

5   IDF, 710/70 General Staff Discussion: May 17, 1967; 1977/1786: The Regular Paratrooper Brigade in the Six-Day War, Commander 35th Brigade, p.619. Haber, *Ha-Yom Tifrotz Milhama*, p.151. Radio Cairo quote from U Thant, *View from the UN*, p.219. Syrian quote from Menachem Mansoor, *Arab World: Political and Diplomatic History*, entry for May 16.

6   USNA Central Foreign Policy files, 1967–1969, POL 12 SY, box 2511: Damascus to Department of State, May 18, 1967. PRO, FO17/666, Syria–Political Affairs: Damascus to Foreign Office, April 29, 1967; FCO 17/665 Syria–Political Affairs: Damascus to Foreign Office, May 15, 1967. George W. Gawrych, *The Albatross of Decisive Victory*, p.13. Fred H. Lawson, *Why Syria Goes to War: Thirty Years of Confrontation* (Ithaca, N.Y.: Cornell University Press, 1996), p.48–50. Patrick Seale, *Asad of Syria: The Struggle for the Middle East*, p.115.

7   Fawzi, *Harb al-Thalath Sanawat*, pp.71–72. Murtagi, *Al-Fariq Murtagi Yarwi al-Haqa'iq*, p.64. Parker, *The Politics of Miscalculation in the Middle East*, pp.14, 44. Muhammad 'Abd al-Ghani al-Gamasi, *Mudhakkirat al-Gamasi* (Paris: Al-Manshura al-Sharqiyya, 1990), p.19. Ramadan, *Tahtim al-Aliha*, p.41. Sadiq quote in al-Sabbagh, *Mudhakkirat Qadat al-'Askaraiyya al-Misriyya 4*, pp.20–21. IDF, 710/70 General Staff Discussion: May 19, 1967. Al-Sabbagh, *Mudhakkirat Qadat al-'Askaraiyya al-Misriyya 1*, p.7. Mayzel, *Ha-Ma'Arakha al ha-Golan*, p.21. Fawzi quote from testimony of Mahmud Sidqi Mahmud in Mazhar, *I'tirafat Qadat Harb Yunyu*, p.110. Bull quote appears in Bull, *War and Peace in the Middle East*, p.104.

8   USNA, Subject-Numeric files, POL ARAB-ISR, box 1789: London to Washington, May 27, 1967. Heikal, *Al-Infijar*, p.518. Stephens, *Nasser*, pp.467–68.

9   Fawzi quote in *Harb al-Thalath Sanawat*, p.72. Murtagi, *Al-Fariq Murtagi Yarwi al-Haqa'iq*, p.64. 'Amer quote in Mazhar, *I'tirafat Qadat Harb Yunyu*, p.165. Gawrych, *The Albatross of Decisive Victory*, pp.13–19. Heikal, *Al-Infijar*, pp.458–59. Abu Dhikri, *Madhbahat al-Abriya*', pp.173–78. Fawzi, *Harb al-Thalath Sanawat*, pp.92–93. USNA, POL ARAB-IS, box 9: Cairo to the Secretary of State, May 17, 1967.

10 Heikal, *Al-Infijar*, p.829. Fawzi, *Harb al-Thalath Sanawat*, pp.48–50. Al-Hadidi, *Shahid 'ala Harb 67*, pp.85–86. Imam, *'Abd al-Nasir—Kayfa Hakama Misr*, p.363. Al-Sabbagh, *Mudhakkirat Qadat al-'Askaraiyya al-Misriyya 1*, pp.15–17. Fawzi quote on p. 18. S. A. El Edroos, *The Hashemite Arab Army, 1908–1979: An Appreciation and Analysis of Military Operations* (Amman: Publishing Committee, 1980), p.359. O'Balance, *The Third Arab-Israeli War*, pp.94–95. IDF, 192/74, file 1348: The Battle for the Southern Front, p.3.

11 PRO FCO17/576: Israel–Defense: Report of Defense Attaché, July 13, 1967. Murtagi, *Al-Fariq Murtagi Yarwi al-Haqa'iq*, pp.65–68, 121. Fawzi, *Harb al-Thalath Sanawat*, pp.103–4. Al-Sabbagh, *Mudhakkirat Qadat al-'Askaraiyya al-Misriyya 1*, pp.15–16. Dupuy, *Elusive Victory*, p.241. Gilboa, *Shesh Shanim, Shisha Yamim*, p.116. Parker, "The June 1967 War: Some Mysteries Explored," p.187.

12 Orders relating to Operation Lion later fell into Israeli hands. They were reproduced in "Hail ha-Avir ba-Milhama," *Bit'on Hail ha-Avir* 3, no. 74/75 (Dec. 1967). Hisham Mustafa Husayn quote in Darraz, *Dubbat Yunyu Yatakallamun*, pp.23–33. Al-Sabbagh, *Mudhakkirat Qadat al-'Askaraiyya al-Misriyya* 1, p.23. Muhammad 'Awda and 'Abdallah Imam, *Al-Naksa—Man al-Mas'ul?* (Cairo: Ruz al-Yusuf, 1985), p.79.

13 Mazhar, *I'tirafat Qadat Harb Yunyu*, pp.167–68. Murtagi, *Al-Fariq Murtagi Yarwi al-Haqa'iq*, pp.65–68 (including 'Amer quote). Al-Sabbagh, *Mudhakkirat Qadat al-'Askaraiyya al-Misriyya 10* (testimony of 'Abd al-Mun'im Khalil), p.8. Heikal article cited in Asia, *Tismonet Dayan*, p.139. Ramadan, *Tahtim al-Aliha*, pp.51–54. See also interview with 'Abd al-Muhsin Murtagi in *Akher Sa'A*, July 5, 1974.

14 Heikal, *Al-Infijar*, pp.457–77. Text of Fawzi's letter to Rikhye appears in UN, S 0316-box 9, file 2: UNEF Withdrawals, Exchange with UAR, Aide-Mémoire, U Thant to UAR, May 17, 1967, and in Rikhye, *Sinai Blunder*, p.16. Parker, *The Politics of Miscalculation in the Middle East*, p.68. See also Fawzi, *Harb al-Thalath Sanawat*, pp.69–71. Riad, *The Struggle for Peace in the Middle East*, p.18.

15 Urquhart, *A Life in Peace and War*, pp.136–37, 193–94.

16 UN, S-0316 box 8, file 8: UNEF-Withdrawals, Correspondence with the United States: U Thant to Goldberg, May 31, 1967. Samir N. Anabtawi, "The United Nations and the Middle East Conflict of 1967," *The Arab World* 14 (1968). Oral history interview with Indar Jit Rikhye, Feb. 22, 2000. Quote from Lall, *The UN and the Middle East Crisis*, pp.12–13. Bull, *War and Peace in the Middle East*, p.96.

17 Rikhye, *Sinai Blunder*, pp.13–21. UN, S 0316-box 9, file 2: UNEF Withdrawals, Exchange with UAR, Aide-Mémoire, U Thant to UAR, May 17, 1967. ISA, Foreign Ministry files, 4085/2: Emergency Force, Amir to Rafael, May 17, 1967. Oral history interview with Indar Jit Rikhye, Feb. 22, 2000.

18 UN, S 0316-box 9, file 2: UNEF Withdrawals, Exchange with UAR, Aide-Mémoire, U Thant to UAR, May 17, 1967. Bull, *War and Peace in the Middle East*, p.96. LBJ, National Security files, NSC Histories, Middle East Crisis, box 21: USUN to the Secretary of State, May 18, 1967 (Bunche quote). Yost, "How It Began," pp.311–12. Rikhye, *Sinai Blunder*, pp.21–22. Urquhart, *A Life in Peace and War*, p.209. U Thant, *View from the UN*, pp.221–22. Heikal, *Al-Infijar*, pp.468–77. Parker, *Six Day War*, p.86; Parker, *The Politics of Miscalculation in the Middle East*, p.45. George Tomeh oral history, Nov. 17, 1999.

19 LBJ, National Security file, History of the Middle East Conflict, box 20: United States Policy and Diplomacy in the Middle East Crisis, May 15–June 10, 1967, pp.12–13. UN, S 0316-box 9, file 2: UNEF Withdrawals, Exchange with UAR, Aide-Mémoire, U Thant to UAR, May 17, 1967. ISA, 4085/2, Foreign Ministry files, Emergency Force: Rafael to Foreign Ministry, May 17, 1967. Yost, "How It Began," p. 312. Rikhye, *Sinai Blunder*, p.25. Parker, *Six Day War*, pp.86–89. Rostow, *The Diffusion of Power*, pp.256–57.

20 UN, S-0316 box 8, file 8: UNEF-Withdrawals, Correspondence with the United States: U Thant to Goldberg, May 31, 1967 (U Thant quote); box 8, file 12: UNEF Withdrawals, Legal Matters: C. A. Stavropoulos, Under-Secretary for Legal Counsel, to U Thant, May 17, 1967. PRO, PREM 13 1617, The Middle East Crisis: Caradon to Foreign Ministry (Conversation with U Thant), May 22, 1967; FCO17/498: Israel–Political Affairs: Record of Meeting, Harold Wilson and U Thant, June 3, 1967.

21 UN, S 0316 box 8, file 11: Verbatim Record of the Meeting of the UNEF Advisory Committee, May 17, 1967. PRO FCO 17/498: Israel–Political Affairs: Record of Meeting, Harold Wilson and U Thant, June 3, 1967. Rikhye, *Sinai Blunder*, pp.26, 54–55, 169. U Thant, *View from the UN*, pp.222–23. Yost, "How It Began," p. 312.

22 George Tomeh oral history, Nov. 17, 1999. Urquhart, *A Life in Peace and War*, pp.190–91. LBJ, oral histories, Eugenie Moore Anderson, p.30.

23 UN, S-0316 box 8, file 8: UNEF-Withdrawals, Correspondence with the United States: U Thant to Goldberg, May 31, 1967. Indar Jit Rikhye oral history, Feb. 22, 2000. NAC, RG 25, box 10050: Political Affairs–Canada's Foreign Policy Trends and Relations–Israel: New York to Ottawa, Sept. 22, 1967.

24 ISA, Foreign Ministry files, 4085/2: Emergency Force: Rafael to Foreign Ministry, May 18, 1967; 7920/1, Levi Eshkol Papers, Diplomatic Telegrams: Rafael to Eban, May 22, 1967. PRO FCO17/498: Israel–Political Affairs: Washington to Foreign Office, June 3, 1967. Rafael, *Destination Peace*, pp.139–40. U Thant, *View from the UN*, p.222. Eban, *Personal Witness*, p.359.

25 Rikhye, *Sinai Blunder*, pp.32–38. U Thant, *View from the UN*, pp.222–23.

26 In an angry letter to the *New York Times* on June 11, 1967, Bunche wrote that there was "not a shred of truth" in Nasser's claim that he wanted UNEF retained in Gaza and Sharm al-Sheikh. A similar interpretation of Nasser's thinking during this time was presented by Ambassador Charles Yost to Dr. Ya'akov Herzog of the Israel Foreign Ministry. See ISA, Prime Minister's Office, 7854/6a: Conversation Between Ambassador Charles Yost and Dr. Herzog, July 7, 1969. See also Heikal, *Al-Infijar*, pp.474–77. Rikhye, *Sinai Blunder*, p.165. Parker, *Six Day War*, pp.88–99. UN, S-0316, UNEF-Withdrawals/UN Missions-EIMAC, box 9: Riad to U Thant, May 18, 1967.

27 UN, S 0316-box 9, file 2: UNEF Withdrawals, Exchange with UAR: Riad to U Thant, May 18, 1967; U Thant to Riad, May 18, 1967. Urquhart, *A Life in Peace and War*, p.210. U Thant, *View from the UN*, pp.222–23. Heikal, *Al-Infijar*, pp.474–77.

28 UN, S-0316, UNEF-Withdrawals/UN Missions-EIMAC, box 9: Bull to Bunche, May 19, 1967; Bunche to Rikhye, May 20, 1967. Rikhye, *Sinai Blunder*,

pp.40–45. Indar Jit Rikhye oral history, Feb. 22, 2000. Parker, *Six Day War*, p.75. Parker, "The June 1967 War: Some Mysteries Explored," pp.189–90.

29 LBJ, National Security file, History of the Middle East Conflict, box 20: United States Policy and Diplomacy in the Middle East Crisis, May 15–June 10, 1967, p.14; NSC Histories, Middle East Crisis, box 21: USUN to the Secretary of State, May 18, 1967. U Thant's reports and comments on them in U Thant, *View from the UN*, pp.227–30. ISA, Foreign Ministry files, 4085/2: Emergency Force, Rafael to Foreign Ministry, May 19, 1967. Rafael, *Destination Peace*, p.140. Parker, *The Politics of Miscalculation in the Middle East*, p.71. Urquhart, *A Life in Peace and War*, p.210. Eban, *Personal Witness*, p.360. U Thant's reliance on horoscopes from Indar Jit Rikhye oral history, Feb. 22, 2000.

30 FRUS, XVIII, 29–30 (Nasser quote on Dimona), pp.73–74, 158, 690. Yariv, *Ha'Arakha Zehira*, pp.159–61. Cohen, *Israel and the Bomb*, pp.259–76. Several respectable authors have posited that Nasser sought to precipitate a conventional showdown with Israel before it could develop non-conventional weapons. My own research, based on dozens of Arabic sources, has shown no evidence whatsoever to support the theory. See Shlomo Aronson with Oded Brosh, *The Politics and Strategy of Nuclear Weapons in the Middle East: Opacity, Theory, and Reality, 1960–1991: An Israeli Perspective* (Albany: State University of New York Press, 1992), pp.109–18. Hersh, *The Samson Option*, p.138.

31 ISA, 4085/2, Foreign Ministry files, Emergency Force: Elitzur to Rangoon, May 26, 1967. IDF, 710/70, Gen. Yariv's Briefing to the General Staff, May 19, 1967. Mayzel, *Ha-Ma'Arakha al ha-Golan*, pp.34–36. LBJ, National Security files, NSC Histories, Middle East Crisis, box 17: Tel Aviv to the Secretary of State, May 19, 1967. Yariv, *Ha'Arakha Zehira*, pp.37–40, 162–63. Rabin, *Memoirs*, p.71. Oral history interview with Col. Shlomo Merom, Dec. 7, 1999. PRO FCO17/498: Israel–Political Affairs: Tel Aviv to Foreign Office, Conversation with Gen. Yariv, June 1, 1967.

32 ISA, 7920/4, Levi Eshkol Papers, Prime Minister's Reports and Surveys: Eshkol's Reports to the Ministerial Defense Committee, May 18, 1967; 4087/6, Foreign Ministry files, Emergency Appeal: Eshkol to Harman, May 17, 1967. Haber, *Ha-Yom Tifrotz Milhama*, p.153 (Eshkol quote). Rabin, *Memoirs*, pp.70–71. Kimche

and Bawly, *The Sandstorm*, p.136.

33 ISA, 4078/4 Foreign Ministry files, Contacts with the United States on the Entry of Egyptian Forces to the Sinai: Harman Conversation with Rostow, May 17, 1967. Johnson letter to Eshkol in LBJ, National Security file, History of the Middle East Conflict, box 20: United States Policy and Diplomacy in the Middle East Crisis, May 15–June 10, 1967, p.13. On Israel's fears of UN pressure on UNEF, see ISA, Foreign Ministry files, 4085/2: Emergency Force: Rafael to Tekoah, May 21, 1967; 4086/5, Foreign Ministry files, Security Council Meetings: Rafael to Eban, May 19, 1967. See also Eban, *Personal Witness*, pp.36–42. Lyndon Baines Johnson, *The Vantage Point: Perspectives of the Presidency, 1963–1969* (New York: Holt, Rinehart and Winston, 1971), p.290. William B. Quandt, *Peace Process: American Diplomacy and the Arab-Israeli Conflict since 1967* (Washington, D.C.: The Brookings Institute, 1993), p.28.

34 ISA, 4078/4 Foreign Ministry files, Contacts with the United States on the Entry of Egyptian Forces to Sinai: Eshkol to Johnson, May 18, 1967; 6444/6 North America, Telegrams, Ministry to Embassies, May 21, 1967; 7919/1, Levi Eshkol files, Diplomatic Telegrams: U.S.A.: Harman to Eban, May 20, 1967 (Harman quote). LBJ, National Security file, History of the Middle East Crisis, box 17: W. Rostow, For the Record, May 16, 1967; Memorandum for the Record (Saunders), May 19, 1967; box 20: United States Policy and Diplomacy in the Middle East Crisis, May 15–June 10, 1967, pp.20–21 (Rusk quote); NSC Histories, Middle East Crisis, box 17: Summary of Arab-Israel Developments, Night of May 19–20, 1967; Tel Aviv to the Secretary of State, May 21, 1967 (Eban quote). It is not known whether the U.S. granted Israel's request for intelligence regarding the disposition of Jordanian troops. Ambassador Burns strongly recommended against fulfilling it. See USNA, POL ARAB-ISR, box 9: Amman to the Secretary of State, May 25, 1967.

35 ISA, 4084/2, Foreign Ministry files, Relations with France: Eshkol to De Gaulle, May 19, 1967; 4091/23, Exchange of Messages Before the War: Eban to Couve de Murville, May 19, 1967: Eban to Brown, May 19, 1967; 4080/5, Contacts with Great Britain: London to Foreign Ministry, May 18, 1967; 7920/2, Levi Eshkol Papers, Diplomatic Telegrams, USSR: Conversation with the Soviet Ambassador,

May 19, 1967. PREM 13 1617, The Middle East Crisis: Record of Conversation between the Foreign Secretary and the Israeli Ambassador, May 19, 1967. Chuvakhin quote from LBJ, National Security file, History of the Middle East Conflict, box 20: United States Policy and Diplomacy in the Middle East Crisis, May 15–June 10, 1967, pp.20–21, and from ISA, 4078/4 Foreign Ministry files, Contacts with the United States on the Entry of Egyptian Forces to the Sinai: Eban to Harman, May 19, 1967. Haber, *Ha-Yom Tifrotz Milhama*, p.154. Dagan, *Moscow and Jerusalem*, pp.211–12.

36 Mansoor, *Arab World*, entries for May 18, 19, 20, 21, 1967. Other references to al-Assad quotes appear in *al-Thawra*, May 20, 1967, and George Khouri, ed., *Al-Watha'iq al-Filastiniyya al-'Arabiyya li-'Am 1967* (Beirut: Mu'Assasat al-Dirasa al-Filastiniyya, 1969), pp.177–79. Makhous quotes in *al-Ba'th*, May 18, 1967, and Draper, *Israel & World Politics*, p.60. Deportation of Saudi diplomats in USNA Central Foreign Policy files, 1967–1969, POL 12 SY, box 2511: Jidda to the Department of State, May 10, 1967. Hussein quote from *My "War" with Israel*, p.34. Jordanian quote from Mutawi, *Jordan in the 1967 War*, pp.88–89, and BBC, Daily Report, Middle East, Africa, and Western Europe, No. A1. *Al-Zaman* quote in LBJ, National Security files, NSC Histories, Middle East Crisis, box 17: Beirut to the Secretary of State, May 19, 1967. See also Husayn Mustafa, *Harb Haziran 1967: Awwal Dirasa 'Askariyya min Wujhat al-Nazar al-'Arabiyya 2: al-Jabha al-Sharqiyya* (Beirut: Al-Mu'Assasa al-'Arabiyya lil-Dirasa wal-Nashr, 1973), pp.276–79.

37 Rabin quotes from IDF, 710/70 General Staff Discussion: May 19, 1967; Haber, *Ha-Yom Tifrotz Milhama*, p.155. Slater, *Rabin of Israel*, p.127. Mayzel, *Ha-Ma'Arakha al ha-Golan*, pp.39–40. Oral history interview with Mordechai Gazit, Feb. 4, 1999. See also Rabin, *The Rabin Memoirs*, p.72.

38 BGA, Diary, Entry for May 22, 1967. LBJ, National Security files, NSC Histories, Middle East Crisis, box 17: Tel Aviv to the Secretary of State, May 21, 1967 (Eban quote). Rabin, *The Rabin Memoirs*, pp.73–75. Kurzman, *Soldier of Peace*, pp.208–9. Slater, *Rabin of Israel*, pp.126–27. Oral history interview with Miriam Eshkol, Aug. 30, 1999. Eban, *Personal Witness*, pp.364–65.

39 Dayan, *My Life*, pp.317–18. Mayzel, *Ha-Ma'Arakha al ha-Golan*, pp.42–43.

Dayan quotes from Gilboa, *Shesh Shanim, Shisha Yamim*, p.66. Shimon Peres, *Battling for Peace: Memoirs* (London: Weidenfeld and Nicolson, 1995) p. 89. Haber, *Ha-Yom Tifrotz Milhama*, p.152. Kurzman, *Soldier of Peace*, pp.208–9

40 ISA, 4088/11 the Entry into Sinai of Egyptian Troops and the Closure of the Tiran Straits, Report of Research Branch, May 22, 1967; 7920/4, Levi Eshkol Papers, Prime Minister's Reports and Surveys: Censorship of Information Regarding Ships Passing Through the Straits of Tiran, May 21, 1967. LBJ, National Security file, History of the Middle East Conflict, box 20: United States Policy and Diplomacy in the Middle East Crisis, May 15–June 10, 1967, pp.27–28. ISA, 6444/5 North America, telegrams: Foreign Ministry to Embassies May 31, 1967. Rabin, *Memoirs*, p.72. Haber, *Ha-Yom Tifrotz Milhama*, pp.155, 161–62 (Eshkol Cabinet quotes). Amit quote from Asia, *Tismonet Dayan*, p.127. Eshkol Knesset quote from Henry M. Christman, ed., *The State Papers of Levi Eshkol* (New York: Funk & Wagnalls, 1969), p.88. Israel message to Nasser in Parker, *The Six Day War*, p.281. See also Prittie, *Eshkol*, p.88.

41 PRO FCO17/498: Israel–Political Affairs, the Middle East Crisis, October 23, 1967.

42 PRO, FO 17/489, Israel–Political Affairs: Foreign Office to Amman, June 2, 1967. ISA, Foreign Ministry files, 3998/5: Gen. Rabin Conversation with the Shah, April 16, 1967. Heikal, *Al-Infijar*, p.333. P.J. Vatikiotis, *The History of Egypt: From Muhammad Ali to Sadat* (Baltimore: Johns Hopkins University Press, 1980), p.313. Randolph S. Churchill and Winston S. Churchill, *The Six Day War* (London: Heinemann Books, 1967), pp.42–43. Rosemary Higgins, *United Nations Peace-Keeping, 1946–67* (Oxford: Oxford University Press, 1969), pp.241–415.

43 Fawzi, *Harb al-Thalath Sanawat*, pp.80–82. Murtagi, *Al-Fariq Murtagi Yarwi al-Haqa'iq*, p.67. El-Sadat, *In Search of Identity*, p.172. Heikal, *Al-Infijar*, pp.514–19. Dhabbah, *Wa-Madha Ba'du?*, pp.18–24. Abdel Magid Farid, *Nasser: The Final Years* (Reading, U.K.: Ithaca Press, 1994), p.73. Al-Baghdadi, *Mudhakkirat*, pp.266–67. Ramadan, *Tahtim al-Aliha*, pp.55–56. See also L. Carl Brown, "Nasser and the June 1967 War: Plan or Improvisation?" in S. Seikaly, R. Baalbaki and P. Dodd, eds., *Quest for Understanding: Arabic and Islamic Studies*

in *Memory of Malcolm Kerr* (Beirut: American University of Beirut, 1991), p.127. Parker, *The Politics of Miscalculation in the Middle East*, p.72.

44   The Bir Gafgafa speech appears in many sources. See, for example, Stephens, *Nasser*, p.473; U Thant, *View from the UN*, p.232; and Heikal, *Al-Infijar*, p.518. Cairo Radio quote from Tim Hewat, ed., *War File: The Voices of the Israelis, Arabs, British and Americans, in the Arab-Israeli War of 1967* (London: Panter Books, 1967), p.31. Al-Sabbagh, *Mudhakkirat Qadat al-'Askariyya al-Misriyya 1*, p.24; 5, p.16. Muhammad 'Abd al-Hafiz's testimony appears in Darraz, *Dubbat Yunyu Yatakallamun*, pp.135–46. 'Amer's order in Heikal, *Al-Infijar*, p.518.

45   LBJ, National Security file, History of the Middle East Conflict, box 20: United States Policy and Diplomacy in the Middle East Crisis, May 15–June 10, 1967, pp.43–44. Hussein quotes from PRO, PREM 13 1617, The Middle East Crisis: Amman to Foreign Office, May 23, 1967, and Kamm, *Hussein Poteah be-Milhama*, p.203. Mutawi, *Jordan in the 1967 War*, pp.104–5.

46   Records of U Thant's discussions in Cairo appear in UN, DAG1/5.2.2.1.2.-1: Memoranda by Maj. Gen. Rikhye, May 24, 1967, and in PRO, FCO17/498: Israel–Political Affairs: Record of Meeting, Harold Wilson and U Thant, Washington to Foreign Office, June 3, 1967. Secondary sources on the talks appear in Imam, *'Abd al-Nasir—Kayfa Hakama Misr*, p.365. Rikhye, *Sinai Blunder*, pp.66–77. Parker, *The Politics of Miscalculation in the Middle East*, pp.231–33. U Thant, *View from the UN*, pp.235–38. See also Riad, *The Struggle for Peace in the Middle East*, p.20. Dhabbah, *Wa-Madha Ba'du?*, pp.39–44. Eban, *Personal Witness*, p.365. Chants of demonstrators at Cairo airport in Mansoor, *Arab World*, entries for May 23 and May 24, 1967. Rikhye quote from oral history interview with Indar Jit Rikhye, Feb. 22, 2000.

47   Rabin, *Memoirs*, p.83. Haber, *Ha-Yom Tifrotz Milhama*, pp.164–65.

48   Haber, *Ha-Yom Tifrotz Milhama*, pp.164–65. Rabin, *Memoirs*, pp.77–78.

49   LBJ, National Security file, History of the Middle East Conflict, box 20: United States Policy and Diplomacy in the Middle East Crisis, May 15–June 10, 1967, pp.26–34; box 17: May 23, 1967; Memorandum for the President, May 24, 1967 (Rostow quote): Department of State to Tel Aviv, May 23, 1967. ISA, 5937/30: Secret Memoranda Prior to the Six-Day War: Johnson Message to Eshkol, May

22, 1967; 4086/5, Foreign Ministry files, Security Council Meetings, Rafael to Tekoah, May 23, 1967; 7919/1, Levi Eshkol files, Diplomatic Telegrams: U.S.A.: Evron to Bitan, May 21, 1967. Haber, *Ha-Yom Tifrotz Milhama*, p.165. Eugene V. Rostow, *Peace in the Balance: The Future of American Foreign Policy* (New York: Simon & Schuster, 1972), pp.259–60.

50 Haber, *Ha-Yom Tifrotz Milhama*, pp.159, 166–69. Eban, *Personal Witness*, pp.363–70. Eshkol statement to Knesset in Prittie, *Eshkol*, p.93. Dayan, *My Life*, pp.319–20 (Dayan quote). Rabin, *Memoirs*, pp.78–79. Moshe Raviv, *Israel at Fifty: Five Decades of the Struggle for Peace* (London: Weidenfeld & Nicolson, 1998), pp.92–93. ISA, 7919/1, Levi Eshkol files, Diplomatic Telegrams: U.S.A.: Harman to Eban, May 22, 1967 (U.S. request for 48-hour delay). Oral history interview with Zorach Warfhaftig, Feb. 23, 1999. See also Brecher, *Decisions in Crisis*, p.120. Baron, *Hotam Ishi*, pp.20–21.

51 Rabin quotes from Haber, *Ha-Yom Tifrotz Milhama*, p.172, and Rabin, *Memoirs*, p.84. Religious clerics' statement in Mansoor, *Arab World*, entry for May 26, 1967. Lyrics in Rut Leviav "Milhemet Sheshet ha-Yamim: Ha-Festival," *Bamahane* 37 (June 1977).

52 Haber, *Ha-Yom Tifrotz Milhama*, pp.171–72. Rabin, *Memoirs*, pp.78–79. Rabin quotes from Ronel Fisher, "Hayta Li Takala, Ze ha-Sipur," *Ma'Ariv*, June 6, 1967.

53 Weizman, *On Eagles' Wings*, pp.211–12. Slater, *Rabin of Israel*, pp.132–33. Rabin, *Memoirs*, pp.80–83. Haber, *Ha-Yom Tifrotz Milhama*, pp.174–75. Kurzman, *Soldier of Peace*, pp.208–9. Baron, *Hotam Ishi*, pp.22–23. Shlomo Gazit, *Pta'im be-Malkodet: 30 Shnot Mediniyut Yisrael ba-Shtahim* (Tel Aviv: Zemora-Bitan, 1999), p.28. USNA, POL ARAB-IS, box 1788: Tel Aviv to Department of State, May 25, 1967.

54 USNA, Lot files, USUN, box 6: CINSTRIKE to AIG, May 25, 1967. Rabin, *Memoirs*, pp.84–85. Mayzel, *Ha-Ma'Arakha al ha-Golan*, pp.41–44, 170–73. Parker, *The Six Day War*, p.147. Weizman, *On Eagles' Wings*, pp.215–16. For an excellent overview of Israeli decision-making in this period, see Ami Gluska, *Imut bein ha-Mateh ha-Klali u-bein Memshelet Eshkol bi-Tkufat ha-Hamtana"— Mai-Yuni, 1967* (Jerusalem: The Leonard Davis Institute for International

Relations, 2001).

55 Mazhar, *I'tirafat Qadat Harb Yunyu*, p.228. Fawzi, *Harb al-Thalath Sanawat*, pp.106–109. 'Amer quote from Murtagi, *Al-Fariq Murtagi Yarwi al-Haqa'iq*, p.69. Mahmud Al-Jiyyar, "Rajulun Qatala al-Mushir 'Amer," *Ruz al-Yusuf 2482* (January 5, 1976), p.8. Al-Sabbagh, *Mudhakkirat Qadat al-'Askaraiyya al-Misriyya 13*, p.38. Michael Bar-Zohar, *Embassies in Crisis*, pp.14–15. Description of posters in Egypt from Parker, *The Politics of Miscalculation in the Middle East*, pp.76–78; see also *Israel Must Be Annihilated* (Tel Aviv: Zahal Information Office, July 1967). Cairo Radio quote from BBC, Daily Report, The Middle East and Africa, ME/2474/A/1.

56 For examples of the two schools of interpretation, see Heikal, *Al-Infjar*, pp.573–74, and 'Abd al-Hamid, *Al-Mushir wa-Ana*, pp.211–22. See also Fawzi, *Harb al-Thalath Sanawat*, pp.71, 76–80, 105–9. Murtagi, *Al-Fariq Murtagi Yarwi al-Haqa'iq*, p.67. Fawzi quote from Mazhar, *I'tirafat Qadat Harb Yunyu*, pp.49–50, 129–30.

57 Fawzi, *Harb al-Thalath Sanawat*, pp.85–86. Murtagi, *Al-Fariq Murtagi Yarwi al-Haqa'iq*, pp.71–73. Ramadan, *Tahtim al-Aliha*, pp.79–80. O'Balance, *The Third Arab-Israeli War*, p.100. Abu Fadl quote from Parker, *The Politics of Miscalculation in the Middle East*, pp.94–95. Fawzi and 'Amer quotes from Mazhar, *I'tirafat Qadat Harb Yunyu*, pp.61–62.

58 Mazhar, *I'tirafat Qadat Harb Yunyu*, p.227. Murtagi quote from *Al-Fariq Murtagi Yarwi al-Haqa'iq*, pp.69–70. Sidqi Mahmud quote from Mazhar, *I'tirafat Qadat Harb Yunyu*, p.111.

59 Mustafa, *Harb Haziran 1967*, pp.181–82. Al-Shuqayri, *Mudhakkirat 2*, p.103. El-Sadat, *In Search of Identity*, p.174. Quotes from Mansoor, *Arab World*, entry for May 24–26, 1967, and Stephens, *Nasser*, p.479. See also Draper, *Israel & World Politics*, pp.64–65, 112.

60 LBJ, Office files of George Christian, box 4: Nolte to Rusk, May 24, 1967. Riad, *The Struggle for Peace in the Middle East*, pp.19–20. Heikal, *Al-Infijar*, pp.572–73. Johnson statement and *notes verbales* in LBJ, National Security file, History of the Middle East Conflict, box 20: United States Policy and Diplomacy in the Middle East Crisis, May 15–June 10, 1967, pp.30–33, and Parker, *The Politics*

of Miscalculation in the Middle East, pp.48, 225–27. U.S. Navy spokesman and Humphrey quotes from Mansoor, *Arab World*, entry for May 26, 1967.

61 Descriptions of Kamel appear in Heikal, *Al-Infijar*, pp.564–65; LBJ, National Security file, Country file, Middle East-UAR box 161: Lunch with Ambassador Kamel, Jan. 17, 1967; History of the Middle East Crisis, box 17: Rostow to Rusk, May 25, 1967. Oral history interview with Walt W. Rostow, July 27, 1999. On Nolte, see PRO FCO/39/261 UAR–Relations with the United States: Record of Conversation with Mr. Richard Nolte, May 18, 1967. Parker, *The Politics of Miscalculation in the Middle East*, pp.55–56.

62 LBJ, National Security file, History of the Middle East Conflict, box 20: United States Policy and Diplomacy in the Middle East Crisis, May 15–June 10, 1967, pp.30–33.

63 Fawzi, *Harb al-Thalath Sanawat*, pp.75–76. Heikal quote in Stephens, *Nasser*, p.481. Fawzi quote in Heikal, *Al-Infijar*, pp.567–68. Ramadan, *Tahtim al-Aliha*, pp.72–76. Eban, *Personal Witness*, p.383.

64 LBJ, National Security file, History of the Middle East Crisis, box 17: W. Rostow to the President, May 26, 1967.

65 LBJ, National Security file, History of the Middle East Crisis, box 17: State Department Circular, May 18, 1967. ISA, Foreign Ministry files, 4083/3, Contacts with the Soviet Union, Raviv to Shimoni, May 23, 1967; 4048/27, Foreign Ministry files, Diplomatic Relations with the Soviet Union: Moscow to Foreign Ministry, May 24, 1967. Soviet communiqué in LBJ, National Security file, History of the Middle East Crisis, box 19, State Department Activities Report, May 21, 1967. 'Amer's order in Heikal, *Al-Infijar*, p.454. See also Gilboa, *Shesh Shanim, Shisha Yamim*, pp.114–15. Riad, *The Struggle for Peace in the Middle East*, pp.34–35. Dagan, *Moscow and Jerusalem*, pp.209, 214. Rikhye, *Sinai Blunder*, p.169.

66 LBJ, National Security file, History of the Middle East Crisis, box 17: Moscow to the Department of State, May 24, 1967. USNA, Middle East Crisis files, 1967, NN3.059.96089, box 1: Chronology of U.S.-Jordanian Consultations on the Middle East, May 22, 1967. Nasser-Pojidaev conversation appears in Parker, *The Politics of Miscalculation in the Middle East*, p.27, and Heikal, *Al-Infijar*,

pp.519–24.

67   USNA, Central Policy files, 1967–1969, POL 2 UAR, box 2553: Moscow to the Department of State, May 25, 1967. Parker, *The Politics of Miscalculation in the Middle East*, pp.27, 50; *The Six Day War*, pp.38–39, 65.

68   Murtagi, *Al-Fariq Murtagi Yarwi al-Haqa'iq*, pp.78–83. Fawzi, *Harb al-Thalath Sanawat*, pp.105–9. Mazhar, *I'tirafat Qadat Harb Yunyu*, p.124. Darraz, *Dubbat Yunyu Yatakallamun*, pp.36–37. O'Balance, *The Third Arab-Israeli War*, p.98. UN, S-0316-box 9, file 7, UNEF-Withdrawals: Rikhye to Bunche, May 25, 1967. Oral history interview with Shlomo Merom, Dec. 7, 1999. The presence of a civilian occupation force in Gaza was discovered by the American consul general from Jerusalem while talking to Egyptian POWs. See USNA, Central Foreign Policy files, 1967–1969, POL 27–7 ARAB-ISR, box 1830: Tel Aviv to the Secretary of State, Sept. 13, 1967. Oral history interview with Amin Tantawi, July 4, 2001.

69   Rabin, *Memoirs*, p.86. Gilboa, *Shesh Shanim, Shisha Yamim*, p.129. Haber, *Ha-Yom Tifrotz Milhama*, p.177. Dayan, *My Life*, p.332. Oral history interview with Meir Amit, Feb. 9, 1999. Yossi Peled, *Ish Tzava* (Tel Aviv: Ma'Ariv, 1993), p.103. Jonathan Netanyahu, *Self-Portrait of a Hero: The Letters of Jonathan Netanyahu* (New York: Random House, 1980), p.133.

70   Rabin, *Memoirs*, p.83. Carmit Guy, *Bar-Lev* (Tel Aviv: Am Oved, 1998), p.125.

71   Haber, *Ha-Yom Tifrotz Milhama*, pp.185–87. Elinar Ben Akiva and Aner Guvrin, "Sh'At ha-Mirage—Esrim Shana le-Milhemet Sheshet ha-Yamim," *Bit'on Hail ha-Avir* 57 (May 1987). Rabin, *The Rabin Memoirs*, pp.85–88. Slater, *Rabin of Israel*, p.134. Parker, *The Six Day War*, pp.135–36. Oral history interview with Ezer Weizman, March 1, 1999. On Israeli fears for Dimona, see Cohen, *Israel and the Bomb*, pp.259–76.

72   Haber, *Ha-Yom Tifrotz Milhama*, p.108. Oral history interview with Miriam Eshkol, Aug. 30, 1999.

73   ISA, 4091/23, Foreign Ministry files, Exchange of Messages Before the War: Eban to Couve de Murville, May 19, 1967. PRO, PREM 13 1617, The Middle East Crisis: Eban to Brown, May 23, 1967 (a similar note was sent by Eban to his French counterpart, Couve de Murville). On the continued supply of French arms

to Israel see BGA, Diary, Entry for June 19, 1967. LBJ, National Security file, History of the Middle East Conflict, box 20: United States Policy and Diplomacy in the Middle East Crisis, May 15–June 10, 1967, pp.50–51. USNA, Subject-Numeric files, POL ARAB-ISR, box 1789: Department of State to London, May 27, 1967. See also Crosbie, *A Tacit Alliance*, 1977.

74 ISA, 5937/30: Secret Memoranda Prior to the Six Day War: Paris to Foreign Ministry, Protocol of Eban Meeting with President de Gaulle, May 25, 1967. Eban, *Personal Witness*, pp.372–77. Lacouture, *De Gaulle*, p.439. LBJ, National Security file, History of the Middle East Conflict, box 20: United States Policy and Diplomacy in the Middle East Crisis, May 15–June 10, 1967, pp.39–40. "Superficial sympathy" quote from PRO, PREM 13 1622: Record of Conversation, President de Gaulle and Prime Minister Wilson, June 19, 1967.

75 Maurice Couve de Murville, *Une politique étrangâeGre 1958–1969* (Paris: Plon, 1971), p.469. Gilboa, *Shesh Shanim, Shisha Yamim*, p.141. Raviv, *Israel at Fifty*, pp.96–97. ISA, 7920/2, Levi Eshkol Papers: Diplomatic Cables–France: Eytan to Levavi: Conversation with Couve, May 24, 1967.

76 PRO, FO17/497: Israel–Political Affairs: Draft Paper for Cabinet–Middle East Crisis, May 24, 1967; CAB 128/42 31st Conclusions: May 24, 1967; PREM 13 1617: The Middle East Crisis, May 23, 1967. ISA, 4080/5, Foreign Ministry files, Contacts with Great Britain: Raviv to Foreign Ministry, May 24, 1967; 7920/1, Levi Eshkol Papers, Diplomatic Telegrams: The Wilson-Eban Conversation, May 24, 1967. LBJ, National Security file, History of the Middle East Conflict, box 20: United States Policy and Diplomacy in the Middle East Crisis, May 15–June 10, 1967, pp.27–28. Eban, *Personal Witness*, pp.377–79. Harold Wilson, *The Chariot of Israel: Britain, America, and the State of Israel* (New York: Norton, 1981), pp.333–34. Wilson quote from www.bemorecreative.com/one/480.htm.

77 First Eban quote from Eban, *Personal Witness*, p.381. ISA, 4078/7, Foreign Ministry files, Six-Day War: Eban to Washington, Instructions for Conversations with Administration, May 23, 1967 (second Eban quote); New York to Ministry, Rafael Meeting with Goldberg, May 23, 1967; Harman to Rafael, May 23, 1967; Harman to Eban, May 23, 1967.

78 ISA, 5937/30, Secret Memorandum Prior to the Six Day War: Harman to Foreign

Ministry, May 24, 1967 (Eisenhower quote); Prime Minister's Office to the Foreign Ministry, May 24, 1967 (Barbour quote). LBJ, National Security file, History of the Middle East Conflict, box 20: United States Policy and Diplomacy in the Middle East Crisis, May 15–June 10, 1967, pp.52–53. Oral history interview with Meir Amit, Feb. 9, 1999. Eban, *Personal Witness*, pp.385–86.

79 ISA, 7919/1, Levi Eshkol files, Diplomatic Telegrams: U.S.A.: Eshkol to Eban, May 25, 1967. Eban, *Personal Witness*, pp.382–83. USNA, POL ARAB-IS, box 1788: Secretary of State to Tel Aviv, Cairo and Damascus, May 25, 1967. Message quoted in Haber, *Ha-Yom Tifrotz Milhama*, p.187. Amit, *Rosh be-Rosh*, p.236.

80 LBJ, National Security file, History of the Middle East Conflict, box 20: United States Policy and Diplomacy in the Middle East Crisis, May 15–June 10, 1967, pp.52–53; Middle East Crisis, box 22–23: Barbour to Rostow, May 23, 1967. PRO, PREM 13 1618, Wilson to Johnson, May 24, 1967. ISA, 3977/22, Foreign Ministry files, Relations with the United States: Bitan Conversation with Barbour, May 23, 1967.

81 LBJ, National Security file, History of the Middle East Crisis, box 17: Saunders to Rostow, May 15, 1967; Memos to the President (W. Rostow), box 16: Saunders to Rostow, May 15, 1967; Middle East, Israel boxes 140, 141: W. Rostow to the President, May 15, 1967. USNA, Lot files, USUN, box 6: CINSTRIKE to AIG ISA, 4078/4 Foreign Ministry files, Contacts with the United States on the Entry of Egyptian Forces to the Sinai: Harman Conversation with Rostow, May 15, 1967.

82 LBJ, National Security file, Middle East Crisis, box 22–23: Saunders to W. Rostow, May 18, 1967; History of the Middle East Conflict, box 17: W. Rostow to the President, May 17, 1967; box 20: United States Policy and Diplomacy in the Middle East Crisis, May 15–June 10, 1967, pp.10–11, 27–28; Middle East Crisis, boxes 144 and 145: W. Rostow to the President, May 19, 1967. USNA, Middle East Crisis files, 1967, Lot file 68D135, box 2: Rostow to Rusk, May 23, 1967. PRO, PREM 13 1617, The Middle East Crisis: Washington to Foreign Office, May 22, 1967. 7920/2, Levi Eshkol Papers, Diplomatic Telegrams, USSR: Research Branch to Eban, May 24, 1967. See also Johnson, *The Vantage Point*,

p.291.

83　LBJ, National Security file, Memos to the President (W. Rostow), box 16: Overall Arab and Israeli Military Capabilities, May 23, 1967; NSC Histories, Middle East Crisis, box 17: The President in the Middle East Crisis, Dec. 19, 1968. Oral history interview with Robert McNamara, Feb. 11, 2000.

84　LBJ, National Security file, History of the Middle East Crisis, box 17: Rusk to Cairo, May 22, 1967; box 20: United States Policy and Diplomacy in the Middle East Crisis, May 15–June 10, 1967, pp.44, 51–52. Oral history interview with Walt W. Rostow, July 27, 1999.

85　LBJ, National Security file, History of the Middle East Conflict, United States Policy and Diplomacy in the Middle East Crisis, May 15–June 10, 1967, pp.32, 37–38, 45–49; box 17: Rusk to Cairo, May 23, 1967. USNA, POL ARAB-ISR: box 7: Rusk–Mideast Sitrep, May 25, 1967; The Department of State to London, May 29, 1967 ("marching orders"); Minutes of the Control Group, box 17: Third Meeting of the Middle East Control Group, May 24, 1967. Rostow, *The Diffusion of Power*, pp.258–59. Israel's convoy proposal during the Suez crisis in USNA, 976.7301/9-1056: Dulles Conversation with Eban and in PRO, FO371/11191501/2008: Shepherd Minute, Oct. 28, 1956.

86　USNA, Middle East Crisis files, 1967, NN3.059.96089, box 1: Chronology of U.S.-Jordanian Consultations on the Middle East: Rostow Conversation with Harman, May 24, 1967. LBJ, National Security file, History of the Middle East Conflict, box 20: United States Policy and Diplomacy in the Middle East Crisis, May 15–June 10, 1967, pp.37–38, 52–55; NSC Histories, The Middle East Crisis, box 17: Luncheon Conversation with Saudi Prince Mohammad, May 31, 1967; President's Conversation with the Prime Minister of Canada, May 25, 1967. PRO, PREM 13 1618: Wilson to President Johnson, May 26, 1967; The Middle East Crisis: Washington to Foreign Office, May 24, 1967; CAB 128/42 32nd Conclusions, May 25, 1967. ISA, 7919/1, Levi Eshkol files, Diplomatic Telegrams: U.S.A.: Evron to Eban, May 27, 1967. Dean Rusk, *As I Saw It* (New York: Penguin Books, 1990), p.384. Quandt, *Peace Process*, pp.34–35.

87　Rusk, *As I Saw It*, pp.153, 378, 383. ISA, 3975/14, Foreign Ministry files, Diplomatic Relations with the United States: Evron to Bitan. Meeting Between

Eban and Rusk at the Waldorf Astoria, Oct. 7, 1966.

88 LBJ, National Security file, History of the Middle East Conflict, box 20: United States Policy and Diplomacy in the Middle East Crisis, May 15–June 10, 1967, pp.55–56; box 18: Memorandum of Conversation, the Secretary and Foreign Minister Eban, May 25, 1967. USNA, POL ARAB-ISR, box 17: Rusk to Tel Aviv, Cairo, and Damascus, May 25, 1967; Memoranda of Conversations, UK, USSR, US, Israel, 1967, box 14: Your Conversation with the Israeli Foreign Minister, May 25, 1967; USUN, box 6: CINSTRIKE to AIG, May 26, 1967; Middle East Crisis files, 1967, Chronology, box 7: Tel Aviv to the Secretary of State, May 25, 1967 (Barbour report); POL ARAB-ISR, Cairo, box 1789: Cairo to the Secretary of State, May 26, 1967. ISA, 5937/30 Secret Memoranda Prior to the Six-Day War: Washington to Ministry, Eban Memoranda on a Conversation with Rusk, May 25, 1967; 7919/1, Levi Eshkol files, Diplomatic Telegrams: U.S.A.: Harman to Eshkol, May 26, 1967. Eban, *Personal Witness*, p.383. Rafael, *Destination Peace*, pp.143–45 ("horrendous error" quote). Rusk, *As I Saw It*, p.385. Quandt, *Peace Process*, pp.38–39. Parker, *Six Day War*, pp.216–17.

89 ISA, 5937/30 Secret Memoranda Prior to the Six-Day War: Summation of Conversation between Foreign Minister Eban and Undersecretary Rostow during the Evening of May 25, 1967. USNA, POL ARAB-IS: Department of State to Tel Aviv, May 25, 1967; MemCon between Ambassador Dean and Under Secretary Rostow, May 27, 1967; Israeli-U.S. Working Dinner, May 25, 1967. LBJ, National Security files, NSC Histories, Middle East Crisis, box 18: Memorandum of Conversation between Undersecretary Rostow and Foreign Minister Eban, May 25, 1967. Eban, *Personal Witness*, pp.383–84. Raviv, *Israel at Fifty*, p.98.

90 USNA, Memoranda of Conversations, UK, USSR, US, Israel, 1967, box 14: Your Conversation with the Israeli Foreign Minister, May 25, 1967; POL ARAB-ISR, box 17: MemCon between Ambassador Dean and Undersecretary Rostow, May 27, 1967.

91 ISA, 5937/30 Secret Memoranda Prior to the Six-Day War: Note on Thursday dinner at State Department, May 26, 1967. Harman's cable and message to Eban are both cited in Rabin, *The Rabin Memoirs*, pp.85–89. See also Dayan, *My Life*, p.328. Slater, *Rabin of Israel*, p.134. Rafael, *Destination Peace*, p.145. Parker,

The Six Day War, pp.135–36.

92　ISA, 5937/30, Foreign Ministry files, Secret Memoranda Prior to the Six-Day War: Eban to Eskhol, Conversation with Secretary of State Rusk, May 26, 1967; Eban to Eshkol, Meeting with McNamara and Chairman JCS Wheeler, May 26, 1967; 7919/1, Levi Eshkol files, Diplomatic Telegrams: U.S.A.: Evron to Eshkol, May 26, 1967. LBJ, May 27, 1967. Johnson, *Vantage Point*, p.294. Eban, *Personal Witness*, p.384. Oral history interview with Robert McNamara, Feb. 11, 2000. Raviv, *Israel at Fifty*, p.99. McNamara and Wheeler were referring to U.S. intelligence estimates found in LBJ, National Security file, Memos to the President (W. Rostow), box 16: Overall Arab and Israeli Military Capabilities: May 23, 1967.

93　LBJ, National Security file, Memos to the President (W. Rostow), box 16: Rusk to Cairo and Tel Aviv, May 25, 1967; History of the Middle East Conflict, box 20: United States Policy and Diplomacy in the Middle East Crisis, May 15–June 10, 1967, pp.30–33; NSC Histories, Middle East Crisis, box 17: Department of State to USUN and Cairo, May 25, 1967; box 18: New Delhi to the Secretary of State, May 22, 1967. Heikal, *Al-Infijar*, pp.564–65.

94　LBJ, Richard Helms Oral History, pp.11, 37. Oral history interview with Walt W. Rostow, July 27, 1967 and Eugene Rostow, Aug. 5, 1999. Robert A. Caro, *The Years of Lyndon B. Johnson: The Path to Power* (New York: Vintage, 1990), p.xix.

95　ISA, 3975/12, Diplomatic Relations with the United States, Harman to Bitan, June 13, 1966. William B. Quandt, "The Conflict in American Foreign Policy" in Rabinovich and Shaked, *From June to October*, pp.5–6. Klinghoffer, *Vietnam, Jews and the Middle East*, p.94. Douglas Little, "The Making of a Special Relationship: The United States and Israel, 1957–68," *International Journal of Middle East Studies* 25, no. 4 (Nov. 1993), pp.274–75 (Roche quote). R. Evans and R. Novak, *Lyndon B. Johnson: The Exercise of Power* (New York: The New American Library, 1966), p.175.

96　ISA, 3976/9, Foreign Ministry files, Relations with the United States: Eban Conversation with President Johnson, Sept. 2, 1966; Harman to Eban, June 24, 1966; 3977/15, Foreign Ministry files, United States–Reports and Analyses: Evron to Foreign Ministry, Aug. 25, 1966; 3975/15, Foreign Ministry files,

Diplomatic Relations with the United States: Foreign Ministry Memorandum, Feb. 14, 1967 (Johnson quote); Written Communication with Harry McPherson, May 16, 2000. See also LBJ, National Security file, Middle East, Israel box 140, 141: Conflicting U. S. Attitudes Toward Military Aid to Israel, April 20, 1967; U.S.-Israel Relations, Nov. 3, 1967.

97 LBJ, National Security file, Memoranda to the President (W. Rostow), box 16: W. Rostow to the President, May 26, 1967; Congress–Middle East, May 26, 1967; History of the Middle East Crisis, box 17: Memorandum for the President, May 26, 1967. USNA, ARAB-ISR POL, box 1788: Rusk to Tel Aviv, May 26, 1967; Johnson to Wilson, May 25, 1967 (Also in PRO, PREM 13 1618). ISA, 5937/30 Secret Memorandum Prior to the Six Day War: Evron to Foreign Ministry, May 26, 1967 (Rostow quote). Oral history interview with Walt W. Rostow, July 27, 1967, and Eugene Rostow, Aug. 5, 1999. Parker, *The Six Day War*, pp.200–202.

98 LBJ, National Security file, Memoranda to the President (W. Rostow), box 16: Minutes of Meeting (Saunders), May 26, 1967; NSC Histories, Middle East Crisis, box 17: Memorandum for the Record, the Arab-Israeli Crisis, May 27, 1967. Quandt, *Peace Process*, pp.37–40.

99 LBJ, National Security files, NSC Histories, Middle East Crisis, box 17: the President in the Middle East Crisis, Dec. 19, 1968. ISA, 3975/12, Diplomatic Relations with the United States. Eran to Bitan, June 22, 1966; Harman to Bitan, June 13, 1966. LBJ, National Security file, Memos to the President (W. Rostow), box 17: Evron to the President, May 26, 1967. Oral history interview with Mordechai Gazit, Feb. 4, 1999.

100 ISA, 5937/30, Secret Memoranda Prior to the Six-Day War: Evron to Foreign Ministry, May 26, 1967. LBJ, National Security files, NSC Histories, Middle East Crisis, box 17: Walt Rostow to the President, May 26, 1967. Raviv, *Israel at Fifty*, pp.99–100. Quandt, *Peace Process*, pp.40, 513–14, ft. 50. Michael Brecher, *Decisions in Israel's Foreign Policy* (New Haven, Conn.: Yale University Press, 1975), pp.390–91.

101 LBJ, National Security file, History of the Middle East Conflict, box 20: United States Policy and Diplomacy in the Middle East Crisis, May 15–June 10, 1967, pp.56–59. ISA, 5937/30 Secret Memoranda Prior to the Six-Day War: Evron

to Ministry, Report on 1.5 Hour Meeting Between Foreign Minister Eban and President Johnson at the White House, May 26, 1967; 7919/1, Levi Eshkol files, Diplomatic Telegrams: U.S.A.: Eban to Eshkol, May 26, 1967. "A Step-by-Step Account of Moves in Israel Before War with Arabs," *New York Times*, July 10, 1967. Oral history interview with Robert McNamara, Feb. 16, 2000. Eban, *Personal Witness*, pp.386–91. Raviv, *Israel at Fifty*, pp.100–101.

102 LBJ, National Security file, History of the Middle East Conflict, box 20: United States Policy and Diplomacy in the Middle East Crisis, May 15–June 10, 1967, pp.56–57; NSC Histories, Middle East Crisis, box 17: Rusk to Johnson (handwritten note), May 26, 1967. The President in the Middle East Crisis, Dec. 19, 1968 (President's diary); John P. Roche Oral History, pp.67–68. ISA, 5937/30 Secret Memoranda Prior to the Six-Day War: Evron to Ministry, Report on the 1.5 Hour Meeting Between Foreign Minister Eban and President Johnson at the White House, May 26, 1967. Rafael, *Destination Peace*, p.145. Raviv, *Israel at Fifty*, pp.100–101. Quandt, *Peace Process*, p.514, ft. 53. Eban, *Personal Wtiness*, pp.389–94. Johnson, *The Vantage Point*, pp.293–94. Rostow, *The Diffusion of Power*, p.417. Little, "The United States and Israel, 1957–1968: The Making of a Special Relationship," p. 578.

103 ISA, 5937/30, Secret Memoranda Prior to the Six-Day War: Harman to Ministry, May 27, 1967. USNA, Middle East Crisis files, 1967, Chronology, box 7: Memorandum of Telephone Conversation, Mr. Rostow and Minister Ebron, May 26, 1967. LBJ, National Security files, NSC Histories, Middle East Crisis, box 17: USUN to the Secretary of State, May 27, 1967; Arthur J. Goldberg Oral History, p.22. Eban, *Personal Witness*, pp.393–94. Raviv, *Israel at Fifty*, p.101. Rafael, *Destination Peace*, p.145.

104 ISA, 4083/3, Foreign Ministry files, Contacts with the USSR–Closure of Tiran: Katz to Foreign Office, May 17, 1967; Katz to Foreign Ministry, May 24, 1967. LBJ, National Security file, History of the Middle East Crisis, box 17: State Department Circular, May 18, 1967, The Middle East, May, 1967; Moscow to the State Department, May 19, 1967; box 22–23: Arab-Israel Situation Report, May 22, 1967; box 20: United States Policy and Diplomacy in the Middle East Crisis, May 15–June 10, 1967, p.58; NSC Histories, Middle East Crisis, box 17:

London to the Secretary of State, May 25, 1967; box 19: George C. Denney to the Secretary, May 19, 1967 ("brinkmanship" quote). Dagan, *Moscow and Jerusalem*, pp.209–10.

105 USNA, Middle East Crisis files, 1967, Situation Reports, box 14: Moscow to the Secretary of State, May 24, 1967; Arab-Israeli Crisis, box 9: Moscow to the Secretary of State, May 23, 1967; box 13: Chronology of U.S.-USSR Consultations on the Middle East, May 18–June 10, 1967; box 4: London to the Secretary of State, May 30, 1967. LBJ, National Security files, NSC Histories, Middle East Crisis, box 18: Paris to the Secretary of State, May 23, 1967; LBJ, National Security files, NSC Histories, Middle East Crisis, box 18: Paris to the Secretary of State, May 24, 1967.

106 LBJ, National Security file, History of the Middle East Crisis, box 19, State Department Activities Report, May 23, 1967. USNA, Middle East Crisis files, 1967, NN3.059.96089, box 1: Chronology of U.S.-Jordanian Consultations on the Middle East: May 23, 1967; Arab-Israeli Crisis, box 9: Moscow to the Secretary of State, May 23, 1967. ISA, Foreign Ministry files, 4083/3, Contacts with the Soviet Union, Katz to Foreign Ministry, May 23, 1967; 7920/2, Levi Eshkol Papers, Diplomatic Telegrams, USSR: Soviet Desk Memorandum, June 4, 1967. Vassiliev, *Russian Policy in the Middle East*, pp.67–72 (Soviet scholar quote). Dagan, *Moscow and Jerusalem*, p.214. Riad, *The Struggle for Peace in the Middle East*, pp.34–35. Soviet statement in Gilboa, *Shesh Shanim, Shisha Yamim*, pp.114–15.

107 Heikal, *Al-Infijar*, pp.623–24 (Kosygin quote); Heikal, *The Cairo Documents* (Garden City, New York: Doubleday, 1973) p. 242; Heikal, *The Sphinx and the Commissar*, pp.178–79; Brown, "Nasser and the June 1967 War," p. 123. Govrin, *Israeli-Soviet Relations*, pp.311–12. Arkady N. Shevchenko, *Breaking with Moscow* (New York: Alfred A. Knopf, 1985), p.136. Parker, *The Six Day War*, pp.38–39. Oral history interview with Gen. Makhmut A. Gareev, May 24, 1999.

108 Heikal, *Al-Infijar*, pp.614–15, 624–25. Al-Jiyyar, "Rajulan Qatala al-Mushir 'Amer," pp.9–11. Vatikiotis, *Nasser and His Generation*, p.163. Fawzi, *Harb al-Thalath Sanawat*, p.96. Parker, *The Politics of Miscalculation in the Middle East*, pp.32, 50; Parker, *The Six Day War*, pp.38–39. Stephens, *Nasser*, p.484.

Klinghoffer, *Vietnam, Jews and the Middle East*, p.103. Gawrych, *The Albatross of Decisive Victory*, p.13. 7920/2, Levi Eshkol Papers, Diplomatic Telegrams, USSR: Research Memorandum, May 28, 1967. Badran quote from *Al-Hawadith*, Sept. 2, 1977. Oral history interview with Nikolai Yegoroshev, Dec. 23, 2000.

109 LBJ, National Security file, History of the Middle East Crisis, box 17: Kosygin to Johnson, May 27, 1967. PREM 13 1618: Kosygin to Wilson, May 27, 1967. ISA, 4091/23, Foreign Ministry files, Exchange of Messages Before the War: Kosygin to Eshkol, May 27, 1967. Dagan, *Moscow and Jerusalem*, p.217.

110 ISA, 4048/27, Foreign Ministry files, Diplomatic Relations with the Soviet Union: Foreign Ministry to Moscow, May 27, 1967; 7920/4, Levi Eshkol Papers, Prime Minister's Reports and Surveys, Meeting of the Cabinet, May 27, 1967. Gilboa, *Shesh Shanim, Shisha Yamim*, p.152. Nakdimon, *Likrat Sh'at ha-Efes*, pp.110–13. Oral history interview with Miriam Eshkol, Aug. 30, 1999.

111 Al-Baghdadi, *Mudhakkirat*, p.274. Fawzi, *Harb al-Thalath Sanawat*, pp.93–94. Heikal, *Al-Infijar*, pp.573–74. Riad, *The Struggle for Peace in the Middle East*, p.23. Mazhar, *I'tirafat Qadat Harb Yunyu*, pp.144, 149–50. Sela, *The Decline of the Arab-Israeli Conflict*, pp.90–91. Al-Sabbagh, *Mudhakkirat Qadat al-'Askaraiyya al-Misriyya* 5, pp.1–3.

112 Mahmud Riad. *Mudhakkirat Mahmoud Riad* 2 (Beirut: Al-Mu'assasa al-'Arabiyya lil-Dirasa wal-Nashr, 1987), p.63. Al-Sabbagh, *Mudhakkirat Qadat al-'Askaraiyya al-Misriyya* 5, pp.18–19, 24–25. Fawzi, *Harb al-Thalath Sanawat*, pp.115–126. Heikal, *Al-Infijar*, pp.573–74. 'Abd al-Thalath, *Al-Mushir wa-Ana*, pp.211–22 ('Amer quote to Nasser). 'Amer-Sidqi Mahmud conversation in Mazhar, *I'tirafat Qadat Harb Yunyu*, pp.141–42. Murtagi, *Al-Fariq Murtagi Yarwi al-Haqa'iq*, pp.91–93. Parker, *The Six Day War*, p.45 ('Amer cable to Badran). See also USNA, Central Policy files, 1967–1969, POL 2 UAR: Jidda to the Department of State, May 27, 1967. Oral history interview with 'Abd al-Mun'im Hamza, July 4, 2001.

113 LBJ, National Security file, History of the Middle East Conflict, box 20: United States Policy and Diplomacy in the Middle East Crisis, May 15–June 10, 1967, pp.43–44; box 18: Tel Aviv to the Secretary of State, May 27, 1967 (Barbour quote); box 17: Arab-Israel Situation Report, May 28, 1967 (*Davar*

headline). USNA, Subject-Numeric files, POL ARAB-ISR, box 1789: Baghdad to Department of State, May 27, 1967. Mustafa, *Harb Haziran*, pp.277–79. Cairo Radio quote in Mutawi, *Jordan in the 1967 War*, pp.88–89.

114 ISA, 7920/4, Levi Eshkol Papers, Prime Minister's Reports and Surveys, Meeting of the Cabinet, May 27, 1967; 7920/2, Diplomatic Telegrams, USSR: Allon to Eban, May 21, 1967; 3977/22, Foreign Ministry files, Relations with the United States: Foreign Ministry to Embassies, May 27, 1967; 5937/30, Secret Memoranda Prior to the Six-Day War: Evron to Foreign Ministry, May 27, 1967. Haber, *Ha-Yom Tifrotz Milhama*, p.192. Rabin, *Memoirs*, pp.89–90. Eban, *Personal Witness*, pp.396–99. Raviv, *Israel at Fifty*, pp.102–3. Johnson cables in LBJ, National Security file, National Security Council History, Middle East Crisis 2, box 17: Johnson to Eskhol, May 27, 1967; Johnson to Barbour, May 27, 1967. USNA, POL ARAB-IS, Tel Aviv files, Tel Aviv to the Secretary of State, May 28, 1967 (Allon quote). Aran quote from MPA, Party Secretariat Protocols, 2/24/66/88: June 1, 1967. See also Brecher, *Decisions in Israel's Foreign Policy*, p.400 and *Decisions in Crisis*, p.146. Gluska, *Imut bein ha-Mateh ha-Klali u-bein Memshelet Eshkol bi-Tkufat ha-Hamtana*, pp.17–22.

115 USNA, Pol ARAB-ISR, box 1789: New York to Department of State, May 28, 1967. ISA, 5937/30, Secret Memoranda Prior to the Six-Day War: Evron to Foreign Ministry, May 27, 1967; 4086/2, Foreign Ministry files, Security Council Meetings; M. Aruch: Summary of Security Council Meetings: New York to Foreign Ministry, May 29, 1967. Lall, *The UN and the Middle East Crisis*, pp.32–39. U Thant, *View from the UN*, pp.246–47. Haber, *Ha-Yom Tifrotz Milhama*, p.193. Heikal, *The Sphinx and the Commissar*, p.177. Rikhye, *Sinai Blunder*, pp.81–83.

116 LBJ, National Security files, NSC Histories, Middle East Crisis, box 17: Walt Rostow to the President, May 28, 1967; Tel Aviv to the Secretary of State, May 28, 1967; Memos to the President (W. Rostow), box 16: Rostow to the President, May 28, 1967; History of the Middle East Conflict, box 20: United States Policy and Diplomacy in the Middle East Crisis, May 15–June 10, 1967, pp.66–70. ISA, 7919/1, Levi Eshkol files, Diplomatie Telegrams: U.S.A.: Evron to Eshkol, May 31, 1967. Haber, *Ha-Yom Tifrotz Milhama*, p.193. Prittie, *Eshkol*, pp.99–101.

117 7920/2, Levi Eshkol Papers, Diplomatic Telegrams, USSR: Paris to Foreign Ministry, June 1, 1967. Grechko quote from Heikal, *Al-Infijar*, pp.625, 1024. Heikal, *The Sphinx and the Commissar*, pp.179–80, and Heikal, *The Cairo Documents*, p.242. Badran quotes from Imam, *Nasir wa-'Amer*, p.147; *Kayfa Hakama Misr*, p.261, and Fawzi, *Harb al-Thalath Sanawat*, p.95. Nasser quote from al-Baghdadi, *Mudhakkirat 2*, p.274. Atassi quote from Mustafa, *Harb Haziran*, p.183. See also Parker, *The Six Day War*, pp.38–39, 44, and *The Politics of Miscalculation in the Middle East*, p.50. Govrin, *Israeli-Soviet Relations*, pp.311–12. Stephens, *Nasser*, pp.483–84.

118 USNA, POL ARAB-IS, box 1788: Rusk to Tel Aviv, May 29, 1967. ISA, 4086/2, Foreign Ministry files, Security Council Meetings; M. Aruch: Summary of Security Council Meetings, May 29, 1967; 7920/1, Levi Eshkol Papers, Diplomatic Telegrams: Rafael to Eban, May 27, 1967. LBJ, National Security files, NSC Histories, Middle East Crisis, box 21: Chronology of the Soviet Delay on the Security Council Meetings (J. Baker), June 26, 1967; box 17: Department of State to Paris, May 25, 1967. Shevchenko, *Breaking with Moscow*, p.133. Rikhye, *Sinai Blunder*, p.85. Lall, *The UN and the Middle East Crisis*, pp.329–32. U Thant, *View from the UN*, p.246. Federenko quote from Dagan, *Moscow and Jerusalem*, p.216.

119 UN, S-316–box 9, file 12, UNEF Withdrawals: U Thant to Eshkol, May 29, 1967. USNA, POL ARAB-ISR, box 1789: Rusk to Certain Embassies, May 26, 1967. LBJ, National Security file, History of the Middle East Crisis, box 17: Walt Rostow to the President, May 26, 1967. Rafael, *Destination Peace*, pp.147–48. Parker, *The Six Day War*, p.95. Heikal, *The Sphinx and the Commissar*, p.177.

第 4 章

1 USNA Central Foreign Policy files, 1967–1969, POL Arab-Jordan, box 1844: Amman to the Department of State, May 12, 1967, box 2554: Amman to Department of State, May 23, 1967, Rusk to Jidda and Amman, May 20, 1967. LBJ, National Security files, NSC Histories, Middle East Crisis, box 22: Amman to the Secretary of State, May 3, 1967, box 18: Amman to the Secretary of State, May 23, 1967. Parker, *The Politics of Miscalculation in the Middle East*, p.8;

Parker, *The Six Day War*, p.157. Zak, *Hussein Ose Shalom*, p.103.

2   USNA, Subject-Numeric files, Pol ARAB-ISR, box 1789: Amman to Department of State, May 27, 1967 (Touqan quote); Central Foreign Policy files, 1967–1969, POL 12 SY, box 2511: Amman to the Department of State, May 23, 1967. El Edroos, *The Hashemite Arab Army*, pp.390–92. Al-Rifa'i quote in Mutawi, *Jordan in the 1967 War*, p.101. Oral history interview with Adnan Abu-Oudeh, Nov. 16, 1999.

3   LBJ, National Security file, History of the Middle East Conflict, box 20: United States Policy and Diplomacy in the Middle East Crisis, May 15–June 10, 1967, pp.14–15. USNA, Middle East Crisis files, 1967, box 1: Chronology of U.S.-Jordanian Consultations on the Middle East: May 20, 1967; May 23, 1967 ("rock the boat"); ARAB-ISR, box 1789: Amman to Department of State, May 25, 1967 (Burns quote). ISA, 4080/5, Foreign Ministry files, Contacts with Great Britain, Foreign Ministry to London, May 23, 1967. Mustafa, *Harb Haziran*, pp.277–79. Hussein, My *"War" with Israel*, pp.38–39. Mutawi, *Jordan in the 1967 War*, pp.104–5. Heikal, *Al-Infijar*, p.650.

4   USNA, POL ARAB-ISR, box 9: Amman to the Secretary of State, May 23, 1967, Amman to the Secretary of State, May 27, 1967, Amman to the Secretary of State, May 30, 1967. Hussein quotes from Mutawi, *Jordan in the 1967 War*, pp.98–99 and from LBJ, National Security file, History of the Middle East Conflict, box 18: Amman to the Secretary of State, May 26, 1967, box 20: United States Policy and Diplomacy in the Middle East Crisis, May 15–June 10, 1967, p.43. PRO, PREM 13 1617, The Middle East Crisis: Amman to Foreign Office, May 23, 1967.

5   USNA, USNA, Middle East Crisis files, 1967, box 1: Chronology of U.S.-Jordanian Consultations on the Middle East: Amman to the Department of State, May 25, 1967, Amman to the Department of State, May 27, 1967 (Touqan quote); Rusk to Tel Aviv, May 26, 1967 (Hussein oral message), POL ARAB-ISR, box 1789: Subject-Numeric files, box 1788: Amman to the Department of State, May 27, 1967, Central Policy files, 1967–1969, POL 7 UAR, box 2554: Amman to Department of State, May 27, 1967. LBJ, National Security files, NSC Histories, Middle East Crisis, box 17: Amman to the Secretary of State, May 27, 1967. ISA,

Foreign Ministry files, 6444/5, North America, telegrams: Foreign Ministry to Embassies, June 1, 1967. Mustafa, *Harb Haziran*, pp.277–79. Hussein, *My "War" with Israel*, p.39. Mutawi, *Jordan in the 1967 War*, pp.105–6. Kamm, *Hussein Poteah be-Milhama*, pp.203, 277, 283. El Edroos, *The Hashemite Arab Army*, p.390.

6　Mutawi, *Jordan in the 1967 War*, p.162. Susser, *On Both Banks of the Jordan*, pp.122–23. Zak, *Hussein Ose Shalom*, pp.107–8.

7　Hussein's visit to Cairo has been reconstructed from several sources. See USNA, POL ARAB-ISR, box 9: Amman to the Secretary of State, May 31, 1967. Heikal, *Al-Infijar*, pp.656–57. Mutawi, *Jordan in the 1967 War*, pp.108–10. Hussein, *My "War" with Israel*, pp.43–48. Dhabbah, *Wa-Madha Ba'du?*, pp.39–41. El Edroos, *The Hashemite Arab Army*, p.395. Al-Shuqayri, *Mudhakkirat* 3, pp.191–200. Kimche and Bawly, *The Sandstorm*, p.106. Kamm, *Hussein Poteah be-Milhama*, p.283. Mohamad Ibrahim Faddah, *The Middle East in Transition: A Study of Jordan's Foreign Policy* (New York: Asia Publication House, 1974), p.75. See also Sayigh, *Armed Struggle and the Search for State*, p.138.

8　Mutawi, *Jordan in the 1967 War*, p.111; Hussein, *My "War" with Israel*, p.50; Jum'a quote in Kamm, *Hussein Poteah be-Milhama*, pp.283–84; LBJ, National Security files, Country file, box 104/107: "Reactions to ME Crisis in UN Circles," June 8, 1967, USNA, Middle East Crisis files, 1967, box 1: Chronology of U.S.-Jordanian Consultations on the Middle East, May 31, 1967; POL ARAB-ISR, box 9: Amman to the Secretary of State ("political and military insurance"), June 1, 1967, Amman to the Secretary of State ("shifted the burden"), June 3, 1967. Cairo Radio quote from El Edroos, *The Hashemite Arab Army*, p.395.

9　Mutawi, *Jordan in the 1967 War*, pp.161, 184. Oral history interview with Adnan Abu-Oudeh, Nov. 16, 1999. LBJ, National Security file, NSC Histories, Middle East Crisis, box 21: White House Situation Room to the President, May 30, 1967. USNA, Middle East Crisis files, 1967, box 1: Chronology of U.S.-Jordanian Consultations on the Middle East, Amman to the Department of State, May 31, 1967 ("Pandora's box"); Amman to the Department of State, June 2, 1967 ("August 1914"), Central Foreign Policy file, 1967–1969, box 1789: Egyptian-Jordanian Mutual Defense Treaty—Information Memorandum (Meeker), June

2, 1967. The complete text of the Egyptian-Jordanian Mutual Defense Treaty appeared in the May 31 edition of the *New York Times*.

10 On the Egyptian commando units, see Mutawi, *Jordan in the 1967 War*, p.129. Shuqayri quotes from Kamm, *Hussein Poteah be-Milhama*, pp.284–85, and BBC, Daily Report, Middle East, Africa, and Western Europe, No. D-1. Oral history interview with 'Awad Bashir Khalidi, Nov. 16, 1999. See also Uzi Benziman, *Yerushalayim: Ir lelo Homa* (Jerusalem: Schocken, 1973), pp.23–24.

11 Haber, *Ha-Yom Tifrotz Milhama*, p.194; Oral history interview with Miriam Eshkol, Aug. 30, 1999; Schiff column in *Ha'aretz*, May 28, 1967.

12 ISA, 7919/1, Levi Eshkol files, Diplomatic Telegrams: U.S.A.: Geva to Rabin, May 26, 1967. LBJ, National Security files, NSC Histories, Middle East Crisis, box 17: Tel Aviv to the Secretary of State, May 28, 1967 (*Ha'aretz* quote). Ariel Sharon, *Warrior* (New York: Simon & Schuster, 1989), pp.181–84. Haber, *Ha-Yom Tifrotz Milhama*, pp.194–98. Baron, *Hotam Ishi*, pp.25–26. Gluska, *Imut bein ha-Mateh ha-Klali u-bein Memshelet Eshkol bi-Tkufat ha-Hamtana*, pp.23–27. Rabin, *Memoirs*, pp.92–93, Weizman, *On Eagles' Wings*, pp.214–16. IDF, 1977/1786: The Regular Paratrooper Brigade in the Six-Day War, Commander 35th Brigade, p.626. Oral history interviews with Miriam Eshkol, Aug. 30, 1999, with Yeshayahu Gavish, Dec. 7, 1999, with Rehavam Ze'evi, Sept. 9, 2001.

13 Teddy Kollek, *For Jerusalem* (London: Weidenfeld and Nicolson, 1978), p.190. Dayan, *My Life*, pp.333–35.

14 BGA, Diary, Entries for May 24, 28, 31, and June 1, 1967, Shabtai Teveth, *Moshe Dayan, Biografia* (Jerusalem: Schocken Press, 1971), pp.561–62. Peres, *Battling for Peace*, pp.90–93. Haber, *Ha-Yom Tifrotz Milhama*, p.182. Moshe Dayan, *Diary of the Sinai Campaign*, 1956 (London: Weidenfeld and Nicolson, 1967), p.180. Zaki Shalom and S. Ilan Troen, "Ben-Gurion's Diary for the 1967 Six-Day War: An Introduction," *Israel Studies* 4, no. 2 (Fall 1999), p.197.

15 ISA, 4086/8, Foreign Ministry files, Red Cross: Foreign Ministry to Le Hague, May 30, 1967, Stockholm to Foreign Ministry, June 4, 1967; 4087/1: Egyptian Army Entry into Sinai and Closure of the Tiran Straits. Copenhagen to Foreign Ministry, June 3, 1967. PRO, PREM 13 1619, The Middle East Crisis: Tel Aviv to Foreign Office, June 4, 1967. Abraham Rabinovich, *The Battle for Jerusalem,*

June 5–7, 1967 (Philadelphia: Jewish Publication Society of America, 1972), pp.23–27, 51, 59. On Weizman's resignation, see Haber, *Ha-Yom Tifrotz Milhama*, pp.183, 203. Weizman, *On Eagles' Wings*, pp.217–18. Baron, *Hotam Ishi*, pp.26–27. Avraham Rabinovich, "The War That Nobody Wanted," *Jerusalem Post*, June 13, 1967.

16 ISA, Foreign Ministry files, 4087/6, Emergency Appeal: Rothschild to Sapir, May 28, 1967, Eytan to Foreign Ministry, May 29, 1967; 4089/8, Foreign Ministry files, Volunteers, Foreign Ministry to South American Embassies, May 28, 1967; 7920/3, Levi Eshkol Papers, Diplomatic Telegrams, General: Bonn to the Foreign Ministry, June 1, 1967. LBJ, National Security files, NSC Histories, Middle East Crisis, box 17: Item for the President's Evening Reading, May 19, 1967. Mansoor, *Arab World*, entry for May 28.

17 Robert J. Donovan, *Six Days in June: Israel's Fight for Survival* (New York: The New American Library, 1967), p.15. Rabin, *Memoirs*, pp.93 (Rabin quote), 100. USNA, Summary of MEDAC, box 7: Tel Aviv to the Secretary of State, June 1, 1967. LBJ, National Security file, NSC Histories, Middle East Crisis, box 21: White House Situation Room to the President, May 30, 1967. See also Uzi Narkiss, *Soldier of Jerusalem*, trans. Martin Kett (London: Mitchell Vallentine, 1998), p.203. Zemer quote from Rabinovich, "The War That Nobody Wanted."

18 UN, S-0316, UNEF-Withdrawals/UN Missions-EIMAC, box 9: Bull to Bunche, May 30, 1967. Eric Hammel, *Six Days in June: How Israel Won the 1967 Arab-Israeli War* (New York: Scribner's, 1992), p.157. Abu Murshid, Butrus, and Jabber, *Silsilat al-Kitab al-Sanawi lil-Qadiyya al-Filastiniyya*, p.117. Eshkol's Knesset speech from Prittie, *Eshkol*, pp.101–2. Haber, *Ha-Yom Tifrotz Milhama*, p.209.

19 Hussein speech in BBC, Daily Report, Middle East, Africa, and Western Europe, No. B6. On Arab armed forces, see USNA, Summary of MEDAC, box 13: Middle East Sitrep as of June 1; POL ARAB-ISR, box 1789: Amman to Department of State, May 31, 1967. Mustafa, *Harb Haziran*, pp.169–73, 279–79. LBJ, National Security file, History of the Middle East Conflict, box 20: United States Policy and Diplomacy in the Middle East Crisis, May 15–June 10, 1967, pp.107–9. Mutawi, *Jordan in the 1967 War*, pp.112–17. Van Creveld, *The Sword and the*

Olive, p.179. Hammel, *Six Days in June*, pp.286–87, 388–90. Seale, *Asad of Syria*, p.117. Schiff, *A History of the Israeli Army*, p.138. Shmuel Segev, *Sadin Adom*, p.223. Nasser and Mahmud quotes from Gilboa, *Shesh Shanim, Shisha Yamim*, p.191.

20 BGA, Diary, June 1, 1967. Haber, *Ha-Yom Tifrotz Milhama*, pp.200–201. MPA, Meeting of the Executive Committee, June 1, 1967. Teveth, *Moshe Dayan*, pp.564–65 (Dayan quote). Gluska, *Imut bein ha-Mateh ha-Klali u-bein Memshelet Eshkol bi-Tkufat ha-Hamtana*, pp.29–33. Rabin, *Memoirs*, p.94. Golda Meir, *My Life* (New York: G.P. Putnam's Sons, 1975), pp.362–63. Amos Perlmutter, *The Life and Times of Menachem Begin* (New York: Doubleday, 1987), p.283. Gawrych, *The Albatross of Decisive Victory*, p.19. Nakdimon, *Likrat Sh'at ha-Efes*, pp.61–81, 102. Baron, *Hotam Ishi*, pp.29–30. MPA, Party Secretariat Protocols, 2/24/66/88: June 1, 1967.

21 Teveth, *Moshe Dayan*, pp.570–71. Rabin, *Memoirs*, p.94. Haber, *Ha-Yom Tifrotz Milhama*, p.184. Mayzel, *Ha-Ma'arakha al ha-Golan*, pp.241–43. Dayan, *My Life*, pp.340–41. Ze'evi quote from Michael Shashar, *Sihot im Rehavam–Gandh-Ze'evi* (Tel Aviv: Yediot Ahronot, 1992), p.165.

22 PRO PREM 13 1622: The Second Arab-Israel War, 1967: The Preliminaries (Hadow), July 6, 1967 ("terrier at a rat hole"); FCO17/498: Israel–Political Affairs: Tel Aviv to Foreign Ministry, June 3, 1967.

23 LBJ, National Security file, History of the Middle East Conflict, box 20: United States Policy and Diplomacy in the Middle East Crisis, May 15–June 10, 1967, pp.69–70, 81–88. USNA, POL ARAB-ISR, box 1789: Rusk to Certain Embassies, May 28, 1967; Rusk to Tel Aviv, May 31, 1967; Chronology of U.S. Consultations with Other Governments on the Middle East Crisis, May 15–June 10, 1967. Johnson, *The Vantage Point*, p.294.

24 LBJ, National Security file, National Security Council History, Middle East Crisis 2, box 17: Walt Rostow to the President, May 30, 1967; Walt Rostow to the President–Report from Barbour, May 28, 1967; Memos to the President (W. Rostow), box 16: Rostow to the President–Conversation with Evron, May 31, 1967. Rabin quote from Rabin, *Memoirs*, pp.95–96.

25 LBJ, National Security file, Memos to the President (W. Rostow), box 16: Rusk

to the President, May 30, 1967; History of the Middle East Crisis, box 19: State Department Activities Report, June 1, 1967; Joint Chiefs of Staff–Memorandum for the Secretary of Defense, June 2, 1967, box 18: Department of State Circular, May 30, 1967; NSC Histories, Middle East Crisis, box 17: The President in the Middle East Crisis, Dec. 19, 1968 (Rostow quote). USNA, META Agenda, Actions, Minutes, box 15: Memorandum for the Middle East Control Group, May 31, 1967 ("appeal to vanity"). Oral history interview with Walt Whitman Rostow, July 27, 1999. Oral history interview with Robert McNamara, Feb. 11, 2000. Johnson, *The Vantage Point*, p.295 (Rusk and McNamara memorandum). Rusk, *As I Saw It*, pp.384–85. Klinghoffer, *Vietnam, Jews and the Middle East*, pp.109–11. Wheeler quote in Parker, *The Six Day War*, p.218.

26　LBJ, National Security file, History of the Middle East Crisis, box 17: Saunders to Rostow, May 30, 1967; box 20: United States Policy and Diplomacy in the Middle East Crisis, May 15–June 10, 1967, pp.61–62, 93–95; NSC Histories, Middle East Crisis, box 18: Memorandum for the Secretary of Defense, June 2, 1967; Pearson to Johnson, June 2, 1967; box 17: The President in the Middle East Crisis, Dec. 19, 1968 (President's diary quote). USNA, Middle East Crisis files, 1967, box 2: The Department of State to Canberra, June 2, 1967, box 13: Memorandum for Mr. Battle (Deane Hinton), June 4, 1967 ("The Belgians are waffling"); History of MADEC (Hinton), June 9, 1967. NAC, RG 25, box 10050: Political Affairs–Canada's Foreign Policy Trends and Relations–Israel: Tel Aviv to Ottawa, May 28, 1967. Parker, *The Politics of Miscalculation in the Middle East*, p.54. Johnson, *The Vantage Point*, p.296.

27　PRO, FO17/497: Israel–Political Affairs: Draft Paper for Cabinet–Middle East Crisis: May 28, 1967; PREM 13 1618: Middle East: Memorandum by the Foreign Secretary, May 28, 1967; Note on a Meeting between the Prime Minister and the Foreign Minister, May 28, 1967; CAB 128/42 33rd Conclusions; 128/42 35th Conclusions. USNA, Middle East Crisis files, 1967, box 1: Chronology of U.S.-Jordanian Consultations on the Middle East, June 1, 1967; box 2: London to the Department of State, June 1, 1967. LBJ, National Security file, History of the Middle East Conflict, box 20: United States Policy and Diplomacy in the Middle East Crisis, May 15–June 10, 1967, pp.93–95; Middle East Crisis 2, box

17: Wilson to Johnson, May 27, 1967; NSC Histories, Middle East Crisis, box 21: White House Situation Room to the President, May 30, 1967 ("going soft"); London to the Secretary of State, June 3, 1967 ("digging in its heels").

28 LBJ, National Security file, History of the Middle East Crisis, box 17: Joint Chiefs of Staff: Military Actions–Straits of Tiran, June 2, 1967. USNA, POL ARABISR, box 1789: First report of Working Group of Economic Vulnerabilities, May 31, 1967. PRO, FO 39/380: Gulf of Aqaba—Political Organization and Guidelines, June 2, 1967; PREM 13 1618: The Middle East Crisis: Annex A—International Action to open the Straits of Tiran, May 28, 1967; FO17/497: Israel–Political Affairs: Draft Paper for Cabinet—Middle East Crisis, June 2, 1967.

29 LBJ, National Security file, History of the Middle East Crisis, box 17: Memorandum for WWR, June 1, 1967; box 18, Joint Chiefs of Staff: Military Actions—Straits of Tiran, May 24, 1967; NSC Histories, Middle East Crisis, box 17: London to the Secretary of State, May 28, 1967. Rusk, *As I Saw It*, p.365.

30 LBJ, box 1–10, the USS *Liberty:* Department of Defense Press Release, June 8, 1967; box 19: CINCUSNAVEUR Order, May 30, 1967; box 18: Joint Chiefs of Staff: Military Actions—Straits of Tiran, May 25, 1967; box 104/107: The National Military Command Center: Attack on the USS *Liberty*, June 9, 1967.

31 USNA, Pol ARAB-ISR, box 1789: Cairo to the Department of State, May 27, 1967, and LBJ, National Security file, History of the Middle East Crisis, box 17: Cairo to the Department of State, May 26, 1967; Damascus to the Department of State, May 26, 1967; Amman to the Department of State, June 3, 1967; Amman to the Secretary of State, June 4, 1967; box 20: United States Policy and Diplomacy in the Middle East Crisis, May 15–June 10, 1967, pp.71–73 (Porter quote). See also LBJ, National Security file, NSC Histories, Middle East Crisis, box 17: Cairo to the Secretary of State, May 28, 1967; Amman to the Secretary of State, June 2, 1967; Beirut to the Secretary of State, May 29, 1967. Parker, *The Politics of Miscalculation in the Middle East*, pp.53, 233.

32 USNA, POL ARAB-ISR, box 1789; Rusk to Harmel, May 28, 1967; Arab-Israeli Crisis, Minutes of the Control Group, box 17: 5th Meeting of Control Group, May 28, 1967 ("full speed ahead"); box 13: Summary of MEDAC: Middle East Sitrep as of June 1, 1967. LBJ, National Security file, History of the Middle East

Conflict, box 18: Memo for the President: Today's Security Council Meeting, May 31, 1967; NSC Histories, Middle East Crisis, box 17: Secretary of State to Ambassador Goldberg, May 30, 1967; box 23: Circular to Arab Capitals (Rusk), June 3, 1967; box 21: Arab-Israeli Situation Report, June 2, 1967; Arab-Israeli Situation Report, June 3, 1967; Chronology of the Soviet Delay on the Security Council Meetings (J. Baker), June 6, 1967; White House Situation Room to the President, May 30, 1967; Memorandum to the President: Security Council Meeting, June 3, 1967 ("drowned Vietnam in blood"). Rikhye, *Sinai Blunder*, pp.82–84. Lall, *The UN and the Middle East Crisis*, pp.40–43. Rusk response to Middle East ambassadors in Parker, *The Politics of Miscalculation in the Middle East*, pp.121–22.

33　LBJ, National Security file, History of the Middle East Crisis, box 17: Johnson to Kosygin, May 28, 1967; Rusk to Gromyko, May 28, 1967; box 20: Nathaniel Davis, Memorandum for Mr. Rostow, May 29, 1967.

34　LBJ, National Security file, History of the Middle East Conflict, box 18: Text of Cable from Mr. Yost, June 1, 1967; box 20: United States Policy and Diplomacy in the Middle East Crisis, May 15–June 10, 1967, pp.88–92. Mahmoud Riad, *Mudhakkirat Mahmoud Riad* 1, 1948–1976: *al-Bahth 'an al-Salam fi al-Sharq al-Awsat* (Beirut: al-Mu'assasa al-'Arabiyya lil-Dirasa wal-Nashr, 1987), p.312. Imam, *'Abdal-Nasir—Kayfa Hakama Misr*, p.366. Parker, *The Politics of Miscalculation in the Middle East*, pp.56, 233–39. Rouleau et Lacouture, *Israel et les Arabes le 3e Combat*, p.83.

35　LBJ, National Security file, History of the Middle East Conflict, box 17: W. Rostow to the President, May 23, 1967; Rusk to Cairo, May 29, 1967; Anderson to the President, June 1, 1967; box 20: United States Policy and Diplomacy in the Middle East Crisis, May 15–June 10, 1967, pp.88–89; NSC Histories, Middle East Crisis, box 17: The President in the Middle East Crisis, Dec. 19, 1968; box 18: Scenario: June 4–11, June 3, 1967; box 23: Cairo to the Secretary of State, June 4, 1967. USNA, Middle East Crisis files, 1967, box 17: Eighth Control Group Meeting, June 3, 1967; Ninth Control Group Meeting, June 4, 1967. PRO, FCO/39/261 UAR–Relations with the US: Washington to Foreign Ministry, June 4, 1967. Imam, *'Abd al-Nasir—Kayfa Hakama Misr*, pp.366–67. Heikal, *Al-Infijar*, pp.680–84. Parker, *The Politics of Miscalculation in the Middle East*, pp.235–41.

36　USNA, Middle East Crisis files, Maritime Declaration, box 13: Memorandum of Conversation, June 2, 1967; box 2: Grey to Rusk, June 2, 1967. LBJ, National Security file, History of the Middle East Crisis, box 17: Memorandum for WWR, June 1, 1967; Miscellaneous Reports, box 15: Battle to Rusk, June 2, 1967; NSC Histories, Middle East Crisis, box 23: Tel Aviv to the Secretary of State, June 4, 1967 (Barbour quote); Circular to All American Diplomatic Posts, June 2, 1967 (Rusk quote).

37　Oral history interview with Meir Amit, Feb. 9, 1999; all quotes from Amit's Report on Visit to the United States, June 4, 1967, access to which was furnished during the interview. ISA, 6444/5 North America, telegrams. Ministry to Embassies, Head of the Mossad to the Mossad, June 1, 1967; Head of the Mossad to the Mossad, June 2, 1967. LBJ, National Security file, NSC Histories, Middle East Crisis, box 18: Walt Rostow to the President, June 2, 1967. Oral history interview with Robert McNamara, Feb. 11, 2000. Quandt, *Peace Process*, pp.43–45. Parker, *The Six Day War*, pp.124–25; 136. Amit, "Ha-Derekh le-Sheshet ha-Yamim."

38　LBJ, National Security file, History of the Middle East Conflict, box 20: United States Policy and Diplomacy in the Middle East Crisis, May 15–June 10, 1967, pp.96–97.

39　Oral history interview with Shlomo Merom, Dec. 7, 1999. Eshkol quote from Dayan, *My Life*, p.338.

40　PRO, FCO 17/506: Israel–Political Affairs (External): Tel Aviv to Foreign Ministry, June 2, 1967. Teveth, *Moshe Dayan*, pp.67, 104 ("a liar, a braggart"), 134, 440–41, 556–57. Amit, *Rosh be-Rosh*, pp.85–87. Rafael quotes from Rafael, *Destination Peace*, p.283, and http://www.us-israel.org/jsource/biography/Dayan.html. See also Moshe Dayan, *Avnei Derekh* (Tel Aviv: Yediot Ahronot, 1976) pp.39–40.

41　Gal quote in Yisrael Harel, *Sha'ar ha-Arayot—Ha-Krav al Yerushalayim be-Havayat Lohamei Hativat ha-Tzanhanim* (Tel Aviv: Ma'Arkhot, n.d.), p.209. Baron, *Hotam Ishi*, pp.28–29, 43–44. Haber, *Ha-Yom Tifrotz Milhama*, pp.203, 249. Dayan, *My Life*, pp.338–39.

42 LBJ, National Security file, Middle East Crisis, box 18: W. Rostow to the President, June 2, 1967; NSC Histories, Middle East Crisis, box 17: The President in the Middle East Crisis, Dec. 19, 1968 (Rostow quote). USNA, Middle East Crisis files, 1967, box 17: Ninth Control Group Meeting, June 3, 1967. ISA, 4091/23, Foreign Ministry files, Exchange of Messages Before the War: Kosygin to Eshkol, June 2, 1967; 7919/1, Levi Eshkol files, Diplomatic Telegrams: U.S.A.: Geva to Rabin, May 26, 1967; Evron to Levavi, May 27, 1967; Evron to Bitan, May 29, 1967. PRO, FO 17/489, Israel–Political Affairs: Foreign Ministry to Washington, June 2, 1967. Oral history interview with Avraham Liff, Sept. 13, 1999. Oral history interview with Shlomo Merom, Dec. 7, 1999. Quandt, *Peace Process*, pp.46–47.

43 USNA, Summary of MEDAC, box 13: Middle East Sitrep as of June 1 (Eban quote). Baron, *Hotam Ishi*, pp.28–29. Gluska, *Imut bein ha-Mateh ha-Klali u-bein Memshelet Eshkol bi-Tkufat ha-Hamtana*, pp.38–44. Mayzel, *Ha-Ma'Arakha alha-Golan*, pp.48–50. Haber, *Ha-Yom Tifrotz Milhama*, pp.206–12. Dayan, *My Life*, pp.338–39. Yariv, *Ha'Arakha Zehira*, pp.57–58. Bartov, *Dado*, p.94. Rabin, *Memoirs*, pp.96–97. Sharon, *Warrior*, pp.185–86.

44 ISA, 7919/1, Levi Eshkol files, Diplomatic Telegrams: U.S.A.: Harman to Bitan, May 24, 1967; Rafael to Eban, June 4, 1967. Haber, *Ha-Yom Tifrotz Milhama*, p.203. Dayan, *My Life*, pp.340–41. Rabin, *Memoirs*, p.97. Baron, *Hotam Ishi*, p.35. Fortas quote from Eban, *Personal Witness*, p.405. Quandt, *Peace Process*, p.47, and Laura Kalman, *Abe Fortas: A Biography* (New Haven, Conn.: Yale University Press, 1990), pp.300–301. A different version of the quote appears in Parker, *The Politics of Miscalculation in the Middle East*, pp.119–20. Goldberg quote from Parker, *The Six Day War*, pp.149–50 and in Rafael, *Destination Peace*, pp.153–54.

45 Baron, *Hotam Ishi*, pp.36–39. David Rozner, "H-5 be-Yuni 1967 be-Kahir," *Bamahane* 35 (May 1968), p.20. Dupuy, *Elusive Victory*, p.244. Churchill and Churchill, *The Six Day War*, pp.97–98. Dayan, *My Life*, p.341. Oral history interview with Israel Tal, Aug. 23, 1999. Dayan's comments to reporters in PRO, FO 17/489, Israel–Political Affairs: Tel Aviv to Foreign Ministry, June 3, 1967, and Hadow's reactions in PREM 13 1619, The Middle East Crisis: Tel Aviv to

Foreign Ministry, June 3, 1967, and PREM 13 1622, The Second Arab-Israel War, 1967: The Preliminaries, July 6, 1967.

46　Dayan remarks to General Staff, Zak, *Hussein Ose Shalom*, p.109. Dayan conversation with Elazar in Bartov, *Dado*, pp.93–96; in Dayan, *My Life*, p.348; and in Baron, *Hotam Ishi*, pp.47–48. See also YAD, Interview with Ephraim Reiner, June 20, 1996. Mayzel, *Ha-Ma'Arakha al ha-Golan*, pp.46–47 (Rabin quote), 102, 115–23, 154–63, 174–83. Yehezkel Hame'iri, *Mi-Shnei Evrei ha-Rama* (Tel Aviv: Levin-Epstein, 1970), p.41. Rabin, *Memoirs*, p.103. Dayan conversation with Narkiss in Narkiss, *Soldier of Jerusalem*, p.204. See also IDF, 901/67/1, Central Command: The Six-Day War, Concluding Report 1, p.142. Rabinovich, *The Battle for Jerusalem*, p.60. Mayzel, *Ha-Ma'Arakha al ha-Golan*, pp.51–52. Zak, *Hussein Ose Shalom*, p.109. Oral history interview with Rehavam Ze'evi, Sept. 9, 2001.

47　LBJ, National Security file, History of the Middle East Conflict, box 20: United States Policy and Diplomacy in the Middle East Crisis, May 15–June 10, 1967, pp.97–98; box 18: Johnson to Eshkol, June 3, 1967; Intelligence Information Cable: France, June 3, 1967. ISA, 7920/2, Levi Eshkol Papers, Diplomatic Telegrams, France: Meroz to Eban, June 3, 1967. Mansoor, *Arab World*, entry for June 2. De Gaulle-Eytan conversation in Gilboa, *Shesh Shanim, Shisha Yamim*, p.143. Haber, *Ha-Yom Tifrotz Milhama*, p.214.

48　Dayan, *My Life*, p.342. Haber, *Ha-Yom Tifrotz Milhama*, pp.216–18. Amit, Report on Visit to the United States, June 4, 1967. Information on the *Dolphin* in ISA, 7919/1, Levi Eshkol files, Diplomatic Telegrams: U.S.A.: Bitan to Evron, May 24, 1967, and in PRO, PREM 13 1619: The Middle East Crisis–Summary of telegrams, June 3, 1967.

49　Dayan, *My Life*, pp.343–47. Haber, *Ha-Yom Tifrotz Milhama*, p.221. Zorach Warhaftig, *Hamishim Shana ve-Shana: Pirkei Zikhronot* (Jerusalem: Yad Shapira, 1998), pp.178–82.

50　Mazhar, *I'tirafat Qadat Harb Yunyu*, pp.181–82. Fawzi, *Harb al-Thalath Sanawat*, pp.122–30. Imam, *Nasir wa-'Amer*, pp.143–49. 'Abd al-Hamid, *Al-Mushir wa-Ana*, p.125. Murtagi, *Al-Fariq Murtagi Yarwi al-Haqa'iq*, p.109. Heikal, *Al-Infijar*, p.699. El-Sadat, *In Search of Identity*, p.174. Parker, *The*

Politics of Miscalculation in the Middle East, p.57. Nasser-Sidqi conversation in Al-Sabbagh, *Mudhakkirat Qadat al-'Askariyya al-Misriyya* 2, pp.5–6; see also 4, pp.13–19, and 5, pp.22–23. BBC, Daily Report, Middle East, Africa and West Europe, No. 196, B4. Interview with General Hudud in *Al-Hawadith* (Lebanon), Sept. 8, 1972—cited in Yariv, *Ha'Arakha Zehira*, p.155.

51 Al-Baghdadi, *Mudhakkirat*, p.274. Al-Sabbagh, *Mudhakkirat Qadat al-'Askariyya al-Misriyya* 4, p.19; 5, pp.21–23. PRO, FCO/39/286 UAR–Economic Affairs: Foreign Office to Washington, June 3, 1967; PREM 13 1619, The Middle East Crisis: Foreign Office to Washington, June 3, 1967. Farid, *Nasser*, p.20. Mahjoub, *Democracy on Trial*, p.114. Ben D. Mor, "Nasser's Decision-Making in the 1967 Middle East Crisis: A Rational-choice Explanation," *Journal of Peace Research* 28, no. 4 (1991), pp.359–75. Nasser's interviews with the British press appear in Mansoor, *Arab World*, entry for June 3.

52 PRO, FCO 17/494, Israel–Political Affairs: Cairo to Foreign Office, June 2, 1967 (Tesh quote); FCO 39/233 UAR Internal Political Situation: Canadian Embassy, Cairo to Foreign Office, June 2, 1967. USNA, Central Policy files, 1967–1969, POL 2 UAR, box 2553: Alexandria to the Department of State, May 31, 1967. LBJ, National Security file, History of the Middle East Conflict, box 20: United States Policy and Diplomacy in the Middle East Crisis, May 15–June 10, 1967, pp.82–83. UN, DAG 1/5.2.2.1.2–2, Middle East: El Kony to the Secretary-General, June 2, 1967. Nasser quote in BBC, Daily Report, Middle East, Africa, and Western Europe, No. B4. See also Stephens, *Nasser*, p.480.

53 Fawzi, *Harb al-Thalath Sanawat*, pp.109–11, 128–30. Nasser and 'Amer exchange in 'Abd al-Hamid, *Al-Mushir wa-Ana*, pp.125, 212–13. Mazhar, *I'tirafat Qadat Harb Yunyu*, pp.181–82. Imam, *Nasirwa-'Amer*, pp.143–49. Murtagi, *Al-Fariq Murtagi Yarwi al-Haqa'iq*, p.109. Heikal, *Al-Infijar*, p.699. Mahmud Murad "Harb Haziran," *Al-Majalla al-'Askariyya* 19, no. 1 (Aug. 1968), pp.45–46. Al-Sabbagh, *Mudhakkirat Qadat al-'Askariyya al-Misriyya* 2, pp.14–15. Abu Dhikri, *Madhbahat al-Abriya'*, pp.156–62. USNA, Central Policy files, 1967–1969, POL Arab-ISR, box 7: Alexandria to the Department of State, May 16, 1967.

54 'Abd al-Hamid, *Al-Mushir wa-Ana*, pp.212–13. Fawzi, *Harb al-Thalath Sanawat*,

pp.115–16. Imam, *Nasir wa-'Amer*, pp.146–48. Gawrych, *The Albatross of Decisive Victory*, pp.20–21. 'Amer quotes from Murtagi, *Al-Fariq Murtagi Yarwi al-Haqa'iq*, pp.94–95, 98. Amin al-Nafuri, *Tawazun al-Quwwa bayna al-'Arab wa-Isra'il*, pp.212–13.

55 Murtagi, *Al-Fariq Murtagi Yarwi al-Haqa'iq*, pp.51, 107. Fawzi, *Harb al-Thalath Sanawat*, pp.92–93, 104, 123–26. Walter Laqueur, *The Road to Jerusalem: The Origins of the Arab-Israeli Conflict, 1967* (London: Weidenfeld and Nicolson, 1968), pp.288–93. Al-Shuqayri, *Mudhakkirat* 5, pp.76–77. Oral history interview with General Yeshayahu (Shaike) Gavish, Dec. 7, 1999. USNA, ARAB-IS, box 14: Memorandum for the files–Captured UAR Battle Order, June 2, 1967. Versions of the War Order also appear in Gilboa, *Shesh Shanim, Shisha Yamim*, p.193, and Kimche and Bawly, *The Sandstorm*, pp.109–10.

56 Mutawi, *Jordan in the 1967 War*, pp.112–18. Mustafa, *Harb Haziran*, pp.278–79. Kamm, *Hussein Poteah be-Milhama*, pp.121, 127, 140–41. Hammel, *Six Days in June*, p.293. Bull, *War and Peace in the Middle East*, p.111. Rabinovich, *The Battle for Jerusalem*, pp.62–64, 73. Oral history interview with Yusuf Khawwash, Nov. 16, 1999; Mahmud Abu Faris, Nov. 17, 1999. El Edroos, *The Hashemite Arab Army*, p.359.

57 Mutawi, *Jordan in the 1967 War*, pp.112–18, 122. Hussein, *My "War" with Israel*, pp.54–59. USNA, Summary of MEDAC, box 13: Middle East Sitrep as of June 4. The orders for Operation Tariq, discovered by Israeli forces during the war, can be found at the IDF Intelligence Library: The Six Day War, file 1, Jordan, Document 59/ 1/67, Col. 'Abd al-Rahim Fakhr al-Din, May 22, 1967. The orders are also discussed in PRO, PREM 13 1622: Record of Conversation between the Foreign Secretary and the Israeli Ambassador, June 30, 1967. Hussein quote in PRO, PREM 13 1619: The Middle East Crisis, Amman to Foreign Office, June 4, 1967.

58 USNA, Summary of MEDAC, box 13: Middle East Sitrep as of June 1. Tlas quote from PRO, FO 17/671: Syria—Political Affairs, Damascus to Foreign Office, June 3, 1967. Murtagi, *Al-Fariq Murtagi Yarwi al-Haqa'iq*, pp.52, 104. Mutawi, *Jordan in the 1967 War*, p.112. Al-Shuqayri, *Mudhakkirat* 5, pp.215–20. See also Hani al-Shum'a, *Ma'Arik Khalida fi Ta'rikh al-jaysh al-'Arabi al-Suri*

(Damascus: Al-Tiba'a al-Suriyya, 1988).

59 USNA Central Foreign Policy files, 1967–1969, POL 12 SY, box 2511: Beirut to the Department of State, June 3, 1967. ISA, Foreign Ministry files, 4083/3, Contacts with the Soviet Union, Raviv to Shimoni, June 7, 1967. Mustafa, *Harb Haziran*, pp.169–73. Segev, *Sadin Adom*, p.223. Gilboa, *Shesh Shanim, Shisha Yamim*, pp.230–32. Hame'iri, *Mi-Shnei Evrei ha-Rama*, pp.55–57. Mayzel, *Ha-Ma'Arakha al ha-Golan*, pp.133–41. For documents on Operation Victory, see IDF Intelligence Library, The Six Day War, file 1: Syria, Defense Ministry Document No. 26/123 Southwest Area Command, Operations Branch to 8th Brigade Operations, by Col. K.M. Ahmad, Signed General Muhamad Ahmad Ayd, 123rd Brigade Commander, June 3, 1967. See also Hame'iri, *Mi-Shnei Evrei ha-Rama*, pp.55–57, and O'Balance, *The Third Arab-Israeli War*, p.229.

60 USNA, USUN, box 6: CINSTRIKE to AIG, May 24, 1967. Oral history interview with Fayiz Fahed Jaber, Nov. 17, 1999. Mustafa Khalil, *Suqut al-Julan* (Amman: Dar al-Yaqin lil-Tiba'A wal-Nashr, n.d.), pp.25–26, 174, 248–49, 254. IDF Intelligence Library, Internal Syrian Army Papers: The Southwestern Front, June 9, 1967. Mayzel, *Ha-Ma'Arakha al ha-Golan*, p.130. Oral history interviews with Ibrahim Isma'il Khahya and Muhammad 'Ammar, Jan. 10, 2001; with Marwan Hamdan al-Khuli, Jan. 11, 2001. Sisser, "Bein Yisrael le-Suria," pp.224–25. Tlas quote from Parker, *The Politics of Miscalculation in the Middle East*, p.162; also cited in Gilboa, *Shesh Shanim, Shisha Yamim*, p.191.

61 LBJ, National Security file, NSC Histories, Middle East Crisis, box 17: Beirut to the Secretary of State, June 2, 1967; box 18: Sanaa to the Secretary of State, May 23, 1967. Heikal, *Al-Infijar*, pp.694–95. PRO, FO 17/489, Israel–Political Affairs: Cairo to Foreign Office, June 3, 1967 (Nasser threat to close the Suez Canal). USNA, POL ARAB-ISR, box 1789: Amman to the Department of State, May 27, 1967 (Jum'A quote). Mansoor, *Arab World*, entries for June 2, 3, 4 (Boumedienne quote). Arab military figures, from Rabin, *Memoirs*, p.100. 'Aref quote from BBC, Daily Report, Middle East, Africa, and Western Europe, No. 1.

62 USNA, Middle East Crisis files, Maritime Declaration, box 13: Memorandum of U.S.-British Conversation, June 2, 1967; META Agenda, Actions, Minutes, box 15: Memorandum for the Middle East Control Group, May 31, 1967;

Intelligence Notes, box 11: Hughes to the Secretary of State, June 5, 1967. PRO, FO17/497: Israel–Political Affairs: Draft Paper for Cabinet–Middle East Crisis—Conversation between the Prime Minister and the President at the White House, June 2, 1967; PREM 13 1619, The Middle East Crisis: Prime Minister to the Foreign Secretary, June 3, 1967. LBJ, National Security file, History of the Middle East Conflict, box 20: United States Policy and Diplomacy in the Middle East Crisis, May 15–June 10, 1967, pp.95–96; NSC Histories, Middle East Crisis, box 21: Arab-Israeli Situation Report, May 31, 1967. ISA, Foreign Ministry files, 4083/3, Contacts with the Soviet Union: Ankara to Tekoah–Soviet Ships in the Mediterranean, June 1, 1967. The passage of Soviet ships through the Dardanelles was widely reported in the Middle East; see Mansoor, *The Arab World*, entries for June 2, 3, 4, 1967.

63 LBJ, National Security file, History of the Middle East Conflict, box 20: United States Policy and Diplomacy in the Middle East Crisis, May 15–June 10, 1967, pp.86–89, 103–5; NSC Histories, Middle East Crisis, box 21: Arab-Israeli Situation Report, May 31, 1967; box 18: Saunders to Walt Rostow, May 31, 1967 ("parade of horribles"); Memorandum for the Secretary of Defense, June 2, 1967; box 17: USUN to the Secretary of State, May 29, 1967. USNA, Arab-Israel Crisis, Miscellaneous Reports, box 15: Memorandum for the Secretary of Defense, May 25, 1967. PRO FCO/39/261, UAR–Relations with the United States: Washington to the Foreign Office, June 4, 1967; PREM 13 1619, The Middle East Crisis: Washington to the Foreign Office, June 4, 1967. ISA, 7919/1, Levi Eshkol files, Diplomatic Telegrams: U.S.A.: Evron to Eshkol, May 31, 1967. Oral history interview with Walt Rostow, July 27, 1999; with Eugene Rostow, Aug. 5, 1999.

64 LBJ, National Security files, NSC Histories, Middle East Crisis, box 17: Reflections Pre-Eban (Saunders), May 25, 1967; box 18: Arab-Israel: Where We Are and Where We're Going (Saunders), May 31, 1967. USNA, Middle East Crisis files, 1967, box 17: Ninth Control Group Meeting, June 4, 1967; Arab-Israeli Crisis, Intelligence Notes, box 11: Denny to Rusk, June 2, 1967; Battle to the Secretary of State, June 2, 1967. LBJ, National Security file, History of the Middle East Conflict, box 18: Walt Rostow to the President, June 4, 1967;

Saunders to Walt Rostow, May 31, 1967. Rusk quote from Parker, *The Politics of Miscalculation in the Middle East*, pp.121–22, and from Rusk, *As I Saw It*, p.385. Feinberg quote from Quandt, *Peace Process*, p.48.

65 USNA, Middle East Crisis files, 1967, box 13: Circular to All American Diplomatic Posts (Rusk), June 4, 1967. Murtagi, *Al-Fariq Murtagi Yarwi al-Haqa'iq*, pp.110–15. Imam, *Nasir wa-'Amer*, pp.156–57 (Dugheidi quote). Fawzi, *Harh al-Thalath Sanawat*, pp.132–34. Al-Sabbagh, *Mudhakkirat Qadat al-'Askariyya al-Misriyya* 5, pp.24–25. 'Imad Al-'ilmi, *Harh 'Am 1967* (Acre: Al-Aswar lil-Thaqafa, 1990), p.114. USNA, Central Policy files, 1967–1969, POL 2 UAR, box 2553: Jidda to the Department of State, Aug. 29, 1967. Bar-Zohar, *Embassies in Crisis*, p.176. Murtagi communiqué in Lall, *The UN and the Middle East Crisis*, p.48, and in Rikhye, *Sinai Blunder*, pp.95–97.

66 Rikhye, *Sinai Blunder*, pp.96–100. Donovan, *Six Days in June*, p.78.

67 Mutawi, *Jordan in the 1967 War*, p.122. El Edroos, *The Hashemite Arab Army*, p.373. Hussein, *My "War" with Israel*, p.59.

68 ISA, Foreign Ministry files, 4083/3, Contacts with the Soviet Union: Katz to Foreign Ministry, June 4, 1967; 7920/2, Levi Eshkol Papers, Diplomatic Telegrams, USSR: Katz to Foreign Ministry, May 24, 1967; Katz to Levavi, June 4, 1967. Dagan, *Moscow and Jerusalem*, p.224.

69 Baron, *Hotam Ishi*, pp.47–48. BGA, Diary, Entry for June 4, 1967. YAD, Remarks by Yitzhak Rabin, Feb. 3, 1987. Rabin, *Memoirs*, pp.98–100. Slater, *Rabin of Israel*, p.133. Nachshon quote in IDF, 1977/1786: The Regular Paratrooper Brigade in the Six-Day War, Commander 35th Brigade, p.619. Dayan, *My Life*, pp.349–50. Haber, *Ha-Yom Tifrotz Milhama*, pp.222–24. Mayzel, *Ha-Ma'Arakha al ha-Golan*, pp.51–52. ISA, Foreign Ministry files, 4089/4, Prime Minister's Memoranda; Eshkol to Kosygin, June 5, 1967; Eshkol to Johnson, June 5, 1967. Similar letters were sent to Lester Pearson and Charles de Gaulle; see NAC, RG 25, box 10050: Political Affairs–Canada's Foreign Policy Trends and Relations–Israel: Tel Aviv to Ottawa, June 5, 1967 and ISA, 7920/2, Levi Eshkol Papers, Diplomatic Telegrams, France: Eshkol to de Gaulle, June 5, 1967.

第5章

1 PRO FCO17/576: Israel–Defense: Report of Air Attaché, July 13, 1967. USNA, Middle East Crisis, 1967, Cir/Military files, box 6: CINSTRIKE to AIG 930, May 24, 1967. 'Isam Darraz, *Dubbat Yunyu Yatakallamun: kayfa Shahada Junud Misr Hazimat 67* (Cairo: al-Manar al-Jadid lil-Sahafa wal-Nashr, n.d.), pp.89–94. Ze'ev Schiff, *Tzahal be-Hailo: Encyclopedia le-Tzava u-le-Bitahon* (Tel Aviv: Revivim, 1981), pp.98–99 (Hod quote). Ehud Yanay, *No Margin for Error: The Making of the Israeli Air Force* (New York: Pantheon Books, 1993), pp.234–36 (including the Harlev quote). "Hail ha-Avir ba-Milhama," *Bit'on Hail ha-Avir*. 'Imad Al-'ilmi, Harb 'Am 1967 (Acre: Al-Aswar lil-Thaqafa, 1990), pp.90–91. Gawrych, *The Albatross of Decisive Victory*, pp.14, 25. Al-Sabbagh, *Mudhakkirat Qadatal-'Askaraiyya al-Misriyya* 5, p.20. Shmuel M. Katz, *Soldier Spies: Israeli Military Intelligence* (Novato, Calif.: Presidio Press, 1992), pp.150–201. Oral history interview with Motti Hod, March 9, 1999. A profile of Wolfgang Lotz and other Israeli intelligence sources in Egypt appears in http://www.us-israel.org/jsource/biography/Lotz.html.

2 Fawzi, *Harb al-Thalath Sanawat*, pp.132–35. Heikal, *Al-Infijar*, pp.822–27. *Al-Hawadith*, interview with Shams Badran, Sept. 2, 1977, p.21. Ramadan, *Tahtim al-Aliha*, pp.93–94. Riad, *The Struggle for Peace in the Middle East*, p.24. 'Abd al-Hamid, *Al-Mushir wa-Ana*, pp.217–20. Israel Intelligence Library, Internal Jordanian Army Papers: Series of Events on the Jordanian Front, June, 1967. "Hail ha-Avir ba-Milhama," *Bit'on Hail ha-Avir*. Rozner, "Ha-5 be-Yuni 1967 be-Kahir." Dupuy, *Elusive Victory*, p.242. 'Awda and Imam, *Al-Naksa—Man al-Mas'ul?*, p.87. 'Afifi quote in Al-Sabbagh, *Mudhakkirat Qadat al-'Askaraiyya al-Misriyya 3*, pp.7–8; see also *4*, pp.15–6, and 5, pp.33–39.

3 YAD, Remarks by Yitzhak Rabin, Feb. 3, 1987, p.24. Rabinovich, *The Battle for Jerusalem*, p.67. Weizman quote from Weizman, *On Eagles' Wings*, p.221.

4 YAD, Conference on the Six-Day War sponsored by the Center for the History of Defensive Force, Feb. 3, 1987, remarks by Motti Hod. P3RO FCO17/576: Israel–Defense: Report of Air Attaché, July 13, 1967. "Hail ha-Avir ba-Milhama," *Bit'on Hail ha-Avir*. Fawzi, *Harb al-Thalath Sanawat*, pp.88–89. Al-'ilmi, *Harb 'Am 1967*, p.239. Weizman, *On Eagles' Wings*, pp.192, 223–24. Rabin, *Memoirs*,

p.104. Yanay, *No Margin for Error*, p.217. Gawrych, *The Albatross of Decisive Victory*, p.14. Dupuy, *Elusive Victory*, p.245. O'Balance, *The Third Arab-Israeli War*, pp.53, 59.

5   Van Creveld, *The Sword and the Olive*, p.162. Dupuy, *Elusive Victory*, p.246. PRO FCO17/576: Israel–Defense: Report of Air Attaché, July 13, 1967. *Bit'on Hail ha-Avir* 20, no. 74/75 (Dec. 1967). Hammel, *Six Days in June*, pp.167–68. Zaki quote from Darraz, *Dubbat Yunyu Yatakallamun*, pp.7–8. Bin-Nun quote from "First Strike," *Jerusalem Post*, June 5, 1997.

6   LBJ, National Security files, NSC Histories, The Middle East Crisis, box 23: Cairo to the Secretary of State, June 5, 1967. Ben Akiva and Guvrin, "Sh'at ha-Mi-rage—Esrim Shana le-Milhemet Sheshet ha-Yamim." Dayan, *My Life*, pp.351–53. Schiff, *Tzahal be-Hailo*, pp.103–4. Haber, *Ha-Yom Tifrotz Milhama*, pp.226–67. Fawzi, *Harb al-Thalath Sanawat*, pp.140–41. Al-Sabbagh, *Mudhakkirat Qadat al-'Askaraiyya al-Misriyya* 5, p.31. Riad, *The Struggle for Peace in the Middle East*, pp.25–26. Hammel, *Six Days in June*, pp.168–70. Yanay, *No Margin for Error*, p.243. Dupuy, *Elusive Victory*, pp.245–46. O'Balance, *The Third Arab-Israeli War*, pp.65–67. M. Naor, and Z. Aner, eds., *Yemei Yuni–Teurim min ha-Milhama 1967* (Tel Aviv: Ma'Arakhot, 1967), p.77. PRO FCO17/576: Israel–Defense: Report of Air Attaché, July 13, 1967. Rozner, "H-5 be-Yuni 1967 be-Kahir." Oral history interview with Motti Hod, March 9, 1999; with Sa'id Ahmad Rabi', July 4, 1999.

7   Darraz, *Dubbat Yunyu Yatakallamun*, pp.7–12 (Zaki testimony and quote), 25–33 (Hashim Mustafa Hassan testimony). Khouri, *Al-Watha'iq al-Filastiniyya*, pp.314–16. Israel Intelligence Library, Internal Jordanian Army Papers: Series of Events on the Jordanian Front, June, 1967. V.A. Zolotarev, main ed., *Rossia (SSSR) v' lokal'nykh voinakh i voennykh konfliktakh vtoroi poliviny XX veka* (Moscow: Kuchkovo Pole, 2000), pp.183–84 (Tarasenko quote). Imam, *'Abd al-Nasir—Kayfa Hakama Misr*, pp.366–67. Fawzi, *Harb al-Thalath Sanawat*, pp.143–45. Al-Sabbagh, *Mudhakkirat Qadat al-'Askaraiyya al-Misriyya* 5, pp.26–27 (Sidqi quote). Murtagi, *Al-Fariq Murtagi Yarwi al-Haqa'iq*, p.127. Mazhar, *I'tirafat Qadat Harb Yunyu*, pp.122–23. Ramadan, *Tahtim al-Aliha*, pp.97–98. Riad, *The Struggle for Peace in the Middle East*, p.24. Hussein, *My*

"War" with Israel, pp.60–61. Dupuy, Elusive Victory, p.267. Joseph Finklestone, Anwar Sadat: Visionary Who Dared (London: Frank Cass, 1996), p.57. USNA, Central Policy files, 1967–1969, POL 2 UAR, box 2553: Cairo to the Department of State, June 5, 1967. Oral history interview with Eric Rouleau, Dec. 18, 2000.

8   Heikal, Al-Infijar, pp.830–33. Al-Jiyyar, "Ayyam al-Naksa fi Bayt 'Abd al-Nasir," Ruz al-Yusuf 2482 (January 5, 1976), p.8. Riad, The Struggle for Peace in the Middle East, pp.23–24. El-Sadat, In Search of Identity, p.175. Cairo Radio quotes from BBC, Daily Report, Middle East, Africa, and Western Europe, B4, B5. Oral history interview with Israel Tal, Aug. 23, 1999; with Yeshayahu Gavish, Dec. 7, 1999.

9   IDF, 192/74, file 1348: The Battle for the Southern Front, n.d., p.3; 1977/17: Ugdah 84, Hativa 35, in the Six-Day War, pp.637–42; 1977/1786: The Regular Paratrooper Brigade in the Six-Day War, Commander 35th Brigade, 605, 625 (Tal quote); IDF, 717/77, file 86: Battle for the Southern Front, p.353. Rabin, Memoirs, p.102. Dayan, My Life, pp.359–60. Segev, Sadin Adom, p.83.

10 IDF 1977/17: Ugdah 84, 35th Brigade in the Six-Day War, pp.646–48; Eytan quote on p. 650; 717/77, file 86: Battle for the Southern Front, p.367 (description of Jiradi battle). Dupuy, Elusive Victory, pp.249–52. Hammel, Six Days in June, pp.144, 176–79. Churchill and Churchill, The Six Day War, p.106. Fawzi, Harb al-Thalath Sanawat, p.147. Gawrych, Albatross of Decisive Victory, p.44. Gonen quote from Shabtai Teveth, The Tanks of Tammuz (London: Sphere Books, 1969), pp.108–9. Gonen press comment from O'Balance, The Third Arab-Israeli War, p.109. Tal quote from Churchill and Churchill, The Six Day War, pp.108–9. Peled, Ish Tzava, p.105. Oral history interview with 'Izzat 'Arafa, July 6, 2001.

11 Sharon, Warrior, pp.191–92. Dupuy, Elusive Victory, pp.257–61. Hammel, Six Days in June, pp.202–14, 228–31. O'Balance, The Third Arab-Israeli War, pp.120–27.

12 LBJ, National Security files, NSC Histories, Middle East Crisis, box 21: Jerusalem to the Secretary of State, May 23, 1967. USNA, Summary of MEDAC, box 13: Middle East Sitrep as of June 4. The document reports that "Israel did not return the [Jordanian] fire and [we] do not yet attribute much importance to such incidents on that front." PRO, FO 17/489, Israel–Political Affairs: Jerusalem to

the Foreign Office, June 5, 1967. IDF, 901/67/1 Central Command: The Six-Day War, Concluding Discussion 1; pp.2 (Narkiss quote), 66, 142; 2, p.3; 192/74/1076 Round Table Discussion on the Liberation of Jerusalem, n.d. Weizman, *On Eagles' Wings*, p.210. O'Balance, *The Third Arab-Israeli War*, pp.177–78. Ammunition Hill Archive, Museum of the Tourjeman Post: Interview with Yoram Galon, Sept. 27, 1983.

13 IDF, 901/67/1 Central Command: The Six-Day War, Concluding Discussion 2, p.2 (Narkiss quote); 192/74/1076 Round Table Discussion on the Liberation of Jerusalem, n.d. Uzi Narkiss, *Soldier of Jerusalem*, pp.200–203. Rabinovich, *The Battle for Jerusalem*, pp.12–13.

14 IDF, 901/67/1 Central Command, Six Day War, Concluding Report, Part A, p.142 (Narkiss quote). Dupuy, *Elusive Victory*, p.284. Hammel, *Six Days in June*, p.290.

15 LBJ, National Security file, History of the Middle East Conflict, box 20: United States Policy and Diplomacy in the Middle East Crisis, May 15–June 10, 1967, p.125. ISA, 6444/6, Foreign Ministry files, North America Telegrams: Foreign Ministry to Embassies, June 5, 1967. Haber, *Ha-Yom Tifrotz Milhama*, p.222 (Dayan quote). Bull, *War and Peace in the Middle East*, pp.42–43, 113. Rabinovich, *The Battle for Jerusalem*, pp.80–83. Rabin, *Memoirs*, p.105. Narkiss quote from Schiff, *A History of the Israeli Army*, p.132. Eban, *Personal Witness*, p.409. Israel cable to Hussein in ISA, 6444/6 North America, telegrams: Foreign Ministry to Embassies, June 5, 1967.

16 Mustafa, *Harb Haziran*, pp.16–18. Darraz, *Dubbat Yunyu Yatakallamun*, pp.34–48. Hussein, *My "War" with Israel*, pp.60–64. Mutawi, *Jordan in the 1967 War*, pp.116–17, 125–26. Kamm, *Hussein Poteah be-Milhama* (Abu Nawwar quote), p.142. Col. Ephraim Kamm, "Haf'alat ha-Zira ha-Mizrahit be-Milhemet Sheshet ha-Yamim," *Ma'Arakhot* 325 (June 1992), pp.16–17. El Edroos, *The Hashemite Arab Army*, p.379. Israel Intelligence Library, Internal Jordanian Army Papers: Series of Events on the Jordanian Front, June, 1967. Oral history interview with 'Awad Bashir Khalidi, Nov. 17, 1999; with Shafiq 'Ujeilat, Nov. 17, 1999; with Yusuf Khawwash, Nov. 16, 1999.

17 LBJ, National Security files, NSC Histories, Middle East Crisis, box 23: Amman to the Secretary of State, June 5, 1967. ISA, 4078/7, Foreign Ministry

files, Contacts with the United States with the Entry of Egyptian Forces into Tiran: Evron to Foreign Ministry, June 5, 1967 (Hussein quote to American ambassador). O'Balance, *The Third Arab-Israeli War*, p.181 (another version of Hussein's response). Israel Intelligence Library, Internal Jordanian Army Papers: Sequence of Events on the Jordanian Front, June, 1967. Hussein, My *"War" with Israel*, pp.64–65, 71 (Nasser quote). Rabin, *Memoirs*, p.188. Mutawi, *Jordan in the 1967 War*, pp.123, 130. Dann, *King Hussein and the Challenge of Arab Radicalism*, p.163.

18 IDF 901/67/1 Central Command: The Six-Day War, Concluding Discussion 1: Testimony of Col. Reuben Davidi, artillery corps, p.64. PRO FCO 17/576: Israel–Defense: Report of Air Attaché, July 13, 1967. LBJ, National Security Council files, History of the Middle East Crisis, box 18: McPherson to the President, June 11, 1967; NSC Histories, Middle East Crisis, box 17: Amman to the Secretary of State, June 5, 1967 (remark of Soviet ambassador). Mustafa, *Harb Haziran*, pp.40–41, 264–65. Mayzel, *Ha-Ma'Arakha al ha-Golan*, p.194. Schiff, *Tzahal be-Hailo*, pp.104–5. Yanay, *No Margin for Error*, pp.249–50. Dayan, *My Life*, p.353. Orders to Jordanian commanders in Kamm, *Hussein Poteah be-Milhama*, pp.188, 195.

19 USNA, Central Foreign Policy files, 1967–1969, POL 27–7 ARAB-ISR, box 1830: Jerusalem to Department of State, June 5, 1967. Rabinovich, *The Battle for Jerusalem*, pp.151, 352. Teddy Kollek, *For Jerusalem*, pp.190–91. Bull, *War and Peace in the Middle East*, p.113. PRO, FO 17/489, Israel–Political Affairs: Jerualem to Foreign Office, June 5, 1967. Ammunition Hill Archive, Museum of the Tourjeman Post: Interview with Eliezer Amitai, n.d. Amitai quote from IDF, IDF 901/67/1 Central Command: The Six-Day War, Concluding Discussion 1, p.43.

20 Baron, *Hotam Ishi*, pp.56–57. Dayan, *My Life*, pp.358–59. Hammel, *Six Days in June*, p.295. On the continued flow of French arms to Israel, see LBJ National Security file, Middle East Crisis, box 104, 107: Paris to the Department of State, June 8, 1967. PRO, PREM 13 1620, Middle East Crisis: Paris to Foreign Office, June 9, 1967.

21 PRO, FCO 17/275: Amman to Foreign Ministry, Air Attaché's Report on the

Jordan-Israel Battles, June 5, 1967; FCO 17/490, Israel–Political Affairs: Report of the Air Attaché, July 13, 1967. Israel Intelligence Library, Internal Jordanian Army Papers: Sequence of Events on the Jordanian Front, June 1967. Hussein, *My "War" with Israel*, pp.72–73, 111. Mustafa, *Harb Haziran*, pp.9–12. Mutawi, *Jordan in the 1967 War*, pp.125–26. Dayan, *My Life*, pp.353–54. Yanay, *No Margin for Error*, pp.253–54. Mayzel, *Ha-Ma'Arakha al ha-Golan*, p.50. Kamm, *Hussein Poteah be-Milhama*, p.196. Bull, *War and Peace in the Middle East*, p.112. O'Balance, *The Third Arab-Israeli War*, pp.69–71. Tal quote from Al-Shuqayri, *Mudhakkirat 5*, pp.279–80.

22 Rabinovich, *The Battle for Jerusalem*, p.97. Quote from Ari Milstein, "Ha-Til she-Haras et Emdot ha-Ligion," *Bamahane* 34 (May, 1977). Ben-Or quote from Schiff, *Tzahal be-Hailo*, pp.102–3.

23 Gilboa, *Shesh Shanim, Shisha Yamim*, p.222. Zak, *Hussein Ose Shalom*, p.110 (Beiberman and Jum'a quotes). Dome of the Rock announcement in Rabinovich, *The Battle for Jerusalem*, p.117.

24 El Edroos, *The Hashemite Arab Army*, p.374. Oral history interview with Badi 'Awad, Nov. 21, 1999. Bull's protest appears in UN, DAG 13 3.4.0: 84: Chairman IJMAC to Chief of Staff UNTSO, May 11, 1967.

25 Israel Intelligence Library, Internal Jordanian Army Papers: Sequence of Events on the Jordanian Front, June, 1967. Bull, *War and Peace in the Middle East*, pp.114–15. De Carvalho quote from *Life: Special Edition—Israel's Swift Victory* (1967), p.50. Narkiss quote from IDF, 901/67/1 Central Command: The Six-Day War, Concluding Discussion 1; 192/74/1076 Round Table Discussion on the Liberation of Jerusalem, n.d. Rabinovich, *The Battle for Jerusalem*, pp.116–22. Hammel, *Six Days in June*, pp.293–94. Dupuy, *Elusive Victory*, p.294. Michael Shashar, *Milhemet ha-Yom ha-Shvi'i: Yoman ha-Mimshal ha-Tzvai be-Yehuda ve-Shomron* (Tel Aviv: Hoza'at Poalim, 1997), p.133.

26 IDF, Central Command: The Six-Day War, Concluding Discussion 2, p.29. Baron, *Hotam Ishi*, pp.56–58. Narkiss, *Soldier of Jerusalem*, pp.203–6. Bartov, *Dado*, p.97. Hammel, *Six Days in June*, pp.307–8, 362–66. Mayzel, *Ha-Ma'Arakha al ha-Golan*, p.196. Mustafa, *Harb Haziran 1967*, pp.279–81. Dupuy, *Elusive Victory*, p.294. All quotes from Haber, *Ha-Yom Tifrotz Milhama*, pp.227–28. Oral

history interview with Rehavam Ze'evi, Sept. 9, 2001.

27 IDF, 901/67/1 Central Command: The Six-Day War, Concluding Discussion 2, pp.43–44; 192/74/1076 Round Table Discussion on the Liberation of Jerusalem, n.d., p.49 (Dreizin quote). ISA, Foreign Ministry files, 4086/1: Government House, Foreign Ministry to New York, June 6, 1967. Slater, *Rabin of Israel*, p.135. Narkiss, *Soldier of Jerusalem*, pp.206–7. U Thant, *View from the UN*, p.255. Hammel, *Six Days in June*, pp.300–304. Rabinovich, *The Battle for Jerusalem*, pp.123–31, 138–48. Dupuy, *Elusive Victory*, pp.294–95. Oral history interview with Rafi Benvenisti, Jan. 1, 1999; with 'Ata 'Ali, Nov. 18, 1999.

28 Hammel, *Six Days in June*, pp.84–85, 117. Rabinovich, *The Battle for Jerusalem*, pp.49–50. IDF, 901/67/1 Central Command: The Six-Day War, Concluding Discussion 2, pp.5, 76; 192/74/1076 Round Table Discussion on the Liberation of Jerusalem, n.d., p.50 (Gal quote); 901/67/ Central Command: The Six-Day War, Concluding Discussion 2, p.39 (Ben-Ari quote). Israel Intelligence Library, Internal Jordanian Army Papers: Sequence of Events on the Jordanian Front, June, 1967. Motta Gur, Har ha-Bayyit be-Yadeinu!: Kravot ha-Tzanhanim be-Yerushalayim be-Milhemet Sheshet ha-Yamim (Tel Aviv: Ma'Arakhot, 1974), pp.53–54 (Gur quote), 75–80. Oral history interview with Shimon Kahaner, Oct. 18, 2000.

29 IDF 901/67/1 Central Command: The Six-Day War, Concluding Discussion 2, p.40 (Ben-Ari quote); 192/74/1076 Round Table Discussion on the Liberation of Jerusalem, n.d., p.57 (Gal quote). Hammel, *Six Days in June*, pp.315–18. Rabinovich, *The Battle for Jerusalem*, pp.195–96. El Edroos, *The Hashemite Arab Army*, p.377.

30 Elad quoted in El Edroos, *The Hashemite Arab Army*, p.384. Ami Shamir, "Im ha-Koah she-Ala al Jenin," *Lamerhav*, no. 3014 (June 8, 1967), p.4. Eitan Haber and Ze'ev Schiff, eds., *Lexicon le-Bithon Yisrael* (Tel Aviv: Mahadurat Davar, 1976), p.423. Mutawi, *Jordan in the 1967 War*, pp.116–17. Kamm, *Hussein Poteah be-Milhama*, pp.205–6, 303. Hussein, *My "War" with Israel*, pp.76–78. Mustafa, *Harb Haziran 1967*, pp.279–81. Moshe Bar Kokhva, *Merkavot ha-Plada* (Tel Aviv: Ma'Arakhot, 1989), pp.151–52. Interview with 'Awad Bashir Khalidi, Nov. 17, 1999.

31 IDF, Central Command: The Six-Day War, Concluding Discussion 2, pp.29–40. Israel Intelligence Library, Internal Jordanian Army Papers: Sequence of Events on the Jordanian Front, June, 1967. Kamm, "Haf'alat Hazira ha-Mizrachit be-Milhemet Sheshet ha-Yamim," p. 21; *Hussein Poteah be-Milhama*, pp.190–92. Sadiq al-Shara', *Hurubuna ma'A Isra'il* (Amman: Dar al-Shuruq lil-Nashr wal-Tawzi', 1997), p.491. Mutawi, *Jordan in the 1967* War, pp.76–78, 135. Hussein, *My "War" with Israel*, pp.76–78. Mustafa, *Harb Haziran 1967*, pp.279–81. Hammel, *Six Days in June*, pp.362–66. Dupuy, *Elusive Victory*, pp.309–11. Bar Kokhva, *Merkavot ha-Plada*, pp.152–67.

32 USNA Central Foreign Policy files, 1967–1969, POL 12 SY, box 2511: Beirut to State Department, June 19, 1967. LBJ, National Security file, NSC Histories, Middle East Crisis, box 23: Damascus to the Secretary of State, June 5, 1967. PRO, FO 17/490, Israel–Political Affairs: Damascus to Foreign Ministry, June 5, 1967. Schiff, *Tzahal be-Hailo*, p.108. Yanay, *No Margin for Error*, pp.253–54. Dayan, *My Life*, pp.353–54. O'Balance, *The Third Arab-Israeli War*, pp.61–62. Mayzel, *Ha-Ma'Arakha al ha-Golan*, p.197. Hame'iri, *Mi-Shnei Evrei ha-Rama*, pp.66–67. Mustafa, *Harb Haziran 1967*, pp.142–45, 270–71. Al-'ilmi, *Harb 'Am 1967*, pp.190–91.

33 Mustafa, *Harb Haziran 1967*, pp.184–85. PRO, FO 17/490, Israel–Political Affairs: Damascus to Foreign Ministry, June 5, 1967. Israel Intelligence Library: Internal Syrian Army Papers: The Southwestern Front, June 29, 1967; The Six Day War, file 1, Syria, Defense Ministry Document No. 25/3 to Col. Ahmad al-Amir Mahmud, commander of the 12th Brigade Attack Group, June 5, 1967. Baron, *Hotam Ishi*, p.58. Bartov, *Dado*, p.96. Draper, *Israel & World Politics*, p.114. David Dayan, *Me-Hermon ad Suez: Korot Milhemet Sheshet ha-Yamim* (Ramat Gan: Masada Press, 1967), pp.202–5. Khalil, *Suqut al-Julan*, pp.139–41. Mustafa Tlas, *Mir'at Hayati*, (Damascus: Tlasdar, 1995), pp.854–55. Atassi quote from Khouri, *Al-Watha'iq al-Filastiniyya*, p.292. Assad quote from Hame'iri, *Mi-Shnei Evrei ha-Rama*, pp.69–70.

34 Baron, *Hotam Ishi*, p.58. Dayan, *My Life*, p.375. YAD, Ramat Efal, Israel: Remarks by Matti Mayzel, June 20, 1966. Mayzel, *Ha-Ma'Arakha al ha-Golan*, pp.196–200.

35 LBJ, National Security file, History of the Middle East Conflict, box 18: Walt Rostow's Recollections of June 5, 1967 Security Council Meeting, Nov 17, 1968; box 19: Daily Brief for the President, June 5, 1967; box 20: United States Policy and Diplomacy in the Middle East Crisis, May 15–June 10, 1967, pp.106–108; NSC Histories, Middle East Crisis, box 23: Circular, All American Diplomatic Posts, June 5, 1967; box 18: Memorandum for the Record, "Who Fired the First Shot?" Dec. 19, 1968. USNA, Middle East Crisis files, 1967, Chronology, box 8: Tel Aviv to the Secretary of State, June 5, 1967; box 17: The President in the Middle East Crisis, Dec. 19, 1968 ("All HELL broke lose"); box 21: Memorandum for Mr. W.W. Rostow (Davis), June 5, 1967; Arab-Israeli Situation Report, June 5, 1967 ("reduced by a coefficient of ten"). Quandt, *Peace Process*, p.520, ft. 5. Oral history interview with Robert McNamara, Feb. 11, 2000. Johnson quote from Johnson, *Vantage Point*, p.297. Rusk quote from Rusk, *As I Saw It*, pp.386–87.

36 LBJ: National Security file, History of the Middle East Crisis, box 19: Kosygin to Johnson, June 5, 1967; Rusk to Gromyko, June 5, 1967; Johnson to Kosygin, June 5, 1967. PRO, FO 17/490, Israel–Political Affairs: Washington to Foreign Ministry, June 5, 1967. USNA, Middle East Crisis files, 1967, Situation Reports, box 13: Chronology of U.S.-USSR Consultations on the Middle East, May 18–June 10, 1967. PRO, FO 17/490, Israel–Political Affairs, Washington to Foreign Office, June 5, 1967. Johnson and McNamara quotes from Johnson, *The Vantage Point*, p.287, and Robert S. McNamara, *In Retrospect: The Tragedy and Lessons of Vietnam* (New York: Times Books, 1995), pp.278–79. Quandt, *Peace Process*, pp.50–51. Alvin Z. Rubinstein, *Red Star on the Nile*, pp.9–10. Johnson message to Eshkol in Eban, *Personal Witness*, p.409.

37 USNA, Middle East Crisis, Chronology June 4th–7th, box 15: Tel Aviv to Department of State, June 5, 1967; Memorandum for the Middle East Task Force, May 29, 1967 (Rostow quote). LBJ, National Security file, National Security Council Histories, Middle East Crisis, 1967, 1, box 17: Saunders to Rostow, May 15, 1967; The President in the Middle East Crisis, Dec. 19, 1968 (Walt Rostow quote); History of the Middle East Conflict, box 18: Walt Rostow's Recollections of June 5, 1967 Security Council Meeting, Nov 17, 1968; Tel Aviv to the

Department of State, June 5, 1967; Memos to the President (W. Rostow), box 17: Rostow to the President, June 5, 1967. PRO, FO 17/490, Israel–Political Affairs: Rostow to Certain Embassies, June 5, 1967.

38 USNA, Summary of MEDAC, box 13: Rusk to Johnson, June 5, 1967; Middle East Crisis files, 1967, box 2: Nairobi to the Department of State, June 5, 1967 (see also cables from Tokyo, Adis Ababa, and Lisbon); Central Foreign Policy files, 1967–1969, POL 12 SY, box 2511 Beirut to the Department of State, June 5, 1967. LBJ, National Security file, The Middle East Crisis, box 20: United States Policy and Diplomacy in the Middle East Crisis, May 15–June 10, 1967, pp.112–18; History of the Middle East Crisis, box 18: Califano to Johnson, June 5, 1967; White House Communiqué, June 5, 1967; NSC Histories, Middle East Crisis, box 21: Arab-Israeli Situation Report, June 6, 1967; box 23: Circular, All American Diplomatic Posts, June 5, 1967; Circular, London to Washington, June 5, 1967. Rikhye, *Sinai Blunder*, pp.99–100. Draper, *Israel & World Politics*, p.111.

39 PRO, FO, 7/490, Israel–Political Affairs, New York to Foreign Ministry, June 5, 1967 (Egyptian complaint to the Security Council). ISA, 4086/4, Foreign Ministry files, Security Council Meetings, Eban to Levavi, June 5, 1967. LBJ, National Security file, NSC Histories, Middle East Crisis, box 23: USUN to the Secretary of State, June 5, 1967. UN, DAG 1/5.2.2.1.2–2 El Kony to the Secretary-General, June 5, 1967. U Thant, *View from the UN*, pp.253–54 (Bunche quote). Lall, *The UN and the Middle East Crisis*, pp.46–50. Rafael, *Destination Peace*, pp.154–55. El Kony quote in Shevchenko, *Breaking with Moscow*, p.133. Oral history interview with George Tomeh, Nov. 17, 1999; with Dr. Muhammad al-Farra, Nov. 16, 1999.

40 LBJ, National Security file, History of the Middle East Crisis, box 17: W. Rostow to the President, May 26, 1967; Arthur J. Goldberg Oral History, pp.20–21; Eugenie Moore Anderson Oral History, p.34; box 20: United States Policy and Diplomacy in the Middle East Crisis, May 15–June 10, 1967, p.109. ISA, Foreign Ministry files, 3979/10, Goldberg: Evron to Bitan. March 2, 1967. Donovan, *Six Days in June*, pp.100–101. For a general biography of Goldberg, see David L. Stebenne, *Arthur J. Goldberg: New Deal Liberal* (New York: Oxford University Press, 1996).

41 LBJ, National Security file, NSC Histories, Middle East Crisis, box 20: The Cease-Fire Negotiations in New York, Nov. 7, 1968; box 21: State of Play in New York (Davis), May 26, 1967; Report by Bureau of International Organizations Affairs (Arthur Day), n.d; Arthur J. Goldberg Oral History, p.17. PRO, FCO 17/494, Israel–Political Affairs: Hayman Minute, June 5, 1967. Lall, *The UN and the Middle East Crisis*, pp.50–59. Wilson, *The Chariot of Israel*, pp.348–50. Federenko quote from Dagan, *Moscow and Jerusalem*, pp.228–29.

42 ISA, 4086/4, Foreign Ministry files, Security Council Meetings: Eban to Rafael, June 5, 1967.

43 IDF, 522/69/212: General Operations Survey, n.d. Hammel, *Six Days in June*, pp.232–40. Dupuy, *Elusive Victory*, pp.259–61. Sharon, *Warrior*, pp.189, 191. O'Balance, *The Third Arab-Israeli War*, pp.124–26. Egyptian Military Orders in Khouri, *Al-Watha'iq al-Filastiniyya*, pp.314–15. Bahgat quote in Darraz, *Dubbat Yunyu Yatakallamun*, pp.81–82. Murtagi, *Al-Fariq Murtagi Yarwi al-Haqa'iq*, p.62.

44 Most of the UNEF casualties were members of the Indian contingent caught in an Israeli artillery barrage. India protested the action. See Mansoor, *Arab World*, entry for June 5. Yahya Sa'ad Basha's testimony appears in Darraz, *Dubbat Yunyu Yatakallamun*, pp.49–54. Baron, *Hotam Ishi*, pp.50–52. Teveth, *The Tanks of Tammuz*, pp.194–95. Oral history interview with Rafael Eytan, Feb. 24, 1999. IDF, 1977/ 71786: The Regular Paratrooper Brigade in the Six Day War, Commander 35th Brigade (Eytan quote); 717/77, file 86: Battle for the Southern Front, 375 (description of the al-'Arish battle).

45 LBJ National Security file, box 104, 107. Middle East Crises Joint Embassy Memorandum, June 5, 1967. Israel Intelligence Library, Internal Jordanian Army Papers: Sequence of Events on the Jordanian Front, June, 1967. Mustafa, *Harb Haziran*, pp.80–84. Mutawi, *Jordan in the 1967 War*, pp.125–26. *Al-Watha'iq al-Urduniyya, 1967* (Amman: Da'irat al-Matbu'at wal-Nashr, 1967), pp.491–92. Hammel, *Six Days in June*, pp.362–66. Kamm, *Hussein Poteah be-Milhama*, pp.189–97 ('Ajluni quote on pp.192–93). Dupuy, *Elusive Victory*, pp.308–9. 'Alayyan quote in El Edroos, *The Hashemite Arab Army*, p.386. Israeli official history quote in Yosef Eshkol, ed., *Milhemet Sheshet ha-Yamim* (Tel Aviv, Misrad

ha-Bitahon, 1967), p.85. YAD, interview with Ephraim Reiner, June 20, 1996.

46 IDF, Central Command: The Six-Day War, Concluding Report, Part B, pp.3, 32. Kamm, *Hussein Poteah be-Milhama*, p.150. Dupuy, *Elusive Victory*, pp.295–97. PRO, FCO 17/493, Israel–Political Affairs: Foreign Office to Amman, June 7, 1967. Hammel, *Six Days in June*, p.361. Rabinovich, *The Battle for Jerusalem*, pp.188–93. 'Awda and Imam, *Al-Naksa–Man al-Mas'ul?*, pp.117–31. Marsi testimony appears in Darraz, *Dubbat Yunyu Yatakallamun*, pp.34–48. Bar-Lev quote from Haber, *Ha-Yom Tifrotz Milhama*, p.228. Gur quote from Gur, *Har ha-Bayyit be-Yadeinu!*, pp.58–59, 86–89. Oral history interview with Muhammad Fallah al-Fayiz, Nov. 21, 1999.

47 Mustafa, *Harb Haziran*, pp.57–58, 71–74. Israel Intelligence Library, Internal Jordanian Army Papers: Sequence of Events on the Jordanian Front, June, 1967. Oral history interview with 'Ata 'Ali, Nov. 18, 1999. Mutawi, *Jordan in the 1967 War*, p.132. Dupuy, *Elusive Victory*, pp.292–96. Hammel, *Six Days in June*, pp.300, 309–10. El Edroos, *The Hashemite Arab Army*, pp.379–80.

48 For Eshkol's reply to Allon and Begin, see Ammunition Hill Archive, Begin to Motta Gur, June 15, 1992. Zak, *Hussein Ose Shalom*, p.110. Hussein, *My "War" with Israel*, p.73. Benziman, *Ir lelo Homa*, pp.13–14. Nadav Shragai, *Har ha-Meriva: Ha-Ma'avak al Har ha-Bayyit, Yehudim ve-Muslemim, Dat ve-Politika Meaz 1967* (Jerusalem: Keter, 1995), pp.18–20. Lior quote in Haber, *Ha-Yom Tifrotz Milhama*, p.228.

49 Baron, *Hotam Ishi*, pp.58–59. Dayan, *My Life*, pp.358–59. Dayan quote from Bartov, *Dado*, p.97. All other quotes from Haber, *Ha-Yom Tifrotz Milhama*, pp.228–31. Benziman, *Ir lelo Homa*, pp.14–19. Eban, *Personal Witness*, p.412.

50 *Al-Watha'iq al-Urduniyya*, pp.46–47. Mansoor, *Arab World*, entry for June 5, 1967.

51 Fawzi, *Harb al-Thalath Sanawat*, pp.143–46, 155–56. Imam, *'Abd al-Nasir—Kayfa Hakama Misr*, pp.162–63. Murtagi, *Al-Fariq Murtagi Yarwi al-Haqa'iq*, p.67. Al-Jiyyar, "Ayyam al-Naksa fi Bayt 'Abd al-Nasir." El-Sadat, *In Search of Identity*, p.172. Heikal, *Al-Infijar*, pp.830–33. Riad, *The Struggle for Peace in the Middle East*, p.26. U Thant, *View from the UN*, p.257. Dupuy, *Elusive Victory*, p.267. Hammel, *Six Days in June*, p.244. El-Sadat, *In Search of Identity*, p.175.

Rubinstein, *Red Star on the Nile*, pp.9–10. Voice of the Arabs quote from BBC, Daily Report, Middle East, Africa, and Western Europe, B3.

52 PRO, FO 17/490, Israel–Political Affairs: Washington to Foreign Ministry, June 5, 1967; PREM 13 1622: The Second Arab-Israel War, 1967: The Preliminaries (Hadow), July 6,1967. Schiff, *A History of the Israeli Army*, p.131. O'Balance, *The Third Arab-Israeli War*, p.75. Ayyub quote from oral history interview with Fayiz Fahed Jaber, Nov. 21, 1999. Eshkol quote from Prittie, *Eshkol*, pp.109–10.

53 USNA, Middle East Crisis, box 18: Tel Aviv to the Department of State, Chronology June 4th–7th, June 7, 1967. LBJ, National Security file, History of the Middle East Crisis, box 18: W. Rostow to the President, June 5, 1967; Tel Aviv to the Secretary of State, June 5, 1967 ("push all the buttons").

第 6 章

1 IDF, 192/74, file 1348: The Battle for the Southern Front, n.d., p.3; 717/77, file 32: Summary of the Battle for the Southern Front, p.29. Dayan, *My Life*, p.355. Fawzi, *Harb al-Thalath Sanawat*, pp.146–47. Dupuy, *Elusive Victory*, pp.254–55, 263–64. Teveth, *The Tanks of Tammuz*, pp.195–200. Hammel, *Six Days in June*, pp.214–17. O'Balance, *The Third Arab-Israeli War*, pp.134–36, 141–42. Shlomo Gazit, *Pta'im be-Malkodet*, p.28. Peled, *Ish Tzava*, p.107. Shadmi quote from Eran Sorer *Derekh ha-Mitla* (Ramat Gan: Masada, 1967), p.35. Oral history interview with Meir Pa'il, Dec. 6, 2000.

2 Sorer, *Derekh ha-Mitla*, pp.54–58. The testimonies of 'Adel Mahjub, Hasan Bahgat, and 'Azzam Shirahi appear in Darraz, *Dubbat Yunyu Yatakallamun*, pp.79–86, 89–94, and 97–103, respectively.

3 IDF, 717/77, file 32: Summary of the Battle for the Southern Front, p.31. LBJ, National Security file, Middle East Crisis, box 104, 107: Intelligence Cable, June 6, 1967; NSC Histories, Middle East Crisis, box 23: Rabat to the Secretary of State, June 6, 1967; Paris to the Secretary of State, June 8, 1967. PRO, FCO 17/492, Israel-Political Affairs, Khartoum to Foreign Ministry, June 5, 1967; 17/492, Israel-Political Affairs, Tunis to Foreign Ministry, June 5, 1967; 17/495, Israel-Political Affairs: Hanoi to Foreign Ministry, June 5, 1967 (Ho Chi Minh cable). ISA, Foreign Ministry files, 4083/3, Contacts with the Soviet Union:

Moscow to Foreign Ministry, June 5, 1967 (Soviet statement). Ramadan, *Tahtim al-Aliha*, pp.99–100. Mansoor, *Arab World*, entries for June 5 and 6, 1967.

4 IDF, 171/77/48: Debriefing on Battles on the Southern Front, p.135. USNA, Middle East Crisis files, 1967, Chronology, box 12: Tel Aviv to the Secretary of State, June 6, 1967. Baron, *Hotam Ishi*, pp.61–63. Rabin, *Memoirs*, p.107 (Dayan quote). O'Balance, *The Third Arab-Israeli War*, pp.73–74. Rabinovich, *The Battle for Jerusalem*, p.183. Dayan, *My Life*, pp.364–65.

5 *Al-Hawadith*, interview with Shams Badran, Sept. 2, 1977. Heikal, *Al-Infijar*, p.822. El-Sadat, *In Search of Identity*, p.176. Fawzi, *Harb al-Thalath Sanawat*, pp.151–52. Mazhar, *I'tirafat Qadat Harb Yunyu*, pp.90–91. Imam, *'Abd al-Nasir—Kayfa Hakama Misr*, p.167. Al-'ilmi, *Harb 'Am 1967*, pp.146–48. For examples of Cairo's victory broadcasts see Mansoor, *Arab World*, entry for June 6, 1967.

6 Mazhar, *I'tirafat Qadat Harb Yunyu*, pp.152–53 ('Amer order to Sidqi Mahmud), 221–22 (Murtagi quote). Fawzi, *Harb al-Thalath Sanawat*, pp.152–53 ('Amer remark to Fawzi). Moshe Seren, "Tvusat Mitzrayim be-Enei ha-Aravim," *Ma'Arakhot* 200 (June 1969). Imam, *'Abd al-Nasir—Kayfa Hakama Misr*, p.164. Al-Sabbagh, *Mudhakkirat Qadat al-'Askaraiyya al-Misriyya 1*, pp.26–27. Parker, *The Politics of Miscalculation in the Middle East*, p.88. IDF, 717/77, file 32: Summary of the Battle for the Southern Front, p.33. 'Amer quote in Ramadan, *Tahtim al-Aliha*, p.114. For 'Uthman Nassar story, see PRO FCO/39/243 UAR–Political Affairs: *Egypt Gazette* clipping, Feb. 11, 1968. Muhammad Ahmad Khamis' testimony appears in Darraz, *Dubbat Yunyu Yatakallamun*, pp.69–75.

7 IDF, 171/77/48: Debriefing on Battles on the Southern Front, p.121. Dayan, *My Life*, p.366.

8 IDF, 171/77/48: Debriefing on Battles on the Southern Front, p.41; Summary of the Battle for the Southern Front, p.39. Oral history interview with Yeshayahu Gavish, Dec. 7, 1999; Israel Tal, Aug. 23, 1999. Hammel, *Six Days in June*, pp.248–50. Dupuy, *Elusive Victory*, p.271.

9 Heikal, *Al-Infijar*, pp.728–29 (Pojidaev quote). Parker, "The June 1967 War: Some Mysteries Explored," pp.183–85. LBJ, National Security files, NSC Histories, Middle East Crisis, box 23: Washington to Amman and London, June

10, 1967. Riad, *Mudhakkirat 1*, pp.310–12. Nasser communiqué in USNA, USUN, box 6: Circular: Middle East Sitrep as of June 7; Middle East Crisis files, box 4: London to the Secretary of State, June 8, 1967. PRO, PREM 13 1621: Amman to Foreign Office, June 14, 1967. See also Arye Shalev, "Ha-Milhama ve-Totzoteha be-Eynei ha-Aravim," *Dapei Elazar, no. 10, Esrim Shana le-Milhemet Sheshet ha-Yamim* (Tel Aviv: Yad David Elazar, 1988), p.65.

10 LBJ, National Security file, Middle East Crisis, box 23: Cairo to the Department of State, June 6, 1967 (Nolte cable); box 104, 107: Cairo to the Department of State, June 6, 1967 (Nolte-Riad discussion); Intelligence Information Cable, June 6, 1967; Jidda to the Department of State, June 6, 1967; LBJ, National Security file, NSC Histories, Middle East Crisis, box 23: Amman to the Secretary of State, June 6, 1967. Thompson quote from *Life: Special Edition–Israel's Swift Victory* (1967), p.70. BBC, Daily Report, Middle East, Africa, and Western Europe, B4-5. Radio Damascus report in Hame'iri, *Mi-Shnei Evrei ha-Rama*, p.20. Radio Algiers broadcast in Mansoor, *Arah World*, entry for June 6, 1967. Murad, "Harb Haziran," pp.47–48.

11 USNA, USUN, box 6: Circular: Middle East Sitrep as of June 7. Reports on attacks on U.S. embassies and consulates appear in LBJ, National Security file, History of the Middle East Crisis, box 19: Daily Brief, June 6, 1967; Miscellaneous files, box 16: Oil Exporters Actions During Crisis as of June 23, 1967; Country file, box 104, 107: Middle East Crisis (see reports from Benghazi, Aleppo, Tunis, Algiers, Damascus); The box also contains Nolte's cable to the State Department. LBJ, National Security file, NSC Histories, Middle East Crisis, box 23: Damascus to the Secretary of State, June 6, 1967. PRO, FCO 17/493, Israel–Political Affairs: Damascus to Foreign Office, June 6, 1967. Mahjoub, *Democracy on Trial*, pp.118–19. Riad, *Mudhakkirat 2*, pp.96 (Nasser quote regarding Jordan and Hussein), 313; Riad, *The Struggle for Peace in the Middle East*, pp.26–27.

12 Israel Intelligence Library, Internal Jordanian Army Papers: Sequence of Events on the Jordanian Front, June, 1967. El Edroos, *The Hashemite Arab Army*, p.397. Mutawi, *Jordan in the 1967 War*, pp.116–17. Kamm, *Hussein Poteah be-Milhama*, pp.215–16, 220–24, 230, 242. Dupuy, *Elusive Victory*, p.310. Hammel,

Six Days in June, pp.366–74. Hussein quote from Hussein, *My "War" with Israel*, p.79. Mustafa, *Harb Haziran*, pp.99–103. Bar Kokhva quote from Bar Kokhva, *Merkavot ha-Plada*, pp.163–64. Shmuel Katz and Aharon Megged, *Me-Har Grizim ad Har Hermon: Rishumei Pikud ha-Tzafon be-Milhemet Sheshet ha-Yamim* (Tel Aviv: Misrad ha-Bitahon, 1967), pp.5–56. Interview with 'Awad Bashir Khalidi, Nov. 17, 1999.

13 IDF, 192/74/1076 Round Table Discussion on the Liberation of Jerusalem, n.d. Rabinovich, *The Battle for Jerusalem*, pp.235–36. Israel Intelligence Library, Internal Jordanian Army Papers: Sequence of Events on the Jordanian Front, June, 1967.

14 IDF, 901/67/1 Central Command: The Six-Day War, Concluding Report, Part B, Testimony of Gen. Narkiss, p.76; 192/74/1076 Round Table Discussion on the Liberation of Jerusalem, n.d. Israel Intelligence Library, Internal Jordanian Army Papers: Sequence of Events on the Jordanian Front, June, 1967. Rabinovich, *The Battle for Jerusalem*, pp.163–64.

15 IDF, 192/74/1076 Round Table Discussion on the Liberation of Jerusalem, n.d; Central Command: The Six Day War, Summary Report, Part B. Rabinovich, *The Battle for Jerusalem*, pp.228–59. El Edroos, *The Hashemite Arab Army*, p.397. Mutawi, *Jordan in the 1967 War*, pp.116–17. Kamm, *Hussein Poteah be-Milhama*, pp.215–16, 220–24, 242. Gur, *Har ha-Bayyit be-Yadeinu!* pp.93–159. Dupuy, *Elusive Victory*, pp.298–301. Hammel, *Six Days in June*, pp.332–35. Narkiss, *Soldier of Jerusalem*, p.208. Mustafa, *Harb Haziran*, pp.57–58, 71–74. Oral history interview with 'Awad Bashir Khalidi, Nov. 17, 1999; with Mahmud Abu Faris, Nov. 17, 1999. Miller quote from Yisrael Harel, *Sha'Ar ha-Arayot*, p.101. Kirshan quotes from Kamm, *Hussein Poteah be-Milhama*, pp.154–68.

16 IDF, 192/74/1076 Round Table Discussion on the Liberation of Jerusalem, n.d; Central Command: The Six Day War, Summary Report, Part B. Gur, *Har ha-Bayyit be-Yadeinu!*, pp.161–258; Gur and Narkiss quotes on p. 258. ISA, 7920/1, Levi Eshkol Papers, Diplomatic Telegrams: Herzog to Eban, June 6, 1967. Oral history interview with Mahmud Abu Faris, Nov. 17, 1999; with Ghazi Isma'il Ruba'iyya, Nov. 21, 1999; with Shimon Kahaner, Oct. 18, 2000. Hammel, *Six Days in June*, pp.330–31. Rabinovich, *The Battle for Jerusalem*, pp.267–91,

298–300. El Edroos, *The Hashemite Arab Army*, p.397. Mutawi, *Jordan in the 1967 War*, pp.116–17. Kamm, *Hussein Poteah be-Milhama*, pp.173–75 (Kranshur quote). Dupuy, *Elusive Victory*, pp.298–301. Fradkin quote from Harel, *Sha'Ar ha-Arayot*, p.214; Eilam quote on pp.219–20.

17 IDF, 192/74/1076 The Six Day War, Summary Report, Part B. El Edroos, *The Hashemite Arab Army*, p.397. Israel Intelligence Library, Internal Jordanian Army Papers: Sequence of Events on the Jordanian Front, June, 1967. Hammel, *Six Days in June*, pp.316–20, 335–37. Rabinovich, *The Battle for Jerusalem*, pp.267–91, 298–300, 335–42. Mutawi, *Jordan in the 1967 War*, pp.116–17, 134. Dupuy, Elusive Victory, p.299. Yusuf Khawwash, Al-Jabha al-Urduniyya, Harb Haziran (Amman: Dar al-Yaqin lil-Tiba'a wal-Nashr, 1980), n.p.

18 USNA, Middle East Crisis files, 1967, box 1: Chronology of U.S.-Jordanian Consultations on the Middle East, June 6, 1967; box 12: Tel Aviv to the Secretary of State, June 6, 1967 (Barbour quote); Amman to the Secretary of State, June 6, 1967 (Hussein quote); box 9: Tel Aviv to the Secretary of State, June 7, 1967. PRO, FO 17/490, Israel–Political Affairs: Amman to Foreign Ministry, June 6, 1967. LBJ, National Security file, History of the Middle East Conflict, box 20: United States Policy and Diplomacy in the Middle East Crisis, May 15–June 10, 1967, pp.126–29. ISA, 7920/4, Levi Eshkol Papers, Prime Minister's Speeches, Surveys, and Reports: Bitan to Harman, Evron, Eban: June 6, 1967; 6444/6, Foreign Ministry files, North America Telegrams: Lourie to Foreign Ministry, June 6, 1967. Riyad quote from Hussein, *My "War" With Israel*, p.81.

19 LBJ, National Security file, History of the Middle East Crisis, box 21: CIA Intelligence Memorandum, Arab-Israeli Situation Report June 8, 1967. For example of the text of the Hussein-Nasser conversation, see Donovan, *Six Days in June*, pp.109–10. See also Hussein, *My "War" With Israel*, pp.82–87. Mutawi, *Jordan in the 1967 War*, p.159. Al-Ahram confirmation in Khouri, *Al-Watha'iq al-Filastiniyya*, pp.316–17.

20 Mutawi, *Jordan in the 1967 War*, pp.128–29, 138–39, 155. Mustafa, *Harb Haziran*, pp.267, 279–80. Al-Shuqayri, *Mudhakkirat 5*, p.296. Israel Intelligence Library, Internal Jordanian Army Papers: Sequence of Events on the Jordanian Front, June, 1967. Hussein's cable to Nasser in Hussein, *My "War" With Israel*,

pp.87-88, and in Kamm, *Hussein Poteah be-Milhama*, p.294. Oral history interview with Munir Zaki Mustafa, July 5, 2001.

21 IDF, 192/74/1076 Round Table Discussion on the Liberation of Jerusalem, n.d; Central Command: The Six Day War, Summary Report, Part B. Oral history interview with Suliman Marzuq, Nov. 17, 1999. Hammel, *Six Days in June*, pp.334-40. Rabinovich, *The Battle for Jerusalem*, pp.357-70. El Edroos, *The Hashemite Arab Army*, p.397. Mutawi, *Jordan in the 1967 War*, p.134. Kamm, *Hussein Poteah be-Milhama*, p.304. Dupuy, *Elusive Victory*, pp.298-301. Bartov, *Dado*, p.97. Hussein and Riad quotes from Hussein, *My "War" With Israel*, pp.89-91 and 107, respectively.

22 IDF, 192/74/1076 Round Table Discussion on the Liberation of Jerusalem, n.d. Gur, *Har ha-Bayyit be-Yadeinu!*, pp.387-407. Oral history interview with 'Ata 'Ali, Nov. 18, 1999.

23 ISA, 7920/4, Levi Eshkol Papers, Prime Minister's Speeches, Surveys, and Reports: Eshkol's Remarks to the Knesset Defense and Foreign Affairs Committee, June 7, 1967. Bartov, *Dado*, p.90. Oral History with Ya'Akov Eshkoli, Feb. 7, 2000. Baron, *Hotam Ishi*, pp.76, 83. Lior quote from Haber, *Ha-Yom Tifrotz Milhama*, p.241. Dayan quotes from YAD, Interviews with Ephraim Reiner, Haim Nadel and Matti Mayzel, June 20, 1996. BGA, Diary, Entry for June 6, 1967.

24 PRO, FCO 17/493, Israel–Political Affairs: Damascus to Foreign Office, June 6, 1967. Mustafa, *Harb Haziran*, pp.188-93 (including al-Assad quote). Aktum quote in Yehezkel Hame'iri, *Mi-Shnei Evrei ha-Rama* (Tel Aviv: Levin-Epstein, 1970), p.16. Ha-Merkaz le-Moreshet ha-Modi'in: Report on Syrian artillery barrage, top secret, signed by Col. Muhammad Rafiq Qu'ad. Khouri, *Al-Wath'iq al-Filastiniyya*, p.342. Heikal, *Al-Infijar*, pp.755-56. YAD, Interview with Haim Nadel, June 20, 1996. Dupuy, *Elusive Victory*, pp.317-19. Mayzel, *Ha-Ma'Arakha al ha-Golan*, p.203. Ezra Sadeh, *Amud Ha-Esh: Yoman ha-Milhama shel Yirmi* (Tel Aviv: Yosef Shimoni, n.d.), pp.189-90. Yehuda Harel, *El Mul Golan* (Givatayim: Masada Press, 1967), pp.86-98. Meir Hareuveni and Meir Arye, eds., *Ha-Hativa Shelanu be-Milhemet Sheshet ha-Yamim* (Tel Aviv: Misrad ha-Bitahon, 1968), pp.56-57. Dayan, *Me-Hermon ad Suez*, pp.209-11 (Yossi

quote).

25 Israel Intelligence Library, Internal Syrian Army Papers: The Southwestern Front, June 29, 1967. Khalil, *Suqut al-Julan*, p.148. Mayzel, *Ha-Ma'Arakha al ha-Golan*, pp.140–43. Syrian communiqué in Hame'iri, *Mi-Shnei Evrei ha-Rama*, pp.77–78.

26 Baron, *Hotam Ishi*, pp.60–61, 66. Bartov, *Dado*, p.99. Mayzel, *Ha-Ma'Arakha al ha-Golan*, pp.188–91, 204–8. Rabin quote from *Memoirs*, p.112.

27 IDF, 192/74/1076 Round Table Discussion on the Liberation of Jerusalem, n.d LBJ National Security file, box 104, 107. Middle East Crisis: Department of State to Tel Aviv and Amman, June 6, 1967; History of the Middle East Conflict, box 20: United States Policy and Diplomacy in the Middle East Crisis, May 15–June 10, 1967, pp.126–29. BGA, Diary, Entry for June 6, 1967. Baron, *Hotam Ishi*, pp.61–64 (Dayan quotes). Narkiss, *Soldier of Jerusalem*, p.209. Benziman, *Ir lelo Homa*, pp.19–20. Shragai, *Har ha-Meriva*, pp.16–17.

28 ISA, 7920/4, Levi Eshkol Papers, Prime Minister's Speeches, Surveys, and Reports: Bitan to Harman, Evron, Eban, Rafael, June 7, 1967; 7920/3, Diplomatic Telegrams, General: Rome to the Foreign Ministry, June 6, 1967. Haber, *Ha-Yom Tifrotz Milhama*, pp.231–33. Rabin, *Memoirs*, p.107. Begin quote from Ammunition Hill Archive, Begin to Motta Gur, June 15, 1992. BGA, Diary, June 6, 1967. Senior defense official quoted in USNA, Middle East Crisis files, 1967, Miscellaneous Documents, box 14: Houghton to Morehouse, June 6, 1967.

29 ISA, 4086/4, Foreign Ministry files, Security Council Meetings 2: Eban to Levavi, June 6, 1967; Security Council Meetings: Herzog to Eban, June 6, 1967; 7920/1, Levi Eshkol Papers, Diplomatic Telegrams: Herzog to Eban, June 6, 1967; Tekoah to Rafael, June 6, 1967.

30 ISA, 7920/1, Levi Eshkol Papers, Diplomatic Telegrams: Rafael to Tekoah, June 5, 1967. Text of Eban speech appears in PRO, FCO 17/492, Israel–Political Affairs: New York to Foreign Ministry, June 6, 1967. Eban, *Personal Witness*, pp.413–16. Raviv, *Israel at Fifty*, pp.109–10. Rafael, *Destination Peace*, pp.158–60 (including Goldberg quote). Donovan, *Six Days in June*, p.133.

31 ISA, 4086/4, Foreign Ministry files, Security Council Meetings 2: Eban to Eshkol, June 6, 1967; 7919/1, Levi Eshkol files, Diplomatic Telegrams: U.S.A.:

Bitan to Harman, June 6, 1967; 7920/4, Prime Minister's Speeches, Surveys, and Reports: Eshkol's Remarks to the Knesset Defense and Foreign Affairs Committee, June 7, 1967. LBJ National Security files, box 104, 107. Middle East Crisis: Donnelly to Rusk, Aug. 6, 1967 (analysis of White House mail); History of the Middle East Conflict, box 20: United States Policy and Diplomacy in the Middle East Crisis, May 15–June 10, 1967, p.129; Country file, box 104, 107: Rostow to the President, June 6, 1967 (Eshkol message); NSC Histories, Middle East Crisis, box 17: The President in the Middle East Crisis, Dec. 19, 1968 (Rusk quote); box 18: Rostow to the President, June 6, 1967. Eban, *Personal Witness*, pp.417–18. Johnson, *Vantage Point*, p.229. Quandt, *Peace Process*, p.522, ft. 20. BGA, Diary, Entry for June 7, 1967.

32 LBJ, National Security file, History of the Middle East Crisis, box 18: New York to the Department of State, June 6, 1967; Country file, box 104, 107: New York to the Department of State, June 6, 1967; NSC Histories, Middle East Crisis, box 20: The Cease-Fire Negotiations in New York, Nov. 7, 1968; Memorandum of Conversation: The Hotline Exchanges, Nov. 4, 1968; box 23: Kuwait to the Secretary of State, June 6, 1967; Secretary of State to Tel Aviv, June 6, 1967. PRO, FCO 17/492, Israel–Political Affairs: New York to Foreign Office, June 6, 1967; FCO 17/493, Israel–Political Affairs: New York to Foreign Office, June 6, 1967. ISA, 7920/1, Levi Eshkol Papers, Diplomatic Telegrams: Rafael to Levavi, June 6, 1967; 4086/4, Foreign Ministry files, Security Council Meetings 2: Eban to Eshkol, June 6, 1967. Vassiliev, *Russian Policy in the Middle East*, p.68. Arthur J. Goldberg Papers, "Behind Goldberg's UN Victory," in *New York Post*, June 7, 1967. Johnson quote in Donovan, *Six Days in June*, p.130. Semyonov quote from Shevchenko, *Breaking with Moscow*, pp.34–35.

33 USNA, Central Foreign Policy files, 1967–1969, POL 77-14 ARAB-ISR, box 1832: Goldberg to Rusk, June 6, 1967. PRO, FCO 17/494, Israel–Political Affairs: Hayman Minute, June 8, 1967. LBJ, National Security file, Country file, box 104, 107: Davis to Rostow, June 6, 1967. PRO, FCO 17/492, Israel–Political Affairs: New York to Foreign Office, June 6, 1967. LBJ, National Security file, NSC Histories, Middle East Crisis, box 23: Washington to Amman and London, June 10, 1967. Riad, *The Struggle for Peace in the Middle East*, p.27 (Riad

quote). Murtagi, Al-Fariq Murtagi Yarwi al-Haqa'iq, p.154. Lall, *The UN and the Middle East Crisis*, pp.59–62. U Thant, *View from the UN*, pp.258–59. Mutawi, *Jordan in the 1967 War*, p.158. Muhammad El-Farra, *Years of Decision* (London: KPI, 1987) pp.1–22, 50–57. Oral history interview with Muhammad al-Farra, Nov. 17, 1999.

34 ISA, 7920/4, Levi Eshkol Papers, Prime Minister's Speeches, Surveys, and Reports: Bitan to Harman, Evron, Eban, and Rafael, June 6, 1967; 7920/3, Diplomatic Telegrams, Negotiations: Harman to the Prime Minister, June 6, 1967. IDF, 717/77, file 32: Summary of the Battle for the Southern Front, p.29. Rabin quote from *Memoirs*, p.113. Baron, *Hotam Ishi*, pp.65–66. Warhaftig, *Hamishim Shana ve-Shana*, p.190. Haber, *Ha-Yom Tifrotz Milhama*, pp.240–41 (Eshkol quote).

35 Nasser letter in Hussein, *My "War" with Israel*, pp.92–93. Hussein quote in Kamm, *Hussein Poteah be-Milhama*, p.296. Mutawi, *Jordan in the 1967 War*, pp.129–30. PRO, FCO/17/275 Defense Attaché's Report on the Jordan-Israel Battles (Colonel J.F. Weston-Simons), Amman to Foreign Office, June 7, 1967. Israel Intelligence Library, Internal Jordanian Army Papers: Series of Events on the Jordanian Front, June, 1967. Oral history interview with Shafic 'Ujeilat, Nov. 17, 1999.

36 LBJ, National Security file, History of the Middle East Conflict, box 20: United States Policy and Diplomacy in the Middle East Crisis, May 15–June 10, 1967, p.129. Hussein, *My "War" with Israel*, p.95. Kamm, *Hussein Poteah be-Milhama*, pp.296, 304. Mutawi, *Jordan in the 1967 War*, pp.129, 139–40, 156. Hammel, *Six Days in June*, p.375. Israel Intelligence Library, Internal Jordanian Army Papers: Sequence of Events on the Jordanian Front, June, 1967. Oral history interview with Yusuf Khawwash, Nov. 16, 1999.

第 7 章

1 Hussein cable to Nasser in Hussein, *My "War" with Israel*, pp.93–94. Hussein's orders in USNA, Middle East Crisis files, 1967, Misc. Documents, box 14: Morehouse to Houghton, June 7, 1967. El Edroos, *The Hashemite Arab Army*, pp.398–99. Dupuy, *Elusive Victory*, p.302. IDF, 901/67/1 Central Command: Six

Day War, Concluding Report, Part A. Oral history interview with 'Ata 'Ali, Nov. 18, 1999; with Badi 'Awad, Nov. 21, 1999. Mutawi, *Jordan in the 1967 War*, p.140.

2 USNA, Middle East Crisis files, 1967, box 1: Chronology of U.S.-Jordanian Consultations on the Middle East, June 7, 1967. Cable from Cairo in Hussein, *My "War" with Israel*, pp.94–95. Kamm, *Hussein Poteah be-Milhama*, pp.243–46 (al-Darubi quote). Hammel, *Six Days in June*, pp.366–74. Benziman, *Ir lelo Homa*, pp.22–25, 29. Bartov, *Dado*, p.98. Oral history interview with Adnan Abu Oudeh, Nov. 16, 1999.

3 LBJ, National Security file, History of the Middle East Conflict, box 20: United States Policy and Diplomacy in the Middle East Crisis, May 15–June 10, 1967, pp.129 (Barbour quote), 132–33. USNA, Middle East Crisis files, 1967, box 1: Chronology of U.S.-Jordanian Consultations on the Middle East, June 7, 1967. ISA, 4086/4, Foreign Ministry files, Security Council Meetings 2. Director-General's Office to Levavi and the Defense Ministry. Haber, *Ha-Yom Tifrotz Milhama*, p.238. Zak, *Hussein Ose Shalom*, pp.110–15.

4 IDF, 192/74/1076 Rav Siah ba-Nose: Shihrur Yerushalayim: n.d Baron 67. 901/67/1 Central Command: Six Day War, Concluding Report, Part A (Bar-lev and Narkiss quotes). Gur, *Har ha-Bayyit be-Yadeinuf*, pp.284, 309; Gur quote on p. 287. Dupuy, *Elusive Victory*, pp.303–4. Hammer, *Six Days in June*, p.350. Haber, *Ha-Yom Tifrotz Milhama*, p.233. Rabinovich, *The Battle for Jerusalem*, pp.410–19; Gur quote on p. 419. Benziman, *Ir lelo Homa*, pp.20–21. Shragai, *Har ha-Meriva*, p.21. Baron, *Hotam Ishi*, p.67 (Dayan quote). Oral history interview with Mahmud Abu Faris, Nov. 17, 1999.

5 Kollek, *For Jerusalem*, p.194. Biographical information on Kollek, Herzog and Goren from the Jewish Agency Zionist Education website, www.jajz-ed.org.il.

6 USNA, Middle East Crisis files, 1967, box 1: Chronology of U.S.-Jordanian Consultations on the Middle East, June 7, 1967. PRO, PREM 13 1620, Middle East Crisis: Foreign Office to Amman, June 7, 1967; Amman to Foreign Office, June 7, 1967; FCO 17/493, Israel–Political Affairs: Foreign Office to Amman, June 7, 1967; Tel Aviv to Foreign Office, June 7, 1967. ISA, 7920/1, Levi Eshkol Papers, Diplomatic Telegrams: Eban to Eshkol, June 7, 1967; 7920/4, Prime

Minister's Speeches, Surveys, and Reports: Eshkol's Remarks to the Knesset Defense and Foreign Affairs Committee, June 7, 1967; Remez to Levavi, June 7, 1967.

7   IDF, 901/67/1: Central Command: Six Day War, Concluding Report, Part A; 192/74/1076: Roundtable Discussion on the Liberation of Jerusalem, n.d. (Achman quote). Gur, *Har ha-Bayyit be-Yadeinu*, pp.316–24. Benziman, *Ir lelo Homa*, p.29. O'Balance, *The Third Arab-Israeli War*, pp.208–11. Harel, *Sha'ar ha-Arayot*, pp.160–62. Hammel, *Six Days in June*, pp.335–36 (Goren quote).

8   Uzi Narkiss, "Kakh Uhda Yerushalayim," *Bamahane* 34 (May 1987); *Soldier of Jerusalem*, p.209 (Narkiss quote). Dayan quote from Mansoor, *Arab World*, entry for June 7, 1967. Rabin quotes from Rabin, *Memoirs*, pp.111–12, and Slater, *Rabin of Israel*, p.142. Donovan, *Six Days in June*, p.120. Nadav Shragai, *Har ha-Meriva*, pp.23–24, 28–30.

9   Haber, *Ha-Yom Tifrotz Milhama*, pp.242–45. Eban, *Personal Witness*, p.419. Warhaftig, *Hamishim Shana ve-Shana*, pp.204–6.

10 USNA, Middle East Crisis, Chronology June 4th–7th, box 1: Amman to the Department of State, June 6, 1967; Miscellaneous Documents, box 14: Morehouse to Houghton, June 7, 1967 (officer's description of Hussein). Israel Intelligence Library, Internal Jordanian Army Papers: Sequence of Events on the Jordanian Front, June, 1967. Dayan, *My Life*, p.370. Susser, *On Both Banks of the Jordan*, p.17. Narkiss, *Soldier of Jerusalem*, p.209. Al-Shara', *Hurubuna ma'a Isra'il*, p.494. Kamm, *Hussein Poteah be-Milhama*, p.296.

11 IDF, 717/77, file 32: Summary of the Battle for the Southern Front, pp.57–62. USNA, Lot files, USUN, box 6: Circular: Middle East Sitrep as of June 7. LBJ, National Security file, History of the Middle East Crisis, box 21: CIA Intelligence Memorandum, Arab-Israeli Situation Report, June 8, 1967; box 104, 107: Cincstrike and Eucom for Polad, June 8, 1967. Fawzi, *Harb al-Thalath Sanawat*, pp.151–56. Rabin, *Memoirs*, pp.107–8. Hammel, *Six Days in June*, pp.251–53. Baron, *Hotam Ishi*, pp.67, 71. Slater, *Rabin of Israel*, p.150. Schiff, *A History of the Israeli Army*, p.133. Al-Sabbagh, *Mudhakkirat Qadat al-'Askaraiyya al-Misriyya* 1, pp.28–29. Al-Sabbagh, *Mudhakkirat Qadat al-'Askaraiyya al-Misriyya* 10, pp.9–10 (Khalil quote). Mahmud 'Abd al-Hafiz's testimony appears

in Darraz, *Dubbat Yunyu Yatakallamun*, pp.135–46. Interview with Sidqi al-Ghul in *al-Ra'i al-'Am*, June 2, 1987. Oral history interview with Meir Pa'il, Dec. 6, 2000.

12 ISA, Foreign Ministry files, 4085/1: Emergency Situation 1967-Prisoners, June 14, 1967. USNA, Middle East Crisis files, 1967, Chronology, box 8: Tel Aviv to the Secretary of State, June 8, 1967. Dupuy, *Elusive Victory*, pp.271–75. Fawzi, *Harb al-Thalath Sanawat*, pp.151–56. Al-Sabbagh, *Mudhakkirat Qadat al-'Askaraiyya al-Misriyya 5*, p.28. Rabin, *Memoirs*, pp.107–8. Hammel, *Six Days in June*, pp.251–53. Baron, *Hotam Ishi*, pp.67, 71. Slater, *Rabin of Israel*, p.150. Schiff, *A History of the Israeli Army*, p.133. Sharon, *Warrior*, pp.194–95. O'Balance, *The Third Arab-Israeli War*, pp.144–45. Mahmud 'Abd al-Hafiz's testimony appears in Darraz, *Dubbat Yunyu Yatakallamun*, pp.135–46. Asher quote from Avraham Shapira, ed., *The Seventh Day: Soldiers Talk About the Six-Day War* (New York: Scribners, 1970), p.66. Oral history interview with Mahmud al-Suwarqa, July 7, 2001.

13 The testimonies of 'Azzam Shirahi and Dr. 'Abd al-Fattah al-Tarki appear in Darraz, *Dubbat Yunyu Yatakallamun*, pp.89–94 and 107–18, respectively. Oral history interview with Amin Tantawi, July 4, 2001.

14 Mazhar, *I'tirafat Qadat Harb Yunyu*, p.177. Fawzi, *Harb al-Thalath Sanawat*, pp.151–53. Murtagi, *Al-Fariq Murtagi Yarwi al-Haqa'iq*, p.163. Quote from Ramadan, *Tahtim al-Aliha*, p.105. Oral history interview with Al-Shirbini Sa'id Hamada, July 5, 2001.

15 LBJ, National Security file, History of the Middle East Crisis, box 19: CIA, Office of National Estimate—Current Soviet Attitudes, June 9, 1967; State Department Activities Report, June 7, 1967; Country file, box 104, 107: Davis to Rostow, June 6, 1967; New York to the Department of State, June 8, 1967; Soviet Official's Comments on Soviet Policy on the Middle Eastern War, June 8, 1967. Heikal, *Al-Infijar*, pp.728–31. Parker, *The Politics of Miscalculation in the Middle East*, pp.33–34. Segev, *Sadin Adom*, p.132. Pravda quote from ISA, Foreign Ministry files, 4083/3, Contacts with the Soviet Union, Moscow to Foreign Ministry, June 6, 1967. Dagan, *Moscow and Jerusalem*, pp.226–27 (Chuvakhin quote and Kosygin's letter to Eshkol). Al-'Ilmi, *Harb 'Am 1967*,

pp.203–7. I. I. Mintz, *Sionizm: Teoria i Praktika* (Moscow: Izdetelstvo Politicheskoy Literatury, 1970), pp.111–12. See also Yosef Argaman, "Nasser Metzaltzel le-Hussein: Ha-Siha," *Bamahane* 18 (January 1989).

16 ISA, 7920/2, Levi Eshkol Papers, Diplomatic Telegrams, USSR: Tekoah to New York, June 7, 1967 (Kosygin cable to Eshkol). PRO, FCO 17/493, Israel–Political Affairs: Kosygin to Wilson, June 7, 1967. Eshkol in Dagan, *Moscow and Jerusalem*, pp.229–30. Haber, Ha-Yom Tifrotz Milhama, pp.243–44. Wilson, *Chariot of Israel*, pp.351–52.

17 Mazhar, *I'tirafat Qadat Harb Yunyu*, pp.188–90. Fawzi, *Harb al-Thalath Sanawat*, pp.155–61. Murtagi, *Al-Fariq Murtagi Yarwi al-Haqa'iq*, pp.164–65. Ramadan, *Tahtim al-Aliha*, pp.136–37 (including orders to the 4th Division).

18 UN, DAG 1/5.2.2.1.2-2, The Middle East, Eban to the Secretary-General, June 7, 1967. Baron, *Hotam Ishi*, pp.73–74 (Dayan quote). Haber, *Ha-Yom Tifrotz Milhama*, pp.237–40, 244 (Lior, Allon, Eshkol and Tekoah quotes). Zak, *Hussein Ose Shalom*, pp.110–15. PRO, FCO 17/494, Israel–Political Affairs: Hayman Minute, June 8, 1967.

19 LBJ, National Security file, Country file, box 104, 107: Minutes of the NSC Meeting, June 7, 1967; Rostow to the President, June 7, 1967; History of the Middle East Crisis, box 19: Bundy to the President, June 9, 1967; Guidelines for U.S. Position and Action in Connections with the Present ME Situation, by Nadav Safran and Stanley Hoffman, June 8, 1967. USNA, POL AR-ISR, Mintues of the Control Group, box 17: Twelfth Control Group Meeting, June 7, 1967.

20 LBJ National Security file, Country file, Middle East Crisis, box 104, 107: Tel Aviv to the Department of State, June 7, 1967 (Barbour quote); USNA, Middle East Crisis, Chronology June 4th–7th, box 8: Tel Aviv to the Department of State, June 7, 1967 (report from Tel Aviv); USUN, box 6: Circular: Middle East Sitrep as of June 7. USNA, POL ARAB-ISR, United Nations files, box 1: Tel Aviv to the Secretary of State, June 8, 1967. ISA, Foreign Ministry files, 4089/15: Rome to Foreign Ministry, June 7, 1967. PRO, FO 17/11, American Middle East Policy, Urwick to Morris, June 7, 1967 (Bank of Israel plans). See also Reuven Pedatzur, "Coming Back Full Circle: The Palestinian Option of 1967," *Middle East Journal* 49, no. 2 (Spring 1995).

21 USNA, Arab-Israeli Crisis, box 17: Minutes of the Control Group, June 7, 1967. LBJ, National Security file, Country file, box 104, 107: Rusk to London, June 7, 1967 ("territorial integrity"); Minutes of the NSC Meeting, June 7, 1967 ("attorneys for Israel"); Memorandum for Mr. Bundy, June 7, 1967; CIA Intelligence Memorandum: Impact on Western Europe and Japan of a Denial of Arab oil, June 7, 1967; Mrs. Arthur Krim to Walt Rostow, June 7, 1967. Draper, *Israel & World Politics*, p.117. William B. Quandt, "The Conflict in American Foreign Policy," in Rabinovich and Shaked, *From June to October*, p.5.

22 Oral history interview with Rafi Benvenisti, Jan. 1, 1999. Susser, *On Both Banks of the Jordan*, pp.19–20. Hammel, *Six Days in June*, pp.377–80. Donovan, *Six Days in June*, p.121. Kamm, *Hussein Poteah be-Milhama*, p.217. Dupuy, *Elusive Victory*, pp.301–2. Shashar, *Milhemet ha-Yom ha-Shvi'i*, p.20. Ram quote from Bartov, *Dado*, p.98. Dayan, *My Life*, p.370. Al-Shara', *Hurubuna ma'a Isra'il*, pp.493–95.

23 Hammel, *Six Days in June*, pp.254–59. Sorer, *Derekh ha-Mitla*, pp.37–38. Dupuy, *Elusive Victory*, pp.273–75. *The Six Days' War* (Tel Aviv: Ministry of Defense, 1967), p.36. Al-'Ilmi, *Harb 'Am 1967*, pp.176–85.

第 8 章

1 USNA, Middle East Crisis files, 1967, box 1: Chronology of U.S.-Jordanian Consultations on the Middle East, June 8, 1967. PRO, PREM 13 1620 Middle East Crisis: Amman to Foreign Office, June 10, 1967. UN, DAG 1/5.2.2.1.2-2, Middle East: Minister of Foreign Affairs of Jordan to the Secretary-General, June 8, 1967. Hussein, *My "War" with Israel*, p.88. Khalid Fakhida, "Al-Fariq Haditha lil-Hadath: Sharakna fi Harb '67 Irda'an li-'Abd al-Nasir wa-Man'an min 'Takhwin' al-Urdun," *al-Hadath*, no. 265 (Jan. 29, 2001).

2 Hammel, *Six Days in June*, pp.258–59. Mustafa, *Harb Haziran*, pp.118–19. "Hail ha-Avir ba-Milhama," *Bit'on Hail ha-Avir* 3, no. 74/75 (December 1967), p.265. IDF, 901/67/1 Central Command: The Six-Day War, Concluding Report, Part A, 3 (Narkiss quote), p.38 (evaluation of Jordanian soldiers). Mutawi, *Jordan in the 1967 War*, p.140.

3 IDF, 717/77, file 32: Summary of the Battle for the Southern Front, pp.31 (Dayan

quote), 63, 399 (Even quote). LBJ, National Security file, History of the Middle East Crisis, box 21: CIA Intelligence Memoranda, Arab-Israeli Situation Report, June 8, 1967; box 104, 107. Middle East Crisis: Joint Embassy Memorandum, June 8, 1967 (Yariv quote). 'Amer, Murtagi and Muhsin quotes from Al-Sabbagh, *Mudhakkirat Qadat al-'Askaraiyya al-Misriyya 1*, pp.30–31. Rabin quote in Haber, *Ha-Yom Tifrotz Milhama*, p.245. Dupuy, *Elusive Victory*, pp.264, 276–77. Hammel, *Six Days in June*, pp.268–69. Dayan, "Before and After the Battle," in *The Six Days' War* (Tel Aviv: Ministry of Defense, 1967), p.36. Riad, *The Struggle for Peace in the Middle East*, p.32. Fawzi, *Harb al-Thalath Sanawat*, p.148. Aviezer Golan, *Albert* (Tel Aviv: Yediot Ahronot, 1977), p.118. Sorer, *Derekh ha-Mitla*, pp.37–39, 93–101.

4   Dayan, *My Life*, p.367. Slater, *Rabin of Israel*, p.150. Schiff, *A History of the Israeli Army*, p.133. Hammel, *Six Days in June*, pp.264–78. Dupuy, *Elusive Victory*, pp.274–75. Oral history interviews with Yeshayahu Gavish, Dec. 7, 1999; with Meir Pa'il, Dec. 6, 2000; with Rehavam Ze'evi, Sept. 9, 2001.

5   LBJ National Security file, Middle East Crisis, box 104, 107: Tel Aviv to the Department of State, June 8, 1967; box 20: United States Policy and Diplomacy in the Middle East Crisis, May 15–June 10, 1967, pp.140–41; box 23: Tel Aviv to the Secretary of State, June 8, 1967; Beirut to the Secretary of State, June 8, 1967; NSC Histories, Middle East Crisis, box 23: Tel Aviv to the Secretary of State, June 8, 1967. USNA, Middle East Crisis files, 1967, Situation Reports, box 14: Middle East Sitrep as of June 7. Al-Shuqayri, *Mudhakkirat 5*, p.330. Hart, *Arafat*, pp.199–200. Kimche and Bawly, *The Sandstorm*, pp.200–201. Mustafa, *Harb Haziran*, pp.193–94. Khouri, *Al-Watha'iq al-Filastiniyya*, p.354. Khalil, *Suqut al-Julan*, pp.100–101. Mayzel, *Ha-Ma'arakha al ha-Golan*, p.438. Syrian army record in Israel Intelligence Library: Internal Syrian Army Papers: The Southwestern Front, June 29, 1967.

6   Baron, *Hotam Ishi*, p.83. Eshkoli and Eshkol quotes from *Eretz ha-Golan*, no. 100 (1985), pp.32–33. Warhaftig, *Hamishim Shana ve-Shana*, pp.186–89. Haber, *Ha-Yom Tifrotz Milhama*, pp.244–46 (Aran quote). Gilboa, *Shesh Shanim, Shisha Yamim*, p.232. *Ha'aretz* quote from USNA, POL ARAB-ISR, United Nations files, box 1: Tel Aviv to the Secretary of State, June 8, 1967. Bar-Lev quote from

Guy, *Bar-Lev*, p.139. Dayan quote from YAD, Interview with Matti Mayzel, June 20, 1996.

7 Rabin, *Memoirs*, p.113. Elazar quotes from YAD, Interview with Haim Nadel, June 20, 1996, from Bartov, *Dado*, pp.99–101, Mayzel, *Ha-Ma'Arakha al ha-Golan*, pp.225–27. Golan, *Albert*, pp.124–25. Allon and Ber quotes from Haber, *Ha-Yom Tifrotz Milhama*, p.247. Oral history interview with Rehavam Ze'evi, Sept. 9, 2001.

8 LBJ National Security file, Middle East Crisis, box 104, 107: Joint Embassy Memorandum, June 8, 1967; Report of the American Consulate in Jerusalem, June 8, 1967 ("an apparent prelude..."); The Secretary of State to Tel Aviv, June 8, 1967. Eban, *Personal Witness*, p.424. IDF, 901/67/1 Central Command: The Six-Day War, Concluding Report, Part A, pp.9–10. Eban, *Personal Witness*, p.423 (Bundy quote).

9 LBJ National Security file, Middle East Crisis, box 19: NSC Special Committee Meeting (handwritten notes). June 8, 1967; box 104, 107: Rusk to Embassies, June, 1967; Tripoli to the Department of State, June 8, 1967; box 20: United States Policy and Diplomacy in the Middle East Crisis, May 15–June 10, 1967, pp.132–33, 140–41. USNA, Middle East Crisis files, 1967, Situation Reports, box 13: The Secretary of State to King Faisal, June 8, 1967. UN, DAG 1/5.2.2.1.2-2, Middle East: Goldberg to U Thant, June 9, 1967.

10 LBJ, National Security file, History of the Middle East Crisis, box 19: JCS to USCINCEUR, June 8, 1967; box 104, 107, The National Military Command Center: Attack on the USS *Liberty*, June 9, 1967; Department of Defense: USS *Liberty* Incident, June 15, 1967. USNA, Chairman Wheeler files, box 27: The Court of Inquiry Findings, June 22, 1967.

11 IDF, 2104/92/47: *Attack on the Liberty*, IDF Historical Department, Research and Instruction Branch, June 1982 (hereafter IDF, *Attack on the Liberty*). The Israeli fighter pilot originally thought that the ship had fired at him, and Israeli destroyers were ordered to find it. The orders were rescinded, however, following further debriefing of the pilot. See also ISA, 4079/26 Foreign Ministry files, the *Liberty* Incident; IDF Preliminary Inquiry file 1/67 Col. Y. Yerushalmi, July 24, 1967. Report by Carl F. Salans, Department of State Legal Advisor, September

21, 1967, to the Undersecretary of State. (Document available on the USS *Liberty* site—www.halcyon.com/jim/uss*Liberty*/*Liberty*.htm)

12 USNA, Middle East Crisis files, 1967, USUN, box 6: CINSTRIKE to AIG, June 2, 1967; Cir/Military files, box 6: CINSTRIKE to AIG 930, May 24, 1967; INR Reseach Reports: ALUSNA to COMSIXTHFLEET: June 8, 1967. LBJ, National Security file, History of the Middle East Crisis, box 20: United States Policy and Diplomacy in the Middle East Crisis, May 15–June 10, 1967, pp.87–88. On the naval liaison, see LBJ, National Security file, NSC Histories, Middle East Crisis, box 17: Tel Aviv to the Secretary of State, May 27, 1967. Ben-Gurion Archive, Diary, Entry for May 26, 1967. See also A. Jay Cristol, *The Liberty Incident*, unpublished doctoral dissertation, University of Miami, 1997, pp.25–26. British Public Record Office, FCO17/498, Israel—Political Affairs: Tel Aviv to Foreign Office, June 5, 1967. Shlomo Erell, *Lefanekha ha-Yam: Sipuro shel Yamai, Mefaked u-Lohem* (Tel Aviv: Misrad ha-Bitahon, 1998), pp.268–75. Rabin, *Memoirs*, pp.100, 110; Hirsh Goodman and Ze'ev Schiff, "The Attack on the *Liberty*," *The Atlantic Monthly*, September 1984, p.81.

13 ISA, 4079/26 Foreign Ministry files, the *Liberty* Incident; IDF Preliminary Inquiry file 1/67 Col. Y. Yerushalmi, July 24, 1967. IDF, 717/77, file 32: Summary of the Battle for the Southern Front, p.34. The *Liberty* was also sailing near 'Point Boaz,' the location at which Israeli aircraft entered and exited Sinai—another reason for the heavy air traffic that morning. See IDF, *Attack on the Liberty*, p.39, n. 14.

14 ISA, 4079/26 Foreign Ministry files, the *Liberty* Incident; IDF Preliminary Inquiry file 1/67 Col. Y. Yerushalmi, July 24, 1967. See also Rabin, *The Rabin Memoirs*, pp.108–9. Oral history interview with Mordechai Hod, March 9, 1999. Yanay, *No Margin for Error*, p.257. On issue of whether the Israelis consulted Commander Castle, see the protocol of the official U.S. Naval Board of Inquiry posted on the USS *Liberty* website.

15 The Israeli pilot mistook the "G" on the *Liberty*'s hull for a "C." IDF, Attack on the *Liberty;* Israeli Air Force Historical Branch, Transcript of the Ground-To-Air Communications, the *Liberty* Incident. ISA, 4079/26 Foreign Ministry files, the *Liberty* Incident; IDF Preliminary Inquiry file 1/67 Col. Y. Yerushalmi,

注　释　563

24 July, 1967. USNA, Chairman Wheeler files, box 27: The Court of Inquiry Findings, June 22, 1967. Rabin quote from *Memoirs*, pp.109, 127. LBJ, Country files, box 104, 107, The National Military Command Center: Attack on the USS *Liberty*, June 9, 1967; NSC Histories, box 18: CINCEURUR to RUDLKD/CINSUSNAVEUR, June 8, 1967; COMSIXTHFLT to RUFPBK/USCINCEUR, June 8, 1967; USDOA Tel Aviv to RUDLKD/CINCUSNAVEUR, June 15, 1967. See also Cristol, *Liberty Incident*, p.55. James M. Ennes, Jr., *Assault on the Liberty: The True Story of the Israeli Attack on an American Intelligence Ship* (New York: Random House, 1979), pp.72–117. Prostinak quote provided by Marvin Nowicki in a personal letter to Jay Cristol, dated March 3, 2000; conveyed to the author on May 31, 2001.

16　LBJ, National Security file, History of the Middle East Crisis, box 19: Memorandum for the Record, Washington-Moscow "Hot-line" Exchange, Oct. 22, 1968; box 20: United States Policy and Diplomacy in the Middle East Crisis, May 15–June 10, 1967, pp.143–44. Johnson, *Vantage Point*, p.301.

17　LBJ, National Security files, History of the Middle East Crisis, box 20: United States Policy and Diplomacy in the Middle East Crisis, May 15–June 10, 1967, pp.143–44; boxes 1, 3, 4, 5, 6, 7, 8, 9, 10: Memorandum for the Record (E. Rostow), June 9, 1967 (Operation Frontlet); Department of Defense Press Release, June 8, 1967; box 19: JCS to USCINCEUR, June 8, 1967. USNA, Middle East Crisis files, 1967, Chronology, box 7: Tel Aviv to the Secretary of State, June 8, 1967 (Barbour quote). Compensation package described in U.S. Department of State Bulletin 58, no. 1512, June 17, 1968, and 60, no. 1562, June 2, 1969, and U.S. Department of State Daily News Briefing, DPC 2451, December 18, 1980. See also Phil G. Goulding, *Confirm or Deny—Informing the People on National Security* (New York: Harper and Row, 1970), pp.123–30.

18　USNA, box 16: Diplomatic Activity in Connection with the USS *Liberty* Incident, June 14, 1967. LBJ, Country files, box 104, 107, Middle East Crisis: Eshkol to Johnson; Memos to the President (W. Rostow), June 8, 1967; box 17: Barbour to Department of State, June 8, 1967; box 19: NSC Special Committee Meeting (handwritten notes), June 9, 1967. ISA, 4079/26 Foreign Ministry files, the *Liberty* Incident: Harman to Foreign Ministry, June 10, 1967; Eban to Johnson,

June 9, 1967; Evron to Johnson, June 8, 1967. Barbour and Nolte quotes in LBJ, National Security file, box 20: United States Policy and Diplomacy in the Middle East Crisis, May 15–June 10, 1967, pp.143–44; box 104, 107, Middle East Crisis: Cairo to the Department of State, June 9,1967. Clark Clifford with Richard Holbrooke, *Counsel to the President* (New York: Random House, 1991), pp.446–47.

19 ISA, 4079/26 the *Liberty* Incident: Bitan to Harman, June 18, 1967; IDF Preliminary Inquiry file 1/67 Col. Y. Yerushalmi, July 24, 1967. LBJ, National Security file, Country files, box 104, 107: Middle East Crisis: Diplomatic Activity in Connection with the USS *Liberty* Incident, June 14, 1967. Erell, *Lefanekha ha-Yam*, pp.275–77.

20 USNA, Chairman Wheeler files, box 27: The Court of Inquiry Findings, June 22, 1967. LBJ, National Security file, Special Committee, box 1–10: Why the USS *Liberty* Was Where It Was, June 10, 1967; W. Rostow to the President, June 13, 1967 (Evron quote); NSA Declassified Report: Attack on the U.S.S. *Liberty*, July 11, 1983. Cristol, *Liberty Incident*, pp.86–105. Rusk, *As I Saw It*, p.388. The complete protocol of the U.S. Naval Inquiry can be found on the USS *Liberty* website.

21 Conspiracy theories on the *Liberty* affair can be found in Ennes, *Assault on the Liberty*, pp.254–59. Anthony Pearson, *Conspiracy of Silence: The Attack on the U.S.S. Liberty* (London: Quartet Books, 1978). Donald Neff, *Warriors for Jerusalem: The Six Days That Changed the Middle East* (Brattleboro, Vt.: Amana Books, 1988), p.253. John Loftus and Mark Aarons, *The Secret War Against the Jews: How Western Espionage Betrayed the Jewish People* (New York: St. Martin's Press, 1997), p.267. Richard Deacon, *The Israeli Secret Service* (London: Sphere Books, 1979), pp.192–97. For the Arab interpretation of the affair, see Riad, *Mudhakkirat 1*, p.312. Heikal, *Al-Infijar*, pp.731–32. Mazhar, *I'tirafat Qadat Harb Yunyu*, pp.86–88. El-Farra, *Years of No Decision*, pp.58–68. Fawzi, *Harb al-Thalath Sanawat*, pp.135–36. Salah al-Din Al-Ashram, "Al-Tawatu' al-Anklo-Amriki ma'A Isra'il," *Al-Majalla al-'Askariyya* 6, no. 18 (1967). I. P. Beliaev and E.M. Primakov, *Egipet: vremia prezidenta Nasera* (Moscow: Mysl', 1974), p.50. L. Sheidin, "Imperialisticheskii zagovor na Blizhnem Vostoke,"

Kommunist, no. 11 (July 1967), pp.107–17.

22 LBJ, National Security file, Country file, box 104, 107: Davis to Rostow, June 8, 1967; NSC Histories, Middle East Crisis, box 21: Report by Bureau of International Organizations Affairs (Arthur Day), n.d. (Goldberg quote); USUN to the Secretary of State, June 8, 1967; CIA to the White House Situation Room, June 8, 1967 ("We have no other choice"); NSC Histories, Middle East Crisis, box 20: Memorandum of Conversation: The Hotline Exchanges, Nov. 4, 1968. USNA, Central Foreign Policy files, 1967–1969, POL 77–14 ARAB-ISR, box 1832: Goldberg to Rusk, June 8, 1967. PRO, FCO 17/494, Israel–Political Affairs: Hayman Minute, June 8, 1967. ISA, 7920/1, Levi Eshkol Papers, Diplomatic Telegrams: Eban to Eshkol, June 8, 1967; 7919/1, Diplomatic Telegrams: U.S.A.: Eban to Eshkol, June 8, 1967 (Goldberg advice to Eban). Lall, *The UN and the Middle East Crisis*, pp.66–67. Rafael, *Destination Peace*, pp.160–61. Federenko and Rafael quotes from Dagan, *Moscow and Jerusalem*, p.232.

23 Mahmud al-Jiyyar, "Rajulan Qatala al-Mushir 'Amer," in *Ruz al-Yusuf* 2482 (January 5, 1976), pp.8–9. El-Sadat, *In Search of Identity*, pp.176–77. Riad, *The Struggle for Peace in the Middle East*, pp.28–30. Cairo Radio broadcasts in IDF, Historical Branch, 192/74/1349: Cease-Fire Orders in the Egyptian, Jordanian, and Syrian Sectors, p.26. Nasser quote from Ramadan, *Tahtim al-Aliha*, p.171. Salah Nasser quote in LBJ, National Security file, Middle East Crisis, box 104, 107: Cairo to the Department of State, June 8, 1967.

24 USNA, Central Foreign Policy files, 1967–1969, POL 27–7 ARAB-ISR, box 1830: Department of the Army to the Department of State, June 16, 1967. Muhammad Ahmad Khamis's testimony appears in Darraz, *Dubbat Yunyu Yatakallamun*, pp.69–75; Yahya Sa'ad Basha's testimony appears on pp.49–54. Oral history interview with Fu'ad Hijazi, July 5, 1967. Al-Sabbagh, *Mudhakkirat Qadat al-'Askaraiyya al-Misriyya 10*, p.11 (Khalil quote). Ramadan, *Tahtim al-Aliha*, pp.110–11. Interview with Sidqi al-Ghul in *al-Ra'i al-'Am*, June 2, 1987. David Pryce-Jones, *The Closed Circle: An Interpretation of the Arabs* (London: Paladin, 1990), p.8. Nolte quote in LBJ, National Security file, NSC Histories, Middle East Crisis, box 23: Cairo to the Secretary of State, June 8, 1967.

25 LBJ, National Security file, NSC Histories, Middle East Crisis, box 23: UNUS

to the Secretary of State, June 8, 1967. Mahmud Al-Jiyyar, "Rajulan Qatala al-Mushir 'Amer," p. 9. Riad, *The Struggle for Peace in the Middle East*, p.30. Lall, *The UN and the Middle East Crisis*, pp.67–72. El Kony quote from oral history interview with Muhammad al-Farra, Nov. 17, 1999; El Kony statement to the Security Council in IDF, Historical Branch, 192/74/1349: Cease-Fire Orders in the Egyptian, Jordanian, and Syrian Sectors, p.26. Supreme Headquarters communiqué in BBC, Daily Report, Middle East, Africa, and Western Europe, B1.

26 LBJ, National Security file, NSC Histories, Middle East Crisis, box 23: Tel Aviv to the Secretary of State, June 8, 1967 (Chuvakhin quote). Baron, *Hotam Ishi*, pp.83–85. Hame'iri, *Mi-Shnei Evrei ha-Rama*, pp.25–26. Gilboa, *Shesh Shanim, Shisha Yamim*, p.235. Bartov, *Dado*, p.101. Dayan, *My Life*, pp.364–67. Rabin, *Memoirs*, p.113. Hammel, *Six Days in June*, p.278. Dupuy, *Elusive Victory*, p.277. Mayzel, *Ha-Ma'Arakha al ha-Golan*, pp.258 (Eshkol "bulldog" quote), 264–65. Dayan quotes from Baron, *Hotam Ishi*, pp.85–86, and Hame'iri, *Mi-Shnei Evrei ha-Rama*, pp.30–31. Haber, *Ha-Yom Tifrotz Milhama*, p.244 (Chuvakhin quote), 248–50. Protocol of the Ministerial Defense Committee appears in Warhaftig, *Hamishim Shana ve-Shana*, pp.189–91.

27 Baron, *Hotam Ishi*, pp.86–87. Bartov, *Dado*, p.101. Hame'iri, *Mi-Shnei Evrei ha-Rama*, pp.27, 54, 98.

第 9 章

1 Dayan, *My Life*, p.382. Rabin, *Memoirs*, p.116. Warhaftig, Hamishim Shana ve-Shana, p.200. Bartov, *Dado*, pp.101–2. Mayzel, *Ha-Ma'Arakha al ha-Golan-Yuni*, pp.230–32. YAD, interview with Ephraim Reiner, June 20, 1996. Baron, *Hotam Ishi*, pp.76–77, 80 (Dayan quote).

2 Bartov, *Dado*, p.103. Nasser cable and Dayan's notes on it, in Baron, *Hotam Ishi*, pp.87–88 and in Haber, *Ha-Yom Tifrotz Milhama*, pp.252–53. Halahmi and Yariv quotes from Amos Gilboa, "Milhemet Sheshet Ha-Yamim 30 Shana," *Ma'Ariv*, June 6, 1997. Oral history interview with Miriam Eshkol, Aug. 30, 1999. Radio Damascus quote in Hame'iri, *Mi-Shnei Evrei ha-Rama*, p.33. Rabin quote from *Memoirs*, pp.115–16.

3 Dayan-Elazar dialogue in Bartov, *Dado*, p.103 and in Baron, *Hotam Ishi*, pp.90–91. Mayzel, *Ha-Ma'Arakha al ha-Golan*, pp.232–33, 255–57, 272–74. Oral history interview with Miriam Eshkol, Aug. 30, 1999. Lior and Eskhol quotes in Haber, *Ha-Yom Tifrotz Milhama*, pp.250–51. ISA, 4086/6, Foreign Ministry files, Security Council Meetings: Rafael to Tekoah, June 9, 1967. Rabin quote from *Memoirs*, pp.115–16.

4 IDF Intelligence Library, Internal Syrian Army Papers: The Southwestern Front, June 29, 1967. Mustafa, *Harb Haziran*, pp.248–50. Khalil, *Suqut al-Julan*, pp.189–90. Mayzel, *Ha-Ma'Arakha al ha-Golan*, pp.145–46. O'Balance, *The Third Arab-Israeli War*, pp.232–33. Or Kashti, "Mesima Bilti Efsharit," *Bamachane* 37 (May 1992). Hame'iri, *Mi-Shnei Evrei ha-Rama*, pp.20–25; Suweidani quote on p. 100.

5 IDF 522/69, file 212: Special Operations Survey, p.9. PRO, FCO17/576: Israel–Defense: Report of Defense Attaché, July 13, 1967. Aharon Meged, "Sh'ot ha-Tofet shel Tel Fakhr," *Bamahane* 31–32 (April 1967). Mayzel, *Ha-Ma'Arakha al ha-Golan*, pp.295–306; Horowitz quotes on pp.391–94. Hammel, *Six Days in June*, pp.413–14. Dupuy, *Elusive Victory*, pp.322–23. O'Balance, *The Third Arab-Israeli War*, pp.438–41. Dayan, *Me-Hermon ad Suez*, pp.21–29. Yosef Eshkol, ed., *Milhemet Sheshet ha-Yamim* (Tel Aviv: Misrad ha-Bitahon, 1967), p.104. Hareuveni and Arye, eds., *Ha-Hativa Shelanu be-Milhemet Sheshet ha-Yamim*, pp.60–65. Harel, *El Mul Golan*, pp.117–20. Ya'Akov Horesh, 47 *Madregot* (Tel Aviv: Yaron Golan, 1993), p.16. Mendler quotes in Hame'iri, *Mi-Shnei Evrei ha-Rama*, pp.18, 21. Golan, *Albert*, pp.121–29. Oral history interview with Elad Peled, Jan. 28, 2001.

6 IDF Intelligence Library, Internal Syrian Army Papers: The Southwestern Front, June 29, 1967 (including Khalili quote). Mayzel, *Ha-Ma'Arakha al ha-Golan*, pp.283–86, 307–19. Eshkol, *Milhemet Sheshet ha-Yamim*, p.106. Harel, *El Mul Golan*, pp.121–26. Mustafa, *Harb Haziran*, pp.208–20. Hani al-Shum'A, *Ma'Arik Khalida fi Ta'rikh al-Jaysh al-'Arabi al-Suri* (Damascus: Al-Tiba'A al-Suriyya, 1988), pp.63–74. Hammel, *Six Days in June*, pp.399, 406–13. O'Balance, *The Third Arab-Israeli War*, pp.240–42. Shmuel Katz and Aharon Megged, *Me-Har Grizim ad Har Herman: Rishumei Pikud ha-Tzafon be-Milhemet Sheshet ha-*

Yamim (Tel Aviv: Misrad ha-Bitahon, 1967), pp.56–58. Khalil, *Suqut al-Julan*, pp.197–204. M. Naor and Z. Aner, eds., *Yemei Yuni-Teurim min ha-Milhama 1967* (Tel Aviv: Ma'Arakhot, 1967), pp.240–41. Dangor quote from Hareuveni and Arye, *Ha-Hativa Shelanu be-Milhemet Sheshet ha-Yamim*, pp.67–68. Dayan, *Me-Hermon ad Suez*, pp.228–29 (Ben Basat quote), 240 (Ben Harush quote). Hame'iri, *Mi-Shnei Evrei ha-Rama*, pp.116–19, 125–28, 133 (Mendler quote), 138–40 (Takum and Haliq quotes), 143 (Hamawi quote).

7   Mansoor, *Arab World*, entry for June 9, 1967. Mayzel, *Ha-Ma'Arakha al ha-Golan*, p.147. Rabin, *Memoirs*, p.117. Assad quote from Hame'iri, *Mi-Shnei Evrei ha-Rama*, p.181.

8   USNA, Central Foreign Policy files, 1967–1969, POL 27–7 ARAB-ISR, box 1830: Cairo to the Department of State, Aug. 12, 1967. PRO, FCO 39/241, UAR–Political Affairs: Cairo to Foreign Office, July 25, 1967. LBJ, National Security file, Memos to the President (W. Rostow), box 17: W. Rostow to the President, June 17, 1967; Cairo to the Secretary of State, June 8, 1967. Dayan, *My Life*, p.365. Schiff, *A History of the Israeli Army*, p.113. Lufti Al-Khuli, *Harb Yunyu 1967 ba'da 50 Sana* (Cairo: Markaz Al-Ahram, 1997), pp.109–11. Ramadan, *Tahtim al-Aliha*, pp.144–45. Fawzi, *Harb al-Thalath Sanawat*, p.193. Riad, *Mudhakkirat Mahmud Riad*, p.83. Al-'ilmi, *Harb 'Am 1967*, p.161. El-Sadat, *In Search of Identity*, p.184. Mahjoub, *Democracy on Trial*, pp.115–16 (Nasser quote), pp.120–21. Oral history interview with Eric Rouleau, Dec. 18, 2000. On the Soviet resupply of Egypt, see Valerii Yeryomenko, "Imenno Sovyetski Soyuz spas arabskuyu koalitziyu vo vremya Shestidnevnoi voiny," *Nezavisimoe Veonnoe Obozrenie*, no. 20 (1998).

9   LBJ, National Security file, History of the Middle East Crisis, box 21: CIA Intelligence Memorandm, Arab-Israeli Situation Report, June 9, 1967. PRO FCO/39/263 UAR–Relations with the USSR: Effects of the Arab-Israeli War on the UAR Economy, Dec. 1, 1967. Shamir, "Nasser and Sadat, 1967–1973," in Rabinovich and Shaked, eds., *From June to October*, p.203. Riad, *The Struggle for Peace in the Middle East*, p.40. Farid, *Nasser*, p.76. Al-Sabbagh, ed., *Mudhakkirat Qadat al-'Askaraiyya al-Misriyya* 12, pp.56–57 (Nasser conversation with Madkur Abu al-'izz). Vatikiotis, *Nasser and His Generation*,

p.315. Heikal, *Al-Infijar*, pp.822, 840–46; Nasser remarks to 'Amer on pp.835 and 840–41.

10 LBJ, National Security file, History of the Middle East Crisis, box 21: CIA Intelligence Memorandum, Arab-Israeli Situation Report, June 9, 1967; box 23: Amman to the Secretary of State, June 10, 1967. USNA, USUN, box 6: Circular: Middle East Sitrep as of June 9; USNA, Central Policy files, 1967–1969, POL 7 UAR, box 2554: Athens to the Department of State, June 16, 1967. Riad, *The Struggle for Peace in the Middle East*, p.31. El-Sadat, *In Search of Identity*, p.179. Stephens, *Nasser*, p.506. Hussein quote from Kamm, *Hussein Poteah be-Milhama*, pp.299–300. Nasser's communiqué in Mansoor, *Arab World*, entry for June 9, 1967. FCO 39/233 UAR Internal Political Situation: Cairo to the Foreign Office, June 19, 1967 (Tesh). BGA, Diary, Entry for June 9, 1967. Thompson quote from *Life: Special Edition–Israel's Swift Victory* (1967), p.71. Oral history interview with Eric Rouleau, Dec. 18, 2000. Cairo Radio announcement in Daily Report, Middle East, Africa, and Western Europe, B1. Nasser speech from *Watha'iq 'Abd al-Nasir 1* (Cairo: Markaz al-Ahram, 1973), p.226, and Dan Hofstadter, ed., *Egypt and Nasser 3, 1967–72* (New York: Facts on File, 1973), pp.40–42.

11 LBJ, National Security file, NSC Histories, Middle East Crisis, box 21: Chronology of the Soviet Delay on the Security Council Meetings (J. Baker), June 26, 1967 (Federenko quote); Memorandum for Mr. W.W. Rostow (Davis), June 9, 1967; Tel Aviv to the Secretary of State, June 8, 1967 (Barbour quote). ISA, 4086/6, Foreign Ministry files, Security Council Meetings: Rafael to Tekoah, June 9, 1967. PRO FO17/495: Israel–Political Affairs: Tel Aviv to Foreign Office, June 9, 1967. UN, DAG 1/5.2.2.1.2–2, Middle East: Rafael to the Secretary-General, June 9, 1967; Tomeh to the Secretary-General, June 9, 1967. Rafael, *Destination Peace*, p.163 (Rafael quote to Nesterenko). Lall, *The UN and the Middle East Crisis*, pp.77–78 (Rafael quote in the Security Council). Mansoor, *Arab World*, entry for June 9, 1967 (Tomeh and Rafael quotes).

12 USNA, POL ARAB-ISR, Tel Aviv file, box 6: Tel Aviv to the Secretary of State, June 10, 1967. LBJ, National Security file, History of the Middle East Conflict, box 20: United States Policy and Diplomacy in the Middle East Crisis, May

15–June 10, 1967, pp.145–46 (Rusk cable), pp.148–52; box 19: NSC Special Committee Meeting (handwritten notes), June 9, 1967; NSC Histories, Middle East Crisis, box 23: Secretary of State to Tel Aviv, June 9, 1967 (Rusk quote); box 17: The President in the Middle East Crisis, Dec. 19, 1968. ISA, 7919/1, Levi Eshkol files, Diplomatic Telegrams: U.S.A.: Harman to Eshkol, June 9, 1967.

13 Baron, *Hotam Ishi*, pp.94–95. Haber, *Ha-Yom Tifrotz Milhama*, pp.253–56. BGA, Diary, Entries for June 9 and 11, 1967. Mayzel, *Ha-Ma'Arakha al ha-Golan*, pp.317–18. All quotes from Warhaftig, *Hamishim Shana ve-Shana*, pp.196–99.

14 Bartov, *Dado*, pp.104–5. Baron, *Hotam Ishi*, p.96. Hareuveni and Arye, *Ha-Hativa Shelanu be-Milhemet Sheshet ha-Yamim*, p.60. Naor and Aner, *Yemei Yuni*, p.239. Elazar quote from Rabin, *Memoirs*, pp.116–17, and from Arye Yitzhaki, "Ha-Ma'Arakha le-Kibush ha-Golan be-Milhemet Sheshet ha-Yamim," *Ariel*, no. 50–51 (1987). IDF Intelligence Library, Internal Syrian Army Papers: The Southwestern Front, June 29, 1967. Mayzel, *Ha-Ma'Arakha al ha-Golan*, pp.147, 293. Hammel, *Six Days in June*, p.423. Eshkol and Dayan quotes from Haber, *Ha-Yom Tifrotz Milhama*, pp.255–56. Assad quote from Hame'iri, *Mi-Shnei Evrei ha-Rama*, p.123.

第 10 章

1 Hame'iri, *Mi-Shnei Evrei ha-Rama*, pp.168–70, 179 (Rabin-Elazar conversation), 180 (Elazar order to his officers). Bartov, *Dado*, p.105. Mayzel, *Ha-Ma'Arakha al ha-Golan*, pp.331–32; Finkelstein quote on pp.407–8. Hammel, *Six Days in June*, pp.417–18.

2 Dayan, *Me-Hermon ad Suez*, pp.254–57. Mayzel, *Ha-Ma'Arakha al ha-Golan*, p.286. Hammel, *Six Days in June*, pp.417–18. Rabin, *Memoirs*, pp.117–18. Mendler quote from Gilboa, *Shesh Shanim, Shisha Yamim*, p.242. Eshkol, ed., *Milhemet Sheshet ha-Yamim*, p.108. Radio Damascus quote from Hame'iri, *Mi-Shnei Evrei ha-Rama*, p.214.

3 USNA Central Foreign Policy files, 1967–1969, POL 12 SY, box 2511: Goldberg to Rusk, June 10, 1967. Hame'iri, *Mi-Shnei Evrei ha-Rama*, p.190. Mustafa, *Harb Haziran*, pp.229–32.

4 LBJ, National Security file, NSC Histories, Middle East Crisis, box 21:

Chronology of the Soviet Delay on the Security Council Meetings (J. Baker), June 26, 1967; Report by Bureau of International Organizations Affairs (Arthur Day), n.d. ISA, 4086/6, Foreign Ministry files, Security Council Meetings: Rafael to Eban, June 10, 1967; Rafael to Tekoah, June 10, 1967. UN, DAG 13/3.4.0: 83 Chief of Staff, UNTSO to Chairman, ISMAC, June 10, 1967; Mission and Commissions: Chron-9/06 to 24/06, June 10, 1967. Rafael, *Destination Peace*, pp.163–64. Bull, *War and Peace in the Middle East*, p.120. Dagan, *Moscow and Jerusalem*, p.232. Lall, *The UN and the Middle East Crisis*, pp.77–94 (includes Federenko quote).

5 LBJ, National Security file, Middle East Crisis: Soviet Official's Comments on Soviet Policy on the Middle Eastern War, June 8, 1967; box 19: State Department Activities Report, June 9, 1967. N.S. Khrushchev, *Vospominaniya 3: Vremia. Lyudi. Vlast'*, pp.461–62. Schevchenko, *Breaking with Moscow*, p.135.

6 LBJ National Security file, Middle East Crisis: Soviet Role in the Middle East Crisis, June 14, 1967; box 23: USUN to the Secretary of State, June 8, 1967. USNA, POL ARAB-IS, Chronology, box 8: Ankara to the Secretary of State, June 8, 1967; box 9: Moscow to the Secretary of State, June 6, 1967. ISA, 4048/27, Foreign Ministry files, Diplomatic Relations with the Soviet Union: Bonn to Foreign Ministry, June 8, 1967; 4079/11, Foreign Ministry files, Contacts with the United States with the Entry of Egyptian Forces into Tiran: Foreign Ministry to Embassies, June 8, 1967. PRO, FO17/496: Israel–Political Affairs: NATO Intelligence Assessment, June 10, 1967; PREM 13 1622: The Soviet Role in the Middle East Crisis, July 20, 1967 ("bad six weeks"). Dagan, *Moscow and Jerusalem*, pp.234–35. I. L. Blishchenko and V. D. Kudriavtsev, *Agressia Izrailia I Mezhdunarodnoie Pravo* (Moscow: Mezhdunorodnyie Otnosheniya, 1970) p.11. Vassiliev, *Russian Policy in the Middle East*, p.70 (Soviet official quote). Rumors of Soviet intervention in Isabella Ginor, "The Russians Were Coming: The Soviet Military Threat in the 1967 Six-Day War," *Middle East Review of International Affairs* 4, no. 4 (Dec. 2000). A. Khaldeev, "Nesostoiavshiisia desant," *Vesti* (Israel), Sept. 14, 2000.

7 LBJ, National Security file, History of the Middle East Crisis, box 19: Memorandum for the Record, Washington-Moscow "Hot-line" Exchange, Oct.

22, 1968; Kosygin to Johnson, June 10, 1967 (10:00 A.M.); Johnson to Kosygin (10:58 A.M.); Movements of Sixth Fleet, June 10, 1967; NSC Histories, Middle East Crisis, box 20: Memorandum of Conversation: The Hotline Exchanges, Nov. 4, 1968 (Thompson quote). Sedov quote in USNA, Middle East Crisis, Miscellaneous Reports, box 15: Garthoff to Kohler, June 10, 1967. PRO, PREM 13 1620, Middle East Crisis: Moscow to the Foreign Office, Text of Communiqué from the Representatives of Ten Socialist Countries, June 10, 1967. Dobrynin, *In Confidence*, p.160. Vassiliev, *Russian Policy in the Middle East*, p.69. Quandt, *Peace Process*, p.52. P. Demchenko, *Arabskii Vostok v chas ispytanii* (Moscow: Politicheskaia Literarura, 1967), pp.118–19. LBJ, Richard Helms Oral History; Llewellyn Thompson Oral History. Oral history interview with Robert McNamara, Feb. 11, 2000.

8 LBJ, National Security file, History of the Middle East Conflict, United States Policy and Diplomacy in the Middle East Crisis, May 15–June 10, 1967, pp.147–49; NSC Histories, Middle East Crisis, box 23: Tel Aviv to the Secretary of State, June 10, 1967; Washington to Tel Aviv, June 10, 1967 (Eban and Barbour quotes). USNA, Central Foreign Policy files, 1967–1969, POL 77-14 ARAB-ISR, box 1832: Department of State to Tel Aviv, June 10, 1967. ISA, 4078, Foreign Ministry files, Contacts with the United States with the Entry of Egyptian Forces into Tiran: Rafael to Eban, June 10, 1967; 7919/1, Levi Eshkol files, Diplomatic Telegrams: U.S.A.: Harman to Eban, June 10, 1967; Evron to Eban, June 10, 1967. Rabin, *Memoirs*, pp.116–17. Parker, *The Six Day War*, p.233. Baron, *Hotam Ishi*, p.97. Goldberg quote in Rafael, *Destination Peace*, pp.164–65. I. I. Mintz., *Sionizm: Teoria I Praktika* (Moscow: Izdetelstvo Politicheskoy Literatury, 1970), pp.111–12.

9 ISA, 4083/3, Foreign Ministry files, Contacts with the Soviet Union: Katz to Foreign Ministry, June 10, 1967; 7920/2, Levi Eshkol Papers, Diplomatic Telegrams, USSR: Katz to the Prime Minister, June 10, 1967. LBJ, National Security file, NSC Histories, Middle East Crisis, box 23: Washinton to Tel Aviv, June 9, 1967. Mintz, *Sionizm*, p.113. Dagan, *Moscow and Jerusalem*, p.232. Parker, *The Six Day War*, p.230. Mintz, *Sionizm*, p.113. Chuvakhin quote from Eban, *Personal Witness*, pp.425–26. See also Eban, *Diplomacy for the Next*

Century, pp.101–2.

10 Hame'iri, *Mi-Shnei Evrei ha-Rama*, pp.187–88 (text of meeting with Eshkol, Dayan, and Elazar), 204–5. Bartov, *Dado*, p.106. Warhaftig, *Hamishim Shana ve-Shana*, pp.191–92, 200. Baron, *Hotam Ishi*, pp.97–98. Mayzel, *Ha-Ma'Arakha al ha-Golan*, pp.332–33, 342–43. Rabin, *Memoirs*, pp.117–18. Amos Gilboa, "Milhemet Sheshet Ha-Yamim 30 Shana," *Ma'Ariv*, June 6, 1997. Ze'evi quote from Shashar, *Sihot im Rehavam–Gandhi–Ze'evi*, p.166.

11 USNA, Central Foreign Policy files, 1967–1969, POL Arab-Jordan, box 1844: Amman to the Department of State, June 10, 1967. PRO FCO17/576: Israel–Report of Defense Attaché, July 13, 1967. Rabin, *Memoirs*, p.118. Mayzel, *Ha-Ma'Arakha al ha-Golan*, pp.81, 335, 338–39. Ezra Sadeh, *Amud Ha-Esh: Yoman ha-Milhama shel Yirmi* (Tel Aviv: Yosef Shimoni, n.d.), pp.203–4. Oral history interviews with Ibrahim Isma'il Khahya and Muhammad 'Amer, Jan. 10, 2001; with Marwan Hamdan al-Khuli, Jan. 11, 2000. Suweidani quote from Hame'iri, *Mi-Shnei Evrei ha-Rama*, p.212. Mustafa Tlas, *Mir'at Hayati* (Damascus: Tlasdar, 1995), p.857. Darwish and Hassan quotes from Saqr Abu Fakhr, "Al-Julan: Shahadat Nazihin 'an Ayyam al-Harb wal-Hadir," *Majallat al-Dirasat al-Filastiniyya* 42 (Spring 2000) pp.135–39.

12 Eshkol, *Milhemet Sheshet ha-Yamim*, pp.108–9. Hammel, *Six Days in June*, pp.419–20. Harel, *El Mul Golan*, p.130. PREM 13 1620, Middle East Crisis: New York to Foreign Office, June 10, 1967. Mayzel, *Ha-Ma'Arakha al ha-Golan*, pp.418–20. Hame'iri, *Mi-Shnei Evrei ha-Rama*, pp.165–67. Allon quote from YAD, Remarks by Ephraim Reiner June 20, 1996.

13 Bartov, *Dado*, pp.107–9. Baron, *Hotam Ishi*, p.98. Mayzel, *Ha-Ma'Arakha al ha-Golan*, pp.109–14, 359. Ma'oz, *Syria and Israel*, pp.101–2. Schiff, *A History of the Israeli Army*, p.141. Golan, *Albert*, pp.134–35. Inbar quote from Ran Bin-Nun, *Krav ha-Havka'A shel Hativat 'Golani' be-Milhemet Sheshet ha-Yamim*, unpublished thesis, Kedourie School, Feb. 1988, p.12.

14 UN, DAG 13/3.4.0.:83: Mission and Commissions: Chron-9/06 to 24/06, O'Hora to the Chief of Staff, June 10, 1967. ISA, 4086/6, Foreign Ministry files, Security Council Meetings: Sasson to Washington, June 10, 1967. Baron, *Hotam Ishi*, pp.98–99. Hame'iri, *Mi-Shnei Evrei ha-Rama*, p.187. Mayzel, *Ha-Ma'Arakha al*

ha-Golan, p.342.

15 Hame'iri, *Mi-Shnei Evrei ha-Rama*, p.187. YAD, Interview with Ephraim Reiner, June 20, 1996; with Elad Peled, June 20, 1967. Hofi quote from Bartov, *Dado*, p.108. Mayzel, *Ha-Ma'arakha al ha-Golan*, pp.343-44, 354-57. Oral history interview with Yitzhak Hofi, July 14, 1999.

16 ISA, 4086/6, Foreign Ministry files, Security Council Meetings: New York to Foreign Ministry, June 10, 1967. USNA, Middle East Crisis files, 1967, Chronology, box 7: Tel Aviv to the Secretary of State, June 10, 1967. PRO, PREM 13 1620, Middle East Crisis: New York to Foreign Office, June 11, 1967. LBJ, National Security file, History of the Middle East Conflict, box 20: United States Policy and Diplomacy in the Middle East Crisis, May 15–June 10, 1967, p.152 (Barbour quote); NSC Histories, Middle East Crisis, box 21: Report by Bureau of International Organizations Affairs (Arthur Day), n.d. (Goldberg quote); box 19: Kosgyin to Johnson, June 10, 1967; Johnson to Kosygin, June 10, 1967. Rabin, *Memoirs*, p.118. Baron, *Dado*, pp.101-2.

第 11 章

1 USNA, Middle East Crisis files, box 4: Circular to all American Diplomatic Posts, June 12, 1967. Hammel, *Six Days in June*, p.383. Schiff, *A History of the Israeli Army*, pp.135, 141. Mutawi, *Jordan in the 1967 War*, p.164. Mustafa, *Harb Haziran*, pp.242–44. Fawzi, *Harb al-Thalath Sanawat*, pp.160–61. Donovan, *Six Days in June*, p.123. Mayzel, *Ha-Ma'Arakha al ha-Golan*, p.425. Adnan Abu Oudeh, *Jordanians, Palestinians, and the Hashemite Kingdom in the Middle East Peace Process* (Washington, D.C.: United States Institute of Peace, 1998), p.137.

2 USNA, USUN, box 6: Circular to All American Diplomatic Posts, June 10, 1967; POL 27-7 ARAB-ISR, box 1830: Cairo to the Secretary of State, Aug. 31, 1967. LBJ, National Security file, History of the Middle East Crisis, box 21: CIA Intelligence Memorandum, Arab-Israeli Situation Report, June 11, 1967. PRO, FCO17/577: Report of Air Attaché, Aug. 8, 1967. ISA, 4086/8, Foreign Ministry files, Red Cross: Foreign Ministry Circular, June 7, 1967; 4089/3, Foreign Ministry files, Report on the Gossing Visit, July 26, 1967. Schiff, *A History of the Israeli Army*, p.135. Mayzel, *Ha-Ma'Arakha al ha-Golan*, p.425. Mutawi, *Jordan*

in the 1967 War, p.164. Kimche, *The Sandstorm*, p.237. Shashar, *Milhemet ha-Yom ha-Shvi'i*, p.45.

3   USNA, Central Foreign Policy files, 1967–1969, POL 27-7 ARAB-ISR, box 1830: Amman to the Secretary of State, June 30, 1967. ISA, Foreign Ministry files, 4089/2, Refugees: Jerusalem to Embassies, June 23, 1967; Comay to Bitan, July 3, 1967. PRO, FCO17/577: Israel–Defense: Report of Defense Attaché, Oct. 9, 1967; PREM 13 1623: Record of Meeting, The Foreign Secretary and the Israeli Ambassador, July 30, 1967. Shashar, *Milhemet ha-Yom ha-Shvi'i*, pp.24, 66–67, 76–77, 105, 165, 212 Gazit, *Pta'im be-Malkodet*, pp.29, 36–39, 48–49. Mayzel, *Ha-Ma'Arakha al ha-Golan*, p.82. Susser, *On Both Banks of the Jordan*, p.25. Abu Murshid, Butrus, and Jabber, *Silsilat al-Kitab al-Sanawi lil-Qadiyya al-Filastiniyya*, pp.509–10, 532, 540–41, Yosef Levita, "Ma Ya'Ase Zahal ba-Shalal," *Bamahane* 48 (August, 1967). IDF order in Mayzel, *Ha-Ma'Arakha al ha-Golan*, p.364; see also pp.433–35.

4   LBJ, National Security file, Memos to the President, box 22: Wine to E. Rostow, Aug. 16, 1967. USNA, Central Foreign Policy files, 1967–1969, POL 27-7 ARAB-ISR, box 1830: The Hague to the Secretary of State, July 7, 1967; POL 12 SY, box 2511: Beirut to the Secretary of State, Sept. 6, 1967. ISA, Foreign Ministry file 4091/7: Speeches and Decisions (Comay): Foreign Ministry to Washington, June 16, 1967; 4085/1: Emergency Situation 1967–Prisoners: Geneva to Tekoah, June 13, 1967. PRO, FCO17/531 Israel–Political Affairs (External): Condition of the Jews of the Arab States in the Light of the Six-Day War, Sept. 27, 1967.

5   USNA, Central Foreign Policy files, 1967–1969, POL 27-7 ARAB-ISR, box 1830: Jerusalem to the Secretary of State, June 13, 1967; Jerusalem to the Secretary of State, June 23, 1967; Jerusalem to the Secretary of State, Aug. 30, 1967. Abu Murshid, Butrus, Jabber, *Silsilat al-Kitab al-Sanawi lil-Qadiyya al-Filastiniyya*, pp.525, 531. Shashar, *Milhemet ha-Yom ha-Shvi'i*, pp.66–69, 131–32, 148. Dayan, *My Life*, pp.393, 403. Susser, *On Both Banks of the Jordan*, pp.24–26, 36.

6   LBJ, National Security Council file, History of the Middle East Crisis, box 18: McPherson to the President, June 11, 1967. Eban quote in *Ha'aretz*, June 11,

1967; "victory cake" recipe in June 12, 1967. Slater, *Rabin of Israel*, p.148. PRO, PREM 13 1622: The Second Arab-Israel War (Hadow), July 6, 1967. Avraham Shapira, ed., *The Seventh Day*, pp.100, 124–25. Lyrics to "Song of Peace" by Yankele Rotblitt; translation by Michael Oren.

7   Haber, *Ha-Yom Tifrotz Milhama*, p.256 (Bar-Lev quote). Fuad Ajami, *The Arab Predicament: Arab Political Thought and Practice Since 1967* (Cambridge: Cambridge University Press, 1981), pp.12 (Middle East historian's quote), 25–40, 50–62. Ramadan, *Tahtim al-Aliha*, p.88. Hussein, *My "War" with Israel*, p.97. Riad, *Mudhakkirat* 2, pp.310–12. Al-Khuli, *Harb Yunyu 1967*, pp.50–66, 81–101. Gawrych, *The Albatross of Decisive Victory*, pp.84–88. USNA Central Foreign Policy files, 1967–1969, POL Arab-Jordan, box 1844: Beirut to the Secretary of State, June 10, 1967 (reference to Assad). Suweidani and Makhous quotes in Khalil, *Shukut al-Julan*, pp.190–92. Assad quote in Hani al-Shum'A, *Ma'Arik Khalida fi Ta'rikh al-Jaysh al-'Arabi al-Suri*, p.35.

8   Hadidi quote in Al-Sabbagh, *Mudhakkirat Qadat al-'Askaraiyya al-Misriyya 3*, p.17. Fawzi quote in Ramadan, *Tahtim al-Aliha*, p.109. Al-Sabbagh, *Mudhakkirat Qadat al-'Askaraiyya al-Misriyya 4*, p.32 (Sadiq quote). Mazhar, *I'tirafat Qadat Harb Yunyu*, pp.157–58 (Sidqi Mahmud quote), 193–95. Muhieddin quote from LBJ National Security file, Memos to the President, box 20: CIA Intelligence Cable: Egypt, July 31, 1967. Imam, *'Ali Sabri Yatadhakkar*, pp.89–90. Badran, *Al-Hawadith*, Sept. 2, 1977, p.19.

9   PRO, PREM 13 1622: The Second Arab-Israel War (Hadow), July 6, 1967. Moshe Dayan, "Before and After the Battle," pp.11–18. Dayan, *My Life*, pp.382–83. For further explanations of Israel's victory, see IDF, 717/77, file 86: Battle for the Southern Front, General Tal on the Lessons of War, pp.113–16.

10 LBJ, National Security file, NSC Histories, Middle East Crisis, box 17: The President in the Middle East Crisis, Dec. 19, 1968; box 21: Memos to the President: CIA Intelligence Cable, July 11, 1967. PRO, FCO 27/1 Arab-Israel Dispute—Peace Negotiations: The Middle East Situation, Aug. 14, 1967. ISA, 4078/7, Foreign Ministry files, Contacts with the United States with the Entry of Egyptian Forces into Tiran: Eban to Harman and Rafael, June 12, 1967 (Eban quote); Eban to Harman and Rafael, June 26, 1967 ("Constructive deadlock").

Rafael, *Destination Peace*, p.177. Gazit, *Pta'im be-Malkodet* 32, pp.136–37. Pedatzur, "Coming Back Full Circle." Mayzel, *Ha-Ma'Arakha al ha-Golan*, pp.381–83. Rabin quote from Beni Michelson, Avraham Zohar, and Effi Meltzer, eds., *Ha-Ma'avak le-Bithon Yisrael* (Tel Aviv: Ha-Amuta ha-Yisraelit le-Historia Tzva'it leyad Universitat Tel Aviv, 2000), pp.150–51. Eban quote from ISA, 4078/7, Foreign Ministry files, Contacts with the United States with the Entry of Egyptian Forces into Tiran: Eban Conversation with Goldberg, July 18, 1967.

11 BGA, Diary: Entry for June 11, 1967. Bartov, *Dado*, pp.112–13. Gazit, *Pta'im be-Malkodet*, pp.144–46. Shashar, *Milhemet ha-Yom ha-Shvi'i*, p.175. Profiles of Yigal Allon, Menachem Begin, David Elazar, Ezer Weizman, and Ariel Sharon can be found at www.us-israel.org/jsource/biography. Allon and Begin quotes from www.research.haifa.ac.il/~eshkol/peace.

12 PRO, FCO 17/507: Israel–Political Affairs (External): Tel Aviv to the Foreign Office, July 27, 1967; FCO 17/506: Tel Aviv to the Foreign Office, Sept. 13, 1967. Dayan quotes from Mayzel, *Ha-Ma'Arakha al ha-Golan*, pp.381–82, and Gazit, *Pta'im be-Malkodet*, p.141.

13 ISA, 4078/5, Foreign Ministry files, Contacts with the United States After the Six-Day War, North America Desk to Eban, June 26, 1967. Oral history interview with David Kimche, Aug. 26, 1999. Sadia Touval, *The Peace-Brokers: Mediators in the Arab-Israeli Conflict, 1948–1979* (Princeton: Princeton University Press, 1982) pp.134–53. See also article by Moshe Sasson at www.research.haifa.ac.il/~eshkol/peace. Susser, *On Both Banks of the Jordan*, p.37.

14 LBJ, National Security Council file, History of the Middle East Crisis, box 18: McPherson to the President, June 11, 1967. PRO, PREM 13 1623: Tel Aviv to Foreign Office, Oct. 16, 1967. Eshkol quotes from FRUS, XX, *Arab-Israeli Dispute, 1967–1968* (Washington, D.C.: United States Government Printing Office, 2001), pp.80, 82, 83, 87. *Ha'aretz*, Feb. 27, 1967. *Ma'Ariv*, Feb. 27, 1967. Oral history interview with Miriam Eshkol, Aug. 30, 1999. Arab reactions to Eshkol's death, including Arafat quote, from Moshe Dayan Center Library, Tel Aviv University, Ramat Aviv, Israel (translations of Arabic press).

15 Egyptian broadcasts in BBC, Daily Report, Middle East, Africa, and Western Europe, B 2 and 137. USNA Central Foreign Policy files, 1967–1969, POL Arab-

Jordan, box 1844: Beirut to the Secretary of State, June 19, 1967; Beirut to the Secretary of State, July 30, 1967; USUN, box 6: USUN to the Secretary of State, June 27, 1967; Middle East Crisis files, 1967, box 1: Amman to the Secretary of State, June 10, 1967 (Nuseibeh quote). Feisal quote in PRO, PREM 13 1622: Jedda to Foreign Office, June 26, 1967. Nasser quote from Riad, *Mudhakkirat* 2, pp.80–81.

16 Farid, *Nasser*, pp.4–5, 11 (Podgorny quote), 24–47 (including Brezhnev quote). Heikal, *Al-Infijar*, pp.777–91 (including Nasser quote "any concession ..."). Fawzi, *Harb al-Thalath Sanawat*, pp.193–97. Riad, *The Struggle for Peace in the Middle East*, pp.42–50; *Muthakkirat* 2, pp.84–85, 97–98 (Nasser's "That which was taken by war" and "double defeat" quotes), pp.110–15. Raphael Israeli, *Man of Defiance: A Political Biography of Anwar Sadat* (Totowa, N.J.: Barnes and Noble, 1985), p.42. PRO, FCO 39/233 UAR Internal Political Situation: Canadian Embassy, Cairo, to the Foreign Office, June 22, 1967. LBJ, National Security file, Memos to the President (W. Rostow), box 19: Goodpaster Memorandum for the Record, July 12, 1967. ISA, 4078/5, Foreign Ministry files, U.S.–Borders: Lourie to Foreign Ministry, June 22, 1967.

17 Heikal, *Al-Infijar*, pp.896–97 (all Nasser quotes). Fawzi, *Harb al-Thalath Sanawat*, pp.199–201. Riad, *Mudhakkirat* 2, pp.97–98; Riad, *The Struggle for Peace in the Middle East*, pp.48–49. PRO, FCO 39/250 Middle East Crisis: UAR Attitude, July 10, 1967. LBJ National Security file, Memos to the President, box 19: Extracts from a Cable from Ambassador Burns, July 19, 1967.

18 Riad, *The Struggle for Peace in the Middle East*, pp.109–31. Nasser message to Hussein in Kamm, *Hussein Poteah be-Milhama*, p.301. Heikal column in BBC, Daily Report, Middle East, Africa and West Europe, no. 138, d 3. Daniel Dishon, "Inter-Arab Relations," in Rabinovich and Shaked, eds., *From June to October*, p.159.

19 Ramadan, *Tahtim al-Aliha*, pp.196–273. Heikal, *Al-Infijar*, pp.922–28. Farid, *Nasser*, pp.41, 75. Fawzi, *Harb al-Thalath Sanawat*, pp.166–79. Riad, *The Struggle for Peace in the Middle East*, pp.33–34. Imam, *'Abd al-Nasir—Kayfa Hakama Misr*, pp.212–39. USNA, Central Policy files, 1967–1969, POL UAR, box 2552: Memorandum of Conversation with Habib Bourgiba, Sept. 28, 1967;

POL 2 UAR, box 2553: Amman to the Secretary of State, Oct. 3, 1967. PRO, FCO 39/233, North and East African–Political Affairs: Washington to the Foreign Office; June 14, 1967; FCO 39/235, UAR-Political Affairs: Cairo to the Foreign Office, June 11, 1967. Al-Dugheidi quote in Al-Sabbagh, *Mudhakkirat Qadat al-'Askaraiyya al-Misriyya 3*, pp.9–10. Nasser quote from Mahjoub, *Democracy on Trial*, p.134. Sadat quote from Finkelstone, *Anwar Sadat*, p.58. See also Jamal Hamad, *Al-Hukuma al-Khafiyya-Fi 'Ahd 'Abd al-Nasir* (Cairo: Al-Zahra lil-I'lam al-'Arabi, 1988).

20 Hussein, *My "War" with Israel*, p.88. Dupuy, *Elusive Victory*, pp.282–83. Mutawi, *Jordan in the 1967 War*, pp.164–65. Kamm, *Hussein Poteah be-Milhama*, pp.300–301. LBJ, National Security file, History of the Middle East Crisis, box 21: CIA Intelligence Memorandum, Arab-Israeli Situation Report, June 9, 1967. PRO, PREM 13 1622: Amman to Foreign Office; June 17, 1967; New York to Foreign Office, June 26, 1967; Foreign Office to Amman, July 6, 1967 ("Just and honorable peace"). Secret talks in London in Zak, *Hussein Ose Shalom*, p.21.

21 Khartoum communiqué in PREM 13 1623: Khartoum to Foreign Office, Sept. 2, 1967; Arabic text in Khouri, *Al-Watha'iq al-Filastiniyya*, pp.667–68. Sela, *The Decline of the Arab-Israeli Conflict*, pp.104, 108. Kimche, *The Sandstorm*, pp.265–67. Kamm, *Hussein Poteah be-Milhama*, pp.298–99. Mutawi, *Jordan in the 1967 War*, pp.176–77. Riad, *The Struggle for Peace in the Middle East*, p.51; *Mudhakkirat 2*, pp.119–21. Mahjoub, *Democracy on Trial*, pp.137–48.

22 LBJ, National Security file, Country file, Middle East–UAR box 161: Cairo's Moderation Since Khartoum, Sept. 28, 1967; Memos to the President, box 20: CIA Intelligence Cable: Egypt, Feb. 16, 1968 (Nasser quote). PRO, CAB 128/42 54th Conclusions: Sept. 7, 1967; FCO/39/245 UAR–Political Affairs (External): Cairo to Foreign Office, Sept. 5, 1967; PREM 13 1623: Washington to the Foreign Office, June 22, 1967 (Yugoslavian plan); Tel Aviv to the Foreign Office, Sept. 4, 1967 (Eshkol quote). ISA, Foreign Ministry files, 3978/2, United States–Relations with the Middle East: Ben Aharon to the Foreign Ministry, Oct. 4, 1967. Muhammad 'Izza Daruze, Fi Sabil Qadiyyat Filastin wal-Wahda al-'Arabiyya wamin Wahi al-Nakba wa-liajli mu'Alijiha: rasa'il wa-Maqalat wa-

Buhuth wa-Muqabalat wa-Ta'Aqibat, Beirut 1948–1972 (Beirut: al-Maktaba al-'Asriyya, 1972), pp.85–87. Hussein quote from *My "War" with Israel*, p.120. Gazit, *Pta'im be-Malkodet*, pp.143–44.

23 PRO, FCO17/513 Israel–Political Affairs (External): Washington to the Foreign Office, Sept. 5, 1967. Mohamed Hassanein Heikal, *The Road to Ramadan* (London: Collins Press, 1975), pp.52–53. Al-Shuqayri, *Mudhakkirat* 5, pp.109–10. Yoram Meital, "The Khartoum Conference and Egyptian Policy After the 1967 War: A Reexamination," *The Middle East Journal* 54, no. 1 (Winter 2000). Al-Khuli, *Harb Yunyu*, pp.171–77, 187.

24 Heikal, *The Road to Ramadan*, pp.102–13. Arab reactions to Nasser's death, including Sadat and Hussein quotes, from Moshe Dayan Center Library, Tel Aviv University, Ramat Aviv, Israel (translations of Arabic press). Israeli reactions in BBC, Daily Report, Middle East, Africa, and Western Europe, 3495/E/5.

25 Biographical information for Hussein, al-Assad, and Arafat can be found at, respectively, www.kinghussein.gov.jo/, www.defencejournal.com/globe/2000/aug/hafez.htm, and www.p-p-o.com/.

26 LBJ, National Security file, History of the Middle East Crisis, box 19: NSC Special Committee Meeting, June 12, 1967 (Johnson and Sisco quotes); NSC Histories, Middle East Crisis, box 17: The President in the Middle East Crisis, Dec. 19, 1968 (Rusk quote); Rostow to the President, June 20, 1967 (Eshkol and Eban quotes and "cut the pipelines"); PRO, PREM 13 1622: Washington to the Foreign Office, June 27, 1967. ISA, 4078/5, Foreign Ministry files, Contacts with the United States After the Six-Day War: Evron to Eban, June 28, 1967.

27 LBJ, National Security file, Country file, Addendum: Minutes of Meeting, LBJ and Kosygin, June 22, 1967; Europe and the USSR, box 229: President's Meeting with Chairman Kosygin (Zbigniew Brzezinski), June 22, 1967; Memos to the President (W. Rostow), box 18: Rostow to the President, July 21, 1967; NSC Histories, Middle East Crisis, box 20: Davis to Rostow, June 16, 1967; box 21: CIA Intelligence Memorandum, June 15, 1967 (Federenko quote). PRO, PREM 13 1622: Middle East Situation, June 14, 1967 ("consequences of aggression"). CAB 128/42 50th Conclusions: July 20, 1967. PRO, FCO 17/523: Israel–Political Affairs (External); New York to the Foreign Office, July 21, 1967 (Caradon

quote); FCO 17/505: Washington to the Foreign Office, July 27, 1967 ("extremist Arab circles"). Eban, *Personal Witness*, pp.433–40. Dobrynin, *In Confidence*, pp.162–63. Lall, *The UN and the Middle East Crisis*, pp.153–81, 218–27 (Federenko quote). Lawrence L. Whetten, *The Canal War: Four-Power Conflict in the Middle East* (Cambridge: The MIT Press, 1974), pp.46–48.

28 LBJ, National Security file, History of the Middle East Crisis, box 18: CIA: Special Assessments on the Middle East Situation, July 7, 1967. PRO, PREM 13 1622: Johnson to Wilson, July 6, 1967; PREM 13 1623: Goldberg/Gromyko draft (n.d.); FCO 17/523: Israel–Political Affairs (External): Dobrynin Meeting with Rusk, July 9, 1967.

29 ISA, 4078/7, Foreign Ministry files, Contacts with the United States with the Entry of Egyptian Forces into Tiran: Eban Conversation with Goldberg, July 21, 1967 (Eban quote); 4088/7, General Assembly Discussions: Rafael to Eban, July 9, 1967; 3976/12, Diplomatic Relations with the United States: Tekoah to Rafael, Aug. 16, 1967 ("physical retreat"). Mahjoub, *Democracy on Trial*, p.133 (Nasser quote). Lall, *The UN and the Middle East Crisis*, p.212.

30 LBJ, National Security file, History of the Middle East Crisis); Memos to the President, box 20: Rostow to the President ("lean on them"), June 27, 1967; NSC Histories, box 18: McPherson to the President, June 11, 1967; Country file–Middle East, box 148: Memorandum for the President–Handling Hussein, Bundy to the President, June 27, 1967. USNA, Central Policy files, 1967–1969, POL 2 UAR, box 2553: New York to the Department of State, Nov. 1, 1967. PRO, FCO 17/505: Israel–Political Affairs (External): Johnson Oral Message to Eshkol, July 31, 1967. Mutawi, *Jordan in the 1967 War*, pp.178–79. Riad, *The Struggle for Peace in the Middle East*, pp.64–68.

31 PRO FCO/39/245 UAR–Political Affairs (External): Cairo to the Foreign Office, Nov. 5, 1967; CAB 128/42 68th Conclusions: Nov. 23, 1967. LBJ, National Security file, Memos to the President, box 23: Walt Rostow to the President, Oct. 5, 1967; Arthur J. Goldberg Oral History, pp.17, 24–25. Riad quote from *Mudhakkirat* 2, pp.136–37, 151–52. *UN Security Council Resolution 242: The Building Block of Peacemaking. A Washington Institute Monograph* (Washington, D.C.: The Washington Institute for Near East Policy, 1993). Oral history

interview with Muhammad al-'Farra, Nov. 17, 1999; with George Tomeh, Nov. 17, 1999. Lall, *The UN and the Middle East Crisis*, pp.254–55. Eban, *Personal Witness*, pp.456–59. Rafael, *Destination Peace*, pp.186–90. Quandt, *Peace Process*, pp.154–57.

32　Nasser quotes from PRO FCO/39/246 UAR–Political Affairs (External): Cairo to the Foreign Office, Nov. 24, 1967; Heikal, *The Road to Ramadan*, p.54, and LBJ, National Security file, Country file, Middle East–UAR box 161: Rostow to the President, Dec. 18, 1967. Syrian quote from *al-Ba'th*, Nov. 30, 1967. PLO declaration from Moshe Dayan Center Library, Tel Aviv University, Ramat Aviv, Israel (translations of Arabic press), summary for Nov. 23, 1967.

出版后记

1967年6月5日早晨，以色列空军倾巢而出，对埃及、约旦及叙利亚的主要空军基地发动袭击，在短时间内夺取了制空权。空袭半小时后，以色列地面部队也大举发起进攻。至6月10日，以色列全面获胜，战争结束。这场战争堪称"先发制人"和"闪电战"的典范，是中东战争最具历史意义的转折点之一，它便是第三次中东战争，即以色列方面所称的"六日战争"。

本书作者迈克尔·B.奥伦是以色列历史学家、学者，也是一名经验丰富的外交官。在撰写中东历史的作家中，他是为数不多能够在没有翻译的情况下直接阅读英文、希伯来文和阿拉伯文档案的人，是该领域毋庸置疑的专家。

本书从六日战争的背景写起，从军事与外交两方面展现了战争的全过程，解释了双方如何因错误信息走向兵戎相见的局面，同时细致入微地描述了鲜血淋漓的真实战况，既具张力，又不失节奏感。作者严谨地援引了大量绝密文件，对这场战争做了客观的探讨。本书被《纽约时报》评为畅销书，并荣获《洛杉矶时报》历史类图书奖、美国国家犹太图书奖。

我们希望将这部出色的作品分享给国内读者，但因时间及水平有限，书中难免有不足之处，恳请广大读者批评指正，以便做出修改。

另：本书译者为本书的翻译工作付出了辛勤劳动，本书出版过程中，译者的母亲不幸离世。译者想要以这部译著纪念自己的母亲，我们希望这本书可以寄托译者对母亲的思念之情。

图书在版编目（CIP）数据

六日战争 /（以）迈克尔·B. 奥伦著；丁辰熹译
. -- 北京：九州出版社，2020.10（2023.7重印）
　　ISBN 978-7-5108-9550-0

Ⅰ. ①六… Ⅱ. ①迈… ②丁… Ⅲ. ①第三次中东战争(1967)—史料 Ⅳ. ①K370.6

中国版本图书馆CIP数据核字(2020)第176452号

SIX DAYS OF WAR: JUNE 1967 AND THE MAKING OF THE MODERN MIDDLE EAST, FIRST EDITION by Michael B. Oren
Originally published in English in 2002.
Copyright © 2002 by Michael B. Oren
This translation is published by arrangement with Oxford University Press through Andrew Nurnberg Associates International Ltd.

著作权合同登记号：01-2020-6207

审图号：GS（2020）2892号

六日战争

作　　者	［以］迈克尔·B. 奥伦 著　丁辰熹 译
责任编辑	周　春
出版发行	九州出版社
地　　址	北京市西城区阜外大街甲35号（100037）
发行电话	（010）68992190/3/5/6
网　　址	www.jiuzhoupress.com
印　　刷	天津雅图印刷有限公司
开　　本	655毫米×1000毫米　16开
印　　张	37
字　　数	549千字
版　　次	2020年11月第1版
印　　次	2023年7月第4次印刷
书　　号	ISBN 978-7-5108-9550-0
定　　价	122.00元

★ 版权所有　侵权必究 ★